THE ARCHAEOLOGICAL STUDY OF THE FORMATION OF EARLY STATES IN CHINA
THROUGH POTTERY ANALYSIS

中国初期国家形成的考古学研究

陶器研究的新视角

秦小丽 ◎著

复旦大学出版社

序

　　关于中国初期国家形成过程的考古学研究,传统的研究方法大多是通过陶器的文化类型与战国时代以后的文献中所记载的夏、商(殷)王朝的有关史料相结合来进行的。然而,由于夏朝神话传说般的史料记载的可信度仍需斟酌,这种研究方法有着较大的局限性。另外,仅按地域分析每个地区的陶器系统,很容易造成文化类型在时间与空间上的脱节。事实上,地域间的相互交流使得陶器系统相互混合、错综复杂。本书作者认为,地域间这种相互交流的复杂化状态正是分析初期国家形成的关键所在。她首先按陶器的风格将二里头、二里岗文化时代的黄河中游地区划分为六大区域,然后用数量分析的方法计算出每个遗址中各个系统的构成比,最后通过这些数据来分析陶器风格在时间与空间上的变化,并以此来阐释国家形成期的地域间动态关系。

　　本书的主要部分基于作者于2001年提交的日本京都大学博士论文《中国初期国家形成过程中的地域动态》。其最大的特点是将数量分析方法应用于陶器研究。这在20年前的中国考古学研究中可以说是极为罕见的一种研究方法。她以自己独特的研究手法,将日本考古学中的陶器法量比较、陶器表面绳纹数量测量等方法应用到她亲自发掘与整理的考古遗址资料研究中,并以此为出发点对其他遗址进行相同分析。之后又将这些研究成果以论文的形式先后在日本相关的学术杂志和国际学术会议上进行了发表,得到了很高的评价。这本书的具体成果可以大致总结如下。

　　黄河中游的二里头文化陶器,可以划分为以下六大系统:河南省中部的伊洛系、山西省西南部的东下冯系、山西省中部的东太堡系、河南省北部的辉卫系、河北省南部的漳河系、河南省东部到山东省的岳石系。传统的观点认为,伊洛系是夏人的陶器风格,漳河系是商(殷)人的陶器风格,不同风格的陶器分别出自居住在不同地域的不同族裔集团。本书作者通过对每个遗址中各系统陶器的比例变化分析,认为这种变化反映了地域间交流的事实,主张陶器的风格不是固定不变的,而是通过人的移动而发生改变。作为中心地域的伊洛系,在二里头文化二期,其陶器风格融入了东下冯系的要素。在二里头遗址发现大型宫殿遗址、青铜器铸造作坊、青铜器和玉器作为随葬品的贵族墓葬多出现在二里头二期晚段至三期,这一时期伊洛系陶器占了七成以上。而进入四期后段,主要宫殿废弃,二里头遗址从政治中心变为一般聚落,伊洛地区的陶器风格逐渐从以伊洛系为主演变为漳河系不断增加,特别是到了四期后半的郑州商城遗址,漳河系部分取代伊洛系成为陶器的主要制作手法,形成了伊洛-郑州系陶器系统。另一方面,在周边地区的山西省西南部,以在地的东下冯系为主体,融入南方的伊洛系和北方的东太堡系,形成了新的陶器风格。特别是二里头三期之后,东下冯遗址的伊洛系所占比例超出在地系的东下冯系,但是其他遗址的伊洛系所占比例与相距伊洛地区的远近呈反比减少,呈现地理环境对陶器谱系数量的影响。即使是在河南省北部,三期以后,相比在地的辉卫系,南方的伊洛系和北方的漳河系占比增加,都显示出明显的地理位置对陶器谱系的影响。在河南省东部,前半期伊洛系占了85%以上,后半期漳河系增多,与伊洛系不相上下,但是始终未能超越伊洛系成为主体因素。河南省南部以伊洛系占主体,越往东部的遗址,其岳石系陶器所占比例越高。作者认为,以上这种陶器风格的动态变化反映了伊洛地区特征的陶器群对周边地区的影响过程。特别是一些特殊性遗址中伊洛系陶器比例较高,反应了其与中心地区——伊洛系的特殊关联性,而一般遗址则呈现出地理位置的因素对陶器谱系数量的影响。

按照流行的说法,持有漳河系陶器的商人取代了持有伊洛系陶器的夏人而建立了二里岗文化。然而,陶器的风格并不是单纯地从伊洛系改变为漳河系那么简单。作为商朝王都的偃师商城遗址和郑州商城遗址,在二里岗下层期前半期,伊洛系陶器及二里头文化四期后半期出现的伊洛-郑州系陶器占了八至九成;到了二里岗下层期后半期,伊洛系陶器在被一元化为伊洛-郑州系陶器的同时,也扩散到了周边地区;到了二里岗上层期,这种一元化的陶器范围进一步扩大。伊洛系陶器到了二里岗文化时代继续作为基本要素而存在,这种现象与随着朝代的更替,陶器的风格也随之变化的传统不符,也很难用通过文献资料去复原历史这种传统的考古学研究方法去解释。但是,从中心与周边的视点来看,二里头文化时期到二里岗文化时期的地域间交流并不是地域间的对等交流,而是中心向周边地区的持续扩大与蔓延。在中心的伊洛-郑州地区,据点性遗址先是二里头文化时期的二里头遗址,到了二里岗文化时期则转变为偃师商城和郑州商城,在伊洛-郑州系陶器出现的二里岗下层期前半期,郑州商城和偃师商城遗址均营建了宏大而规划性的城址,到了二里岗下层期后半期,带有城墙的城郭遗址也开始出现在周边地区,比如山西省西南部的东下冯遗址、垣曲遗址,河南省北部的府城遗址和长江中游地区的盘龙城城址。这些地方性的城址不但在城市布局的设计和建造技术上与中心性都城的郑州、偃师商城一样,而且出土的青铜器、玉器,墓葬的特点等也与中心地区相似。此外,随着城址的出现,周围地区的一般聚落遗址与前期相比呈现减少趋势。作者认为,这反映了郑州商城、偃师商城势力的扩张以及对周边地区的控制,也说明了二里岗文化时期的陶器风格从中心地的王都,到地方城址,再到一般聚落,通过这种不同性质遗址的阶段性影响力,得以对周边地区实现渐进性扩张与统一化统治。

比较二里头文化时期与二里岗文化时期陶器风格的地域变化动态可以看出,其相同点是两个时期都以伊洛-郑州地区为中心,陶器的风格也都由中心地区向周边扩张与蔓延。然而,与二里头文化时期从河南省东部、南部向河南省北部、山西省西南部的阶段性的蔓延扩张相比,在二里岗文化时期,中心地区的陶器风格一旦确立,便开始向周边地区蔓延与扩张,其影响的力度也较前期大很多,使在地系陶器几乎消失,呈现二里岗文化陶器的一元化特征。因此与二里头文化时期相比,二里岗文化时期中心势力对地方的影响力更为强大,考虑到地方性城址的设置与规划,可以解释为中央对地方的控制系统得到了极大的加强。作者认为,这是中国初期国家形成的两个不同阶段。

作者不仅将基于对陶器的翔实分析作为坚实的论据穿插在本书的各个章节之中,而且将上述观点清晰、一致且具有逻辑和整体性地贯穿于整本书中。通过本书的研究,作者发现了传统研究中的问题所在,也明确了中国初期国家形成期复杂的地域间交流状况,中央对地方的统治体系在二里头文化时期到二里岗文化时期得到了强化等。可以毫不夸张地说,本书为继新石器时代晚期而崛起于中原地区的二里头、二里岗文化时期的地域交流动态研究开辟了一个新的研究方向。

但是,本书尚有一些课题需要今后进一步的探讨。在研究陶器的地域间交流时,不应该只强调中心地区对周边地区的单向影响,也需要探讨周边地区对中心地区的影响以及周边地区之间的相互交流与影响。特别是在伊洛系陶器出现时东下冯系陶器对其的影响,伊洛-郑州系陶器出现时漳河系陶器对其的影响等,不仅着眼于中心地区对陶器风格的影响,也应该考虑到中心与地方的双向交流。另外,在讨论中心性的王都、地方城址与一般聚落的等级秩序时,有关周边的地方性遗址的资料略显欠缺。然而,这些观点丝毫不会影响本书的学术价值,我相信作者一定会在今后的研究中弥补上这些不足之处。

本书中使用了许多日本考古学的研究手法,所以不仅可以作为中国考古学研究的推荐书籍,也可以作为一本日本考古学研究方法在国家形成研究课题方面的实践性书籍,很值得一读。

冈村秀典
2017年5月25日
于京都大学人文科学研究所

目 录

001 **序章　陶器的社会学与陶器研究方法**
002 　第一节　陶器的制作技术与生产过程
007 　第二节　陶器的流通与消费体系
011 　第三节　陶器的功能与饮食生活方式复原
026 　第四节　作为艺术载体的陶器制品——陶器艺术
031 　第五节　以恢复社会生活为目的的陶器研究方法

056 **第一章　研究史**
056 　第一节　中国初期国家形成过程中的地域间动态
058 　第二节　二里头文化时期的研究与发掘
078 　第三节　二里岗文化时期的研究史
086 　第四节　关于初期国家社会组织结构的讨论

093 **第二章　陶器的型式分类和系统识别**
093 　第一节　陶器型式的分类和变化
106 　第二节　中心地区所见陶器系统的起源

112 **第三章　中心地区陶器组合样式的变迁**
112 　第一节　二里头遗址的陶器组合构成
135 　第二节　郑州商城遗址的陶器组合构成
154 　第三节　偃师商城遗址的陶器组合构成

| 166 | 第四节 | 新郑望京楼遗址的陶器组合构成 |
| 169 | 第五节 | 四个遗址之间的比较 |

175	**第四章**	**二里头文化时期的地域动态**
176	第一节	地域区分和分期
204	第二节	陶器系统构成的空间分布和时代变迁
327	第三节	陶器的地域间动态与其背景分析
337	第四节	二里头文化时期的地域动态

341	**第五章**	**从二里头文化向二里岗文化的转变**
342	第一节	陶器的地域性
344	第二节	陶器的系统区分与编年
347	第三节	复合型遗址的分析
394	第四节	单纯的二里岗文化遗址分析
434	第五节	陶器组合风格的探讨

447	**第六章**	**礼仪性陶器与陶器的生产与流通**
447	第一节	二里头文化的礼仪性陶器
462	第二节	二里岗文化时期的陶器生产与流通
469	第三节	陶质工具的种类与分布

472	**第七章**	**二里岗文化都市文明与初期国家形成**
476	第一节	综合性政治经济中心城市——郑州商城与偃师商城
481	第二节	单一而特殊的功能性城市
484	第三节	有铜器和玉器出土的遗址与墓葬分布
491	第四节	专业性手工业作坊聚落遗址
499	第五节	二里岗文化时期的手工业模式
500	第六节	二里岗文化时期经济运营模式对后世的影响

| 506 | 后记 | 中国初期国家形成的考古学研究——写在中文版出版之际 |

图 目

095	图 2-1	陶器的型式分类(1)
097	图 2-2	陶器的型式分类(2)
099	图 2-3	陶器的型式分类(3)
101	图 2-4	陶器的型式分类(4)
103	图 2-5	陶器的型式分类(5)
105	图 2-6	陶器的型式分类(6)
107	图 2-7	陶器的型式分类(7)
108	图 2-8	陶器系统的识别(1)
108	图 2-9	陶器系统的识别(2)
125	图 3-1	二里头遗址的陶器系统比
132	图 3-2	二里头遗址深腹罐口径
132	图 3-3	二里头遗址深腹罐器高
133	图 3-4	二里头遗址圆腹罐口径
133	图 3-5	二里头遗址圆腹罐器高
134	图 3-6	二里头遗址出土小型陶器口径的平均值
134	图 3-7	二里头遗址出土一般陶器口径的平均值
135	图 3-8	二里头遗址绿松石制作工坊出土遗物以及龙形器
150	图 3-9	郑州商城出土陶器系统比例的时期变化
163	图 3-10	偃师商城出土陶器系统比例的时期变化
171	图 3-11	二里头、偃师商城、郑州商城出土深腹罐口径大小比较
173	图 3-12	二里头、偃师商城、郑州商城出土鬲口径大小比较

176	图 4-1	二里头文化时期的遗址分布
177	图 4-2	伊洛地区的遗址分布
180	图 4-3	伊洛地区陶器器类组成
181	图 4-4	山西省西南部和中部地区的遗址分布
183	图 4-5	山西省西南部的典型陶器
185	图 4-6	山西省中部地区的典型陶器
187	图 4-7	河南省北部地区的遗址分布
188	图 4-8	河南省北部地区的陶器分类
190	图 4-9	河南省北部地区的典型陶器
191	图 4-10	河南省东部地区的遗址分布
193	图 4-11	河南省东部地区的陶器构成
194	图 4-12	河南省东部地区深腹罐口径分布
195	图 4-13	河南省东部地区绳纹条数比较
196	图 4-14	段岗遗址的折中陶器
196	图 4-15	鹿台岗遗址的折中陶器
197	图 4-16	郑州南部一带诸遗址的折中陶器
198	图 4-17	南关外遗址的折中陶器
199	图 4-18	河南省南部及长江中游地区的遗址分布
203	图 4-19	长江中游地区的陶器构成
228	图 4-20	伊洛地区陶器系统的构成比(上：前期　下：后期)
230	图 4-21	东下冯遗址的陶器系统(伊洛系)
231	图 4-22	东下冯遗址的陶器系统(在地系)
231	图 4-23	东下冯遗址的陶器系统(东太堡系)
234	图 4-24	东下冯遗址陶器系统比例的时期变化
246	图 4-25	山西省西南部诸遗址陶器系统的构成比与时期变化
247	图 4-26	山西省西南地区诸遗址陶器系统的构成比
252	图 4-27	孟庄遗址出土的伊洛系陶器
252	图 4-28	孟庄遗址出土的辉卫系陶器
253	图 4-29	孟庄遗址出土的东太堡系陶器
253	图 4-30	孟庄遗址出土的漳河系陶器
254	图 4-31	孟庄遗址出土的岳石系陶器
255	图 4-32	孟庄遗址陶器系统的时期变化

页码	图号	标题
259	图 4-33	宋窑遗址的辉卫系陶器
260	图 4-34	宋窑遗址的伊洛系陶器
261	图 4-35	宋窑遗址的东太堡系陶器
262	图 4-36	宋窑遗址的漳河系陶器
275	图 4-37	河南省北部地区诸遗址陶器系统构成比(一至三期)
276	图 4-38	河南省北部地区诸遗址陶器系统构成比(四至五期)
279	图 4-39	段岗遗址出土的伊洛系陶器
280	图 4-40	段岗遗址出土的伊洛模仿系陶器
280	图 4-41	段岗遗址出土的岳石系陶器
283	图 4-42	段岗遗址陶器系统构成比的时期变化
286	图 4-43	郑州黄委会公寓遗址出土陶器构成比的时期变化
298	图 4-44	鹿台岗遗址出土的岳石系陶器
299	图 4-45	鹿台岗遗址出土的漳河系陶器
306	图 4-46	河南省东部地区诸遗址出土陶器系统比(前半部)
307	图 4-47	河南省东部地区诸遗址出土陶器系统比(后半部)
310	图 4-48	杨庄遗址出土的在地系陶器
311	图 4-49	杨庄遗址出土的伊洛系陶器
312	图 4-50	杨庄遗址出土的伊洛模仿系陶器
326	图 4-51	二里头文化时期河南省南部与长江中游地区的陶器系统构成比
333	图 4-52	中原东部地区陶器系统的分布与漳河系陶器的流入
348	图 5-1	郑州商城遗址出土陶器系统的构成比
352	图 5-2	郑州商城炊煮器深腹罐口径分布
353	图 5-3	郑州商城炊煮器鬲口径分布
354	图 5-4	偃师商城的陶器系统构成比
357	图 5-5	偃师商城炊煮器深腹罐口径分布
357	图 5-6	偃师商城炊煮器鬲口径分布
365	图 5-7	伊洛-郑州地区复合遗址陶器系统构成比
369	图 5-8	伊洛-郑州地区出土鬲口径大小
374	图 5-9	孟庄遗址的陶器系统
375	图 5-10	孟庄遗址与府城遗址陶器系统构成比的时期变化
378	图 5-11	府城遗址的陶器系统

381	图 5-12	孟庄遗址和府城遗址的鬲口径分布
381	图 5-13	府城遗址炊煮器深腹罐口径分布
382	图 5-14	府城遗址绳纹条数的时期变化
385	图 5-15	垣曲商城遗址出土陶器系统构成比的时期变化
386	图 5-16	深腹罐口径的时期变化
389	图 5-17	东下冯遗址出土陶器系统构成比的时期变化
416	图 5-18	山西省西南部二里岗文化期诸遗址陶器系统构成
417	图 5-19	山西西南部二里岗文化遗址分布及陶器构成比的时代变化
421	图 5-20	盘龙城遗址的伊洛-郑州系陶器（杨家湾）
421	图 5-21	盘龙城遗址的在地系陶器和釉陶（杨家湾）
423	图 5-22	路家河遗址的伊洛-郑州系陶器（缩放比例不同）
423	图 5-23	路家河遗址的巴蜀系陶器（缩放比例不同）
424	图 5-24	路家河遗址的在地系陶器（缩放比例不同）
425	图 5-25	铜鼓山遗址的伊洛-郑州系陶器（缩放比例不同）
426	图 5-26	铜鼓山遗址的在地系陶器（缩放比例不同）
427	图 5-27	石门皂市遗址的伊洛-郑州系陶器
427	图 5-28	石门皂市遗址的在地系陶器
431	图 5-29	长江中游地区诸遗址炊煮器的构成比
433	图 5-30	长江中游地区鬲口径大小的比较
434	图 5-31	路家河遗址出土釜的大小
436	图 5-32	王都、地方成郭、一般遗址的陶器系统
437	图 5-33	炊煮器鬲的大小比较
441	图 5-34	绳纹条数的比较
442	图 5-35	东阴遗址器类别绳纹条数的异同比较
448	图 6-1	新石器时代山东半岛及长江中下游地区出土的礼仪陶器和白陶
450	图 6-2	二里头遗址出土的礼仪性陶器
452	图 6-3	二里头文化墓葬随葬陶器组合例示
456	图 6-4	二里头遗址灰坑出土礼仪性陶器的时期变化
457	图 6-5	二里头遗址 1999 年—2006 年三区和五区出土白陶器类的时期变化

458	图 6-6	南洼遗址出土白陶统计
459	图 6-7	二里头、二里岗文化时期陶礼器的分布（引自德留文）
460	图 6-8	大甸子遗址出土的陶礼器
461	图 6-9	三星堆遗址出土的二里头风格陶礼器
461	图 6-10	马桥遗址出土的陶礼器
462	图 6-11	长江中游地区的陶礼器
464	图 6-12	郑州商城（左）的制陶作坊与陶窑与偃师商城制陶作坊（右）
467	图 6-13	藁城台西村遗址制酒作坊、制酒陶器和山东莱州湾商时期的制盐作坊、制盐陶器
470	图 6-14	马桥以及其他遗址出土陶拍
474	图 7-1	二里头文化时期的城址分布与大小
475	图 7-2	二里岗文化时期的城址分布
477	图 7-3	二里头遗址与宫殿基址
479	图 7-4	郑州商城平面图
480	图 7-5	偃师商城平面图
481	图 7-6	东下冯商城与圆形仓库
482	图 7-7	垣曲商城（左）和府城商城（右）
483	图 7-8	盘龙城商城（左）和望京楼商城（右）
486	图 7-9	二里岗文化时期出土铜器与玉器的地点
492	图 7-10	山西夏县东阴遗址出土的切割骨器
493	图 7-11	二里岗文化时期专业性手工业作坊遗址

表 目

121	表 3-1	二里头遗址出土陶器组合及编年
128	表 3-2	二里头遗址陶器器类组成
145	表 3-3	郑州商城遗址出土的陶器组合与编年
151	表 3-4	郑州商城遗址出土陶器组成
160	表 3-5	偃师商城遗址出土陶器组合与编年
164	表 3-6	偃师商城遗址出土陶器组成
178	表 4-1	伊洛地区诸遗址的编年
204	表 4-2	伊洛地区诸遗址的编年(续)
207	表 4-3	伊洛地区Ⅰ区诸遗址的器类组成
214	表 4-4	伊洛地区Ⅱ区诸遗址的器类组成
217	表 4-5	伊洛地区Ⅱ区诸遗址的器类组成(续)
225	表 4-6	伊洛地区Ⅲ区诸遗址的器类组成
229	表 4-7	山西西南部地区编年与其他地区编年对照表
232	表 4-8	东下冯遗址的器类组成
235	表 4-9	东下冯Ⅰ区各遗址的器类组成
238	表 4-10	东下冯Ⅱ区各遗址的器类组成
241	表 4-11	东下冯Ⅲ区各遗址的器类组成
248	表 4-12	河南北部地区陶器编年
249	表 4-13	孟庄遗址的器类组成与系统
256	表 4-14	宋窑遗址的陶器组成与系统
263	表 4-15	沁河流域诸遗址陶器组成与系统

页码	编号	标题
266	表 4-16	卫河上游地区各遗址的陶器组成与系统
269	表 4-17	卫河中游地区诸遗址的陶器组成与系统
272	表 4-18	洹河下游地区诸遗址陶器组成与系统
277	表 4-19	河南省东部地区的陶器编年
281	表 4-20	段岗遗址的陶器组成与系统
284	表 4-21	黄委会青年公寓遗址陶器组成与系统
286	表 4-22	郑州以及周边地区的陶器组成与系统
289	表 4-23	郑州以及周边地区的陶器组成与系统(续)
295	表 4-24	开封、商丘地区诸遗址的陶器组成与系统
301	表 4-25	周口地区诸遗址陶器组成与系统
308	表 4-26	河南省南部地区的陶器编年
313	表 4-27	杨庄遗址的陶器组成与系统
318	表 4-28	汉水流域诸遗址陶器组成与系统
322	表 4-29	丹江上游、淮河下游地区陶器组成与系统
347	表 5-1	复合遗址的陶器编年分期
349	表 5-2	郑州商城遗址的陶器组成与系统
355	表 5-3	偃师商城的陶器组成与系统
361	表 5-4	伊洛-郑州地区诸遗址陶器组成与系统
366	表 5-5	伊洛-郑州地区诸遗址陶器组成与系统(续)
376	表 5-6	孟庄遗址出土陶器的组成与系统
379	表 5-7	府城遗址出土陶器的组成与系统
387	表 5-8	垣曲商城遗址出土陶器组成与系统
390	表 5-9	东下冯遗址出土陶器组成与系统
394	表 5-10	二里岗文化时期的陶器编年
396	表 5-11	伊洛-郑州地区诸遗址陶器组成与系统
401	表 5-12	伊洛-郑州地区诸遗址陶器组成与系统(续)
406	表 5-13	河南省北部地区诸遗址陶器组成与系统
413	表 5-14	山西省西南部二里岗文化时期诸遗址分期
414	表 5-15	山西省西南部地区诸遗址陶器组成与系统
418	表 5-16	河南省南部和长江中游地区的陶器编年

序章

陶器的社会学与陶器研究方法

陶器,作为考古学文化研究的基本素材,在考古学基础研究中不可或缺,尤其是在史前时期的考古学研究中,陶器几乎成了一个考古学文化的标志。因为陶器作为考古学文化组成要素之一,具有可视的形态与多变的特性,它是在一定时间、空间内,应用途、技能以及周围可索取的自然资源状况等多种因素共同作用创造出来的。我们可以通过陶器特征的变化捕捉到渐进过程中各个时期考古学文化物的形态表现。此外,陶器还具有形态复杂、使用频繁、易于破碎、寿命短等特征,因此不断重复制作的机会多,也就意味着得以变化的机遇多。因此,陶器在反映考古学文化的时空变化方面,是各种遗物里面最具有特性的器物,也是了解考古学文化历时性变化与空间分布特征不可或缺的基本研究资料。在以物质文化史研究为主的20世纪80年代至90年代,人们大多注目于陶器的型式学分析,以及由此而进行的考古学文化、类型以及编年学的建立。这种研究迄今已经有了很多的成果积累,并已经成为学术界一种普遍被掌握的基本研究方法。但是随着考古发掘与基础研究成果的增加,特别是科学技术分析方法在考古学研究中的应用,学术界对陶器的研究目的与方法也呈现出一种多元化的倾向。[①]首先是对于陶器本身作为日常生活用品而产生的社会背景的再认识,也就是以恢复社会生活为目的的陶器研究方法。这种方法就是通过研究使陶器本身具有的作为器具的机能和社会功能得以恢复,并通过对这种恢复起来的器具或者器物组合的分析,来恢复陶器制作者、使用者的社会生活状况。也就是说,从把陶

---

① 赵辉:《当今考古学的陶器研究》,《江汉考古》2019年第1期;王迪、付仲杨:《"手工业考古·丰镐论坛——以商周制陶业为中心"学术研讨会会议纪要》(2019年5月5日),中国社会科学院考古网。

器作为考古学研究的物化表现转变为研究陶器本身的生产过程、流通与消费体系以及陶器用途与功能的社会学变化。其次，陶器不仅仅是一种生活的器具，它还是一种凝聚了人类智慧的艺术品，因为陶器在满足人类基本生活需求的同时，还承载了人们对心中艺术、宗教、思想追求的表现，帮助我们了解古代人类在物质文化发展的同时又是如何在精神领域内为历史做出贡献的。陶土的柔软性与可塑性特征为陶器制作者表达自己对生活和艺术的感受提供了合适的素材，而火则是让这种艺术作品得以永存的主动力。因此陶器既是服务于人类生活不可缺少的生活实用器具，又是人类思想表达的载体。因而我们对陶器的研究也就需要将其功能、机能、艺术性和技术性融为一体进行思考、分析与观察。从某种意义上看，陶器研究不仅仅限于考古学研究领域，还需要我们从社会学的视角进行思考，我们统称为陶器的社会学。本章将从这样的一个角度出发，对陶器研究进行综合性梳理与分析。

第一节　陶器的制作技术与生产过程

陶器是一种以黏土为原料，经过人的设计与手工制作而成，富有多孔性特征的烧制品，它的出现曾被称作新石器时代革命，因为这一发明彻底改变了人类的生活方式，带来了烹饪形式的大变革——开创了利用火与容器炊煮食物的先河。它产生于人类日常生活的需求，因而其用途首先是作为人类的日常用具。在我们对陶器的用途进行分析之前，首先需要探讨一下陶器是如何生产的？因为在新、旧石器时代之交，只有石器作为工具的年代，要实现与满足生活需求并不是一件简单的事情，首先要认识与开发新的原材料，并学会利用它的技能——认识陶土原材料特性并掌握陶器生产制作技术。

一、陶器的制作技术

作为容器的陶器，制作时首先完成的是器形。在编制的篮子上涂上泥巴，用火烧去草木编的篮子而产生了陶制容器，这应该是人类第一次认识到泥土与火的关系，也是陶容器得以产生的契机。这些推测我们无法证明，但是我们可以从以下陶器的制作程序对陶器制作的过程与步骤进行分析。

（一）原材料与羼合料

其实发生从一把泥土做成陶器的机制很简单，因为原材料就在人类的手边，可以信手拈来，但要生产耐火、不漏水、可以炊煮的陶器则需要更多对陶土的认知和利用。因而陶器胎土不是简单的自然土，它还融入了人类的智慧——如何选择陶土，是不是掺入羼合料，掺入什么样的羼合料，如何添加不同成分的羼合料以满足人类对不同用途陶器的掌控。同时，由于自然环境的差异，地区之间土壤的性质有所不同，因而不同地区生产的陶器在原材料性质与羼合料的选择上也必然存在差异。即使在距离较近的地区之间陶土近似的情况下，由于羼合料的掺和成分与比例的不同，陶器也是可以通过科学分析而辨认的。[1] 因为羼合料的成分与比例是根据人对陶器用途的需要而定的，只要不是同一群人，就一定会有差异。这些差异正是我们研究陶器地域间流通时可以分析的重要元素之一。而陶土则可以根据土壤学的地区性数据库积累，来分析陶器所使用的陶土原材料产地以及在加工制作过程中添加的成分。目前关于陶器胎土的研究有岩相学分析观察、土壤性质分析、羼合料成分认定与来源分析等。[2] 这些研究成果为陶器研究开拓了新的信息源，也使得陶器研究在可视性的器型与纹饰外有了更为广阔的研究前景。

（二）成型与整形技术

生产什么样的陶器反映了人们生产陶器的社会背景——需求。石器可以满足砍伐、切割、开荒、制作工具等人类需求，也可以利用火烧石块来烧烤熟食，但是无法炊煮流质食物，因此陶器的产生可能与对容器的需求有关。因此有学者认为陶器产生的契机之一就是将泥巴涂抹在植物编制的筐子上，因为着火而产生了泥巴烧成的泥质容器。陶制容器的成型技术是陶器制作的关键，而成型技术也是根据制作经验由简单到复杂而变化的。一般认为陶器最初是手制的，并经历诸如手捏、贴塑、泥条盘筑、模制法和轮制法等过程，最后以修整来完成成型。在成型制作过程中，除了基本的技术外还有制作者对陶器器型的设计理念与美学诉求包含其中。整形是陶器成型后的修整阶段，为了使得器型更符合使

---

[1] 王小娟：《中国古代白陶化学组成的多元统计分析》，《考古与文物》2017年第5期。
[2] 段天璟：《陶器岩相分析在史前陶器产地和交流研究中的应用》，《边疆考古研究》2010年；江柏毅：《成都平原出土史前陶器岩相学初步分析》，《四川文物》2018年第2期。

用的要求,或者为了外形更规整完美,一般在陶器初步成型后都会修整。整形的具体方法有拍打、刮抹、滚压、慢轮修整、蘸水抹光。这一阶段会在陶器表面或者内部留下许多修整和使用工具的痕迹,或者制作者的指纹痕迹、工具刮抹痕迹、表现拍印纹饰的顺序与方向的痕迹等。有些还成为陶器表面的纹饰留下来,比如绳纹、篮纹、附加堆纹、麻点纹等。根据观察这些拍打刮削痕迹,可以复原一些陶器制作与修整的过程与特征,因为制作陶器的工人都有个人使用工具及制作时的动作习惯以及修整时拍打器表的个人风格,因此每件陶器均会体现制作者使用工具的习惯、修整时的惯性特征、制作者的指纹[1]等,这些陶器表面的纹饰是研究陶器制作工人集团差异的有利资料。随着制陶经验的积累及制作技术的提高,出现了快轮修整,使得陶器的外形规整平滑,同时也提高了生产量。但是在我们研究观察陶器制作痕迹时,由于都修整得很美观,反而很难看到制作痕迹的遗留了。

(三) 器表装饰

陶器的器表除了这些修整时留下的痕迹外,还有彩陶、刻画、透雕、堆塑装饰等为了美感与宗教艺术表现而特意为之的装饰,这与以上分析的诸如绳纹、篮纹、方格纹和附加堆纹等因为修整器表而留下的痕迹不同,是制作者以陶器为载体对美学艺术、宗教思想等的感受与表达,或者是为了陶器的美感而进行的装饰,或者纯粹就是一种艺术灵感的表现。它与绳纹、附加堆纹等多在陶器耳部、腹部、肩部等接合部位因黏结力和拍打留下的纹饰具有本质的区别。虽然这些纹饰在后来的发展中也变成了陶器表现力的一部分,但是其产生的动机与过程有着较大的区别。还有一些陶器则完全被做成具有生动的动物形象的容器。与其使用的属性相比,这些具有强烈装饰色彩的陶器艺术与创作的意义更重要,也许这就是今天所谓的陶艺的鼻祖。

(四) 烧制技术

陶器成型后仅以晾干是不能作为装水的容器来使用的,必须经过烧制,而烧制技术则是完成陶器制作最关键的一道工序,也是人类手工业技术史上的重大

---

[1] 彭小军:《古代指纹与陶工年龄分析——以二里头遗址出土陶器资料为例》,《南方文物》2011年第1期。

革新。堆烧与用陶窑烧制陶器虽然是两种不同的技术形式①,但是其中可能包含了人类对火炉、燃烧材料、温度掌控、氧化还原等技术与原材料的认知与掌握。我们今天要想复原陶器的烧制技术,可供观察的线索只能是陶窑结构、烧制遗留的残次品、陶器颜色、硬度、是否变形以及为什么变形等②,虽然无法直接得到具体技术的还原,但是可以从这些线索入手对陶器进行观察研究。如不能直接知道燃烧材料的种类,还可以利用科技方法进行分析。还有一点可以尝试,那就是实验考古学与民族考古学调查法的辅助应用。③ 这是目前复原烧制技术与烧制过程比较有效的两种方法。通过实验考古学可以得到烧制陶器的温度、颜色以及陶窑结构和烧制过程的复原。④ 而民族考古学的原始陶器制作调查则可以给我们一种直观而具体的操作过程与燃烧原料的参照。

在烧制期间,窑中的大气情况可以影响陶器成品的外观。容许空气进入窑中可以导致氧化性大气令黏土及釉料氧化,而通过限制空气进入窑中可以使还原性大气令黏土及釉料表面的氧被夺走。以上因素可以影响烧制陶器的外观。例如部分包含铁的釉料,在氧化环境中会变为棕色,而在还原环境中则会变为绿色。窑中的大气可以调整至做成釉料的复合反应。⑤ 早期陶器烧制阶段虽然还没有关于釉料的证据,但是新石器时代晚期的硬陶与原始瓷就是一个例证。

二、陶器生产、使用与废弃过程的研究方法与理论

任何可视性的文化物品都会有一个原材料获得、生产、流通、使用、修补、再利用、废弃的历史过程,这里借用文化人类学家麦克·施斐尔(Michael B.

---

① 郭梦:《多样的陶器烧制技术:选择还是进化》,《考古》2016 年第 3 期。
② 田崎博之:「板付遺跡出土の焼成失敗品から見た弥生時代初頭の土器生産」,『福岡市埋蔵文化財調査考古報告』第 1069 集,2011 年。
③ 郁永彬、陈建立、梅建军等:《陶瓷实验考古研究概述》,《中国国家博物馆馆刊》2012 年第 10 期;王昌遂、李世红:《实验考古学在发展——记 1988 年全国实验考古学术讨论会》,《文物》1989 年第 1 期;陈虹利、丹韦芳:《中国民族考古学研究回顾与反思》,《广西民族大学学报(哲学社会科学版)》2018 年第 2 期。
④ 岳占伟、荆志淳、岳洪彬等:《殷墟白陶的初步研究》,《南方文物》2017 年第 4 期。
⑤ 郁永彬、陈建立、梅建军等:《陶瓷实验考古研究概述》,《中国国家博物馆馆刊》2012 年第 10 期;王昌遂、李世红:《实验考古学在发展——记 1988 年全国实验考古学术讨论会》,《文物》1989 年第 1 期;陈虹利、丹韦芳:《中国民族考古学研究回顾与反思》,《广西民族大学学报(哲学社会科学版)》2018 年第 2 期。

Schiffer)的"Life History Processes of Systemic Context"的物品生命周期概念①，或者被称为生命历史的周期性来对陶器的生产过程、使用过程、修补与再利用过程以及废弃过程进行分析。陶器作为一个文化元素从生产、使用到废弃也适合这样的生命历史周期理论。我们在面对考古发掘出土的遗物时，除了考虑它的一般文化属性，可能还需要提出以下三个问题：为什么有这些考古学遗存？这些考古学遗存是如何产生的？又是如何使用的？在使用过程中什么类型的跨文化和跨文化变量决定了这些考古学遗存的现有结构？为了探讨或者回答以上三个问题，我们需要分析遗物的生命属性。任何人工创造的物品在其生命活动期间大概可以被广泛区分为这样五个元素：获得（原材料）、生产（制作）、使用（消费）、维护（修复、再使用）与废弃（终结）。文物通常采用以上五种元素的多种社会背景，同一文物可以在这段生命周期的许多时间点上进入考古记录，其过程可以包含五个元素的全部或者其中某一个或者某几个元素和阶段。根据以上理论，陶器作为一个文化元素可以进行其生命周期过程的复原研究，也可以称之为"life cycle of pottery"②。这种研究的基础是对一个遗址陶器的生命周期进行社会学分析。首先是对自然原材料的认识与利用。自然土壤具有不均衡性，需要进行人工细化与掺和其他矿物成分，这就需要对原材料进行再加工，并对在烧制时可能发生的变化进行预测与应对，然后进入成型拉坯过程。成型过程需要考虑的是陶器的功能，若是炊煮器就需要耐火，若是盛装食物的则需要细腻，而盛水器就要大容积且有不漏水的功能等。而在成型之后进入干燥阶段，又需要考虑烧制技术如何与原材料吻合而令烧制成功，这就与陶窑的结构以及烧制方式紧密相关。然后是使用阶段在陶器上留下的残留物、使用痕迹、废弃痕迹等。最后则是废弃形态的陶器——灰坑内发现的陶器残片。

而考古学家对于陶器生命周期复原的顺序正好相反，不是开始于原材料，而是最后的废弃阶段——灰坑或者任何人类遗迹中发现的陶器、陶片。因此我们往往首先进行考古发掘出土的可视陶器组合的文化因素分析与时空界定分析，这会出现一系列的问题，那就是那些发掘出土于灰坑内的陶片是如何遗留的，何时留下的，它们是同一时期的遗留物吗，是同一人群的遗留物吗，它是否有共存

---

① Michael B. Schiffer, "Life History Processes of Systemic Context", Archaeological Context and Systemic Context, *American Antiquity*, 1972, 37, pp. 156-165; Michael B. Schiffer, *Formation Processes of the Archaeological Record*, Albuquerque: University of New Mexico Press, 1987.
② William D. Gilstrap, "从物到人：通过材料科学分析遗物", "New Insight on Early Chinese Pottery" Presentation, Harvard Art Museum.

物以及共存物是什么，为什么是这样的共存组合，它的背景是什么，反映了什么样的社会生活场景。然后我们会思考它的生命周期，而不是马上看到它生命周期的开始——关注原材料与制作技术的复原。但是在我们完成田野发掘、将废弃阶段的陶器搬回室内进行整理研究时，它是谁？从哪里来？如何来的？这些经典问题就会出现，因此就需要将对陶器原材料、成型技术、烧制技术与使用痕迹等技术与社会属性的分析纳入这一阶段的研究。而作为研究方法与手段则比较适合借用石器技术研究理论-技术操作链[①]，从观察技术细节与制作顺序来复原陶器从原材料选择、成型、修整到烧制完成的整个技术操作链，完成陶器本身生产的全过程。但是陶器生产程序的完结就是陶器使用与消费的开始，使用者为了获得陶器，还应存在一个流通渠道，因此我们需要进入陶器生命过程的最重要阶段——陶器的流通、消费与使用。这一阶段最重要的是陶器作为产品具有的社会属性与文化属性。陶器的流通与消费正是陶器在地域之间交流状况的反应，但是不会说话的陶器如何告诉我们交流背后的社会背景？这就成为这一阶段研究的重点。而陶器是如何使用的这一点则是陶质容器生产终极目的的体现——人类饮食生活方式的复原研究，这些将在以下章节中分别叙述。

第二节　陶器的流通与消费体系

作为产品的陶器，一旦完成生产就进入流通渠道，实现它被制作的目的——使用。在新石器时代自给自足的个体陶器烧制体系下，也许很难复原陶器流通与使用的消费体系，但这是指它不具备作为商品的机能。而事实上陶器即使不作为商品流通，它也不仅限于制作者的小家庭范畴，因为人是社会的人，任何时候都脱离不了与他人的关系，而这种关系的缔结随时都有可能让陶器在不同的人群之间流通。

一、陶器的流通

新石器时代开始陶器的流通渠道大致可以分为以下三类：第一是通婚，婚姻关系的缔结迫使完全不同的两个家庭发生关系，也迫使与两个家庭有亲戚关

[①] 郭梦：《操作链理论与陶器制作技术研究》，《考古》2013年第4期。

系的旁系家庭发生关联。① 而这一联姻过程不仅使陶器作为器物在社区之间流动，还会使得制作陶器的主力——女性随着姻亲关系而在社区之间移动，从而使得技术的流通也可能随时发生。至少这种婚姻关系可以使得两个陶器制作家庭发生交流与相互消费，表现在考古学文化上就可能是两种不同风格陶器混杂的组合状况。第二是物物交换，这主要指那些带有专业性的生产集团之间的产品互补，不一定仅限于陶器产品的交换，也可能是用石器、骨器来交换陶器，或者是不同陶器器类的交换。总之通过这一形式也可以引发陶器产品在不同人群、不同地区之间的流通与消费。第三是战争，族群之间的联姻与战争是两个古老的话题，也随时都在发生。特别是战争，可以因为各种原因随时随地发生，虽然血腥残暴，却是一种常态化的不同人群之间的交往形式。由战争带来的陶器流通可能是获取对方阵营的战利品，也可能是获取战俘为自己生产陶器。战争打破族群之间的封闭状态，以一种不太友好的方式迫使人群相互关联与交流，也就为日常不可缺少的陶器产品提供了一种流通与消费的渠道。

进入早期青铜时代，在经历了新石器时代晚期社会阶层分化导致的社会不平等现象之后，权势阶层试图建立可以由他们掌控的社会秩序，这就体现在新石器时代晚期小地域分割的文化现象开始被一个大的中心性都城所统治，比如二里头文化的二里头遗址、二里岗文化的郑州商城遗址。这一社会结构变化导致社会流通体系也发生必然的改变，在陶器的流通与消费体系上也有体现。

首先是打破家庭式的小规模生产体系。比如二里头文化时期，虽然陶器制作仍然在家庭作坊完成，但是陶器生产的产品与流通则与新石器时代晚期不同。它的产品已经不是自给自足的，而有可能是受制于某种指令而生产的特定产品，用于特定目标的流通与消费。这一点可以从二里头文化伊洛地区炊煮陶器深腹罐的逐渐规格化现象推测出来，但是这种炊煮器的规格化，也可能与炉灶大小与形式的改变相关。② 这一现象在二里头文化阶段还不显著。但是到了其后的二里岗文化阶段，则有大量考古证据体现这一陶器流通与消费体系的成立。以郑州商城为中心发展起来的二里岗文化，与二里头文化相比有更为强有力的权力掌控与统治。陶器制作、流通与消费体系在这一阶段发生较大变革。

其次是制陶业内部的再分工。郑州商城内有专业烧制深腹盆类精致陶器的手工业作坊，还有烧制鬲、夹砂罐类的粗制陶器工坊。而在郑州商城周边地区、

---

① 都出比呂志：『日本農耕社会の成立過程』，岩波書店，1986年。
② 秦小丽：《晋西南地区二里头文化到二里冈文化的陶器演变研究》，《考古》2006年第2期。

豫北地区的多个遗址则以生产陶鬲为主,而伊洛地区的一些遗址则多见捏口罐和大口尊类器形。这些专业陶器作坊的流通与消费显然不是制作者所属的个体工坊,而是有整体计划性的。

最后是炊煮器规格化倾向的出现。其背景可能有两种解释,一种是炉灶形式和炊煮方式变化带来的,另一种是陶器生产背景中出现了某种规制和制约,而使得陶器器类和大小的一元化与规格化得到发展。但无论如何,陶器的生产体制和流通与新石器时代相比发生了较大的变化这一点是肯定的。

二、陶器的消费

陶器生产的最终目的是消费,一般而言,是因为需要而生产,因此生产者大多时候也是消费者。但是由于上述流通渠道的多样性,很多时候陶器的生产者并不一定就是陶器的消费者,陶器消费的形式变得多样化与复杂化。所谓的消费也就是陶器的使用与制作目的——为何而作。这就需要与陶器生产的具体内容一起考虑,特别是新石器时代晚期开始,社会复杂化导致社会分层的扩大,陶器也不仅仅限于日常生活的必需品,陶器内涵趋于多样化。白陶的生产[①]、以酒器为主的礼仪性陶器组合的大量使用、外来系陶器的介入、加工类陶器的比例增加、墓葬随葬用陶器的专门化等,显示着陶器消费形式应对社会结构变革而不断呈现复杂化的倾向。进入早期青铜时代,随着铜器产品的制作,作为传统产业部门的陶器不仅没有衰落,反而在上层社会礼仪性交流圈发挥着重要作用——礼仪性陶器与原始瓷的远距离流通与消费。因此陶器的消费不仅仅是使用这么简单,它是整个社会体制变革、社会生活、习俗以及与周边不同集团之间相互交流的一个反应。陶器消费可以总括为以下几种形式:

(一)一般生活用陶器消费

这一类型陶器一般与陶器生产者密切相关,也是地域文化生活形式的直接体现。这类陶器与当地的自然环境、农产品加工形式、炊煮方式等都有极大的关系,体现了陶器原本的特质与功能,也是我们考古学家通过陶器来研究当地社会

[①] 鲁晓珂、李伟东、罗宏杰等:《二里头遗址出土白陶、印纹硬陶和原始瓷的研究》,《考古》2012年第10期;李宝平、刘莉、陈星灿等:《二里头遗址出土白陶产地的初步探讨及锶同位素分析的重要意义》,载《2009年古陶瓷科学技术国际讨论会论文集》,上海科学技术文献出版社2010年版,第65—70页。

文化的指标之一,是复原地域文化生活、饮食方式、陶器功能与机能的基本资料。以粟和黍为主食的杂谷文化,以稻米为主食的稻作文化,以根茎类为主食的华南热带文化和以放牧牛马羊为主的游牧文化,由于各自地理环境与农作物加工方式、饮食生活的巨大差异,陶器消费的形式也非常不同。因此在我们试图研究陶器的时候,其实首先要将陶器消费人群所在的地域社会文化以及环境因素考虑在内,综合分析陶器的消费形式及社会背景。

(二) 礼仪性陶器消费

陶器除了日常生活使用外,还在很多祭祀性礼仪场合发挥重要作用。在很多遗址都有发现的酒类陶器就是礼仪性陶器的一种。饮酒可能已经是人们日常生活的一部分,但是礼仪性陶器仅指在特定的宴饮祭祀、宗教礼仪、丧葬礼仪、婚宴礼仪时使用的陶器。虽然有些地区日常生活中也有饮酒习惯,比如在江浙地区从河姆渡文化出土的平底盉、马家浜文化出土的三实足盉也沿用到崧泽文化和良渚文化中。这些器具并不多见于墓葬,而是在一般生活灰坑与地层中多见,应该是一种生活饮酒器,而不一定只在礼仪性活动中使用。但是大多数的礼仪性陶器还是出土于大型贵族墓葬、祭祀坑,或者宫殿类基坛之下。比如山东龙山文化的鬶、盉、觚、杯、豆等,夏家店下层文化的彩绘陶器、爵、斝等酒器,陶寺文化的彩绘陶盆、盘、壶、豆和陶鼓等[①],二里头文化的白陶鬶、觚、爵、盉与斝等都是成套出现在高规格的大型墓葬中的,他们与其他材质的祭祀性器物一样都用于礼仪性活动。在一些遗址中,这些特殊的礼仪性陶器与日常生活用陶器不同,暗示着它们从生产到使用有可能是特别规划的,至少从早期青铜时代开始,礼仪性陶器从生产到消费可能有独立的体系,显示着它们与日常用陶器可能是分别进行制作的。

(三) 加工类陶器消费

刻槽盆可能是脱壳用器,捏口罐是打水用器,将军盔是冶炼用器,尖底厚胎的陶罐是制盐用器等,这些陶器都是加工工具,他们本身是为了另一种生产而使用的,因此,其消费的目的与生产加工以及社会手工业体系相关。

---

① 秦小丽:《新石器时代晚期——早期青铜时代的礼仪性陶器》,哈佛艺术博物馆"中国早期陶瓷器的新认识"学术讨论会发言稿,2019 年 4 月。

（四）外来系陶器的出现与陶器消费范围的扩大

既然陶器的流通有着多样的渠道，那么其消费的范围也就会比较广泛，制作地之外陶器的流通也会经常发生。外来系陶器就是非本地制作的陶器，一般而言，小规模家庭式陶器的生产大多是自给自足式的消费，但是基于婚姻、战争或者物物交换也会有一定范围的流通。考古发现一个遗址内一种陶器组合中往往有非本地产的外来系陶器，这些陶器反映了陶器制作者在地域之间恒常地存在着某种社会性关联，也是陶器相互消费的一种旁证。因此一个遗址中既然有外来系陶器，也就暗示着这里的陶器存在着被消费到其他地区的可能性。

第三节　陶器的功能与饮食生活方式复原

因生活需要而产生的陶器，它的功能似乎不需要更多的研究就能一目了然。考古学家以自己的认知和对资料的分析来阐释陶器的功能时，常会有这样的疑惑，那就是使用这些陶器的人们的饮食生活方式是什么样的，他们又是如何使用这些陶器来加工、炊煮食物的，炊煮食物的具体内容，也就是他们的食谱会是什么，他们又是如何使用这些陶器来处理菜谱的，炊煮器的类型有哪些，不同器类的分工分别是什么，是煮菜、炖肉，或者两者兼备，还是蒸饭、煮粥，是直接蒸还是隔水蒸，是用于温酒、温粥、泡茶还是中药煎煮罐。在需要解读其具体的使用方式时，考古学家并不能仅仅根据器形给出答案。因为陶器仅仅是一个器具，如何使用它与使用者的需求以及生活习惯紧密相关，相同的器形也可以有不同的使用方法。陶器还与当时当地的自然环境、农业生计方式、农作物种类以及他们的日常主食有关。是稻米、杂谷类、小麦，还是根茎类？对动物的利用与获取方式，如对猪、牛、羊、鹿的利用方式，海鲜类、河蚌类的利用与否，这些又如何利用等都与陶器有深刻的影响与联系。因此我们研究陶器功能时不能仅仅看器形，也做不到通过一组陶器就能知道当时古人的食谱与烹饪方式。这些考古学研究的难点使得我们虽然掌握大量古人遗留的陶器与陶片资料，却不能轻易恢复他们的日常生活场景。但是只要我们充分考虑以上与陶器功能息息相关的要素，并尽力做到根据器形与使用痕迹来观察和分析陶器本身遗留给我们的证据，这个研究课题就一定会有所突破。

一、陶器的功能分类

（一）陶器器类、器形与陶器组合

陶器作为一种容器，是由日常生活的需要而产生的。它的器类与器形的产生均与日常生活紧密相关。考古遗址出土的陶器大多数情况下都以地层与遗迹单位的形式而出现，也是我们研究陶器功能的基本资料。因为理解陶器器类与器形，需要将其置于一组陶器之中来判断它们的功能，这就是陶器组合。陶器的使用大多是以组合为形式，它们有瓮、尊、壶、罐等储藏器——用于饮食原材料的保存；有刻槽盆、甑、漏斗等加工器——用于饮食原材料的加工；有深腹罐、鬲、甗、斝等炊煮器——用于饮食原材料的烹饪；有盆、钵、盘、豆等盛食器——用于炊煮食物的放置；有碗、杯、勺、碟等餐饮器——用于餐桌上食物消费；还有鬶、盉、爵、壶等分酒、温酒、喝酒器等——用于饮酒与饮料消费。其中很多器类兼有多种用途，特别是酒器既是日常饮酒器具，也可能是礼仪性器具、宴饮器具。因此陶器器类与组合是陶器功能研究的基础。

（二）陶器炊煮器具使用方式

炊煮器是人类饮食生活的重要器具，所有饮食的美味与否都取决于如何炊煮，使用什么形态的炊煮器具。因此要想了解当时人类的家庭规模以及饮食生活方式，就必须首先研究日常炊煮器。中国从新石器时代开始，陶质炊煮器就有釜与支脚、圆底深腹罐、鼎、鬲、甗、斝等各种形态。判断这些器物是否炊煮器，主要是看它们在底部或者足部有无着火痕迹、锅巴残留、口缘外的溢出物残留等炊煮遗留痕迹。在确定了炊煮器功能之后，我们需要回答它们的炊煮方式如何，以及炊煮的内容是什么，特别是同一遗址内发现不同器形的炊煮器同时存在时，还要思考两种器形的功能区分又是什么。因此炊煮器使用方式的复原研究，是一个连续而需要多种方法并用才能解决的课题。这些将在下一节详细介绍。

（三）陶器饮酒器具的使用方式

人类究竟是什么时候开始饮酒的？仅从形似酒具的器皿有无还不能完全断定，因为它也可能是盛装其他液体饮料、果汁的容器，而酿酒需要一定的酿造技术，最主要的还是酒类是不是能够久藏不坏。而且酒类是奢侈品，只有在人们的生活足够富裕的情况下才会有多余的粮食谷物制造酒水。通过对器形、陶器内外使用痕迹的观察也能够得到一些确定用途的证据。比如鬶的外侧前足部有烟火痕迹，而后部没有，说明它只在前面加热，而不是全面着火，因此温酒用器比较有说服力。而盉则少有发现烟火痕迹，用作分酒器的可能性比较高等。在长江下游马家浜文化到良渚文化时期，鬶与盉常常以组合形式出现在遗址中，有可能是不同功能的连带分工——温酒与分酒器。而且这里的鬶与盉很少作为随葬品使用，因此可能是用于日常宴饮的使用酒器，而不是作为丧礼器专门制作的。相反，在礼仪性陶器比较发达的山东地区，鬶则大多随葬于高等级的墓葬内，显然是用于丧葬的礼仪性陶器，但是这些鬶、盉也不是专门用于随葬，因为在这些酒器上也都发现了使用痕迹——外表的烟火痕迹以及器内的残留物，甚至在两城镇遗址的陶鬶内还以科学分析手段测出了混合型水果酒的成分①。因此随葬品的陶器有可能是死者生前曾经使用过的酒器。新石器时代中晚期，以白陶、黑皮陶和蛋壳陶等特殊原材料与工艺技术专门制造的礼仪性陶器在黄河流域②、长江中下游地区比较流行。这暗示着社会结构整合中已经开始出现专门的礼仪性陶器的生产与消费体系，而不仅仅是以器形来区分。若是这些礼仪性陶器可以证实的确由专门的生产工坊制作，而不是与一般生活陶器一起生产的话，那么这将反映陶器生产与使用融入社会统治阶层体系，不仅仅是为满足生活所需的必需产业，而且转变为社会统治集团维系其权力的一个礼仪生产部门。

（四）加工、储藏用陶器

陶器不仅是日常生活器具，还在谷物加工储藏方面具有重要功能。刻槽盆是脱壳、或者捣碎谷物的一种加工器具，漏斗是液体装瓶工具，而甑通常被认为是蒸煮食物用的隔水箅子。但是我们在考古发掘中看到的甑底部总是比作为炊煮器的深腹罐、鬲的口径要大，甗的口径也许符合尺寸。因此甑可以作为烹饪器，但也可能另作他用，因为甑底的孔大小多种多样，形状各异，也许与用途有关，至少其中的小孔甑有可能具有筛子或过滤类工具的作用，用于加工某些植物或者蔬果、根茎类。大口缸、大口尊因为其底小口大，也许是埋入地下的储藏器，

---

① 麦戈文、方辉、栾丰实等：《山东日照市两城镇遗址龙山文化酒遗存的化学分析——兼谈酒在史前时期文化意义》，《考古》2005年第3期。
② 栾丰实：《海岱地区史前白陶初论》，《考古》2010年第4期；王芬：《海岱和太湖地区宗教信仰与礼制的比较分析》，《江汉考古》2010年第1期。

也有可能用于加工谷类或者植物类。尖底瓶、捏口罐等则一直都被认为是一种取水、运水的工具，但是最近有研究认为尖底瓶也有可能是谷芽酒的加工器具。而高领罐、小口瓮类则是储藏液体诸如水、酒类的储藏工具。大口瓮、平底瓮则有可能是储藏粮食的。此外还有炉灶、大型陶质盖子、内模、陶拍等，均为加工或者工具类陶器。

（五）丧葬礼仪用陶器

一般日常用陶器多出土于居住区、灰坑、陶窑以及与人们生活相关的遗迹现象中，而墓葬出土的陶器作为随葬品，虽然很多也与日常生活陶器一样，但是因其用于随葬，所以陶器本身的意义也会发生变化。这些原本用于日常生活的陶器已经完成了其使用的使命，变化为生者为死者纪念、祭祀的一种物化表现，它真正的意义在于人们寄托于陶器的一种思想、怀念或者是愿望。而陶器在这种丧葬礼仪中就从生活用陶器变化为礼仪性陶器。在我们的陶器研究中常会发现在一些遗址中，居住区、灰坑等出土的陶器与墓葬随葬品虽然器形相似，但是陶器的组合有所不同，这就说明陶器在被作为随葬品埋入墓葬时是经过某种意义的选择的，仅有几类陶器用于随葬，而不是完全按照日常生活陶器的组合。比如在二里头文化时期，作为酒器的爵、斝、盉、觚、杯、圆腹罐、盘等礼仪性陶器多作为墓葬随葬品出土[①]，但是在居住性遗址中也很常见。只是用于随葬的礼仪性陶器有一些比较固定的组合，根据遗址的不同，这种组合也有一些差异。

专门用于丧葬礼仪的陶器制作应该始于明器的出现。明器在新石器时代中晚期就已经出现，良渚文化墓葬中的陶器多是质地粗糙、烧制温度较低的浅橙色陶器，虽然器类与一般遗址出土的相似，但是都没有发现有使用痕迹，且陶质粗糙、火候较低，显然是为了随葬用的特制陶器。但是在同一遗址的居住区出土的陶器则完全不同，均为制作精细、火候较高的黑皮陶器，有一般盛食器的杯、盘、钵，酒器的壶、鬶、盉、觚等，均为黑衣薄胎陶器。而炊煮和盛装器均结实耐用，特别是炊煮器多器形较大，有烟灰和口部溢出物的残留痕迹。[②] 这些特征都未见于墓葬随葬品。即使肉眼也能看出这是完全不同的两组陶器，暗示着良渚文化

---

① 李志鹏：《二里头墓葬研究》，载杜金鹏、许宏编著：《二里头遗址与二里头文化研究：中国二里头遗址与二里头文化研究国际学术研讨会论文集》，科学出版社 2006 年版。
② 浙江省文物考古研究所：《卞家山》（上下），文物出版社 2014 年版。

已经有专门的明器生产。①

二、新技术介入陶器功能与饮食生活复原研究

当我们想要了解古代的人们是如何吃喝和吃喝什么的时候,陶器的功能及其用途的研究就显得非常必要。尤其是对于新石器时代与早期青铜时代,因为没有文献明确记载,也没有足够的图像资料,研究陶器功能与用途就成为唯一可行的途径。然而对于考古发掘出土的大量陶器与陶片,要想了解其功能,仅靠器形以及陶器组合等传统的研究方法存在很多的局限性,这也是陶器功能研究成果不足的原因之一。近年来,科技考古的进步带来的研究方法的多样性,为陶器功能研究带来了新的视点与方法。特别是陶器残留物分析、淀粉粒分析、陶器上残留锅巴与溢出物的观察与分析,都为我们开拓了一条全新的认识陶器用途的方法。

近代考古学从开始至现今的数百年间,陶器研究主要以器形与纹饰作为主要分析对象,而忽视关于陶器的使用功能的分析,因为即使我们想知道这些陶器是如何使用的,也没有比器形与纹饰更多的信息供我们研究,而只能依靠考古发掘的遗迹性质、陶器的出土状况以及可观察到的炊煮器的使用状况进行一些间接式推测。然而由于科技考古学手段的登场,仅数十年就在陶器功能与使用方法研究方面取得了惊人的成果,因为利用这些方法可以获取肉眼看不到的信息与证据,甚至可以从不能复原的残片中提取信息。陶器残留物分析在欧美等西方国家从20世纪90年代开始就已经很普遍,但是在中国还很少有相关方法的介绍。2000年之后,中国考古学界开始有了较多关于陶器残留物、淀粉粒分析方法的介绍、分析案例以及一些研究成果的发表。2004年关于贾湖遗址陶器残片酒石酸的分析研究可能是最初的陶器残留物分析的例子。② 2010年《考古》杂志发表了中美学者合作对山东两城镇遗址出土陶鬶残留物的分析结果,证实这一在大汶口文化到龙山文化时期流行于山东地区的酒器曾经装过混合型果酒。③ 如今经过十多年的发展,中国考古学界与科技考古的紧密联合研究使许

---

① 浙江省文物考古研究所:《卞家山》(上下),文物出版社2014年版。
② Patrick E. McGovern, Juzhong Zhang, Jigen Tang et al., "Fermented Beverages of Pre- and Protohistoric China", December 6, 2004, Proceedings of the National Academy of Sciences.
③ 麦戈文、方辉、栾丰实等:《山东日照市两城镇遗址龙山文化酒遗存的化学分析——兼谈酒在史前时期文化意义》,《考古》2005年第3期。

多遗址都展开了陶器残留物分析、淀粉粒分析,多数考古发掘报告也开始将与陶器制作、陶器的使用与功能相关的科技分析成果纳入报告。

(一)陶器的生物化学分析

近年来,在陶器用途研究中使用最为广泛与流行的方法就是陶器残留物分析。这一分析方法共包括六个方面的内容,分别是:DNA 分析、淀粉粒分析、脂质分析、蛋白质分析、碳化物分析和酒类分析。这里仅介绍与陶器功能紧密相关的分析方法。

1. 陶器残存脂质分析

陶器不像瓷器,它是一种吸水性很强的土质饮食器,用于吃喝的液体和动植物脂质会因长期使用沁入陶器胎土内。只要在陶片上钻去少量粉末进行生化分析,就可以得知其脂质的性质,进而断定它属于哪一种动植物。这种方法不需要陶器完整,也不一定需要有肉眼可观察到的诸如锅巴、水迹等,即使是陶器残片都可以用于取样分析。脂质具有不溶水性,与蛋白质、糖相比具有很好的稳定性,即使经过数千年也可以不完全分解而保留在陶器上。陶器脂质分析就是将陶器炊煮、盛食、储藏等使用过程中遗留下的痕迹——肉眼可视的残留物与不可视的沁入成分进行采样分析,以此确定陶器的用途、使用功能差异,饮食内容的种类(动物、植物、海产物、陆产物等),食物混合的具体内容等。

2. 陶器淀粉粒分析

这也是残留物分析的一种,只是以植物性淀粉粒的观察为主,特别是陶器内面有残留的话更容易观察。比如在内蒙古赤峰魏家窝铺红山文化遗址出土的大量平底罐,在有黑色灰痕的陶器上发现了大量粟和黍的淀粉粒,证明是储藏粟、黍的储藏器。① 河南省洛阳东赵遗址陶器淀粉粒分析也是其成果之一。②

淀粉粒是植物通过光合作用产生的一种次生代谢产物,是葡萄糖的聚合物。植物在种子、果实和块根中大量贮存淀粉粒,以提供种子萌发和地下繁殖所需的能量。由于不同种属来源的淀粉粒形态各异,所以具有一定的分类学意义。③ 人类在不断进化的过程中,很早就注意到植物富含淀粉,具有食用价值并加以利

---

① 王春雪、成景唐、曹建恩等:《内蒙古魏家窝铺遗址陶器内淀粉粒反映的古人类食谱及相关问题》,《人类学学报》2017 年第 3 期。
② 孙亚男、杨玉璋、张家强:《郑州地区东赵先民植物性食物结构及遗址出土部分陶器功能分析:来自植物淀粉粒的证据》,《第四纪研究》2018 年第 2 期。
③ 杨晓燕:《中国古代淀粉研究:进展与问题》,《第四纪研究》2017 年第 1 期。

用。在人类采集和加工淀粉类食物的过程中,淀粉粒得以在各种工具表面沉积并保存下来。20世纪70年代以后,淀粉粒开始应用于考古学研究,这一方法用于鉴定植物残留物的来源,并借此推断古人对植物的利用、器物的功能以及食物加工技术等,但是并没有广泛展开。2000年以后,科技考古学界开始关注古代人对淀粉类植物的利用,及其所涉及的一些加工处理过程造成淀粉粒形态的变化,对加工所使用的工具类上残留的淀粉粒进行认定与种属鉴定。2010年以后,这一领域的研究飞速发展,并取得了显著的研究成果。[①]

3. 陶器的碳化物分析

陶器上的碳化物不仅可以用于分析其动植物成分,还可以直接做C14年代测定。目前C14年代测定标本多以遗址中出土的木炭、动物骨骼等有机物作为分析标本,因此对于整个遗址都有出土的陶器,其年代均以类型学与地层学的方法决定。这一直都是一种有效的方法,但是这并不代表陶器本身的确切年代。而陶器残留碳化物的C14年代分析则是陶器本身的绝对年代,准确无误。陶器作为器具而产生就是为了人类的使用,因此考古发现的一些陶器内会有使用时残留下来的块状碳化物,通过分析这些碳化物可以了解陶器盛装的内容、古人的食谱以及陶器的功能,比如通过观察陶器内锅巴与口沿部溢出物来复原炊煮方式等。

4. 陶器的蛋白质分析

人类在利用动植物时,往往会留下相应的蛋白质痕迹,由于不同蛋白质中的氨基酸有差异,应用这一差异可以辨别不同氨基酸的来源,进而了解陶器是不是与奶制品有关。[②] 2008年《分析化学》(*Analytical Chemistry*)杂志发表论文报告了一项有关从阿拉斯加最北端,临近北冰洋的著名的巴罗角(Point Barrow)出土的700到900年前的陶器碎片上的黏土状附着物中成功提取古蛋白,并对其进行质谱分析测定,得到该蛋白来源于灰海狮的明确结果。[③] 2014年王芳与杨帆共同发表论文应用此分析方法,对云南个旧黑马井墓地青铜器上的残留物

[①] 杨益民:《残留物分析在考古学中的应用》,《南方文物》2008年第2期;胡耀武、王昌燧:《中国若干考古遗址的古食谱分析》,《农业考古》2005年第3期;杨益民、郭怡、马颖等:《出土青铜酒器残留物分析的尝试》,《南方文物》2008年第1期。

[②] 庄田慎矢、オリヴァー=クレイグ:「土器残存脂質分析の成果と日本考古学への応用可能性」,eprints. whiterose. ac. uk/119469/1/ShodaandCraig2017.

[③] Caroline Solazzo, William W. Fitzhugh, Christian Rolando, et al. , "Identification of Protein Remains in Archaeological Potsherds by Proteomics", *Analytical Chemistry*, 2008, 80 (12), pp. 4590 – 4597.

运用生物质谱技术和蛋白组学方法,从考古食物残留样品中提取到残留蛋白。由此证明2 000年前到800年前的考古样品中,用蛋白组学方法对其中合适的样品进行实验分析是极有应用前景的。①

5. 古酒分析

古代西方以葡萄酒闻名,而中国酒则以谷类发酵为特点。酒石酸不仅在葡萄酒中存在,在谷类发酵酒和啤酒中也存在。曾经装过酒类的陶器往往能吸收酒石酸并长久保存,如果从陶片中提取的有机物中存在酒石酸的话,则可以推测陶器与酿酒或者与盛酒有关。这一研究已经在世界许多国家取得成就,中国也有相应的研究成果发表。

(二) 炉体陶器的使用痕迹观察研究

这一研究与陶器碳化物分析有所重复,但是研究角度不同。这里是从陶器使用痕迹的角度,加上考古学家的肉眼观察以及相应的实验考古学,并参考民族考古学调查资料进行综合分析的研究。以炊煮器为代表的炉体陶器使用方式研究从20世纪90年代开始在日本的绳文时代研究中比较盛行。著名的代表作有西田泰民和阿部芳郎的陶器用途论②,三宅彻也、小林公明等从绳文陶器外表的煤黑与内面的锅巴的对应关系来推测炊煮器的炊煮方式等。③ 20世纪90年代以后,小林正史和阿部芳郎对这一方法又做了一系列的细致研究④,并结合实验考古学和民族考古学以及容量分析等调查,进一步推进了这一方法在日本考古学界的影响力,取得了较多的成果。阿部从陶器制作文脉出发,注重观察炊煮陶器器体的着火变色与断面的二次着火。⑤ 而小林则从烹饪的文脉出发,注重观察陶器表面遗留的煤灰、内面的锅巴、口沿外的溢出物的位置,并辅以炊煮实验考古

---

① 王芳、杨帆:《基于质谱技术的蛋白质组学方法应用于2 000年前食物残留的分析》,《生物学杂志》2014年第2期。
② 西田泰民:「縄文土器における器種の使い分け」,日本文化財科学会,2013年;工藤雄一郎:「縄文時代草創期土器の煮炊きの内容物と植物利用—王子山遺跡および三角山1遺跡の事例から」,『国立歴史民俗博物館研究報告』第187集,2014年7月。
③ 三宅徹也:「土器における使用痕について」,『小田野沢下田代納屋B遺跡発掘調査報告書』,青森県立郷土館,1976年;小林公明:「煤とお焦げ」,『曽利』,富士見町教育委員会,1978年。
④ 坂井良補、小林正史:「炭化物と脂肪酸からみた高田馬場三丁目遺跡の煮沸用土器の使い方」,『高田馬場三丁目遺跡』,新宿区遺跡調査会,1994年,187—219頁。
⑤ 阿部芳郎:「土器焼きの火、料理の火—縄文土器に見られる使用痕と器体の劣化構造」,考古学研究会:『考古学研究』1995年12月,42(3),75—91頁。

学和民族考古学的实例进行综合研究。① 龟井翼在前人对炊煮陶器使用痕迹研究成果的基础上，提出炊煮炉灶的分类与研究的结合是陶器使用研究必不可少的一环。他对绳文时代炉灶的类型与烹饪用陶器的着火关系等进行了详细分析。②

（三）陶器压痕的观察与研究

这一方法通过观察陶器断面或者器表，认定制作陶器时混入的植物种子、昆虫和其他农作物类害虫的有无以及种属，来推测当时人类食物生活。③ 这一研究虽然与陶器的使用及用途没有直接关系，但是对于分析陶器残留物以及饮食生活的内容是一个很有效的借鉴资料。因为这一研究也是建立在观察陶器本身的基础上的，因而本文将其纳入陶器机能研究方法。

三、近年来中国在陶器功能与饮食方式的研究进展

与陶器残留脂肪酸分析相比，近十年来，中国考古学界在淀粉粒与植物硅体分析方面取得了较多的成果。这类成果最先并非取得于陶器，而是基于对石器磨盘与磨棒上残留淀粉粒的观察开始的，后来将其应用于陶器的刻槽盆、甑、瓮类的残留物分析。

（一）淀粉粒分析研究状况

在对现代样品进行充分研究的基础上，应用淀粉粒分析方法对考古遗址出土的器物表面的淀粉残留物进行提取和鉴定，以获取古代植物利用和食物加工技术的重要信息。这一研究已经有所成果，比如中国科学院古脊椎动物与古人类研究所的研究团队对魏家窝铺遗址进行了陶器残留物分析，并对与陶器伴生的土壤进行了淀粉粒分析。④ 他们发现除了四种淀粉粒，其中粟和黍占多数，根茎类与坚果类也是这一遗址人类饮食生活不可缺少的植物种类。中国科学技术大学孙亚男等人的研究团队对河南东赵遗址 30 件陶器残片以及十枚人牙的淀

---

① 小林正史编：『モノづくり技術の古代史　陶芸編』，吉川弘文館，2017 年。
② 龟井翼：「炉体土器の使用痕研究」，『筑波大学　先史学　考古学研究』2008 年第 19 号。
③ 小畑弘己：「ムシと考古学——圧痕家屋害虫学事始め」，『本郷』2016 年 1 月，第 121 号，吉川弘文館，8—10 頁。
④ 王春雪、成景唐、曹建恩等：《内蒙古魏家窝铺遗址陶器内淀粉粒反映的古人类食谱及相关问题》，《人类学学报》2017 年第 3 期。

粉粒进行了分析，提取了七种不同类型的淀粉粒，分别为粟、黍、薏苡、小麦、水稻、栎属科、豌豆属、莲属八类。淀粉的绝对数量与出现频率显示，粟、黍是东赵先民的主要食物。① 杨玉璋团队对安徽繁昌缪墩遗址出土的 20 件陶器残片表面残留物进行了分析，结果在陶器内壁提取到了丰富的古代植物淀粉粒，显微形态学鉴定表明这些古代淀粉粒主要来源于稻属(Oryza)、小麦族(Triticeae)、莲属(Nelumbo)、薏苡属(Coix)、栎属(Quercus)、菜豆族(Tribe Phaseoleae)和芡实(Euryaleferox)等七种植物。这表明在缪墩遗址所在的皖南沿江平原地带，在公元前 5000 年前后，虽然采集野生植物仍是人们重要的植物性食物来源途径之一，但稻属植物的利用已在缪墩遗址先民的食物结构中占据了重要地位，显示缪墩遗址应已出现了与长江中下游地区相同的稻作农业，且其农业发展水平可能与同时期的马家浜文化相当。② 而杨晓燕与蒋乐平对浙江跨湖桥遗址（距今 8 000 年）出土陶釜内底残片上的残留物进行了研究。结果表明，陶片内壁附着的炭化"锅巴"内包含了种类丰富的植物淀粉粒。根据淀粉粒的形态、大小和表面特征，可划分为七类八种，包括来自禾本科稻属、薏苡属薏米、豆科小豆属等种子和果实的淀粉粒。陶片残留物中淀粉粒的多样性表明了陶釜所加工食物的多样性以及当时人类饮食结构的多样性。③ 王强等人则对河南博爱西金城遗址出土石器与陶器上的残存淀粉进行分析，其结果表明这里的淀粉来源于小麦族和大麦属的最多，约占淀粉粒总量的 70%，其次为粟和黍。此外还有少量疑似高粱属、豆科及块根、块茎类植物淀粉粒。据此结果可推断，西金城遗址的先民采用了多种作物混耕，并辅以少量采集经济的生计模式。其中尤其是大量大麦属淀粉粒的发现表明，中原地区的先民早在 4 000 年前的龙山文化时期即已开始种植麦类作物，这对研究麦类作物在中国的起源、传播及扩散均具有重要意义。④ 孙丽青等人对安徽凌家滩出土的 18 件刻槽盆进行淀粉粒分析，发现了薏苡和小麦族，还有莲藕、豆科等植物，表明刻槽盆主要被用于加工野生类植物。另外还有破损和糊化的淀粉粒，暗示着这里刻槽盆用于研磨和烹煮野生食物。⑤ 陶

---

① 孙亚男、杨玉璋、张家强等：《郑州地区东赵先民植物性食物结构及遗址出土部分陶器功能分析：来自植物淀粉粒的证据》，《第四纪研究》2018 年第 2 期。
② 杨玉璋、禤华丽、袁增箭等：《安徽繁昌缪墩遗址古人类植物性食物资源利用的淀粉粒分析》，《第四纪研究》2016 年第 6 期。
③ 杨晓燕、蒋乐平：《淀粉粒分析揭示浙江跨湖桥遗址人类的食物构成》，《科学通报》2010 年第 7 期。
④ 王强、王青、李启斌：《河南博爱西金城遗址石器及陶器上残存淀粉粒反映的古人类植食性食谱——四千年前的麦作农业》，《中国农史》2015 年第 5 期。
⑤ 孙丽青、朔知、吴妍等：《安徽含山凌家滩遗址出土刻槽盆的淀粉粒分析》，《人类学学报》2018 年第 1 期。

大卫、杨益民等还对雕龙碑遗址出土的刻槽盆进行了分析,也认为它既是研磨器具,也可能用于盛装烹饪过的食物,功能比较多样化。①

中国社会科学院考古研究所二里头工作队在2014年出版的二里头大型考古报告中结合植物浮选结果,对陶器残留物也进行了分析,其结果是虽然植物种子中粟之外占比例最多的是水稻,但是在陶器残留物检测中并未发现相应多的水稻成分,而是以粟和黍为主。因此,植物种属的比例不一定反映人们日常生活的食谱,他们对植物种类的应用呈现多元化趋势,不仅仅是食用,还可能用于酿酒。②青海民和县喇家遗址出土的面条状遗物将世界面条的历史上推到距今4 000年前。有人根据植硅体和淀粉粒分析,认为喇家面条系由含有大量颖壳成分的粟和黍的面粉经反复拉伸面团的方法制成。③ 正如以上介绍的那样,淀粉粒分析并不仅仅限于陶器,也适合于分析石器、牙齿结石等。但由于观察者的经验与分析方法的不同,其研究结果也会有误差,不能仅依靠淀粉粒与植物硅体的分析,还需要借鉴其他手段,比如对陶器残留脂肪酸、植物浮选结果以及陶器内残留物本身的分析以及实验考古学来做综合研究。

近年来连续发表了关于使用淀粉粒与植物硅体分析法对黄河流域仰韶文化时期的杨官寨遗址、新街遗址、米家崖遗址和灰嘴四处遗址进行陶器功能的研究④,这一系列研究意在复原仰韶文化陶器功能与宴饮礼仪的关系。公元前4 000多年的仰韶文化被认为是母系社会,一些有关大房子的发现也被认为是母系家庭的公共场所。大量橙黄色陶器制品中除了带有各种黑彩纹饰的盆钵类精制陶器外,还有大量的尖底瓶,通常认为它是一种汲水器,除了小口高领壶有可能用于盛装液体类外,并没有发现饮酒杯类以及与酿造、饮酒与宴饮礼仪的器类。这次研究通过对杨官寨遗址尖底瓶与漏斗,西安市米家崖遗址的漏斗、尖底瓶,和蓝田新街遗址出土于两个典型单位的一组尖底瓶与漏斗、带流罐、甗以及陶灶的陶器残留物进行的淀粉粒以及植物硅石体分析,得出结论认为这些相距

---

① 陶大卫、杨益民、黄卫东等:《雕龙碑遗址出土器物残留淀粉粒分析》,《考古》2009年第9期。
② 中国社会科学院考古研究所编:《二里头1999—2006》,科学出版社2014年版。
③ 吕厚远、李玉梅、张健平等:《青海喇家遗址出土4000年前面条成分分析与复制》,《科学通讯》2015年第8期。
④ 王佳静、刘莉、Terry Ball等:《米家崖遗址的谷芽酒》,《考古与文物》2017年第6期;刘莉、王佳静、赵昊等:《陕西蓝田新街遗址仰韶文化晚期陶器残留物分析:酿造谷芽酒的新证据》,《农业考古》2018年第1期;刘莉、王佳静、陈星灿:《仰韶文化大房子与宴饮传统:河南偃师灰嘴遗址F1地面和陶器残留物分析》,《中原文物》2018年第1期;刘莉、王佳静、赵亚楠等:《仰韶文化的谷芽酒——揭秘杨官寨遗址的陶器功能》,《农业考古》2017年第6期。

很近,大致处于同一时代的中晚期三处遗址均有制作谷芽酒的证据,而尖底瓶与漏斗形陶器正是制作谷芽酒的工具或者装酒和饮酒的器具。究竟杨官寨、米家崖和新街遗址的尖底瓶是谷芽酒用器还是汲水器目前仍然需要继续研究,因为在黄河流域中游地区有上千处仰韶文化遗址,仅有三处遗址有谷芽酒的证据仍显不足,但是至少向仰韶文化尖底瓶的功能提出了质疑,也促使学术界重视通过陶器残留淀粉粒分析来重新认识一组器物功能以及它的社会性,并引起学者对陶器使用与饮食生活研究方面的多维思考。近年来类似淀粉粒分析的成果越来越丰富,为我们研究陶器提供了珍贵的信息。

（二）陶器残存脂肪酸分析

陶器脂肪酸分析法在以英国为主的欧美国家应用广泛,并且取得了很多显著的研究成果,但是东亚诸国的日本、韩国和中国还刚刚开始关注,因而研究成果还不丰富。其实 20 世纪 80 年代,这一方法曾经在日本得到广泛应用,并有大量对研究方法的介绍与借鉴[1],但是后来因为 1990 年的一起造假事件而使得学术界对此研究方法采取非常谨慎的态度[2],因而在近十年之间,即使在欧美考古学界对脂肪酸分析方法改进与技术升级、大量应用于考古学研究的风潮下,日本考古学界在这一方面仍然采取谨慎的态度,研究成果并不显著,但是与中国考古学界相比,还是有一些研究积累的。比如宫田佳树对北海道礼文岛滨中 2 号遗址绳文后期陶器进行残存脂肪分析后认为,这些陶器是用于烹饪海洋性生物的[3],同时宫田等人还利用分子级别稳定同位素分析法对青森县绳文晚期诸遗址的陶器进行了分析,并由此解明了这些遗址之间在食物利用上存在差别。[4] 还有新潟县立博物馆的西田泰民发表了一系列关于陶器功能与使用以及残留物分析的论文。[5] 奈良文化财研究所的庄田慎矢则求学英国约克大学残存脂肪酸

---

[1] 西田泰民:「化學的方法による土器用途分析」,『坪井清足先生卒壽記念論文集　埋文行政と研究のはざまで』,坪井清足先生の卒壽をお祝いする會,2010 年,334—341 頁;坂井良補、小林正史:「炭化物と脂肪酸からみた高田馬場三丁目遺跡の煮沸用土器の使い方」,『高田馬場三丁目遺跡』,新宿區遺跡調査會,1994 年,187—219 頁。
[2] 山口昌美:「考古学の残存脂肪酸分析と食の問題(前編)旧石器に、ナウマン象の脂肪はあったのか?」,『食の科学』296,光琳,2002 年,37—45 頁。
[3] 宫田佳樹:「土器附着炭化物による古食性の研究」,『平成 18—19 年度科学研究費補助金若手研究 B 研究成果報告書』,2008 年。
[4] 宫田佳樹:『有機地球科學分析手法を用いた先史時代の食性復元』,2013 年—2016 年。
[5] 西田泰民:「化學的方法による土器用途分析」,『坪井清足先生卒壽記念論文集　埋文行政と研究のはざまで』,坪井清足先生の卒壽をお祝いする會,2010 年,334—341 頁。

研究权威奥利弗·克雷格(Oliver E. Craig)教授门下,专门学习残存脂肪酸分析法,并撰文呼吁日本考古学界重视这一方法的应用。① 这些研究都促进了日本考古界在造假事件后重新认识陶器残存脂肪酸分析方法,并借此事件对残存脂肪酸分析方法存在的缺点以及可能的不准确性提出疑问与思考,也发表了很多脂肪酸分析法方面的讨论、实验与质疑解答,使得这一方法在具体分析方法与分析结果的阐释上更加完善。

目前中国考古学界已经开始重视这一分析法在陶器功能研究方面的应用,但是公开发表的成果还很有限。1999年中美合作对河南舞阳贾湖遗址出土的16片陶器残留物进行了分析,其分析方法是气相色谱分析、液晶色谱分析、傅里叶变换红外光谱分析和稳定同位素分析等。分析结果显示,这些陶器沉淀物中含有酒石酸,另外还发现了稻米、山楂、米酒、蜂蜡、葡萄单宁酸等成分,其直接结果是这些陶器曾经盛放过以稻米、蜂蜜和水果类等混合发酵而成的饮料。其后中国科学院的杨益民等学者对残留物分析方法做了介绍②,也利用此方法对湖北雕龙碑遗址陶器、甘肃酒泉西沟村魏晋时期青铜器残留物、山西省侯马西周佣国墓地青铜器残留物等进行了分析。③ 2014年,杨益民在新疆塔里木盆地小河墓地3 600年前随葬品中鉴定出世界上最早的奶酪实物,被称为世界上发现最早的奶酪制品。曾有学者根据脂质残留物和民族学分析,认定波兰史前陶筛为分离固体奶制品和液体乳清的工具,从而将奶酪制作的历史追溯至公元前6000年,然而,由于缺少古代奶酪实物,人们对早期奶酪的制作工艺仍然一无所知,而该项研究第一次揭示了古代奶酪的制作工艺细节,可以说是中国考古学界在有机残留物分析中取得的一项显著成果。④ 此外,宫田佳树在参与日本金泽大学中村慎一教授主持的大型科研项目"稻作与中国文明"课题时,对田螺山遗址与良渚文化诸遗址出土的陶器残留物也进行了分析⑤,庄田慎矢则对河姆渡文化诸遗址的陶器残留物做了分析⑥。

---

① 庄田慎矢、オリヴァー＝クレイグ:「土器残存脂質分析の成果と日本考古学への応用可能性」,eprints.whiterose.ac.uk/119469/1/ShodaandCraig2017。
② 杨益民:《古代残留物分析在考古中的应用》,《南方文物》2008年第2期。
③ 任萌等:《甘肃酒泉西沟村魏晋墓铜甑釜残留物的脂质分析》,《文物保护与考古科学》2016年第2期。
④ Yimin Yang, "Ancient cheese found with mummies", *Journal of Archaeological Science*, 2014-2-8.
⑤ 久保田慎二、小林正史、宫田佳树 他:「河姆渡文化における煮沸土器の使い分けと調理に関する学際的研究」,日本中国考古学会会誌『中国考古学』第17号,2017年12月,73-92頁。
⑥ Shinya Shoda, Alexandre Lucquin, Chi Ian Soul et al., "Molecular and Isotopic Evidence for the Processing of Starchy Plants in Early Neolithic Pottery from China", *Scientific Reports*, 2018(8), 17044|DOI: 10.1038/s41598-018-35227-4.

（三）陶器外表煤灰痕迹、陶器内部锅巴残留物与口沿外溢出物的观察与炊煮方式复原

20世纪70年代在日本开始的炊煮方式复原研究，目前在中国还没有太多的应用，但是对陶器内锅巴碳化物的分析以及口沿外溢出物的分析同样可以帮助炊煮方式的复原研究，这也是今后我们考古学家需要努力补上的一环。特别是对陶器使用痕迹的观察，需要在田野发掘的同时与陶器出土环境结合考虑，因此器表外煤灰痕迹的制作与使用痕迹的区别、锅巴残留位置与炊煮方式的相应关系等是一大难点，需要结合炊煮实验考古学的方法进行界定与识别。这是今后可能努力的一个课题与研究方向。

四、世界各国关于陶器残留物分析的研究成果

从20世纪80年代开始，欧美诸国考古学界开始关注陶器残留物分析法在陶器用途方面的研究。特别是陶器残留脂质分析对了解陶器在动植物利用方面有较大的作用。在北美密歇根河谷发现了陶器烹饪玉米的证据，而在中南美的玛雅文化则发现了用陶器加工可可的证据。[①] 在肉食、乳制品的储藏与加工过程中，陶器扮演了重要角色。考古学家通过残留脂肪酸分析，并结合动物考古学成果，证明在英国新石器时代农业传入之际，养牛不仅仅是为了获取肉食，牛奶也已经成为饮食的一部分。还有像前述的那样，对波兰距今7 500年前的遗址的陶甑残片上的残留物分析显示，这里曾经制作奶酪，而陶甑正是用于制作奶酪的工具。[②]

2018年6月5号的《科学》杂志发表了一件在意大利新发现的陶质瓮形器，陶器残留物分析证明它是用于加工橄榄油的器具。这件陶器出土遗址的绝对年代为距今4 000年，属于地中海地区早期青铜时代，而在此之前关于橄榄油加工出现时间的观点是700年前。这一发现将橄榄油制作历史提前了很多。[③]

古酒的发现也是陶器残留物分析的巨大成果之一。2016年考古学家在格

[①] 九米正吾、宮田佳樹、門脇誠二：「古代メソポタミアの葬宴に関する実証的研究」，『公益財団法人三島海雲記念財団　研究報告書』，2012年第49号，150—157頁。
[②] Richard Evershed,「ポーランドで7000年前に既に先史時代の人類が土器を使ってチーズを作っていた」，*Nature*（2017年12月13日），https://www.discoverychannel.jp/category/science/jp。
[③] 「イタリアの奇妙な壺、4千年にわたるオリーブオイルの歴史を明らかに」，『サイエンス』，2018年6月5日。

鲁吉亚距今 8 000 年的遗址中发现了葡萄酒的残留物，在陶器上还发现了葡萄纹装饰。同时在其紧邻的亚美尼亚也发现了公元前 4100 年的葡萄酒制作工坊，并在陶器残留物中发现酒石酸。① 2017 年考古学家在意大利西奈半岛蒙泰古劳尼奥遗址出土的陶片上，发现了距今 6 000 年的葡萄酒的酒石酸。意大利美食中不可或缺的橄榄油与葡萄酒原本就是具有悠久历史的饮食原料，被意大利人延续使用了数千年，现在这一点被考古发现与研究所证明。②

2018 年 9 月，报道称考古学者应用陶器残留物分析，对欧洲与地中海沿岸各地出土的新石器时代遗址的陶器中选取的 6 400 件进行分析，其中主要是一些炊煮器。在这些陶器中发现了大量蜂蜡残留物，其中最早的蜂蜡出土土耳其的安纳托利亚，其年代距今 9 000 年。而巴尔干半岛的蜂蜡遗留最丰富，分布在希腊、罗马尼亚、塞尔维亚的多处遗址。而中欧地区的蜂蜡遗址距今 7 000 年，北非的蜂蜡使用年代也可追溯到距今 7 500 年。③

五、陶器功能与饮食生活研究的展望

近百年来，陶器研究以古典的传统类型学方法为基础，在编年学与陶器谱系研究方面进展迅速。但是因为没有更多的信息去追踪陶器原本产生的原因——用途与机能，因而在这一方面研究成果很有限，也没有能帮助动植物考古学家将他们的研究成果与当时人类的饮食生活方式结合起来。其原因就是我们除了根据器形和出土状况判断陶器的用途之外，没有使用其他信息资料，在动物与植物加工方面也茫然无知。既然人类无论是获取野生植物还是栽培植物，其目的都是为了食用，那么根据不同植物特性与对动物的认识，要把这些动植物变成人类口中的饮食就离不开加工与熟食工具，而陶器与石器就是应用最为广泛的工具。但是考古发掘出土的陶器与石器不能直接告诉我们它们是如何被使用的，需要我们像侦探一样通过残留在这些陶器和石器上的微痕、残留物等蛛丝马迹，去寻

---

① パトリック・マクガバン：「世界最古のワイン醸造所—アルメニア」，『米国アカデミック紀要』，2017 年 11 月 13 日，「酒と人類—9000 年前の恋物語」，"Grape and wine culture in Georgia, the South Caucasus", BIO Web of Conferences, 7, March 27, 2016, DOI: 10.1051/bioconf/20160703027, 39th World Congress of Vine and Wine.
② 「イタリア最古のワインは同じくシチリア島にあるモンテ・クロニオ遺跡から 6,000 前の土器から検出されている。」,『サイエンス』, 2018 年 6 月 5 日。
③ Mélanie Roffet-Salque, "Widespread Exploitation of the Honeybee by Early Neolithic Farmers", Nature, doi: 10.1038/nature15757.

找当年人类使用这些器具的方式以及他们使用这些器具吃了什么样的食物。考古学一直被认为是物质文化研究,而我们总相信自己可以看到的物质才是我们的研究对象,这一点虽然没有错,但是在如今科技考古技术的协助之下,我们需要改变认识,将那些我们用肉眼看不到的有机物质纳入我们的物质文化研究,扩大考古学研究资料的范围,以获取更多可以走进古人生活方式的信息,进而正确复原他们是如何生活的。为什么制作了这样的陶器而不是那样的?陶器器形的真正意义是什么?陶器在他们生活中的作用是什么?是用作炊煮器具,还是储藏、酿酒、粉碎、研磨工具?或是日常生活用品?宴饮礼仪用品?集团之间交换的礼仪物资?而这样的研究需要借助科技考古——正如以上简述的六种生物化学分析方法以及实验考古学与民族考古学的辅助。在传统考古学的基础上开拓新的方法——探索陶器的用途、机能、使用方式与饮食生活等,也使得已经有的动植物考古学研究成果能够深入当时人类的日常生活方式,因为利用这些动植物的最终目的是还原饮食生活,而对陶器功能的研究正是结合这些不同学科研究成果的一座桥梁。

第四节　作为艺术载体的陶器制品——陶器艺术

以彩陶为特征的仰韶文化主要分布在黄河流域,而进入庙底沟二期文化和中原龙山文化之后,黄河中上游地区则完全转变为以灰陶为主的陶器风格,但是在黄河下游的山东地区,以蛋壳黑陶为代表的黑陶文化开始发达,成为制陶业在这一时期的突出特点。黑陶在长江下游的马家浜文化时期就有发现,此后一直到良渚文化时期,成为人们日常使用陶器的主流。这些黑陶以"通体漆黑"为特征,体现出一种单纯的质朴美。与此同时,从山东半岛到长江中下游地区还发现了白陶,一种使用特殊陶土制作的陶器,白陶的装饰不以器表颜料绘画为技法,而是使用特殊陶土和白色陶衣,多以镂空和刻画为主,这种陶器不仅在制作技术上独特,在艺术表现手法上也独具一格。进入早期青铜时代,模仿同时期青铜器纹样与器形、以灰陶和白陶制作的仿制青铜器的陶器开始流行,在一些高等级的贵族墓葬中作为随葬品发现的例子较多,在当时是可以与青铜器媲美的豪华工艺,因为这些陶器类型全是礼器,纹饰以模仿青铜器纹饰为主,比如波状雷纹、勾连雷纹和饕餮纹等,是陶器制作技术史上水平最高的艺术作品。

一、陶器的造型艺术

作为土与火的艺术,陶器首先以蕴含作者技能、艺术感受的造型而现世,陶土以它的可塑性与柔软再造的特性为陶器作者提供了在塑造与任意创造中获得陶器造型的机会。初创期的陶器以生活需要为主要动机,因此新石器时代陶器的造型,奠定了以后各个历史时期生活用具形状的基础。尽管随着时代的变迁而有所变化,但作为主要生活用具的器形都是在这个基础上发展和演变的。陶器造型的结构安排都是为了满足生活中的实用需要。即使是在手工贴塑、泥条盘筑和捏塑技术阶段,人们对各类陶器造型都做得很规整,以圆形为主,讲究对称,用最简练的结构取得力量均衡。各种扳手、器耳是为了拿起来方便;而大平底、三足等则考虑到了放起来平稳;圆底是以炊煮着火面最大为出发点;小口尖底是放置与提取液体的最好造型。这些造型最大限度地满足了盛物、使用的需要,绝对不繁杂琐碎,取得了极好的实用工艺的艺术效果,而这些成型规律也完全符合造型美学原理。

纵观从新石器时代开始到早期青铜时代的陶器造型,并不仅仅停留在实用性这个最朴素的创作动机上,相反生活在淳朴、自然环境中,思想自由奔放的先民是更有创造力的艺术家,他们在为生活奋斗的同时,也没有忘记以陶器造型来表达他们的艺术感受与思想。陶质人形面具、动物形把手、动物形陶质容器等就是他们留下来的作品。

二、陶器的彩绘艺术

色彩绘画的技能在陶器产生之前的旧石器时代就被人类运用在岩画上。中国在陶器产生之初的新石器时代早期就有简单的用单彩绘画的彩陶。比如浙江义乌桥头遗址、湖西遗址和上山文化出土的距今 9 000 年的彩陶是中国彩陶的最早例证之一。[①] 而仰韶文化时期是中国彩陶文化的集大成时代。新石器时代陶器装饰可分为单色装饰和彩绘装饰。陶器的彩绘图案奠定了图案工艺的基本规律。陶器彩绘结构来自生活,制陶的人们把采集、耕种土地时接触到的最熟悉的植物、动物和其他自然现象,比如太阳、月亮等,通过运用模仿、提炼、夸张的手

---

① 浙江省文物考古研究所编:《上山文化:发现与记述》,文物出版社 2016 年版。

法创作出来,植物形象如葫芦、瓜果、籽实、竹节、叶子、花朵等,动物形象如猪、狗、鹗、长嘴鸟、水鸟、大象、鹿、羊及独木舟、人体形象等经过提炼融入彩绘图案构图之中,来表达他们的艺术感受和对自然的理解和感情。

为了更好地表现陶器艺术,在装饰陶器时多采用拍印、刻划、绘画、捏塑等手法进行修饰。而彩绘则是最流行的装饰手法,彩绘的原料大多是先民在他们居住环境周围寻求的一种结构松散的铁、锰结核,经粉碎后配成的彩料。目前关于彩陶使用的颜料,已有科学技术分析研究成果:洪玲玉等曾经对甘肃马家窑文化彩绘颜料进行分析,而颜料成分显示四川一带的彩陶可能是从与甘青地区的交流中得到的[①];崔剑锋也对湖北一带出土彩绘陶器使用颜料的成分构成以及原材料产地等进行了研究。[②] 颜料产地研究是目前关于彩陶研究的一个新领域,期待更多成果的发表。用于彩绘的画笔应该是用动物毛一类的物质做成的类似毛笔的工具,由于不易保存,因而在考古发掘资料中很少有实物出土,只能进行推测。

彩陶的构图花纹以水波、植物、动物、人物等形象为主,这些素材都很贴近人们的生活,因而原始人的生活就是新石器时代陶器艺术的源泉。彩陶图案的种类非常丰富,可以说他们几乎把自然界中熟悉的各种现象都提炼成了图案,也在他们的生活经验与感受中悟出了符合美学原理的法则,在图案结构上体现出均衡、整齐、对称、反复、连续的绘画规则。这些彩陶构图无论是繁杂还是简约,都符合图案学有关美学的约定原理。彩绘图案既富于装饰性又很写实,表现出当时人们丰富多彩的生活情景和自然认知,也体现了人们热爱自己生活的强烈感受和对生活中大自然的熟知与经验。动物形象中多是人们捕捞、狩猎、驯养动物的场景,常见的动物有鱼、鹿、猪、狗、鹳、鹗、鸟等。这些动物是人们接触最多,也最熟悉的种属,比较容易掌握它们的习性和特性,因而更能准确地将它们的形象和神态描绘出来,还因为对这些动物的情感与熟知,在绘画时善于取舍、提炼和夸张。半坡遗址的人面鱼纹彩陶盆,庙底沟遗址的花瓣枝叶纹盆,几何变体鱼纹等都是彩陶文化的代表作品。而青海大通县上孙家寨马家窑文化遗址出土的舞蹈纹彩陶盆,盆上的彩绘装饰主要是三组人物舞蹈形象,上端口沿处有一圈带

---

① 洪玲玉、崔剑锋、王辉等:《川西马家窑类型彩陶产源分析与探讨》,《南方民族考古》2011年;向金辉:《川西马家窑文化彩陶来源再检视——以陶器化学成分分析为中心》,《四川考古》2018年第4期。
② 郁永彬、吴小红、崔剑锋等:《宜昌中堡岛新石器时代遗址彩陶的初步分析研究》,《中原文物》2016年第3期。

纹,盆的最大腹径处是四道平行弦纹。上下两组纹饰之间是主题纹饰,即人物舞蹈纹,每组舞蹈人物的两边是五至八道并排的弧线,在两组相反弧线纹之间各有一条斜行的柳叶形宽带纹。舞蹈人物是五个一组,向一个方向手拉手随旋律起舞,发辫顺势摆向一侧,看起来是一场比较欢快的舞蹈。但也有学者认为这个舞蹈场面与某种宗教祭祀有关。陶器制作者用流畅的线条来表现欢快的舞蹈,或者是某种宗教仪式活动,都体现了新石器时代陶器艺术达到了很高的艺术水平。还有一件是在河南省临汝县阎村仰韶文化遗址出土的直筒形三耳缸,陶质较粗,是二次葬瓮棺,彩绘了一幅鹳鱼石斧图。巨大的鹳鸟双目圆睁,喙上叼着一条大鱼。旁边立着一个巨型的石斧,石斧用绳索缠在木柄上,柄端手握的地方刻出菱形网格。关于它的释义有多种看法,部分考古学家认为,这幅完整的图画似乎表现的是两个战斗的氏族部落,鹳鸟和鱼分别代表两个不同的氏族部落的图腾。[①]以鹳鸟为图腾的部落势力强大,而石斧表示他的权势,死鱼表示鱼部落的降服。因此陶器彩绘不仅表现人们日常生活的方方面面,还能反映群族之间复杂的关系等体现社会结构与意识形态的内容。

三、陶器的雕塑艺术

泥土是雕塑的成型原材料,也是熟练使用泥土的制陶者表现艺术感受最好的素材。从新石器时代中晚期的考古遗址中发现了很多陶塑艺术雕塑。比如河南密县莪沟北岗遗址出土的陶塑人头像;河北北福地遗址出土的人面像;浙江河姆渡遗址出土的陶猪;甘肃礼县高寺头遗址出土的陶塑少女头像;大地湾遗址出土的人头像口部彩绘陶器;安徽蚌埠出土的陶塑人像;陕西洛南出土的女性像装饰口部的陶壶;杨官寨人面陶器;华县太平庄出土的仰韶文化鸮形陶鼎;江苏吴江梅堰遗址出土的水鸟形陶器等。[②] 而到了新石器时代晚期,还出现了专门生产动物雕塑的手工业作坊,石家河文化三房湾遗址红陶杯与动物性陶塑群制作工坊[③],就是这

[①] 张朋川:《马家窑类型舞蹈纹彩陶纹饰另解》,《南京艺术学院学报(美术与设计)》2018年第2期;青海省文物管理处考古队:《青海大通县上孙家寨出土的舞蹈纹彩陶盆》,《文物》1987年第3期;严文明:《〈鹳鱼石斧图〉跋》,《文物》1981年第12期。
[②] 河南省博物馆、密县文化馆:《河南密县莪沟北岗新石器时代遗址发掘简报》,《文物》1979年第5期;甘肃省文物考古研究所:《甘肃礼县高寺头新石器时代发掘》,《考古与文物》2012年第4期;陈玉寅:《江苏吴江梅堰新石器时代遗址》,《考古》1963年第6期。
[③] 刘辉、向其芳、孟华平等:《湖北天门市石家河古城三房湾遗址2016年发掘简报》,《考古》2018年第9期。

样一处专门制作陶塑的手工业作坊,估计与石家河文化时期上层社会的祭祀体系有关。它代表了新石器时代晚期陶器雕塑的制作高峰。到了早期青铜时代,因为快轮修整技术的引入,使陶器制作不仅提高了生产力,还在陶器造型上有所改变,仿制复杂的青铜器造型就是一个例子。

  陶质雕塑模仿的动物形象以与当时人们的日常生活关系密切的生物形象为主,比如野猪、犬形、鸟形、人头像等。在实用性陶器的口部也多做出雕塑装饰,如将器盖盖钮塑成人头,也有将形体修长的陶瓶口沿塑成少女的头,颈细长,肩和上腹很突出,下腹修长,整体为磨光红陶。小口长颈瓶上体现男女形象,应与古代的生殖崇拜有关。红山文化在祭祀性遗址发现雕塑精美的女性形象,赤身裸体、肚腹圆鼓、乳房突出、臀部翘起,是怀孕的妇女形象,可能也是由于生殖崇拜。① 而杨官寨等遗址出土的人面雕塑还可能与当时社会的宗教祭祀活动紧密相关。特别是河北北福地遗址的人面陶塑出土于一处祭祀性遗迹内,显然具有宗教祭祀的意义。而陶猪、陶狗、鸮形等造型的陶器则以作者自身最熟悉的动物为原型,充分表现了陶器制作者的审美与艺术表现力。

四、陶器的刻划符号与记事

  从新石器时代开始,陶器上就发现刻划有文字形的符号,这些符号无论是文字还是一种记录方式,都表现着先民在用自己的方式以符号或者简单文字来记录生活、农事以及物物交换。它是原始先民在陶器艺术发展的同时,利用陶器为本体创造的又一件值得关注的原始文字节点,也是陶器在人类历史上承载过记录与文字图案的体现。这些刻划纹大致可以分为两类:一类是刻划图画类,即刻划一幅生活场景,或者动物人物形象。比如河姆渡遗址出土的陶钵上刻划的猪,形似野猪,神似家猪的特征非常形象。田螺山遗址出土的陶器有类似大象形象的刻划纹,还有稻穗和其他植物形象等的刻划纹。到了良渚文化时期,在良渚遗址群内的钟家岗遗址、卞家山遗址等均发现很多刻划细腻、画面连续、具有故事性的刻划场面,这些均属于刻划纹这一类。② 马家窑文化陶器上爬伏在稻田中蛙的形象,四肢夸张得比身躯还大,具有跃动感的表现等也属于这一类。③ 而

---

① 冯时:《敖汉旗兴隆洼红山文化陶塑人像的初步研究》,《中国社会科学院古代文明研究中心通讯》第24期,第50—59页。
② 浙江省文物考古研究所:《卞家山》(上下),文物出版社2014年版。
③ 中国社会科学院考古研究所、青海省文物考古研究所编著:《青海柳湾》,文物出版社1984年版。

在长江中游湖南省的汤家岗遗址、千家坪遗址还发现了在白陶器上镂空雕刻的诸如冠状神面等复杂花纹。① 第二类是刻划符号、数字、几何形状等与记事、计算、文字有关系的符号类。从仰韶文化开始就出现了刻划符号,比如半坡遗址、姜寨遗址、大汶口文化等遗址均有发现。良渚文化时期的湖州庄桥坟遗址就发现了240余种刻划与文字符号②,其中大部分属于第二类刻画符号或者文字。

陶器刻画文从仰韶文化时期开始就特别发达,从黄河上游的马家窑文化-齐家文化,中游的仰韶文化-中原龙山文化,下游的大汶口文化-龙山文化,再到长江下游的河姆渡文化-良渚文化,长江中游的大溪-屈家岭-石家河文化等,在中国新石器时代大部分地区均发现了陶器刻画文,因此可以认为这些刻画文是利用陶器作为载体的一种用于书写和记录的形式,陶器所起的作用也许就像文本一样,是一种记录用的工具。

第五节 以恢复社会生活为目的的陶器研究方法

所谓以恢复社会、生活为目的的陶器研究方法,就是通过研究,使陶器本身作为器具的机能、功能和社会属性得到恢复,并通过对这种恢复起来的器具或器物组合的分析,来恢复陶器使用者和制造者的社会生活状况。日本考古学界从20世纪70年代后期开始,借鉴西方考古学界文化史与文化人类学、社会学等不同理论与方法,对考古学资料进行研究和阐释,对日本的弥生时代、古坟时代的遗迹与遗物进行了多方面的研究尝试,并取得了较大的成果。本节通过对这些研究成果资料的整理以及笔者在研究陶器过程中的理解,将陶器研究方法大致归纳为连续渐进的三个阶段或称三个层次,即基础作业阶段、一般日常生活恢复阶段、社会体制恢复阶段。这三个阶段具有从低到高、从基础到理论的连续性,因而基础作业阶段是这种研究方法不可或缺的出发点,也是进入后两个研究阶段的先决条件,如果没有基础作业阶段的资料准备和积累,后两个阶段的研究也只能停留在推测和理论概述的层面,而无法得到实证,同时,陶器在考古学研究中应具有的素材作用也无法得到型式编年学以外更多方面的发挥。下面将分别

---

① 郭伟民:《湖南史前白陶的考古发现(代序)》,载《千家坪遗址出土白陶》,故宫出版社2019年版,第81—82页。
② 浙江省文物考古研究所、平湖市博物馆编著:《平湖庄桥坟遗址刻画符号图集》,文物出版社2014年版。

对这三个阶段逐层加以分析和概括。

一、陶器研究的基础资料观察和集成

我们把陶器研究的第一步称为陶器资料的基础作业阶段。这一阶段首先应该对每个遗址中出土的陶器本身所具有的特征进行详细观察、记录、整理和集成。因而,这里首先把陶器所具有的特征分为机能特征和属性特征,并对这两种特征的观察方法分别做详细论述,然后就基础资料具体的计测方法和统计方法做一简单总括。

(一) 陶器的机能特征研究

陶器是一种以黏土为材料、以火为动力的富有多孔特性的烧制品。其用途首先与人类的日常生活相关联。所以作为陶器研究的基础作业之一,首先应该对考古发掘出土的陶器的原本用途进行认定。

陶器不仅有各种各样的形状,其容量大小也有区别,形状与用途密切相关,而容量的大小也是用途的要素之一。因此在这里一般将与用途有关的陶器的形状和容量称作陶器的机能特征。陶器除有机能特征之外,还有诸如彩绘、花边等装饰性要素的存在。因此,一般对这种具有特定用途,具备形状、容量、装饰等要素的陶器称作器种。[①] 要对遗迹中出土的各种形状的陶器用途进行认定,首先要对器种的功能进行识别和分类。关于这种识别和分类,已有比较成熟的研究成果。一般而言,陶器从社会功能角度来看可分为两大类,一类是祭祀用陶器,一类是日常生活用陶器。这里重点就日常生活用陶器的分类进行总结。

日常生活中,陶器的用途千差万别,但大致可以划分为搬运用陶器、储藏用陶器、加工用陶器、烹饪用陶器、饮食用陶器几大类。搬运用陶器如仰韶文化的尖底瓶、龙山文化中的背壶、高领折肩罐、二里头文化中的捏口罐等,这些陶器不仅因为其形状适于搬运,还因为这些器类也多发现于河流、水井边,因而对其功能的确认比较容易。储藏用陶器多是一些体积大、容量大、易于放置的器类,比如缸、瓮等。这种陶器的认定与陶器出土时的状况、出土位置以及出土时陶器内的盛储物的有无有关。烹饪用陶器的认定也比较容易,一是观察陶器外是否有

---

① 佐原真:「土器の用途と製作」,大塚初重、戸沢充則、佐原真編:『日本考古学を学ぶ(2)原始・古代の生産と生活』,有斐閣選書;佐原真:「土器の話」(5)—(10),『考古学研究』第19巻第73—76号。

煤烟痕,二是这种陶器形状特殊。比如陶支架、灶、釜、鬲、鼎等,但也有深腹罐和筒形罐的炊器,这种器类既可作储藏用,也可作炊器,但一般情况下,可通过煤烟的有无和器表外是否抹泥、器内是否有锅巴残留物等来断定。加工用陶器目前有漏斗、刻槽盆等器类。饮食用陶器器类繁多,就形状而言有钵、碗、盘、盆、杯等,但器形以外的认定方法还有很多。

以上关于陶器用途的认定,都是在陶器离开其所在遗迹的位置之后,在陶器资料整理阶段通过眼的观察来进行的。事实上,陶器用途认定的最初阶段,也可以说是最重要的阶段,应该是在遗迹发掘的过程中,即陶器出土于什么性质的遗迹中,比如房址、灰坑、墓葬;陶器在遗迹中的位置,比如陶器若出土于房址的话,位于房址的什么地方;陶器出土时的状况,比如同一房址出土的器类是分别出土的,还是集中从一个地方出土的等;出土时陶器内是否有盛物,陶器外或底部是否有附着物等,这些在对陶器用途进行认定时是很重要的第一步。

(二) 陶器的属性特征研究

陶器的用途、容量以及花纹的有无,在陶器制作的时候就已确定了。同时,根据陶器用途的不同,其制作技术也相区别,比如粗砂质陶多用于炊器,既传热又耐火;而细泥质陶则以汲水、储水或盛流质类的碗、盘、钵类器比较多。因此,在我们进行陶器用途的分析时,陶器的制作技法、使用痕迹、法量、胎土等方面就显得比较重要。以下就目前为止对陶器制作的程序以及一些制作技法和陶器本身各个构成属性的研究成果进行简单概括。

如果说陶器的形态认定和用途的识别属于陶器的机能特征的话,那么,陶器的制作技术的恢复,比如陶器的成型、修整、纹样以及色调和器壁的薄厚等与制作修整有关的研究,则是属于陶器的属性特征范围的。[①] 而关于这种属性特征的系统分析,是了解陶器制作者、使用者以及由此而可探讨的地域间集团关系的实证资料和途径之一。

陶器的最小单位就是陶器个体本身。要想从陶器这一对象中获得更多的信息,就必须从由多种多样属性构成的陶器个体的研究来着手分析。随之,从陶器的地域性特征中来把握其所反映的社会集团状况。关于这种研究,日本考古学界已有了较多的成果。总括这些研究成果,大约有以下几个方面。

---

① 松本直子:『認知考古学の理論と実験的研究——縄文から弥生への社会・文化変化のプロセス』,九州大学出版会,2000 年 2 月。

1. 陶器制作技术的观察和研究

陶器制作技术的发明,可以说是人类进步史上的一次革新,因而对当时的社会和生活具有较大的影响。因此,陶器制作技术的研究也应是分析当时社会生活与技术的重要手段之一。日本在这方面的研究作为实证分析的典型范例之一受到重视,迄今已积累有较多的成果。就本人目前所接触到的资料,在此可概括出以下几点。

(1) 陶器断面研究:以弥生时代陶器为观察对象的高桥护先生,通过大量的陶片观察和实验研究,并以陶器制作过程中产生的胎土组织结构的不同作为基准,分析出以下三种弥生陶器器体的造型技法:陶片断面组织呈层状或流纹形状的陶器,应是泥条盘筑法所制作的;而陶片断面组织呈碾压构造的陶器,则应是泥板结合法所制作的;第三种的轮制法则比较容易确认,在此不需要做更多的解释。[①]

(2) 黏土接合方法的观察:另一位以绳文陶器作为研究对象的家根详多先生则通过对福冈曲田遗址陶器制作时黏土接合方法的观察,发现在同一遗址出土的陶器中,其黏土的接合方法不同。比如,绳文时代晚期的深钵形陶器,其黏土带的特点是:幅度均约为2厘米,多内向倾斜,或可称为内倾接合。但是同遗址中出土的与朝鲜半岛无纹陶器相似的陶器以及具有弥生板付式特点的陶器,其黏土带不仅比前者较宽,而且呈外向倾斜,或可称作外倾接合。这种黏土带方向的不同,虽不反映制作方法的差异,但却是制作者习惯性动作的反映。因而,可以说曲田遗址中的陶器现象,可能暗示着在绳文时代晚期,在与来自朝鲜半岛的移住者之间的密切交流中,由于制作者的移入使陶器制作技法发生了变化。[②]

2. 陶器痕迹研究

提起痕迹研究,大家可能首先想到石器时代的微痕研究等。其实在日本对陶器痕迹的研究也较普遍。五十岚彰先生把这种研究总结为以下三点。[③]

第一,制作痕迹。这主要指成型过程中留下的整形痕迹,修整过程中的调整、施纹痕迹和烧制过程中的熏痕。这些痕迹通过肉眼就可以观察到,因而其操

[①] 高橋護:「弥生土器に関する基礎的考察」,鎌木義昌先生古稀記念論集:『考古学と関連科学』,鎌木義昌先生古稀記念論文集刊行会,1988年;高橋護:「器壁中の接合痕跡について」,『論苑考古学』,坪井清足さんの古稀を祝う会編,天山舎,1993年。

[②] 家根詳多:「遠賀川式土器の成立をめぐって—西日本における農耕社会の成立」,『論苑考古学』,坪井清足さんの古稀を祝う会編,天山舎,1993年。

[③] 五十嵐彰:「実験痕跡研究の枠組み」,『考古学研究』第47巻第4号,2001年3月;横山浩一:「刷毛目板の形状について」,『論苑考古学』,坪井清足さんの古稀を祝う会編,天山舎,1993年;佐藤由紀男:「煮炊き用土器の容量変化からみた本州北部の縄文・弥生」,『日本考古学』第13号,2001年;小林正史、柳瀬昭彦:「焦げと煤からみた弥生時代の米の調理方法」,『日本考古学』第13号,2001年。

作比较容易。

第二，使用痕迹。在日本，陶器的使用痕迹研究成果以制盐陶器为多，但是，一般陶器研究中也多有应用。首先可以指出的是炊煮器的内面调整和透水性变异的分析，其次是炊煮物遗留痕迹的观察，最后是通过痕迹观察对炊煮器加热方法的研究以及对当时料理方法的阐释。这种使用痕迹研究中也多以实验考古学的方法来确认观察结果。

第三，废弃痕迹。这种研究在欧美诸国比较盛行，但在日本还主要以石器为主，陶器研究中的成果还不多。这种研究是对遗物在物理性原因下所产生的破损、移动和埋没痕迹的研究。

3. 陶器法量的多维比较研究

在考古学研究中，常常会见到一些非 A 型又非 B 型，但又具有 A、B 型特征的陶器。这样的陶器在日本被称作折中陶器。关于折中陶器的制作者研究，中园聪先生用多变量分析中的主成分（PCA）分析来把握折中陶器之间的异同。其具体方法是首先将同一遗址中不同时期的陶器分为两组，对各组陶器本身的法量分为八个项目进行计测，然后对这些计测数值通过多变量分析得出其主成分数值进行比较。这八个项目分别是器高（A）、口径（B）、内口径（C）、最大腹径（D）、上腹部总高度（E）、下腹部总高度（F）、底径（G）、底部厚度（H）。在得到这八项数据后，用坐标和柱状图表示，以求出各自的分布特点进行比较。因为陶器制作是一种连续而复杂的工程，其中包含许多必须通过学习才能掌握的知识，但是，也有许多习惯性动作留下的制作痕迹。总之，陶器制作是制作者置身其中的一系列社会性行为，不受个人意志的支配，但是在制作者身处环境有所变化时，也有易变的一面。因此，如果我们能够知道陶器属性中哪些易变、哪些不易变的话，就可以知道折中陶器的制作者和模仿者是谁了。[①]

4. 陶器色调和厚度的研究

我们在翻阅考古报告时，总可以看到附表中的陶色陶质统计表，但是关于这种表格在陶器研究中如何发挥作用，却知之甚少。在日本不仅有对这种陶质陶色做的专门研究，还有对器壁厚度的研究成果。松本直子将在美、加等国学习所得的理论知识应用于陶器分析，并注目于陶器色调和器壁厚度这一缺少研究的

---

① 中園聡：「折衷土器の製作者—韓国勒島遺跡における弥生土器と無文土器の折衷を事例として」，九州大学編：『史淵』第 130 輯，1993 年 5 月；中園聡：「弥生時代開始期の壺形土器—土器作りのモーターハビットと認知構造」，『日本考古学』，1994 年第 1 期。

领域。她将日本国土厅出版的用于一般土壤色相鉴定的《标准土色贴》标准用于陶器色调研究,可以说是一个创举。其具体方法是将陶器的外表和内壁颜色各分三个项目,即色相(颜色种类)、辉度(明暗感觉的定量化)和亮度(颜色的鲜艳度)这三个项目,合计分六个项目对陶器个体进行对比统计,并用标准土色记号登记,然后对统计数据用多变量解析的方法做趋向分析。其前提是首先对同一器种的色调做分析,然后再做器种间的比较。

陶器厚度数值的计测和研究比较简单,即对每件陶器器壁的厚度进行测量,计测值以0.1毫米为单位记录。在制作厚度资料时,首先避开因器形形态变化而产生厚度变化的部分,一般以较平坦的器体部分作为计测位置。在对一个遗址中各个器类的器壁厚度全部计测结束后,就需要对这些数值进行分析。其具体方法是把数值代入柱状图表内,然后观察其分布结果,并对其进行分析。[1]

以上是对陶色和器壁资料的分析方法。对我们来说,分析只是研究的手段,而这种分析的目的才是我们所要研究的。陶色和器壁厚度都属于陶器的属性特征,是与陶器制作紧密相关的要素。因此,如果对这种色调和厚度的空间变异状况能进行定量分析和把握的话,也就可以对陶器空间变异形成的一般理论做出进一步的实证分析。那么,陶色和器壁厚度的变化究竟是基于一种什么样的技术变化而产生的呢?首先看陶色,大致有三种可能:胎土的调整法、烧成法或者是前两者的结合。而器壁厚度则只能是在陶器制作技术的学习过程中传承或习得的。因此,以上两种属性的空间构成变异,反映了陶器制作集团之间的交流和移动。

5. 陶器的显微镜观察——岩相学分析法

这种方法主要着眼于陶器胎土中的构成物分析,即通过胎土中包含的岩石矿物的种类及其诸性质与这些岩石矿物母体的地质构成物的比较来探求其陶器产地的研究。陶器的岩石矿物学研究在20世纪30年代作为新石器时代研究的一种方法开始于欧美各国,从70年代开始以绳文时代陶器为主要对象的研究开始在日本盛行。

清水芳裕先生将其具体方法总结为以下几点[2]:其一,将陶器胎土中的矿物

---

[1] 松本直子:「認知考古学の視点から見た土器様式の空間的変異—縄文時代後晚期黑色磨研土器様式を素材として」,『考古学研究』第42巻第4号,1996年。

[2] 清水芳裕:「縄文時代の集団領域について—土器の顯微鏡観察から」,『考古学研究』;清水芳裕:「岩石学的方法による土器の産地同定」,『考古学と自然科学』10,1977年;西田泰民:「精製土器と粗製土器—胎土からの検討」,『東京大学文学部考古学研究室紀要』第3号,1984年10月。

与出土遗址的土壤做比较。其二，将陶器胎土中的重矿物取出，来探求采样品中包含的各重矿物粒数的百分比，然后从分析结果中来探明各采样品之间量的相似度和差异度。其三，不取出岩石矿物，直接把陶器片削薄，用陶器薄片直接观察。这种方法不仅可以观察岩石矿物，还可以观察陶器制作技术痕迹和岩石矿物之外的混合物。在对观察结果分析的时候，主要着眼于胎土的岩石矿物中是不是存在与陶器出土地点的地质条件不同的物质，若有一定量的不同物质的话，可以断定其从外地搬入的可能性很大。但是，若量较小的话，则不宜轻易下结论。陶器胎土的观察和分析，在陶器的移动以及地域间交流关系的研究中具有非常重要意义。

6. 陶器的器面调整与纹饰

陶器在制作的最后阶段一般分为器面调整和花纹装饰。前者与制作技术紧密相关，为了使陶器更结实或形状更规整，多采用拍打和刷磨等方法。拍打所产生的结果是器表的篮纹、方格纹和绳纹。这些拍打痕迹在考古报告中一般均称作纹饰，事实上这些只是器面调整时留下的痕迹而已。这种调整时使用的工具是陶拍，其形状和宽度应是具有一定规定的，因而在陶器表面拍打时，应留有陶拍的宽度，一般将此称作调整单位，以此来判断拍打时的方向和是不是用相同的工具拍打的。这种研究在判明陶器工人集团时是非常有效的，因为陶拍一般人手各执一件，同一群人陶拍的相似度较高，相反则低。另外，陶拍还会随着人群迁徙而移动，因而在研究陶器的地域间交流时也是一项有力的观察项目。此外还可以根据绳纹或篮纹的条数判断工具的变化或异同，并解释这种异同体现的社会背景。

这里纹饰一词主要是指调整以外的，为了非实用性目的，即装饰或宗教的目的而形成的花纹。比如新石器时代的彩陶、一般陶器上的花边装饰、动物形器物附件等都应是出于非实用性目的的花纹。对这种花纹的研究已有较多的成果，也是大家都较熟悉的，在此不多赘言。

以上从六个方面对陶器属性研究进行了总结。未能纳入以上六个方面的应该还有许多，比如深泽芳树从对陶器制作的必要性和容易模仿的观点出发，以陶器纹饰和器表修整方法的差异来分析陶器的属性特征。[①] 而林谦作则注目于胎

---

① 深沢芳樹：「弥生時代の近畿」，『岩波講座日本考古学5　文化と地域性』，岩波書店，1986年。

土的调整法和纹饰组合所传达的信息这一属性特征。① 家根详多不仅讨论了陶器盘筑用的黏土带的接合法这一陶器制作技术,而且还从这一非视觉性的属性特征中讨论了从中国大陆和朝鲜半岛到日本渡来人的问题。山内清男则以对绳纹施纹原理的探索,形成了有名的绳纹纹样论。他不仅注目绳纹含义的解释,还通过各种实验研究出绳纹的施纹方法不是拍打,而是滚压,更重要的是他从绳纹施纹原理出发,为绳纹纹饰形成技术开辟了一条全新的研究途径。②

总之,陶器属性的研究是基础资料整理和分析阶段非常有意义的一步,也是以陶器为素材的考古学研究有可能进一步深入的唯一突破口,还是现有发掘资料中可以最大限度获得分析信息的重要方面。

二、陶器分析数据的计测方法和统计方法

在考古学研究经历了近百年发展的今天,如何使考古学分析更科学化、客观化是我们每一位考古工作者探求的目标之一。这就要求我们在可能的情况下,尽量使资料数据数量化或定量化,以增加其科学性和可比性,以求得广范围内地域间各个要素的相互比较,这也是我们在研究方法上不断摸索的原动力。迄今为止,应用于考古学研究的计测方法和统计方法大致可概括为以下几种。

(一)陶器器种的组合与数量的统计方法

一般来说,考古学研究根据陶器的形态、整形技法、施纹手法等诸特征以及这些陶器相互的共存关系或地层关系来建立考古学上的年代标尺,即陶器的型式及组合关系在其编年体系确立方面发挥着重要作用。而陶器型式之所以能够设定为考古学上的年代单位,是因为在一定的时间、空间范围内,根据人们对陶器的制作、使用、废弃过程的不断反复和积累而形成了陶器组合,其在形态、装饰纹样上的共通性可以得到确认。特别是器物形态,直接与建立其制陶技术体系及在日常生活中使用这些陶器的人们的生活方式紧密相关。同时,陶器的形态与用途紧密相关也是不言而喻的。但这里想强调的是,在作为生活用具的一群

---

① 林谦作:「素山上層式の再検討—M・Y・Iの主題による変奏曲」,『伊東信雄先生追悼考古学古代史論考』,伊東信雄先生追悼論文集刊行会,1990年。
② 山内清男:「日本考古学の秩序」,『ミネルヴァ』,1936年第7、8月号;山内清男:「縄文式土器・総論」,『山内清男・先史考古学論文集』,先史考古学会,1972年。

陶器中，对陶器组合数量关系的分析，即捕捉各个器物形态的使用频度，是研究其社会生活面的重要一环。一般而言，在住居内的陶器组合与在墓葬中的陶器组合中，各个器种在量的方面是不同的，因此，我们在分析陶器组合关系时，必须考虑这群陶器的出土场所。另一方面，我们在把握遗迹的性格方面也应该将陶器组合关系作为一个可视点来予以重视。总之，陶器器种构成与制作、使用、废弃这群陶器的社会集团的生活方式具有紧密的对应关系，陶器组合量的差异和变化某种程度上是基于其生活方式的不同性质或变化而发生的。

对于陶器组合关系的重视和研究，受惠于型式编年学研究的发达，在中国已有很多研究成果，并在学术界得到学者们的普遍关注。但对于陶器组合中各个器类量的分析研究，还有待于进一步加强。正如前段所述，陶器组合关系中量的关系分析对恢复陶器使用者的社会生活方式以及变化具有重要的作用。

在中国，一些考古发掘报告或简报中也常常附有陶器器种统计表、陶器纹饰或口缘形态统计表，这些都体现了报告担当者对陶器量的统计重要性的认识，也为大家提供了更广泛的研究资料。但这些资料的统计方法多不太明确，因而在使用这些统计资料时感觉难以把握。在日本，根据宇野隆夫先生的总结，目前使用比较普遍的陶器器种计测方法大约有如下几种。[①]

1. 口缘计测法[②]

对于陶器个体数的计算，根据个体识别来进行是最正确的，但是，一个遗迹或一个遗址中出土的陶器残片往往很多，甚至数以万计，对每个个体进行识别事实上是不可能的，同时由于破损程度不同也易产生误差。因此选择可以辨识器形的口缘部是比较可行的计测方法。

所谓的口缘计测法，大致分为以下四个步骤进行：第一步，对遗址中出土的所有陶器进行修复，然后将所有的口缘抽出来；第二步，把抽出的口缘部以遗迹或层位为单位区别其器种和分类，并对同一器种进行型式划分；第三步，对分类过的陶器的口径、器高、残存率进行计测；第四步，把同一器类、型式、尺寸的陶器残存率相加得出其个体数。另外，残存率的计算方法是先画一个半径以5毫米为间隔的同心圆率表，再把这个同心圆率表以每15度的间隔划分为24等份，然后把要计测的口缘部残片放在相应的圆周上，读出其所占圆周率表的比例。最后

[①] 宇野隆夫：「食器計量の意義と方法」，『国立歴史民俗博物館研究』第40集，1992年。
[②] 关于口缘计测法，笔者在参加府城遗址发掘时，曾得到当时京都大学文学部助手伊藤淳史先生手把手的指导，在此表示感谢。

就属同一器种的口缘,把其尺寸以口径相区别,计算其每 5 毫米的残存率。比如,深腹罐 A1 类,口径 14.5 厘米以上 15.0 厘米未满,1/3 破片,三件合计为一个个体。

口缘部计测法可以把种类、尺寸和破损程度不同的大量陶片的个体数,用几乎相同的精确数计算出来。当然,一般而言,口缘部的器种分类是比较有效的,但口缘部也有容易破损并失去口缘的缺点,这种情况下,在用口缘计测法的同时也可以辅以器物杯部、圈足、三足等不易损坏的部分个体数计算法。但是在各器种陶器占有率的计算中,口缘部计测法是最有效的。因此,在我们以这种方法得到各器种在遗迹单位中量的计测结果后,就可以计算出每个器种在陶器组合中占有的百分比,也可以结合编年分期的推移来计算出同一器种在不同期别中所占比例的变化。

2. 重量计测法

这种方法多应用于出土陶器较少,而且陶片较小,多不能复原的遗址。其计测方法是将一个单位遗迹中出土的陶片不分大小,全部计测其重量,然后根据器类进行平均,以求得各个器类的数量。这种方法不确定性较大,因而在可以用其他方法的情况下,尽量避免使用此方法。

3. 残片统计法

在出土陶器中筛选出诸如口缘、耳部、底部、柄部、颈部或可辨认的各个部位,然后对这些有效部位的全部陶片进行统计,以计算出各器类的个体数。这种方法有对一件陶器反复统计的可能性。因而其结果也存在有不确定性的嫌疑。但是与重量计测法相比,其科学性较大些。

以上三种方法中,口缘部计测法是最具有科学性的,这种方法所求得的是陶器数量中的最小个体数,而并不是其实际数量。这一点在使用分析数据时,应谨记于心并做相应的阐释。

4. 计测数据的分析

我们在考察遗迹中出土的陶片时,一般都希望将所有的残片作为分类、计测的对象,但事实上,小的残片的计测值容易产生误差,若不论陶片大小,对其计测值全部加以利用的话,常会产生一些不正确的结果。所以,一般情况下,对口缘计测法所测陶片的大小限制通常定在残存率 1/6 以上。

那么我们通过口缘计测法得到遗迹单位中陶器最小个体数的计测值之后,如何利用这些计测结果进行分析呢?首先,我们应对遗迹单位中出土的所有陶片进行统计,以得出口缘部残片总数,然后再将这些残破口缘换算成完整器的个体数,并计算出每个器种在总口缘数中所占的百分比。其次,对各个器种进行分型分式,并根据口缘形态和尺寸大小的变化,建立起分期编年序列。再次,在对遗迹单位中具有共存关系的所有器类做了分期编年之后,就需要对每个器类在这些共存关系中所占的比例进行分析。分析的第一步是用表格的形式,将每个期别的陶器总量表示出来,然后以期别为单位计算出每个器种在期别中所占的百分比,这种情况下可列表表示。最后观察从早到晚每个器种量的变化趋势,对这种量的变化趋势与遗迹的性质结合起来,进行下一阶段的研究或社会背景分析。

(二)陶器器表绳纹条数的计测方法[①]

以上仅仅是对器种型式及量的计测,用同样的方法也可以对陶器的纹饰、陶质、陶色进行统计,然后将这种计测值与器种量的计测值结合起来,获得更多有用的信息资料。陶质陶色的计测可以通过对陶片的计算来进行,但对纹饰,特别是绳纹,一般我们多用粗、中、细这样的字眼来表示。事实上,所说的粗、中、细都是相对而言的,对其绝对粗细难以判断,因此,对于绳纹的粗细也应该有一个客观的计测方法。最简单的方法就是计数法,即以5厘米为单位,对每件陶器的绳纹进行计算,然后把计算值用表格表示出来,根据数目分出粗、中、细来,比如8条~10条为粗,11条~15条为中,16条~21条为细等,这样,人们在对不同遗址间的绳纹粗细进行对比时就有了一个客观的数值,使比较成为可能。同样,其他纹饰也可用这样的方法来统计。

(三)陶器容量的计测方法[②]

迄今为止,由于陶器在造型上富于可塑性,并具敏锐反映时间变迁的特性,因而常被作为年代学的标尺,人们根据陶器形态、纹饰和制作技术的不同对陶器型式进行设定。但是陶器毕竟是应炊煮、储藏、搬运、供献等功能而制作出来的一种容器,所以在研究陶器时,对于其作为容器的性质不应忽视。当然,陶器作为容器的性质首先表现在其器物形态方面,并根据用途产生出各种各样的形态来。所以陶器容量与形态密切相关。

---

① 笔者于1998年参与府城遗址发掘及资料整理时,依照当时的博士生导师冈村秀典先生的推荐,首次将陶器器表绳纹条数的计测方法使用到对中国出土陶器的测量上。
② 笔者对陶器容量计测方法的使用开始于1999年。当时笔者陪同冈村秀典、都出比吕志两位先生参观了府城、二里头、偃师商城等遗址,两位先生亲自教会笔者使用这一方法。返回日本以后,笔者又用这种方法测量了大量陶器。

无论是容量计测还是器种计测,都有两个原则:一是尽可能测量大量的资料,为此在方法上必须避繁就简;二是无论谁都可以计测,而不需要特别的器具和装置。基于以上原则,并根据资料的破损状况,容量测定可以有以下三种方法。[①]

1. 直接将谷类等粒状物放入薄的塑料袋内再放入容器内,大致到器物颈部为止,然后用量具测量其重量,直接得出器物容量。这种方法仅限于完整器或经修复后复原的完整器。这里需要注意的是粒状物的选择,作为原则应选择体积最小的粒状物,比如中国小米是最好的选择,但是不宜直接将小米放入。

2. 使用实测图对不完整器物进行复原,然后在图上从底部到口缘部,以高差 1 cm 的间距将整个器物分割成圆锥体,接着用各圆锥体的直径的平均值来求体积,最后将这些体积相加测定出陶器的容量。这种方法既可以用于完整器仅能看到实测图的情况,也可以用于小部分破损、在实测图上可对称复原的资料。所以这种方法在仅有实测图、看不到实物的情况下,就可简单计测出其容量来。

3. 应用计算机软件在实测图上进行容量计测。

4. 针对那些口缘部或底部残缺,但在实测图上可以通过推测复原整个器形的资料,可用以下方法:即把具有同一器形形态的资料集中起来,参照其口径、腹径、底径和器高等各种数值,在图上对整个器物形态进行推测复原,然后用方法 2 进行容量计测。

一般情况下,多采用以上四种方法并用的手段,相互检证,以得出最精确的容量值来。

(四)关于计测数量分析的几种方法

1. 在得到所有陶器容量的计测值之后,以器种为单位对所有容量的数据进行归纳,然后再根据数值的大小,区分出大、中、小等容量的类型来,再对各类型容量陶器所在的遗迹单位和时期进行考察,最后得出随时期的推移,同一器种容

[①] 小田木治太郎:「甕形土器の容量に関する基礎的考察—大和の古墳時代開始期前後の例から」,『天理参考館報』第 7 号,1993 年;藤村東男:「土器容量の測定」,『考古学研究』第 28 巻第 3 号,1981 年;小川貴司:「土器容積の計算法と器体積」,『二十一世紀への考古学:桜井清彦先生古稀記念論文集』,雄山閣出版,1993 年;北上市教育委員会:「九年橋遺跡第 5 次調査報告書 第 4 節 土器」,『昭和 54 年 3 月文化財調査報告第 25 集(岩手県)』;黒岩隆:「縄文土器の大きさ—深鉢形土器の容量を中心として」,『東京考古』5,東京考古談話会,1987 年;吉川義彦:「計量分析からみた須恵器の容量変化」,『考古学における計量分析—計量考古学への道』,帝塚山考古学研究所,1991 年。

量的演变趋势。

2. 容量数值与装饰纹饰的分析：首先对所测容量的器类上的装饰纹样，根据其装饰部位和纹样内容进行分类；然后再基于器形和装饰类型的不同，来观察各器类容量的变化；最后根据器形、装饰类型和容量三个要素，对遗迹单位中出土的所有陶器进行类型划分。这种分析的最终目的，就是正确把握时期推移过程中，陶器个体这三种要素的结合与分离状况。比如几种类型中，形态和容量相同的陶器较多，但这些陶器上的花纹却不相同，这就说明陶器的形态和容量在重复，但装饰方法却在不断变化。

3. 同一时期的同一器类中，容量大小若不同，有可能反映器类的功用不同。比如同是钵，大型钵外有烟灰，其口缘部装饰较多不利于饮食用，则可能是作炊器用的。而小型钵口沿平整，器表看不到烟灰，可能是一种饮食器。所以，对这种器形用途的判别，容量也起着重要的作用。

容量作为陶器属性中最基本的要素之一，与日常生活的方式和内容、生活消费单位等问题直接相关。因此，通过对陶器容量基本状况的分析，可以明确一个考古学文化中人们饮食生活和料理方式的变化倾向，也可以了解以饮食生活为连接点的消费单位的演变状况。

三、陶器基础资料的分析和背景解释

在有了充分的陶器个体基础资料数据集成之后，如何把这些个体资料放入它赖以存在的遗址中，与其他资料相结合，并通过分析这些庞大的数据，对这些资料的背景做出合理的解释，这便是我们研究的第二阶段。一般日常生活和社会状态的恢复是这一阶段探讨的重点。到目前为止，有关陶器作为日常生活用具所具有的社会功能的研究，其成果积累还比较少，之所以这样，不仅因为在陶器研究上，人们大多偏向编年和文化谱系的追求，还因为陶器作为生活用具以及陶器用途的解明，在实证方面难以做到。尽管在这方面实证性研究有较大的难度，但随着资料的增加和研究的深入和细化，许多学者在这方面也做了许多努力，并形成了一些可总结的研究方法。在总结这些研究方法之前，首先就基础资料的定量化分析做简要论述。

在资料整理和数据集成中，我们用各种表格记录了各个方面庞大的数据资料。仅以表格的形式，想要从这些数据中看出可分析的背景解释是比较困难的。因此，在进入分析之前，必须对这些数据资料做定量化整理。

（一）基础分析中的计算机应用

现在计算机的应用已经渗入各个研究领域，考古学研究也不例外，借助计算机软件来分析考古资料已经成为考古研究者必备的技能。因此，关于如何利用计算机软件来处理这些资料的具体操作无须详述。[①] 最基本的做法是利用办公软件，通过各种柱状、饼状、分布图和立体图像等，将基础阶段集成资料图形化，以帮助我们观察陶器诸属性所提示给我们的各种趋势。当然，如果图形选择不当，表现不科学的话，可能会影响我们对属性倾向性的观察。这一点不仅仅是在具体操作时需要注意的方面，更重要的是与我们在资料观察和整理时对资料所具备的认识以及理解程度有深刻的关系。所以说计算机图形的制作很简单，但不能仅仅满足于那些花里胡哨的图形，若是想通过这些表现手法来帮助我们进行分析的话，则需要自己动手从基础数据资料的获取和整理阶段开始。

（二）以遗址或遗迹为单位分析诸要素

如果说以上所述的所有方法都是基于对陶器本身研究的话，那么，从这里开始则着重于对一个遗址或遗迹的研究。也就是说，在对陶器个体基础资料收集分析之后，就需要把这些陶器置于出土它的遗址中来做进一步的综合研究。发掘中出土的陶器，大多以灰坑、房址、墓葬、储藏坑或手工业作坊为单位，以组合的形式出现。因此，把同一单位中出土的陶器作为一个组合来看待是非常重要的。这一点只要做过陶器编年学和型式学分析的人都知道，这个基础在这里同样重要。一个组合中陶器器种构成和诸要素的异同比较是本节讨论的目的。

1. 遗迹中的陶器器种构成

这主要是指同时期共存器物中器类的构成状况及其所占比例。这种共存器物大多以遗迹为单位，比如灰坑、房址、墓葬、祭祀坑或陶窑址等，不包括地层中的遗物。由于遗迹和遗物的废弃有各种各样的原因，各遗迹中出土的陶器组合不一定能完全反映当时的陶器使用状况，但是，如果我们就这些遗迹中出土的陶器组合进行大量的资料分析和积累，则一定会在以量取胜的资料分析对比中找出陶器器类构成与当时陶器使用状况之间的某种规律。

前一节就陶器器种用途的认定作为恢复日常生活研究的基础作业做了分析。在此利用这种认定结果，对遗迹中出土的具有共存关系的一组器物的器种

---

① 堅田直：『情報考古学―パソコンが描く古代の姿』，株式会社ジャストシステム，1996年。

构成进行分析。当然,不同性质的遗迹中出土陶器的器种构成有质的不同,而与日常生活相关的遗迹主要是房址、灰坑、灰沟、陶窑等。房址中出土具有组合关系的陶器资料最重要,但这种资料却异常少。就目前所知,在陕西姜寨遗址和河南淅川黄楝树、大河村遗址和青海喇家遗址中,有因火灾而废弃的房址,这种房址中出土了成套与日常生活紧密相关的陶器组合,而且其摆放位置也与当时的生活方式有关,因而通过这种因火灾而废弃的房址内陶器器种构成及摆放位置,可以恢复人们的日常生活状况。① 根据这些难得的因火灾而原样保留下来的一个房址内陶器器种的构成状况,来与其他废弃原因不明的房址、灰坑、灰沟内的陶器器种构成进行比较,可以追寻到遗迹单位中陶器器种构成的一般规律。如果说一个灰坑内出土的陶器是当时人们日常生活中废弃而扔掉的垃圾的话,那么这些陶器应该是一组包括炊器、食器、储藏器、搬运器、加工用器在内的陶器组合,而这些用途各异的陶器种量的研究则是恢复日常生活状况的关键。比如说,这五种用途各异的器种中,在炊器、储藏器、加工器仅有一套的情况下,大概可以说它反映了家族日常生活所需具的状况,而食器的多少,则与家族内人口数量有关。若有两套以上,可以说明这一灰坑是两个以上家族的共用垃圾坑,若是房址,则可以说在这个房址内的居住者拥有两个以上炊饭单位。所以对遗迹单位中出土陶器器种构成和其所占比例变化的研究,是恢复当时生活状况比较有效的研究途径之一。

2. 器种构成的变迁

一个遗址中发掘出土的遗迹单位,可能属于不同的文化时期,通过陶器型式学的分析,可以建立起其考古学文化编年谱系。在我们对属同一时期的遗迹中出土的、具有共存关系陶器器种的构成及用途进行研究之后,就需要从考古学文化纵向的谱系演变中,来把握这些陶器器种构成的变迁过程。若把握了一个文化由早到晚器物构成的变化状况,那么就可以进一步追溯使用陶器的人类集团中储藏方式或炊煮方式曾有过的变革过程,或者说包含陶器形态在内的生活方式所存在的变化。另外,如果再结合制陶技术和陶器表面施纹方式从早到晚在时间的纵轴上有过的某种文化趋向的话,那么还可以探索其生活方式之外,在陶器生产系统方面具有的变化状况。陶器器种构成的变迁可以用表格和柱状图两种形式来表示,表格表示分析器种构成所使用的遗迹单位,柱状图则以期别和器

---

① 冈村秀典:「仰韶文化の集落构造」,『史淵』第 2 卷第 3 号,1992 年。

种来体现各器类在不同时期的变化过程。①

3. 陶器谱系的辨别和比例变化

一个遗址中出土的陶器,应该是同一人群集团留下来的,因而其陶器谱系也应该只有一种。然而,事实上,在发掘出土的陶器资料中,我们常常可以在同一遗址出土陶器群中看到多谱系的现象。也就是说,一个遗址内的陶器组合并不限于单一谱系。那么,关于这种多谱系陶器组合的现象将如何解释,则需要首先对各个时期的谱系进行识别,然后再对各个时期多谱系的混杂状况做具体分析。进一步说,就是在谱系识别之后,对各谱系的构成比例做定量统计和百分比计算。在有了各时期陶器谱系构成的百分比数据之后,再对各谱系在不同时期的百分比变化进行观察,以寻求其变化规则或倾向性;然后根据百分比的多少,来确定一个遗址的主体要素和非主体的外来要素,进一步掌握主体要素和非主体的外来要素在各个时期的共存状况和百分比的消长倾向;最后,对非主体的外来要素的来龙去脉,在和周边遗址的对比分析中求证其具体的来源。②

4. 陶器容量的变化

陶器容量的变化趋势对恢复生活方式及其演变具有重要的作用。前一节中已就容量的计算方法做了论述,这里就得到一个遗址中每个陶器的容量值之后,如何应用这些值做进一步的研究进行讨论。

首先,将每个器种在不同期别中的容量值用表格表示出来,作成"陶器容量分布图",然后根据各器种容量值的变化趋势,来分析一个遗址或考古学文化从早到晚不同器类容量值的变化所蕴藏的生活方式某一方面曾有过的某种变化。比如说,豆和钵在器种构成中的比例增大,但其容量却显示由大变小的趋势,这也许暗示着豆和钵在早期是多种用途兼备的器种,但随着文化的发展,这种器具完全成为人们日常生活中个人专用的饮食器,因而容量较小,但个体数却在增加。③再比如深腹罐,若将其按容量大小分为小型、中型、大型,在一、二期时大

---

① 都出比吕志:「畿内第五様式における土器の変革」,『考古学論考——小林行雄博士古稀記念論文集』,平凡社,1982年;秦小丽:「二里頭時代から二里岡時代への転換——山西省西南部の土器動態を中心として」,『中国考古学』,日本中国考古学研究会会誌,2001年12月。

② 秦小丽:「二里頭文化と先商文化の土器様式——豫北地区の二里頭期を中心に」,『古代文化』第53卷第3号,2001年3月。

③ 都出比吕志:「弥生時代における地域所色の性格」,『信濃』第35卷第4号,1983年;小杉康:「物質的事象としての搬入・搬出・模倣製作」,『駿台史学』60,1984年;阿部嗣治:「土器の移動に関する一考察」,『東大阪市文化財協会紀要』Ⅰ,1985年;次山淳:「初期布留式土器群の西方展開」,『古代』第103号,1997年。

型罐占有一定的量,到三、四期大型罐减少,相反中小型罐开始占有一定的比例。由此我们可以认为,作为炊器的大型深腹罐的衰退和中小型深腹罐的独立和多量化,可能反映了炊煮方式、炊煮单位等饮食生活和炊煮方法所发生的变化①,而炊煮方式的变化则可能与家族成员构成的变化或者炉灶形态的变化相关。因此,我们可以用陶器容量的变化趋势来对日常生活以及家族构成曾有过的变化进行一定程度的复原。

5. 陶器的制作技术及变化

一个遗址中陶器制作技术的观察和确认,需要通过多组陶器群来进行。因为根据遗迹分布状况,其陶器的制作场所有可能不限于一处,而在有多处制作工坊或者制作场所不明的情况下,陶器的制作技术就要根据对陶器群的观察来解明。② 正如前面已论述的那样,一个遗址的陶器组合中常常包含着多谱系的陶器。不同谱系的陶器,其制作技术有可能不同;而不同时期的陶器制作技术也可能不同。在认定一个遗址的制作技术之后,还需要以时期为单位,对陶器制作技术的时期变化进行分析。这里所说的制作技术主要包括这样几个方面:即制法、陶器胎土、陶器色调、器壁厚度、器表修整与调整和装饰性纹饰等属性特征。

6. 陶器和居住

试图用陶器研究方法恢复人类的住居生活这一想法,可能会使人觉得难以实现。的确,有关这方面的研究,目前进行得还不充分,但并不意味着不可实现。就目前已有的研究结果而言,在这一方面的研究已有不少努力。比如对于房址内曾有过的人员构成及居住生活,以前多根据是不是有炉或有几个炉、炉的位置等来推测房址内生活的人群是一个家族,还是一个以上的家族,并结合民族志的例子,以房址与炊饭单位的关系来复原居住生活。而事实上,如果我们换个角度,着眼于居住址内出土的陶器组合,在对房址与炉的关系研究的同时,对住居内曾使用过的陶器组合加以考察的话,将更能正确地复原当时的住居生活。

(1) 居住址和陶器的废弃类型:日本的小林达雄以绳文时代陶器研究为基

---

① 高橋浩二:「S字形口縁台付甕の伝播とその評価」,『国家形成期の考古学』,大阪大学考古学研究室10周年記念論集,1999年4月;高橋浩二:「北陸における古墳出現期の社会構造—土器の計量分析と古墳」,『考古学雑誌』第80卷第3号,1994年。
② 西谷彰:「弥生時代における土器の製作技術交流」,『待兼山論叢』第33号,1999年;次山淳:「布留式土器における精製器種の製作技術」,『考古学研究』第40卷第2号,1993年;須藤隆:「土器組成論—東北地方における初期稲作農耕社会成立過程究明のための基礎的研究」,『考古学研究』第19卷第4号,1973年。

础,曾提出对陶器废弃类型的识别。① 后来,石野博信将这种居住址与陶器废弃类型的关系归纳为以下四类:第一类,即居住址的废弃与陶器的废弃同时发生,陶器残留在地面,可推测居住的废弃者在相邻地区有新筑居住的可能。第二类,首先是居住址废弃,其次是居住址被埋没,最后原居住址变成垃圾废弃坑,大量废弃陶器被扔进来。第三类,从居住址废弃填土中没有陶器出土,这应是随着居住址的废弃陶器随着人群迁移到别的地方。第四类,由于突然的火灾,居住址内的日常用陶器按原样放置,在被火烧的废墟中出土可确认的完整陶器群。②

通过以上居住址与陶器废弃类型的研究和分析,可以识别出居住址内人们的生活和居住状况。比如,石野博信根据居住址内柱洞的排列和布局,将房址的生活空间区分为内区和外区。陶器在居住址内的放置方法,可分为以内区为中心和以外区为中心两类。而在有些房址中,则有特定器种的放置空间。比如,以壶为主的放置空间,其功能与储藏有关;以瓮为主的放置空间,则应是厨房功能的反映。另外,他在对日本从弥生时代到平安时代居住资料纵向比较研究时,在居住模式图中记入陶器的出土位置,并通过对大量居住址内陶器材料的分析,总结出居住单位中各器种所在位置具有的规律性。

(2)居住人员和陶器:我们在对住居内陶器的位置确认之后,还应对陶器的器种构成和数量加以注意。陶器的器种构成中各器类的数量,应该反映该住居内曾生活过的居住者人数。比如,饮食用的钵或碗有几套,煮饭用的炊器容量可供几口人食用等。若食器的套数和炊器容量所表示的人口相等或近似,则可由此推测出一个住居内的人员数量。

(3)居住形式和消费单位:一般来说,房址内发现的炉的遗迹,以房址中心为炉的形式为多,也有偏在一隅的状况。根据炉的有无,并结合陶器在房址中是不是构成厨房空间的事实,就可以推测住居内所具有的消费单位。一般而言,一个消费单位可作为一个家族构成来理解。另外,在多间相互连接的居住形式中,仅有其中的一间房址内有炊饭用陶器或炉,其他房址内没有,炉只有一个、但是炊食器的陶器有多套的情况反映了只有一个消费单位的事实。但这种消费单位所代表的人群却不是一个单一的家族,而是一个扩大家族,即包括旁系在内的大家族。因此,通过对以陶器和炉为代表的消费单位的分析,可以恢复居住形态所

---

① 小林達雄:「縄文文化の終焉」,『日本史の黎明』,六興出版,1985年。
② 石野博信:「古代住居の日常土器」,『橿原考古学研究所論集』第6集,吉川弘文館,1984年;西秋良宏:「放棄行動に関する最近の考古学的研究」,『東海大学校地内遺跡調査団報告5』,1995年。

代表的人群组合。①

（三）地域单位内遗址间诸要素的比较研究

上一节以遗址为单位,对陶器组合诸要素的时期变化做了简要论述,本节则以地域单位内遗址间的横向关系为中心做比较分析。因为在研究陶器个体以及陶器所依托的遗址或遗迹为单位的器物组合之后,相邻遗址间的相互关系分析就成为进一步研究的课题之一。这里所谓的地域内是指地理上相邻接、考古学文化因素自然交流频繁的地区,不包括那些因非自然地理因素而发生的交流。

1. 陶器器类构成比较

在对每个遗址的出土器类构成做出分析,有了单个遗址的对比资料后,地域内相邻遗址之间陶器器类构成的比较才有可能。在这里大家可能会说,若是属于同一考古学文化的遗址的话,其器类构成应该都是相同的。的确,有这种可能性。但是,如果把每一个独立的遗址看作一个村落,或一群相对稳定人群的生活空间的话,尽管在总体构成上共同点比较多,但是仍应存在一些相异的侧面。而这些不同点也许正是每个遗址或村落独立存在的意义所在。这里以每个遗址器类构成的详细分析资料为基础,进一步做遗址之间的比较,就是想寻求每个遗址的不同点,即遗址的个体特征,然后对地域内遗址间的异同及其意义做出可能的解释。其具体的比较方法有很多,简单来说,主要是陶器种类的数量和器类的交替状况以及各个种类在各个时期的比例变化和消长趋势。

2. 陶器谱系构成比例比较

一个遗址出土的陶器组合,不可能只是单谱系的组合。因为一个人群的生活空间不可能是全封闭的,它总是生存在与他人或集团的接触、碰撞和交流的环境之下。陶器作为这种生活痕迹的遗留物,应该对其真实状况有所反映。前一节已就每个遗址中的谱系确认和其构成比做了基础分析。这里将对一定地域内遗址间的谱系和比例做横向比较,也就是说,就各个遗址的谱系构成的异同及其在各个时期的百分比变化状况做比较。在具体的比较中,首先应该注意的是每个遗址主体成分和非主体成分的区别;其次是非主体成分外来性质的确认以及来源的分析;再次是这些外来系陶器在各个时期的演变过程以及与主体成分的关系;最后是通过陶器谱系分析结果对所看到的诸遗址间关系的阐释。

---

① 都出比吕志:『日本農耕社会の成立過程』,岩波書店,1988年。

3. 陶器制作技法异同比较

相邻地域内每个遗址出土的陶器的制作技法与陶器谱系的构成有密切的关系。因为在谱系界定时，制作技法是一个非常重要的方面。然而谱系比较中又不能完全包含制作技法的因素。因此，在此专门将陶器制作技法的异同比较作为一个题目来讨论。这里讨论的要素也正是在前节基础资料部分已收集的制作、接合痕迹、法量、陶器胎土、色调、器壁厚度、器表调整以及纹饰等。在每个遗址都具备以上诸要素的条件下，地域内诸遗址间的比较才有可能。这种比较首先以了解陶器制作工人集团与陶器使用者的关系以及遗址与遗址之间在陶器制作上的相互关系为目的，其次是通过比较来明确陶器组合中那些非主体成分，或称外来系陶器在地域内诸遗址之间的互动关系。

4. 陶器与聚落

聚落考古学研究从20世纪80年代末期起在学术界掀起一个研究高峰。特别是在国际性合作发掘项目中，以聚落考古为目的的调查和研究比较多。其方法和注目点也多集中在遗址的规模、不同面积遗址之间的等级划分、相互的阶层性关系、贸易或交易圈的距离、相互有无战争发生以及地域间交流等非常有意义的课题方面，因而引起了学术界的高度重视和兴趣，也取得了很多富有成效的研究成果。如果说聚落本身是恢复过去人类社会和文化生活的基本框架资料，那么陶器等遗物研究就是支撑这些框架的填充物。比如，面对一座无人居住或已荒废的豪宅，我们只能想象昔日主人的辉煌，而无法知道其真正的生活。但是，如果豪宅内留下许多主人使用过的各种遗物，我们就可以进行实证性分析，让遗物来告诉我们它的主人是如何生活的。同样，如果只有一堆金银类高级遗物，而没有这些遗物可置身的场所，也很难得出正确的结论，因此陶器与聚落在研究上相互依存，不可分离。正如在前一节基础资料集成部分所做的那些详细而多方面资料数据所暗示的，陶器在考古学研究中并不只在编年学和类型学方面发挥作用。它是融入了人类的智慧和努力，并且适应人们生活的需要而产生的。同时，它在制作中既需要许多人的协作，又是制作者本人技能经验、制作习惯和知识的具体表现。由于陶器制作需要特定的工具、场地和具有分工的人员组成，因而在制作过程中必须规定某种程序并按照这些程序来完成。因此，通过陶器制作而产生诸如工人集团这样的社会组织也是不可避免的。这种组织在个体聚落或群体聚落之间的关系可以通过陶器制作技术的观察和研究来解明。另外，陶器又是可移动和可交换的，它通过人的行为和迁移，在聚落和聚落之间因各种理由移动，因而是可以分析聚落之间直接关系的有力实证资料，也是连接地域内遗址间互动关系的纽带。

具体来说,可以从这几个方面来就陶器与聚落的关系进行分析:第一,以陶器的属性特征为标准,并排除其机能特征和时间差别方面的变数值,对遗址间陶器组成在纹饰、器形上的类似度进行求证和比较。第二,对陶器类似度的解释。一般来讲,遗址间陶器的类似度反映过去人类行为的一个侧面。产生这种类似度的具体原因大约有陶器制作者的移住、陶器制作者之间制作信息的传播和陶器自身的搬运这样几点。第三,对于诸遗址或称聚落之间陶器的类似度的具体阐释可以提示两种可能性,即多数居住集团之间的交流和短时期内同一居住集团的反复移动。[①]

四、陶器理论性研究的可能性

无论是古代社会还是现代社会,其社会的整体构成都是由政治、宗教、交易以及衣食住行等各种侧面所组成,而且相互之间具有不可分割的关联性。因此,无论在对社会的哪一个侧面进行讨论时,都应该站在系统论的角度,以综合性的眼光首先进行观察。在中国,由于有马克思主义作为指导思想,因而在社会系统论方面一直都比较重视,也有较好的研究基础。因此,在经历了以上两个阶段的基础性资料作业和基本分析后,就有了得以展开陶器理论性探讨的条件。陶器只不过是当时社会一个侧面的反映,在阐释陶器的各种分析结果时,一般是基于解释者对当时社会其他各方面的认知程度,而认知程度的差异将导致阐释结果的不同。因此,本章在此仅以陶器理论性研究的可能性为题做一些柔性分析,不打算为读者提供任何教条性框架来束缚大家的思考。

(一)陶器的地域性与陶器的移动

在陶器的型式学研究中,随着分期编年研究的进展,以陶器的地域性特征为出发点的类型划分也有了许多积累。通过对陶器地域性差异的研究,可以解明各地域间人类社会的交流状况。这里所说的地域是指超越自然地理的远距离之间的地域关系,也就是说主要讨论陶器在相隔较远的地域间移动现象,而非因自然地理相

---

① 羽生淳子:「縄文土器における文様・形態の類似と相異—遺跡相互間の関係の分析と復元にむけて」,『信濃』第 26 巻第 10 号,1984 年;羽生淳子:「縄文土器の類似度—土器の属性分析に基づく遺跡間の関係復元への新たな試み」,『史学』第 55 巻第 2、3 号,1986 年;寺沢薫:「布留 0 式土器拡散論」,『考古学と地域文化』,同志社大学考古学シリーズⅢ,1987 年。

邻而发生的恒常交流。这种移动有多种形式,其形式不同,所反映的社会背景和地域间关系的阐释也不同。以下对有关这方面的研究及成果做简要分析。

1. 陶器的移动现象

正如以上所述,通过地域性特征的比较,各种纹饰或器形出现频度的高低所体现的量的差异中,包含了一部分从他地域中移动来的陶器。这种移动来的陶器有这样几种状况:一种是无论从陶质、陶色、纹饰以及制作技法,还是从器物形态来观察,都体现了一种他地域陶器所具备的特征,同时,其在遗址中的数量也不占主流。这种陶器可以断定是从别的地方来的搬入品。另一种是除器形和纹饰与他地域陶器相似之外,其陶质、陶色以及制作技法却相异,这可能是一种模仿他地域陶器形态和纹饰而在本地制作的陶器,可称作模仿陶器。这两种陶器的存在,都反映了陶器的移动现象。前者是陶器本身的移动,后者可能是陶器形态作为信息传播而产生的移动或是陶器制作者集团的移动。在这种陶器移动现象的背后,可能反映了一种人的移动和交流关系。

2. 陶器移动的类型

都出比吕志先生根据对弥生陶器的研究,认为陶器移动可以分为以下四个类型。[①]

(1) 储藏用陶器的移动:这种陶器的移动是双向的,可能体现了一种交换行为,其交换的目的不是陶器本身,而是陶器内的储藏物。

(2) 一组陶器的移动:其移动的目的是转移到他地,以经营生活为目的的移动。其移动的方向以单向较多,但也存在双向移动的可能。

(3) 规格化的相同器类陶器的移动:这种移动可能反映了一种交易行为,其移动方向是单向的,移动目的是陶器作为商品而流通,即从制造方向买方的转移。比如弥生时代炊煮用瓮的移动很普遍且规格化,应是这一类型的移动。

(4) 作为墓葬中的随葬品或棺类葬具,从制造地向有墓葬的地方移动。其移动原因是把陶器作为一种供献祭祀品用于墓葬。

3. 陶器移动现象的解释

以上陶器的四种移动类型反映了两种历史、社会背景。以(1)和(3)类型为代表的移动,是以贸易的行为把陶器作为商品来交换而发生的移动。这种移动形式中,陶器制作者之间不一定发生任何交流。与此相对的则是以(2)和(4)为

---

① 都出比吕志:『日本農耕社会の成立過程』,岩波書店,1988年;都出比吕志:「古墳出現前夜の集団関係—淀川水系を中心に」,『考古学研究』第20卷第4号,1974年。

代表的陶器移动,这种移动不仅仅是交易行为,也反映了以生活经营为目的的人群的移动,包括陶器制作者在内,移动者和移动目的地的人们在共同生活中相互交流,其交流内容不仅仅是物品的互换,还包括陶器制作技法等在内的多方面交流,因而比较复杂。

(二)陶器的地域特征和通婚圈

陶器的地域性特征究竟是在一种什么样的背景下产生的呢?许多学者对此做了研究。在考古学研究中,对于这种特定形式的陶器分布在特定的地理空间的现象有过许多解释。比如在绳文陶器研究的摇篮期,鸟居龙藏曾对绳文陶器中厚手派和薄手派的差异做过研究。他认为,前者是山地的狩猎民族,后者是海岸地区的渔猎民族留下的遗物。[①] 小林行雄则以弥生时代陶器的地域性特征为例,认为弥生陶器的制造者不是专门的制陶工人,而是由各村落中的女性来分担的。因为只有这样,随着农业的发达和定居生活的确立,陶器的器形和纹饰才会显示出一定的地域性特征。而将陶器的地域性和女性联系起来的背景,暗示着陶器地域性和通婚圈的密切关系[②],但是由于当时资料的限制,未能展开实证性分析研究。20世纪60年代后期,佐原真和小林行雄分别对弥生时代和绳文时代陶器的地域性特征背景中应有的人类集团做了实证性研究。事实上,这种研究在美国非常盛行。比如,从考古资料来复原亲族组织,从陶器制作技术的传承形态和婚姻居住制之间存在的法则性规则,来解释陶器事实上存在的地域性等。[③] 都出比吕志则从欧美的研究成果和理论概括中吸取新的思考角度,他对弥生时代陶器和弥生时代的婚姻居住制的关系进行了实证性论述,认为陶器移动的社会背景有四种可能性,即婚姻、交易、战争和灾害。而婚姻作为集团中一部分人(女性)的移动,其中没有冲突,移动的要素既有陶器本身,还有技术传承和创新,因而体现在陶器方面,既容易形成地域性特点,各地域间又有陶器形态、纹饰交叉的现象。而婚姻以外的移动则多属整个集团全体的移动,这种移动在陶器方面的表现应是陶器形态和纹饰等出现统一性,而不是地域性。[④] 因此,陶

---

① 鳥居龍藏:『鳥居龍藏全集』第3卷,朝日新聞社,1976年。
② 小林行雄:『女王国の出現』,『国民の歴史』(一),文英堂,1967年。
③ 小林行雄、佐原真:『紫雲閣』,詫間町文化財保護委員会,1964年。
④ 都出比呂志:「考古学からみた分業の問題」,『考古学研究』第15卷第2号,1968年;都出比呂志:『日本農耕社会の成立過程』,岩波書店,1988年,「第四章第五節 土器の地域色と通婚圏」;佐々木藤雄:「縄文時代の通婚圏」,『信濃』第33卷第9号,1981年。

器的地域性特色和通婚圈紧密相关。通过对陶器地域性的研究,可恢复社会集团中的通婚关系。其中,墓葬资料是研究通婚关系最好的素材。

(三)陶器的流通、消费和交易圈

前节中有关陶器移动四个类型中,(1)型和(3)型资料在研究物品交换的流通中具有重要意义。特别是通过对陶器胎土和制作技术的观察来确定其产地的研究,使陶器在流通、交易中的作用可以得到实证。比如,弥生时代中期以后出现的硝形壶陶器的独立化和渔捞活动的盛行具有密切的关系。弥生时代后期出现了一种制盐用陶器,这种具有特殊用途的陶器,也曾在近畿地区及其周围地区出现。这种本只出现于海滨地区的制盐陶器在近畿的出现,显示出内陆和沿海之间的交易关系。在古坟时代,有关须惠器和埴轮的流通研究也比较盛行。须惠器在流通方面的研究,主要是基于生产须惠器窑址群的研究而展开的。在近畿地区的大阪府南部和北部有须惠器最早的生产窑址。到了古坟时代中期,这些陶邑古窑址群的制品在较广范围内流通,而古坟时代后期则出现了许多地方窑址。与此同时,和陶邑制品同时流通的地方性交易圈也开始形成。①

(四)陶器的地域间交流和政治体制

如前所述,在一个特定地域的考古学文化中,作为一种事实或结果,往往会发现多种陶器谱系共存的现象。通过对这种多系统陶器共存现象的分析,得出的结果是陶器的谱系共存状况,反映了隐藏在陶器背后的地域集团间的交流关系。以此为出发点,根据对各谱系量的消长以及谱系内陶器器种差异的分析,可知这种地域间交流除单纯的双向交流之外,还有一种依其政治权力向他地域强制扩大统治或移民的现象。② 可以与这种状况比附的陶器组合样式大致有以下几类。

1. 墓葬随葬品中的特殊器类

在一些相隔非常远的地域的墓葬内,常可以看到非本地的来自中心地区的祭祀用陶器。比如,二里头文化的爵、斝、盉、豆等精制的祭祀用酒器随葬品,多

---

① 都出比吕志:「交易圏と政治組織」,『日本農耕社会の成立過程』,岩波書店,1989 年;設楽博巳:「弥生時代の交易・交通」,『考古学による日本歴史 9 交易と交通』,雄山閣,1997 年;常木晃:「考古学における交換研究のための覚書(1)(2)」,『東海大学校地内調査団集』第 1、2 巻,1990、1991 年。
② 都出比吕志:「古墳出現前夜の集団関係—淀川水系を中心に」,『考古學研究』第 20 巻第 4 号,1974 年。

出现在一些距伊洛地区很远的东北、山西、长江中游等地比较特殊的墓葬里,而且一部分陶器本身可确定是搬入品而非模仿品。这种陶器一般都是随墓主人直接搬入或者模仿的,多显示其在社会中的特殊地位,因而作为一种阶层性的指示物被人们所承认。在解释这种墓葬和其随葬品的地域性时,可能会涉及中心地和周边地域的支配及被支配关系。这作为当时政治体制的一个侧面暗示了陶器所能起的作用。

2. 陶器组合的一元化

陶器作为一种日常生活用器具,若在没有特殊原因的情况下,应是多种多样的,各自具有其地方的独特性。一旦出现相隔很远地区陶器组合的一元化现象,则有可能反映了陶器制作方面有某种规制,或是陶器制作者集团在广泛的地域内建立有某种统一的组织,在支配或制约陶器制作。因此,陶器原本是来源于日常生活的需要而与政治体制无关的,但是,陶器制作上任何规制或组织的出现都应和当时社会的政治体制相关联[1],或者反映地域间的贸易关系。

3. 祭祀用陶器

形态和图案比较漂亮、装饰性强、个体较小或可以判断不适合日常用的陶器,都可以被认为与祭祀或宗教有关。可以说这些陶器在制作时就不是为使用而做的,而是为一种特定的目的所做的。比如,为埋葬所做的明器、动物形雕塑陶器,还有爵、盉、斝、豆等多出土于墓葬的陶器,虽然也是日常饮酒器具,但是因其具有奢侈品的特性,也可以归属这一类陶器。在日本弥生时代有一种高杯形陶器和施彩的壶、罐等陶器,这些陶器大多用于祭祀。

综上所述,陶器研究需要从社会学的视点进行全方位的综合性研究,既需要考古资料的详细分析,也需要上升到理论和方法论的角度进行社会学的阐释。本书以二里头文化和二里岗文化为代表的早期青铜时代日常陶器为主要分析对象,虽然不能涵盖上述所有陶器研究方法,但是试图对陶器最能代表的包括村落一级聚落组织在内的遗址进行分析,进而尝试从陶器这一普遍存在的遗物分析入手,对中国初期国家形成阶段陶器的生产与流通以及陶器在不同性质遗址中的特点进行研究。

---

[1] 秦小丽:「二里岡時代の地域動態」,『中国初期国家形成過程における地域動態』第 5 章,京都大学博士学位論文,2001 年。

第一章

研 究 史

第一节　中国初期国家形成过程中的地域间动态

一、问题的提出

公元前2000年前后产生于黄河中游地区的二里头文化,正处于中国初期王朝国家的形成阶段。这一文化的出现显示了中国新石器时代农耕社会形成以来发展起来的社会统合形态的一个顶点。其表现之一就是以二里头遗址为代表的二里头文化陶器群,以伊洛河流域为中心,向周围地域扩散。位于黄河支流洛河南岸的二里头遗址,由于其遗址的规模和宫殿基坛的存在,被确认为二里头文化的中心地。随着时间的推移,从这一遗址中出土的陶器型式的分布范围也在不断扩大,陶器的移动和模仿远远超越了早于它的龙山时代的地域分布圈,而在相距很远的周边各地普遍存在。从中心以外的周边地区来看,除来自中心地的具有二里头特征的陶器群之外,还有本地特有的陶器群以及从邻近地区流入的其他系统的陶器群。因而各个地区的陶器组合呈现一种多系统混杂的复杂特征。然而在进入其后的二里岗文化之后,不仅其主要中心地从伊洛地区转移到了郑州地区,还在中心地的偃师和郑州各自建立了两座大型城郭都市。与此同时,在二里头文化时期已经有密切联系的晋西南、豫北和长江中游地区分别建造了地方性城郭城址,充分显示与前期的二里头文化相异的聚落分布特点。与此相伴,二里岗文化时期各个地区的陶器组合特征也发生了从多系统混合的复杂状况转变为单一系统陶器组合的变化。要理解陶器组合所发生的这一变化,探索二里头、二里岗两个时代各自的地域动态,以及中心地与周边地区的关系则是非常重要的。因为这种陶器组合的变化已经超出了一般恒常的地域间交流,而需要关注陶器组合所在时代社会政治体制和经济模式的变化,以及这种变化所暗示的背景。本书将着重研究这一动态变化的具体过程以及超越地域间一般恒常交流的特殊社会成因。

以夏文化和早商文化为目的而开始的二里头、二里岗文化研究,迄今为止经历了近90年的探索,在各个方面取得了许多成果。然而由于这两个时代的研究往往局限在古文献记载的夏王朝和早商王朝的固定地理范围中,并试图在强调考古学文化或类型的时空分布的基础上复原古代部族、民族或王朝的活动地域,而很少注意到各个考古学文化或类型之间交错分布、难以用线条划出范围的地域交流的错综复杂的局面,也缺少从国家形成的角度来研究二里头、二里岗文化的具体实践。基于以上反省,本书从国家形成过程这一视点出发,并利用日本考古学中以陶器分析来阐明地域间交流的方法来研究二里头、二里岗文化时代的社会支配体制和经济模式构成状况。本书研究的重点在于二里头、二里岗文化时代所代表的初期王朝国家形成这一阶段陶器所反映的地域动态和变化过程。

二、研究方法

陶器原本是带有一定综合性特征的集合体,从陶器组合的不同可以把握陶器所表现的特定集团的生产技术、生活状况和其所处范围,还可以从陶器的制作方法和陶器组成的异同,来识别同一陶器组合中所存在的不同系统的多个陶器群,以及这些不同系统陶器群的构成比例,并以这种系统间构成比例的消长来比较相邻地域的陶器组合的量变过程,进而从这种变化过程中来了解各个集团地域间交流的实际状态。但是,关于二里头文化陶器群的这种扩散和二里岗文化陶器组合的一元化特征,仅仅用以上所述的一般集团之间交流这一视点来解释是不够的,还须从初期王朝国家形成这一划时代的社会大变化背景中来分析二里头文化陶器群的扩散和二里岗文化陶器群的规格化和一元化倾向。

笔者曾于1998年和1999年先后两次参加日本京都大学人文科学研究所与河南省文物考古研究所对河南焦作府城遗址的共同发掘,还在此后的2000年应山西省考古研究所的邀请,参加了夏县东阴二里岗文化遗址的发掘与资料整理工作。得益于这些难得的实践与学习机会,笔者将在中国学到的考古学文化因素分析法和日本留学所学到的日本考古学方法相结合,应用于府城遗址和东阴遗址的陶器资料整理,并以所获得的成果作为第一基准对其他二里头文化和二里岗文化遗址中出土的陶器组合进行了分析。具体来说,就是对二里头文化的陶器资料,首先观察其形态特征、器表纹饰和制作痕迹,进行系统分类,然后再用数量分析的方法计算出各个遗址中典型单位出土的陶器中各系统的构成比例,以及这种比例在不同时期的变化,以此把握各个遗址的特征。然后在区别出在地系陶器和外来系陶器的基础之上,从每个遗址中外来系陶器要素的数量变化来探讨遗址之间的交流状况。对于有特殊陶器构成的遗址,从其与周围诸遗址的关系来把握其所具有的社会政治地位和在经济模式中所具有的作用。对二里岗文化的陶器资料也基本是用同样的方法进行整理的,但是由于这一时代陶器系统所表现出的单一性特征,本书将就此进行重点分析。具体方法是从陶器系统、器类构成、炊器容量大小和陶器表面绳纹的条数变化这四个方面的量变结果,来观察二里岗文化陶器组合的单一性特征是不是在一般遗址中普遍存在,然后在这一观察结果之上,对性质不同的三类遗址的陶器组合进行比较,最后探讨这种具有规格化和一元化倾向的陶器组合特征的社会背景。

第二节　二里头文化时期的研究与发掘

"初期国家"这一概念,在中国考古学界和历史学界不太常用,而习惯冠以具体的历史王朝名称,比如"夏代国家""夏王朝""商王朝"或"商王国"等。二里头文化和二里岗文化时期的考古学文化也多被称为夏商考古。而一般常见的"早期国家"这一名称,也多指王朝国家出现之前的酋邦社会阶段,比如新石器时代晚期的龙山文化、陶寺文化和良渚文化等。由此可以看出,中国考古学界对于"王朝"的概念极为重视。日本考古学界的习惯与中国相近,也多冠以王朝的概念,比如"夏王朝""殷王朝"或"中国早期王朝"等。[1] 从很早开始,文献中记载的夏朝和商朝就被认作历史上最初的王朝国家。[2] 因此,在中国学术界,特别是考古学研究中,最初的国家指的就是夏代和商代前期,显示着中日考古学界相对于考古学资料更偏重文献记载的倾向。本书的题目之所以取初期国家,并不是不重视王朝,而是因为本书的重点在于陶器资料的分析,而仅有陶器资料是不能解

---

[1] 日本一般将"商"称作"殷",但在中国文献记载中多自称"商",因此将"商"作为时代和王朝的名称。本书中商王朝是从定都郑州到迁都安阳的这一时期,以后的时期称"殷",以示与商王朝时期的区别。
[2] 司马迁:《史记·夏本纪》,中华书局1959年版,第49—90页。

释王朝这一需要文献以及更多其他论证资料阐释才能确定的概念的。因而将研究的重点放在中国初期国家形成过程(二里头文化、二里岗文化)中的地域间动态上,而不去追究他们究竟相当于文献记载中的哪个王朝。但是笔者认同二里头文化相当于夏王朝、二里岗文化属于商代前期王朝的基本概念。①

从 1931 年开始,中国初期国家的研究历史已经跨越了 90 多个年头。在进入本书研究之前,本着对历史研究和研究者的尊重,和更好地理解本书选题的目的,本章充分展示前人在本课题上的研究成果。这里首先整理总结有关夏商考古的先期研究,并将这一研究史区分为二里头文化时期(夏代考古)和二里岗文化时期(在商代考古中为商代前期),以此回顾这一丰富多彩的学术研究历史。

一、二里头文化的成立和分期研究

对二里头文化的研究是从 1959 年徐旭生先生发现和试掘二里头遗址开始的。② 但是从考古学的角度对夏王朝历史进行复原研究的开端,应该是 1931 年梁思永发掘后岗遗址。后岗遗址发掘中虽然没有发现和二里头文化(夏代)直接相关的遗物,但是确认了新石器时代仰韶文化、龙山文化和商文化在地层上的先后关系。③ 1931 年,徐中舒发表论文《再论小屯与仰韶》,认为仰韶文化的部分遗物和分布区域与夏人有关,但是没有提出夏文化的概念。④ 翦伯赞表示同意徐中舒的观点。⑤ 而范文澜认为龙山文化出土的黑陶与文献记载中"夏后氏尚黑"一致,提出龙山文化也许是夏人文化的推论。⑥ 以上先期研究表明,虽然是根据发掘出土的考古实物进行的研究,但是根据有限的出土遗物来印证文献记载中王族与考古学文化的关系是非常困难的,而这种将考古学资料和文献资料相结合的方法也是需要更多方面的论证和讨论才能结合对比的。

1953 年在河南省登封县玉村进行的考古发掘中,发现了晚于龙山文化、而

---

① 邹衡:《关于探讨夏文化的几个问题》,《文物》1979 年第 3 期。
② 徐旭生:《1959 年豫西调查"夏墟"的初步报告》,《考古》1959 年第 11 期。
③ 梁思永:《后冈发掘小记》,载《安阳发掘报告》1933 年第 4 期。
④ 徐中舒:《再论小屯与仰韶》,载《安阳发掘报告》1931 年第 3 期。
⑤ 翦伯赞:《诸夏的分布与鼎鬲文化》,载《中国史论集》,文风书局 1947 年版,第 48—67 页,转引自《夏文化论文选集》,中州古籍出版社 1985 年版,第 98—117 页。
⑥ 范文澜:《夏ுட遗迹》,载《中国通史简编》,人民出版社 1953 年版,转引自《夏文化论文选集》,中州古籍出版社 1985 年版,第 118—119 页。

早于郑州二里岗文化的考古学文化遗存①,由此引起相关学者的注意。1956 年,又在郑州市西郊外的洛达庙村发掘了与玉村遗址出土内涵一样的遗物,由于这一遗址出土的遗物较玉村更加丰富,因而被命名为洛达庙文化,但是当时并没有完全认识到这一文化的重要性。② 1959 年徐旭生以探寻夏王朝遗址为目的,对河南省西部和山西省西南部进行了大规模的考古学实地调查,其间发现了二里头遗址,并确认了这一遗址的内容与先前发现的洛达庙文化是一致的。③ 从此二里头遗址发掘资料作为典型的二里头文化的代表,引起了众多学者的关注,并由此开始了对夏文化、二里头文化真正意义上的考古学研究。1962 年夏鼐将以二里头遗址为代表的文化命名为二里头文化。从此属于这一时期的遗址在各地相继得以发掘和调查。④

从 1960 年到 1964 年的几年间,二里头遗址中首次发现了 1 号宫殿,以此为契机,二里头遗址是二里头文化的中心性遗址这一看法得到了学术界的极大重视。⑤ 同时,从 1959 年发掘开始,二里头遗址就出土了非常丰富的陶器资料,以陶器资料为基础的考古学分期研究也积极展开,并提出了二里头遗址陶器的第一个分期方案,即 20 世纪 60 年代所分的早、中、晚三期。⑥ 到了 1972 年,随着 2 号宫殿的发掘,又根据遗迹现象将二里头遗址的陶器细分为四期。⑦ 以这个四期分期编年为基础,学术界展开了对二里头文化的特点以及文献上相当于哪个王朝等问题的热烈讨论,并成为那一时期学术讨论的中心议题。此后从 20 世纪 70 年代迄今的 50 多年间,学术界关于夏文化的认识有各种各样的观点,其中包括夏文化是否包含河南龙山文化、夏文化的所在地⑧等问题。1977 年,在河南省登封县王城岗遗址发掘现场召开的研讨会上,这些问题又一次成为讨论的焦点。以安金槐为代表的一些学者认为,河南龙山文化晚期和二里头文化的一期、二期

---

① 韩维周等:《河南省登封县玉村古文化遗迹概况》,《文物参考资料》1954 年第 6 期。
② 河南省文化局文物工作队第 1 队:《郑州洛达庙商代遗迹试掘简报》,《文物参考资料》1957 年第 10 期。
③ 河南省文化局文物工作队第 1 队:《郑州洛达庙商代遗迹试掘简报》,《文物参考资料》1957 年第 10 期。
④ 夏鼐:《新中国的考古学》,《考古》1962 年第 9 期。
⑤ 中国科学院考古研究所洛阳发掘队:《河南偃师二里头遗迹发掘简报》,《考古》1965 年第 5 期;中国科学院考古研究所二里头工作队:《河南偃师二里头早商宫殿遗迹发掘简报》,《考古》1974 年第 4 期。
⑥ 中国科学院考古研究所洛阳发掘队:《河南偃师二里头遗迹发掘简报》,《考古》1965 年第 5 期。
⑦ 中国科学院考古研究所二里头工作队:《河南偃师二里头早商宫殿遗迹发掘简报》,《考古》1974 年第 4 期。
⑧ 安金槐、李京华:《登封王城岗遗址的发掘》,《文物》1983 年第 3 期;夏鼐:《谈谈探讨夏文化的几个问题——在登封告成遗址发掘现场会闭幕式上的讲话》,《河南文博通讯》1978 年第 1 期。

为夏文化,三、四期属于商文化①;而以邹衡为代表的一些学者则认为二里头文化从一期到四期全部属于夏文化,特别强调河南龙山文化不是夏文化。② 1980年孙华根据二里头遗址1号宫殿的兴废年代,认为宫殿的兴废代表二里头遗址存在着王朝的更替,因而提出了新的分期方案,他认为二里头文化的一至三期是夏文化,宫殿废弃的四期是早商文化(二里岗文化、商代前期)③,打破了学术界多年来以安金槐和邹衡的观点为主进行的讨论。近年来,随着中国夏商周断代工程研究项目对偃师商城新发掘小城内的考古学资料的研究,进一步验证了二里头文化三期和四期是夏商文化分界的编年观点,二里头遗址的一至三期为二里头文化,四期是早商文化的观点几乎得到了公认,支持了孙华当年的学术观点。④

20世纪90年代后期启动的夏商周断代工程,进一步推动了夏商文化的研究调查和考古发掘,一些重要遗址的发掘均属于研究计划性质,因而这些考古发掘所获得的资料更具有科学性和严谨性,学者们在这一领域的研究也突破了以往的固有观点,是夏商周考古学取得丰硕成果的一个时期。首先是对偃师商城的发掘和研究取得了明显的成果。特别是1998年以来,中国社会科学院考古研究所河南第二工作队有计划、有步骤地对偃师商城宫城遗址进行的发掘获得了非常重大的发掘成果,并就这些考古新发现进行了系统研究。⑤

2015年出版的《二里头1999—2006》⑥考古报告中,发掘者将原有的二里头遗址四期编年又细分成四期八段,并首次发现了属于二里头文化四期晚段的6号宫殿建筑,也清楚地发现了更多二里头四期晚段地层与灰坑中漳河型文化与岳石文化陶器数量的增加。因此二里头遗址发掘者赵海涛认为,这一阶段虽然发现了6号和11号、10号与3号宫殿基址以及一些作坊遗址,但是已经不是二里头文化,因为许多灰坑出土的陶器中下七垣文化与岳石文化的因素增多。同

---

① 安金槐:《豫西夏文化初探》,载《中国历史博物馆刊》1979年第1期,转引自《安金槐考古文集》,中州古籍出版社1999年版,第72—77页;殷玮璋:《二里头文化探讨》,《考古》1978年第1期。
② 邹衡:《关于探索夏文化的几个问题》,《文物》1979年第3期;邹衡:《郑州商城即汤都亳说》,《文物》1978年第2期。
③ 孙华:《关于二里头文化》,《考古》1980年第6期;田昌伍:《夏文化探索》,载《文物》1981年第5期,转引自《夏文化论文选集》,中州古籍出版社1985年版,第368—386页。
④ 高伟、杨锡璋、王巍等:《偃师商城与夏商文化分界》,《考古》1998年第10期;袁广阔:《试论夏商文化的分界》,《考古》1998年第10期。
⑤ 杜金鹏、王学荣编:《偃师商城遗址研究》,科学出版社2004年版。
⑥ 中国社会科学院考古研究所编著:《二里头1999—2006》(壹—伍),文物出版社2014年版。

时参照郑州大师姑与望京楼二里头文化城址的废弃,它们均显示了这一时期二里头文化的整体衰败。① 2017年李伯谦撰文对新近年轻学者赵海涛、侯卫东等的研究进行了述评。② 他认为这些研究重申了夏商文化分界的问题,并同意以上学者主张的夏商文化分界在二里头文化四期晚段。

2014年在偃师召开的第二届"夏商都邑与文化"研讨会上,赵春青阐述了他发掘研究的新砦遗址的内涵与意义③,他认为新砦遗址的二期是王湾三期文化与二里头遗址一期的过渡期,绝对年代为公元前1870年—公元前1720年之间,因其独特的文化特征,可以命名为新砦二期文化,并认为这是探讨夏文化的新支点,因而意义重大。而二里头遗址的发掘者许宏则在近几年内连续撰写了三部专著④,对二里头文化以及早商文化的历史以及与周边地域的关系、国家体制、王朝更替等进行了新的研究尝试,并提出在发现明确文字记载之前,将二里头文化定为夏文化为时过早,由此引发新一轮夏商文化的争议,引起学术界的反响。而孙庆伟的《鼏宅禹迹》⑤从文献史料角度证实夏文化的存在以及与二里头文化的密切关系。随着考古新发掘资料与研究成果的增加,与二里头文化在年代上共存的一些遗址的新发掘成果也对二里头文化的研究有一定的影响力。近年来陕西北部石峁石城遗址的新发现以及陶寺遗址的新发现为考古学界重新审视二里头文化及其意义产生了不小的震动。由于石峁石城遗址面积巨大,内涵丰富,特别是其绝对年代进入夏纪年等现象为学术界重新思考二里头文化形成过程中与周边文化的关系提供了新资料。而易华以《齐家华夏说》⑥主张分布于甘青宁一带的齐家文化是夏文化的前身。总结以上国内学术界对夏文化、二里头文化的研究历程与多元化的学术观点,都从不同的学术视角积极推动了二里头文化的研究进程,也为本书的写作提供了一个良好的基础。

此外在原本对二里头、夏文化研究较少的欧美学术界,近年来随着中国考古

---

① 赵海涛:《二里头遗址二里头文化四期晚段遗存探析》,《南方文物》2016年第4期。
② 李伯谦:《再谈郑州商城的始建年代——赵海涛、侯卫东、袁广阔论文读后》,《黄河·黄土·黄种人》2017年第4期。
③ 赵春青、顾万发主编,中国社会科学院考古研究所、郑州市文物考古研究院编著:《新砦遗址与新砦文化研究》,科学出版社2016年版。
④ 许宏:《最早的中国》,科学出版社2009年版,第233页;许宏:《何以中国——公元前2000年的中国图景》,生活·读书·新知三联书店2014年版,第149页;许宏:《大都无城:中国古都的动态解读》,生活·读书·新知三联书店2016年版,第251页。
⑤ 孙庆伟:《鼏宅禹迹:夏代信史的考古学重建》,生活·读书·新知三联书店2018年版。
⑥ 易华:《齐家华夏说》,甘肃人民出版社2015年版。

研究的大幅进展,互相在学术上的交流机会和渠道都比以前增加了很多,这种状况也带动了欧美学术界对二里头文化的关注,并取得了相当有意义的研究成果。大多数欧美学者都同意二里头遗址是早期文明的中心,但是不认为它已经进入夏代国家阶段。① 还有的学者认为国内目前关于二里头文化的研究过于强调二里头中心文化对周边地区的影响,而较少论及周边地区文化对中心地区的影响以及周边地区之间的影响,认为以往的研究多在二里头遗址作为中国古代政治中心的前提下,将二里头与周边地区的区域间互动解读为"中心-边缘"关系。而事实上中国古代有三大核心区域,即二里头所在的河南地区,以及二里头两大邻区河东地区和河内地区。研究结果表明,二里头文化时期三个区域之间存在着高度复杂的相互作用网络。首先,由于军事冲突,河南地区与河内地区的关系日趋紧张。其次,河南地区与河东地区的紧张关系,可能是由于青铜铸造中对金属资源的竞争。虽然河南地区对河东地区的影响似乎更大,但河东地区与河内地区的关系似乎是稳定的,它们在二里头文化时期长期保持和平共处的局面。②

日本考古学界对夏商时期的考古学研究盛行于20世纪80年代初期,而之前他们多从文献记载和历史的角度进行研究,也取得了非常有意义的独特成果。饭岛武次相继出版有《夏商考古学研究》和《商周考古学研究》两部专著,是在对考古遗址实地考察的基础之上进行的系统研究。他基本同意二里头文化是商代前期文化的观点③,而此后在资料增加的基础上又对此进行了修正。浅原达郎对20世纪80年代中期以来关于夏文化的研究史进行了总结,他认为夏文化探索的结果不应该仅仅停留在确定哪个考古学文化是哪个王朝的问题上,而应该坚持多方面的研究,夏商文化是否同源自然会有解决的突破口。④ 20世纪90年代以后对夏商文化的研究中,值得关注的有大贯静夫对二里头文化遗址的分布圈和遗迹的时代变迁进行的研究,和西江清高等在分析二里头文化的研究史和研究状况之上,从早期王朝这样一个视点出发而进行的研究。大贯认为,以二里头遗址所在的洛阳平原为中心而展开的二里头文化的扩张,反映了河南省嵩山

---

① Sarah Allan, "Erlitou and Chinese Civilization: Toward a New Paradigm", *The Journal of Asian Studies*, Vol. 66, No. 2, 2007, pp. 461–496.
② Hsiu-ping Lee(李修平), "Erlitou and Its Neighbors: Contextualizing Interregional Interaction in the Central Yellow River Region in Ancient China", UCLA Electronic Theses and Dissertations, 2018, p. 548.
③ 飯島武次:『夏殷文化の考古学研究』,山川出版社,1985年。
④ 浅原達郎:「夏文化探索の道」,『古史春秋』第1号,1984年,18—28頁。

南北和黄河北侧跨越地域的社会统合状况的存在。① 而西江则阐释了以王湾三期文化为基础形成的二里头文化向周边地区扩大的过程，是一个在短时期内不断吸收不同的传统文化而形成的具有多层性的不断创新的过程。② 小川诚则对二里头文化的陶器组合形式进行了研究，通过对二里头遗址出土陶器的器类构成、各个器类所占比例的分析来把握二里头文化的性质，进而研究其文化的空间分布和与后续的二里岗文化的关系。他认为二里头遗址中具有特征性的陶器共有 12 类，它们从一期到四期连续存在而没有缺失，并以此为基准对其他二里头文化遗址进行观察，认为二里头文化一期到四期均是相同的文化③，暗示了其结论与邹衡的观点一致。

2003 年以后，冈村秀典的研究成果引人注目，他在《夏王朝——王权诞生的考古学》一书中对二里头文化进行了全面而独特的研究。他从文献记载和考古学资料两方面，对以夏王朝为代表的中国国家的形成进行了全面的论述。首先在第一、二章中，他对有关夏王朝的文献记载进行全面的搜罗整理，而不是像以往的研究那样，仅仅抽取文献记载中对自己学说有用的片段记载，然后在此基础之上探讨这些文献记载成书的历史背景。因为这些古籍的记载虽然都反映了一些夏王朝真实的历史，但是我们必须认识到这些古籍的成书年代都在战国到汉代之间，因而在认为它反映的是夏王朝的历史的同时，还必须认识到文献作者所在的历史背景对历史事实的影响。第三章到第六章主要论述和分析考古学资料所反映的夏王朝。第三章概述了学术界探索夏王朝的历史，以及中国学者是如何确信和证明夏王朝存在的。因为对夏王朝的探索是中国考古学诞生以来的主要研究课题，它也是中国考古学研究史的一个缩影。第四章则以二里头遗址为素材，探讨王权以及中国最初成立的王朝国家是怎样的形态。第五章探讨二里头文化的人们的生活形态，并以环境学、农学和动物学等不同学科的方法进行了分析。可以说第四、五章是该书的核心部分，提出了许多新颖而独特的观点和研究方法。第六章则重点论述公元前 2000 年二里头文化的扩张与中国的形成，并对最初形成夏王朝文化的二里头文化所具有的原动力进行了积极的评价。

---

① 大貫静夫：「『中国文物地図集—河南分冊』を読む—嵩山をめぐる遺跡群の動態」，『住の考古学』，同成社，1997 年，139—154 頁。
② 小澤正人、谷豊信、西江清高：『世界の考古学⑦—中国の考古学』，同成社，1999 年。
③ 小川誠：『中国古代王朝成立期の考古学的研究』，鹿島出版社，2000 年。

2014年冈村秀典又发表了他关于早期城市与国家的研究新成果。[①] 他认为中国早期城市可以划分为新石器时代的环壕聚落、公元前3000年新石器时代晚期的城郭聚落、公元前2000年左右以黄河中游为中心的以宫城成立为标志的王都和古代都市化的王都四个阶段,并认为以二里头遗址为代表的阶段是最早的王朝国家。西江清高的研究也有新的进展[②],他提出了以二里头文化为代表的中原王朝的政治领域的空间分布结构可以划分为畿内地域、次级地域和外域三重结构,并认为二里头文化是最早的中国雏形。2015年许宏发表论文[③]对日本考古学界对二里头文化、夏文化研究成果做了总结,认为自2000年以来,日本考古界的中国考古学家中逐渐形成了一股夏王朝肯定论的潮流。除了前面介绍的冈村秀典外,驹泽大学的饭岛武次[④]和九州大学的宫本一夫[⑤]也表明了相同的观点。

二、各地区二里头文化的发掘与研究

1. 伊洛-郑州地区

首先是二里头文化中心区的伊洛平原,面积300多万平方米,是发现多组宫殿建筑基址、道路、车辙、铸造遗址、绿松石作坊、制陶作坊和墓葬区等重要遗迹的二里头文化大型中心遗址,自2000年以来,随着夏商周断代工程的推进,进行了多次大规模的研究性发掘。从2001年起,考古学家连续三年对宫殿区以及附近的道路系统进行发掘,首次发现了在宫殿区外围纵横交错的大路、宫城城墙等。这些发掘成果初步探明二里头遗址是具有中轴线规划的成组建筑基址,拥有约10万平方米的宫城以及城墙,这些表明二里头遗址是一处经过缜密规划、布局严整的大型都邑,进一步确认了二里头遗址的性质。对二里头遗址的研究是这一地区二里头文化研究的永恒主题,学者们除了研究遗址内宫殿遗址的分

[①] 赵海涛、侯卫东、常怀颖:《美美与共 百舸争流——夏商都邑考古暨纪念偃师商城发现30周年国际学术研讨会综述》,载中国社会科学院考古研究所编:《夏商都邑与文化》(一),中国社会科学出版社2014年版,第1—18页。
[②] 西江清高:《二里头文化期中原王朝的政治空间模式》,载中国社会科学院考古研究所编:《夏商都邑与文化》(一),中国社会科学出版社2014年版,第159—168页。
[③] 许宏:《"夏王朝"考古:学术史·新动向·新思考》,《中国社会科学院古代文明研究中心通讯》第26期,第32—37页。
[④] 饭岛武次:《中国夏王朝考古学研究》,同成社2012年版。
[⑤] 宫本一夫:《从神话到历史:神话时代 夏王朝》,吴菲译,广西师范大学出版社2014年版。

布、性质和相互关系外,还对出土陶器进行了细致的编年分期研究,为二里头文化建立了可参考的标尺。同时他们还分别对二里头遗址出土的青铜器、玉石器、绿松石镶嵌兽形牌饰、聚落形态等进行了分析,逐渐使周边地区诸二里头文化遗址的分布和性质得以明确。许宏等对二里头遗址聚落形态进行了研究,他们认为二里头遗址由中心区、一般居住区、墓葬区和其他手工业作坊区构成。中心区以带有城墙的宫城以及六座宫殿基址为主,周围有四条纵横交错的道路。而一般居住区分布在遗址的西部和北部。墓葬区没有固定的场所,而是散见于一般居住区周围。制陶和制骨作坊等也比较分散,但是在三区和六区的宫城东部和北部发现较为集中的制骨作坊。而最新发现的绿松石废料坑和铸铜作坊则位于宫城的南部。该研究初次明确了二里头遗址的具体分布形态。

在对二里头遗址计划性发掘与研究的同时,考古学家还在周边地区发现大量二里头文化时期的遗址。这些珍贵的第一手考古资料为我们提供了良好的分析基础。特别是 2000 年以来对洛阳盆地的大范围调查,明确了自裴李岗文化以来这一地区遗址数量的增减状况,也明确了二里头文化时期聚落在平面上的分布状况和结构。新发现的与以前发现的二里头文化遗址共 125 处,显示二里头文化时期是洛阳平原最繁盛的时期。① 这一时期陈星灿与刘莉还从夏商时期对自然资源的控制出发,对中心地区的二里头、偃师、郑州与周边地区的山西西南部的聚落性质及其所扮演的社会角色进行了研究。② 他们认为早期国家为了控制和获取自然资源,建立与中心地区紧密相关的供给网络,并验证在二里头文化时期,山西西南部的东下冯与垣曲聚落遗址就是具有这样性质的考古遗址。

袁广阔则撰书对整个二里头文化的聚落特征进行了论述③,确认二里头文化在周边地区的分布界限,并对诸遗址的大小级别及其相互关系进行了分析。他还就二里头文化一期到四期的发展与演变、扩张与退缩的分布态势对二里头文化在发展过程中的动态趋势进行了探索。而栾丰实撰文指出了二里头文化中的东方文化因素。④ 2000 年初发现、发掘的大师姑二里头文化城址和 2005 年发现的平顶山市蒲城店二里头文化城址是首次在洛阳平原以外地区发现的二里头

---

① 陈星灿、刘莉、李润权等:《中国文明腹地的社会复杂化进程——伊洛河地区的聚落形态研究》,《考古学报》2003 年第 2 期。
② 刘莉、陈星灿:《城:夏商时期对自然资源的控制问题》,《东南文化》2000 年第 3 期。
③ 袁广阔:《二里头文化研究》,线装书局 2013 年版。
④ 栾丰实:《二里头文化中的东方因素》,《华夏考古》2006 年第 3 期。

时期城址,因而引起学术界的重视,也突破了30多年来对二里头文化的认识。①位于郑州市西北约22千米的大师姑城址②被认为是二里头文化中晚期的城址,城址面积大约在20万平方米以下,呈不规则方形,城外有二里岗文化时期的城壕,显示其沿用到二里岗文化时期。许多学者就这一城址的性质及其与二里头遗址的关系、在二里头文化中的地位等问题展开了讨论,但是由于资料的限制,目前还没有明确的结论。李伯谦③认为,大师姑二里头文化城址的发现再次证明了二里头文化一期到四期都是夏文化,因为大师姑城址始建于二里头文化二期,废弃于二里头文化四期。而营建于二里头文化一期早段的蒲城店城址位于二里头文化的南部边缘地带,面积约18万平方米,发掘者认为它可能是夏王朝在其统治早期在南方地带营建的军事性重镇。而2010年最新发现的新郑望京楼遗址是一座规模较大的从二里头文化到二里岗文化时期的城址。这些新发现的考古资料必将对二里头文化的研究产生较大的影响。④

2. 科技考古的介入对二里头文化研究的影响

2000年前后,科学技术介入考古学的分析与研究,并逐渐趋于完善。从最初的环境考古学到如今细分的动植物考古学、人骨病理、食性、锶同位素、DNA等分析;石器微痕观察、使用痕迹的复原实验研究、制作技术过程的实验研究;玉石器产地的矿物学、微量元素分析,手工业体制以及在早期王朝国家阶段的状况;陶器制作技术的复原研究、民族学考察借鉴、制作工艺的实验研究、陶器残留物的生化学分析、制作痕迹与使用痕迹观察、炊煮方法的实验研究等,从陶器的生产、流通、消费到陶器的使用功能以及相应的饮食生活的复原研究等,都有了相当多的成果积累。⑤ 以二里头遗址为代表的二里头文化在科技考古方面起步最早,也多有成果。这些从2014年出版发行的《二里头1999—2006》考古报告中从第七章到第十一章均为科技考古成果报告可见一斑。年代测试、古代环境复原、动植物分析、人骨的各种鉴定分析均有涉及,也使得二里头文化研究成果超出以往任何阶段。二里头文化的研究不再是笼统的或者集中在几个争论不清

---

① 河南省文物考古研究所、平顶山市文物局:《河南平顶山蒲城店遗址发掘简报》,《文物》2008年第5期。
② 顾万发主编,郑州市文物考古研究所编:《郑州大师姑》,科学出版社2016年版;郑州市文物考古研究所编著:《郑州大师姑2002—2003》,科学出版社2004年版。
③ 李伯谦:《文明探源与三代考古论集》,文物出版社2011年版。
④ 顾万发主编,郑州市文物考古研究所编著:《新郑望京楼——2010—2012年田野考古发掘报告》(上中下),科学出版社2016年版。
⑤ 杜金鹏、许宏编著:《二里头遗址与二里头文化》,科学出版社2006年版;中国社会科学院考古研究所编著:《二里头1999—2006》(壹—伍),文物出版社2014年版。

的抽象课题上,而是具体到二里头文化的手工业生产体制、资源获取方式与地域、产品流通的特征与支配体制关系、人群的构成成分与人的流动、病理特征、饮食生活结构、炊煮方式等细化方面,使得二里头文化研究逐渐丰满立体化、具体化和多样化。

一些学者还对二里头遗址、南洼遗址和南寨遗址等出土的白陶、硬陶及原始瓷进行了研究。鲁晓珂、李伟东等人发表的中华文明探源工程成果之一——《二里头遗址出土白陶、印纹硬陶和原始瓷研究》首次从科学分析的角度对白陶、硬陶和原始瓷进行了分析。① 而李宝平等人则以"二里头遗址出土白陶产地的初步探讨及锶同位素分析的重要意义"为主题,就白陶原材料产地进行研究②,认为南洼遗址可能是二里头文化的一个白陶生产中心。他们比较了二里头与南洼出土的24片白陶中的多种微量元素,得到的结论是二里头出土的白陶可能是南洼产的,但是也有一部分不是,同时指出黏土中的锶同位素分析可以得出特定陶土的产地。栾丰实从考古学研究的角度以山东地区新石器时代出土的白陶进行了研究,并就山东与中原地区的关系进行分析。③

3. 周边诸地域

伊洛-郑州以外地区的考古学研究也很盛行,这些地区虽然在时代上与二里头文化并行,但是其文化面貌却略有不同,呈现多种多样的构成状况。在与伊洛地区隔黄河相望的沁河、卫河上游和以漳河流域为中心的河南北部地区,虽然也发现了二里头文化的要素,但是更多的却是由不同的文化要素构成的遗址,因而被认为是先商文化的分布地区。④ 邹衡在1980年发表的论文中认为,河南北部的二里头文化时期的陶器特征与此后的二里岗文化有较多的继承性,因而可能是郑州商王朝成立以前的考古学文化,并提出了先商文化的概念。⑤ 邹衡在论文中根据陶器形态特征的差异和陶器组合将这一地区区分为漳河型、辉卫型和南关外型三个类型,并对各自的特点进行了详细的论述。以此论文和研究学说为契机,河南省北部的濮阳马庄、修武李固、武陟赵庄、温县北平皋、淇县宋窑以

---

① 鲁晓珂、李伟东、罗杰宏等:《二里头遗址出土白陶、印纹硬陶和原始瓷研究》,《考古》2012年第10期。
② 李宝平、刘莉、陈星灿等:《二里头遗址出土白陶产地的初步探讨及锶同位素分析的重要意义》,载罗宏杰、郑欣淼主编:《2009年古陶瓷科学技术国际讨论会论文集》,科学技术文献出版社2010年版,第65—70页。
③ 栾丰实:《海岱地区史前白陶初论》,《考古》2010年第4期。
④ 刘绪:《试论怀卫地区的夏商文化》,载《纪念北京大学考古专业三十周年论文集(1952—1983)》,文物出版社1990年版,第171—201页。
⑤ 邹衡:《试论夏文化》,载《夏商周考古学论文集》,科学出版社1980年版,第95—182页。

及河南东部的杞县鹿台岗等遗址相继得以发掘,极大地丰富了这一地区的考古学资料。李伯谦在详细分析这些新增资料后,把邹衡提出的三种类型中的漳河型和辉卫型看作先商文化,将其在年代上分为三期,并命名为下七垣文化。① 刘绪在对武陟和修武两县的考古资料进行详细分析后,提出了以沁河为界,东部为先商文化的分布区,以西则是二里头文化分布区,并同意漳河型和辉卫型为先商文化的观点。② 此后,李伯谦进一步研究认为,以二里头遗址为中心的夏文化主要分布在河南省西部和山西省西南部,而辉卫型和漳河型先商文化则分布在河南省北部和河北省南部一带,提出了这是两个起源地不同的考古学文化。③

王立新和朱永刚在同意李伯谦和刘绪观点的同时,提出了先商文化的形成主要来自本地的龙山文化,并吸收山西省中部地区的文化要素为主体,同时还受到了二里头类型、东下冯类型、岳石文化和大坨头文化的影响。④ 而张立东在详细分析整理淇县宋窑遗址资料之后,提出了漳河型是先商文化,而辉卫型则应该是一个独立的考古学文化的主张,并提出了辉卫文化的命名。⑤ 宋豫秦通过对河南省东部杞县鹿台岗、朱岗、牛角岗诸遗址的发掘、整理与研究,特别指出鹿台岗遗址出土的陶器包含二里头文化、漳河型文化和岳石文化三个系统,漳河型文化向南扩张后,停留在郑州东部地区的鹿台岗,与西部地区的二里头文化、东部地区的岳石文化接触而形成三种不同文化共存一处的杂居状况,并推测这正是历史上文献记载的夷、夏、商三族交流的结果。⑥ 与此相对,栾丰实撰文主张以山东地区为中心分布的岳石文化是先商文化。⑦ 1998年8月,在河北邢台召开的中国商周文明国际学术讨论会上,张立东对先商文化的研究史进行总结,他认为现在漳河型属于先商文化得到大多数学者的支持,但是1961年由《新中国的考古收获》提出的洛达庙类型文化是先商文化的观点有必要再次得到重视,并进一步讨

---

① 李伯谦:《先商文化探索》,载《庆祝苏秉琦考古五十五周年论文集》,文物出版社1989年版,第280—293页。
② 刘绪:《试论怀卫地区的夏商文化》,载《纪念北京大学考古专业三十周年论文集(1952—1983)》,文物出版社1990年版,第171—201页。
③ 李伯谦:《夏文化与先商文化关系》,《中原文物》1991年第1期。
④ 王立新、朱永刚:《下七垣文化探源》,《华夏考古》1995年第4期。
⑤ 张立东:《辉卫文化研究》,载《考古学集刊》(10),地质出版社1997年版。
⑥ 宋豫秦:《夷夏商三种考古学文化交流地带浅谈》,《中原文物》1992年第1期。
⑦ 栾丰实:《试论岳石文化与郑州地区早期商文化的关系——兼论商族起源问题》,《华夏考古》1994年第4期。

论。① 而袁广阔则直接提出洛达庙类型文化就是先商文化的观点。②

为了探寻先商文化,学者们也开始了对郑州以及河南省东部地区相当于二里头文化时期考古学研究的关注。20 世纪 30 年代,由殷墟发掘而引起的对商文化起源的探索,使得对殷墟文化之前的考古学文化的探索成为另一个目标。1932 年,傅斯年发表《夷夏东西说》。他根据古文献中伊洛地区以西,或者山西省西南部为夏文化分布区,而河南省东部的商丘地区则是商文化的起源地的记载③,开始了在河南东部地区寻找商文化渊源的考古发掘。1936 年,李景聃抱着同样的目的对河南东部的黑堌堆、造律台遗址进行了小面积的发掘,发现了新石器时代的陶器等遗物,但是并没有发现与商文化相关联的任何遗物或线索。④ 20 世纪 50 年代以后,北京大学的邹衡撰文认为先商文化的起源地不是河南东部,而是河南北部和河北南部一带⑤,并为此在河南省北部和河南省东部一带进行了一系列考古发掘和调查。随着豫东杞县牛角岗、朱岗、段岗、鹿台岗等遗址的发掘,夏邑清凉寺遗址、鹿邑栾台遗址和山东西部的安丘菏泽堌堆遗址等岳石文化为主的遗址也相继得以发掘。⑥ 同一时期,中国社会科学院考古研究所二里头发掘队为了了解和确认二里头文化在东部的分布范围,也展开了在东部地区的发掘工作,但是除了在商丘坞墙遗址发现了相当于二里头文化的文化层外,其他遗址并没有二里头文化的遗物⑦,相反却在河南省东南的周口地区发现大量二里头文化时期的遗址。⑧ 以山东省为中心分布的岳石文化 20 世纪 70 年代发

---

① 张立东:《先商文化的探索历程》,载《三代文明研究——1998 年河北邢台中国商周文明国际学术研讨会论文集》,科学出版社 1999 年版,第 200—207 页。
② 袁广阔:《关于先商文化洛达庙类型形成与发展的几点认识》,载《中国·二里头遗址与二里头文化国际学术研讨会论文集》,科学出版社 2009 年版,第 395—409 页。
③ 傅斯年:《夷夏东西说》,载《庆祝蔡元培先生六十五周岁论文集》(下),《历史语言研究所集刊外编第一种》,"中央研究院"历史语言研究所 1935 年版。
④ 李景聃:《豫东商丘永城调查及造律台、黑孤堆、曹桥三处小发掘》,载《中国考古学报》(第 2 册),《历史语言研究所专刊》(十三),上海商务印书馆 1947 年版,第 88—102 页。
⑤ 邹衡:《试论夏文化》,载《夏商周考古学论文集》,科学出版社 1980 年版,第 95—182 页。
⑥ 段宏振、张翠莲:《豫东考古学文化初论》,《中原文物》1991 年第 2 期;裴相明:《论豫东岳石文化》,载河南省文物研究所编:《河南文物考古论集》,河南人民出版社 1996 年版,第 215—225 页;魏兴涛:《试论下七垣文化鹿台岗类型》,《考古》1999 年第 5 期;邹衡:《论菏泽(曹州)地区的岳石文化》,载《文物与考古论集》,文物出版社 1986 年版,第 114—136 页。
⑦ 商丘地区文管会、中国社会科学院考古研究所河南二队:《河南商丘县坞墙遗址试掘简报》,《考古》1983 年第 2 期。
⑧ 中国社会科学院考古研究所河南二队、河南省周口地区文管会:《河南周口地区考古调查简报》,载《考古学集刊》(第 4 集),科学出版社 1984 年版,第 45—63 页。

现于山东平度岳石村,当时并没有直接命名为岳石文化。① 80 年代后随着资料的增加,对岳石文化的认识不断加深,北京大学的严文明先生提出岳石文化的命名,此后岳石文化几乎在山东全省都有发现,其西部的分布到达豫东及郑州周边地区。②

商文化的起源地探索,即先商文化的探索大多以与二里头文化并行的北部的漳河型先商文化和东部的岳石文化为主要研究对象。岳石文化年代的上限与龙山文化相接,其下限则与二里岗文化下层期或略晚期相当,相对年代与二里头文化前后大致相当。以山东地区为中心分布的岳石文化的编年有多种方案,这里以综合考察岳石文化五个类型,并对与河南东部地区邻接的安丘堌堆类型进行详细分析的王迅所做的四期编年为分期参考。③ 岳石文化的地域类型研究也有多种结论,这里选择对堌堆类型进行了详细分析的严文明的五个类型学说为基本研究根据。④ 安丘堌堆类型与其他四种类型的不同之处在于包含较多的漳河型先商文化因素。而河南省东部地区的岳石文化遗址中也几乎都有漳河型先商文化的因素,因此应该属于堌堆类型。20 世纪 90 年代开始,学术界开始关注对河南东部地区岳石文化的研究。栾台鹿寺遗址、夏邑清凉寺遗址和杞县鹿台岗遗址是以岳石文化要素为主体的遗址,但是却发现大量二里头文化和漳河型先商文化的要素。⑤ 而同一时期在河南省东部的西侧,一些二里头文化遗址中也发现了包含大量岳石文化、漳河型先商文化要素的遗址,因此有的学者指出这里是多种文化要素混杂的地区。⑥ 宋豫秦 1994 年发表论文,他以文化因素分析法对河南省东部不同陶器要素混杂的状况进行了分析,并引用文献,对各个不同系统陶器要素的来源进行了考证。他认为漳河型先商文化要素在河南东部地区大量存在的原因,在于商文化起源地河南北部的漳河型文化在二里头文化晚期向河南东部移动。而位于西部代表夏文化的二里头文化因素则是西部地区二里头文化向东扩张的结果,这些要素与来自东部的岳石文化交错相处,形成三种不同考古学文化要素混杂的局面。岳石文化与商文化并没有继承关系,而是东方

---

① 中国社会科学院考古研究所山东发掘队:《山东平度东岳石村新石器时代遗址和战国墓》,《考古》1962 年第 10 期。
② 严文明:《龙山文化与龙山时代》,《文物》1981 年第 6 期。
③ 王迅:《试论夏商时期东方地区的考古学文化》,《北京大学学报(哲学社会科学版)》1989 年第 2 期。
④ 严文明:《东夷文化的探索》,《文物》1989 年第 9 期。
⑤ 邹衡:《论菏泽(曹州)地区的岳石文化》,载《文物与考古论集》,文物出版社 1986 年版,第 114—136 页。
⑥ 宋豫秦:《试论杞县与郑州新发现的先商文化》,载中国社会科学院考古研究所编:《中国商文化国际学术讨论会论文集》,中国大百科全书出版社 1998 年版,第 133—148 页。

夷族的文化。① 栾丰实则撰文提出不同学说,他认为岳石文化与郑州南关外下层有继承关系,二里岗文化的起源不是北部的漳河型文化,而是东部岳石文化。② 近年来,随着郑州商城遗址的不断发掘,发现了郑州商城建立之前属于二里头文化晚期的有大型建筑基址的聚落。③ 在这些聚落遗址内也出现了以上三种陶器要素混杂的状况,但是从它们各自所占的比例来看,二里头文化要素占绝对多数这一点与河南东部地区不同。对此宋豫秦另撰文指出,郑州地区在二里头文化晚期存在四种考古学文化要素,即以洛达庙为代表的二里头文化要素、南关外型文化要素、漳河型先商文化要素和岳石文化要素。④ 2010年赵俊杰则撰文⑤对这一地区存在的五种考古学文化进行了详细分析。

2000年以来,由于豫北地区新发掘了鹤壁市刘庄墓地,经过几年的发掘整理,发掘者认为这是一处下七垣文化墓地。这处被区分为东西两区的大型墓地,分别由十余排整齐排列的墓葬组成,60％以上的墓葬有随葬品,多为陶器类。⑥ 同时根据发掘者赵新平的研究⑦,它与辉县孟庄墓地的文化传统比较相似,因而两者之间应该有更多的趋同性。刘庄墓地是目前豫北地区发现的最大的一处墓葬,其资料之丰富弥补了这一地区墓葬资料的不足。⑧

河南省南部的考古发掘以南阳地区为中心,开始于20世纪30年代,当时发现了从仰韶文化到汉代的十余处遗址,但是其中并没有发现二里头文化时期的遗址。⑨ 从50年代末到70年代末,随着建设工程而进行的、配合基建的发掘大量增加,大量春秋战国时代的墓葬和遗址被发现,其中初次发现了信阳市北丘上

---

① 段宏振、张翠莲:《豫东考古学文化初论》,《中原文物》1999年第2期;魏兴涛:《试论下七垣文化鹿台岗类型》,《考古》1999年第5期。
② 栾丰实:《试论岳石文化与郑州地区早期商文化的关系——兼论商族起源问题》,《华夏考古》1994年第4期。
③ 河南省文物研究所:《郑州黄委会青年公寓发掘简报》,载《郑州考古新发现与研究——1985—1992年》,中州古籍出版社1993年版,第185—227页;河南省文物考古研究所:《1998年宫殿基址发掘简报》,《考古》2000年第2期。
④ 宋豫秦:《试论杞县与郑州新发现的先商文化》,载中国社会科学院考古研究所编:《中国商文化国际学术讨论会论文集》,中国大百科全书出版社1998年版,第133—148页。
⑤ 赵俊杰:《豫东地区夏商时代文化研究》,郑州大学硕士学位论文,2010年。
⑥ 河南省文物考古研究所、河南省文物局编著,赵新平主编:《鹤壁刘庄——下七垣文化墓地发掘报告》,科学出版社2012年版。
⑦ 赵新平:《鹤壁刘庄下七垣文化墓地的葬俗葬制》,《华夏考古》2010年第3期。
⑧ 久保田慎二:「劉荘遺跡からみた下七垣文化の社会構造」,『東京大学考古学研究室研究紀要』第30号,2016年,33—67页。
⑨ 刘兴唐:《南阳的史前遗迹》,《东方杂志》42卷12号,1946年7月。

层和淅川下王岗两处二里头文化时期的遗址,但是由于出土遗物不丰富,并没有取得理想的研究结果。① 相反,学者围绕资料丰富的春秋战国时代的墓葬展开了研究,特别关注分布于长江中游北部的楚族、楚国和楚文化,其中在涉及对楚文化源流的探索时,开始将目光转移到对其先行的龙山文化、二里头文化和二里岗文化的分析上,并开始有计划地对这一时期的遗址进行调查和发掘。② 在80年代后期到90年代中期之间,连续发掘了驻马店杨庄、党楼、南阳邓州陈营、稂东、方城八里桥、西平坡上等二里头文化时期的遗址,正式开始对这一地区二里头文化和二里岗文化时期的研究。其中代表性的有李维明以南阳、驻马店和信阳地区为主要地域的研究。他分析了这一地区从龙山文化到二里岗商文化时期的编年分期、文化类型、文化要素以及文献记载中的有关部族等问题,但是因为缺乏较好的陶器组合资料,留下了一些仍需要探讨的课题。③

与河南省东南部邻接的安徽省六安地区以及周边地区有相当于二里头文化时期的斗鸡台文化。王迅撰文对斗鸡台文化的编年、文化要素和族属进行了详细分析。④ 而宫希成则将斗鸡台文化分为三个地方类型,各个类型的陶器又可以区分为A的二里头系、B的在地系和C的岳石系。斗鸡台文化诸类型的主体文化要素均为B的在地系,但是A、C系的陶器也有一定的量,特别是A的二里头系在西部的淮河上游地区,其数量有增加的趋势。因此他认为斗鸡台文化起源于在地的龙山文化,但是同时受到二里头文化和岳石文化的影响。⑤

而与河南南部邻接的湖北省荆州、武汉、襄阳地区,由于盘龙城商城的发现,使二里岗文化到殷墟时期文化的研究非常盛行,但是因为很少发现二里头文化时期遗址,这一时期的研究完全没有展开。20世纪80年代中期以后,随着湖北荆州荆南寺遗址的发现,开始了这一地区二里头文化的研究。⑥ 荆南寺遗址发掘者之一的何驽通过对荆南寺遗址陶器的分析,探讨了其与周边地区诸文化的

---

① 湖北省博物馆编:《曾侯乙墓》(上下),文物出版社1989年版;固始侯古堆1号墓发掘组:《河南固始侯古堆1号墓发掘简报》,《文物》1981年第1期;河南信阳地区文管会、光山地区文管会:《春秋早期黄君孟夫妇墓发掘》,《考古》1984年第4期;河南省文物研究所、长江流域规划办公室考古队河南分队:《淅川下王岗》,文物出版社1989年版。
② 高崇文:《从夏商时期江汉两大文化因素的源流谈楚文化起源》,载《楚文化研究论集》(三),湖北人民出版社1994年版,第24—35页。
③ 李维明:《试论豫南夏商时期的考古学文化》,北京大学博士学位论文,1995年。
④ 王迅:《试论夏商时期东方地区的考古学文化》,《北京大学学报(哲学社会科学版)》1989年第2期。
⑤ 宫希成:《夏商时期安徽江淮地区的考古学文化》,《东南文化》1991年第2期。
⑥ 王文建:《商时期澧水流域青铜文化的序列与文化因素分析》,载《考古类型学的理论与实践》,文物出版社1989年版,第110—142页。

关系。他应用文化因素分析法对荆南寺遗址陶器开展分析,结果是荆南寺遗址的主体因素以在地系陶器为主,但是包含较多的二里头文化、巴蜀文化系的要素,反映了这里多系统文化混杂的复杂状况。① 2000 年以来,在湖北省北部的襄阳、枣阳、云梦等地也相继发现了王树岗、李家湾、乱葬岗等二里头文化的遗址,但是相应的研究还未展开。

在河南省西南部的丹江上游地区,王力之通过对大规模发掘的商洛东龙山遗址出土陶器以及相关的紫荆遗址、洛南市龙头梁遗址的分析,总结了这一地区二里头文化时期的编年、类型并对文化要素进行了分析。他认为丹江上游地区分布着从二里头文化二期开始到二里岗文化上层期的遗址。其陶器系统有 Aa 的伊洛系、Ab 的伊洛模仿系和 B 的在地系。伊洛系所占比例最多,是这一遗址的主体要素,因而认为东龙山遗址属于二里头文化。② 2015 年彭小军对丹江流域的二里头时代遗存进行了论述。他认为在二里头文化早期丹江流域存在着土著文化与二里头文化,两者相互交错。随着二里头王朝向丹江流域的扩张,土著势力受到压制,甚至消失,最终成为二里头文化向长江中游地区扩张的据点。③ 向桃初则撰文对二里头文化向南方的传播进行了详细论述。④ 他根据自然地理环境与文化传播首先划分了九个区域,然后对各个区域的相关遗址遗迹出土陶器进行了文化因素分析。他认为二里头文化的南传线路有两条:一条是从南阳盆地出发,经过随枣走廊,进入长江流域的江汉平原,并经三峡到达川西、湘赣地区;另一条则是东线的从豫南进入淮河流域、安徽地区,再进入宁镇太湖地区,然后南传到浙江地区。2016 年在郑州市召开的东亚牙璋研究会议上,大多数学者关于二里头文化牙璋的研究结果也支持向桃初向南传播的观点。⑤

山西省西南部无疑是二里头文化时代最为重要的分布区域之一,20 世纪 50 年代开始在伊洛地区进行实地调查时,学者就认识到了这里的重要性。这一地区是山西、河南、陕西三省的交界处,也是黄河在南部的大拐弯处。贯穿山西省南北地区的汾河最南部的位置就是晋西南盆地,涑水河和汾河的支流浍河流经

---

① 何驽:《荆南寺遗址夏商时期遗存分析》,载北京大学考古学系编:《考古学研究》(二),北京大学出版社 1990 年版,第 78—100 页。
② 王力之:《试论商洛地区的夏商文化》,北京大学硕士学位论文,1998 年。
③ 彭小军:《丹江流域二里头时代遗存试析》,载中国社会科学院考古研究所编:《夏商都邑与文化》(二),中国社会科学出版社 2014 年版,第 505—513 页。
④ 向桃初:《二里头文化向南方的传播》,《考古》2011 年第 10 期。
⑤ 邓聪、王方:《二里头牙璋(VM3:4)在南中国的波及——中国早期国家政治制度起源和扩散》,《中国国家博物馆馆刊》2015 年第 5 期。

这里。而晋西南盆地的南面和东面还有中条山脉,在中条山的北侧有著名的运城盐湖,其北有吕梁山,中部是峨嵋岭,以此形成了晋西南地区河谷平原、湖水澄映和山麓地带交错的地理环境。50 年代开始的探寻夏都的考古学调查发掘[①]探明了山西省西南部分布有 40 多处二里头文化的遗址,十多处二里岗文化遗址。从 1974 年直到 1980 年间,发掘调查了位于中条山麓夏县的东下冯遗址,1985 年又继续发掘了垣曲商城遗址,这些大规模的考古发掘确认了晋西南地区二里头、二里岗文化的内涵和层位关系,丰富了这一地区的研究资料。东下冯遗址出土的陶器与伊洛地区的二里头文化陶器有很多共同点,但也有很多差异。由此学者将其命名为东下冯类型,以期与伊洛地区的二里头文化二里头类型相区别。[②] 现在,山西省西南部属于二里头文化时期的遗址中,考古学者除了在东下冯遗址和垣曲商城之外,还在丰村、口头、永济东马铺头、襄汾大柴、翼城感军、侯马桥山底、东阳呈、东山底、天马曲村、南石、韦沟-北寿城等遗址做过不同程度的调查与发掘。

对于山西省西南部二里头文化的研究是从 20 世纪 80 年代后半期开始的,研究的焦点是东下冯遗址。1981 年李伯谦在《东下冯类型的初步分析》一文中分析了东下冯类型的形成以及和二里头类型的关系。[③] 该文阐述了东下冯类型是二里头文化在山西省南部扩张之后的一种类型,并受到了其北部分布的光社文化和东南部的先商文化漳河型的影响。同样,刘绪也曾对东下冯类型的时代以及和伊洛地区的关系进行了分析。与以上意见不同,1988 年郑杰祥在《夏史初探》一书中强调指出,东下冯遗址和二里头文化有许多不同点,应该命名为独立的考古学文化——东下冯文化[④],甚至认为东下冯文化不是夏文化,而是先商文化。

关于东下冯文化的陶器分期,1977 年发表的简报将其区分为早、中、晚三期,20 世纪 80 年代中后期出版的《夏县东下冯》则根据地层关系将其分为四期,并认为一至四期的相对年代与二里头遗址的一至四期基本是平行的。2000 年以来,李维明对晋西南地区的陶器分期进行了再研究,他以东下冯遗址的陶器资料为主,同时也利用了其他遗址的资料,最后得出结论认为,东下冯一、二期与二

---

① 中国社会科学院考古研究所:《晋南二里头文化遗迹的调查与试掘》,《考古》1980 年第 3 期。
② "东下冯类型"是 1977 年在河南省登封县召开的"夏文化座谈会"上由东下冯考古队开始命名的,见于书面的是东下冯考古队:《东下冯遗迹东区、中区发掘简报》,《考古》1980 年第 2 期。
③ 李伯谦:《东下冯类型的初步分析》,《中原文物》1981 年第 1 期。
④ 郑杰祥:《夏史初探》,中州古籍出版社 1988 年版。

里头二期并行,三、四期分别与二里头文化的三、四期并行。

最近的研究表明,以山西省中部的太原盆地和其北的忻定盆地为中心的晋中地区,也是二里头文化时期的一个重要地区。20 世纪 70 年代以前,仅有的调查资料来自许坦、东太堡、狄村,但由于多未实施正式发掘,陶器资料非常有限。80 年代以后,这里的许多遗址得到了不同程度的发掘,其中以吉林大学和山西省考古研究所合作发掘的太谷白燕和北京大学发掘的忻州游邀遗址最为重要。[1] 随着考古资料的增加和学术界对这一地区二里头文化时期考古的关注,山西省中部地区的考古学文化分期和类型研究有了进展。[2] 1994 年宋建忠和侯毅就山西省中部发现的二里头文化时期的考古学资料进行研究,分别提出了东太堡文化和东太堡类型的概念。[3] 他们同时还对东太堡文化的起源、分期以及和东下冯文化、漳河型文化的关系进行了研究,认为和东下冯文化几乎同时期出现的东太堡文化受到了山西南部的东下冯文化和漳河流域的漳河型文化影响。此外,通过查阅资料,在日本侵华战争期间的 1942 年到 1944 年间,日本学者和岛诚一在山西省河东平原以及太原盆地也曾进行过考古调查。[4] 秋山进午 1986 年研究在和岛调查资料的基础上,进一步收集了山西省中南部、内蒙古南部、山西北部、陕西北部这一时期以三足瓮为特征的遗址资料,提出了蛋形三足瓮的时代问题,并通过蛋形三足瓮的谱系来认识二里头文化时期山西省中部和山西省南部的差异。[5]

迄今为止在山西省中部地区发现的二里头文化时期遗址有太谷白燕,忻州游邀,太原许坦、狄村、东太堡、光社、金胜村,汾阳杏花村、峪道河,娄烦何家庄,孝义柳湾矿山 29 地,榆社台曲遗址等。有关这一地区的陶器分期研究也得以展开,目前提出了两个分期方案。许伟将山西省中部的二里头文化时期分为前后两期四个阶段,前期以高领鬲和空三足瓮的出现为断代标准,将龙山

---

[1] 陕西省考古队:《山西太谷白燕遗址第一地点发掘简报》,《文物》1989 年第 3 期;国家文物局、山西省考古研究所、吉林大学考古系:《晋中考古》,文物出版社 1998 年版;忻州考古队编著:《忻州游邀考古》,科学出版社 2004 年版。

[2] 许伟:《山西省晋中西周以前古遗存的编年与谱系》,《文物》1989 年第 4 期。

[3] 宋建忠:《山西晋中夏时期考古遗存研究》,载山西省考古研究所编:《山西省考古学会论文集》(2),山西人民出版社 1994 年版,第 91—98 页;侯毅:《太原东太堡类型》,载山西省考古研究所编:《山西省考古学会论文集》(2),山西人民出版社 1994 年版,第 100—102 页。

[4] 和岛诚一:「山西省河東平原及び太原盆地北半部に於ける先史學的調査の概要」,『人类学杂志』第 58 卷第 4 号,1943 年 4 月,1—18 頁。

[5] 秋山进午:「山西省太原西郊王門溝出土の卵形三足甕」,『考古学研究』第 33 卷第 3 号,1986 年,107—122 頁。

文化后期和二里头文化早期相区分；后期以篮纹的消失，绳纹成为各类主要器类的主要纹饰，新的器类的出现为标志。随后，宋建忠参照许伟的分期，将东太堡文化分为早、中、晚三期，并认为它们分别与东下冯类型的一、二期和三、四期相当。① 他还特别分析了东太堡文化的起源、编年以及与东下冯文化、漳河型文化的关系。

常怀颖撰文对目前研究较少的太行山西麓夏时期考古学文化谱系进行了详细的分析。他首先从地理上将这一地区划分为长治盆地及周围、忻定盆地和大同盆地。除了大同盆地因资料太少不能分析外，它对前两盆地十处遗址出土的陶器资料进行了类型学和编年学研究，并从分布特征、谱系与纹饰、炊煮器组合等方面对两个盆地以及周边文化进行了比较研究，认为夏时期太行山西麓存在着两个不同的考古学文化——白燕文化与许坦类型文化。② 与此对应，张渭莲则对太行山东麓地区夏时代的考古学文化进行了分析。③ 另外还有一些学者则从陶器的生产、聚落形态和社会变迁的角度对二里头文化进行了研究。④

二里头文化以及与周边并行诸考古学文化的研究，就是通过以上这些遗址的分析而进行的，可以看出 20 世纪 80 年代至 90 年代的大多数研究视点基本都停留在对文化编年、文化类型的设定以及文献记载中部族的关系上，但是 2000 年以后，随着学术研究视野的拓展，研究方法开始多元化，特别是科技分析技术的普及与应用以及西方考古学理论的影响，从早期国家形成、社会组织结构以及人类生态环境中人与环境的互动关系等角度进行的研究增加，陶器制作与使用的研究论文也在年轻学者群体中比较多见。但是纵观整个研究成果，仍然缺乏通过器物移动分析对这一时期地域间的相互关系和动态推移状况的把握以及背景的分析。这一点正是本书选题的关键所在。

---

① 宋建忠：《山西晋中夏时期考古遗存研究》，载山西省考古研究所编：《山西省考古学会论文集》(2)，第 91—98 页；侯毅：《太原东太堡类型》，载山西省考古研究所编：《山西省考古学会论文集》，第 100—102 页。
② 常怀颖：《夏时期太行山西麓考古学文化谱系研究》，载中国社会科学院考古研究所编：《夏商都邑与文化》(二)，中国社会科学出版社 2014 年版，第 456—504 页。
③ 张渭莲：《夏代时期的太行山东麓地区》，载中国社会科学院考古研究所编：《夏商都邑与文化》(二)，中国社会科学出版社 2014 年版，第 437—455 页。
④ 戴向明：《陶器生产、聚落形态与社会变迁——新石器至早期青铜时代的垣曲盆地》，文物出版社 2010 年版。

第三节　二里岗文化时期的研究史

一、二里岗文化的特征和分期研究

1928年河南安阳殷墟的发掘，成为当时世界上轰动一时的重大发现，因为根据这里出土的甲骨文，首次确定了殷墟就是文献上记载的商代后期（盘庚以后）都城。这一发现促使学术界开始思考商代前期的地理位置，并试图根据考古发掘寻找到商前期的遗址，从此开始了对商代前期都城遗址所在地的分布调查。遗憾的是在20世纪20年代至30年代，由于科学的考古学方法还没有确立，仅仅依靠文献记载推断商代前期的都城所在地，而在河南北部和东部进行的多次调查和试掘，除了发现多处新石器时代的遗址之外，并没发现商代前期的都城遗址，甚至一般遗址。1930年在山东省发掘的城子崖遗址，其时代为新石器时代后期的龙山时代，从文化内容上来看，和殷墟期之间还有时期上的断层。[①] 为了填补这一考古学的空白期，探索比殷墟期更早的商代前期考古学文化遗址就成了极为重要的目标。

20世纪50年代在郑州市南郊的二里岗遗址中采集到和殷墟遗址陶器相似的陶片和石器，河南省文物局文物工作队对该遗址进行了首次发掘调查。[②] 根据二里岗遗址发掘出土的陶器，这些陶器与更早的龙山时代后期和之后殷墟文化均有所不同，而在地层堆积上正好介于两文化之间，这就是此后命名的相当于商代前期的二里岗文化，由此填补了这一考古学文化上的空白期。但是这三个文化之间在相对年代的关系上并不是紧密衔接的。1956年在郑州洛达庙遗址也发现了类似陶器，虽然这些陶器的特征中有与二里岗文化和龙山文化的相似点，但更多的不同之处引起了人们的注意，当时被命名为洛达庙文化，并确认在分期上较二里岗文化为早。[③] 早于殷墟期的陶器，在殷墟发现之前在河南省辉

[①] 李济编集：《城子崖——山东历城县龙山镇之黑陶文化遗址》，朋友书店1979年版。
[②] 河南省文化局文物工作队：《郑州二里冈》，科学出版社1959年版。
[③] 河南省文物研究所：《郑州洛达庙遗迹发掘报告》，《华夏考古》1989年第4期。

县琉璃阁遗址也曾有发现。① 这里的陶器与郑州二里岗遗址出土的陶器在时期上相同,因此也是商代前期的遗址。但是因为二里岗遗址出土的遗物更为丰富,因而后来将这一时期的遗址统一命名为二里岗文化。随后根据二里岗遗址出土的陶器资料对这一时期进行了文化分期研究,根据发掘资料,当时将以二里岗遗址为代表的考古学文化分为两期:下层期和上层期。② 1954 年,在郑州市人民公园又发现了新的遗址,这个遗址中既有二里岗下层和上层期的内涵,又有晚于他们的殷墟期文化层,由此获得了郑州地区二里岗期与殷墟期在地层上的早晚关系。③ 1957 年,在郑州市东北部的白家庄村发现了介于二里岗上层期和人民公园遗址殷墟期之间的文化层,当时被称为白家庄期。这一新文化层发现的重要性在于它填补了殷墟期和二里岗文化上层期之间的空白期④,直接将二里岗文化和殷墟文化连接起来。1958 年发掘了郑州市南部的南关外遗址,该遗址第 4 层的时代处于比二里岗下层期更早的阶段⑤,这一发现提供了二里岗文化下层期与此前二里头文化早晚关系的资料。

以上对发掘与研究历史的回顾与总结,反映了从 20 世纪 50 年代到 60 年代的大约十年之间,通过考古学者有目的的发掘与研究,解决了殷墟文化与商前期以及更早的二里头文化在考古学上的时代早晚关系问题,积累了丰富的早商文化时期的发掘资料,奠定了二里岗文化研究的坚实基础。考古学界老一辈考古学家用他们的智慧、勤劳和为科学研究的奉献精神为我们奠定了一个踏实的研究平台,体现了那一代人的科研精神和风格。

如果说以上的发掘历史与研究结果是注目于不同考古学文化之间早晚关系的话,那么此后一些学者在对具体的考古资料进一步分析的基础上所进行的研究结果,则大多集中在对考古学文化本身的分期研究和结合文献资料所进行的对不同文化所代表的族属的考证与分析上。对二里岗文化本身的分期研究是从 20 世纪 50 年代后半开始的。首先对编年进行全面研究的是邹衡,他在 1980 年出版的《夏商周考古学论文集》中分析了郑州地区二里岗文化的资料,提出了先商文化一期和早商文化(商代前期)三期的观点,这就是最早提出的二里岗文化

---

① 中国科学院考古研究所编著:《辉县发掘报告:中国田野考古报告书第 1 号》,科学出版社 1956 年版,第 19—26 页。
② 中国科学院考古研究所编著:《辉县发掘报告:中国田野考古报告书第 1 号》,第 19—26 页。
③ 安志敏:《郑州市人民公园附近的殷代遗存》,《文物参考资料》1954 年第 6 期。
④ 河南省文化局文物工作队第 1 队:《郑州白家庄遗迹发掘简报》,《文物参考数据》1956 年第 4 期。
⑤ 河南省博物馆:《郑州南关外商代遗迹的发掘》,《考古学报》1973 年第 1 期。

三期编年说。① 安金槐则在1988年发表文章《关于郑州商代二里岗期陶器分期问题的再探讨》中提出了将二里岗文化分为二里岗下层一、二期和二里岗上层一、二期的四期分期观点,并认为上层二期相当于白家庄期。② 迄今为止安金槐的四期分期观点得到了学术界的普遍认同,但在一些具体的相对年代对应的早晚关系上还存在一些不同的看法。③

二、郑州商城和偃师商城的发现与研究

郑州商城的二里岗文化的城墙,在1955年发掘郑州市西北部的白家庄遗址之前就已经被发现,但是对此城墙的认识是在白家庄遗址发掘之后才开始的。④ 1956年考古学家开始对郑州商城进行有计划的发掘,直到现在大约经历了70年以上的发掘历史。在此期间,不仅发现了四面城墙和城内北部的成组的宫殿台基,还在北城外的紫金山和南城外的南关外发现了青铜器铸造遗址,西城外的铭功路发现了制陶工坊遗址和骨器制作工坊遗址等⑤,同时还在城墙外的东北部、东部、南部和城内发掘了许多陪葬青铜器的墓葬和青铜器窖藏坑。⑥ 特别值得一提的是20世纪90年代对外城郭的发现与发掘,初步确定了郑州商城外城郭的位置、结构和范围,是50年代以来郑州商城发掘史上的重大发现之一。另外研究还确认了在城内多处出土的板瓦。目前所知古代中国最早的瓦发现于陕

---

① 邹衡:《试论郑州新发现的殷商文化遗迹》,载《夏商周考古学论文集》,文物出版社1980年版,第3—30页。
② 安金槐:《关于郑州商代二里岗期陶器分期问题的再探讨》,载《安金槐考古文集》,中州古籍出版社1999年版,第194—199页。
③ 王立新:《早商文化研究》,高等教育出版社1998年版。
④ 河南省文化局文物工作队第1队:《郑州商代遗迹的发掘》,《考古学报》1957年第1期;河南省博物馆:《郑州商代遗迹发掘报告》,载《文物资料丛刊》(第1辑),文物出版社1977年版,第1—47页;河南省博物馆:《郑州商城内发现商代版筑基坛和奴隶头骨》,《文物》1974年第9期。
⑤ 廖永民:《郑州市发现的一处商代住居与铸造青铜器遗址介绍》,《文物参考资料》1957年第6期;河南省文物工作队:《郑州市铭功路西侧发现商代制陶工房、住居等遗迹》,《文物参考资料》1956年第1期;河南省文物研究所:《郑州商代二里岗铸造基址》,载《考古学集刊》(第6集),科学出版社1989年版,第100—122页;河南省文物研究所:《郑州市商代制陶遗迹发掘简报》,《华夏考古》1991年第4期。
⑥ 河南省文物研究所:《郑州新出土的商代前期大鼎》,《文物》1975年第6期;河南省文物研究所、郑州市博物馆:《郑州新发现商代储藏青铜器穴》,《文物》1983年第3期;河南省文化局文物工作队第1队:《郑州市白家庄商代墓葬发掘简报》,《文物参考资料》1955年第10期;郑州市文物工作组:《郑州市人民公园第25号商代墓葬清理简报》,《文物参考资料》1954年第12期;于晓兴、陈立信:《郑州市铭功路西侧的两座商代墓》,《考古》1965年第10期;河南省文物研究所:《郑州北二七路新发现三座商墓》,《文物》1983年第3期。

西延安芦山峁遗址①等新石器时代晚期遗址,郑州商城发现的瓦是中原地区首次发现最古老的板瓦。在此之前还在陕西周原凤雏建筑基址发现了西周时代的板瓦。②

1983年,在二里头文化中心地的伊洛平原发现了一座早商时期的城址和城墙,这就是偃师商城。偃师商城遗址的面积较郑州商城小,城墙的结构和城内建筑配置等也均有不同,但建筑年代和废弃年代与郑州商城几乎相同③,在地理位置上彼此也相距不远,因而成为人们关注的重点④,并由此展开了相关研究。在发现偃师商城的初期,学者更关注偃师商城与距其仅7千米的二里头遗址的关系,而这一关系的探索必将涉及夏文化与商文化以及作为都城,它们与文献记载中哪一个王朝相对应的问题。据《史记》等文献记载,商王朝最初的王是成汤,在"亳"建造都城之后,在仲丁一代迁都到"隞"。⑤邹衡认为早商文化是从郑州商城为代表的二里岗文化开始的,郑州商城就是汤王的都城"亳",而以二里头遗址为代表的二里头文化全部属于夏文化,龙山文化晚期不包括在内。⑥安金槐则认为属于龙山文化晚期的王城岗遗址发现的城墙和二里头遗址的一、二期是夏文化,而发现了宫殿台基的二里头文化三、四期是商王成汤建立的亳都,郑州商城则是商王仲丁的"隞"都。⑦由此可以看出邹衡认为二里头文化和二里岗文化与文献记载中的夏王朝和商王朝相对应,并认为两个文化之间的更替正反映了夏王朝和商王朝之间交替的事实。而安金槐认为龙山文化晚期、二里头文化、二

---

① 《陕西芦山峁遗址考古获重大发现 将延安筑城史至少前推2300年》,《西安晚报》2017年12月29日第6版。
② 刘宏岐:《周公庙遗址发现周代砖瓦以及相关问题——试论古公迁岐的最初居所》,《宝鸡社会科学》2004年第2期。
③ 中国社会科学院考古研究所洛阳汉魏故城队:《偃师商城的初步勘探和发掘》,《考古》1984年第6期。
④ 赵芝荃、徐殿魁:《河南偃师商城西亳说》,载胡厚宣主编:《全国商史学术讨论会论文集》,殷都学刊编辑部1985年版,第403—410页;赵芝荃:《试谈偃师商城的始建年代并兼论夏文化的上限》,载《华夏文明》(第1集),北京大学出版社1987年版,第180—196页;杜金鹏:《偃师商城始建年代与性质的初步推论》,载《华夏文明》(第3集),北京大学出版社1992年版,第30—46页;邹衡:《偃师商城即太甲桐宫说》,《北京大学学报(哲学社会科学版)》1984年第4期;郑杰祥:《关于偃师商城的年代和性质问题》,《中原文物》1984年第4期;张文军、张玉石、方燕明:《关于偃师尸乡沟商城的考古学年代及相关问题》,载《青果集》,知识出版社1993年版,第173—193页。
⑤ 司马迁:《史记·殷本纪》,中华书局1959年版,第91—110页。
⑥ 邹衡:《郑州商城即汤亳都说》,《文物》1978年第2期;邹衡:《论汤都郑亳及前后的迁徙》,载《夏商周考古学论文集》,文物出版社1980年版,第183—218页;陈旭:《商代隞都探寻》,载《夏商文化论集》,科学出版社1999年版,第137—144页。
⑦ 安金槐:《试论郑州商代城址——隞都》,《文物》1961年第4、5期;安金槐:《试论商代汤亳都与仲丁都隞》,载《安金槐考古文集》,中州古籍出版社1999年版,第159—163页。

里岗文化是中原地区同一系统的文化不同发展阶段的反映，它们在族属上也是一致的，只是所代表的阶段不同而已。

偃师商城被发现后，学者围绕偃师商城与郑州商城再次展开了对文献记载中王都的讨论。偃师商城属于一座大型城郭，并发现有大型建筑群，其规模仅较郑州商城小一些，而位置距离二里头文化中心性遗址的二里头遗址不到7千米，但是发现的陶器特征和较远的郑州商城又完全相同，而与紧邻的二里头遗址相异。因此可以肯定它属于以郑州商城为主的二里岗文化时期的城郭遗址。它与郑州商城并列存在的事实引出了另一个问题，那就是它们各属于商王朝中那个王的都城呢？有的学者认为郑州商城就是成汤的亳都，而偃师商城则是商王朝第三代王太甲的别宫"桐宫"，即郑州商城是中心首都，而偃师商城是副都，或者认为偃师商城是对付旧夏王朝的战略据点等。① 直到1996年在偃师商城宫城内发现的壕沟中出土了一批二里头文化晚期的陶器，为重新认识迄今已有的编年研究提供了新的资料。对这些陶器资料的分析结果显示，除以前提出的以二里头遗址一至四期为代表的二里头文化都属于夏文化，以及龙山文化晚期与二里头遗址一、二期是夏文化的观点之外，迄今没有加以重视的第三种观点也有必要加以注意，即以二里头遗址1号宫殿遗迹废弃的三期作为夏商文化的分界线，之前的一至三期为夏文化，二里头四期开始是商前期文化。这种观点与偃师商城大壕沟陶器资料的分析结果一致，这一考古新发现与研究得到了学界的广泛认可。② 这一观点还有一个有力的证据就是二里头文化和二里岗文化建筑基址的建筑方位不同，也就是说二里头遗址宫殿建筑的中轴线基本上是南北方向，但是较之于正北稍稍靠西。而偃师商城和郑州商城，或者是二里岗文化其他城址比如东下冯、垣曲商城、盘龙城、府城商城以及商代后期的殷墟，其城址中建筑基址的中轴线基本上均为南北方向，但较正北向东偏离20度左右。这种建筑物测量基准方位的不同，也可能反映出文化系统的区别。③

随着20世纪90年代末夏商周断代工程的启动，偃师商城作为这一研究项

---

① 邹衡：《偃师商城即太甲桐宫说》，《北京大学学报（哲学社会科学版）》1984年第4期；邹衡：《西亳与桐宫考辨》，载《纪念北京大学考古专业三十周年论文集》，文物出版社1990年版，第108—149页。
② 夏商周断代工程专家组：《夏商周断代工程1996—2000年阶段成果概要》，《文物》2000年第12期。
③ 杨锡璋：《殷人尊东北方位》，载《庆祝苏秉琦考古五十五周年论文集》，文物出版社1989年版，第305—314页；高炜、杨锡璋、王巍：《偃师商城与夏商文化分界》，《考古》1998年第10期；冈村秀典：「中国古代都市研究的现状」，冈村秀典编：『中国古代都市の形成』，科研研究成果报告书，2000年，101—102页；宫本一夫：「商代都の方位と都の配布」，冈村秀典编：『中国古代都市の形成』，科研研究成果报告书，2000年，101—102页。

目的主要遗址,进行了一系列计划性发掘。特别是宫城以及周围的发掘,为我们提供了分析早商都城遗址布局的重要资料。① 首先是对位于宫城北部早期王室祭祀遗址的发掘,在由西向东的绵延200米的区域内,发现了A、B、C三个主体祭祀遗址,三个祭祀区的面积不等,祭祀内容和时期也相异,显示其是早商时期王室贵族举行祭祀的重要活动场所,其规模之大、分类之细、用牲之多、延续时间之长、等级之高等皆属罕见,为夏商周三代王室祭祀制度提供了丰富而弥足珍贵的材料。其次是偃师商城宫城池苑遗址的发掘。池苑遗址与祭祀遗址一样,作为宫城三个组成部分之一,具有非常重要的意义。它的排水系统有明暗两道,还有石块包砌的墙壁和水池等。发掘者认为这里是专供王室休闲娱乐的池苑场所。结合郑州商城也在宫城东北部发现池苑、水渠和排水系统的现象,可以认为早商时期已经有了完整的水利工程。在此期间还在偃师商城发掘了8号宫殿遗址和位于四区的城墙、路土、护城河以及11座早商墓葬,出土了一批非常重要的遗物,特别是陶器资料非常丰富。而8号建筑遗址则是一处坐北朝南、木骨泥墙、横列面阔八间、单檐两面坡、悬山式屋顶的建筑。它与其他建筑遗址相比较简陋,但是它或许是现知最早的帝王寝殿遗址,也可能是一处与北侧祭祀遗址相关联的宗庙遗址。这些遗迹的性质直接影响着对偃师商城性质的判断。美国学者卡纯卡·莱因哈特(Katrinka Reinhart)则从祭祀饮食的理论与实践角度对偃师商城遗址内两个性质不同的大灰沟遗迹(祭祀遗址)和遗址东北部的一般作坊居住遗址(Ⅳ区)出土的陶器组合进行了分析,并发现两者在饮食方式上存在的差异。②

此外,2003年考古工作者在距离商代早期都城郑州商城西北约22千米的大师姑发现了一座二里头文化中晚期的城址,但是根据所发现资料的年代学研究,这一城址的壕沟和一部分遗迹在二里岗文化时期仍然延续,因此它也是一座二里岗文化时期的重要遗址。③ 2010年郑州市文物考古研究所在郑州商城西南

---

① 中国社会科学院考古研究所编著:《偃师商城》(第一卷上下),科学出版社2013年版。
② 卡纯卡·莱因哈特:《祭祀饮食:理论与实践的思考——偃师商城的食性研究》,载中国社会科学院考古研究所编著:《夏商都邑与文化》(一),中国社会科学出版社2014年版,第209—232页;卡纯卡·莱因哈特:《偃师商城的仪式宴飨与权力获得》(上),《南方文物》2018年第3期;卡纯卡·莱因哈特:《偃师商城的仪式宴飨与权力获得》(下),《南方文物》2018年第4期。
③ 郑州市文物考古研究所编著:《郑州大师姑2002—2003》,科学出版社2004年版;李锋:《郑州大师姑城址研究》,科学出版社2018年版。

的新郑又发现了一座规模更大的夏商城址——望京楼城址①,根据初步研究,其时代从二里头文化时期到二里岗文化时期,这座城址的面积约168万平方米,始建于二里头文化三期,直到二里头文化四期仍然繁荣,也是二里头文化晚期的一座重要城址。到了二里岗文化时期这座城址继续繁荣,但是它并没有在原来二里头文化城址的基础上夯筑,其城墙的夯筑质量远远好于前期,夯筑程序复杂,虽然目前就望京楼遗址的研究还不多,但是这些新发现必将为改变或证明目前已经有的学说提供新的证据。

唐际根在20世纪90年代末撰文提出中商文化的概念②,并将中商文化分为三期。他将二里岗文化白家庄期划分到中商文化一期,但是纵观整个三期中商文化,只有一期主要分布在郑州、洛阳地区,而二、三期的分布则完全转移到了安阳地区。如何解释同一文化在遗址空间分布上的差异,是商代后期聚落形态分布研究中值得关注的一个课题。

2017年,袁广阔、秦小丽合著《早商城市文明的形成与发展》③不仅对先商、早商文化进行了研究,还在广泛收集考古材料与考古新发现的基础上,借鉴以往的研究成果,梳理了早商文化形成和发展的脉络,认识到郑州地区早商文化的形成,是河北中南部下七垣文化和山东岳石文化等外来文化经过豫东进入郑州地区与当地二里头文化融合的结果。该书同时还对早商文化时期城市文明的形成以及手工业系统的成熟与系统化与郑州商城的政治与经济中心的性质进行了论证。这是目前首次从青铜器、玉石器、骨蚌器和陶器等人工制品的手工业系统的视角,将以二里岗文化为代表的早商文化置于经济考古学概念中进行论证的研究,得到了考古学界的关注。2014年以二里岗文化为主要研究对象的英文论文集"*Art and Archaeology of the Erligang Civilization*"(《二里岗文化时期的艺术与考古》)出版④,这也是首部以二里岗文化为标题的英文研究论文集,本书由九位学者的论文构成,分别从历史、艺术、地域间文化交流、青铜器生产体制与技术以及研究方法与理论等方面对二里岗文化进行了研究,综合了欧美考古学界对二里岗文化研究的主要认识与观点。

---

① 顾万发主编,郑州市文物考古研究所编著:《新郑望京楼2010—2012年田野考古发掘报告》(上中下),科学出版社2016年版。
② 唐际根:《中商文化研究》,《考古学报》1999年第4期。
③ 袁广阔、秦小丽:《早商城市文明的形成与发展》,科学出版社2017年版。
④ Kyle Steinke, Dora C. Y. Ching, eds., *Art and Archaeology of the Erligang Civilization*, Princeton University Press, 2014.

三、周边地区城郭遗址的发现与研究

在以伊洛-郑州地区为代表的中心地区发现大型城郭都市的十多年之后,周边的晋西南、豫北、长江中游地区也逐渐发现了小规模的城郭遗址。首先是 1974 年在湖北黄陂区的长江北岸发掘的盘龙城商城。① 其城墙的建筑方法与郑州商城相同,还出土了和郑州地区二里岗文化完全相同的青铜器和极为相似的陶器群。盘龙城商城的营建年代在二里岗文化下层后半期(二期),其使用时期经过了上层期,在白家庄期被废弃,其建筑年代稍晚于郑州商城和偃师商城,但是废弃年代与郑州商城一致。2000 年以来,在盘龙城西北部的湖北省云梦县王家山发现了一座规模不大的二里岗文化时期的城址,由于目前没有发掘报告发表,不能做更多的分析。但是这座位于盘龙城西北部、与中原地区更为接近的城址,显然在中原地区与长江中游的文化交流关系中具有非常重要的作用,而它与盘龙城商城以及与中原的关系则是我们需要关注的课题之一。

同时在 20 世纪 70 年代后半期,山西省西南部的涑水河支流青龙河流域也发掘了一座二里岗文化时期的城址——东下冯遗址,城内不仅有宫殿基坛,还发现有像圆形仓库的建筑物,这些圆形建筑物成排成组地整齐排列,既不是宫殿基址,也不是居住址,因而推测其是放置物品的仓库。与这些仓库同时还发现随葬青铜器的墓葬,出土了制作青铜制品的陶范和石范。东下冯城址的时代与郑州商城相同,即建筑于二里岗下层期,而且废弃年代也一致,即在白家庄期废弃。② 十年后的 80 年代中期,考古工作者在距离东下冯遗址不远的垣曲盆地、黄河岸边发现并发掘了垣曲商城遗址。垣曲商城为正方形城郭,南部城墙已经被黄河冲掉,其余城墙保存完好,并且呈双层构造,显示其特殊的防御功能与其他城址不同。城内北部为宫殿基坛遗迹,西部是一般集落居住区和随葬青铜器的墓葬等分布区。③ 除了它的建造年代与废弃年代与郑州商城一致外,遗址出土的青

---

① 湖北省博物馆:《1963 年湖北黄陂盘龙城商代遗迹的发掘》,《文物》1976 年第 1 期;盘龙城发掘队:《盘龙城 1974 年度田野考古纪要》,《文物》1976 年第 2 期;陈贤一:《盘龙城商代二里岗墓葬陶器初探》,载中国考古学会编:《中国考古学会第四次年会论文集》,文物出版社 1985 年版,第 48—56 页;陈贤一:《江汉地区的商文化》,载中国考古学会编:《中国考古学第二次年会论文集》,文物出版社 1982 年版,第 161—171 页。
② 东下冯考古队:《山西夏县东下冯遗迹东区、中区发掘简报》,《考古》1980 年第 2 期。
③ 中国历史博物馆考古部、山西省考古研究所、垣曲县博物馆:《垣曲商城——1985—1986 年度勘察报告》,科学出版社 1996 年版。

铜器和陶器等遗物较东下冯商城与伊洛－郑州地区更相似,城墙的筑法、结构及城内的配置等也几乎相同,显示着它与郑州商城的紧密关系。1998年在河南省北部沁水河流域发掘了焦作市府城商城遗址,这座面积仅10万平方米、呈正方形的城址,是目前发现的二里岗文化时期城址中面积最小的一座。城内的"日"字形宫殿基坛也与其他城址内的宫殿建筑结构不同,但与偃师商城8号建筑基址相似。城址建筑于二里岗下层前半期,在白家庄期废弃的特点与其他城址相同。[1]

刘莉与陈星灿以对东下冯商代城址与垣曲商代城址的分析为主线,认为这两座商代城址的建立是商王朝追寻中条山铜矿、铅矿和盐的结果[2]。这也与张光直先生早年提出的夏商周三代的都城屡迁,一个重要目的便是对三代历史上的主要政治资本铜矿与锡矿的追求不谋而合。[3] 位于长江中游的盘龙城遗址近年来也有新的资料与研究进展。从2006年起到2015年的十余年间,盘龙城遗址进行了多项考古发掘,总结这一阶段的新成果与新研究,大致有以下几点值得关注:一是杨家湾发现城壁以及大型墓葬,并确认了杨家湾是盘龙城遗址在二里岗文化晚期到中商时代的中心区,而这里发现的M17中大型绿松石镶嵌金箔、漆器、有领环以及绿松石管饰品等都对重新认识盘龙城的性质具有重要意义。二是在小嘴遗址首次发现了青铜器生产工坊,这对认为商代青铜器生产被中央垄断的传统观点提供了重新思考的新材料。[4]

第四节　关于初期国家社会组织结构的讨论

以上周边各地区城郭遗址的发现,使学术界对多个城郭遗址以及它们与郑州、偃师商城的关系展开了热烈的讨论,也产生了许多不同的学术观点。首先是

---

[1] 秦小丽:《焦作市府城遗址的陶器》,载冈村秀典编:『中国古代都市の形成』,科研研究成果报告书,2000年,第54—65页;袁广阔、秦小丽:《河南省焦作市府城遗迹发掘报告》,《考古学报》2000年第4期。
[2] 刘莉、陈星灿:《中国早期国家的形成——从二里头和二里岗时期的中心和边缘之间的关系谈起》,载北京大学中国考古学研究中心编:《古代文明》(第1卷),文物出版社2002年版,第55—110页;李建西、李延祥、田建文:《东下冯遗址冶铸遗存研究》,《考古与文物》2018年第1期。
[3] 张光直:《考古学专题六讲》,生活·读书·新知三联书店2010年增订本。
[4] 盘龙城遗址博物馆、武汉大学青铜文明研究中心编:《盘龙城与国际学术研讨会论文集》,科学出版社2016年版。

这些地方性城郭遗址与郑州和偃师商城的关系。多数学者认为郑州商城、偃师商城是商代前期的都城,周边诸地区的多个城郭遗址是商王朝的方国、都邑或者是军事性据点城郭,也就是说,他们都是商前期王朝因为某种需要在不同地域有目的地建筑的地方性城郭。还有一些学者强调自然资源与多座城郭营建的关系,认为攫取铜锌等制作青铜器所需的资源是这些城郭得以营建的主要原因,其根据之一是多座城址所在地都是盛产铜锌等资源的地区,而中国青铜容器的制造恰恰开始于二里头文化到二里岗文化时期。还有一些学者对五座城址分别研究,认为垣曲商城西墙的二重构造,显示当时对西北部少数民族攻击的防御功能,因而垣曲商城是具有军事性质的城址,也有人认为它是以郑州政权为中心的商王朝前期的方国。[1] 而东下冯遗址的宫殿基坛和像圆形仓库的建筑物,是因为城墙东侧为中条山铜矿,这些仓库建筑就是为储备青铜器铸造原料而建的[2],因而东下冯城郭是商王朝为了获取铜资源而建立的地方城郭。另外一些学者则认为这些圆形仓库应该与运城盐池有关系,是商王朝储藏盐硝的仓库。[3] 盘龙城商城由于发现了大量用青铜器随葬的大墓,并且日常生活用陶器也和中原地区相似,所以显示着较强的军事性殖民性质[4],也与这一地区盛产铜资源有关。位于黄河北岸、沁河流域的府城商城和其他的城郭相比规模稍小,营建于二里头文化四期和二里岗下层期前段之间,较同时期的偃师商城略早,而且其宫殿基址的布局与偃师商城8号宫殿近似,因而具有非同一般的意义[5],至少它在二里岗文化成立之初显示着不同于其他城址的重要的作用。而望京楼商城的新发现将改变目前的一些研究学说。

除方国说、军事据点和殖民地都市说等观点以外,还有一种就是邑制说。根据文献记载,殷墟王都叫作"大邑商",与此相对,王都下面所属地方都市叫作"族邑"。如果从早期国家论的角度来分析研究二里头、二里岗文化的话,邑制应在

---

[1] 陈昌远:《商族起源的地望发微——兼论山西垣曲商城发现的意义》,《历史研究》1987年第1期。
[2] 张光直:《关于中国初期城市的概念》,载《中国青铜器时代》(第二集),生活·读书·新知三联书店1990年版,第1—14页;石璋如:《殷代的铸铜工艺》,载《历史语言研究所集刊》(26),"中央研究院"历史语言研究所1955年版,第95—129页。
[3] 陈星灿、刘莉、赵春燕:《解盐与中国早期国家的形成》,载《中国盐业考古》(第二集),科学出版社2010年版,第48—64页。
[4] 岡村秀典:「農耕社会と文明の形成」,『岩波講座 世界歴史3:中華の形成と東方世界』,岩波書店,1998年,77—102頁。
[5] 岡村秀典:「中国古代都市研究の現状」,岡村秀典編:『中国古代都市の形成』,科研研究成果報告書,2000年,77—82頁。

国家成立以前就存在。林沄认为国家是由众多的邑组成的邑群发展而来的,中心邑在后来发展成为国家的首都。① 而且,国家的结构是在中心邑周围存在着多个农业共同体的中心集落,这些中心聚落被称作"郊"。"郊"的周围又有农业以外的分业区,这就是"野"。也就是说,夏商时代的国家结构应该是像这样的集落重层组织状态。佟柱臣也阐释过关于二里头、二里岗文化的文明概念,他将这一时代的国家状况区分为王国文明和方国文明,认为以中心地区的二里头、郑州商城为代表的大型遗址是王国文明,中心地区以外的城郭遗址是方国文明。② 谢维扬则从人类学、历史学、考古学的多角度进行分析,他将这一时期称作早期国家,意在理解和论述欧美关于国家理论的基础之上,对中国古代的文献记载和考古发掘资料综合考虑。他认为以二里头文化为代表的夏代是中国早期国家的发生期,以二里岗文化和以殷墟期为代表的商代是中国早期国家的典型期,春秋、战国时代是中国早期国家的变化期。③ 以上这些观点存在的问题是没有论述二里头文化和二里岗文化的区别以及二里岗文化和殷墟期文化的区别,没有注意到考古资料所显示的二里头文化到二里岗文化发生的转变,以及从二里岗文化到殷墟期文化在生产制品和流通趋势上的转化,也没有详细讨论社会变化的具体状态,而是拘泥于从文献记载上看到的古代王朝概念的交替。

日本学术界对以二里岗文化为代表的早商文化的研究始于东洋史学界而不是考古学界,这与日本考古学的研究方法与理念有关,他们一贯认为考古学家就应该专注于出土遗物的分析与研究,至少在对发掘出土遗物的基础研究没有完成之前,一般不奢谈应该在下一阶段涉及的族属、国家结构等理论性或是需要文献考证的问题。因此与殷代、西周时代的国家体制有关的几种观点,大多是东洋史学家从文献和考古资料两方面所做的研究。宫崎市定通过与希腊罗马都市国家的比较,他认为中国从殷末到春秋时代是都市国家,战国时代是领土国家,秦汉时代是大帝国阶段,而中国的都市国家时代与希腊罗马都市国家在结构上有很多相似点。④ 贝塚茂树则认为殷周国家虽然是领土国家性质,但是和希腊罗马都市国家的特质相比较,在大局上应该还是都市国家,与宫崎市定有着相同的

---

① 林沄:《关于中国早期国家形式的几个问题》,《吉林大学社会科学学报》1986 年第 6 期。
② 佟柱臣:《中国夏商王国文明与方国文明试论》,《考古》1991 年第 11 期。
③ 谢维扬:《中国国家形成过程中的首长制》,《华东师范大学学报(哲学社会科学版)》1987 年第 5 期;谢维扬:《中国早期国家》,浙江人民出版社 1995 年版。
④ 宫崎市定:「中国上代の都市国家とその墓地—商邑はどこにあったか」,『宫崎市定アジア史論考』(中巻),朝日新聞社,1976 年,31—53 頁。

论述。① 松丸道雄通过对甲骨文和金文的考证,认为殷周国家的基本结构是大邑(商周王室)-族邑-属邑这样的叠层关系,其表现形式是以氏族制的共同体为核心,众多小邑从属以族邑为单位的邑制国家。它们的相互关系体现在一方面独立存在,另一方面又从属于大邑。② 与以上观点不同,冈村秀典较为关注最新发掘的考古资料,特别是殷墟以前二里岗文化的城郭遗址,他认为邑制国家论用多数独立国家并存的学说来否定都市国家论,其实这些地方城郭都市是商王朝为了支配地方而设置的殖民都市,或者说是从当地农业共同体中脱离出来的,以某种形式从属于商王朝,是统治阶层为了进行地区管理而建立的政治都市。这些地方性城郭遗址并不是独立的地域国家,这一点与古代希腊罗马都市国家的性质不同。③

  总结以上90年来关于二里头、二里岗文化的考古学研究历史,可以说考古学资料和文献史料相互印证促进了本课题研究的发展,使得仅仅限于传说历史的夏王朝的存在也已经由考古发掘资料逐步得到证实。但是20世纪30年代以前,由于缺乏充足的考古学资料的基础分析,在考古学文化时代的认定上具有很大的不确定性,也就出现以仰韶和龙山文化的出土物来比定夏王朝的情况,这与拘泥于用文献记载的夏王朝地理位置来与考古学文化相对照的研究方法相关。文献史料和考古发掘出土的考古学资料究竟怎样结合才能有效地促进本课题的研究不仅仅是一个方法论的问题,还应该是针对不同研究素材在研究分工和方法、课题的研究步骤、研究过程与研究目的的整体性上应有的理念问题。文献资料的成书背景需要考虑,而考古学资料的不完整性更不能忽视。如果一个考古学文化自身的面貌不明晰,基础资料的分析不充分,要想用相应的文献记载来佐证其所代表的族属,就存在很多问题,能取得的成果也很少。因此作为考古学家,我们没有必要急于给每一个考古学文化和类型寻找它可能代表的族属,而应该潜下心来认真分析辛辛苦苦发掘出土的遗物,在此基础资料研究的平台之上进而探索其他更为宏观的课题。非常幸运的是,一个多世纪以来积累的关于二里头、二里岗文化的研究成果为我们认识这些问题奠定了基础,也为能进一步详细具体地分析考古资料提供了可能性。因为经过多年的积累,考古发掘资料日

---

① 贝塚茂树:『中国の古代国家』,中央公論社,1984年。
② 松丸道雄:「殷周国家の構造」,『岩波講座 世界歴史 古代4:東アジア世界の形成』,岩波書店,1970年,49—100頁。
③ 岡村秀典:「農耕社会と文明の形成」,『岩波講座 世界歴史3:中華の形成と東方世界』,岩波書店,1998年,77—102頁。

渐丰富,考古学文化的面貌日渐清晰。

从20世纪50年代到80年代,夏商考古的发掘和研究都较20世纪30年代有了长足的发展,特别是在基础资料的分析,比如考古学文化的类型与年代界定、地域分布等方面均取得了很大成果。但是若在田野发掘资料不断丰富的同时,在研究方法上还是拘泥于文献上记载的部族的地理范围,将考古学上界定的考古学文化类型和文献记载上的部族相比照的话,其研究成果也将很难突破30年代的研究框架,仅仅局限于比30年代更为准确的族属界定。因此也就有了现在学术界普遍认为的二里头文化为夏文化,漳河类型文化(或下七垣文化)为先商文化,二里岗文化为商代前期文化,岳石文化为东夷文化,斗鸡台文化为淮夷文化这样的一些学术观点,同时还存在着岳石文化或者东下冯文化是先商文化,以王城岗遗址为代表的河南龙山文化后期和二里头文化前期是夏文化,二里头文化后期和二里岗文化是商代前期这些不同的观点,并且各自也都有一定的支持者。[①] 如此看来,关于考古学资料与文献记载的部族相比照的研究,还存在许多需要完善和改进的方面,也显示着我们的研究仍然需要不断探索新的方法,使得夏商考古学文化这一课题得到更为深入的分析和论证,并使得它与其他考古学文化的关系更为明确。

另外,关于考古学文化、类型的认定是一个根据考古学的程序加以确定的结果,它与具体的文化之间并不是完全对等的。从陶器型式的不同可以确定特定考古学文化的分布范围,而根据各考古学文化内部小的差异,可以进而细分各考古学文化的类型。这种现行的考古学研究在设定新的文化或类型时所具有的意义,是重视不同考古学文化与类型的差异,而并不等于这些文化之间没有相同的因素。这样设定的考古学文化和类型通常都有明确的分布范围,一些学者还在地图上用线条画出它与邻接的文化和类型范围相互之间的界线,以表示它们没有重复的部分。比如像前面所述那样,伊洛地区的二里头文化、河南北部漳河地区的漳河型文化、卫河上游地区的辉卫文化、山西省西南部的东下冯文化、山东

---

① 黄石林:《关于探索夏文化问题》,《河南文博通讯》1978年第1期;安金槐:《试论河南龙山文化和夏商文化的关系》,载《中国考古学会第二次年会论文集》,文物出版社1982年版,转引自《安金槐考古文集》,中州古籍出版社1999年版,第1—7页;孙003:《先商文明与商丘的起源》,《中原文物》1994年第3期;栾丰实:《试论岳石文化与郑州地区早商文化的关系——兼论商族起源问题》,《华夏考古》1994年第4期。

省的岳石文化都有明确的范围区分。① 但是考古学资料的现状并不是这样,二里头文化时期,很多遗址出土的陶器群都包含着多个不同的陶器系统,显示它们之间相互有着非常频繁的交流,因而根据陶器型式划分的考古学文化的范围,就不可能有非常明确的界限。而文化范围与线条的界定显示了文化类型的设定者只重视文化之间的差异,而不同文化之间的相互关系没有得到重视。陶器样式变化的背景是地域间的相互交流,如果不能很好地把握这一点,就不能很好地理解中国早期国家的形成过程。而最重要的是,我们应该对从遗址中出土的全部陶器进行明确而系统的器种、系统分类分析,再根据这样的器种、系统分析构成来理解一个遗址的陶器组合样式,最后进行遗址之间和地域之间的比较,进而分析它们之间有怎样的相互影响及其发展关系。

对一个遗址出土的陶器群进行系统或谱系分类的方法是中国考古学研究中常用的方法之一。首次提出这一方法论的李伯谦以"考古学文化因素分析法"为题,为北京大学硕士研究生授课,并指导学生应用这一方法在田野实习中对各遗址出土的陶器资料进行基础分析的实践。② 事实上许多北京大学硕士毕业生的论文都用这一方法对不同遗址出土的陶器进行了相关的基础研究,其中一些还对二里头、二里岗文化时期的河南省北部、东部③,湖北省北部④,安徽省西部和山西、陕西省等地的遗址进行了地域间关系的研究,取得了一批建立在扎实而翔实的分析之上的基础研究成果。这些研究为我们进一步通过陶器群之间的互动来研究地域间的动态关系提供了非常重要的基础平台,而不仅仅是依赖文献的记载与看似静态的考古学文化进行简单的比附。因为根据陶器分析而确定的考古学文化和类型以及分布范围,并不能完全体现不同文化间复杂的交流状况,但是这种陶器分析却可以显示陶器的型式系统、分类组合在时间和空间上的变化过程。关于陶器群变化所体现的地域间交流关系,我们不能仅仅局限于它们之间有交流的结果上,还要对其变化的具体过程进行关注,使得不同地域间的互动关系在具体的分析中得到体现。而以这样的视点对二里头文化到二里岗文化的

---

① 张立东:《先商文化的探索历程》,载《三代文明研究——1998年河北邢台中国商周文明国际学术研讨会论文集》,科学出版社1999年版,第200—207页。
② 李伯谦:《论文化因素分析方法》,载《中国青铜文化结构体系研究》,科学出版社1998年版,第297—299页。
③ 宋豫秦:《试论杞县与郑州新发现的先商文化》,载中国社会科学院考古研究所编:《中国商文化国际学术讨论会论文集》,中国大百科全书出版社1998年版,第133—148页。
④ 何驽:《荆南寺遗址夏商时期遗存分析》,载北京大学考古学系编:《考古学研究》(二),北京大学出版社1990版,第78—100页。

变化过程进行分析的研究还很缺乏。只有在此分析基础之上,对于中国初期国家的形成过程研究才有坚实的第一步。中国初期国家的形成期、确立期是在二里头文化和二里岗文化时期,通过对这一时期地域间交流的具体状况,特别是陶器动态的研究,可以尝试解决中国初期国家形成期的考古学研究中存在的上述问题。从二里头文化时期开始,以中原地区为中心的地域间交流活动非常活跃,伴随着这一集团性的人的迁徙移动,以新的人群结合而形成的地域集团最终形成新的地缘社会,在此基础之上形成初期国家。本书将本着这种新的研究视点,通过对考古学资料的实证分析来寻找可靠的证据。

近年来,欧美考古学界关于二里头、二里岗文化的研究成果也在逐步增加,他们的研究与以上综述的中日考古学研究在方法论上有较大的差异。从社会制度、技术过程与手工业体系、地域间贸易与流通、经济考古学概念下的都市文明形成出发,从文化人类学、社会学、民族学等跨文化的角度进行的研究比较普遍。而这些研究方法正是我们需要借鉴与引进的理论思路,也是本研究今后需要补充的课题。

第二章

陶器的型式分类和系统识别

近年来,在伊洛郑州地区的陶器研究中,随着新资料的增加以及良好的陶器组合资料的发表,陶器型式的分类进一步细化和严谨化,各个遗址出土的陶器编年也逐步建立和得到较为正确的识别。特别是二里头遗址、郑州商城遗址和偃师商城遗址的陶器编年研究有了比较成熟的结论,陶器编年的细化、外来系陶器的认定以及其谱系的探讨都有了较大的进展。这里将以这三个最有代表性的中心遗址为主要资料,对二里头文化到二里岗文化的陶器分类和型式变化进行分析,以期探讨中心地区陶器样式的变迁过程。本章将注目于以二里头、二里岗文化为代表的中国初期国家形成过程中各个地域之间的动态关系,在明确识别陶器群构成中各个陶器谱系的同时,指明其各自的特征,以此来把握三个遗址各个时期陶器构成的组合形式,进而探明在地系陶器的构成和外来系陶器流入的时期变化以及具体变迁过程。

第一节 陶器型式的分类和变化

二里头、二里岗文化时期的陶器形态和变化较为明确的共有 27 种。本节将详细叙述这 27 种器类的型式分类和变化。陶器的型式分类是在陶器本身的普遍性和对其共同认识的基础上进行的,并以此来认定各个型式的变迁过程、用途和谱系。本章将在参照陶器口缘部、颈部、肩部、腹部和底部形态和纹饰的同时,为了明示各器类的型式分类和形态变化,以英文字母区别不同系统的陶器,具体表示如下:A 的伊洛系、B 的东下冯系、C 的辉卫系、D 的漳河系、E 的岳石系、F

的豫东系、G 的豫南系、AD 的伊洛-郑州系。另外,长江中游地区则有 H 的荆南系、I 的巴蜀系和 J 的釉陶。

深腹罐:腹部较深,下腹部的器表涂有耐火的粗黄砂泥,泥上带有黑色煤灰痕迹,因而这种深腹罐应该是炊器无疑。深腹罐可以区分为 A、D、E 三个系统,即 A 的圆底、D 的平底、E 的平底,腹部为篦纹。A 系深腹罐根据颈部的有无又可以区分为 A1 的无颈、A2 的有颈两种,而 D 系则口缘部外翻,AD 的口缘部呈直口内凹。二里头遗址一期仅见 A1,腹部最大径在上半部,器表施平行篮纹。二期 A1 口沿下部呈现明显的束颈,和腹部之间的界限很明显,器表全部施绳纹。二里头时期 A2 也开始出现,口缘外翻、短颈、腹部施绳纹,但是数量还非常少。三期 A1 口缘外侧有棱,腹部最大径比前期下降。A2 口缘外侧贴有黏土,附加泥条,并形成缘面,颈部较长,颈部下端和腹部之间有突棱。这一时期两个型式中的一部分陶器的内面可以看到直径 1 厘米的麻点纹,是修整工具留下的痕迹。从数量上来看,A1 减少,A2 增加。D 类深腹罐开始出现,腹部略瘦长,器壁变薄。器表绳纹与 A 相比细而浅是 D 的特点。但是这一时期 D 的数量还较少。进入四期后,A1 消失,A2 成为深腹罐的主流。口缘部外翻程度较前期更大,呈喇叭形,颈部变得更长。D 形深腹罐的口缘部加大,腹部外鼓。新出现 AD 系深腹罐,与 D 相比,AD 口缘下部的内凹明显,腹部外鼓更为显著,底部略呈内凹。器壁比 D 形略厚。D 系深腹罐器表面呈褐色,而 AD 呈灰色。少量的褐色篦纹深腹罐 E 在这一时期开始出现,口缘为卷沿,腹部上部外鼓,并在近底部急收。到了二里岗文化时期,A2 和 AD 成为主流,几乎看不到其他型式。二里岗下层期后段 A2 和 AD 在形态上非常类似,几乎看不到区别。

圆腹罐:与深腹罐一样,也是炊煮器的一种,整个器形比深腹罐小,腹部圆而短,底部均为平底是其特征。根据耳部有无或把手有无区分为 A 的无耳、B 的有耳两种形式。A 系又可以区分为:A1 的带明显棱角,口缘为折缘;A2 的棱角不明显,口缘略外翻的敞口;以及 A3 的卷缘三种型式。B 系可以区分为 B1 的单耳和 B2 的双耳。一期 A1、A2 两种都存在,A1 无颈,腹部饰篮纹。A2 口缘外部的附加堆纹上有刻纹,腹部饰绳纹,底径较 A1 小。二期 A1 消失,A2 成为圆腹罐的主流,但是器形变化不大。这一时期 B1 的单耳和 B2 的双耳开始出现。两者的口缘部均略内卷,腹部饰绳纹,底部略显内凹。到了三期,A2 数量增加,新出现卷缘的 A3。A3 的口缘下部内收明显,腹部上部有棱,腹部上下均饰绳纹。底部略内凹。B1 和 B2 继续存在,但是形态没有大的变化。四期 A3 的数量最多,A2、B1、B2 也存在,但是数量变少。进入二里岗文化阶段,下层前期

A2 消失，A3、B1、B2 还能见到，但是到了二里岗上层前期，圆腹罐则完全消失。

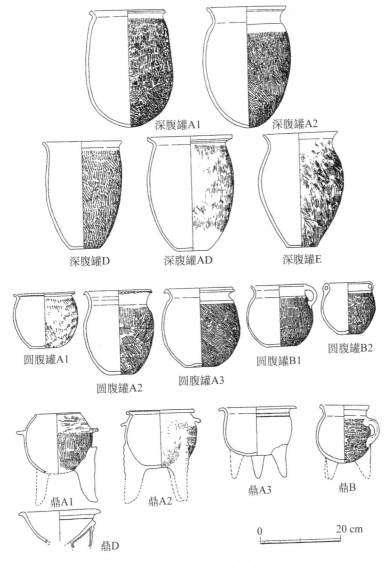

图 2-1　陶器的型式分类(1)

鼎：是一种三足形炊煮器。A 系鼎呈深腹，B 系带有把手，D 系腹部为半球形。A 系又可以区分为 A1 的内卷缘、A2 带明确折棱的折缘和 A3 的仿铜鼎的三个型式。一期有 A1、A2，A1 腹部呈球形，上部有鸡冠形耳，底部呈圆底，腹部饰绳纹，三足呈扁平三角形，足部外侧有指压纹或称手捏花边。A2 的腹部也呈球形,带鸡冠形耳,腹部饰绳纹,但是底部为平底。数量上以 A1 为多。二期 A1、A2 数量增加,器表以绳纹为主流,鼎足加在腹部上半部,足部外侧一般带有指压纹。这一时期 B 系开始出现,并有一定的数量。B 的口缘外侧有附加堆纹,颈部显著,腹部饰横向绳纹,三足加在腹部下半部,断面呈三角形,足面无纹饰。三期 A1 消失,A2、B 继续存在,但是数量减少。D 的腹部呈半球形,鼎新出现。D 的口缘部较厚,口缘下部有弦纹,鼎的全身磨光。四期 D 的数量增加,A2 减少,B 则完全看不到。进入二里岗文化时期,下层前期 D 很少见到,A2 完全消失。而下层后期 D 则完全消失,取而代之的是 A3 的仿铜鼎。口缘部略呈卷缘圆唇,腹部上部有内凹弦纹,下部略内收。三足断面呈圆形柱足,这完全是模仿青铜鼎而制作的陶鼎,这一型式一直持续到二里岗上层期。

甑:仅有在地系的 A,又可以区分为 A1、A2、A3 的个形式。A1 为卷缘,A2 为折缘,A3 为敞口。这三种形式的腹部均呈盆形。一期有 A1、A2,但是 A1 的数量远大于 A2。两者在腹部上方均带有鸡冠形耳,腹部饰篮纹,底部有五个孔,但是 A1 是平底,A2 呈圆底。二期也仅有 A1、A2,底部有四孔和五孔两种。五孔甑的器表多饰篮纹或方格纹,凸显龙山文化的饰纹方式,而四孔甑则几乎都饰绳纹。到了三期,A2 消失,A1 成为甑的主流型式,底部转变为圆底。新出现了 A3 的不带鸡冠耳,器内带麻点纹,器表饰绳纹,底部带四孔的甑。而四期 A1、A3 继续存在,以底部四孔、器表饰绳纹为基本型式。到了二里岗文化时期,A1 消失,A3 则继续存在到二里岗上层期,但是数量已经很少,呈现明显的减少趋势。

鬲:是一种空三足炊煮器,可以区分为 A、B、C、D、E 五个系统。A 系全身饰绳纹直至鬲足尖部;B 系不带实足或是实足尖部带纵向刻线纹;C 系足部的绳纹被磨掉;D 系实足处经过打磨;E 系全身饰篦纹调整。而 B1 无实足,B2 为高颈,实足根部施刻线纹。D 的器壁非常薄,腹部的绳纹也很细。AD 器壁厚,器表绳纹较粗。鬲是从二里头文化二期晚段到三期开始出现的。这一时期 A 的口缘外侧有附加堆纹,腹部圆鼓,腹部的绳纹呈麦粒状。B1 口缘部也有附加堆纹,颈部明显,腹部外鼓。B2 为高颈,颈部有抹掉的绳纹痕迹,在与腹部接合部可以看到接合的痕迹。C 为无颈鬲,腹部呈球形。D 鬲的腹部最大径在下腹部,实足附加在底部中部是其特征。四期 A 的口缘外侧有明显的面,实足较短,B1 消失,B2 和 A 一样口缘外侧也有明确的面,C 的数量减少,新出现 AD,口缘上部有棱,E 呈褐色,颈部和腹部下部有附加堆纹。进入二里岗文化下层前期,D 数量最多,是这一时期鬲型式的主流。A 与 D 并存,但是 B、C 看不到。到了下层后期,A、D、E 鬲也几乎看不到。AD 的器壁较厚,绳纹较前期变粗。到了二里岗文化上层期,AD 鬲的口缘外侧也出现面,即方形外翻口缘。

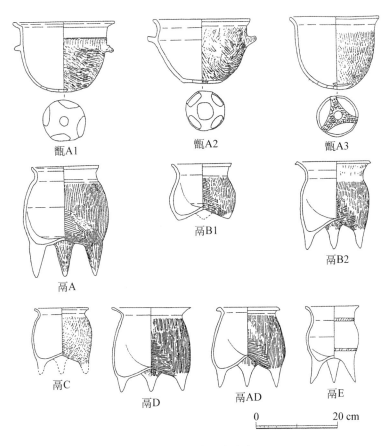

图 2-2　陶器的型式分类(2)

深腹盆：盛器盆可以区分为 A、B、D 三个系统。A 系深腹盆的腹部呈碗形,底部内收,而 B 系的腹部从口缘下方开始略呈内弯并持续到底部。D 系为有肩盆。A 系可分为三个型式:A1 的口缘部略外翻,在口缘上部外凸处有凹槽,A2 为卷缘,A3 口缘部外翻略缓的。B 系的口缘上部较宽,腹部深,口缘部以下饰细绳纹。D 系有肩,肩部略圆润。AD 系的肩部较 D 略高,肩部带棱。一期的 A1 腹部有大型鸡冠耳,耳部以下饰篮纹,平底。二期 A1 的腹部纹饰从篮纹变为绳纹,鸡冠状耳部比前期变小,新出现 A2,A2 除了没有鸡冠耳之外与 A1 几乎一样。同时 B 也开始出现,其腹部的绳纹从口缘下部直到底部遍饰全器,底部为较大的平底。三期 A1、A2 继续存在,但是 A2 的数量较多。A1 的鸡冠状耳变小,器内面有麻点纹,A2 的底部从平底变化为圆底,B 系盆的数量仍然较少,器形变化也不大,新出现了 AD 系,其特征是腹部饰横向细绳纹。四期 A1 消失,A2 成为深腹盆的主要型式,新出现了 A3,其腹部非常深,上腹部有凹弦纹,下腹部饰绳纹,底部略内凹。同时新出现的 D 系除了肩部有两组凹弦纹外,全身磨光,平底。AD 的肩部以下直到下腹部器壁较直,小平底。进入二里岗文化时期,A2、A3 数量增多,与二里头文化时期相比腹部变浅,A3 的鸡冠状耳也消失。B 持续到二里岗文化下层后期,但是几乎没有大的形态变化。D 系消失,而 AD 数量增加。两者底部均变化为圆底,并存续到二里岗文化上层期后段。

刻槽盆:腹部的内面有许多纵向的深刻线纹,其用途和炊米去皮的功能一样,仅有 A 系一种,但是可以区分为四种型式。A1 为直口;A2 口缘部较直,有内弯的凹槽;A3、A4 均为卷缘,A4 带有肩部。一期仅有 A1,器表均饰篮纹,平底。二期 A1 突然减少,A2 出现,A2 为短颈,器表饰绳纹,平底。三期 A2 数量虽多,为主流形式,但是新出现 A3、A4。A3 呈无颈圆底,A4 的口缘下部不见凹弦纹,圆底腹部略浅,突肩。四期 A2 几乎看不到,A3 和 A4 成为主流形式。A3 的腹部变浅,A4 为突肩。到了二里岗文化时期,A3、A4 继续存在,但是数量很少。

平底盆:其特征是腹部浅而大,平底,可以区分为 A、C 两类。A 系的腹部磨光,完全没有绳纹的痕迹,底部边缘有数周刻线纹。C 系的腹部饰绳纹,底部没有发现刻线纹。一期仅有 A 系,全身呈灰黑色,底部外侧有轮制痕迹。二期除了 A 系外,C 系也开始出现。A 系的陶色转变为纯灰色,腹部带半环形耳。三期和 A 系相同的小型盆出现,器表多涂有黑色陶衣。四期 A 系的特征与三期几乎相同,但是数量大幅减少。C 系虽然数量仍然很少,但一直存在。

小罐:仅有 A 系。一期口缘外翻,腹部外鼓,器表面饰篮纹。二期腹部加深,但是鼓腹部分变小,肩部有以凹弦纹区划的纹饰带,内填细小的突刺纹,下腹部饰绳纹。三期器内壁可以看到工具垫痕。有些器表涂有黑色陶衣,有些加饰细绳纹。四期小罐口缘下部有一条突带纹,器表的绳纹变粗。二里岗文化时期仅有少量,到了二里岗文化上层期几乎看不到,直至完全消失。

有颈罐:仅有 A 系,根据颈部形态的不同可以区分为 A1 和 A2 两种型式。一期 A1 和 A2 均有发现,肩部突出,平底,肩部以下饰篮纹或绳纹是这一期的特征。二期 A2 消失,A1 的肩部变圆润,腹部加深,绳纹从肩部饰到底部。三期 A1 有颈罐的肩部带有凹弦纹区划的纹饰带,带内填有中字形纹饰。器内面有工

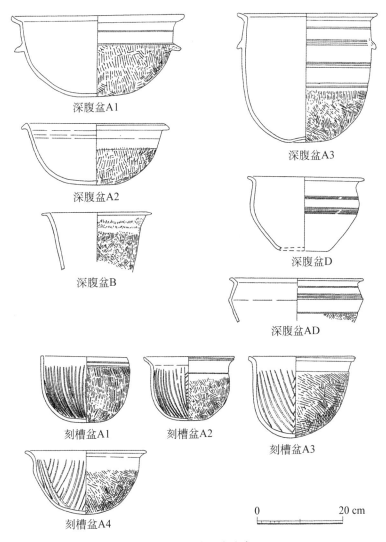

图 2-3　陶器的型式分类(3)

具填痕。四期的特征与前期几乎相同,但是罐的整体略显小型化。二里岗文化下层期 A1 类的小型罐还有残存,形态也没有大的变化。进入上层期后则完全消失。

捏口罐：在口缘部对称的两内侧有用手指压捏的流状缺口,可能是一种盛水或汲水的罐。可以区分为 A1 和 A2 的两种型式。A1 饰绳纹,A2 器表没有调整痕迹,或是笹纹调整痕迹。一期 A1 的颈部不明显,腹部纹饰以篮纹为主,有少量绳纹。二期数量开始增加,短颈,均饰绳纹,篮纹看不到,小平底。三期 A1 较前期增加,口缘部外侧有附加堆纹,腹部呈球形。四期颈部加长,颈部与腹部之间有突起的棱。最大腹径下移,底部略内凹。A2 开始出现。A2 的形态与 A1 大致相同,器表所饰篦纹不同于 A1。进入二里岗文化时期后 A2 消失,下层期 A1 的颈部加长,这种特征一直持续到二里岗上层期。

大口尊:是一种储藏器。仅有 A 系,分为圆肩的 A1 和肩部带棱的 A2 两种。一期仅有 A1,腹部饰绳纹,肩部以下的腹部在绳纹上饰有多道附加堆纹,小平底。二期 A1 减少,A2 出现,A2 的肩径大于口径,肩部以下的腹部在绳纹之上加饰数条附加堆纹。三期 A1 消失,A2 口径和肩径相同,肩部装饰有兽形耳和附加堆纹,肩部以下的腹部饰绳纹,并有数条凹弦纹,器内面有工具垫痕。四期 A2 进一步增加,口径大于肩径。进入二里岗文化时期后,下层期 A2 的口径比肩径大,肩部的外凸变小,底部内凹。上层期肩部缩小几乎看不到,相反口径变得更大,尊的整体呈喇叭形。

小口尊:仅有 A 系,有圆肩的 A1 和肩部有棱的 A2 两种。A1 出现于二里头文化三期,口缘部外卷,有颈,肩部上下均有凹弦纹区划的纹饰带,纹饰带内饰各种印纹。腹部表面有篦纹,平底。四期 A1 继续存在,但是器形几乎没有变化。二里岗文化下层期的 A1 肩部的印纹减少,腹部下半部饰绳纹,数量减少。二里岗文化上层期 A1 几乎消失,新出现 A2。这一形式与 A1 不同,陶器的烧成温度较高,看似硬陶类,器表有灰色釉。口缘内面有轮制痕迹,腹部饰方格纹。

杯:仅有 A 系,可分为圆形的 A1、方形的 A2、圆形带有把手的 A3 三种型式。一期仅有 A1,平底,腹部略外鼓。二期 A1 的口缘部较大,底部较小,器壁笔直。新出现 A2 和 A3。A2 的器壁较直,底部有四个短小的足。A3 腹部外鼓,外壁饰有以弦纹区划的纹饰带,器表面涂有黑色陶衣。三期 A1 的口缘部外翻,器表经过精细的磨光。A2 数量增加,腹部饰有变形的印纹。A3 口缘部内敛,把手变小。四期 A1 消失,A2 数量较多。A3 的把手呈扁平的三角形,表面饰绳纹。到了二里岗文化期,近乎看不到杯形器,偶尔有方形杯出土。

器盖:有 A、D、E 三个系统,A 器盖的口缘部外翻,D 器盖整体呈覆盆形,E 器盖口缘部略内敛。一期仅有 A 系,器盖的钮细而高,盖体部有明确的肩棱,盖侧面有凹弦纹。二期 A 系钮部除了圆锥形外,其他形态也较常见,器盖口部向外敞开。D 系器盖开始出现,器盖表面饰有突弦纹。三期 A 系器盖的内侧有陶垫的压垫痕迹。D 系器盖的弯曲度变缓。新出现 E 系器盖,器体表面除了有明确的棱之外,没有任何纹饰。四期 A 系减少,D 系的器内面可观察到陶垫痕迹。

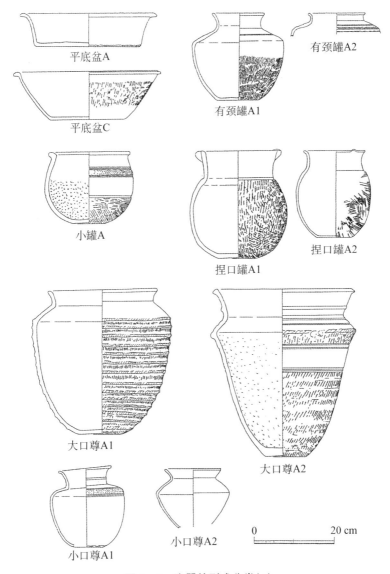

图 2-4 陶器的型式分类(4)

E系数量非常少。进入二里岗文化时期,下层期未见到E系,A系的肩部变圆,D系的数量增加。上层期仅见D系,数量很少,A、E系则完全消失。

盉: 仅有A系。用细泥质白色陶土制成,器表呈灰白色,全身磨光。二期开始出现,绝大多数是出土于墓葬的随葬品,从三、四期开始有遗址出土例。二期盉的把手较宽大,其上有数条凹弦纹组成的三角纹,腹部装饰数条突弦纹,把手上部附加有圆形贴塑。器壁很薄。三期盉的器体变矮,四期进一步小型化,并存续到二里岗文化时期,但是数量很少。

觚:这是一种细长而制作精细的酒器,通常胎土呈灰色和白色,仅有 A 系。腹部带把手,口缘略外翻,腹部下垂,下腹部有一条突弦纹,上腹部有刻划纹。一期开始出现,这一时期器体细长。二期腹部有凸带纹,口缘略外翻,底径变大。三期口缘部变大,呈喇叭形外敞,底部反而变小。四期数量大幅减少,并呈小型化趋势。到了二里岗文化时期几乎消失。

瓮:有 A 系和 C 系两个系统。C 系的腹部饰绳纹,绳纹上有多道横向凹弦纹。A 系没有这样的特点,根据口部形态可以区分为直口的 A1、大口的 A2、无颈与口部内敛的 A3、小口的 A4 四种型式。一期 A1 颈部较低,肩部带棱角,腹部饰有四至五条一组的凹弦纹,腹部下部饰篮纹,平底略外突,器内面有凹凸痕迹。A2 无肩,带有略鼓的腹部,较深,腹部外面在绳纹之上饰数道附加堆纹,平底略内凹。二期 A1 腹部下部饰绳纹。A3 与 A1 相似,无颈,圆肩。腹部磨光,并有数条一组的凹弦纹。腹下部饰绳纹,平底。A2 数量减少。三期 A1 消失,A2 数量也减少。A3 的肩部幅度增加,带有三个半环状耳。新出现 A4,直颈,圆溜肩,腹部饰绳纹。C 系也开始出现,但是数量很少。C 有颈,圆溜肩,底部略内凹的平底。到了四期,A1、A2 消失,A3 的器内面有明显的工具垫痕,A4 为大型化瓮,C 仍然存在。二里岗文化时期,A3 的口径内敛显著,量少,但一直存续到二里岗文化上层期。A4 数量增加,肩部消失。

大口缸:可以区分为折缘的 A1 和直口的 A2。一期仅有 A1,数量也较少。口缘下部有鸡冠状耳,腹部饰篮纹,并有突带附加堆纹。二期 A1 腹部由篮纹转变为绳纹,并新出现 A2,其腹部饰有三条一组的附加堆纹。三期 A1 减少,A2 的口径变大,颈部紧束,腹部下收,小底。四期 A1 消失,A2 口缘下有一条附加突纹,腹部饰细绳纹。进入二里岗文化时期,下层期 A2 继续存在,形态也与前期相同,但是器壁薄,饰浅方格纹和斜向细绳纹。上层期方格纹消失,绳纹也较前期变粗,器壁加厚。

盘:仅有 A 系,可以区分为平瓦状三足的 A1、舌形三足的 A2、高圈足的 A3 三种型式。一期三种型式均有。A1 器壁较直,腹部有三条一组的突线纹。其制作方法为先分别制作盘部和足部,并在盘足部的三处分别切割出缺口,以此形成三足。这一时期足部较低,A2 的器壁略外翻,A3 为卷缘,盘部非常浅,三足变高。A2、A3 的足部与盘部有明显的结合痕迹。二期三种型式均存在,但是 A2、A3 数量较多,A1 开始衰退。三期 A1 消失,A3 减少,A2 成为主体型式。A2 的

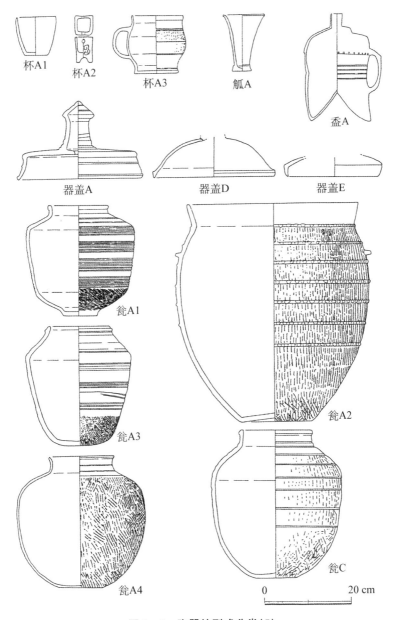

图 2-5　陶器的型式分类(5)

器表涂有黑色陶衣。四期 A3 消失，A2 的数量也减少。到了二里岗文化时期，盘则完全不见。

簋：是一种盛食器，有 A 和 E 两个系统。E 的特征是口缘部有加盖的子母口,而 A 则看不到这个特征。A1 的腹部呈半球形,A2 则有外鼓而深的腹部。簋从三期开始出现,这时 A1 的口缘部外卷,圈足较高,未见 A2。四期除 A1 之外,A2 也开始出现,A2 的口缘部较宽,有肩,圈足较高。而 E 则腹部外鼓,带有透雕的圈足。进入二里岗文化之后 A1 和 E 消失,A2 的量比较多。其口缘部向外敞开,与腹部之间有分界。腹部饰多道弦纹和云雷纹,器面全身磨光。二里岗上层期几乎所有簋都饰云雷纹,部分簋体有新出现的兽面纹。

豆:是一种供膳用具,有 A 和 D 两个系统。A 的口缘外翻,器表在磨光后涂有黑色陶衣。D 呈灰色,不经磨光。A 又可以根据豆盘和圈足的不同分为深盘高足的 A1、浅盘高足的 A2 和浅盘低足 A3 的三种型式。一期仅有 A1 和 A2,A1、A2 的盘部下方有明确的突棱与底部相连。足部呈喇叭形,其上有透雕纹饰。到了二期,A1、A2 盘下部的突棱变圆。三期 A1、A2 的数量减少,A3 开始出现,并呈增加趋势。同时,这一时期还新出现了深盘,短圈足的 D 系。A 系的三种型式在豆表面均涂有黑色陶衣,但是 D 系则没有,并有打磨的痕迹。四期 A1 的口缘部加厚,更加外翻,盘底部的棱消失,圈足变短。A2 盘部器壁较厚,并略倾斜。D 系继续存在,并有一定的量。进入二里岗文化时期,下层期 A1、A2 均消失,A3 虽有存在,但是量很少。D 系成为这一时期的主流,形态也有所变化,主要是盘部变浅,圈足短而圆。到了二里岗上层期则以假腹豆为特征。

钵:有 A 和 E 两个系统,E 系口缘外部有子母口供使用器盖,而 A 系则没有这个特点。A1 为直口,A2 口缘外敞,A3 口缘外卷,A4 的口缘部则很薄。A1 腹部深而略瘪,圆底,A2 深腹平底,A3 直腹平底,A4 浅腹凹底。E 系的器壁较直,平底。A1 从一期到二期均存在,A2 和 A4 则从一期到四期连续存在。A3 从二期开始出现,并存续到四期。E 系从三期开始出现,一直存续到四期。

长颈壶:仅有 A 系,又可以分为 A1 无耳、A2 有耳两种型式。一期仅有 A1,肩部分布有数组以两至三条构成一组的凹弦纹,腹部比较细长。二期未见长颈壶。三期 A2 开始出现,其腹部最大径在腹部下部,底部有圈足。下腹部饰有绳纹。四期长颈壶消失。

短颈壶:仅有 A 系,可以区分为肩部带两耳的 A1 和肩部和下腹部带两耳 A2 的两种型式。一期仅有 A1,口缘部外侧有附加堆纹,肩部饰绳纹。二期 A1 的颈部变短,肩部的绳纹消失。三期 A1 腹部外鼓,腹部绳纹消失。四期 A1 消失,A2 数量开始增加,四个耳部均变大。到了二里岗文化期,A2 继续出现,但是形态变化少,数量也减少,并一直持续到上层期。

第二章 陶器的型式分类和系统识别

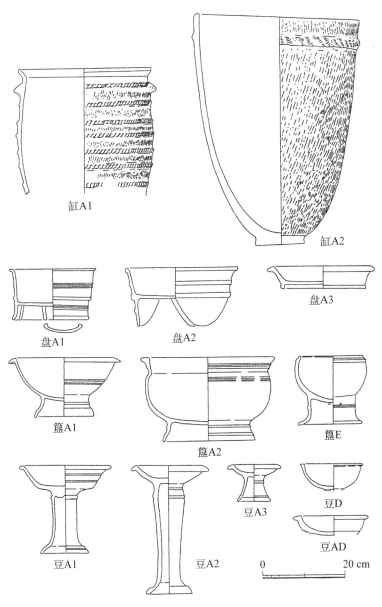

图 2-6 陶器的型式分类(6)

爵：是一种非常有特点的酒器，仅有 A 系，有突出的口部与尾流，腹部有把手，平底带三个圆锥形足，均为细泥灰黑陶。一期的爵都出自墓葬，流口和流尾都很短。二期流口和流尾变长，腹部有刻画细线纹，把手上部有豆粒状附加堆纹。四期遗址也开始出现爵,流口继续加长,器高变低。到了二里岗文化期,爵仍然存在,但是数量很少,器形也没有大的变化。

鬶：是一种继承龙山文化而来的器类,细泥质,多呈灰黄色或白色,可分 A1 和 A2。A1 敞口,A2 封顶。一般多作为墓葬中的随葬品出土,遗址中出土的例子比较少。二里头文化的一期到四期均有出土,但是到了二里岗文化时期则完全消失。

甗：是一种上部为甑形,下部为鬲形的复合式炊煮器。有 A、B、E 三个系统。A 系口缘外卷,口缘下部内凹。B 系口缘外翻,腹部在近底部内收。E 系腹部呈球形,器身饰篦纹。一期仅有 B 系,腹部饰细绳纹,并持续到二期,三期消失。E 系从三期开始出现,褐色陶,甑部口缘外卷,束颈,腹部略鼓,饰篦纹。A 系从四期开始出现,并存续到二里岗文化时期,而 E 系在二里岗文化时期完全消失。

斝：是高颈,腹部与鬲形似,并带把手的一种酒器。仅有 A 系,从二里头文化晚期出现,存续到二里岗文化时期。器形为敞口,颈部较长,圆肩。三足尖部的实足根细长。腹部有单把手,颈部以下饰细绳纹,器壁较薄。到了二里岗上层期口缘部内敛,实足根变短。

第二节　中心地区所见陶器系统的起源

这里将对前一节分类的陶器型式和系统进行整理,进而说明各个系统的特征和其起源地的关系。迄今为止在中心地区发现的陶器系统大致可以分为 A 的伊洛系、B 的东下冯系、C 的辉卫系、D 的漳河系、E 的岳石系和 AD 的伊洛-郑州系。这些器类系统的判别是根据各个地区出土的典型陶器的特征而进行的。这些陶器包括如图 2-8 所示的鬲、鼎、深腹罐、圆腹罐、甗、瓮和图 2-9 所示的深腹盆、平底盆、簋、钵、豆和器盖。

首先观察伊洛地区 A 系陶器的变迁。这个系统的陶器器类器形呈现比较复杂的形态,因而还有细分的可能性。A 系炊煮器中深腹罐、圆腹罐、鼎、甑、甗、鬲等多种器类并存。各个器类均有独特的特征。其中深腹罐呈圆底,圆腹罐无耳,鼎为深腹,甑口缘外卷,甗束颈,而鬲腹部绳纹加饰到实足部。具有这些特征的陶器以伊洛地区出土量最多,因此可以认为大多都是在伊洛地区制作的在地系陶器。特别是鼎的扁三角形三足外侧的指压纹,是伊洛地区特有的陶器特征。

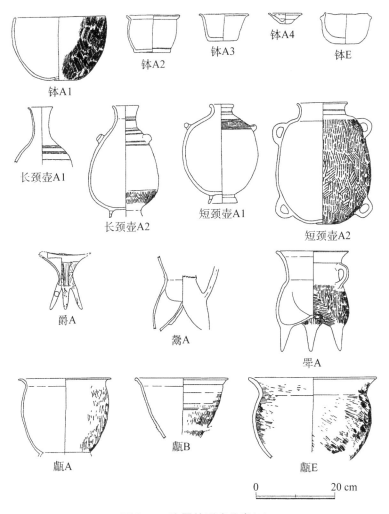

图 2-7 陶器的型式分类(7)

深腹罐、圆腹罐、甑均从折缘变化为卷缘,再变化到敞口。器表纹饰有从篮纹向绳纹变化的倾向。其中深腹罐和鼎、甑是从龙山文化继承下来的固有炊煮器。圆腹罐出现于二里头文化早期,与深腹罐、鼎和甑的数量最多,是二里头文化时期制作的最重要的四种炊煮器。而鬲则出现于伊洛地区二里头文化三期,数量也比较少。而且伊洛地区的龙山文化时期并不见鬲,因而有可能是受从龙山文化时期开始就有制作鬲传统的山西省西南部或豫北地区的漳河地区影响,或因交流而出现在伊洛地区的器类。甗的变化不明确。

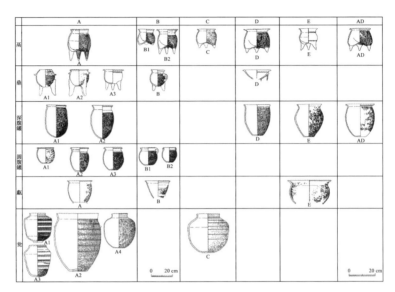

图2-8　陶器系统的识别（1）

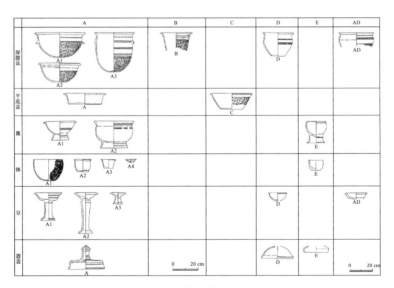

图2-9　陶器系统的识别（2）

A系的深腹盆、刻槽盆、平底盆、钵、小罐、杯、簋、盘和豆组成这一时期的食器组合。其特征为深腹盆的腹部呈碗状，平底盆器表磨光，钵则无放器盖的子母口，豆的口缘外卷，器表磨光并涂有黑色陶衣。这些均为伊洛地区特有的陶器特征,其他地区看不到。刻槽盆、小罐、杯、簋和盘均是在本地龙山文化时代就存在的传统型在地系陶器。

深腹罐的口缘部从外翻向卷缘变化,底部从平底向圆底变化。刻槽盆的腹部早期为圆腹外鼓,后来变化为带有明确肩部。小罐的最大腹径从腹下部向腹上部移动。而杯的断面则从圆形向方形变化。簋的腹部从半球形圆腹向较长的深腹变化。盘在二里头文化前期以平底三足盘为多,而后半期则以舌形三足为多。而平底盆、钵和豆没有明确的形态变化。

瓮、缸、有颈罐、大口尊、小口尊等器类为盛储器。瓮的腹部饰有多道附加堆纹,是伊洛地区常见的特征。缸和有颈罐以及一些大型陶器的腹部装饰多道附加堆纹在伊洛地区的龙山文化时期也较常见,因而是这一地区陶器的传统装饰特点。尊形器是二里头文化时期开始新出现的器类,大口尊的变化特征是口缘部逐渐变大,而肩部越来越小。而小口尊的变化不太明显。大口缸出现于二里头文化前期后半,口缘部从外翻逐渐变为直口,而底部从小平底变化到带有小圈足。二里头前期的小平底是龙山文化时期的遗留特征。有颈罐的变化主要在肩部,从圆肩变化到肩部带棱角。

盉、觚、爵、鬶和斝属于酒器。这些器类也是伊洛地区特有的器形,以墓葬中的随葬品为多,也有一些遗址出土的例子。这种出土状况显示他们不是一般的日常用品,而应该是与礼仪和祭祀相关的特殊陶器。其中盉与鬶在当地的龙山文化时期就有发现,应该是继承前期传统而来的器类。盉的器高逐渐变低,而觚的口部则逐渐变大,爵的流口有变长趋势。其他器形的变化不明确。

壶和捏口罐属于水器,也是伊洛地区特有的器类。带有长颈的壶是继承本地龙山文化而来的,二里头前期长颈壶较多,而后半期短颈壶增加。捏口罐的颈部则逐渐变长,腹部最大颈从上半部向下半部变化。器盖在伊洛地区也较普遍,其特点是器盖口部外翻,盖的肩部有逐渐变圆润的倾向。

其次来观察起源于山西省西南部的B系陶器的特征。这里的炊煮器有圆腹罐、鼎、鬲、甗。圆腹罐和鼎均带有双把手,鬲、深腹罐和鼎也带有把手,是其特征。鬲的三足有两种,一种不带实足根,另一种是在实足根部有呈纵向的刻槽状痕迹。甗为敞口,腹部饰绳纹,并带有和鬲一样的实足部。特别是把手和实足根部的纵向刻槽以及高颈部是山西西南部从龙山文化时期就有的地方特征。圆腹罐腹部的绳纹有从纵向向横向变化的趋势,鬲的颈部则逐渐变低,鼎与甗的形态变化不明显。B系的食器仅有深腹盆,腹部呈直壁内敛,口缘部从直口向口缘外翻变化。

起源于河南省中北部的 C 系陶器中,炊煮器有鬲,食器有平底盆和储藏器的瓮。鬲呈短颈,圆鼓腹,实足根较短。平底盆的腹部绳纹经过打磨,而瓮的腹部先装饰绳纹,然后在绳纹之上刻画多道凹弦纹是其特征。瓮的颈部较短,肩部幅度较宽,且有变宽的倾向。其他器形没有明显的变化。

起源于河北省南部和河南北部的 D 系陶器中,炊煮器有深腹罐、鼎、鬲,食器有深腹盆、豆、器盖。深腹盆呈平底,鼎的腹部圆鼓,鬲薄壁,全身饰细绳纹,而深腹盆有肩。豆呈灰色,不经磨光,器盖呈覆盆形。特别是器壁较薄和饰细绳纹是这一地区从龙山文化时期开始就有的特征。深腹罐、鬲的形态由窄卷缘向外侧有较宽缘变化。深腹盆的腹部先是磨光,然后变化为饰细绳纹,而肩部由圆肩向肩部有棱变化。鼎、豆和器盖没有明显变化。

分布在山东省西部和河南省东部一带的 E 系陶器中,炊煮器有深腹罐、甗、鬲,食器有钵、簋和器盖。深腹罐、甗和鬲均为褐色陶,腹部为篦纹调整,钵、簋、器盖的口缘部有与器盖相合的子母口。这些特征与其他地区不同,比较容易识别。口缘部的子母口是从龙山文化以来既有的特点。E 系的钵和簋在二里头文化前期就已经在伊洛地区出现,二里头文化前半期的钵器表磨光,而后半期则看不到磨光的痕迹。簋的圈足有逐渐变低的倾向。深腹罐、甗、鬲、器盖出现于二里头文化后半期,深腹罐的腹部圆鼓,但是甗和鬲、器盖的变化不明显。伊洛地区不仅出现与 E 系陶器形态相像的器形,甚至连陶器的色调和修正方法也与山东西部一带岳石文化的同类器形相同,因此有人推测这些陶器有可能是从山东西部搬入的器类,或者是人群移动的结果。伊洛地区和郑州地区的这一类陶器比较少。

AD 系是 A 系和 D 系陶器的要素融合而产生的复合型陶器系统,大致出现于二里头文化后期到二里岗下层期之间。这一系统最早出现于二里岗文化中心地区的郑州商城和偃师商城,因而被称为伊洛-郑州系,并以 AD 来表示。这一系统的特征性炊煮器有鬲、深腹罐,食器有深腹盆、豆。鬲和深腹罐均为灰陶,器壁较厚,器表面饰较粗的绳纹,口缘部向外敞。深腹盆腹下部饰斜绳纹,口缘圆润而外翻。AD 系陶器的出现是识别二里头文化和二里岗文化之间变化的重要特征,也是此后二里岗文化的主体性陶器构成。

以上对中心地区陶器形式和系统进行了分类和型式变迁特征分析。其结果是二里头文化中心地区的陶器除了在地的伊洛系之外,还存在一些起源于周边地区的不同系统陶器。但是从数量上来看,A 系陶器占大多数,是这一地区的主要陶器构成,因而周边诸陶器系统的存在反映了伊洛地区与郑州地区在二里头文化时期绝不是孤立的,而是与周边地区有频繁而多样的交流。

但是进入二里岗文化时期后,几乎看不到B—E系陶器,仅有伊洛系和新出现的融合A、D系陶器要素而产生的伊洛-郑州系陶器。而伊洛系陶器构成中,器类和型式的多样性逐渐消失,一些器类被淘汰。陶器构成的这种变化是由二里头文化向二里岗文化的转变而引起的,因而具有划时代的意义。从这一意义出发,本书的第三章开始将通过对具体遗址典型单位出土的陶器组合的分析,进一步把握二里头文化到二里岗文化转变期的陶器组合特征和详细的构成样式,进而探讨二里头文化多系统的陶器构成和二里岗文化单一化陶器构成之间差异所隐含的历史背景。

第三章

中心地区陶器组合样式的变迁

本章将以二里头、郑州商城、偃师商城和望京楼城址四处遗址为对象,分析四个中心性遗址典型单位出土的陶器组合型式的时期演变,进而对其分析结果进行比较,以此明确二里头文化与二里岗文化时期中心性遗址陶器构成的异同。

第一节 二里头遗址的陶器组合构成

二里头遗址位于伊洛地区伊河北岸,是二里头文化的命名遗址。从20世纪50年代发现至今,已经过近60年的发掘和调查。二里头遗址的面积约4平方千米,由于发现了多处大型宫殿建筑、祭坛、道路、车辙、冶炼遗址和随葬青铜器的墓葬等,故它应该是二里头文化时期的都城遗址。

二里头文化以1972年1号宫殿的发现为契机区分为四期,现在这四期编年是学术界通用的分期。根据《偃师二里头》报告书,截至1978年为止的发掘资料显示,二里头遗址共分为六期,一至四期相当于二里头文化,五至六期相当于二里岗文化时期。1978年以后的资料以发掘简报和《二里头陶器集粹》所公布的资料为基准(表3-1~表3-2)。[①] 2014年新出版的《二里头1999—2006》五册大型报告书内容丰富,但是在陶器分期以及陶器组合构成上的大框架变化不是

[①] 中国社会科学院考古研究所编著:《偃师二里头——1959—1978年考古发掘报告》,中国大百科全书出版社1999年版;中国社会科学院考古研究所编著:《二里头陶器集粹》,中国社会科学出版社1995年版。

很大。本书将考量赵海涛应用新资料对二里头文化二期到四期晚段建筑基址的分析以及对应的陶器资料八段分期分析,在下一章中对二里头遗址分析进行论述,因此在这一章里仍以前述资料分析为准。①

一、二里头遗址一期

代表这一期的典型单位有 36 个灰坑,集中分布在二里头遗址的Ⅱ、Ⅴ区。下面选择出土有良好陶器组合的Ⅱ、Ⅴ区的 H105、H148、H130、H72、H216、T104⑥、T104⑦、Ⅳ区的 T3⑧、93YLG1 和 Ⅵ区的 86YLH18 这十个单位,对这一时期的陶器构成和陶器系统进行分析。

简单地总结这一时期的陶器特征,即陶器以黑色为多,占全体陶器的 40%,灰色陶则占 37.5%。器表纹饰以素面和磨光为主,约占 34.4%,其次以篮纹较多,体现了浓厚的龙山文化晚期陶器特征。器类有深腹罐、圆腹罐、鼎、甑、鬲、深腹盆、刻槽盆、平底盆、小罐、有颈罐、捏口罐、大口尊、瓮、缸、钵、豆、壶、觚、爵、杯、器盖等。其中二里头文化新出现的器类有圆腹罐、鼎、鬲、小罐、捏口罐、大口尊、壶、觚、爵、器盖,显示了器类构成与龙山文化有较大的区别。

Ⅱ·ⅤH105:出土的陶器共六件,有深腹盆 A1 两件、平底盆 A、有颈罐 A2、圆腹罐 A2、瓮 A1。

Ⅱ·ⅤH148:出土了六件陶器,包括两件豆 A1、深腹盆 A1、刻槽盆 A2、有颈罐 A1 和缸 A1 各一件。

Ⅱ·ⅤH130:出土有刻槽盆 A1、甑 A3、器盖 A、盘 A1,共四件陶器。

Ⅱ·ⅤH72:出土圆腹罐 A1 两件、深腹罐 A2、瓮 A2,共四件陶器。

Ⅱ·ⅤH216:这一灰坑出土有两件深腹罐 A1、两件大口尊 A1 和一件有颈罐 A1,共五件陶器。

Ⅱ·ⅤT104⑥:该地层共出土陶器 15 件,其中捏口罐 A1、圆腹罐各一件,两件深腹盆 A1、鼎 A2、平底盆 A、深盘豆 A1、长颈壶 A1、鼎 A2 和有颈罐 A2 各一件,器盖 A1 五件。

Ⅱ·ⅤT104⑦:与第六层大致处于相同时代,共出土陶器 17 件,分别是深腹罐 A1、三件圆腹罐 A2、鼎 A1、小罐 A、捏口罐 A1、两件钵 A1、短颈壶 A1、杯 A1、三件器盖 A1、盘 A3、平底盆 A 和有颈罐 A1。

---

① 中国社会科学院考古研究所编著:《二里头 1999—2006》,文物出版社 2014 年版。

ⅣT3⑧：出土陶器八件，分别是捏口罐 A1、有颈罐 A1 与 A2、甗 B、鼎 A1、豆 A2、钵 A1、瓮 A1 各一件。

86YLⅥH18：这个灰坑共出土陶器六件，分别是深腹罐 A1、圆腹罐 A1、捏口罐 A1 各一件，小罐 A3 三件。

93YLⅣG1：这是一个灰沟，共出土八件陶器，分别是甑 A1、甑 A2、壶 A1、器盖 A、钵 A2 与 A3、盘 A2、刻槽盆 A1 各一件。

以上简单分析了二里头遗址一期十个典型单位出土的陶器组合构成和它们的系统，其结果大致总结如下：首先从器类来看，这一时期有深腹罐 A1，圆腹罐 A1、A2，鼎 A1、A2，小罐 A，有颈罐 A1、A2，捏口罐 A1，豆 A1、A2，长颈壶 A1，短颈壶 A1，盘 A1、A3，平底盆 A，甑 A1、A2，刻槽盆 A1，钵 A1、A2，器盖 A，瓮 A1、A2，甗 B 等约 20 余种。其中除了极少量 B 系陶器外，几乎全部为伊洛地区典型器类。再从陶器表面的修整方法来看，有比较浓厚的伊洛地区龙山文化陶器器表特有的修整传统，即使陶器器形已经变化，器表仍然留有龙山文化特有的篮纹和浅方格纹。从其所占的比例来看，伊洛系陶器占全体陶器的 96.9%，B 系仅占 3.1%。分析结果显示，这一时期外来系陶器不甚丰富，表明地域间交流不是很活跃。相当于这一时期的遗址还有王城岗遗址二里头一期、稍柴遗址、西史村遗址、矬李遗址、煤山遗址二里头一期、白元遗址、南寨遗址、黄寨遗址、新砦遗址、吉利东杨遗址、郑窑遗址、柏树遗址、皂角树遗址、崔庄遗址等。

二、二里头遗址二期

二里头遗址中代表这一时期的典型单位有灰坑 75 个、居住址七座、陶窑一座、分布在二里头遗址的Ⅱ·Ⅴ区、Ⅳ区、Ⅷ区。这里选择出土比较丰富的陶器组合单位进行分析，它们有Ⅴ区的 H110，Ⅳ区的 H63，Ⅱ·Ⅴ区的 H162、H132，Ⅷ区的 H92，Ⅴ区的 DH11、ADH12，Ⅲ区的 H232，Ⅹ区的 H15。

这一时期陶器的陶色和器表纹饰与前期相比发生变化。首先是前期还比较少的灰陶在这一时期占到 80%，而且器表纹饰从以篮纹为主转变为以绳纹为主，并占到全体陶器的 60% 以上。

再从陶器器形来看，与前期折缘较多相比，本期卷缘比较流行，腹部也较前期略瘦。带单耳、双耳的器形出现，器底也从平底向圆底转变，并出现了一些新器类，它们是圆腹罐 A3、B1、B2，深腹罐 A1、A2，刻槽盆 A2、A3，平底盆 A，大口尊 A1，缸 A2 等。

ⅤH110：这一灰坑共出土四件陶器，分别是深腹罐 A1、刻槽盆 A1、鼎 B、瓮 A3。

ⅣH63：这一灰坑共出土 12 件陶器，分别是三件深腹盆 A1、甗 A1、罐 B、鼎 A2、杯 A3、深腹罐 A2、圆腹罐 A2、小罐 A、豆 A1、钵 A2 各一件。

Ⅱ·ⅤH162：这里仅出土四件陶器，分别是钵 A3、甗 A1、圆腹罐 A2、器盖 A 各一件。

Ⅱ·ⅤH132：这里也仅出土四件陶器，刻槽盆 A2、圆腹罐 A2、觚 A、大口尊 A1 各一件。

ⅧH92：这里出土六件陶器，分别为两件缸 A1，两件大口尊 A1，刻槽盆 A2、甗 B 各一件。

ⅤDH11：这里仅出土豆 A3、小罐 A、圆腹罐 B1、平底盆 A 四件陶器。

ⅤADH12：这里出土两件圆腹罐 A2、器盖 A、鼎 B 四件陶器。

ⅢH232：这里出土六件陶器，分别是器盖 A1、大口尊 A1 与 A2、缸 A2 各一件，两件缸 A1。

ⅩH15：仅出土三件陶器，分别是大口尊 A1、平底盆 A、圆腹罐 A3。

二里头遗址二期的器类构成除了新出现的器类外与一期基本相同，但是深腹罐 A2、圆腹罐 A2、大口尊 A1 等器形的变化，与制作技法相关联的圆底与绳纹的出现是不同于前期的最大转变。同时带把手的罐与鼎以及甗 B 的增加，都显示这一时期与山西西南部地区的东下冯系有较多交流关系，也许是东下冯系流入伊洛地区的一个关键时期。就陶器系统所占比例来看，除了系统不明的器类外，A 的伊洛系陶器占全体陶器的 88.8％，虽然比前期有所减少，但是仍然占陶器构成的主体。B 的东下冯系占 11.2％，比前期略有增加。然而，这一时期陶器系统的总体构成没有变化，仍然仅有 A、B 两系。相当于这一时期的遗址还有王城岗遗址二里头二期、稍柴遗址、西史村遗址、矬李遗址、煤山遗址、白元遗址、南寨遗址、黄寨遗址、吉利东杨遗址、郑窑遗址、西崖遗址、大阳河遗址、水泉遗址、曲梁遗址、程庄遗址、石羊关遗址、崔庄遗址、董庄遗址、花地嘴遗址、石灰务遗址、康沟遗址等。

三、二里头遗址三期

二里头遗址中代表这一时期的典型单位包括二里头 1 号宫殿、2 号宫殿以及夯土建筑基址 34 座和多座灰坑。这里以Ⅳ区为主，并结合分布在Ⅱ区、Ⅲ区、

Ⅳ区、Ⅴ区的典型遗迹现象,选择以下出土较好典型陶器组合的遗迹单位,对其中出土的陶器组合构成与陶器系统进行分析。这些典型单位有ⅡH226,ⅢH228,ⅣH57,ⅤH201,Ⅲ·ⅤH240,ⅣH60、H76、T11④,91YLⅥH9,87YLⅥH84,82YLⅨH7,81YLⅤH20,83YLⅣH50,89YLⅥH101这14座灰坑。

三期陶器的陶色与器表纹饰与前期基本相同,但是炊煮器鬲的出现和具有祭祀性质的酒器爵、觚、盉、鬶的增加是与前期最大的不同点。器形也有变化,口缘部以卷缘激增为特点,平底罐剧减。器表带黑色陶衣,器内面有修正工具留下的麻点纹,以内膜制作鬲的新技法等新的特征开始出现。

ⅡH226:这一灰坑共出土九件陶器,分别是大口尊A1与A2、鼎A2、豆A3、杯A2、深腹罐A2、鬲D、有颈罐A1、平底盆A各一件。

ⅢH228:出土有捏口罐A1、器盖D、大口尊A2、深腹罐A2、长颈壶A2,共五件陶器。

ⅣH57:这一灰坑共出土九件陶器,分别是两件鬲D,鬲B2、圆腹罐B、深腹罐A2、簋A1、瓮A1、大口尊A1、鼎A2各一件。

ⅤH201:共有鼎D、甗B2、器盖D、器盖A、深腹罐A2、小罐A、有颈罐A1七件陶器。

Ⅲ·ⅤH240:这个灰坑出土陶器非常丰富,合计24件,分别是深腹罐A2、有颈罐A1、小罐A各三件,盆B、刻槽盆各两件,圆腹罐A3、鬲B2、深腹盆A2、短颈壶A1、大口尊A2、瓮A1与A3、盘A2、器盖D、长颈壶A1、杯A1各一件。

ⅣH60:这里共出土12件陶器,分别是两件小罐A,三件卷缘盆A2,圆腹罐A3、捏口罐A、平底盆A、刻槽盆A3、盘A2、瓮A3、有颈罐A1各一件。

ⅣH76:这里出土12件陶器,分别是爵A、杯A2、大口尊A2、大口尊A1、豆A1、圆腹罐A2、深腹罐A2、鬲C、小罐A、簋E各一件,两件瓮A2。

ⅣT11④:这是一个地层单位,共出土了两件深腹罐A2,两件平底盆A,刻槽盆A2、钵A3、杯A1各一件,共计七件陶器。

91YLⅥH9:这个灰坑共出土六件大口尊A2,短颈壶A2、器盖A、小罐A、豆A1、鼎B各一件,共计11件陶器。

87YLⅥH84:出土大口尊A2、鼎B、圆腹罐B、深腹盆A2,共四件陶器。

82YLⅨH7:共出土大口尊A2、深腹罐A2、圆腹罐A2与A3、深腹盆A2五件陶器。

81YLⅤH20:共出土大口尊A1、器盖D、长颈壶A2、圆腹罐A3、深腹盆A2五件陶器。

83YLⅣH50：仅出土鼎 A2、鼎 D、深腹罐 A2 三件陶器。

89YLⅥH101：出土深腹罐 A2、圆腹罐 A2 各一件，两件器盖 D，共四件陶器。

陶器器类构成中除了和前期大致相同的器类外，还新出土了鼎 D，器盖 D，杯 A2，鬲 A、B、C、D，豆 D，簋 A1，甗 E，器盖 E 等。这些新出现的器类几乎均为 D 系，还有一些 E 系陶器，显示这一时期 D 系与 E 系陶器大量流入伊洛地区。从各个陶器系统的比例来看，A 系陶器占 88.7%，与前期几乎相同，仍为这一时期的主体陶器构成。而新流入的 D 系陶器仅占 5.4%，E 系占 1.4%，前期出现的 B 系陶器占 1.7%。相当于这时期的遗址有王城岗遗址、稍柴遗址、西史村遗址、煤山遗址、南寨遗址、灰嘴遗址、鹿寺遗址、郑窑遗址、西崖遗址、七里铺遗址、高崖东遗址、罗家庄遗址、霍村遗址、东立射遗址、大阳河遗址、水泉遗址、曲梁遗址、程庄遗址、花地嘴遗址、石灰务遗址、太涧遗址等。

四、二里头遗址四期

代表这一时期陶器的典型单位有居住遗址四座、陶窑一座、灰坑 129 座、集中分布在二里头遗址Ⅴ区。这里选择以下出土较好典型陶器组合的 17 座灰坑对二里头四期的陶器组合构成和系统进行分析。这些灰坑是ⅤH57、ⅤH101、ⅤH65、ⅤH19、ⅤH53、ⅤH83、ⅤH87、ⅢH235、86YLⅥH5、86YLⅣH23、81YLⅤH12、80YLⅢH8、92YLⅨH11、81YLⅢH23、85YLⅥH15、92YLⅥH10、81YLⅤH1 等。

这一时期的陶器器类中除了新出现的深腹盆 D、AD，深腹罐 D，深腹罐 E 之外，鬶 A，盉 A，觚 A，豆 A1、A2，大口尊 A2，瓮 A3、A4 和钵 A 等器类急剧减少。而鬲 D，甗 B，大口尊 A2，豆 D，簋 A1 的数量则有所增加。以鬲 D 和甗 E 为主的外来系陶器的大量流入是这一时期的显著特征。

ⅤH57：共出土 11 件陶器，分别是三件小罐 A，深腹盆 D、深腹盆 A2、鬲 D、豆 A1、豆 D、簋 A1、短颈壶 A2、有颈罐 A1 各一件。

ⅤH101：这一灰坑出土 14 件陶器，分别是豆 D、小罐 A 各一件，两件瓮 A3、一件大口尊 A1、三件大口尊 A2、捏口罐 A1、深腹盆 D、器盖 D、有颈罐 A1 各一件，两件鬲 D。

ⅤH65：仅有深腹盆 AD、鼎 D、有颈罐 A1 三件陶器。

ⅤH19：共出土四件陶器，分别是鼎 A1、短颈壶 A1、刻槽盆 A4、鬲 D 各一件。

ⅤH53：共出土七件陶器，分别是深腹罐 D、鬲 D 各两件，深腹罐 E、捏口罐 A1、圆腹罐 A3 各一件。

ⅤH83：共出土 16 件陶器，分别是鬲 D、大口尊 A2 各三件，鬲 B2、刻槽盆 A4、深腹盆 D、深腹罐 E、器盖 D、圆腹罐 A3、大口尊 A1、甑 A3、有颈罐 A1、豆 A1 各一件。

ⅤH87：共有八件陶器，分别是深腹罐 A2、短颈壶 A2、簋 A1、有颈罐 A1 各一件，深腹盆 AD、平底盆 A 各两件。

ⅢH235：仅出土三件陶器，深腹盆 AD、圆腹罐 A3、鬲 D 各一件。

86YLⅥH5：这一灰坑共出土陶器 25 件，分别是缸 A2、鼎 A1、短颈壶 A2、深腹盆 A2、大口尊 A1、鬲 A、深腹罐 A2、瓮 A4、钵 A1 和豆 AD 各一件，小口尊 A1、杯 A2、杯 A1、器盖 D、鼎 A2 各两件，五件大口尊 A2。

86YLⅣH23：这里出土了 13 件陶器，深腹罐 A2、豆 A1 与 A2、甑 A3、杯 A1 各一件，六件小罐 A，两件大口尊 A2。

81YLⅤH12：合计出土八件陶器，分别是鼎 A2、短颈壶 A2、瓮 A1、深腹盆 A2、甑 A3、刻槽盆 A4 各一件，两件小罐 A。

80YLⅢH8：仅出土器盖 E 和深腹罐 A2 两件陶器。

92YLⅨH11：共出土五件陶器，分别是两件刻槽盆 A4、瓮 A3、小口尊 A1、鬲 D 各一件。

81YLⅢH23：仅出土鬲 D 和深腹盆 AD 两件陶器。

85YLⅥH15：仅出土深腹罐 E 和瓮 C 两件陶器。

92YLⅥH10：仅出土深腹盆 D 和 AD 两件陶器。

81YLⅤH1：仅出土深腹罐 E 和鬲 E 两件陶器。

这一时期除了已经流入的 B 系和 D、E 系陶器之外，新出现 C 系和 AD 系陶器。就其所占的比例来看，最多的仍然是 A 系的伊洛系，占全体陶器的 82.9%，D 系占 12.9%，E 系占 2.0%，比较低，而出现较早的 B 系减少为 1.9%，C 系仅占 0.3%。相当于这一时期的遗址有王城岗遗址、稍柴遗址、西史村遗址、灰嘴遗址、七里铺遗址、高崖东遗址、高崖西遗址、东立射遗址、太涧遗址等。

五、二里头遗址五期

代表这一时期的典型单位以分布在Ⅱ·Ⅴ区的 14 座灰坑为主。这里选择十座出土陶器较丰富的灰坑进行分析。这些灰坑是ⅤH73、ⅤH66、ⅢH236、

Ⅱ·ⅤH116、Ⅱ·ⅤH120、85YLⅤH27、85YLⅤT7③A、85YLⅤH10、84YLⅤH5、84YLⅤH4。

ⅤH73：这座灰坑共出土十件陶器，分别是深腹罐 A2、圆腹罐 A3、鬲 AD、鼎 D、深腹盆 A2、有颈罐 A1、簋 A2 各一件，三件大口尊 A2。

ⅤH66：出土了甑 A3 与 A1、深腹盆 A2、鼎 AD、罐 B2、豆 AD 各一件，共计六件陶器。

ⅢH236：共有八件陶器出土，分别是甑 A1、小罐 A、豆 A1、深腹盆 A2、圆腹罐 A3、有颈罐 A1 各一件，两件瓮 A1。

Ⅱ·ⅤH116：仅出土有颈罐 A1、瓮 A1 与 A3、器盖 AD 四件陶器。

Ⅱ·ⅤH120：仅出土瓮 A4 和深腹盆 AD 两件陶器。

85YLⅤH27：这里出土十件陶器，分别是鬲 AD、大口尊 A2、圆腹罐 A3、深腹罐 A2、小罐 A、捏口罐 A1、小口尊 A1、斝 A、豆 AD、鼎 A1 各一件。

85YLⅤT7③A：这一地层出土了 12 件陶器，分别是缸 A2、捏口罐 A1、深腹罐 AD、簋 A2、小口尊 A1、瓮 A4、器盖 A1、平底盆 A、鬲 AD、深腹盆 AD 各一件，两件圆腹罐 A3。

84YLⅤH4：仅出土斝 A 和鬲 AD 两件陶器。

84YLⅤH5：仅出土鬲 AD 和深腹盆 AD 两件陶器。

85YLⅤH10：仅出土圆腹罐 A3 和鬲 AD 两件陶器。

二里头遗址五期属于二里岗文化下层期，与前期相比，最大的变化是炊煮器从深腹罐 A2 向鬲 AD 的转变。上述十座灰坑中有六座灰坑都出土了鬲 D 和鬲 AD，而出土深腹罐 A2 的仅有两座灰坑，由此可知鬲已经成为这一时期炊煮器的主体。而深腹盆 D 与 AD 合计数量与前期相比也显示出较大幅度的增加。这一时期新出土的器类还有簋 A2，辉卫系的瓮 C，漳河系的豆 D、鬲 D、深腹盆 D、鼎 D、深腹罐 D 和器盖 D，而从整个器类构成来看，比前期略有减少。

这一时期特有的 A 系和 D 系特征融合而产生的 AD 系陶器比较多。鬲 AD、深腹罐 AD 的器形既有明确的漳河系特征，其口缘外侧呈方唇，器壁较厚又体现着伊洛系陶器特征。深腹盆 AD 的器形呈漳河系特征，但是又有 D 系陶器不曾有的肩部以下饰绳纹的特点，显示着 A 系与 D 系的双重性，因此这些都可以说是融合 A、D 两系陶器要素而形成的新器形。器盖的 A 系与 D 系在器形上很难区别，但是在器表和陶色上还是有区别的。因此这里将融合 A、D 要素而成的器形作为这一时期新出现的系统命名为伊洛-郑州系。

但是在陶器系统比例的计算上，AD 系陶器有些困难。A—E 系陶器的区分主要以器形的明显不同为辨别标识,并依照考古报告书的分类,对各个系统的个体数进行统计,因此相对比较容易得出所占比例。但是 AD 系是融合不同系统的器形、制作技法和器表纹饰修正等因素而成的,它们与 A、D 系陶器均有相似点,如果仅有陶器的残片而看不到完整器,就很难区分它们是属于哪个系统的。当然,一般情况下,报告书发表资料都比较重视口缘部,这首先可以区别 A 系和 D 系的差异。但是另一个问题是很多深腹罐与鬲的口缘部又很相似,若没有底部的话,仅仅依据口缘也会有一定的误判风险,因此在统计时需要参考多方要素进行判断,尽量减少误差。这里为了避免错误,将 A 系的伊洛系和 AD 的伊洛-郑州系放入同一系统内进行比例计算。现在来分析各系统的比例。伊洛及伊洛-郑州系的比例最高,约占陶器总数的 97.6%,而东部地区的岳石系占 2.4%,其他系统则没有发现。相当于这一时期的遗址有王城岗遗址、西史村遗址、稍柴遗址、偃师商城遗址、大师姑遗址、望京楼遗址。

六、二里头遗址六期

代表这一时期的典型单位有 11 座灰坑以及一些灰沟和地层,均分布在Ⅱ·Ⅴ区,这里以这些灰坑和地层出土的典型陶器为资料,对这一期的陶器组合构成和系统进行分析。

这一时期的陶器口缘部外翻,口缘外侧呈方形是其特征。这样的口缘部以鬲 AD 和深腹罐 AD 为多,圆腹罐 A3、捏口罐 A1 的口缘也有这一特征。伴随着这种口缘的变化,器表的绳纹开始变粗。同时,深腹盆 A2 越来越浅,深腹盆 AD 的肩部变小,形态与深腹盆 A2 变得相似。豆 AD 的柄部为假腹,簋 A2 则为敞口、垂腹、短圈足,器表多饰云雷纹、印纹等。小罐也为敞口、腹部下垂,器表的上半部刻有数条凹弦纹,下腹部则饰斜绳纹。大口尊 A2 的肩径小于口径,器形呈喇叭状。器盖 D 器壁较厚,数量也较少。缸 A2 的器壁变厚,器表饰较粗的绳纹。其他如刻槽盆 A4、平底盆 C、有颈罐 A1、短颈壶 A2 的器类很少,仅偶尔见到。

Ⅱ·Ⅴ H137：共出土七件陶器,分别有鬲 D、深腹罐 A2、深腹盆 A2、有颈罐 A2、短颈壶 A2、器盖 AD、杯 A1 各一件。

Ⅱ·Ⅴ H109：仅出土鬲 AD、小罐 A 两件陶器。

ⅤADG1：这是一条灰沟,共出土五件陶器,分别是深腹盆 AD、刻槽盆 A2、小罐 A 各一件,两件大口尊 A2。

ⅤADH8：出土七件陶器,分别是圆腹罐 A3、深腹罐 E、缸 A2 各一件,簋

A2、深腹盆 AD 各两件。

ⅤADH7：共出土五件陶器,分别是捏口罐 A1、鬲 AD、簋 A2 各一件,两件深腹盆 AD。

ⅤAD 南：共出土七件陶器,分别为两件深腹罐 A2、瓮 A4、瓮 A1、深腹盆 A2、豆 AD、缸 A2 各一件。

ⅤAD 北：仅出土深腹罐 A2、簋 A2 和甗 E 三件陶器。

ⅤAD 西、西北：共出土九件陶器,分别是鬲 AD、圆腹罐 A3、有颈罐 A1、捏口罐 A1、缸 A2、平底盆 C 和小盆 A 各一件,两件簋 A2。

85YLⅤH15：共出土五件陶器,分别是鬲 AD、深腹罐 A2、甑 A3 各一件,两件捏口罐 A1。

85YLⅤH26：出土有五件陶器,一件有颈罐 A1、瓮 C、深腹盆 AD 各两件。

Ⅱ·ⅤT118④：仅出土捏口罐 A1、豆 AD、鬲 AD、小罐 A 四件陶器。

这一时期的炊煮器构成和前期相同,鬲多而深腹罐少。在 11 座灰坑中,七座灰坑出土有鬲 AD,但是仅有四座灰坑出土深腹罐 A2。器类构成中新出现深腹罐 E 和甗 E,平底盆 A,刻槽盆 A4,甑 A3,圆腹罐 A3,小罐 A 较前期呈减少趋势,而簋 A2、豆 AD、缸 A2、深腹盆 A2、AD,捏口罐 A1 则呈增加趋势。从陶器系统上看,绝大部分为伊洛系和伊洛-郑州系陶器,仅有 1.4% 为岳石系。相当于这一时期的遗址有王城岗遗址、西史村遗址、稍柴遗址、曲梁遗址、高崖遗址、偃师商城遗址、大师姑遗址、望京楼遗址。

表 3‑1 二里头遗址出土陶器组合及编年

时期	遗迹	出土陶器(括号内表示出土件数)	资料出处
一期	H105	A1 深腹盆(2)、平底盆、A2 有颈罐、A4 圆腹罐、A1 有颈罐、A2 瓮	①
	H148	A3 深腹盆、A 刻槽盆、A1 有颈罐、A1 豆(2)、A1 缸	①
	H130	A1 刻槽盆、A1 甑、A1 器盖、A1 盘	①
	H72	A1 圆腹罐(2)、A2 深腹罐、A1 瓮	①
	H216	A1 深腹罐(2)、A1 大口尊(2)、A1 有颈罐	①
	Ⅱ·ⅤT104⑥	A 捏口罐、A4 圆腹罐、A1 深腹盆(2)、A2 有颈罐、A4 圆腹罐、A1 深腹盆(2)、A2 罐形鼎、A 平底盆、A1 豆、A1 器盖(5)、A1 长颈壶、A1 鼎、A 大口罐	①

续表

时期	遗迹	出土陶器(括号内表示出土件数)	资料出处
	Ⅱ·ⅤT104⑦	A1 深腹罐、A2 圆腹罐(3)、A1 鼎、A 小罐、捏口罐、A3 钵、A1 长颈壶、A1 杯、A4 钵、A1 器盖(3)、A3 盘、A 平底盆、A1 有颈罐	①
	ⅣT3⑧	A 捏口罐、A1 有颈罐、A2 有颈罐、B 甑、卵形瓮、A1 鼎、A2 豆、A1 钵	①
	86YLⅥH18	A1 深腹罐、A1 圆腹罐、A 捏口罐、小罐、A3 钵、A2 有颈罐	②
	93YLⅣG1	A1 甗、A2 甑、A1 壶、A1 器盖、A2 钵、A1 盘、A1 刻槽盆、A1 钵	②
二期	ⅤH110	A1 深腹罐、A1 刻槽盆、B 鼎、A3 瓮	①
	ⅣH63	A1 深腹盆(3)、A1 甑、B 圆腹罐、A2 鼎、A1 杯、A3 深腹罐、A4 圆腹罐、A 小罐、A1 豆、A2 钵	①
	Ⅱ·ⅤH162	A3 钵、A1 甑、A2 圆腹罐、A1 器盖	①
	Ⅱ·ⅤH132	A2 刻槽盆、A2 圆腹罐、A 瓿、A2 大口尊	①
	ⅧH92	A1 缸、A2 刻槽盆、B 甑、B 盉、A1 大口尊	①
	Ⅴ·DH11	A3 豆、A 小罐、B 圆腹罐、A 平底盆	①
	ⅤD2H12	A2 圆腹罐(2)、A 器盖、B 鼎、	①
	ⅢH232	A1 器盖、A1 缸(2)、A2 缸、A1 大口尊(2)、A2 大口尊	①
	ⅩH15	A1 大口尊、A 平底盆、A2 圆腹罐	①
三期	ⅡH226	A1 大口尊(2)、A3 鼎、A3 豆、A2 杯、A4 深腹罐、D 鬲、A2 有颈罐、A 平底盆	①
	ⅢH228	A1 捏口罐、D 器盖、A2 大口尊、A2 深腹盆、A1 短颈壶	①
	ⅣH57	B2 鬲、B1 鬲 2、B2 圆腹罐、A4 深腹罐、A1 甗、A1 瓮、A1 大口尊、A2 鼎	①
	ⅤH201	A3 鼎、B 甑、D 器盖、A4 深腹罐、A 小罐、A1 有颈罐	①
	Ⅲ·ⅤH240	A4 深腹罐(3)、A3 圆腹罐、B2 鬲、A2 深腹盆、A3 深腹盆、A3 刻槽盆(2)、A2 短颈壶、A2 大口尊、A3 圆腹罐(2)、小罐(3)、A1 有颈罐、A1 瓮、A2 盘、D 器盖、A1 短颈壶、A1 杯、小盆 D	①
	ⅣH60	A2 圆腹罐、捏口罐、A 小罐、A2 深腹盆(3)、A 平底盆、A2 刻槽盆、A3 盘、A3 瓮、A 小罐、A1 有颈罐	①
	ⅣH76	A 爵、A2 杯、A2 大口尊、A1 大口尊、A1 豆、A3 圆腹罐、A2 深腹罐、A 鬲、小罐 A、A2 瓮(2)、E 甗	①

续表

时期	遗迹	出土陶器(括号内表示出土件数)	资料出处
	ⅣT11④	A1深腹罐、A2深腹罐(2)、A平底盆(2)、A2刻槽盆、A3钵、A1杯	①
	91YLⅥH9	A2大口尊(6)、A2长颈壶、A器盖、小罐、A1豆、B1圆腹罐	②
	87YLⅥH84	A2大口尊、B鼎、B1圆腹罐、A2深腹盆	②
	82YLⅨH7	A2大口尊、A2深腹罐、A2圆腹罐、A3圆腹罐、A2深腹盆	②
	81YLⅤH20	A1小口尊、D器盖、A2短颈壶、A3圆腹罐、A2深腹盆	②
	83YLⅣH50	A2鼎、A3深腹罐	②
	89YLⅥH101	A2深腹罐、A3圆腹罐、D器盖(2)	②
四期	ⅤH57	D深腹盆、A2深腹盆、D鬲、A1豆、A小罐(3)、D豆、A1簋、A2短颈壶、A1有颈罐	①
	ⅤH101	D豆、A小罐、A3瓮(2)、A2大型尊(3)、捏口罐A1、D深腹盆、D器盖、D鬲(2)、A1有颈罐、A1大型尊	①
	ⅤH65	D深腹盆、D鼎、A2圆腹罐	①
	ⅤH19	D鼎、A2短颈壶、A4刻槽盆、D鬲	①
	ⅤH53	E深腹罐(2)、D深腹罐、D鬲(2)、A1捏口罐、A2圆腹罐	①
	ⅤH83	D鬲(3)、B2鬲、A4刻槽盆、D2深腹盆、E深腹罐、D器盖、A2圆腹罐、A2大口尊、A2甑、A1有颈罐、A1小口尊(2)、A1豆	①
	ⅤH87	A4深腹罐、D2深腹盆(2)、A2短颈壶、A平底盆(2)、A1簋、A1有颈罐	①
	ⅢH235	D2深腹盆(2)、A2圆腹罐、D鬲	①
	86YLⅥH5	A2缸、A2鼎、A1鼎、A2短颈壶、A2深腹盆、A2大口尊(5)、A鬲、A2深腹罐、A4瓮、E簋、A1小口尊(2)、A1钵、A2杯(2)、A1杯(2)、D器盖(2)、D豆、小鼎A	②
	86YLⅣH23	A3深腹罐、A1豆、A2豆、小罐(6)、A2甑、A2大口尊(2)、A1杯	②
	81YLⅤH12	鼎A2、A1短颈壶、A2瓮、A2深腹盆、A3甑、A3刻槽盆、A小罐(2)	②
	80YLⅢH8	E器盖、A3深腹罐	②
	92YLⅨH11	A1瓮、A3刻槽盆(2)、A1大口尊、D鬲	②
	81YLⅢH23	D鬲、D2深腹盆	②

续表

时期	遗迹	出土陶器（括号内表示出土件数）	资料出处
	85YLⅥH15	E深腹罐、A4瓮	②
	92YLⅥH10	D2深腹盆	②
	81YLⅤH1	E深腹罐、鬲E	②
五期	ⅤH73	A4深腹罐、A3圆腹罐、D鬲、D鼎、A2深腹盆、A1有颈罐、A1甑、A2大口尊	①
	ⅤH66	A3甑、A1甗、A2深腹盆、D鼎、B2圆腹罐、AD豆	①
	ⅢH236	A1甑、A小罐、A1豆、A2深腹盆、A3圆腹罐、A1有颈罐、A1瓮	①
	Ⅱ·ⅤH116	A1有颈罐、A1瓮、A3瓮、AD器盖	①
	Ⅱ·ⅤH120	A1瓮、AD深腹盆	①
	85YLⅤH27	D鬲、A2大口尊、A3圆腹罐、A2深腹罐、小罐A、捏口罐A1、A小口尊、斝、AD豆、A1鼎	②
	85YLⅤT7③A	A2缸、A1捏口罐、D深腹罐、A3圆腹罐(2)、A2甑、A1小口尊、A4瓮、A器盖、A平底盆、D鬲、D深腹盆	②
	84YLⅤH4	斝、D鬲	②
	84YLⅤH5	D鬲、AD深腹盆	②
	85YLⅤH10	A3圆腹罐、D鬲	②
六期	Ⅱ·ⅤH137	D鬲、A3深腹罐、A2深腹盆、A大口罐、A2短颈壶、AD器盖、A2杯	①
	Ⅱ·ⅤH109	D鬲、小罐A	①
	ⅤADG1	AD深腹盆、A2刻槽盆、A2大口尊(2)、小罐A	①
	ⅤADH8	A3圆腹罐、E深腹罐、AD深腹盆(2)、A2缸、A2甑(2)	①
	ⅤADH7	A1捏口罐、D鬲、AD深腹盆(2)、A2甑	①
	ⅤAD南	A2深腹罐(2)、A4瓮、A1瓮、A2深腹盆、AD豆、A2缸	①
	ⅤAD北	AD深腹盆、A2深腹罐、A2甑、E瓿	①
	ⅤAD西、西北	D鬲、A2圆腹罐、A1有颈罐、A1捏口罐、A2甑(2)、A2缸、C平底盆、D小盆	①
	Ⅱ·ⅤT118④	A1捏口罐、AD豆、AD鬲、小罐A	①
	85YLⅤH15	AD鬲、A2深腹罐、A3甑、A1捏口罐(2)	②
	85YLⅤH26	A1有颈罐(2)、C瓮2、AD深腹盆(2)	②

资料出处：①中国社会科学院考古研究所：《偃师二里头1959年—1978年考古发掘报告》，中国大百科全书出版社1999年版；②中国社会科学院考古研究所编：《二里头陶器集粹》，中国社会科学出版社1995年版。

七、小结

1. 外来系陶器的流入与陶器组合的变化

这里所谓的外来系陶器是指起源地不在伊洛地区的陶器类型,它们在器形形态、制作技术上都有明确的其他地域陶器的特征,其中也包括陶器胎土与伊洛地区相近的陶器。[①]

伊洛地区 B 系陶器出现于二里头文化二期,并一直延续到四期,流入的主要器类有圆腹罐 B1、圆腹罐 B2、鼎 B、鬲 B1 等,这些因素都对二里头文化的形成有一定的影响,特别是二里头遗址从二期开始盛行绳纹的特点,应该与龙山文化时期就盛行绳纹的 B 系陶器的影响有直接关系。但是从四期开始,随着 D 系与 E 系陶器的流入,B 系陶器急剧减少,逐渐失去了原本的影响力。比如虽然鬲 B1、B2 流入伊洛地区较早,但是在二里头文化与二里岗文化交替之际,替代炊煮器深腹罐 A2 的鬲并不是 B 系,而是此后流入这里的 D 系。二里头四期开始到二里岗文化的五、六期,B 系陶器从仅占 1.4% 到完全消失。

D 系陶器从二里头三期开始,一直存续到二里岗下层期,并最终成为伊洛及伊洛-郑州系陶器组成的一部分。流入这里的 D 系陶器有深腹罐 D、鬲 D、深腹盆 D、豆 D、器盖 D,不仅器类丰富,数量也较多。二里头三期 D 系的比例占 6.1%,高于 B 系的 2.0%。D 系陶器流入伊洛地区的高峰期是在二里头四期,是伴随着 E 系陶器而流入的。与 B 系的 1.4% 和 E 系的 2.8% 相比,四期陶器比例中 D 系陶器占到 12.9%,

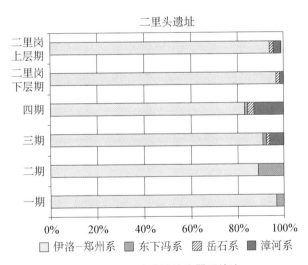

图 3-1 二里头遗址的陶器系统比

[①] 二里头遗址出土陶器统计表,正如表 3-1 所示,除了考古报告中可分析的陶器单位以外,还包括了已经发表的其他简报中可利用的资料。

显示了较前期大幅增加的趋势。

伊洛地区 E 系陶器从二里头四期出现并持续到二里岗上层期(二里头遗址六期)。主要流入器类有深腹罐 E、甗 E、鬲 E 和器盖 E 等,但是它的流入并没有对伊洛系陶器产生太大的影响。所占比例也不高,大约在 1.6%~2.8% 之间。

二里头文化后期流入伊洛-郑州地区的 D 系漳河系陶器与在地的伊洛系陶器一起,经融合而产生了二里岗文化时期的新的陶器系统,AD 的伊洛-郑州系陶器,并一直存续到二里岗文化上层期。主要器类有鬲 AD、深腹罐 AD、深腹盆 AD、豆 AD、器盖 AD 等。这些器类与同时期的深腹罐 A2、深腹盆 A2 与 A3、簋 A2、斝 A、甗 A、大口尊 A2 等构成伊洛-郑州系陶器。特别是原来的 D 系陶器,在陶器胎土、陶色、器壁调整、器表纹饰等方面与 A 系陶器越来越一致。①

2. 器类构成的时代变迁

二里头遗址发现的陶器器类大致有以下种类:深腹罐 A,圆腹罐 A,鼎 A、B、D,甗 A、B、D,有颈罐 A,大口尊 A,小口尊 A,瓮 A,盘 A,长颈壶 A,短颈壶 A,捏口罐 A,簋 A,豆 A、D,钵 A,杯 A,器盖 A、D、E 等 27 种以上,随着时代的变迁,这些器类的组成也发生变化。

首先来看二里头一、二期的典型器类及形态变化。这一时期的典型器类有深腹罐 A1,圆腹罐 A1、A2、B,甗 A1,刻槽盆 A1,有颈罐 A2,瓮 A1、A2,盘 A1、A2、A3,平底盆 A,豆 A1、A2,钵 A1、A2 等 27 种。到了三、四期,新出现鬲 D,豆 D,深腹盆 D,大口尊 A2,簋 A2。同时圆腹罐 A1、A2,鼎 A1,甗 A1,刻槽盆 A1,有颈罐 A2,瓮 A1、A2,盘 A1、A3,平底盆 A,豆 A1、A2 等器类呈减少趋势。而到了二里头五、六期(二里岗文化),新出现鬲 AD、深腹罐 AD、深腹盆 AD、豆 AD、器盖 AD 等,而同时平底盆 A,甗 A1,刻槽盆 A1 和有颈罐 A1 则完全消失。

如从更确切的百分比来看,圆腹罐和鼎从二期的 12.3%、5.0% 到三期时比例变为 4.7%、3.4%,而甗、刻槽盆则从二期的 4.5% 到三期的 2.4% 和 3.7%,均呈现减少趋势。而与此相对,大口尊 A2 则从二期新出现时的 2.2% 激增到三、四期的 5.7%~7.8%。五、六期鬲 AD、深腹盆 AD 和瓮 A4 的比例最高,分别占到 10.9%、10.9% 和 6.3%,同时簋 A2、爵 A、盉 A 等礼器从三期开始出现,它们的比例分别是 1.4%~4.6%、0.3%~1.8%、1.4%,到了四期略呈增加趋势。五、六期簋 A2 的比例最高,占到 8.5%,而爵和盉则又呈减少

---

① 中国社会科学院考古研究所编著:《二里头 1999—2006》,文物出版社 2014 年版。

趋势。此外,小罐 A、深腹罐 A2、捏口罐 A1 从一期到四期变化不大,呈现较为稳定的状况。

再从陶器的用途方面进行分析。在二里头一期 36 座灰坑出土的 158 件陶器中,深腹罐、圆腹罐、鼎、甑等炊煮器占全体陶器的 27.8%,食器占 48.2%,储藏器占 14.6%,酒器等礼器占 4.9%。到了二期,炊煮器进一步增加到 35.1%,食器减少到 37.3%,储藏器和酒器均略有增加,分别占 16.4% 和 4.9%。三期典型单位出土的 298 件陶器中,炊煮器仅占 26.1%,比前期减少,而食器则增加到 44.0%,储藏器占 14.4%,与前期几乎相同,酒器增加到 9.7%。四期典型单位出土的 220 件陶器中,炊煮器占 36.3%,又一次呈增加趋势,食器则减少到 35.0%,储藏器与酒器分别占 15.4% 和 6.8%,略有减少。总结整个陶器随时代变化的趋势,可以看出炊煮器和食器在一期到四期的变化过程中,其比例的增减比较激烈和繁复,呈现不稳定的状况,储藏器的比例较为稳定,增减不明显,酒器则有所增减。

3. 炊煮器的小型化和小型陶器组合的意义:

二里头遗址炊煮器中的深腹罐、圆腹罐、甑、鼎、鬲等随着时代的变化,其容量呈现逐渐变小的趋势。特别是深腹罐,对其口径和器高进行测量的结果显示,口径大小与器高密切相关。但是鼎则不同,鼎的器高与容量关系不大,仅有口径难以计算其正确的容量。鬲从三期开始出现,不具有全面演变的轨迹,因此这里仅就深腹罐和圆腹罐的容量进行分析。

首先分析深腹罐 A2 的口径与器高。图 3-2 中的直线表示深腹罐口径的最大值和最小值,而方框则表示口径的标准偏差值。二里头遗址一期深腹罐口径的平均值是 22.3 厘米,标准偏差值在 18.5 厘米~26.1 厘米之间。二期口径的平均值是 22.5 厘米,标准偏差值在 20.2 厘米~24.7 厘米之间。一、二期口径大小平均值变化不大,但是其偏差值比较大。三、四期口径的平均值是 19.4 厘米,标准偏差值在 18.1 厘米~20.6 厘米之间,与一、二期相比显示出小型化的趋势。图 3-3 所表示的是与图 3-2 相同资料的器高数据。二里头遗址一期深腹罐器高的平均值是 29.8 厘米,标准偏差值是 24.2 厘米~35.5 厘米;二期的平均值是 34.6 厘米,标准偏差值是 34.1 厘米~35.2 厘米,完全看不到小型化的趋势。三期的平均值是 31.2 厘米,标准偏差值是 28.7 厘米~33.7 厘米;四期的平均值是 28.5 厘米,标准偏差值在 27.1 厘米~29.9 厘米之间,与口径一样,也显示出小型化的趋势。

表 3-2 二里头遗址陶器器类组成

系统	器种	一期 数量	一期 比例	二期 数量	二期 比例	三期 数量	三期 比例	四期 数量	四期 比例	二里岗下层期 数量	二里岗下层期 比例	二里岗上层期 数量	二里岗上层期 比例
伊洛系	深腹罐 A1、A2	13	8.0%	10	5.6%	27	9.1%	10	4.6%	3	4.7%	8	6.8%
	圆腹罐	17	10.5%	22	12.3%	14	4.7%	22	10.1%	8	12.5%	4	3.4%
	鼎 A1、A2	7	4.3%	9	5.0%	10	3.4%	8	3.7%	2	3.1%	1	0.9%
	甑 A1、A2、A3	5	3.1%	8	4.5%	7	2.4%	8	3.7%	3	4.7%	2	1.7%
	斝 A							1	0.5%	1	1.6%		
	甗 A										伊洛系+伊洛-郑州系	1	0.9%
	鬲 A					1	0.3%	2	0.9%				
	鬲 AD												
	深腹盆 A1、A2	11	6.8%	13	7.3%	21	7.1%	18	8.3%	7	10.9%	13	11.1%
	刻槽盆 A1、A2	9	5.6%	8	4.5%	11	3.7%	3	1.4%	7	10.9%	19	16.2%
	平底盆 A	11	6.8%	11	6.1%	21	7.1%	4	1.8%			3	2.6%
	大口罐 A	4	2.5%	1	0.6%	4	1.4%	3	1.4%			2	1.7%
	小罐 A	2	1.2%	5	2.8%	15	5.1%	5	2.3%	2	3.1%	1	0.9%
	有颈罐 A1	8	4.9%	3	1.7%	10	3.4%	11	5.1%	4	6.3%	5	4.3%
	有颈罐 A2	3	1.9%									5	4.3%
	捏口罐 A1	4	2.5%	3	1.7%	9	3.0%	6	2.8%	2	3.1%	8	6.8%
	长颈壶 A1					2	0.7%	2	0.9%				

128

续表

系统	器种	一期 数量	一期 比例	二期 数量	二期 比例	三期 数量	三期 比例	四期 数量	四期 比例	二里岗下层期 数量	二里岗下层期 比例	二里岗上层期 数量	二里岗上层期 比例
	短颈壶 A1			4	2.2%	6	2.0%	2	0.9%			1	0.9%
	大口尊 A1	5	3.1%	3	1.7%	4	1.4%	3	1.4%				
	大口尊 A2			4	2.2%	17	5.7%	17	7.8%	5	7.8%	3	2.6%
	小口尊 A1	1	0.6%							2	3.1%		
	瓮 A1,A3	10	6.2%	7	3.9%	7	2.4%	8	3.7%	1	1.6%	2	1.7%
	瓮 A2,A4	4	2.5%	2	1.1%	7	2.4%	1	0.5%	4	6.3%	3	2.6%
	缸 A2	3	1.9%	6	3.4%	2	0.7%	3	1.4%	1	1.6%	5	4.3%
	盘 A1,A2	7	4.3%	5	2.8%	11	3.7%	4	1.8%				
	盘 A3	3	1.9%	3	1.7%	5	1.7%		0.0%				
	钵 A1	5	3.1%	4	2.2%	4	1.4%	2	0.9%				
	钵 A2	2	1.2%	1	0.6%	1	0.3%						
	钵 A3			4	2.2%	2	0.7%					1	0.9%
	豆 A1,A2,A3	6	3.7%			4	1.4%	6	2.8%	4	6.3%	4	3.4%
	豆 AD			1	0.6%	4	1.4%	10	4.6%	3	4.7%	10	8.5%
	簋 A1,A2			2	1.1%	3	1.0%						
	钵 A4			2	1.1%								
	鬶 A												

续表

系统	器种	一期数量	一期比例	二期数量	二期比例	三期数量	三期比例	四期数量	四期比例	二里岗下层期数量	二里岗下层期比例	二里岗上层期数量	二里岗上层期比例
	觚A			2	1.1%	2	0.7%	1	0.5%			2	1.7%
	爵A					1	0.3%	4	1.8%				
	盉A							3	1.4%				
	杯A2			2	1.1%	4	1.4%	3	1.4%			1	0.9%
	杯A1	4	2.5%			8	2.7%	1	0.5%				
	短颈壶A2			2	1.1%	13	4.4%	3	1.4%			1	0.9%
	器盖AD					11	3.7%						
	器盖A	13	8.0%	11	6.1%			6	2.8%	3	4.7%	4	3.4%
	小计	157	96.9%	158	88.3%	268	90.5%	180	82.9%	62	96.9%	110	94.0%
东下冯系	甗B2	1	0.6%	2	1.1%	1	0.3%	1	0.5%				
	鬲B2			2	1.1%	1	0.3%	2	0.9%				
	斝			2	1.1%								
	圆腹罐B1	1	0.6%	4	2.2%	3	1.0%						
	圆腹罐B2			1	0.6%								
	卵形瓮	2	1.2%	2	1.1%								
	鼎	1	0.6%	3	1.7%								
	深腹盆B			2	1.1%								

续表

系统	器种	一期数量	一期比例	二期数量	二期比例	三期数量	三期比例	四期数量	四期比例	二里岗下层期数量	二里岗下层期比例	二里岗上层期数量	二里岗上层期比例
	小盆B			2	1.1%								
	单耳杯			1	0.6%	1	0.3%	3	1.4%	0	0.0%	0	0.0%
	小计	5	3.1%	21	11.7%	6	2.0%	1	0.5%	1	1.6%	1	0.9%
岳石系	甗E					1	0.3%	1	0.5%				
	器盖E					2	0.7%						
	子母镶E					1	0.3%						
	尊							1	0.5%				
	盆							1	0.5%				
	深腹罐E					4	1.4%	2	0.9%	1	1.6%	2	1.7%
	小计	0	0.0%	0	0.0%			6	2.8%			3	2.6%
漳河系	鬲D					1	0.3%	8	3.7%				
	鼎D					3	1.0%	4	1.8%				
	豆D					4	1.4%	3	1.4%				
	深腹盆D					2	0.7%	2	0.9%	1	1.6%	1	0.9%
	器盖D					6	2.0%	7	3.2%			3	2.6%
	深腹罐D					2	0.7%	4	1.8%	1	1.6%		
	小计	0	0.0%	0	0.0%	18	6.1%	28	12.9%			4	3.4%
	合计	162	100%	179	100%	296	100%	217	100%	64	100%	117	100%

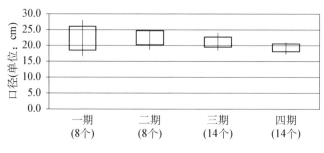

图 3-2 二里头遗址深腹罐口径

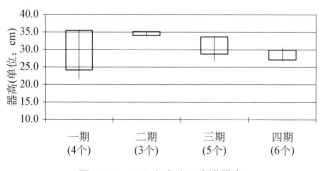

图 3-3 二里头遗址深腹罐器高

再来看同样是炊煮器的圆腹罐的容量大小。图 3-4 表示圆腹罐口径的最大值、最小值以及标准偏差值。二里头遗址一期圆腹罐口径的平均值是 17.9 厘米,标准偏差值在 14.4 厘米～21.4 厘米之间,二期的平均值是 14.8 厘米,标准偏差值在 12.6 厘米～17.1 厘米之间。三期的平均值是 14.4 厘米,标准偏差值在 12.4 厘米～16.4 厘米之间,四期的平均值是 14.9 厘米,标准偏差值在 13.9 厘米～16.4 厘米之间,口径随时代变迁呈现小型化的趋势。再来分析图 3-5 所表示的圆腹罐的器高,一期器高的平均值是 18.7 厘米,标准偏差值在 15.7 厘米～21.7 厘米之间,二期的平均值是 17.0 厘米,标准偏差值在 14.0 厘米～20.0 厘米之间。三期的平均值是 15.8 厘米,标准偏差值在 12.3 厘米～19.4 厘米之间,四期的平均值是 15.4 厘米,标准偏差值在 13.6 厘米～17.1 厘米之间,口径和器高均显示着逐渐小型化的趋势。

在深腹罐和圆腹罐呈现小型化趋势的同时,二里头遗址二期出现了圆腹罐 A2,深腹盆 A2,平底盆,小罐 A,有颈罐 A1,簋 A1,钵 A1、A2、A3 和器盖 A 等

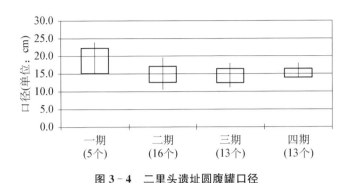

图 3-4 二里头遗址圆腹罐口径

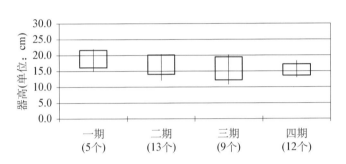

图 3-5 二里头遗址圆腹罐器高

小型陶器,二期中的小型陶器还比较少,但是到了三期,小型陶器的数量开始增加。图3-6和图3-7是小型陶器与一般陶器的口径比较图。一般炊煮器的圆腹罐和深腹罐的口径在19厘米~21厘米之间,而小型同类器的口径则仅有14厘米。深腹盆和平底盆也同样,一般平均口径在33.7厘米~34.4厘米之间,而小型器则在14.8厘米~16.7厘米之间。小罐A的一般口径为14.6厘米,而小型器则为7.8厘米;有颈罐的一般口径为14.6厘米,而小型器则是8.9厘米。甑A1的一般口径是29.4厘米,而小型器的口径仅是13.9厘米;钵A1的一般口径是17.5厘米,而小型器则是10.7厘米;器盖的一般口径是23.3厘米,小型器则为15.4厘米。再从不同时期小型器所占的比例来看,二期小型器占全体陶器的5.5%,三期增加到18.1%,比例最高,四期则大幅减少,仅有7.7%。伴随着炊煮器的小型化而出现的这种小型陶器组合的出现,应该与饮食生活方式的改变或者共同生活成员的构成变化有关,也可能是日常生活中主食的改变及其引起的烹饪方式改变的反应。

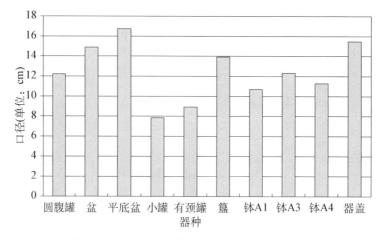

图3-6 二里头遗址出土小型陶器口径的平均值

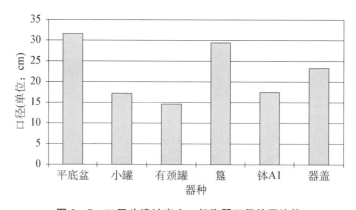

图3-7 二里头遗址出土一般陶器口径的平均值

2000年到2006年,二里头遗址的发掘工作主要集中在Ⅲ区的东边与Ⅴ区的中心区,与以往的发现不同,这里发现了大型工程遗迹,比如主干道、夯土围墙设施、沟渠、坑池以及多处大型夯土建筑群,还有一些小型房子与灰坑、灰沟,并出土了大量陶片。虽然本书主要讨论陶器,但是这些大型工程遗迹的发现是陶器赖以存在的背景资料,因而需要重新审视,并结合这些新发现进行再分析。特别是2001VM3出土的绿松石龙形器、新发现的绿松石制作工坊和出土的350余件绿松石片,珠管类成品以及4 000余件绿松石原材料矿石、坯料、碎料、废弃残料等,十分引人注目。

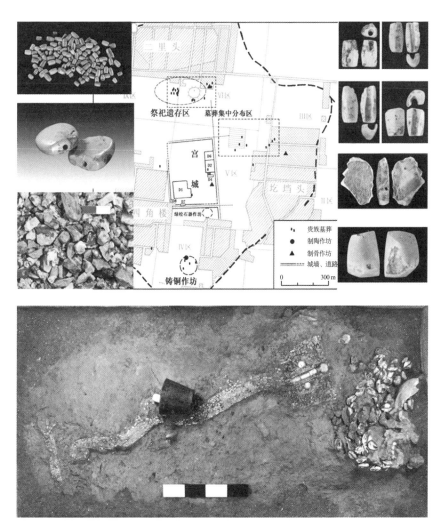

图 3-8 二里头遗址绿松石制作工坊出土遗物以及龙形器

第二节 郑州商城遗址的陶器组合构成

　　位于郑州市内的郑州商城,自从 20 世纪 50 年代发现以来,经过近 60 年的调查与发掘,除了城墙、宫殿基址外还发现了制陶、制骨、冶铸手工业作坊和数座青铜器窖藏坑以及大量墓葬。这些发现都为研究郑州商城提供了丰富的第一手考古资料。① 特别是近年来在城内中北部宫殿区发掘出土了属于二里头文化时期的版筑墙壁、壕沟等遗迹现象,由此而出土了一批较好的典型陶器组合。这一发现明确了在二里岗文化郑州商城建立之前的二里头文化时期,这里曾经有大型壕沟以及建筑基址。②

二里岗文化的分期编年根据 20 世纪 50 年代在郑州南郊外的二里岗遗址的发掘资料区分为上下两层期。③ 1956 年北京大学的邹衡发表论文,在已有的上下层分期的基础上提出了四期分期。1988 年郑州商城发掘者之一的安金槐先生发表论文,提出了把原来的下层期分为前后两期,上层期不变,并把 1954 年发现的白家庄遗址上层期设定为一期的新的四期分期方案。④ 这里将以安金槐分期为基准,对郑州商城出土的各期陶器特征和组合形式进行分析。

一、二里头文化二期晚段至三期前段⑤

夹砂灰陶和泥质褐陶比较多,泥质黑陶较少。器表以绳纹为主流,绳纹较粗大,不经修整的陶器和磨光陶器多见,篮纹和方格纹较少。这一时期的器类有鼎 A1、A2,深腹罐 A1,豆 A2、A3,盘 A2,大口尊 A2,瓮 A3、A1,深腹盆 A1、A2,圆

---

① 河南省博物馆:《郑州商城遗址发掘报告》,载《文物资料丛刊》(第 1 集),文物出版社 1977 年版,第 1—47 页;郑州市博物馆:《郑州商城遗址发掘简报》,《考古》1986 年四期;河南省文物研究所:《郑州商代城内宫殿区第 1 次发掘报告》,《文物》1983 年四期;河南省文物研究所:《郑州商城外版筑墙基址的调查与试掘》,《中原文物》1991 年第 1 期;河南省文物研究所、郑州市博物馆:《近年来郑州商代遗址发掘收获》,《中原文物》1984 年第 1 期;郑州市文物考古研究所:《郑州银基商贸城商代城外版筑墙基址发掘简报》,《华夏考古》2000 年四期;河南省文物研究所:《郑州黄委会青年公寓考古发掘报告》,载《郑州商城考古新发现和研究 1985—1992》,中州古籍出版社 1993 年版,第 185—227 页;河南省文物研究所:《1992 年度郑州商城宫殿区发掘收获》,载《郑州商城考古新发现和研究 1985—1992》,第 98—143 页;河南省文物研究所:《郑州医疗机械厂考古发掘报告》,载《郑州商城考古新发现和研究 1985—1992》,第 144—161 页;河南省文物研究所:《郑州电力学校考古发掘报告》,载《郑州商城考古新发现和研究 1985—1992》,第 162—184 页;河南省文物研究所:《郑州三德里、花园新村考古发掘报告》,载《郑州商城考古新发现和研究 1985—1992》,第 228—241 页。
② 河南省文物考古研究所:《郑州商城宫殿区版筑墙 1998 年的发掘》,《考古》2000 年第 2 期。
③ 河南省文化局文物工作队:《郑州二里冈》,科学出版社 1959 年版,第 1—94 页。
④ 邹衡:《试论郑州新发现的殷商文化遗址》,《考古学报》1956 年第 3 期,转引自《夏商周考古学论文集》,文物出版社 1980 年版,第 3—30 页;安金槐:《郑州市殷商地层关系介绍》,《文物参考资料》1954 年第 12 期;安金槐:《关于郑州商代二里岗陶器分期问题的探讨》,《华夏考古》1988 年第 4 期,转引自《安金槐考古文集》,中州古籍出版社 1999 年版,第 1—381 页。
⑤ 郑州地区二里头文化遗址的年代均以洛达庙遗址的分期为基准,并参考伊洛地区二里头文化的年代,洛达庙早期相当于二里头文化二期晚段至二里头文化三期早段,洛达庙中期相当于二里头文化三期晚段至二里头文化四期早段,洛达庙晚期相当于二里头文化四期晚段。

腹罐 A2，缸 A1，刻槽盆 A1，器盖 A，平底盆 A，钵 A2 等。这里以黄委会青年公寓遗址的灰坑 H82 和底层 T36⑦为例，对这一时期的陶器组合构成进行分析。①

H82：出土有小罐 A，深腹盆 A2、D，深腹罐 A2，甑 A1，豆 A2，大口尊 A2，瓮 A3、A1，刻槽盆 A2，有颈罐 A1，圆腹罐 A2 等。

T36⑦：这个地层出土有深腹盆 D，深腹罐 A1，鼎 A2，长颈壶 A2，豆 A1、A2、D，两件鼎 D，小罐 A，瓮 A2、A1 等。

属于这一时期的灰坑仅有两座，不易做陶器组合构成分析，仅就这两座灰坑来看，属于漳河系的 D 系陶器有深腹罐 D，豆 D，鼎 D，与二里头遗址相比，漳河系陶器流入郑州商城遗址的时间要稍早一些。即使同样属于伊洛系陶器，与二里头相比也略有差异。比如泥质黑陶较少，浅茶色褐陶器系有一定量，深腹罐 A1 较少，瓮类较多等。但是总体来看，与伊洛地区同时期陶器的共同点占大多数。

二、二里头文化三期后半

陶色与胎土与前期基本相同，但是夹砂红陶和夹砂褐陶略有增加。器表饰绳纹最普遍，篮纹和方格纹很少见到。器表磨光和素面占一定的量。纹饰中增加弦纹、刻划纹。器类由鼎 A2，深腹罐 A1、A2，圆腹罐 A2，甑 A1、A3，豆 D，A2，簋 A1，鬲 D，大口尊 A2，瓮 A3、A4，刻槽盆 A3，爵 A，器盖 A 构成。其中鬲 D，簋 A1 和瓮 A2 为新出现的器类，而前期就有的鼎 A1，盘 A1，深腹盆 A1 则消失。属于这一时期典型单位陶器组合的遗址有黄委会公寓遗址和回民中学遗址。这里选择黄委会的 H6、H74、H79、T46、T45⑥、T38、T36⑥ 和回民中学的 91T25⑥、91T25⑤以及郑州商城城墙发掘点、中北部宫殿区发掘点等 13 处遗迹作为分析资料。

黄委会 H6：共出土 18 件陶器，有鬲 D，圆腹罐 A1，小罐 A，鼎 A2，甑 A2、短颈壶 A1，深腹盆 D，豆 A1，深腹罐 A2 各一件，四件大口尊 A2，三件深腹盆 A2，两件豆 D。

黄委会 H74：出土有甑 A3、深腹罐 A2、圆腹罐 A2 各一件，两件大口尊 A2。

黄委会 H79：仅出土三件陶器，圆腹罐 A3、大口尊 A2、深腹罐 A2 各一件。

---

① 河南省文物研究所：《郑州黄委会青年公寓发掘报告》，载《郑州商城考古新发现和研究》，中州古籍出版社 1993 年版，第 185—227 页。

黄委会 T46、T45⑥：出土有鬲 D、深腹罐 D、圆腹罐 A3、豆 A2、深腹盆 D、杯 A1、鼎 D、缸 A2 各两件，三件大口尊 A2，钵 A1、甑 D、瓮 A4、平底盆 A、短颈壶 A2 各一件。

黄委会 T38、T36⑥：共出土八件陶器，分别是鬲 D、深腹罐 A2、圆腹罐 A3、豆 D、捏口罐 A1、大口尊 A2、器盖 D、缸 A1 各一件。

回民 91T25⑤、91T25⑥：出土十件陶器，分别是四件瓮 A4，两件深腹盆 D，圆腹罐 A2、深腹罐 A2、深腹罐 E、捏口罐 A1 各一件。

郑州商城 CNT4：版筑墙壁下共出土十件陶器，分别是刻槽盆 A4、甑 A3、瓮 A4、鼎 A2、深腹罐 A2、深腹盆 D 各一件，圆腹罐 A3、豆 A1 各两件。

郑州商城 CST4：仅四件陶器，分别是大口尊 A2、圆腹罐 A3 各一件，两件深腹罐 A2。

郑州商城 CET7：共出土六件陶器，分别是三件圆腹罐 A2，圆腹罐 A3、小罐 A、瓮 A1 各一件。

郑州商城 C8T27H：仅出土四件陶器，分别是有颈罐 A1 和瓮 A4 各一件，两件圆腹罐。

郑州商城 C8T55 版筑下：出土有簋 E、短颈壶 A2、大口尊 A2、圆腹罐 A2、鬲 D、甑 A3 和鼎 A2 各一件，两件深腹罐 D。

郑州商城 C8G15 版筑内：出土有两件深腹罐 A2，缸 A1、圆腹罐 A3、小罐 A 各一件。

郑州商城 C8T55、60、61 版筑内：这里共出土八件陶器，分别是深腹罐 A2、小罐 A、鬲 D、大口尊 A2、瓮 A4、捏口罐 A1、缸 A2、深腹盆 D 各一件。

以上 13 座典型单位中，七个单位有漳河系陶器出土。与前期相比漳河系陶器器类也有所增加，新出现鬲 D、深腹罐 D 和豆 D，并占有较高的比例。另外的六个单位中没有发现漳河系陶器，仅有伊洛系陶器。在同一遗址内，既有两个系统混合的单位，也有单纯的伊洛系陶器的单位。

三、二里头文化四期

这一时期陶质与陶色以夹砂灰陶和泥质灰陶为主流，夹砂红陶、夹砂褐陶和泥质黑陶有少量存在。器表以绳纹为主，绳纹比前期稍粗。此外，新出现漳河系的细绳纹，与已经有的凹弦纹、刻印纹均有一定的量。褐色陶器除了常见的篦纹外，以内模制作鬲三足的新技法也开始出现。器类构成与前期几乎相同，包括鼎

A2、鬲 D、深腹罐 A2、斝 A、爵 A、杯 A、豆 D、捏口罐 A1、圆腹罐 A2、A3、刻槽盆 A3、A4、缸 A2、大口尊 A2、瓮 A4。这一时期的遗址主要集中在黄委会青年公寓遗址,商城城墙北壁、南壁和东壁遗址,1998 年发掘宫殿区遗址一带。从这些遗迹中选择陶器组合较好的 12 个遗迹单位来分析这一时期的陶器组合构成。这些单位有黄委会 H39、H69、H73、H70、H84、C8G16,98 宫殿区的 H85、H86、H87、H46、H78、T207、T203 版筑内①13 座。

黄委会 H39：出土有深腹罐 D、圆腹罐 A3、深腹盆 A2、缸 A2 各一件。

黄委会 H69：出土有两件圆腹罐 A2,三件捏口罐 A1。

黄委会 H73：出土瓮 A4 一件,两件甗 A2。

黄委会 H70：出土甗 A2、深腹盆 D、深腹盆 A2、鬲 D 各一件。

黄委会 H84：出土有深腹盆 D、深腹罐 D、盉 A、大口尊 A2、鼎 D 各一件。

郑州商城 C8G16：出土缸 A2、瓮 A4、大口尊 A2、深腹罐 A2、深腹罐 E 各一件。

郑州商城 98H85：出土小罐 A、圆腹罐 A3 各一件,两件深腹罐 A2。

郑州商城 98H86：出土深腹罐 E、簋 A1、深腹盆 AD、深腹盆 A2、圆腹罐 A2、深腹罐 D 各一件。

郑州商城 98H87：出土两件捏口罐 A1,圆腹罐 A1、大口罐 A 各一件。

郑州商城 98H46：共出土 32 件陶,分别是两件深腹盆 A2,三件深腹盆 AD,五件深腹罐 A2,三件鬲 D,两件圆腹罐 A3,两件大口尊 A2,三件鼎 A2,两件瓮 A4,四件缸 A2,深腹罐 D、捏口罐 A1、深腹罐 E、钵 A1、爵 A、钵 E 各一件。

郑州商城 98H78：出土了 33 件陶,分别是三件圆腹罐 A2,九件圆腹罐 A3,三件深腹罐,三件捏口罐 A1,五件鼎 A1,两件大口尊 A2,两件深腹罐 D,豆 A2、小罐 A、大口罐 A、器盖 D、深腹罐 E、缸 A2 各一件。

郑州商城 98T203、T207 版筑内：两个地层共出土 37 件陶,分别是四件大口尊 A2,四件深腹盆 A2,三件瓮 A4,三件深腹罐 D,三件深腹罐 A2,四件圆腹罐 A3,两件甗 A3,三件深腹罐 E,四件鬲 D,平底盆 A、深腹盆 AD、刻槽盆 A4、捏口罐 A1、瓮 A2、鼎 A2、甗 A 各一件。

与前期相比,这一时期的变化首先是在伊洛系、漳河系陶器之外,新出现伊洛-郑州系和岳石系陶器。漳河系陶器比较普遍,在 12 座典型单位中有十座出土漳河系陶器,占九成左右,而以褐陶为特征的岳石系陶器有四座灰坑出土。此外,这里的漳河系陶器中鬲 D、深腹罐 D、豆 D 等器类的器壁薄,绳纹非常细,少

---

① 河南省文物考古研究所：《河南郑州商城宫殿区夯土墙 1998 年的发掘》,《考古》2000 年第 2 期。

见磨光、修整痕迹是其特征。这些陶器的特征与漳河系原产地的陶器基本一致，有可能是来自原产地的搬入品，也可能是陶器技术制作者南下而生产的陶器。伊洛-郑州系仅一件深腹盆 AD，但是融合伊洛系和漳河系特征陶器的出现具有重要的意义。

四、二里岗下层期前段

这一时期相当于二里岗遗址 H9 的阶段。以夹砂灰陶和泥质灰陶为主，夹砂褐陶少量存在。器表以细绳纹较常见，还有一定量的磨光和素面。纹饰中附加堆纹凹弦纹、印纹较常见。器壁较薄，卷缘较多，也有折缘。器类构成有鬲 AD，甗 A，豆 AD，簋 A2，深腹盆 A2、A3，深腹盆 AD，斝 A，爵 A，捏口罐 A1，瓮 A3，瓮 A4 等。有较好陶器组合出土的典型单位有以下 16 座：黄河委员会青年公寓 H57、H50、H35、第四层，电力学校 H1、H3、H6、[①]医疗机械厂第四层[②]，中医院 T42⑦、T31⑥、H105、H101、F1、F3[③]，宫殿 C8TT62、C8G16。

黄委会 H57：出土 12 件陶器，分别是深腹罐 AD、鬲 AD、小罐 A、深腹盆 D、瓮 A3、A4、A2、器盖 AD 各一件，深腹盆 A2、深腹盆 AD 各两件。

黄委会 H50：仅出土深腹罐 E 和深腹盆 A2 两件陶器。

黄委会 H35：仅出土鬲 AD、深腹罐 A2 各一件和两件深腹盆 A2。

黄委会第四层：共出土 13 件陶器，分别是两件小罐 A2，三件大口尊 A2，深腹盆 AD、深腹盆 A2、小口尊 A1、钵 A1、斝 A、缸 A2、器盖 AD、盉 A 各一件。

电力学校 H1：共出土七件陶器，分别是大口尊 A2、斝 A、深腹盆 A2、鬲 AD、杯 A1 各一件，两件平底盆 A。

电力学校 H3：仅出土深腹罐 A2、簋 A2、瓮 A1、豆 AD 四件陶器。

电力学校 H6：共出土 23 件陶器，分别是深腹罐 AD、深腹罐 A2、深腹罐 E、钵 E、甗 E、甗 A、深腹盆 AD、瓮 A4、钵 A1 各一件，缸 A2、深腹盆 A2 各两件，鬲 AD、小罐 A 各三件，四件大口尊 A2。

医疗第四层：共出土 25 件陶器，分别是两件鬲 AD，三件深腹罐 A2，两件簋

---

① 河南省文物研究所：《郑州电力学校考古发掘报告》，载《郑州商城考古新发现与研究》，中州古籍出版社 1993 年版，第 162—184 页。
② 河南省文物研究所：《郑州医疗器械厂考古发掘报告》，载《郑州商城考古新发现和研究》，第 144—161 页。
③ 郑州市文物工作队：《河医二附院等处商代遗址发掘简报》，《中原文物》1986 年第 1 期。

A2，两件深腹盆 AD，两件大口尊 A2，两件缸 A2，三件捏口罐 A1，两件瓮 A4，刻槽盆 A4、深腹盆 A2、平底盆 A、捏口罐 A2、钵 A1、瓠 A、大口尊 A1 各一件。

中医院 T42⑦：仅出土四件陶器，分别是深腹罐 A2、圆腹罐 A3、大口尊 A2、瓮 A4 各一件。

中医院 T31⑥：共出土十件陶器，分别是两件深腹罐 A2，大口罐 A、瓮 A4、捏口罐 A1、深腹罐 A2、小罐 A、深腹盆 AD、器盖 E、簋 A2 各一件。

中医院 H105：仅出土瓮 A4 和深腹盆 A2 两件陶器。

中医院 H101：仅出土深腹盆 A2 和簋 A2 两件陶器。

中医院 F1：出土有两件深腹盆 AD，两件深腹盆 A2，两件器盖 AD，鬲 AD、深腹罐 A4、大口尊 A2、圆腹罐 A2、深腹盆 A3、缸 A2 各一件，共 12 件陶器。

中医院 F3：出土有五件陶器，分别是深腹罐 AD、缸 A2、大口尊 A2、深腹盆 AD、豆 AD 各一件。

宫殿 C8G16：出土有七件陶器，分别是大口尊 A2、瓮 A4、深腹罐 A2、鼎 AD、捏口罐 A1 各一件，两件深腹盆 A2。

宫殿 C8T62：这是一个建筑基址，共出土七件陶器，分别是甗 A3、捏口罐 A1、瓮 A4、豆 AD 各一件，三件鬲 AD。

与前期相比，这一时期的漳河系陶器形态有所变化，在融合伊洛系陶器特征的同时形成新的伊洛-郑州系陶器。比如鬲 D 接受伊洛系的器壁厚、方折缘和绳纹较粗的特点，但是在整体形态上仍然呈漳河系陶器瘦长的特征。带有这种特点的陶器除了鬲之外还有深腹罐 AD、深腹盆 AD、豆 AD、甗 AD，与伊洛系的斝 A，瓮 A3、A4、C，大口尊 A2、缸 A2、深腹罐 A2、深腹盆 A2、捏口罐 A1、A2、小罐 A、簋 A、刻槽盆 A、甑 A、壶 A 等有较多的共同点。与前期相比，伊洛-郑州系陶器更加充实。岳石系陶器与前期一样仅有少量。

五、二里岗下层期后段

其时代与二里岗遗址 H17 相当。这一时期陶器的陶色与陶质与前期几乎相同，但是器表纹饰的绳纹变粗，器壁增厚。印纹和刻划纹比前期增加，成为这一时期重要的纹饰。典型陶器有鬲 AD，口缘部有凸棱，袋足上部变瘦，实足根变长。甗 AD 的变化与鬲 AD 几乎相同，但是甑部变粗短，口径与腹径几乎相同。斝 A 的颈部比前期变粗，爵 A 的腰部也变粗。豆 AD 的柄部变短，而且圈足部有镂空的十字纹。簋 A2 的口缘部外翻，口径小于腹径。大口尊 A2 的肩部带兽耳，口径比肩径大。属于这一时期的典型单位有中医院 H104、H106、F12，电力学校 H9，回民中学 H32，宫殿 C8H22、C8G15 上层、C8T62 上层、C8H50、C8T55H44、C8H45、C8H49，宫殿 98H56、98H114、98T207④共 15 座。

中医院 H104：出土有五件陶器，鬲 AD、小罐 A、捏口罐 A1、大口尊 A2、深腹盆 AD 各一件。

中医院 H106：仅出土尊 E 和大口尊 A2 各一件。

中医院 F12：出土有四件陶器，缸 A2、深腹盆 AD、深腹罐 A2、鼎 A3 各一件。

回民 H32：共出土十件陶器，分别是深腹罐 AD、捏口罐 A1、鬲 AD、深腹盆 AD、小罐 A、深腹盆 A2、平底盆 A、有颈罐 A1、大口罐 A、器盖 A1 各一件。

宫殿 C8H22：出土有鬲 AD、斝 A、有颈罐 A1、深腹盆 A2，共四件陶器。

宫殿 C8G15 上层：这是一个建筑基址，共出土 11 件陶器，分别是两件鬲 AD，捏口罐 A2、钵 A3、深腹罐 A2、小罐 A、簋 A2、缸 A2、瓮 A4、豆 AD、器盖 AD 各一件。

宫殿 C8T62 上层：这也是一个建筑基址，出土有一件深腹盆 AD，两件小罐 A，三件大口尊 A2，两件缸 A2，共八件陶器。

宫殿 C8T55H44：出土有鬲 AD、大口尊 A2、捏口罐 A1、深腹盆 AD、甑 A3 五件陶器。

宫殿 C8H49：出土有深腹盆 AD、鬲 AD、捏口罐 A1 三件陶器。

宫殿 C8H45：仅出土鬲 AD 和瓮 A4。

宫殿 C8H50：出土有深腹盆 A2、捏口罐 A2 各一件，两件鬲 AD。

电力学校 H9：出土有三件鬲 AD，两件深腹盆 A2、簋 A2、瓮 A3，深腹罐 A2、深腹盆 AD、小罐 A、瓮 A4、大口尊 A2、大口罐 A、甗 AD 各一件，共 16 件陶器。

宫殿 98H56：共出土 26 件陶器，包括六件深腹罐 AD，七件鬲 AD，两件深腹盆 AD、深腹盆 A2、甑 A3、三件瓮 A4，深腹罐 E、斝 A、大口尊 A2 和瓮 A2 各一件。

宫殿 98H114：出土有鬲 AD、深腹罐 A2、豆 AD。

宫殿 98T207④：出土有捏口罐 A1、鬲 AD、甑 A2。

出土岳石系陶器的遗址仅有一座灰坑，在陶器中所占的比例非常少。从前期开始出现的伊洛-郑州系陶器呈现稳定状态，几乎所有的灰坑都有出土。与陶器组合构成相比，这一时期的陶器形态变化更明显。

六、二里岗上层期

陶色与陶质与前期几乎相同。夹砂陶的胎土中有明显的砂粒,器表的绳纹更粗,器壁也更厚。器表有一定的磨光,大型陶器常见。这一时期的典型器类特征如下:鬲 AD 口缘内侧有凹槽,口缘上部带凸棱,颈部有圆圈纹,腹部带附加堆纹,实足根短而粗。甗 AD 和鬲 AD 几乎相同,甑部比前期变粗,方唇较多。斝 A 从敞口变为敛口,颈部较前期变低变粗。新出现敛口的爵 A 尾端较短是这一期的特征。豆 AD 的盘部从圆润变得带有棱角,柄部和盘部之间有明显的结合凸棱。簋 A2 的口缘不外翻,口径与腹径几乎相同。流行宽口缘的直口盆。大口尊 A2 的口缘部呈喇叭形,肩部变得更小,腹部细长。属于这一时期的典型单位有电力学校 T1③、H10、T3③、F1,医疗机械厂 T6③、H3、T8③、T7③,中医院 H117、H108,黄河医院第六层,宫殿 CET3① 的 12 座。

电力学校 T1③:出土有三件鬲 AD,深腹盆 A2、深腹盆 A3、深腹盆 AD、平底盆 A、捏口罐 A1、豆 AD、器盖 AD 各一件,共十件陶器。

电力学校 H10:出土有两件鬲 AD、深腹盆 A2、小罐 A、器盖 AD、簋 A2 各一件,共六件陶器。

电力学校 T3③:出土有五件捏口罐 A1,两件鬲 AD,小罐 A、有颈罐 A1、瓮 A4、器盖 A 和簋 A2 各一件,共 12 件陶器。

电力学校 F1:出土有两件捏口罐 A1,一件深腹盆 A2,两件豆 AD,共五件陶器。

医疗 T6③:共出土 12 件陶器,分别是两件深腹盆 AD,两件缸 A2,两件器盖 AD,瓮 A4、平底盆 A、大口尊 A2、钵 A4、豆 AD、簋 A2 各一件。

医疗 H3:出土有深腹盆 AD、深腹盆 A2、刻槽盆 A4、鬲 AD、甗 A3、深腹罐 A2 各一件,两件豆 AD,共八件陶器。

医疗 T8③:这个地层出土有深腹盆 AD、平底盆 A、鬲 AD、器盖 AD、甗 A2、簋 A2、缸 A2 七件陶器。

医疗 T7③:出土有两件大口尊 A2,两件豆 AD,瓮 A3、鬲 AD、斝 A、捏口罐 A2、深腹罐 A2、簋 A2 各一件。

---

① 郑州市文物工作队:《河医二附院等处商代遗址发掘简报》,《中原文物》1986 年第 1 期;河南省文物考古研究所:《郑州商城宫殿区商代板瓦发掘简报》,《华夏考古》2007 年第 3 期。

中医院 H117：仅出土两件鬲 AD。

中医院 H108：出土深腹盆 A2、捏口罐 A1 各一件，三件缸 A2。

黄河医院第六层：共出土 15 件陶器，分别是瓮 A4、瓮 A2、捏口罐 A1、深腹盆 A2、器盖 AD 各一件，三件鬲 AD，两件深腹盆 AD，两件簋 A2，三件大口尊 A2。

宫殿 CET3：出土有深腹盆 AD、甑 A3、鬲 AD、捏口罐 A1、爵 A、鼎 A3、小口尊 A2 各一件，共七件陶器。

这一期新出现鼎 A3、小口尊 A2、簋 A2，数量大幅增加是其特征。鬲的形态与种类多种多样，数量也较多。盆的形态与前期几乎相同，以深腹盆 AD 和 A2 两种较多。盆的形态多样化这一点与偃师商城不同。

七、白家庄期

相当于郑州商城东北部的白家庄上层期。陶色和陶质与前期相同，但是褐陶比前期略有增加。器表的绳纹更粗，器壁也更厚。典型器类的变化特征是鬲 AD 的数量不仅多，器高和器宽均较前期变大。鬲的口缘部较宽，颈部有双重圆圈纹，腹部装饰附加堆纹的陶器较前期增多，实足根较粗短。甑 AD 的变化与鬲 AD 基本相同，但是甑颈部更圆鼓。斝 A 的颈部较前期变短，三足部变得粗大。爵 A 的腰部更粗，几乎成为直线，豆 AD 的盘部和柄部的接合部有明显的折角，但是看不到结合痕迹。大口尊 A2 的肩部消失，腹部细长，饰纵向的凹弦纹。属于这一期的典型单位有医疗 T9②、T6②、T8②，法院 H1①，CET8 东里路段五座。

医疗 T9②：出土有三件大口尊 A2，深腹盆 AD、深腹盆 A2、瓮 A4、器盖 E、杯 A1 各一件，共八件陶器。

医疗 T8②：仅出土豆 AD 和器盖 AD 两件陶器。

法院 H1：出土陶器 16 件，分别是两件鬲 AD，两件爵 A，大口尊 A2、瓮 A4、深腹罐 A2、斝 A、甑 A3、深腹盆 AD、大口尊 A1、簋 A2、钵 A3、豆 AD、捏口罐 A1、甑 E 各一件。

CET8 东里路段：共出土 16 件陶器，分别是两件大口尊 A2，两件鬲 AD，两

---

① 河南省文物研究所郑州工作队：《近年来郑州商代遗址发掘收获》，《中原文物》1984 年第 1 期；郑州市博物馆：《郑州商代遗址发掘简报》，《考古》1986 年第 4 期；郑州市文物研究所：《郑州南关外附近商代灰坑发掘简报》，《中原文物》1998 年第 2 期。

件大口罐 A，深腹罐 A2、斝 A、深腹盆 AD、深腹盆 A2、豆 AD、刻槽盆 A4、瓮 A3、A4、深腹罐 E、钵 E 各一件。

前期较少的岳石系陶器在这一时期有所增加，除了褐色陶器外，还有方孔形岳石系特有的石刀出土。

表 3-3　郑州商城遗址出土的陶器组合与编年

时期	遗迹	出土陶器（括号内表示出土件数）	资料出处
洛达庙早期	黄委会 H8	A 小罐、A2 深腹盆、D 深腹盆、A1 深腹罐、A1 甑、A2 豆、A2 大口尊、A4 瓮、A1 鬲、A1 刻槽盆、A 大口罐、A2 圆腹罐、D 深腹罐	① 河南省文物研究所：《郑州商城考古新发现和研究 1985—1992》，中州古籍出版社 1993 年版，第 185—227 页
洛达庙早期	黄委会 T36⑦	D 深腹盆、A2 深腹罐、A2 鼎、A2 长颈壶、A2 豆、A1 豆(2)、D 豆、D 鼎、A 小罐、A2 瓮、A1 瓮	
洛达庙中期	黄委会 H6	D 鬲、A3 圆腹罐、A 小罐、A2 鼎、A2 大口尊(4)、A2 甑、A2 深腹盆(3)、A1 短颈壶、D 深腹盆、D 豆(2)、A1 豆、A2 深腹罐	
洛达庙中期	黄委会 H79	A2 圆腹罐、A2 大口尊、A2 深腹罐	
洛达庙中期	黄委会 H74	A1 甑、A2 深腹盆、A2 圆腹罐、A2 大口尊	
洛达庙中期	黄委会 T46、T45⑥	D 鬲(2)、D 深腹罐(2)、A3 圆腹罐(2)、A2 鼎、A2 豆(2)、D 深腹盆(2)、A2 杯(2)、A1 钵、A2 大口尊(3)、A4 瓮、A 平底盆、A2 短颈壶、D 鼎(2)、A2 缸(2)	
洛达庙中期	黄委会 T38、T36⑥	D 鬲、A2 深腹罐、A2 圆腹罐、D 豆、A1 捏口罐、A2 大口尊、D 器盖、A2 缸	
洛达庙中期	回民 91T25⑤、91T25⑥	A4 瓮(4)、A2 圆腹罐、A2 深腹罐、D 深腹盆(2)、A1 捏口罐	同 ① 第 98—143 页
洛达庙中期	郑州商城 CNT4	A2 刻槽盆、A3 甑、A4 瓮、A1 鼎、A2 深腹罐、A3 圆腹罐(2)、A1 豆(2)、D 深腹盆	
洛达庙中期	郑州商城 CST4	A2 大口尊、A2 深腹罐(2)、A3 圆腹罐	
洛达庙中期	郑州商城 CET7	A2 圆腹罐(3)、A3 甑、A 小罐、A1 瓮	《文物资料丛刊》第 1 集，文物出版社 1997 年版；《考古》1986 年第 4 期；《文物》1983 年第 4 期
洛达庙中期	郑州商城 C8T27H	A 大口罐、A2 圆腹罐(2)、A4 瓮	
洛达庙中期	郑州商城 C8T55	A1 长颈壶、A2 大口尊、A2 深腹罐(2)、A2 圆腹罐、D 鬲、A3 甑、A2 鼎	
洛达庙中期	郑州商城 C8G15	A2 深腹罐(2)、A2 缸、A2 圆腹罐、A 小罐	
洛达庙中期	郑州商城 C8T55、60、61 版筑内	A2 深腹罐、A 小罐、D 鬲、A2 大口尊、A4 瓮、A1 捏口罐、A1 缸、AD 深腹盆	

续表

时期	遗迹	出土陶器（括号内表示出土件数）	资料出处
洛达庙晚期	黄委会 H39	D 深腹罐、A3 圆腹罐、A2 深腹盆、A2 缸	同 ① 第 185—227 页
	黄委会 H69	A3 圆腹罐(2)、A1 捏口罐	
	黄委会 H73	A4 瓮、A3 甑	
	黄委会 H70	A2 甑、D 深腹盆、A2 深腹盆、D 鬲	
	黄委会 H84	D 深腹盆、A2 深腹罐、盉、A2 大口尊、D 鼎	
	郑州商城 C8G16	A2 缸、A4 瓮、A2 大口尊、A2 深腹罐、E 深腹罐	《文物》1983 年第 4 期
	郑州商城 98H85	A 小罐、A2 深腹罐(2)、A2 圆腹罐	《考古》2000 年第 2 期
	郑州商城 98H86	E 深腹罐、A1 簋、D 深腹盆、A2 深腹盆、A2 圆腹罐、D 深腹罐	
	郑州商城 98H87	A1 捏口罐(2)、A2 圆腹罐、A 大口罐	
	郑州商城 98H46	D 深腹罐、A2 深腹盆(2)、A1 捏口罐、AD 深腹盆(3)、A2 深腹罐(5)、D 鬲(3)、A2 圆腹罐(2)、E 深腹罐、A2 大口尊(2)、A1 钵、A2 鼎(3)、A 爵、A4 瓮、A2 缸、E 深腹盆	
	郑州商城 98H78	A2、A3 圆腹罐(11)、A2 深腹罐(3)、A1 捏口罐(3)、A2 鼎(5)、A2 豆、A2 大口尊(2)、A 小罐、A 大口罐、D 器盖、E 深腹罐(2)、A2 缸	
	郑州商城 98T203、T207 版筑内	A2 大口尊(4)、A 平底盆、A2 深腹盆(4)、AD 深腹盆、A4 瓮(3)、D 深腹罐(3)、A2 深腹罐(3)、A4 刻槽盆、A1 捏口罐、A3 瓮、A2 圆腹罐(4)、A3 甑(2)、A2 鼎、E 深腹罐(3)、D 鬲(4)	
二里岗下层期前段	黄委会 H57	D 深腹罐、D 鬲、A 小罐、A2 深腹罐(2)、AD 深腹盆(2)、A3 瓮、A4 瓮、A2 瓮、AD 器盖	同 ① 第 185—227 页
	黄委会 H50	E 深腹罐、A2 深腹盆	
	黄委会 H35	D 鬲、A2 深腹罐、A2 深腹盆	
	黄委会第四层	A 小罐(2)、D 深腹盆、A2 深腹盆、A1 小口尊、A1 钵、A 斝、A2 大口尊(3)、A2 缸、A 器盖、A 盉	
	电力 H1	A2 大口尊、A 斝、A 平底盆(2)、A2 深腹盆、D 鬲、A1 杯	同 ① 第 162—184 页
	电力 H3	A2 深腹罐、A2 簋、A4 瓮、AD 豆	
	电力 H6	AD 鬲(3)、AD 深腹罐、A2 深腹罐、E 钵、A2 缸(2)、E 瓶、A 瓢、A 小罐(3)、A2 深腹盆(2)、AD 深腹盆、A2 大口尊(4)、A4 瓮、A2 钵	

续表

时期	遗迹	出土陶器(括号内表示出土件数)	资料出处
	医疗第四层	D 鬲(2)、A2 深腹罐(3)、A2 簋(2)、A4 刻槽盆、AD 深腹盆(2)、E 瓿、A2 深腹盆、A 平底盆、A2 大口尊(2)、A2 缸(2)、A1 捏口罐(5)、A4 瓮(2)、A1 钵、甗、A1 小口尊	同①第144—161页
	中医院 T42⑦	A2 深腹罐、A2 圆腹罐、A2 大口尊、A4 瓮	
	中医院 T31⑥	A3 深腹罐(2)、A 大口罐、A4 瓮、A1 捏口罐、A2 深腹盆、A 小罐、AD 深腹盆、E 器盖、A2 簋	
	中医院 H105	A4 瓮、A2 深腹盆	
	中医院 H101	A2 深腹盆、A2 簋	同①第98—143页
	中医院 F1	AD 鬲、A2 深腹罐、AD 深腹盆(2)、A2 大口尊、A2 圆腹罐、A2 深腹盆(2)、A 小罐、A2 缸、AD 器盖	
	中医院 F3	AD 深腹罐、A2 缸、A2 大口尊、AD 深腹盆、AD 豆	
	郑州商城 C8G16	A2 大口尊、A4 瓮、A2 深腹罐、D 鼎、A2 深腹盆(2)、A1 捏口罐	《文物》1983年第4期
	郑州商城 C8T62	A3 甗、A1 捏口罐、AD 鬲(3)、A4 瓮、A3 豆	
二里冈下层期后段	中医院 H104	AD 鬲、A 小罐、A1 捏口罐、A2 大口尊、AD 深腹盆	
	中医院 H106	E 子母尊、A2 大口尊	
	中医院 F12	A2 缸、AD 深腹盆、A2 深腹罐、A3 鼎	同①第98—143页
	回民 H32	AD 深腹罐、A1 捏口罐、AD 鬲、AD 深腹盆、A 小罐、A2 深腹盆、A 平底盆、A1 有颈罐、A 大口罐、A 器盖	
	郑州商城 C8H22	AD 鬲、A 斝、A1 有颈罐、A2 深腹盆	
	郑州商城 C8G15 上层	A1 捏口罐、A1 钵、AD 鬲(2)、A2 深腹罐、A 小罐、A2 簋、A2 缸、A4 瓮、AD 豆、AD 器盖	
	郑州商城 C8T62 上层	A 小罐(2)、AD 深腹盆、A2 大口尊(3)、A2 缸(2)	《文物资料丛刊》第1集,文物出版社1997年版
	郑州商城 C8T55H44	AD 鬲、A2 大口尊、A1 捏口罐、AD 深腹盆、A3 甗	
	郑州商城 C8H49	AD 深腹盆、AD 鬲、A2 捏口罐	
	郑州商城 C8H45	AD 鬲、A4 瓮	
	郑州商城 C8H50	A2 深腹盆、A1 捏口罐、AD 鬲(2)	

续表

时期	遗迹	出土陶器（括号内表示出土件数）	资料出处
二里岗上层期	电力 H9	AD 鬲(3)、A2 深腹罐、A2 深腹盆(2)、AD 深腹盆、A2 簋 2、A 小罐、A3 瓮、A4 瓮、A2 大口尊、A 大口罐、A 甑	同①第 162—184 页
	郑州商城 98H56	D 深腹罐(6)、E 深腹罐、AD 鬲、A 斝、A2 大口尊、AD 深腹盆(2)、A2 深腹盆(2)、A2 甑(2)、A4 瓮(3)、A2 瓮	《考古》2000 年第 2 期
	郑州商城 98H114	AD 鬲、A2 深腹罐、AD 豆	
	郑州商城 98T207④	A2 捏口罐、AD 鬲、A2 甑	
	电力 T1③	AD 鬲(3)、A2 深腹盆、A1 深腹盆、AD 平底盆、A1 捏口罐、AD 豆、AD 器盖	同①第 162—184 页
	电力 H10	AD 鬲(2)、A2 深腹盆、D 小盆、A 小罐、AD 器盖、A2 簋	
	电力 T3③	A2 捏口罐(5)、AD 鬲(2)、A1 深腹盆、A1 有颈罐、A4 瓮、AD 器盖、A2 簋	
	电力 F1	捏口罐(2)、A2 盆、豆(2)	
	医疗 T6③	AD 深腹盆(2)、A3 瓮、A 平底盆、A2 大口尊、A2 缸(2)、A1 钵、AD 豆、A2 簋、A 器盖	同①第 144—161 页
	医疗 H3	AD 深腹盆、A2 深腹盆、A4 刻槽盆、AD 鬲、AD 豆(2)、A3 甑、A2 深腹罐、A2 簋	
	医疗 T8③	AD 深腹盆、A 平底盆、AD 鬲、A 器盖、A3 甑、A2 簋、A2 缸	
	医疗 T7③	A2 大口尊(2)、A3 瓮、AD 鬲、A 斝、A1 捏口罐、AD 豆(2)、A2 深腹罐、A2 簋	
	中医院 H117	AD 鬲(2)	同①第 98—143 页
	中医院 H108	A2 深腹盆、A2 捏口罐、A2 缸	
	黄河医院⑥	A3 瓮、A4 瓮、A1 捏口罐、AD 鬲(3)、A2 深腹盆、AD 深腹盆(2)、A2 簋(2)、A2 大口尊(3)、AD 器盖	
	郑州商城 CET3	AD 深腹盆、A3 甑、AD 鬲、A1 捏口罐、A 爵、A3 鼎、A2 小口尊	《考古》1986 年第 4 期
白家庄期	医疗 T9②	A2 大口尊(3)、AD 深腹盆、A2 深腹盆、A3 瓮、E 子母尊、A2 杯	同①第 144—161 页
	医疗 T6②	A2 深腹盆、A3 瓮、AD 鬲(2)、A 甑、A1 捏口罐、AD 豆、A2 簋	
	医疗 T8②	A3 豆、AD 器盖	

续表

时期	遗迹	出土陶器(括号内表示出土件数)	资料出处
	法院 H1	A2 大口尊、A4 瓮、A2 深腹罐、AD 鬲(2)、A 斝、A3 甗、AD 深腹盆、A1 大口尊、A2 簋、A3 钵、A 爵(2)、AD 豆、A1 捏口罐、E 瓿	《中原文物》1984年1期
	郑州商城 CET8	A2 大口尊(2)、AD 鬲(2)、A2 深腹罐、A 大口罐(2)、A 斝、AD 深腹盆、A2 深腹盆、A3 豆、A4 刻槽盆、A3 瓮、A4 瓮、E 深腹罐、E 子母钵	《文物资料丛刊》第1集,文物出版社1997年版

表 3 中的资料以郑州商城中心部的宫殿区为主,也包括了已经发表的城墙和城墙内发掘资料,但是若报告中仅有数量而没有图或照片的资料则舍弃。

八、小结

二里头文化后半期遗迹中出土的陶器有深腹罐 A2,圆腹罐 A3,捏口罐 A1,鼎 A2、A3,豆 A3,深腹盆 A2,平底盆 A,甗 A3,刻槽盆 A4,大口尊 A2,爵 A 等伊洛系陶器,约占全体陶器的 78.2%,除了系统不明的陶器外,深腹罐 D,鼎 D,豆 D 等漳河系陶器占 16.0%,岳石系占 2.7%。二里岗下层前期除了系统不明者之外,伊洛系和伊洛-郑州系合占 94.7%,漳河系占 1.6%,岳石系占 1.2%。二里岗下层后期伊洛系与漳河系陶器特点的融合较明显,纯粹的漳河系陶器的识别比较困难。伊洛系和伊洛-郑州系占全体陶器的 97.5%,岳石系仅占极少量。到了二里岗上层期,几乎所有的陶器均为伊洛系和伊洛-郑州系陶器,岳石系很少,但是仍然存在。

就陶器系统来看,二里头文化后半期到二里岗文化下层前期,漳河系和岳石系陶器少量存在。伊洛系和伊洛-郑州系陶器所占的比例还没有达到九成以上。但是到了二里岗下层后期和白家庄期,伊洛系和伊洛-郑州系陶器占到 97% 以上,外来系陶器除了极少的岳石系外几乎看不到。

再从器类构成来看,二里头文化后半期 A 系的深腹罐比例最高,占 12.0%;其次是圆腹罐 A1 和大口尊 A2,各占 11.1%,深腹盆 A2 占 8.4%,鼎 A2 占 7.6%,鬲 D 占 6.2%;再次是捏口罐 A1,平底盆 A,刻槽盆 A4,缸 A2,瓮 A3、A4,甗 A3,瓿 A 等,其比例在 0.4%~4.4% 之间。进入二里岗文化下层前期,鬲 AD 急剧增加,占全体陶器的 20.6%,相反,前期占较高比例的深腹罐 A2 减少为 8.5%,圆腹罐 A3、鼎 A2 等也急剧减少,分别占 0.4% 和 0.8%。相反,深腹盆 A2、瓮 A4、缸 A2 较前期增加,分别占 10.5%、6.9% 和 5.3%。其他器类的

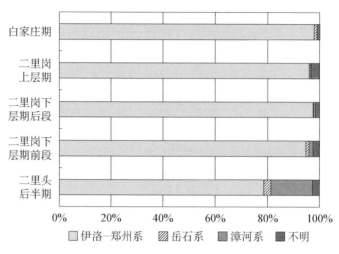

图 3-9 郑州商城出土陶器系统比例的时期变化

变化不明显,呈现一种比较稳定的状态。这一时期新出现的器类有豆 AD、簋 A2、斝 A、深腹盆 AD,所占比例分别是簋 A2 的 3.2%、豆 AD 的 2.0%、深腹盆 AD 的 8.5%、斝 A 的 2.0%。到了二里岗下层后期,鬲 AD 的比例更高到 22.2%,而深腹罐 A2 则减少到 5.4%,圆腹罐 A3 消失,鼎 A2 的比例与前期略同。深腹盆 A2 比前期略有增加,占 15.8%,其他的大口尊 A2、瓮 A4、缸 A2、平底盆 A、甑 A3、捏口罐 A1 的比例变化不大,呈现较稳定的趋势。这一时期新出现的器形有小口尊 A1、A2,但是仅占 1.9% 和 0.6%。

进入二里岗文化上层期,鬲 AD 的比例与前期基本相同,但是深腹罐 A2 进一步减少到 4.0%,鼎 A2 则完全消失。斝 A、瓿 AD、大口尊 A2、捏口罐 A1、瓮 4 的比例略有较少,但是仍然呈现较为稳定的比例。此外,平底盆 A、甑 A3、刻槽盆 A3、觚 A 的比例分别为 0.8%、1.5%、0.8%、0.4%,呈现不断减少倾向。与此相对,簋 A2、爵 A、小口尊 A2、深腹盆 A2、豆 AD 分别为 7.1%、5.0%、1.3%、6.1% 和 6.5%,则呈现增加的趋势。进入白家庄期,陶器器类有所减少,觚 A、刻槽盆 A4、大口罐 A、瓮 A3 消失,瓿 AD、深腹盆 A2、瓮 A4、缸 A2、斝 A 等减少,分别占 1.1%、4.3%、1.1%、2.1%、6.4%。鬲 AD 的比例更高,占到 23.4%。大口尊 A2、捏口罐 A1、爵 A 的比例与前期几乎相同,但是簋 A2、豆 AD、深腹盆 AD 分别占 9.6%、7.4%、5.3%,所占比例较高。这一时期新出现器类有中柱盆 A,占 1.1%,是白家庄期特有的器类。

表 3-4 郑州商城遗址出土陶器组成

系统	器种	二里头后半期 数量	二里头后半期 比例	二里岗下层期前段 数量	二里岗下层期前段 比例	二里岗下层期后段 数量	二里岗下层期后段 比例	二里岗上层期 数量	二里岗上层期 比例	白家庄期 数量	白家庄期 比例
	罂 A	27	12.0%	5	2.0%	20	6.3%	20	4.2%	6	6.4%
	深腹罐 A2	10	4.4%	21	8.5%	17	5.4%	19	4.0%	6	6.4%
	捏口罐 A1	19	8.4%	9	3.6%	6	1.9%	15	3.1%	4	4.3%
	深腹盆 A2			26	10.5%	50	15.8%	29	6.1%	4	4.3%
伊洛系	中柱盆 A	4	1.8%	3	1.2%	1	0.3%			1	1.1%
伊洛系+郑州系	平底盆 A	10	4.4%	7	2.8%	3	0.9%	4	0.8%	1	1.1%
	甑 A3	3	1.3%			5	1.6%	7	1.5%	1	1.1%
郑州系	刻槽盆 A3							4	0.8%		
	大口尊 A2	25	11.1%	20	8.1%	25	7.9%	45	9.4%	10	10.6%
伊洛系	小口尊 A1			4	1.6%	6	1.9%	9	1.9%	2	2.1%
	瓮 A4	8	3.6%	17	6.9%	13	4.1%	18	3.8%	1	1.1%
	瓮 A3	1	0.4%			5	1.6%	6	1.3%		
	缸 A2	8	3.6%	13	5.3%	6	1.9%	20	4.2%	2	2.1%
	大口罐 A	2	0.9%	3	1.2%	2	0.6%	2	0.4%		
	大口尊 A1					1	0.3%	5	1.0%	1	1.1%
	小口尊 A2					2	0.6%	6	1.3%		

续表

系统	器种	二里头后半期 数量	二里头后半期 比例	二里岗下层期前段 数量	二里岗下层期前段 比例	二里岗下层期后段 数量	二里岗下层期后段 比例	二里岗上层期 数量	二里岗上层期 比例	白家庄期 数量	白家庄期 比例
	筐 A2			8	3.2%	14	4.4%	34	7.1%	9	9.6%
	觚 A	1	0.4%	1	0.4%			2	0.4%		
	盉 A	1	0.4%			2	0.6%				
	爵 A	17	7.6%	1	0.4%	9	2.8%	24	5.0%	5	5.3%
	鼎 A2,A3	3	1.3%	2	0.8%	3	0.9%	6	1.3%		
	短颈壶罐 A2	25	11.1%								
	圆腹罐 A3			1	0.4%	1	0.3%	7	1.5%	1	1.1%
	豆 A1,AD	8	3.6%	5	2.0%	21	6.6%	31	6.5%	7	7.4%
	器盖 A,AD	4	1.8%	5	2.0%	6	1.9%	19	4.0%	3	3.2%
	鬲 AD			51	20.6%	70	22.1%	99	20.8%	22	23.4%
	甗 AD			5	2.0%	4	1.3%	8	1.7%	1	1.1%
	深腹罐 AD			6	2.4%						
	深腹盆 AD			21	8.5%	17	5.4%	19	4.0%	5	5.3%
	小计	176	78.2%	234	94.7%	309	97.5%	458	96.0%	92	97.9%
岳石系	深腹罐	5	2.2%	2	0.8%	1	0.3%	1	0.2%	1	1.1%
	子母罐	1	0.4%	1	0.4%			1	0.2%		
	小计	6	2.7%	3	1.2%	1	0.3%	2	0.4%	1	1.1%

续表

系统	器种	二里头后期 数量	二里头后期 比例	二里冈下层期前段 数量	二里冈下层期前段 比例	二里冈下层期后段 数量	二里冈下层期后段 比例	二里冈上层期 数量	二里冈上层期 比例	白家庄期 数量	白家庄期 比例
漳河系	鬲	14	6.2%								
漳河系	豆	4	1.8%								
漳河系	甗	2	0.9%								
漳河系	鼎	1	0.4%								
漳河系	深腹盆	3	1.3%								
漳河系	深腹罐	8	3.6%								
漳河系	深腹盆	4	1.8%								
漳河系	小罐	1	0.4%	4	1.6%	2	0.6%	2	0.4%	0	0.0%
漳河系	小计	36	16.0%	4	1.6%	2	0.6%	2	0.4%	0	0.0%
不明	盘	2	0.9%								
不明	钵	1	0.4%	5	2.0%	5	1.6%	15	3.1%		
不明	小盆	1	0.4%								
不明	杯	2	0.9%								
不明	折肩罐			1	0.4%					1	1.1%
不明	小计	6	2.7%	6	2.4%	5	1.6%	15	3.1%	1	1.1%
	合计	224	100%	247	100%	317	100%	477	100%	94	100%

从以上分析结果可以看到,二里头文化时期的主要炊煮器为深腹罐 A2、圆腹罐 A3、鼎 A2,在进入二里岗文化下层期后,以鬲 AD 为主要炊煮器,而替代前一时期的罐类炊煮器,显示着一个划时代的变化。深腹罐在二里岗文化期虽然有减少,但是仍然存续,而圆腹罐 A3、鼎 A2 则几乎消失。平底盆 A、刻槽盆 A4、甑 A3、斝 A、盉 A 等器类呈现不断减少的趋势。此外,继承二里头文化器类而来的大口尊 A2、缸 A2、瓮 A4、大口罐 A、深腹盆 A2、捏口罐 A1、爵 A 等则呈比较稳定的状态。二里岗文化新出现斝 A、豆 AD、簋 A2、深腹盆 A2 则呈现逐渐增加的趋势。因此就整体来看,二里头文化与二里岗文化之间,不仅炊煮器的器类发生变化,其器类构成和陶器系统也发生了较大的变化,即从二里头文化时期的多系统陶器变化为以伊洛系和伊洛-郑州系的一元化陶器系统构成的变化。

第三节　偃师商城遗址的陶器组合构成

偃师商城位于伊洛河北岸,西距二里头遗址约 7 千米。1983 年经中国社会科学院考古研究所发掘,迄今已经取得了很大的成果。[①] 根据这些成果,偃师商城是继郑州商城遗址之后发现的又一座规模较大的城址,近年来还发现了在城墙营建之前二里头文化晚期的遗迹。偃师商城以三期七段为基本分期,其与二里头遗址分期的对应关系大致如下:偃师商城的一期一段相当于二里头遗址的四期,一期二段相当于二里岗下层前段,二期三、四段相当于二里岗下层后段,三期五段相当于二里岗上层期,三期六、七段相当于白家庄期。

一、二里头四期

陶色与陶质以夹砂灰陶和泥质灰陶为主,其中在泥质陶中磨光陶占一定的比例。绳纹比较多。大型器类的内面多有麻点纹和陶垫的痕迹。深腹罐 A2 的

---

① 中国社会科学院考古研究所汉魏古城工作队:《偃师商城的初步勘探和发掘》,《考古》1984 年第 4 期;《1983 年河南偃师商城发掘简报》,《考古》1984 年第 10 期;《1984 年春偃师商城宫殿遗址发掘简报》,《考古》1985 年第 4 期;中国社会科学院考古研究所河南二队:《河南偃师商城第五号宫殿基址发掘简报》,《考古》1988 年第 2 期;《偃师商城第Ⅱ号建筑群遗址发掘简报》,《考古》1995 年第 11 期;《河南偃师商城东北角发掘简报》,《考古》1998 年第 6 期;《河南偃师商城小城发掘简报》,《考古》1999 年第 2 期;《河南偃师商城Ⅳ区 1996 年发掘简报》,《考古》1999 年第 2 期;《河南偃师商城宫城北部"大灰沟"发掘简报》,《考古》2000 年第 7 期。

器底有涂泥。器类构成有深腹罐 D、鬲 D、深腹罐 A2、捏口罐 A1、深腹盆 D、AD、深腹盆 B、深腹盆 A2、A3、小罐 A、甑 A3、大口尊 A2、缸 A2、瓮 A4、豆 D 等。属于这一时期的单位较少，这里以出土较好陶器组合的典型单位对陶器组合的构成和系统进行分析。这些单位是 84T1 附属下、84T1⑤、98CQ、98 附属堆积[①]、99T54G2[②]、大灰沟 T32⑨、T28⑩、T28⑨、ⅦH23⑩[③]九座。

84T1 附属下：出土有刻槽盆 A4、鬲 D 各一件，两件鼎 A2。

T1⑤：出土有盘 A2、鼎 A2、豆 A3 各一件。

98CQ：这个版筑内出土的有两件鬲 D，两件大口尊 A2，大口罐 A、圆腹罐 A3、捏口罐 A1、缸 A2 各一件，共八件陶器。

98 附属堆积：出土有圆腹罐 A3、大口尊 A2、鬲 D、深腹盆 D、深腹盆 A2 各一件，共五件陶器。

99T54G2：出土有四件鬲 D，两件瓮 A4，深腹盆 AD、深腹盆 A2 各一件。

大灰沟 T32⑨：出土有瓮 A1、簋 A1 各一件，两件深腹盆 AD，三件鬲 D。

大灰沟 T28⑨：出土有鬲 D、豆 D、深腹罐 D、甑 A3、小罐 A 各一件。

大灰沟 T28⑩：出土了 18 件陶器，有五件深腹盆 AD，两件深腹盆 A2，两件甑 A3，两件捏口罐 A1，大口尊 A2、平底盆 A、平底盆 C、深腹罐 A2、深腹罐 D、小罐 A、深腹盆 B 各一件。

ⅦH23⑩：是位于宫城内北部一个壕沟里的地层，出土的陶器有鼎 A2、鬲 D、甑 A2、圆腹罐 A3、大口罐 A、有颈罐 A1、平底盆 A、小罐 A、深腹盆 A2、刻槽盆 A4、器盖 A、大口尊 A2、缸 A2，共 13 件。

偃师商城建筑于二里头四期，但是这一时期并没有建设城墙，而是先建筑壕沟。这个壕沟内出土的陶器系统除了伊洛系外，还有漳河系陶器。以上九处典型单位中有漳河系陶器，显示了漳河系陶器对此的影响。从陶器形态来看，有漳河系融合伊洛系陶器的深腹盆 AD，但是量非常少。伊洛系和漳河系的特征融合体现着这一时期的一个特征，并成为其后二里岗文化的主要陶器系统——伊

---

① 中国社会科学院考古研究所汉魏古城工作队：《偃师商城的初步勘探和发掘》，《考古》1984 年第 4 期；《1983 年秋季河南偃师商城发掘简报》，《考古》1984 年第 10 期。
② 中国社会科学院考古研究所河南二队：《河南偃师商城小城发掘简报》，《考古》1999 年第 2 期；《河南偃师商城Ⅳ区 1996 年发掘简报》，《考古》1999 年第 2 期；《河南偃师商城宫城北部"大灰坑"发掘简报》，《考古》2000 年第 7 期。
③ 中国社会科学院考古研究所河南二队：《河南偃师商城宫城北部"大灰坑"发掘简报》，《考古》2000 年第 7 期。

洛-郑州系陶器的萌芽。

二、二里岗下层期前段

相当于二里岗遗址 H9 的阶段。陶色与陶质与前期基本相同，但是陶器组合的构成要素有较大变化。这是新的伊洛-郑州系陶器的形成期。属于这一时期的遗迹比较多，出土有较好陶器组合的典型单位有 12 处，分别是 84T1L2、99H9、99H8、99T54⑩、88H26 下、88H25、大灰沟 T28⑧、Ⅶ H51、Ⅶ H53、Ⅶ H56、Ⅶ H57、Ⅳ H72。[1]

84T1L2：出土有鬲 AD、深腹盆 A2 两件陶器。

99H9：出土有鬲 AD、深腹罐 A2、大口尊 A2、大口罐 A、捏口罐 A1 各一件，共五件陶器。

99H8：出土有两件鬲 AD，一件瓮 A4，共三件陶器。

99T54⑩：出土有深腹盆 AD、深腹盆 A2、深腹罐 AD 各一件，四件鬲 AD，共七件陶器。

88H26 下：出土有鬲 AD、瓮 A4、深腹罐 A2 各一件，共三件陶器。

88H25：共出土 22 件陶器，分别是四件鬲 AD，六件捏口罐 A1，三件小罐 A，两件深腹盆 A2，两件大口尊 A2，深腹罐 AD、瓮 A2、瓮 A4、豆 AD、短颈壶 A2 各一件。

大灰沟 T28⑧：出土有两件深腹罐 A2，鬲 AD、大口罐 A、捏口罐 A1、豆 AD、深腹盆 AD、甑 A3 各一件，共八件陶器。

Ⅶ H51：仅出土深腹罐 A2 和鬲 AD 两件陶器。

Ⅶ H53：出土有甑 A2、深腹盆 A3、刻槽盆 A4、瓮 A2 各一件。

Ⅶ H56：仅出土大口尊 A2 和缸 A1。

Ⅶ H57：仅出土深腹盆 A2 和缸 A1。

Ⅳ H72：仅出土鬲 AD、捏口罐 A1 和深腹盆 AD，共三件陶器。

12 座典型单位均出土有伊洛-郑州系陶器，陶器的组成和形态也具有这一时期的独特性——那就是鬲 AD 的数量大幅增加，并取代前期的深腹罐 A2 成为这一时期主要的炊煮器。盆类较前期增加，除了深腹盆 A2、AD 外，还有深腹

---

[1] 中国社会科学院考古研究所河南二队：《河南偃师商城东北角发掘简报》，《考古》1998 年第 6 期；《河南偃师商城小城发掘简报》，《考古》1999 年第 2 期；《河南偃师商城Ⅳ区 1996 年发掘简报》，《考古》1999 年第 2 期。

盆 A3 和深腹盆 B。此外,二里头文化经常见到各种尊类、瓮类、罐类和钵类在这一时期消失,陶器种类有所减少。

三、二里岗下层期后段

相当于二里岗遗址 H17 的阶段。陶质较硬,夹砂陶占绝大多数。鬲 AD 和深腹罐 AD 的陶色从前期的浅褐色完全变为灰色,与伊洛系陶器完全相同。绳纹较前期略粗,但是细绳纹仍然较多。从陶器形态的变化来看,鬲 AD 的口缘部有明显的段棱,口唇部较尖,袋形足部的足尖较前期短而粗,实足根细长是其特征。深腹盆 A2 的唇部较厚,口缘内部有凸棱。下腹部的绳纹上有横向的刻弦纹。小罐 A 的口径和腹径几乎相同,均是在磨光之后再饰多道弦纹。豆 AD 的盘部较浅,柄部变低。大口尊 A2 的口径比肩径大,肩部的绳纹状附加堆纹上有兽形耳部。缸 A2 的口缘为直口,口缘下部有两条绳状附加堆纹,浅方格纹状交叉绳纹较前期变粗。基本器类有鬲 AD、深腹罐 A1、深腹罐 AD、深腹盆 B、深腹盆 AD、深腹盆 A2、小罐 A、捏口罐 A1、豆 AD、甑 A3、刻槽盆 A4、大口尊 A2、缸 A2、瓮 A2等。这里以出土较好陶器组合的八个典型单位为主要资料进行分析。这些单位有88H19、98CH、99H179、99H188、99H178、大灰沟 H90、大灰沟 T27⑦A、T32⑦A。[①]

88H19:出土 19 件陶器,分别是三件鬲 AD,一件深腹罐 A2,两件捏口罐 A1,一件深腹盆 A2,两件深腹盆 B,两件深腹盆 AD,一件簋 A2,两件瓮 A4,两件小罐 A,两件短颈壶 A2,一件瓮 A3。

98CH:出土有两件深腹盆 B,瓮 A4、大口尊 A2、簋 A2、鬲 AD 各一件,共六件陶器。

99H179:共出土 13 件陶器,分别是两件鬲 AD,三件深腹盆 AD,两件深腹盆 A2、深腹罐 A2、深腹罐 AD、捏口罐 A1、深腹盆 B、大口尊 A2、瓮 A3 各一件。

99H188:出土有深腹罐 A2、深腹盆 B、瓮 A4、鬲 AD 四件陶器。

99H178:出土两件鬲 AD,三件捏口罐 A1。

大灰沟 H90:出土有 16 件陶器,分别是三件深腹盆 AD,两件小罐 A,两件甑 A3,两件鬲 AD,深腹盆 A2、大口尊 A2、深腹罐 A2、豆 AD、深腹罐 AD、捏口罐 A1、刻槽盆 A4 各一件。

[①] 中国社会科学院考古研究所河南二队:《河南偃师商城第五号宫殿基址发掘简报》,《考古》1988 年第 2 期;《偃师商城第Ⅱ号建筑群遗址发掘简报》,《考古》1995 年第 11 期;《河南偃师商城宫城北部"大灰坑"发掘简报》,《考古》2000 年第 7 期。

大灰沟 T27⑦A：出土有两件鬲 AD，深腹罐 A2、小罐 A、甑 A2、刻槽盆 A3、捏口罐 A1 各一件，共七件陶器。

T32⑦A：出土有深腹罐 AD、深腹盆 A3、小罐 A、甑 A3 和大口尊 A2，共五件陶器。

以上分析显示，鬲 AD 增加，鬲 D 有所减少。捏口罐 A1 急剧增加。深腹盆 AD 增加，成为所有盆类中最丰富的器类。器类组成与前期基本相同，器形变化也不明显，但是各个器类的数量有较大的不同。

四、二里岗上层期

夹砂灰陶占绝大多数，绳纹比前期粗，但是施纹方法一致。器形变化有鬲 AD 的口缘部圆唇下卷，颈部较长，唇缘内面有棱，袋足部粗短。深腹罐 AD 的口缘部带平面，小平底。深腹罐 A2 的口缘部也带有平面，颈部较短。盆类的口缘部平面外翻，腹部上部磨光然后饰凹弦纹，但是下腹部饰斜向较粗的绳纹。小罐 A 的口径与腹径几乎相同，腹部呈桶形，深而较直，小平底内凹。大口尊 A2 的口部呈喇叭状，兽形耳部消失，腹部细长。属于这一时期的遗迹比较多，这里仅选择以下 11 座典型单位进行分析。①

85H24：这里共出土 14 件陶器，分别是两件深腹罐 A2，两件鼎 A3，两件豆 AD，两件瓮 A4，大口罐 A、簋 A2、深腹盆 AD、深腹盆 A2、甑 A3、有颈罐 A1 各一件。

85H39：出土有器盖 AD 和大口尊 A2 各一件。

85H37：出土有深腹盆 B、甑 A3 和鬲 AD 各一件。

88J1D5④：出土有鬲 AD、大口罐 A、捏口罐 A1、簋 A2 各一件。

95H20：出土七件陶器，有三件鬲 AD，大口尊 A2、大口罐 A、深腹盆 A2、平底盆 A 各一件。

95H6：共出土十件陶器，有鬲 AD、捏口罐 A1、小罐 A、鼎 A3、大口尊 A2 各一件，两件瓮 A4，三件簋 A2。

---

① 中国社会科学院考古研究所汉魏古城工作队：《1984 年春偃师商城宫殿遗址发掘简报》，《考古》1985 年第 4 期；中国社会科学院考古研究所河南二队：《偃师商城第Ⅱ号建筑群遗址发掘简报》，《考古》1995 年第 11 期；《河南偃师商城Ⅳ区 1996 年发掘简报》，《考古》1999 年第 2 期；《河南偃师商城宫城北部"大灰坑"发掘简报》，《考古》2000 年第 7 期。

95H7：出土有杯 A2、平底盆 A 和深腹盆 AD 各一件。

99H77：出土有两件鬲 AD，深腹罐 A2、深腹盆 B、深腹盆 AD、大口尊 A2 各一件，共六件。

99T51⑤：出土有两件鬲 AD，深腹罐 A2、深腹盆 A2、捏口罐 A1 各一件，计五件。

大灰沟 T28⑥：出土有两件深腹罐 A2，两件鬲 AD，一件深腹罐 AD。

大灰沟 T27⑥：出土有两件小罐 A，两件深腹盆 AD、甑 A3、深腹盆 A2、捏口罐 A1、平底盆 A 各一件，共八件。

以上 11 座典型单位陶器资料丰富，为分析提供了良好基础。鼎 A3 和小口尊 A2 是新出土的器类，但同时二里头文化常有的小罐 A 消失。鬲 AD 和簋 A2 的数量增加，豆 AD 也比前期数量多。深腹盆除 A2 和 AD 以外还有一定量的深腹盆 B。捏口罐 A1 比前期略有减少。

五、白家庄期

陶色以暗灰色为主，夹砂灰陶仍然很多，有个别褐色陶。器壁较厚，器表绳纹较粗。鬲 AD 的口缘部更宽，口缘内侧有凹槽。颈部饰弦纹，腹部饰较粗的绳纹。深腹罐 A1、AD 的口部内敛，斜颈，腹部较鼓。豆 AD 的盘部较浅，柄部上方略外鼓。大口尊 A2 口径变大，肩径消失。簋 A2 多为泥质黑陶，腹部较深，腹上部有数条凸弦纹，下腹部饰绳纹。属于这一时期的遗迹不够丰富，这里选择 11 座典型单位的陶器组合进行分析。这些单位有 84H1、84H2、T1④、T1③、85H38、85H12、88H1、88H29、99H172、99T103⑥、99T103⑤。①

84H1：共出土 16 件陶器，分别是两件鬲 AD，两件瓮 A4，两件簋 A2，两件深腹盆 A3，深腹罐 A2、大口罐 A、深腹盆 B、有颈罐 A1、瓮 A3、豆 AD、钵 A4、斝 A 各一件。

84H2：出土 16 件陶器，分别是三件鬲 AD，两件瓮 A2、斝 A、大口尊 A2、瓮 A3、簋 A2、短颈壶 A2、深腹盆 B、器盖 E、钵 A3、甑 A3、缸 A2 和盉 A 各一件。

T1④：共出土 13 件陶器，分别是三件鬲 AD，三件簋 A2，两件豆 AD，深腹

---

① 中国社会科学院考古研究所汉魏古城工作队：《偃师商城的初步勘探和发掘》，《考古》1984 年第 4 期；《1984 年春偃师商城宫殿遗址发掘简报》，《考古》1985 年第 4 期；中国社会科学院考古研究所河南二队：《河南偃师商城第五号宫殿基址发掘简报》，《考古》1988 年第 2 期；《河南偃师商城小城发掘简报》，《考古》1999 年第 2 期；《河南偃师商城Ⅳ区 1996 年发掘简报》，《考古》1999 年第 2 期。

罐 A2、大口罐 A、深腹盆 AD、甑 A3、大口尊 A2 各一件。

T1③：出土有两件缸 A2,鬲 AD、大口尊 A2、瓮 A4 和短颈壶 A2 各一件,共六件陶器。

85H12：出土有两件大口尊 A2 和一件小罐 A。

85H38：出土有两件小口尊 A2,刻槽盆 A4、鬲 AD 各一件。

88H1：出土有两件鬲 AD,深腹罐 A2 和大口尊 A2 各一件。

88H29：出土有有颈罐 A1 和豆 AD 各一件。

99H172：出土九件陶器,分别是三件鬲 AD,深腹罐 A2、深腹盆 A2、大口尊 A2、深腹盆 B、簋 A2 和大口罐 A 各一件。

99T103⑥：出土有两件鬲 AD,大口罐 A、捏口罐 A1、瓮 A4、豆 AD 和深腹盆 AD 各一件,共七件陶器。

99T103⑤：出土有鬲 AD、深腹盆 A3 各一件,两件簋 A2。

这一期的陶器器壁较厚,器表绳纹粗是其特点。器类中深腹盆 A3 和深腹盆 B 消失,仅有深腹盆 A2 和深腹盆 AD。簋 A2 的器形与前期相同,但是数量增加。捏口罐 A1 较前期减少,器形略有变化。

表 3-5　偃师商城遗址出土陶器组合与编年

时期	遗迹	出土陶器（括号内表示出土件数）	资料出处
二里头后半期	84T1 附属下	A4 刻槽盆、A2 鼎(2)、D 鬲	《考古》1984 年第 4 期
	84T1⑤	A2 盘、A2 鼎、A1 豆	
	98CQ 城壁	D 鬲(2)、A 大口罐、A2 圆腹罐、A2 大口尊(2)、A1 捏口罐、A2 缸	《考古》1986 年第 6 期
	98 附属堆积	A3 圆腹罐、A2 大口尊、D1 鬲、AD 深腹盆、A2 深腹盆	
	99T54G2	D 深腹盆、D 鬲(4)、A4 瓮(2)、A2 深腹盆	《考古》1999 年第 2 期
	大灰沟 T32⑨	A1 瓮、D2 深腹盆(2)、A1 簋、D 鬲(3)	《考古》2000 年第 7 期
	大灰沟 T28⑨	D 鬲、D 豆、D 深腹罐、A2 甑、小罐 A	
	大灰沟 T28⑩	A2 大口尊、D 深腹盆(5)、A2 深腹盆(2)、A 平底盆(2)、A2 深腹罐、A3 甑(2)、A1 捏口罐(2)、D 深腹罐、A1 深腹盆、B2 深腹盆	
	ⅦH23⑩	A2 鼎、D 鬲、A3 甑、A3 圆腹罐、A 大口罐、A1 有颈罐、A 平底盆、A 小罐、A2 深腹盆、A4 刻槽盆、D 器盖、A2 大口尊、A2 缸	赵芝荃：《论偃师商城始建年代的问题》

续表

时期	遗迹	出土陶器（括号内表示出土件数）	资料出处
二里岗下层期前段	84T1L2	D 鬲、A2 盆	《考古》1984 年第 4 期
	99H9	D 鬲、A2 深腹罐、A2 大口尊、A 大口罐、A1 捏口罐	《考古》1999 年第 2 期
	99H8	D 鬲(2)、A4 瓮	
	99T54⑩	AD 深腹盆、A2 深腹盆、D 鬲(4)、AD 深腹罐	
	88H26	AD 鬲、A4 瓮、A2 深腹罐	《考古》1988 年第 2 期
	88H25	AD 鬲、A1 捏口罐(6)、AD 深腹盆、A 小罐(2)、A2 深腹盆(2)、A2 大口尊(2)、A4 瓮、A3 瓮、AD 豆、A2 短颈壶、A 小罐	
	大灰沟 T28⑧	A2 深腹罐(2)、AD 鬲、A 大口罐、A1 捏口罐、AD 豆、AD 深腹盆、A3 甗	《考古》2000 年第 7 期
	ⅦH51	A4 深腹罐、AD 鬲	赵芝荃：《论偃师商城始建年代的问题》
	ⅦH53	A2 甗、A1 深腹盆、A4 刻槽盆、A3 瓮	
	ⅦH56	A2 大口尊、A2 缸	
	ⅦH57	A2 缸、A2 深腹盆	
	ⅣH72	AD 鬲、A1 捏口罐、AD 深腹盆	
二里岗下层期后段	88H19	AD 鬲(3)、A2 深腹罐、A1 捏口罐(2)、A2 深腹盆、B2 深腹盆(2)、A2 篦、A4 瓮(2)、A 小罐(2)、A2 短颈壶(2)、A3 瓮	《考古》1988 年第 2 期
	98CH	A4 瓮、B2 深腹盆(2)、A2 大口尊、A2 篦、AD 鬲	《考古》1998 年第 6 期
	99H188	A4 深腹罐、AD 鬲、B2 深腹盆、A4 瓮	《考古》1999 年第 2 期
	99H178	AD 鬲(2)、A1 捏口罐	
	大灰沟 H90	AD 深腹盆(3)、A2 深腹盆、A1 深腹盆(2)、A2 大口尊、A2 甗(2)、AD 鬲(2)、A2 深腹罐、AD 豆、AD 深腹盆、A1 捏口罐、A3 刻槽盆	《考古》2000 年第 7 期
	大灰沟 T27⑦A	AD 鬲(2)、A2 深腹罐、A1 深腹盆、A2 甗、A4 刻槽盆、A1 捏口罐	
	T32⑦A	AD 深腹罐、AD 深腹盆、A1 深腹盆、A3 甗、A2 大口尊	

续表

时期	遗迹	出土陶器(括号内表示出土件数)	资料出处
二里岗上层期	85H24	A2 深腹罐(2)、A 大口罐、A3 鼎(2)、AD 豆(2)、A2 簋、AD 深腹盆、A2 深腹盆、A3 甑、A4 瓮(2)、A1 有颈罐	《考古》1985 年第 4 期
	85H39	AD 器盖、A2 大口尊	
	85H37	B2 深腹盆、A2 甑、AD 鬲	
	88J1D5④	AD 鬲、A 大口罐、A1 捏口罐、A2 簋	《考古》1988 年第 2 期
	95H20	AD 鬲(3)、A2 大口尊、A 大口罐、A2 深腹盆、AD 深腹盆、A 平底盆	《考古》1995 年第 11 期
	95H6	AD 鬲、A1 捏口罐、AD 深腹盆、A1 深腹盆、A4 瓮(2)、A2 鼎、A2 大口尊、D 小盆、A2 簋(2)	
	95H7	A2 杯、A 平底盆、AD 深腹盆	
	99T51⑤	AD 鬲(2)、A2 深腹罐、B2 深腹盆、AD 深腹盆、A2 大口尊	《考古》1999 年第 2 期
	大灰沟 T28⑥	AD 深腹罐、A2 深腹罐(2)、AD 鬲(2)	《考古》2000 年第 7 期
	大灰沟 T27⑥	A1 深腹盆、小罐、AD 深腹盆(2)、A3 甑、A 深腹盆、A1 捏口罐、A 平底盆	
白家庄期	84H1	AD 鬲(2)、A2 深腹罐、A 大口罐、B2 深腹盆、A4 瓮(2)、A1 有颈罐、A2 簋(2)、A1 深腹盆(2)、A3 瓮、AD 豆、A1 钵、A 斝	《考古》1984 年第 4 期
	84H2	AD 鬲(3)、A 斝、A2 大口尊、A3 瓮、A2 簋、A2 短颈壶、A2 瓮(2)、B2 深腹盆、E 器盖、A1 钵、A2 甑、A2 缸、A 盉	
	T1④	AD 鬲(3)、A2 深腹罐、A 大口罐、A2 簋(3)、豆(2)、AD 深腹盆、A3 甑、A2 大口尊	
	T1③	AD 鬲、A2 缸(2)、A2 大口尊、A4 瓮、A1 短颈壶	
	85H12	A2 大口尊(2)、A 小罐	《考古》1985 年第 4 期
	85H38	A4 刻槽盆、A2 小口尊(2)、AD 鬲	
	88H1	AD 鬲(2)、A2 深腹罐、A2 大型尊	《考古》1988 年第 2 期
	88H29	A1 有颈罐、AD 豆	
	99H172	AD 鬲(3)、A2 深腹罐、A2 深腹盆、A2 大口尊、B2 深腹盆、A2 簋、A 大口罐	《考古》1999 年第 2 期
	99T103⑥	AD 鬲(2)、大口罐、捏口罐、A4 瓮、豆、AD 盆	
	99T103⑤	AD 鬲、A1 深腹盆、A2 簋	

六、小结

首先分析陶器系统。① 相当于二里头文化四期的遗迹比较少,陶器资料不够丰富,本文分析的陶器中除了系统不明者之外,伊洛系占 80.0%,漳河系占 20.0%,其中包含深腹盆 AD。到了二里岗文化下层前期,以 AD 为代表的伊洛-郑州系陶器增加,它与伊洛系陶器合计占到全体陶器的 83.9%,而器壁较薄,饰细绳纹的漳河系陶器则减少到 16.1%。进入二里岗下层后期,伊洛-郑州系陶器更增加到 95.0%,而漳河系仅占 5.0%。从二里岗上层期到白家庄期,陶器组合几乎全部为伊洛系和伊洛-郑州系陶器,显示着二里岗文化时期陶器构成的一元化倾向。

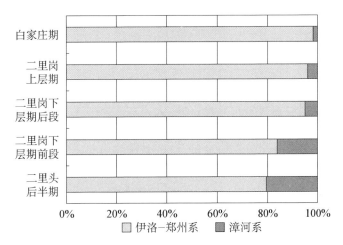

图 3-10 偃师商城出土陶器系统比例的时期变化

其次再来分析器类构成。二里头文化四期的深腹罐 A2、圆腹罐 A3 和深腹盆 A2 比例较高,分别占到 11.1%、8.9%、8.9%。其次为鬲 D、甗 A3、平底盆 A、斝 A 和捏口罐 A1,它们的比例分别是 6.7%、6.7%、4.4%、4.4%、4.4%。而大口尊 A2、瓮 A4 和豆 D 仅占 2.2% 左右。盘 A2、器座 A、短颈壶 A2、有颈罐 A1、杯 A2 的比例比较低。进入二里岗下层期前段,前期仅占 6.7% 的鬲突然增

---

① 表 3-6 所表示的器类构成统计数值是根据迄今为止所发表的偃师商城遗址相关发掘报告统计而成的。具体的统计方法与表 3-2、表 3-4 一样,以陶器的出土单位划分,并按照编年的顺序分别统计,同时对属于相同时期的遗迹单位出土的陶器首先区分陶器系统,然后进行统计。

表 3-6　偃师商城遗址出土陶器组成

系统	器种	二里头后半期 数量	比例	二里岗下层期前段 数量	比例	二里岗下层期后段 数量	比例	二里岗上层期 数量	比例	白家庄期 数量	比例
伊洛系	深腹罐 A2	5	11.1%	7	12.5%	14	8.8%	7	9.3%	8	7.3%
	圆腹罐 A3	4	8.9%	1	1.8%	2	1.3%	2	2.7%	1	0.9%
	捏口罐 A1	2	4.4%	1	1.8%	37	23.1%	3	4.0%	4	3.6%
	大口罐 A							1	1.3%	1	0.9%
伊洛系+郑州系	鼎 A2,A3	1	2.2%	1	1.8%	1	0.6%	2	2.7%	1	0.9%
	甗 A			3	5.4%					2	1.8%
	斝 A			1	1.8%	2	1.3%			7	6.4%
伊洛系	深腹盆 A2	4	8.9%	2	3.6%	12	7.5%	6	8.0%	1	0.9%
	平底盆 A	2	4.4%	1	1.8%	1	0.6%	2	2.7%	4	3.6%
	甑 A3	3	6.7%			3	1.9%	2	2.7%		
	刻槽盆 A3,A4	1	2.2%	1	1.8%	1	0.6%				
	豆 A3	2	4.4%							11	10.0%
	簋 A2	1	2.2%	2	3.6%	3	1.9%	5	6.7%	7	6.4%
	大口尊 A2	1	2.2%	1	1.8%	1	0.6%	8	10.7%	1	0.9%
	小口尊 A1							1	1.3%	3	2.7%
	缸 A2	1	2.2%	2	3.6%	5	3.1%	2	2.7%	4	3.6%
	瓮 A4					2	1.3%	0	0.0%	4	3.6%
	瓮 A3										

164

续表

系统	器种	二里头后半期 数量	二里头后半期 比例	二里岗下层前段 数量	二里岗下层前段 比例	二里岗下层后段 数量	二里岗下层后段 比例	二里岗上层期 数量	二里岗上层期 比例	白家庄期 数量	白家庄期 比例
	有颈罐 A2	1	2.2%	1	1.8%	5	3.1%	3	4.0%	4	3.6%
	器盖 A、AD			1	1.8%					4	3.6%
	钵 A1					3	1.9%			3	2.7%
	小盆 A					2	1.3%			3	2.7%
	杯 A1							1	1.3%	1	0.9%
	盘 A1、A2	1	2.2%	1	1.8%						
	短颈壶 A1	1	2.2%	1	1.8%						
	杯 A2	1	2.2%								
	器座			2	3.6%	3	1.9%	1	1.3%	1	0.9%
	短颈壶 A2	1	2.2%			4	2.5%	5	6.7%	5	4.5%
	豆 AD					4	2.5%	2	2.7%	3	2.7%
	深腹盆 AD										
	高 AD	3	6.7	17	30.4%	46	28.8%	19	25.3%	25	22.7%
	小计	36	80.0%	47	83.9%	152	95.0%	72	96.0%	108	98.2%
漳河系	深腹罐 D	1	2.2%	1	1.8%						
	深腹盆 D	6	13.3%	8	14.3%	8	5.0%	3	4.0%	2	1.8%
	平底盆 D	1	2.2%								
	器盖 D	1	2.2%								
	小计	9	20.0%	9	16.1%	8	5.0%	3	4.0%	2	1.8%
	合计	45	100%	56	100%	160	100%	75	100%	110	100%

加到 30.4%，而另一件炊煮器深腹罐仅占 12.5%，与前期没有太大的变化。圆腹罐 A3 大幅减少到 1.8%。平底盆 A、甑 A3、刻槽盆 A3 和杯 A2 也呈减少趋势，其比例在 0.6%～1.9% 之间。另一方面，大口尊 A2、捏口罐 A1、瓮 A4、豆 AD 的比例大约占 3.6%，比前期略有增加。而盘 A2、器座 A、短颈壶 A2 则消失。到了二里岗下层后期，鬲 AD 占 28.8%，与前期相比变化不大，深腹罐 A2 进一步减少到 8.8%，但是捏口罐 A1 则大幅增加到 23.1%。其他器类的比例与前期几乎相同，没有明显的变化。到了二里岗上层期，鬲 AD 占 25.3%，比前期减少。而深腹罐 A2 占 9.3%，与前期变化不大。刻槽盆 A3、小口尊 A1 消失。圆腹罐 A1、平底盆 A 进一步减少。而前期比例较低的簋 A2、豆 AD、深腹盆 A2、鼎 A2 则呈增加趋势，其比例分别为 6.7%、6.7%、8.0%、2.7%。此外大口尊 A2、捏口罐 A1、深腹盆 A2、瓮 A4、有颈罐 A1 的比例略有减少，但是基本呈较稳定的趋势。进入最晚的白家庄期，鬲 AD 的比例维持在 22.7%，没有太大的变化，深腹罐 A2 减少到 7.3%。簋 A2、豆 AD、斝 A、小口尊 A2、甑 A3 和缸 A2 分别占 10.0%、4.5%、1.8%、2.7%、3.6%、2.7%，呈增加的趋势。而圆腹罐 A3、平底盆 A、小口尊 A1 则呈减少趋势。大口尊 A2，深腹盆 A2 和捏口罐 A1 也开始减少。

通过以上对偃师商城陶器组合构成的分析，大致可以总结如下：这个遗址开始于二里头文化四期，从一开始就出现了伊洛系与漳河系要素融合的深腹盆 AD，虽然数量不多，但是其出现的时间与郑州商城和二里头遗址是一样的。二里岗下层期前段伊洛系与伊洛-郑州系陶器占压倒多数，而漳河系则有所减少。同时炊煮器从深腹罐 A2 转变为鬲 AD 这一点也与郑州商城一致，但是在鬲 AD 增加的同时，深腹罐 A2 并没有减少，直到二里岗下层后期才开始减少，这一点与郑州商城不同。而大口尊 A2、瓮 A4、深腹盆 A2、捏口罐 A1、瓮 A3 的增加和平底盆 A、刻槽盆 A4、鼎 A2 等器类的减少与郑州商城相同。这里值得注意的是，郑州商城存在一定量的甗 AD 在偃师商城没有发现，但是郑州商城呈减少趋势的甑在偃师商城则呈增加的趋势。

第四节　新郑望京楼遗址的陶器组合构成

遗址位于郑州新郑市北 4 千米处，西邻黄水河，东邻黄水河支流黄沟水，两河在遗址东南汇合。这里是豫西山地丘陵东缘的冲积扇。1965 年孟家沟村民曾发现了一批夏商时期的青铜器与玉器，1974年再次发现青铜器。1995年由河南省文物研究所实施发掘，2006年经郑州市文物考古研究所再次调查与发掘，确定是一处总面积160多万平方米、历经二里头文化与二里岗文化时代的大型城址。这是二里头文化时期除了二里头遗址之外迄今发现的最大城址。但是由于二里岗文化时期城址直接营建在其之上，因而破坏严重，城壁的确认比较困难，仅见东墙以及东北和东南拐角。城外有护城河，见于北、东、南三面，西面未见。与望京楼二里头文化同时期的居邑设壕的遗址，还有新砦、花地嘴和南洼遗址，但是面积均小于100万平方米，因此望京楼城址意义重大。望京楼城址西距偃师商城99千米、大师姑城址49千米。望京楼二里岗文化时期城址几乎重叠在二里头文化城址之上，是仅次于郑州商城和偃师商城的第三大城址。它们相互之间的关系值得关注。这里距离郑州商城仅25千米，因而是与郑州商城具有密切关系的城址。引人之目的是依着主体城墙内外的特殊设施"护墙墩"，具有加强与保护墙体的作用。

望京楼城址根据地层与出土陶器可以分为六期：二里头文化一期遗存和二期遗存（分别相当于二里头文化的三期和四期），二里岗文化一期到四期遗存。

二里头文化三期：共发现灰坑68座、灰沟三条以及城址遗迹若干。陶器以灰陶为主，有少量夹砂褐陶。纹饰以偏细的中绳纹为主，内壁多见麻点。A器类中以深腹罐、圆腹罐、大口尊、深腹盆、甑、平底盆、豆为主，少量B和E的深腹罐、圆腹罐。其中深腹罐与圆腹罐数量最多，分别占总陶器数量的24.7%和27.8%，其次是小盆、矮领罐和大口尊，分别占8%、6%和5.7%，其余器类都比较少。

二里头文化四期：共发现居住址两处、陶窑三处、大量灰坑。出土陶器以灰陶为主，有少量褐陶。绳纹以偏粗的绳纹为主，但是也有细绳纹和中绳纹，绳纹形态复杂，内壁多见大麻点纹。器类与前期基本相同，出现细绳纹橄榄形深腹罐D。其中深腹罐与圆腹罐数量分别占20%和28%，圆腹罐数量增加。其他前期较多的大口尊、小盆、矮领罐的比例均在2%以下，呈减少趋势。

二里岗文化一期：共发现灰坑七座、墓葬一座。陶器以灰陶为主，器类有鬲、深腹罐、深腹盆、甑、捏口罐、高领罐、大口尊、大口缸、平口瓮、豆等。陶器系统基本均是AD的伊洛-郑州系陶器。这一期深腹罐突然增加，占37%，而圆腹罐则呈减少趋势，与前期相比变化较大。鬲占8%，与前期的2%相比呈增加趋势。其他大口尊、大口缸等则与前期基本相同。

二里岗文化二期：发现居住址六座、水井一座、灰坑94座、灰沟三条、墓葬20座，是文化遗迹最丰富的一期。陶器大致与前期相同，器类较前期增加，有鼎、鬲、深腹罐、深腹盆、平底盆、长颈盆、小盆、捏口罐、高领罐、大口尊、大口缸、高领瓮、豆、钵、簋、斝、爵、原始瓷片等。以 AD 的伊洛-郑州系为主,少量源于南方的原始瓷。这一时期深腹罐的减少与鬲的增加是一个特点,其比例分别为10.4%和26.1%,显示两种炊煮器的相互更替。深腹盆和平底盆增加到10%左右。豆占 6.5%,簋仅占 0.65%。其余器类均比较少。

二里岗文化三期：发现居住址四座、灰坑 124 座,器类基本与前期相同,出现坩埚、罍、鬲、簋、斝、爵、器盖的数量增加。深腹罐、鬲、深腹盆仍然保持高比例。与前期豆的比例高相比,这一期簋占 4.8%,而豆仅占 2.4%,呈减少趋势。

二里岗文化四期：发现灰坑 20 座、灰沟一条、墓葬五座。器类与前期基本相同。器类的百分比也相近。深腹罐、鬲、大口尊、大口缸、豆、簋类一直占据主要器类,虽然各期略有变化,但是总的趋势变化不大,显示出二里岗文化时期基本器类构成比较固定。

与其他三个遗址一样,这里也采集了深腹罐与鬲的大小数据,将按照从早到晚的时代变化,对深腹罐与鬲的大小变化进行分析。

二里头文化三期共计测 22 件深腹罐口径,但是没有器高数据。口径的最大值为 23.8 厘米,最小口径为 15.6 厘米,平均为 20.7 厘米,偏差值为 3.1 厘米,略显大。二里头文化四期共计测 44 件深腹罐,而且完整器比较多,这里就口径与器高进行比较。口径最大值为 30.8 厘米,最小为 13.2 厘米,平均值为 19.5 厘米,标准偏差值为 2.6 厘米。虽然最大与最小口径差别大,但是标准偏差值显示深腹罐口径与前期一致,口径的大小比较接近。再看器高,可以计测器高的陶器有 18 件,最大器高 35 厘米,最小器高 26 厘米,器高的平均值为 29.8 厘米,标准偏差值为 2.5 厘米,与口径非常一致。深腹罐口径与器高都呈小型化与规格化的趋势。

二里岗文化一期共计测九件深腹罐口径,最大口径为 21.2 厘米,最小口径为 15.6 厘米,平均值为 17.7 厘米,标准偏差值为 1.5 厘米。与二里头四期相比,不仅小型化明显,而且其标准偏差值大幅度缩小,显示着更加规格化的倾向,但没有完整器可用于计测器高是一个缺憾。二里岗二期共计测七件深腹罐,最大口径为 20 厘米,最小口径为 15.6 厘米,平均口径为 18.4 厘米,标准偏差值为 1.42 厘米,几乎与前期一致。有四件器高数据,最大为 24.4 厘米,最小为 24.4 厘米,平均值为 28 厘米,标准偏差值为 3.1 厘米,与口径相比偏差较大。二里岗三期共计测 14 件深腹罐,最大口径为 21.6 厘米,最小口径为 14.4 厘米,标准偏差值为 2.1 厘米,比前期偏差略大。这一期也没有器高数据。二里岗四期仅有六件深腹罐可以计测,最大口径为 20.8 厘米,最小口径为 15.6 厘米,标准偏差值为 2.0 厘米，与前期相同。器高数据有五件，最大口径为 24.6 厘米，最小为 22.4 厘米，平均为 23 厘米，标准偏差值为 1.1 厘米，显示着与口径一样的小型化与规格化趋势。

总结以上对二里头文化晚期到二里岗文化晚期深腹罐口径与器高的大小比较，可以看出深腹罐在不断小型化的同时，也趋于规格化，虽然有少部分并不是非常规整，但是整体趋势的规格化倾向值得关注。

再来观察鬲的口径与器高的变化。望京楼二里头三期没有鬲的报告，四期共有 12 件鬲可以用于计测数值，其最大口径为 23.3 厘米，最小口径为 11.6 厘米，平均为 16.2 厘米，标准偏差值为 3.5 厘米，偏差幅度较大。器高的最大值为 36 厘米，最小值 15.2 厘米，平均值 21.4 厘米，标准偏差值为 9.8 厘米，偏差幅度非常大。二里岗一期可测鬲仅三件，平均值为 14.9 厘米，标准偏差值为 2.7 厘米，因为数据太少，这里不予比较，仅作参照。二里岗二期共计测 15 件鬲，最大口径为 26.4 厘米，最小为 12 厘米，平均值为 15.7 厘米，标准偏差值为 3.7 厘米。器高计测 12 件，最大值是 34.2 厘米，最小为 16.2 厘米，平均为 20.6 厘米，标准偏差值为 4.8 厘米，标准偏差值变异幅度较大。二里岗三期鬲口径计测 25 件，最大值为 30 厘米，最小值为 10.4 厘米，平均值为 17.5 厘米，标准偏差值为 5.5 厘米，偏差幅度较大。器高计测 12 件，最大值为 29 厘米，最小 2.2 厘米，平均器高为 18.6 厘米，偏差值为 5.02 厘米，与口径一样，偏差幅度较大，因此可以说在二里岗文化二、三期，鬲的规格化的趋势并不明显。二里岗四期整体陶器出土数量少，可计测的鬲仅有九件，口径最大为 21.6 厘米，最小为 12.8 厘米，平均值为 16.2 厘米，标准偏差值为 2.6 厘米。器高计测四件，最大值为 22.8 厘米，最小为 17.5 厘米，平均值是 20.7 厘米，偏差值 2.3 厘米。虽然可测数据较少，但是可以看出鬲口径与器高的偏差值都在 2.5 厘米左右，与前两期相比，鬲开始出现规格化的倾向。但是与深腹罐相比，鬲的小型化不明显，规格化趋势也比深腹罐较晚呈现，直到二里岗文化上层期才有规格化倾向。

第五节　四个遗址之间的比较

一、器类构成

前四节对伊洛地区、郑州地区的二里头遗址、郑州商城遗址、偃师商城遗址和望京楼城址出土的陶器组合构成进行了分析。这里就分析结果对前三个遗址陶器构成的异同进行比较。首先来看陶器器类构成的时期变化。

以二里头遗址一、二期为代表的二里头文化前半期，炊煮器由深腹罐 A1、圆腹罐 A1，食器由深腹盆 A1，甑 A1，刻槽盆 A1，平底盆 A，小罐 A，有颈罐 A1、A2，盘 A1、A2，钵 A1、A2，豆 A1、A2，储藏器由缸 A1，瓮 A1、A2，酒器由杯 A1、觚 A、盉 A 以及器盖 A 构成。根据郑州商城二期到三期的资料，炊煮器中不见深腹罐 A1，食器中不见小罐、有颈罐 A2，储藏器中不见缸。偃师商城没有这一时期的遗迹。就二里头遗址和郑州商城的比较来看，两者的器类基本一致，但是也有一部分不同。

以二里头遗址三、四期为代表的二里头后半期，三个遗址的比较是可能的。二里头遗址的炊煮器有深腹罐 A2、D、E，圆腹罐 A2、A3、B1、B2，鼎 A2，鬲 B1、B2、C、D，甗 B、E，甑 A2、A3。食器有深腹盆 A2、A3、B、D，刻槽盆 A2、A3，平底盆 A、C，有颈罐 A1，盘 A2、A3，簋 A1、A2，豆 A1、A2、A3，钵 A1—A4。储藏器有长颈壶 A1、A2，短颈壶 A1、A2，大口尊 A1、A2，瓮 A1—A4、C，缸 A1、A2，器盖 A、D、E。酒器有觚 A，鬶 A，爵 A，盉 A。郑州商城在以上器类中看不到圆腹罐 B1、B2，鬲 B1、B2、C，甗 B，深腹盆 A3、B，钵 A4，缸 A1。而偃师商城则看不到圆腹罐 B1、B2，鬲 B1、B2，甗 E，长颈壶 A1，大口尊 A1，但是出现了深腹盆 AD。

到了二里岗下层前期，偃师商城的炊煮器有鬲 D、AD，深腹罐 A2、D、AD，鼎 A2、D，甗 A，甑 A3，食器有深腹盆 A2、A3、B、D、AD，平底盆 A，刻槽盆 A3、A4，簋 A2，豆 AD，钵 A2，杯 A2。储藏器有短颈壶 A2，有颈罐 A1，大口尊 A2，小口尊 A1，瓮 A1—A4，缸 A2。郑州商城除了以上器类外，还有钵 A1—A4，短颈壶 A1，但是看不到深腹盆 A3、B、AD。二里头遗址看不到深腹盆 A3、B，其他则与偃师商城一样。

到了二里岗下层期后半期，器类构成与前期几乎相同，但是郑州商城没有看到有颈罐 A1，小口尊 A1，瓮 A1、A2，而新出现小口尊 A2、鼎 A3 和中柱盆。三个遗址的器类构成也基本完全相同。

二、陶器系统构成比例的比较

二里头文化的前半期遗存仅在二里头遗址有发现，其他两处遗址没有这一时期的遗迹单位，因而不能比较。这里仅就二里头遗址的陶器比例进行简单的叙述。二里头一期伊洛系陶器占 96.9%，东下冯系占 3.1%。到了二期，除了系统不明者之外,伊洛系占88.8%,东下冯系占11.2%。进入三期,三个遗址的比较成为可能。这里对三处遗址陶器系统所占比例进行比较。二里头三期的二里头遗址中伊洛系占90.9%,东下冯系占1.7%,漳河系占6.1%。二里头四期的伊洛系占82.9%,东下冯系占1.4%,漳河系占12.9%,岳石系占2.8%。而同一时期的郑州商城遗址在二里头后半期,伊洛系占78.2%,漳河系占16.0%,岳石系占2.7%。偃师商城二里头文化四期伊洛系占79.5%,漳河系占20.5%,同时这里还新出现了一些伊洛-郑州系陶器,但是其所占比例不明。以上分析表明,在二里头文化前半期,就二里头遗址的系统构成来看,伊洛系占主体,但是有极少量的东下冯系陶器。而到了二里头文化的后半期,三个遗址中虽然发现少量岳石系、漳河系陶器,但是其陶器构成的主体仍然是伊洛系陶器,并在偃师商城遗址新出现了伊洛-郑州系陶器。

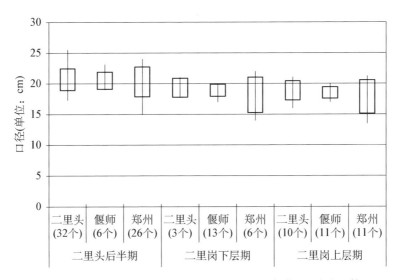

图3-11 二里头、偃师商城、郑州商城出土深腹罐口径大小比较

到了二里岗下层期,二里头遗址中伊洛系和伊洛-郑州系陶器占96.9%,岳石系占1.6%。但是郑州商城遗址在二里岗下层期前段,伊洛系和伊洛-郑州系陶器占86.2%,漳河系占1.6%,岳石系占1.2%,而到了二里岗下层后期,伊洛系和伊洛-郑州系陶器占97.5%,岳石系仅有少量。偃师商城的二里岗下层前期,伊洛系和伊洛-郑州系占83.9%,漳河系占16.1%,二里岗后段伊洛系和伊洛-郑州系占95.0%,漳河系占5.0%,较前期减少。二里岗上层期的二里头遗址几乎全部是伊洛系和伊洛-郑州系陶器,岳石系仅占2.6%。郑州商城遗址也

基本全部是伊洛系和伊洛-郑州系陶器,到了白家庄期才见到少量岳石系陶器。偃师商城遗址则从二里岗上层期到白家庄期全部为伊洛系和伊洛-郑州系,几乎完成了陶器系统的一元化过程,看不到外来系。总结以上分析,可以看到从二里岗下层期开始,三个遗址陶器的主体构成均为伊洛系以及新出现的伊洛-郑州系陶器,直到白家庄期呈现伊洛系和伊洛-郑州系陶器的一元化过程。这显示着以上三个遗址的陶器组合以及陶器系统的变化轨迹是一致的。

三、炊煮器的容量大小

前一章对陶器的容量略做了分析,这里在前章分析结果之上进一步对二里岗下层期、上层期的鬲 AD 和深腹罐 A2 的法量进行分析。

首先分析郑州商城遗址出土的深腹罐 A2 和鬲 AD 的口径。在郑州商城遗址二里头文化后半期出土的深腹罐 A2 中,共测量了 26 件,其口径的平均值是 20.3 厘米,标准偏差值在 17.9 厘米～22.7 厘米之间,偏差值略大。到了二里岗下层期,仅有四件深腹罐 A2 的标本可以测量。其口径平均值为 20.8 厘米,标准偏差值在 19.0 厘米～22.5 厘米之间,偏差值比较小。二里岗下层期共测量八件深腹罐 A2,其口径的平均值为 18.2 厘米,标准偏差值在 17.8 厘米～20.6 厘米之间,比前期变小,偏差值也缩小。到了二里岗上层期,共测量了 11 件深腹罐 A2,其口径的平均值为 17.8 厘米,标准偏差值在 17.1 厘米～20.1 厘米,比前期变小,变异幅度也相同。白家庄期没有足够的测量标本不能分析。以上分析结果显示,炊煮器深腹罐 A2 的容量随着时代的推移逐渐变小,在呈现小型化趋势的同时,变异幅度也在缩小,显示着规格化的倾向。

再来分析鬲 AD 的口径。二里岗下层前期共测量了 12 件鬲,其口径的平均值为 15.9 厘米,标准偏差值在 14.3 厘米～17.5 厘米。而到了二里岗下层后期,根据计测的八件鬲,其口径的平均值是 16.1 厘米,较前期变大,但是其标准偏差值与前期相同,在 14.5 厘米～17.6 厘米之间。到了二里岗上层期,对六件鬲的测量结果显示其口径的平均值为 16.3 厘米,标准偏差值在 15 厘米～17.6 厘米之间大于前期,变异幅度进一步缩小。而白家庄期共测量了九件鬲,其口径的平均值是 16.2 厘米,标准偏差值在 13.8 厘米～18.5 厘米之间,比较大。以上分析显示,郑州商城遗址二里岗文化时期鬲的口径比较大,而且其变异幅度的个体差异由大逐渐变小,从出现的当初开始鬲就有规格化的倾向。

其次分析偃师商城的鬲与深腹罐 A2 的容量。偃师商城的二里头晚期共测

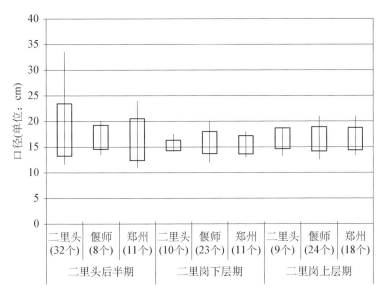

图 3-12　二里头、偃师商城、郑州商城出土鬲口径大小比较

量四件深腹罐 A2,其平均口径为 20.8 厘米,标准偏差值在 19.0 厘米～22.5 厘米之间。到了二里岗下层前期,五件测量标本显示,其平均值为 19.8 厘米,标准偏差值在 16.7 厘米～22.9 厘米之间,平均值较前期变小,但偏差值较大。到了下层期后段,共测量了八件标本,其口径的平均值为 18.4 厘米,比前期变小,标准偏差值在 17.1 厘米～19.7 厘米之间,其变异幅度较前期缩小很多。进入二里岗上层期,仅计测三件深腹罐 A2,其口径平均值为 18.8 厘米,标准偏差值在 18.5 厘米～19.1 厘米之间,平均值与前期基本相同,但是变异幅度较前期变小。白家庄期共测量七件深腹罐,其口径平均值为 18.4 厘米,标准偏差值在 17.6 厘米～19.1 厘米之间,与前期基本相同。总结以上分析可以认为,二里头晚期到白家庄期之间,深腹罐 A2 的平均口径逐渐变小,标准偏差值的变异幅度呈现逐渐缩小的趋势。但是仍然可以看到在二里头晚期到二里岗下层期之间,口径的变异幅度略大,而上层期则在 18.4 厘米前后,在不断小型化的同时,变异幅度也逐渐缩小,整体呈现规格化的倾向。

再来分析鬲 AD 的测量值。偃师商城二里头晚期共测量四件鬲,其口径的平均值为 16.7 厘米,标准偏差值在 14.5 厘米～18.8 厘米之间。到了二里岗下层期前段,共计测 11 件鬲,其口径的平均值为 16.2 厘米,较前期略变小,标准偏差值在 13.8 厘米～18.6 厘米之间,与前期相比变化不大。而器高的平均值为

20.7厘米。进入二里岗下层后期,共计测19件鬲,其口径平均值为15.9厘米,标准偏差值在14.4厘米～17.4厘米之间,比前期有所缩小,变异幅度也变小。器高的平均值为20.9厘米,标准偏差值在18.2厘米～23.5厘米之间。到了二里岗上层期,共计测11件鬲,口径平均值为16.1厘米,标准偏差值在14.4厘米～18.7厘米之间。器高的平均值为19.2厘米,标准偏差值在15.4厘米～23.0厘米。白家庄期共计测13件鬲,其口径的平均值为16.4厘米,标准偏差值在14厘米～18.8厘米之间。器高的平均值为17.9厘米,标准偏差值在14.9厘米～20.0厘米之间。

以上对偃师商城遗址出土的不同时期炊煮器鬲的大小进行了分析。其结果是鬲口径平均值从二里头晚期到白家庄期几乎集中在15.9厘米～16.7厘米之间,二里头晚期略大,为16.7厘米,而二里岗时期则集中在15.9厘米～16.4厘米之间,与深腹罐A2的口径相比,鬲口径的变异幅度略大,规格化的程度也不如深腹罐明确。这里计测的器高仅作为参考,但是也可以看出与口径的平均值一样,在17.9厘米～20.9厘米之间,呈现小型化的倾向,但是变异幅度略大。

最后以时代的顺序分析二里头遗址的炊煮器深腹罐A2和鬲AD的容量大小。二里头晚期共计测六件深腹罐,其口径平均值为19.3厘米,标准偏差值在18.1厘米～20.5厘米之间。二里岗下层期仅计测三件深腹罐,口径平均值为19.1厘米,标准偏差值与前期基本相同。进入二里岗上层期,共计测七件深腹罐,口径平均值为18.9厘米,标准偏差值在17.6厘米～20.1厘米之间,比前期变小,但是偏差值相同。其次分析鬲的容量。二里头晚期共计测九件鬲,其口径的平均值为15.8厘米,标准偏差值在13.7厘米～17.8厘米之间。二里岗下层期共计测八件鬲,口径的平均值为15.4厘米,标准偏差值在14.3厘米～16.5厘米之间,与前期相比,口径的平均值变小,变异幅度缩小。到了二里岗上层期,共计测九件鬲,其口径的平均值为16.7厘米,较前期变大,标准偏差值在14.7厘米～18.7厘米之间。

以上分析显示,从二里头文化到二里岗文化,三个遗址炊煮器的深腹罐和鬲的容量大小随着时代的变迁显示了以下的变化趋势。

二里头文化时期的主要炊煮器深腹罐,从二里头文化晚期开始到二里岗上层期,其口径与器高均在小型化的同时,逐渐呈现规格化的倾向。出现于二里头文化晚期的另一件炊煮器鬲,在进入二里岗文化时期后代替深腹罐,成为这一时期的主要炊煮器,在其出现之初,其口径与器高虽然还看不出明显的小型化与规格化的倾向,但是进入二里岗文化上层期后,与深腹罐一样,也呈现着明显的规格化倾向。这种趋势在三个遗址中均得到确认,因而具有非常重要的意义。

第四章

二里头文化时期的地域动态

二里头文化典型陶器的分布范围超越了龙山文化的分布圈，扩展到更为广阔的地区，东部从河南省东南部到安徽省北部，直到江浙一带；西部从山西省西南部、中部再到陕西省东部地区；北部到河北省南部，甚至在赤峰大甸子墓地和夏家店下层遗址也发现了二里头文化的陶器；南部超越豫南地区，直接分布到了长江中游的湖北和湖南一带。

关于二里头文化分布范围的扩张，有学者认为是因为以伊洛地区为中心的二里头文化时期，各种形式的地域间交流比较频繁，并由此形成人员的集团性移动，伴随着这种人的移动进而形成新的地缘社会组织，而这种新的地缘社会正是初期国家形成的社会基础。一般认为公元前2000年前半期的二里头文化的文化类型除了分布在河南省西北部伊洛河流域的二里头类型外，还有分布在山西省西南部的汾河、涑水河流域的东下冯类型，太行山西北部的太原盆地周围的东太堡类型，河南省北部地区卫河中游地区的辉卫类型，河南省北部和河北省南部的漳河流域的漳河类型（或称下七垣文化），同时与分布在山东省西部地区的岳石文化也有紧密的关系。这里为了叙述方便，以前一章设定的英文字母来表示陶器系统，具体如下所示：A表示伊洛系，B表示东下冯系，包括东太堡系，因为传入中心地区的东太堡系均是通过东下冯系分布地区而传入的，因而这里以B1、B2来表示这两个系统，C表示辉卫系，D表示漳河系，E表示岳石系，F表示豫南系。长江中游地区的陶器系统将在分区分析时决定英文字母的表示方法。本章将首先探讨各个地区的陶器组合样式和分期，然后以遗址为单位对各个地区的陶器组合构成和期别进行分析，进而探讨各自的陶器组合构成及其空间和时间的分布和动态。

中国初期国家形成的考古学研究

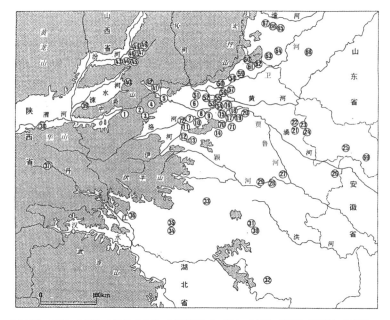

1.七里铺 2.西岸 3.鹿寺 4.郑窑 5.太涧 6.吉利东杨 7.二里头 8.偃师 9.稍柴 10.灰嘴 11.南寨
12.白元 13.煤山 14.王城岗 15.上街 16.西史涧 17.阎河 18.竖河 19.洛达庙 20.黄委会 21.牛角岗
22.段岗 23.朱岗 24.鹿台岗 25.坞墙 26.栾台 27.陈城 28.后于王庄 29.鄢城 30.杨庄 31.党楼
32.北丘 33.八里桥 34.穰东 35.陈营 36.下王岗 37.东龙山 38.南沙村 39.东马铺头 40.东下冯
41.垣曲商城 42.丰村 43.东阳呈 44.东山底 45.乔山底 46.曲村 47.感军 48.苇沟-北寿城 49.南石
50.府城 51.禹寺 52.西梁所 53.北平皋 54.赵庄 55.大河马 56.东石寺 57.郇封 58.李固 59.丰城
60.琉璃阁 61.孟庄 62.潞王坟 63.宋窑 64.大赉店 65.小屯西 66.梅园庄 67.寨子村 68.马庄
69.清凉山 70.黄寨 71.新砦 72.煃李

图 4-1 二里头文化时期的遗址分布

* 资料来源：底图来自《中华人民共和国地图集》，星球地图出版社 2006 年 1 月版，审图号 JS(2005)01-098，全书地图除有特别标注者，出处均同。

第一节 地域区分和分期

根据地理环境与位置，二里头文化时期可以区分为以下几个地理区域。

一、伊洛地区

伊洛地区是指包括河南省西部与陕西省南部的伊河与洛河上游的丹江流

域。这里黄河沿岸台地发达,二里头文化时期的遗址大多分布在这些台地上。其中多分布在以洛阳为中心的河南省西部地区,而这里正是二里头遗址所在的中心地区。迄今为止共发现了属于二里头文化时期的遗址 280 余处,其中经过发掘的有 80 余处,而发表了简报或报告书的遗址有偃师二里头、偃师灰嘴、洛阳东干沟、洛阳矬李、洛阳东马沟、洛阳吉利东杨、巩义稍柴、密县黄寨、郑州洛达庙、郑州大河村、荥阳西史村、荥阳竖河、渑池鹿寺、渑池郑窑、临汝煤山、登封玉村、登封王城岗、陕县七里铺、南洼遗址、荥阳大师姑、洛阳皂角树、陕县西崖、商县紫荆遗址等。①

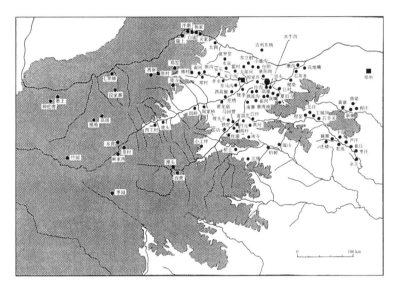

图 4-2　伊洛地区的遗址分布

伊洛地区二里头文化分期以二里头遗址的发掘资料为主,大致可以区分为四期:

一期: 陶质以夹砂黑陶和泥质灰陶为多,胎土、制作技法、施纹方式均继承前期的龙山文化王湾三期文化而来。器类有日常生活常用的炊煮器、盛食器、储藏器等,以深腹罐 A1,圆腹罐 A1,鼎 A1、A2,平底盆 A,甑 A1,刻槽盆 A1,有颈罐 A2,盘 A3,豆 A1、A2,长颈壶 A1,器盖 A 等为典型器类。属于一期的遗址大多集中在洛阳附近。

---

① 中国社会科学院考古研究所二里头工作队:《河南偃师二里头早商宫殿遗址发掘简报》,《考古》1974年第 4 期。

表 4-1 伊洛地区诸遗址的编年

遗址名	二里头一期	二里头二期	二里头三期	二里头四期	二里岗下层期	二里岗上层期
二里头遗址	○	○	○	○	○	○
王城岗遗址	○	○	○	○	○	○
程窑遗址	○					
西史村遗址	○	○	○		○	○
稍柴遗址	○	○	○	○		
煤山遗址	○	○	○			
矬李遗址	○					
白元遗址	○	○	○		○	○
南寨遗址	○					
黄寨遗址	○	○				
新砦遗址	○					
吉利东杨	○	○	○			
郑窑遗址	○	○	○			
柏树遗址	○					
崔庄遗址	○	○				
西崖遗址		○	○			
大杨河遗址		○	○			
水泉遗址		○	○			
曲梁遗址		○	○			○
程庄遗址		○	○			
石羊关遗址		○				
董庄遗址		○				
花地嘴遗址		○	○			
石灰务遗址		○	○			
康沟遗址		○				
灰嘴遗址			○	○		
鹿寺遗址			○			

续表

遗址名	二里头一期	二里头二期	二里头三期	二里头四期	二里岗下层期	二里岗上层期
七里铺遗址			○	○		
高崖东遗址			○	○		○
高崖西遗址				○		
倪家庄遗址			○			
霍村遗址			○			
东立射遗址			○	○		
太涧遗址			○	○		
偃师遗址				○	○	○
岔河遗址			○	○	○	○

二期：陶器特征有较大的变化。灰陶增加，轮制痕迹明显。细绳纹比较流行，各种印纹之外还有龙纹和鱼纹等刻划纹出现。器类除有爵A、盉A、觚A、大口尊A1等礼器之外，还有盘A1、A2，长颈壶A2等器类出现。这一时期的遗址分布范围较前期有所扩大，在郑州洛达庙、大河村和荥阳西史村等东西部和河北省南部、山西省西南部以及豫南地区均发现了这一时期的遗址，并在这些遗址中发现了二里头文化的典型陶器。

三期：泥质灰陶和夹砂灰陶增加，器壁变厚，绳纹变粗，篮纹和方格纹消失。除了与礼器有关联的爵A、盉A、觚A之外，还新出现了角A。其分布范围进一步向东部扩张，河南省东部的杞县朱角岗遗址也发现了伊洛系陶器。

四期：夹砂红褐陶增加，粗绳纹占纹饰的主流。新出现云雷纹、雷纹、兽面纹。鬲明显增加，形态也较丰富。除了带长实足鬲外，还有鬲B1、B2，爵A，甗A，深腹盆D，深腹罐A2、D，大口尊A2，瓮A3、A4等形态，与此后的二里岗文化的同类器非常相似。[①] 作为二里头遗址的典型器类有深腹罐、圆腹罐、鼎、大口尊、小口尊、甗、刻槽盆、盘、豆、捏口罐、瓮、深腹盆、平底盆、爵、盉、鬶、觚、壶、器盖等。

---

① 郑光：《二里头陶器文化初论》，载《二里头陶器集粹》，中国社会科学出版社1995年版，第1—27页；赵芝荃：《关于二里头文化类型与分期的问题》，载《中国考古学研究：夏鼐先生考古五十年纪念文集·二》，科学出版社1986年版，第37—48页。

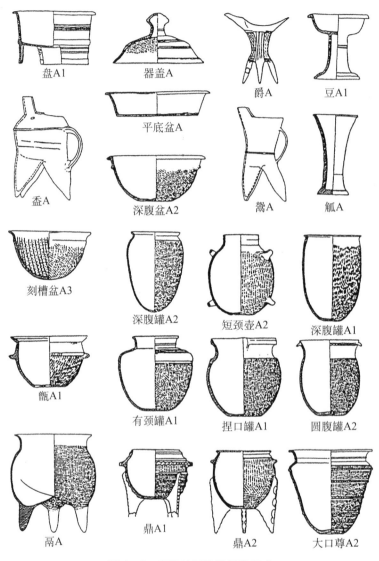

图 4-3 伊洛地区陶器器类组成

二、山西省西南部地区

与河南省、陕西省相邻的山西省西南部,以汾河支流浍河和黄河支流涑水河形成的晋西南盆地为中心,其北有吕梁山,中部是峨嵋岭,南侧有中条山,因而是一片河谷平原与山麓地带构成的富饶地区。从20世纪50年代开始这里作为传说中的夏王朝的中心地,曾多次进行考古调查,迄今为止,属于二里头文化时期的遗址有40余处得到确认。其中夏县东下冯遗址于1974年进行了大规模的发掘。① 除此之外,还在垣曲商城、垣曲丰村、垣曲口头、宁家坡、永济东马铺头、襄汾大柴、翼城感军、侯马乔山底、侯马东阳呈、侯马东山底、曲沃曲村、翼城苇沟、北寿城等遗址做过发掘和面积不等的试掘与调查工作。

图4-4　山西省西南部和中部地区的遗址分布

关于这一地区的陶器形态,李伯谦认为它是伊洛地区二里头类型向晋西南地区扩张过程中接受了山西省北部的光社文化和河南省北部地区的先商文化的影响而形成的一个类型。② 同样,刘绪也曾对东下冯类型的时代以及和伊洛地

---

① 中国社会科学院考古研究所、中国历史博物馆、山西省考古研究所:《夏县东下冯》,文物出版社1988年版。
② 李伯谦:《东下冯类型的初步分析》,《中原文物》1981年第1期。

区的关系进行分析。① 与以上意见不同,郑杰祥和张立东认为,东下冯遗址所体现的东下冯类型的特征与二里头文化不同,应属于一个独立的考古学文化,并将其称作东下冯文化。而事实上正如本书将在后面叙述的那样,晋西南地区包括了以伊洛地区为主的各种系统的陶器因素,但是在根据陶器差异进行文化或类型设定的同时,也应该对陶器器类构成及量的变化进行分析。② 关于东下冯类型文化陶器分期,1977 年发表的简报中将其区分为早、中、晚三期。20 世纪 80 年代中后期出版的《夏县东下冯》一书则根据地层关系将其分为四期,并认为一至四期的相对年代与二里头遗址的一至四期基本是平行的。③ 最近,李维明对晋西南地区的陶器进行了再研究,他以东下冯资料为主,同时也涵盖了东下冯遗址以外的其他遗址的资料,最后得出结论认为,东下冯一、二期与二里头遗址的二期并行,三、四期分别与二里头遗址的三、四期并行。④ 本书基本以《夏县东下冯》的四期分期为标准,但是在与二里头文化的并行关系上,以李维明的意见为准。

一期:泥质、夹砂褐陶占半数以上,其次为泥质灰陶和夹砂灰陶。制作技法还没有见到轮制,因而器壁较厚,烧成不好。器表纹饰以纵向的绳纹为主,其他有 S 字纹等印纹。主要器类大约有 18 种。炊煮器有甗 B2、圆腹罐 B1、B2,鬲 B1、B2。储藏器有瓮 A1、蛋形瓮 B2、折肩罐 B 等,其他器类较少。

二期:灰陶增加,超过 60%,而褐陶则减少到 20%。轮制陶器增加,器表纹饰的绳纹略变粗,其他 S 字纹、叶纹、圆圈纹、指压纹等印纹增加。器类增加到 23 种。新出现的器类有小口鼓腹罐 B、大口罐 B、深腹罐 A2、大口尊 A2、钵 A2、杯 A2 等。炊煮器圆腹罐 B1、甗 B2、鬲 B1、鬲 B2 的数量有所增加。

三期:夹砂灰陶增加,并超过半数,新出现夹砂红陶。陶器烧成良好,轮制陶器较前期更多,绳纹占到器表装饰的 80% 以上,器类增加到 32 种。生活用陶器与前期相同,炊煮器有鬲 B1、B2,圆腹罐 B1、B2,甗 B1,大口尊 A2,深腹罐 A2,蛋形瓮 B2。

四期:夹砂灰陶占半数以上。器壁变薄,烧成良好。器类大约有 30 种,比前期略减少。数量比较多的器类有鬲 D、鬲 B2、甗 B2、圆腹罐 B1、大口尊 A2、深

---

① 刘绪:《东下冯类型及其相关问题》,《中原文物》1992 年第 2 期。
② 郑杰祥:《夏史初探》,中州古籍出版社 1988 年版;张立东:《论辉卫文化》,载《考古学集刊》(10),地质出版社 1997 年版,第 206—256 页。
③ 中国社会科学院考古研究所、中国历史博物馆、山西省考古研究所:《夏县东下冯》,文物出版社 1988 年版。
④ 李维明:《再议东下冯类型》,《中原文物》1997 年第 2 期。

腹罐 A2、小口罐 B、蛋形瓮 B2 等，特别是鬲的数量大幅增加。

以东下冯遗址出土陶器为指标的山西省西南部的典型陶器大约有以下几种：圆腹罐 B1、鬲 B1、单耳杯 B、瓮 A3、折肩罐 B、有颈罐 A1、鼎 B、碗 B、深腹盆 B、深腹盆 A2 等。一、二期的圆腹罐 B1 带有板状耳、饰篮纹，到了三期变为绳纹，颈部也变长。鬲 B1 是继承当地龙山文化而来的器类，其制作方法是用内模先制出三个袋状足，然后与短颈外翻的颈部结合成型，这是这一地区的特征。瓮 A3 颈部内倾，肩部有贯耳，腹部有多条弦纹，圆底是其特征。折肩罐 B 的肩部棱线明显，从短颈变为长颈，平底向凹底变化。有颈罐带有明显的肩部，颈部较短，从平底向凹底变化。鼎 B 的形态是在圆腹罐 B1 的底部加三个扁状足。总的来看，带单耳是山西省西南部陶器的一个特征。

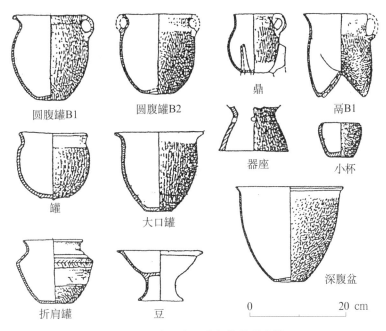

图 4-5　山西省西南部的典型陶器

三、山西省中部地区

考古发掘资料显示，以山西省中部的太原盆地和其北的忻定盆地为中心的晋中地区也是二里头文化时期的一个重要地区。20 世纪 70 年代以前，经过调查的遗址仅有许坦、东太堡、狄村①,但是由于多未实施正式的发掘,陶器资料非常有限。80年代以后,这一地区的许多遗址进行了不同程度的发掘和调查,其中以吉林大学与山西省考古研究所联合组成的晋中考古队对太谷白燕和北京大学考古系对忻州游邀遗址的发掘最为重要。学术界以此为基础资料设定了东太堡类型或东太堡文化,并对这一文化进行了编年分期的研究②,使晋中地区与晋西南地区东下冯类型的并行关系得以明确。另一方面,日本的秋山进午对1944年和岛诚一在山西省调查和试掘的王门沟等遗址的蛋形瓮、三足瓮进行研究后,提出了在二里头文化时期晋中地区与晋西南地区的差异。③

迄今为止,这一地区经过发掘或调查的属于东太堡类型的遗址有太谷白燕,忻州游邀,太原许坦、狄村、东太堡、光社、金胜村,汾阳杏花村、峪道沟,娄烦何家庄,孝义柳湾矿山29亩地,榆社台曲。关于这一类型的编年学研究,最早是由许伟以白燕遗址的发掘资料为主,并结合晋中地区其他遗址的资料而进行的分期。他将晋中地区夏时期分为两期四段,前期以高领鬲和蛋形三足瓮的出现作为与当地龙山文化晚期相区别的标志,后期篮纹消失,绳纹成为各种器类的主要纹饰,新的器类出现。④ 随后,宋建忠参照许伟的分期,将东太堡文化区分为早、中、晚三期,并认为它们分别与东下冯类型的一期、二期和三至四期相当。⑤ 本书在这里基本以宋建忠的三期分期为参照标准。

前期:以太原许坦、汾阳峪道沟H1、游邀H2等遗迹为指标。夹砂灰陶为主,刻划纹、刺纹、篮纹是其特征。鬲B2、甗B2、鼎B2、蛋形三足瓮B、盘形豆B、长颈壶B等典型陶器具有较多的当地龙山文化晚期的特征。

中期:以太原狄村遗址、东太堡遗址1953年出土陶器与杏花村遗址H313、游邀遗址H129为代表。以夹砂和泥质灰陶为主,大多数器表以绳纹为主流,但是一些泥质陶器上多见篮纹。代表性器类与前期相似,但是在器形上略有差异。鬲B2的口缘部变薄,蛋形三足瓮的三足从漏斗形变为乳状。狄村的鬲B2和东

---

① 高礼双:《太原市南郊许坦村发现的石棺墓葬群》,《考古》1962年第9期;山西省考古研究所:《太原狄村、东太堡出土的陶器》,《考古与文物》1989年第3期。
② 晋中考古队:《山西太谷白燕遗址第一地点发掘简报》,《文物》1989年第3期;晋中考古队:《山西忻州市游邀遗址发掘简报》,《考古》1989年第4期。
③ 秋山進午:「山西省太原西郊王門溝出土の卵形三足甕」,『考古学研究』第33卷第3号,1986年,107—122页。
④ 许伟:《晋中地区西周以前古遗存的编年与谱系》,《文物》1989年第4期。
⑤ 宋建忠:《晋中地区夏时期考古遗存研究》,载山西省考古研究所编:《山西省考古学会论文集》(2),山西人民出版社1994年版,第91—98页。

下冯遗址 H61 的鬲一致,罐形鼎 B、甗 B2、圆腹罐 B1 的器形也与东下冯类型二期的同类器类似。

后期：以东太堡遗址 1980 年出土陶器与白燕遗址四期、榆社台曲遗址为代表。陶器几乎全部为饰绳纹的夹砂灰陶。典型器类有甗 B2、斝 B2 等,三足部细长,实足根部有纵向的凹槽是其特征。这个特征在东下冯遗址三期也可以观察到,同时东太堡遗址的盆形鼎 B、深腹盆 A2 也与东下冯遗址的同类器相似,反映着他们之间的并行关系。

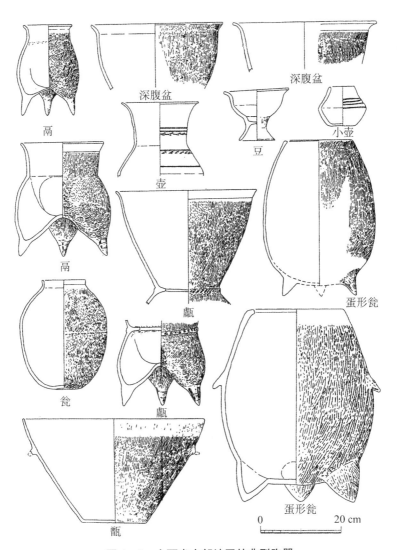

图 4-6 山西省中部地区的典型陶器

山西省中部地区的典型器类有鬲、甗、蛋形三足瓮、盆形豆、斝、高领罐、盆形鼎等。这里的陶器均以英文 B2 来表示。鬲 B2 的口径较长，带单个分裆袋足。甗 B2 的甑部与鬲部有明显的分界，甑部的口缘部略外翻，甑部加深，三足变长。蛋形三足瓮 B2 的蛋形腹部下部带三个短足，腹部逐渐变短，三足逐渐变长，从空足向实足变化。斝 B2 是继承当地龙山文化的器类，口颈部内倾，三袋足。这些三足器的足部从短而粗向细长变化。盆形豆从深腹盘部带短粗柄部向带长柄变化。

四、河南省北部地区

这里所说的河南省北部地区是指黄河北岸、河南省北部和河北省南部伸展于太行山东侧华北平原西部的地区。这一地区与二里头文化中心地的伊洛-郑州地区、山西省晋中地区、河北省南部的漳河地区以及山东东部相邻接，从 20 世纪 50 年代开始便是探索先商文化的主要地区。

20 世纪 50 年代初期，辉县琉璃阁的发掘和新乡、武陟、博爱等地大量早期青铜器的发现，使豫北地区在夏商时代的重要性被学者们所认识。近年来，在豫北地区又新发现一些二里头、二里岗文化时期的遗址，其数量已达到 60 余处。其中，辉县孟庄遗址发现的唯一的二里头文化城址和焦作府城遗址发现的二里头文化大型基址和二里岗文化城址及宫殿基址引人注目[1]，而鹤壁刘庄墓地遗址的发现则使豫北地区在中国初期国家形成过程中的重要性再次得到确认。

迄今为止在豫北地区发现的 60 余处[2]遗址中，有发掘或调查报告的仅 30 余处。其中，可用于分析的遗址如图 4-7 所示共 19 处。从遗址所在的河流位置来看，沁河下游有六处遗址，卫河上游有四处遗址，卫河中游有四处遗址，漳河流域五处遗址。根据以往的研究，从这些遗址中出土的陶器系统大约有以下几种：即以二里头遗址为中心，分布于伊洛地区的伊洛系；起源于山西省中部并扩散到晋西南的东太堡系；河南省中北部土著的辉卫系；以河北省南部和流经河南省北部省界漳河流域的漳河系；以及分布于黄河下游山东省西部和中东部的岳石系。

---

[1] 袁广阔：《辉县孟庄发现龙山文化城址》，《中国文物报》1992 年 7 月 12 日；河南省文物考古研究所编著：《辉县孟庄》，中州古籍出版社 2003 年版；秦小丽：「河南省焦作市府城遗迹的研究—6 土器」，冈村秀典编：『中国古代都市的形成』，科研研究成果报告书，2000 年。

[2] 中国国家文物局编：《中国文物地图集——河南分册》，中国地图出版社 1991 年版。

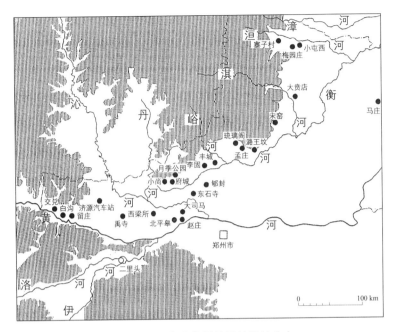

图 4-7 河南省北部地区的遗址分布

其中,除辉卫系和漳河系陶器可以在豫北的龙山文化中找到其渊源谱系外,其他系统的陶器由于其形态和陶器成型方法、施纹方法等在豫北地区并未确定,其渊源可能在其他地区。为了便于理解,这里对陶器系统进行具体分类,分类标准主要关注陶器形态、纹饰、器表修整技法、制作技法和容量等要素,并以此来判断陶器系统的主要分布地区。①

豫北地区各遗址出土的陶器器类中,既可以看到伊洛地区常见的圆腹罐 A2、捏口罐 A1、甑 A3、刻槽盆 A3、大口尊 A2、大口缸 A2、鬶 A、壶 A、爵 A、盉 A、三足盘 A2、杯 A,也可以看到东太堡系的甗 B2、蛋形瓮 B2,岳石系的双腹盆 E、尊形器 E,辉卫系的大口花边罐 C、小罐 C、甑 C、小口瓮 C 和漳河系的小口罐 D、甗 D、有颈小口壶 D 等。此外,还有形态虽异、但是各地区均有出土的深腹罐、鼎、鬲、器盖、平底盆、豆、平口瓮、深腹盆等器类。本书将以在多数地区出现的陶器分类为基础,以区别陶器的系统。为表述方便,在器类后加附英文字母来

---

① 秦小丽:「二里頭文化の地域間交流—山西省西南部の土器動態を中心に」,『古代文化』1998 年,50(10),17—24,50—11,20—31 頁。

表示系统。① 正如图 4-8 所示的那样，分别用 A（伊洛系）、B（东太堡系）、C（辉卫系）、D（漳河系）、E（岳石系）表示不同地区的相同名字的各器类。

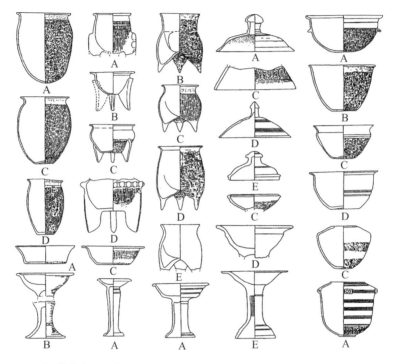

A：伊洛系　B：东太堡系　C：辉卫系　D：漳河系　E：岳石系

图 4-8　河南省北部地区的陶器分类

对于豫北地区的陶器编年研究，以淇县宋窑遗址陶器资料为主做了详细分析的张立东的研究比较全面。② 本书在此基本以张立东的分期为主，同时参照辉县孟庄遗址的出土资料，对豫北地区相当于二里头时代的诸遗址陶器编年做如下的分析。

张立东把豫北地区的辉卫文化分为两期三段五组，其中与伊洛地区的二里头文化有并行关系的是第一组到第四组，而第五组则与二里岗文化相当。孟庄遗址可分为四期，其中一期与二里头文化二期后段相当，四期与二里头文化的四

---

① 河南省北部的陶器分类是根据这一地区出土陶器器类而划分的。但是，第二章已经有了器类特征说明的器类，这里予以省略。
② 承蒙袁广阔先生的厚意，笔者亲自观察与统计了孟庄遗址二里头和二里岗文化时期的陶器。

期相当。这里以宋窑和孟庄遗址的分期为标准,对其他遗址的陶器资料进行分期比较,并将豫北地区概括为五期。五期的陶器特征大致如下。

一期:相当于二里头文化二期后段。陶器以夹砂灰陶为主,黑陶、褐陶以及泥质陶也占有一定的比例。纹饰以豫北地区特征性的弦断绳纹为主,另外也有篮纹和楔形点纹。主要器类有深腹罐A、深腹罐C、深腹罐D、圆腹罐、鬲B、鬲C、鼎C、深腹盆A、深腹盆C、平底盆C、平口瓮C、小口瓮C、蛋形瓮B、甗B等。这一时期的圆腹罐口缘部外侧附加花边。鼎的三足短小,附着在鼎腹的下半部。蛋形瓮有圈足,盆和瓮多附加鸡冠状耳、鬲B和甗的实足根部有纵向的沟槽等是本期的主要特点。

二期:相当于二里头文化三期前段。泥质灰陶增加,与夹砂灰陶一起成为这一期的主流,也有夹砂黑陶和褐陶。纹饰仍以弦断绳纹为主,在绳纹、楔形点纹以外,还新出现有各种印纹。鸡冠状耳还可看到。这一时期新出现的器类有鼎A、平底盆A、豆A、尊形器、器盖A、器盖C等。深腹罐、深腹盆的底部内凹,蛋形瓮除带圈足之外还出现平底瓮,盆和瓮的鸡冠耳变小,鬲B和甗的实足根部既有有沟槽的,也出现没有沟槽的。

三期:相当于二里头文化三期后段。这一时期仍以泥质灰陶和夹砂灰陶为主,但是与前期相比夹砂灰陶有所减少,器壁变厚。纹饰以绳纹为主,楔形点纹消失,其他纹饰也较少见。新出现的器类有深腹罐A、捏口罐A2、刻槽盆A3、甗A1、大口尊A2、大口缸A2、高领罐(罍)A等。鸡冠状耳衰退,鬲B和甗实足部的沟槽变浅。

四期:相当于二里头文化四期前段。陶质全部为泥质灰陶和夹砂灰陶。绳纹有粗和细两种。器类的形态多样化,新出现器类有鼎D、小口瓮D、觚A、斝A、簋A,鬲的形态几乎均为卷缘深腹鬲D,而且数量比前期增加。

五期:相当于二里头文化四期后段。陶质、陶色与前期相同,绳纹比前期稍粗,印纹的圆圈纹、云雷纹等增加。大口尊的口径比肩径变大。新出现的器种有大口花边罐、盂等。

豫北地区最北部的漳河流域经发掘的相当于二里头文化时期(先商文化)的遗址有河北省的邯郸涧沟、邯郸龟台寺、磁县下潘汪、界段营、下七垣、石家庄市、内丘南三岐、河南省安阳梅园庄等。这些遗址出土的代表性陶器有鬲D、甗D、深腹罐D、扁三足鼎D、深腹盆D、瓮D、盆形豆D等。鬲D的颈部较长,尖锥足。扁足鼎有圆底与平底两种,均是在深腹罐形腹部带三个扁足。这一类型的典型器类以及特征可以描述如下:罐形鼎D的腹部呈短颈罐形,其三足从锥形向扁平形变化。豆 D 为浅盘带三个外撇的直足。鬲 D 口缘外翻,三足呈袋状,并有实足根。深腹罐 D 呈平底。腹部较长。口缘部为卷缘,束颈。而在中南部的卫河、淇河和沁水河流域经过发掘的遗址有宋窑遗址、孟庄遗址、府城遗址、小尚遗址、大司马遗址、东石寺遗址、琉璃阁遗址、潞王坟遗址等。

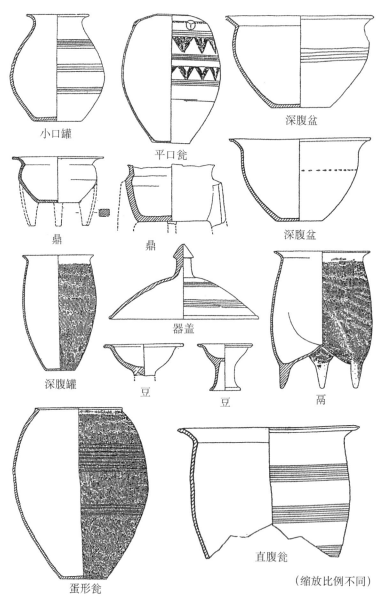

图 4-9 河南省北部地区的典型陶器

五、郑州周边以及河南东部地区

这里是指以郑州以及周边的颍河支流,淮河支流鲁河、涡河及惠济河为中心的地区。和河流与山脉交错之地相比,这里有丰富的河流和广阔的大平原。根据《豫东杞县发掘报告》①的陶器编年可以将这里区分为六期,一至六期分别相当于二里头文化的二期至四期晚段。②

中原东部地区的陶器编年基本上可以分为四期。而地域区分则以地理上的自然邻接关系分为三区,即以郑州为中心包括周边地区的郑州地区;以济河、涡河流域为中心的开封-商丘地区;以贾鲁河、沙河流域为中心的周口地区。

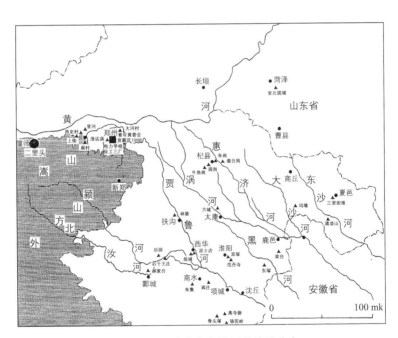

图 4-10 河南省东部地区的遗址分布

四期编年根据与伊洛地区的相对关系,大约处于二里头文化一期后半期到四期后半期之间。

---

① 河南省文物研究所:《郑州黄委会青年公寓考古发掘报告》,载河南省文物研究所编:《郑州商城考古新发现与研究 1985—1992 年》,中州古籍出版社 1993 年版,第 185—227 页。
② 郑州大学文博学院、开封市文物工作队编:《河南豫东杞县发掘报告》,科学出版社 2000 年版。

一期：相当于二里头文化一期后半期至二期前半期。灰陶多,黑陶、红陶较少。纹饰以篮纹为主,也有绳纹和少量方格纹。这一时期的典型器类有深腹罐 A、圆腹罐 A、深腹盆 A、刻槽盆 A、鼎 A、平底盆 A、盘 A。斜腹碗 F 和双腹盆 F 等龙山时代的器种依然可见。属于这一时期的遗址有荥阳竖河、阎河,西华陆城、郝家台六期和商丘坞墙。

二期：相当于二里头文化二期至三期前半期。灰陶增加,黑陶仍存在。篮纹减少,绳纹增加。深腹罐 A、圆腹罐 A 的颈部明显,鼎 A、甗 A、刻槽盆 A、深腹盆 A 带鸡冠形耳扳。新出现爵 A、觚 A、盉 A、鬶 A 等酒器,捏口罐 A、大口尊 A 也开始出现。与前期相比器类丰富。属于这一时期的遗址有荥阳竖河、阎河、西华骆驼岭、后于王庄、郝家台七期、鹿台岗一期、段岗一期、牛角岗一期与二期、朱岗一期、洛达庙、郑州黄委会青年公寓、荥阳西史村一期等。

三期：相当于二里头文化三期后半期至四期前半期。灰陶占主流,但褐陶有所增加。绳纹为这一时期的主流纹饰,但是根据地域不同其粗细有差异。此外还有沉线纹、附加堆纹、方格纹、印纹等,但数量较少。器类较前期复杂,鬲 D、深腹罐 D、甗 E、甗 D、尊形器 E、器盖 E 等前期不见的器类开始出现。属于这一时期的遗址有郑州黄委会青年公寓,洛达庙,大河村,荥阳竖河,阎河,西史村二期,鹿台岗二、三期,段岗二、三、四期,朱岗二期,牛角岗三、四期,郝家台八期,栾台四期,华西陆城三期,项城骆驼岭三期。

四期：相当于二里头文化四期后半至二里岗文化早期。① 陶色较前期没有变化。绳纹中混杂有较多的特粗绳纹和较细绳纹。印纹、圆圈纹增加,还有一些特粗的方格纹。器类构成基本同前期。属于这一时期的遗址有鹿台岗四期、朱岗三期、商城宫殿区 1998 年发掘区前期、郑州黄委会青年公寓晚期、回民中学洛达庙期、洛达庙晚期、电力学校 H6、化工厂 H1 等。

见于中原东部地区的陶器器类,既有伊洛地区特有的深腹罐、圆腹罐、捏口罐、甑、刻槽盆、深腹盆、大口尊、大口缸、爵、三足盘、杯,也可以看到冀南豫北地区常见的鬲、甗、折肩盆、器盖,还有山东地区特有的尊形器、篦纹修整的深腹罐、甗、深腹盆、豆等。这里以器名后的字母来表示各个系统,即 A 的伊洛系、D 的漳河系、E 的岳石系、F 的在地的豫东系,并详细解释各系统器类的特征：A 的圆底深腹罐,D 的长腹平底深腹罐,E 的深腹直领、篦纹的深腹罐,F 的敞口圆腹、

---

① 位于郑州商城南部的二里岗遗址 H9 出土的陶器组合是二里岗下层早期阶段代表性的陶器组合,这里以此为分期,作为标志性器物。

颈部不明显、平底、粗方格纹的深腹罐；A 的大敞口圆腹的深腹盆，D 的带有明显折肩、腹部施凹弦纹的深腹盆，E 的下腹部施横向绳纹的深腹盆。D 的甗甑部呈圆腹、腰部带附加堆纹和绳纹。E 的甑部为斜直腹、带篦纹修整。根据盘部的深浅，将豆区分为深盘豆和浅盘豆。A1 的深腹豆口缘较厚，盘腹部深而外表有凸凹纹，柄部细高，而 D 的深盘豆则腹部圆润，柄部粗而大。A2 的浅腹豆基本与同系统的深腹豆相同，只是豆盘较浅而已。E 的浅盘豆口缘薄而外翻，柄部较长。仅从器物形态来看，中原东部地区至少存在 A、D、E、F 四个陶器系统，但是在东南部的周口地区只发现 A、E、F 三个系统，而未见 D 漳河系陶器。除了各系统器类在形态上的差异之外，这一地区的陶器还观察到以下几方面的特征，这里详述如下：

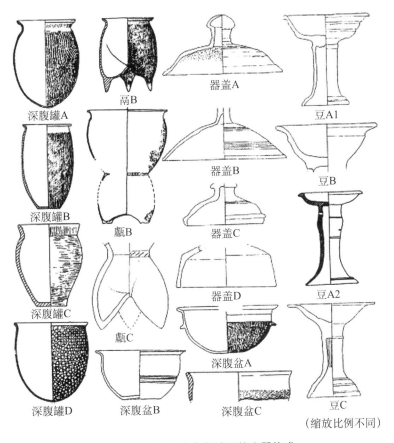

图 4‑11　河南省东部地区的陶器构成

1. 炊煮器深腹罐的大小也显示着系统间的差异：中原东部地区的炊煮器有三种类型：深腹罐、甗和鬲。其中深腹罐 A、D 不仅形态相异，而且大小明显不同。D 型深腹罐口径在 15 厘米～18 厘米、器高在 17 厘米～28 厘米之间。而 A 型深腹罐口径则在 18 厘米～22 厘米、器高在 27 厘米～35 厘米之间，而且这两种罐的大小与它们彼此原生地的深腹罐大小相同。因此炊煮器的大小也可以明确区别地域间陶器系统的差异。此外中原东部地区的陶器绳纹很有特点，也显示着明显的系统差异。同时还发现了一些综合不同谱系特征的可以称为折中陶器的器类，下面将分别简述。

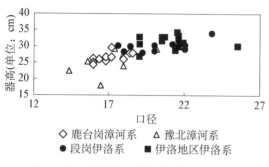

图 4－12　河南省东部地区深腹罐口径分布

2. 绳纹的系统差异：陶器表面的绳纹是制作或修整陶器时留下的痕迹。这些绳纹的粗细差异也是区别陶器系统的重要指标之一。因为作为修整陶器留下的痕迹，不同的绳纹粗细反映着修整时使用工具的不同，而这种工具的不同很可能反映着陶器制作集团间的区别。① 中原东部地区陶器的器面修整除绳纹外，还有方格纹、篮纹、箆纹和磨光。但是，二里头文化的主流纹饰是各种各样的绳纹。方格纹和篮纹是继承龙山文化的施纹风格，其在进入二里头文化时期以后则逐渐消失。而箆纹是东部岳石文化具有特征性的修饰遗留。这里以二里头文化时期流行于各地域绳纹的形态及粗细差异进行陶器系统的识别。

中原东部地区共发现四种不同的绳纹形态。绳纹条数是客观表示绳纹粗细的一种方法，这里以 4 厘米为单位对绳纹的条数进行计算，其结果如图 4－13 所示。② 鹿台岗遗址漳河系的绳纹条数为 18 条～24 条，且标准偏差值很小，平均条数为 21.3 条，比较细。而同地区同时期的段岗遗址的伊洛系绳纹条数则集中

---

① 笔者对绳纹分析和测量方法得益于日本京都大学冈村秀典先生的指点，特此致谢。
② 豫东四个遗址的绳纹统计是以《豫东杞县发掘报告》和《华夏考古》公开发表的资料为基础计算出来的。绳纹各系统的计测，有一部分是本人亲自以 5 cm 为单位计测的，而考古报告发表的绳纹资料则为 4 cm 为单位。本书中都已经统一换算为以 4 cm 为单位。二里头遗址部分陶器容量和绳纹的测量得到了中国社会科学院考古研究所二里头工作队许宏和赵海涛先生的全力支持和指导，在此深表谢意。而郑州商城遗址陶器测量则得到了河南省文物考古研究所袁广阔、宋国定和曾小敏的支持和帮助，在此一并致谢。

在 11 条~13.5 条之间,平均值为 12.6 条,比较粗。而反观二里头遗址中的伊洛系绳纹条数则可发现,27 个个体计算结果为 8 条~14 条,而其平均值是 11 条,与段岗遗址相比略显粗,但是都落在相同的变异幅度内,与漳河系的偏细绳纹有明显的区别,因此反映了绳纹在不同地区不同系统陶器表面的粗细有差异。这也正是我们识别陶器系统的手段之一。

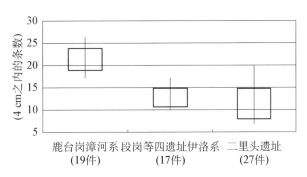

图 4-13 河南省东部地区绳纹条数比较

3. 关于折中陶器:中原东部地区除上述的 A、D、E、F 四系统陶器之外,还存在一定量的既与四系统中的一种陶器有相似的部分,又有明显的区别,很难将其归类于某一系统的陶器。本书将这些陶器称作折中陶器。

中原东部地区已发现的折中陶器如图 4-14 至图 4-17 所示。首先来看图 4-14 所表示的段岗遗址的折中陶器。① 圆腹罐与伊洛系的同类器相似,但是其腹部的上下纹饰不同,上部是粗糙的方格纹,下部则是纵向的细绳纹。深腹罐是短颈、圆底,而腹部施粗糙的方格纹。鼎足呈扁平形,施锯齿纹,但在细绳纹之上再施环络纹。鬲的最大径在肩部,粗绳纹施至足尖部的做法与伊洛系的施纹法相同。1 的深腹盆上部磨光,而下部施纵向绳纹的做法又与伊洛系相同。2 的深腹盆有肩,施楔形点纹,是漳河系的特征,但是又加了伊洛系特有的双扳手。

图 4-15 是鹿台岗遗址的折中陶器。② 豆盘较深,与漳河系的碗形豆相似,豆柄较粗,盘部有凸棱的做法是岳石文化的特征。平底深腹罐腹部瘦长,施较细的绳纹,是漳河系的特点,但是器壁厚,呈深褐陶色则与岳石系相同。6 的甗腰部细,器壁厚,腰内侧没有箅隔,鬲部粗大的特征是岳石系的做法,但是器表面施纵向细绳纹的特点漳河系较常见。7 的甗有箅隔,是漳河系的做法,但在腰部绳状堆纹之下施方格纹是在地系的特点。鬲的口缘外翻,施细绳纹的特点属于漳河系,但是,器壁厚,绳纹施至足尖的施纹法伊洛系较常见。

---

① 郑州大学文博学院、开封市文物工作队:《豫东杞县发掘报告》,科学出版社 2000 年版。
② 郑州大学文博学院、开封市文物工作队:《豫东杞县发掘报告》。

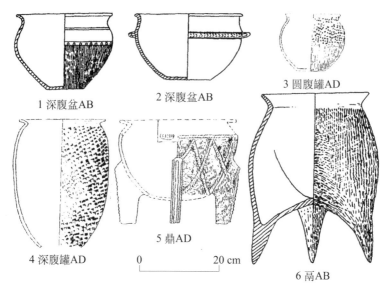

1:89ⅡH14:2　2:89ⅡH14:21　3:90ⅡT17③:1　4:89ⅡH41:1　5:89ⅡH64:7　6:89ⅡG1:5

图 4-14　段岗遗址的折中陶器

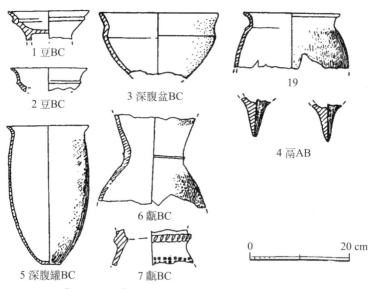

1:T27⑤:6　2:T27⑤:7　3:F1:3　4:H39:22　5:H35:3　6:T27⑤:92

图 4-15　鹿台岗遗址的折中陶器

图4-16是郑州南部一带诸遗址的折中陶器。电力学校出土的甗直壁,口部大开,腰部施一周堆纹是岳石系常见的,但器身施细绳纹则是漳河系的特点。深腹罐口缘外翻,束颈,深腹平底,施纵向绳纹。① 化工厂出土的鬲、鬲形鼎、甗、深腹盆等,器形显出漳河系的特征,但是其施纹风格却混杂着辉卫系和岳石系的特点。② 图4-17是南关外遗址出土的折中陶器。爵是二里头文化的典型陶器,南关外出土的爵三足与腹部连成一体,足尖外撇,斝的口缘外敞,长颈细腰。甗的口缘外翻,三袋足也外撇,腰部内侧没有箅隔,器身施纵向细绳纹。鬲是南关外出土最多的器形之一,鬲的器壁厚,但施纵向细绳纹,裆部为连裆的做法,是综合诸要素而成的典型折中陶器。③

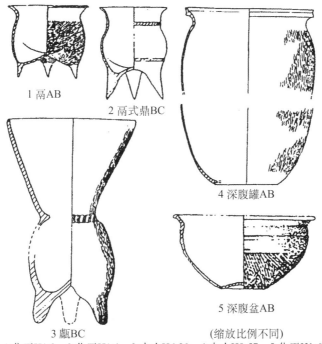

1:化工H1:2　2:化工H1:1　3:电力H6:20　4:电力H9:57　5:化工H1:6

图4-16　郑州南部一带诸遗址的折中陶器

---

① 河南省文物研究所:《郑州电力学校考古发掘报告》,载河南省文物研究所编:《郑州商城考古新发现与研究1985—1992》,中州古籍出版社1993年版。
② 河南省文物研究所郑州工作队:《郑州化工三厂考古发掘简报》,《中原文物》1994年第2期。
③ 河南省博物馆:《郑州南关外商代遗址的发掘》,《考古学报》1973年第1期。

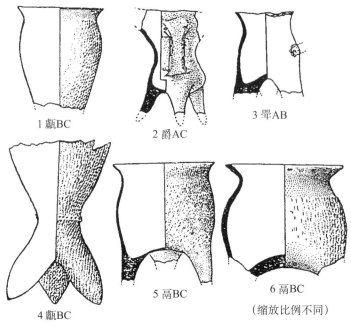

图 4-17 南关外遗址的折中陶器

总括以上所列举折中陶器的器类特点,可以看出炊煮器比较多,但也有少量盛食器,如深腹盆、豆、爵等,但是其他用途的器类则完全没有见到。折中陶器在器类上的偏差值得关注。

六、河南省南部地区

河南省南部地区是指以位于黄河与长江中间地带的南阳地区、信阳地区和驻马店地区为中心,包括湖北省襄樊地区、安徽省的阜阳地区以及汉水流域的陕西省商州地区[①]的这一大区块。这一地区位于中国南北地理的分水岭——淮河、秦岭山脉的所在地,可以说是南北古代文化交汇的地区之一。在这一地区发现的一些遗址中包含有二里头文化的因素,因而引起学者对二里头文化向西南部、南部、东南部波及范围的讨论,但是由于资料的局限,对河南省南部地区二里

---

① 李维明:《再议东下冯类型》,《中原文物》1997 年第 2 期。

头文化时期的研究还不充分。最近几年来,在淮河上游的驻马店杨庄遗址发掘出土了丰富的陶器资料,并且有正式的报告出版,引起研究者的关注。① 杨庄遗址二期发现了大型环壕聚落的存在,并在环壕的底部发现了祭祀遗迹,其中出土的陶器中 85 件属于伊洛系,仅有六件为在地系陶器。这里首先对河南省南部地区的陶器分析编年和陶器组合构成进行分析。

根据《河南省文物地图集》,河南南部地区共确认有 28 处二里头文化时期的遗址,其中经过发掘的遗址有淅川下王岗,方城八里桥,邓州穰东遗址,驻马店杨庄、党楼,邓州陈营,信阳北丘七个遗址,但是有报告资料的仅有六处。② 这里将基于以上资料对这一地区的陶器进行编年分期。

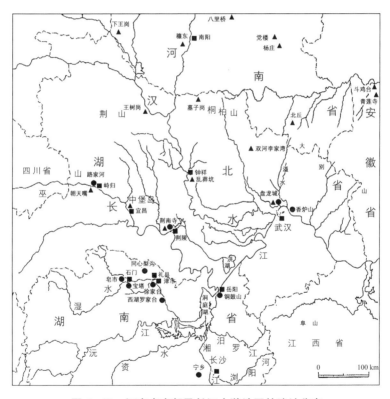

图 4-18　河南省南部及长江中游地区的遗址分布

---

① 北京大学考古学系、驻马店市文物保护管理所:《驻马店杨庄——中全新世淮河上游的文化遗存与环境信息》,科学出版社 1998 年版。
② 中国国家文物局编:《中国文物地图集——河南分册》,中国地图出版社 1991 年版。

河南省南部二里头文化时期的陶器编年分期以 20 世纪 80 年代末出版的《淅川下王岗》报告为基础资料，加入 90 年代以来调查发掘的驻马店杨庄、方城八里桥、邓州陈营、穰东等遗址作为分析对象。1995 年李维明对这里的陶器编年进行过分析。① 他将河南南部二里头时期分为两期，分别与二里头文化的三、四期相对应。而 90 年代初出版的《驻马店杨庄》则将其对应于二里头文化时期的遗迹区分为三期，其与伊洛地区的对应关系为一、二期分别相当于二里头文化的二期前半期和后半期，三期相当于二里头文化三期的前半期。在驻马店地区分布有大量龙山文化和二里头文化前半期的遗址，但是二里头文化后半期和二里岗文化的遗址却很少发现。本书将参照以上研究成果，综合考量驻马店杨庄的编年分期和邓州穰东遗址的编年分期，并参考李维明分期中涉及的遗址资料，将河南南部地区的二里头文化时期遗址大致分为四期。

一期：以杨庄等遗迹为分析资料。陶器以夹砂灰陶为主，黑色陶的比例较高，褐色陶较少。陶器纹饰中篮纹占总纹饰的 29.4%，素面陶占 32.7%，绳纹占 30.5%。典型陶器器类有圆腹罐 A1、深腹罐 A1、鼎 A1、深腹盆 A1、大口尊 A2、夹粗砂罐 G、垂腹罐 G、豆 G 等。圆腹罐为长颈，口缘部饰附加堆纹，深腹罐 A1 的口缘有折棱，平底较大。鼎 A1 的上腹部呈直腹，三足的尖部较宽大。大口尊的肩部小于口径，这些特征显示其年代相当于二里头文化二期前半期。

二期：以杨庄遗址和穰东遗址等典型遗迹为主要分析资料，并参考驻马店党楼遗址、丹江上游的商州东龙山遗址的同时期资料。仍然以夹砂灰陶为主，黑陶仍占有一定的比例，褐陶略有增加。纹饰以绳纹为主，篮纹较前期减少。典型器类与前期基本相同，但是含有大砂粒的夹粗砂罐 G 急剧减少，鼎 A1 也略减少。而大口尊 A2、圆腹罐 A2、深腹罐 A2、深腹盆 A1、平底盆 A 等开始增加。圆腹罐 A2 的颈部变短，深腹罐 A2 的口缘以卷缘为多，平底。大口尊 A2 的口径与肩颈大致相同。因此其年代相当于二里头文化二期后半期。

三期：以杨庄遗址和穰东遗址等遗迹为分析资料。相当于这一时期的遗址还有淅川下王岗、方城八里桥、邓州陈营、镇平马圈王、枣阳墓子岗、商州东龙山、信阳北丘上层。陶器特征仍然以夹砂灰陶最多，但是褐陶急剧增加，黑陶大幅减少。以绳纹为主要纹饰，占全体 60%，箍状堆纹增加，鸡冠状耳变小，篮纹仅占 2%。典型器类大多与二期相同，但是缸 A1、深腹盆 A2、垂腹罐 G、大盘 G、豆

---

① 李维明：《试论河南省南部地区夏商时期的考古学文化》，北京大学博士学位论文，1995 年。

G、牛鼻耳壶 G 等减少,圆腹罐 A3、深腹罐 A2、深腹盆 A2 等增加。相当于二里头文化三期前半期。

四期:以邓州穰东遗址等遗迹为主要分析资料。同时期的还有陈营遗址、商州东龙山遗址、淅川下王岗等遗迹。本期陶器以夹砂灰陶为主,泥质灰陶占一定的比例,黑陶、褐陶很少。绳纹比上期增加,堆纹、弦纹、刻划纹等纹饰形式丰富。主要器类有圆腹罐 A2、深腹罐 A2、大口尊 A2、鼎 A2、甗 A3 等。甗 A3 的盆部变浅,鸡冠状耳消失。大口尊 A2 的口径比肩径变小,尊体粗而短。相当于二里头文化四期前半期。

豫南地区在龙山文化之后,以二里头文化特有的圆腹罐 A2、刻槽盆 A3、盉 A、爵 A、觚 A、杯 A2、鸡冠状深腹盆 A1 与 A2、瓮 A1 与 A3、平底盆 A、深腹罐 A2、大口尊 A2、鼎 A2、长颈壶 A2、豆 A1、器盖 A 等伊洛系陶器作为主体要素。但是二里头文化时期的遗址与龙山文化时期相比很少。同时在以上陶器之外还发现了模仿伊洛系的深腹罐 AG、大口尊 AG、鼎 AG、瓮 AG、长颈壶 AG、豆 AG、器盖 AG 等在地制作的器类和在地系的垂腹罐 G、垂腹鼎 G、大盘 G、粗砂罐 G、贯耳壶 G、牛鼻耳瓮 G 等陶器。因此从一期开始,至少从陶器形态上看不出这些陶器与前期龙山文化的直接继承关系。

七、长江中游地区

长江中游地区是指从位于鄱阳湖南岸的九岭山脉到北岸的大别山脉以西的三峡出口,以宽阔的江汉平原为中心的地域。这一地区不仅有中国最大的淡水湖——洞庭湖,还有长江和汉水两大河流。这样丰富的水资源为古代人类的生息繁衍提供了非常理想的生存环境。在人类历史的早期,这里就开始了稻作的栽培。以稻作为基础而形成的独特文化与以杂谷为基础的以黄河流域为中心发展起来的夏商王朝文化的关系,以及两大不同农业耕种文化区域之间的相互影响值得关注。尽管这里远离中原中心区域,但是从 20 世纪 50 年代开始,这里就发现有二里头文化和二里岗文化时期的遗址。不过由于属于二里头文化时期的遗址不丰富,无法像其他地区那样做详细的年代划分。而综观同时期整个长江中游地区的遗址,可以区分为二里头文化和二里岗文化两个时期,但是难以将它们再细分为四期。这里仅区分为前后两个阶段进行讨论。

长江中游地区以盘龙城遗址的分期为基准,并参考汉水流域下王岗遗址的编年以及其他遗址的分期对整个长江中游的分期编年进行整理如下。下王岗遗址的二里头文化分为两期,分别相当于中原二里头文化的一期和三期。而盘龙城遗址共分为七期,其中一期相当于二里头文化的前期,二、三期相当于二里头后期和二里岗下层期。四、五期相当于二里岗上层期前半期。六、七期相当于二里岗上层后半期,即白家庄期。这里将下王岗一、三期和盘龙城一期作为二里头前期,盘龙城二期作为二里头后期;盘龙城三至五期作为二里岗前期,六至七期作为二里岗后期。这样就将长江中游地区这两个时期的遗址区分为四个大的阶段。各个阶段的文化特征可描述如下。

二里头前期:以夹砂灰陶为主,有一定量的泥质灰陶、泥质黑陶和褐色陶。陶器烧成良好,器形制作规整。拍印绳纹占全体陶器的70%,有弦纹、刻印纹和附加堆纹。器类有深腹罐、圆腹罐、垂腹罐、鼎、鼎式鬲、甗、深腹盆、刻槽盆、壶、豆、钵、杯、鬶、盉、大口尊、小口瓮、平口瓮、大口缸等。相当于这个时期的遗址有下王岗、稷东、八里桥、党楼、杨庄、北丘下层、青莲寺、斗鸡台、墓子岗、王树岗、李家河、乱葬岗、盘龙城的王家嘴遗址等。

二里头后期:与前期同样,以夹砂陶为多,陶色除了灰陶外,红陶和橙色陶较多。泥质灰陶比前期略有减少,而泥质黑陶则有所增加。釉陶较前期增多。绳纹仍占半数以上,但与前期相比略有减少,而方格纹、堆纹、雷纹、条纹、弦纹、叶纹等种类增加。陶器器类与前期基本相同,但垂腹罐消失,鬲、甗、簋、爵、斝、器座、釉陶尊等器类出现。这一时期的鬲除了前期已有的鼎式鬲外,还出现卷沿鬲。甗的数量较少,口沿部与卷沿鬲同,甑部呈盆形,腰部的附加堆纹上有绳纹或按压纹。相当于这一时期的遗址有王家嘴、荆南寺、中堡岛、朝天嘴等。

二里岗前期:夹砂灰陶减少,泥质灰陶增加,橙色陶多于红陶,灰陶较多,黑陶仅见到少量。这一时期的绳纹大幅减少,而无纹的素面陶大量增加,方格纹也较前期增加。其他纹饰与前期相同。器类变化不大,但是鬲、大口尊、大口缸、釉陶有所增加。特别值得一提的是炊煮器由鼎式鬲到卷沿鬲的转变。相当于这一时期的遗址有盘龙城、荆南寺、朝天嘴、路家河、铜鼓山等。

二里岗后期:陶色与陶质基本与前期相同,砂质橙色陶占较大比例。素面陶的数量大于绳纹装饰,但其他纹饰变化不大。器类中大口缸的数量最多,其次是鬲、爵、斝和坩埚的数量。相当于这一时期的遗址有荆南寺、路家河、铜鼓山、石门皂市、石门宝塔、香炉寺等。

长江中游地区的陶器系统既有中原地区特有的圆底深腹罐、圆腹罐、甗、刻槽盆、深腹盆、大口尊、小口瓮、爵、斝、盉、鬶、鬲,还有四川东部常见的灯形器、凸肩罐、细柄豆、尖底罐和江西鄱阳湖周边较多的原始瓷和釉陶尊、罐、钵、壶以及在地的釜形鼎、釜、垂腹罐、粗柄豆、细颈壶等。这里以英文字母来表示各个不同起源地陶器的系统,即 A 的伊洛系、H 的巴蜀系、R 的釉陶系和 J 的在地系。还有一些不属于以上四系统的陶器,用 K 来表示。这里以荆南寺和盘龙城遗址的陶器为主来表示以上各个系统的陶器,显示着这里不仅与中原地区有交流关系,还与长江上游的巴蜀文化、赣南一带地区有文化交流。

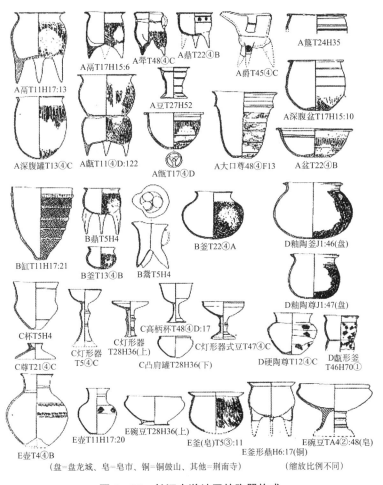

(盘=盘龙城、皂=皂市、铜=铜鼓山、其他=荆南寺)　　(缩放比例不同)

图 4-19　长江中游地区的陶器构成

第二节　陶器系统构成的空间分布和时代变迁

一、伊洛地区

前一章对伊洛地区二里头文化时期的陶器组合形式和时代变迁进行了论述,并对二里头、偃师商城、郑州商城和望京楼这四个中心性遗址进行了分析。本节将对四个遗址以外的其他遗址进行同样的分析。

1959 年,以探索"夏墟"为目的而开始的、对伊洛地区二里头文化时期遗址的分布调查和发掘,迄今已经进行了 90 余年,发现 280 余处遗址,其中经过发掘的遗址有 60 余处。[①] 这里选择内容丰富的遗址进行分析,以此了解这一地区陶器的空间分布和时间的动态关系。

表 4-2　伊洛地区诸遗址的编年(续)

遗址名	二里头一期	二里头二期	二里头三期	二里头四期	二里岗下层期	二里岗上层期
二里头遗址	○	○	○	○	○	○
王城岗遗址	○	○	○	○	○	○
程窑遗址	○					
西史村遗址	○	○	○		○	○
稍柴遗址	○	○	○	○	○	○
煤山遗址	○					
矬李遗址	○					
白元遗址	○	○	○		○	○
南寨遗址	○	○	○			
黄寨遗址	○					
新砦遗址	○					

---

① 中国国家文物局编:《中国文物地图集——河南分册》,中国地图出版社 1991 年版。

续表

遗址名	二里头一期	二里头二期	二里头三期	二里头四期	二里岗下层期	二里岗上层期
吉利东杨	○	○	○			
郑窑遗址	○	○	○			
柏树遗址	○					
崔庄遗址	○	○				
西崖遗址		○	○			
大杨河遗址		○	○			
水泉遗址		○	○			
曲梁遗址		○	○			○
程庄遗址		○	○			
石羊关遗址		○				
董庄遗址		○				
花地嘴遗址		○	○			
石灰务遗址		○	○			
康沟遗址		○				
灰嘴遗址			○	○		
鹿寺遗址			○			
七里铺遗址			○	○		
高崖东遗址			○	○		○
高崖西遗址				○		
倪家庄遗址			○			
霍村遗址			○			
东立射遗址			○	○		
太涧遗址			○	○		
偃师遗址				○	○	○
岔河遗址			○	○	○	○

作为二里头文化时期中心地的伊洛地区,其地理环境大致可以区分为三个区域。Ⅰ区是指崤山、熊耳山和黄河支流弘农涧河一带,北部与山西省运城盆地

的东下冯遗址、垣曲商城遗址相邻,西部有陕县七里铺遗址和西崖遗址,东部包含洛阳西部的新安县太涧遗址。Ⅱ区是指以洛阳为中心的地区,东部有位于伊洛河与黄河汇流地带的稍柴遗址,北部与河南省北区的南界相邻接,是遗址分布比较密集的地区。Ⅲ区是指以发源于伏牛山的颍河上游和北汝河上游为主的地区,其南侧邻接河南省南部地区。

1. Ⅰ区

这一地区经过发掘的遗址有13处,下面将对这些遗址的内容进行分析。

西崖遗址[①]:位于陕县西部22.5千米的张茅乡,总面积约16万平方米,1983年由河南省文物研究所发掘。这是一处由二里头文化时期和春秋时期构成的遗址,其中属于二里头文化的有灰坑五座、墓葬一座,年代相当于二里头文化二、三期。这些遗迹单位出土的陶器最少包含两个系统。深腹罐A1、A2,圆腹罐A2、A3,鼎A2,深腹盆A2,刻槽盆A2,大口尊A2,觚A,爵A等伊洛系陶器占全体陶器的93.8%,而来自山西西南部东下冯系的圆腹罐B1、B2,蛋形瓮B2等占6.2%。

七里铺遗址[②]:位于陕县县城西南约3.5千米的七里铺村,黄河从村西流过。1959年由黄河水利考古工作队河南分队发掘。遗址总面积约12万平方米,发掘面积657平方米。遗址由仰韶文化、龙山文化、二里头文化、二里岗文化和周文化构成。其中属于二里头、二里岗文化的遗迹有灰坑43座、壕沟三条、居住址三处、墓葬八座。属于二里头文化三、四期遗迹单位中出土的陶器大约有三个系统。其中鼎A2、甗A3、深腹盆A2、刻槽盆A2与A3、大口尊A2、豆A1、爵A、平底盆A等伊洛系陶器占67.9%,东下冯系的圆腹罐B1、豆B2等占17.9%,漳河系仅有鬲D,占14.3%。

渑池郑窑遗址[③]:遗址位于渑池县西部1千米的郑窑村,东北部是有名的仰韶遗址,北部有不召寨遗址。1985年由河南省文物研究所发掘,在发掘的300平方米内,共有灰坑54座、壕沟六条、水井五座、墓葬四座,其时代分别属于二里头文化一至三期。属于一期的有灰坑四座、水井一座,出土的陶器中深腹罐A1、圆腹罐A2、深腹盆A1、刻槽盆A2、捏口罐A1、缸A1、盘A1与A3、豆A1、爵A、觚A、瓮A1、甗A2等伊洛系占96.0%,而圆腹罐B1、鬲B2、甑B2、蛋形瓮B2、

---

① 河南省文物研究所:《陕县西崖村遗址的发掘》,《华夏考古》1989年第1期。
② 黄河水库考古队河南分队:《河南陕县七里铺第一、二区发掘概要》,《考古》1959年第3期;黄河水库考古队河南分队:《河南陕县七里铺商代遗址的发掘》,《考古学报》1960年第1期。
③ 河南省文物研究所、渑池县文化馆:《渑池县郑窑遗址发掘报告》,《华夏考古》1987年第2期。

表 4-3 伊洛地区 I 区诸遗址的器类组成

系统	器种	西崖 二里头一、二期 数量	西崖 二里头一、二期 比例	七里铺 二里头三、四期 数量	七里铺 二里头三、四期 比例	湟池郑窑 一期 数量	湟池郑窑 一期 比例	湟池郑窑 二期 数量	湟池郑窑 二期 比例	湟池郑窑 三期 数量	湟池郑窑 三期 比例	鹿寺 二里头三期 数量	鹿寺 二里头三期 比例	大涧 二里头三、四期 数量	大涧 二里头三、四期 比例
伊洛系	深腹罐 A2	22	19.5%			8	32.0%	9	6.4%	5	5.4%	4	12.5%	13	24.5%
	圆腹罐 A2	25	22.1%			3	12.0%	11	7.9%	10	10.9%	4	12.5%	11	20.8%
	鼎 A1、A2	3	2.7%	2	7.1%			5	3.6%	7	7.6%	4	12.5%		
	甑 A3	6	5.3%	1	3.6%	2	8.0%			2	2.2%			1	1.9%
	深腹盆 A2	6	5.3%	2	7.1%	2	8.0%	15	10.7%	6	6.5%	2	6.3%	3	5.7%
	平底盆 A	2	1.8%	2	7.1%	1	4.0%	5	3.6%	1	1.1%	1	3.1%		
	刻槽盆 A3	1	0.9%	2	7.1%	1	4.0%	3	2.1%	2	2.2%			1	1.9%
	瓮 A1	1	0.9%			2	8.0%	11	7.9%	6	6.5%	1	3.1%		
	瓮 A2	12	10.6%	1	3.6%										
	瓮 A4	3	2.7%					10	7.1%	8	8.7%	2	6.3%	1	1.9%
	缸 A2	6	5.3%									1	3.1%	2	3.8%
	大口尊 A2	3	2.7%	3	10.7%			14	10.0%		0.0%	1	3.1%	3	5.7%
	盘 A3	1	0.9%			1	4.0%	1	0.7%		0.0%	2	6.3%		
	鬶 A	2	1.8%							1	1.1%				
	长颈壶 A1	1	0.9%	1	3.6%			1	0.7%	6	6.5%				
	觚 A	1	0.9%					3	2.1%	1	1.1%				

续表

系统	器种	西崖 二里头二、三期 数量	比例	七里铺 二里头三、四期 数量	比例	涡池郑窑 一期 数量	比例	二期 数量	比例	三期 数量	比例	鹿寺 二里头三期 数量	比例	大涧 二里头三、四期 数量	比例
	钵A3	7	6.2%												
	爵A	1	0.9%	1	3.6%			1	0.7%	2	2.2%	1	3.1%		
	器盖A	3	2.7%	2	7.1%			12	8.6%	13	14.1%	1	3.1%		
	豆A1			1	3.6%	1	4.0%	13	9.3%	2	2.2%	2	6.3%		
	杯A1			1	3.6%										
	盘A2					1	4.0%	2	1.4%	3	3.3%	1	3.1%		
	有颈罐A1					2	8.0%			1	1.1%	1	3.1%	3	5.7%
	捏口罐A1							4	2.9%	1	1.1%				
	小口尊A1							3	2.1%	4	4.3%				
	钵A2							1	0.7%						
	盉A1							1	0.7%			1	3.1%		
	瓮A3													2	3.8%
	大口尊A1													5	9.4%
	小计	106	93.8%	19	67.9%	24	96.0%	125	89.3%	81	88.0%	29	90.6%	45	84.9%
东下冯系	圆腹罐B1	3	2.7%	1	3.6%			2	1.4%	2	2.2%	1	3.1%	1	1.9%
	圆腹罐B2	1	0.9%												
	桶形罐	1	0.9%												

续表

系统	器种	西崖 二里头二、三期 数量	比例	七里铺 二里头三、四期 数量	比例	渑池郑窑 一期 数量	比例	二期 数量	比例	三期 数量	比例	鹿寺 二里头三期 数量	比例	大涧 二里头三、四期 数量	比例
	卵形瓮	1	0.9%					1	0.7%	1	1.1%				
	器盖			2	7.1%									2	3.8%
	圈足碗			2	7.1%										
	釜炉					1	4.0%								
	甗B							2	1.4%	1	1.1%				
	豆	1	0.9%					4	2.9%	2	2.2%				
	小口罐							1	0.7%	1	1.1%				
	杯							4	2.9%	3	3.3%	1	3.1%		
	鼎							1	0.7%	1	1.1%				
	鬲B1			1		1	4.0%								
	深腹盆B1											1	3.1%	3	5.7%
	小计	7	6.2%	5	17.9%	1	4.0%	15	10.7%	11	12.0%	3	9.4%	6	11.3%
	鬲D			4	14.3%									1	1.9%
	深腹盆D													1	1.9%
漳河系	钵													2	3.8%
	小计	0	0.0%	4	14.3%	0	0.0%	0	0.0%	0	0.0%	0	0.0%		
	合计	113	100%	28	100%	25	100%	140	100%	92	100%	32	100%	53	100%

折肩罐 B 等东下冯系占 4.0%。二期共有灰坑 26 座、壕沟两条、水井一座、墓葬三座、居住址一处，出土的陶器中伊洛系占 89.3%，东下冯系占 10.7%。到了三期，有灰坑 20 座、壕沟四条、水井三座、墓葬一座，出土的陶器中伊洛系占 88.0%，东下冯系占 12.0%。三个时期的伊洛系陶器均占到近 90%，是这一遗址各个时期陶器构成的主体成分。而东下冯系陶器仅占到 10% 左右，且三个时期所占比例变化不大。

鹿寺遗址[①]：遗址位于县城南部 13 千米的鹿寺村，其东有茅山，南有南坡。遗址正位于黄河支流西凡河西岸的台地上。遗址总面积约 2.6 万平方米，1959 年由河南省文化局文物工作队进行发掘。遗址由二里头文化时期、西周时代、战国时代构成，其中属于二里头文化时期的遗迹单位有灰坑 12 座、墓葬一座，相当于二里头文化三期。这些遗迹出土的陶器可分为两个系统，其中深腹罐 A2，圆腹罐 A2，鼎 A1、A2，深腹盆 A2，刻槽盆 A3，大口尊 A2，缸 A2，盘 A1、A2、A3，爵 A 等伊洛系陶器占全体陶器的 90.6%，东下冯系的圆腹罐 B1、深腹盆 B 等仅占 9.4%。

太涧遗址[②]：遗址位于新安县城西北 70 千米的黄河南岸太涧村北的跑马岭上，这里是黄河与涧河交汇的地方，黄河北岸就是垣曲商城遗址。1995 年由洛阳市文物工作队发掘，遗址由龙山文化、二里头文化和战国时代文化构成，其中属于二里头文化时期的有灰坑 24 座、壕沟两条，相当于二里头文化的三、四期。从这些遗迹出土的陶器有深腹罐 A2，圆腹罐 A3、大口尊 A1、A2，缸 A2，深腹盆 A2，刻槽盆 A3，瓮 A3、A4 等伊洛系陶器，占全体陶器的 84.9%，东下冯系的圆腹罐 B1、深腹盆 B 等占 11.0%，漳河系占 3.8%。

小潘沟遗址[③]：遗址位于麻屯乡霍村，1984 年调查发现，出土陶器相当于二里头文化三期，深腹罐 A2、圆腹罐 A2、瓮 A1、器盖 A 等伊洛系占全体陶器的 85.7%，深腹盆 D 等漳河系占 14.2%。

东立射遗址[④]：遗址位于送庄乡东立射村，1984 年分布调查采集的陶器显示其时代相当于二里头文化的三、四期，仅有深腹罐 A2 和大口尊 A2，全部属于

---

① 河南省文化局文物工作队：《河南渑池鹿寺商代遗址试掘简报》，《考古》1964 年第 9 期。
② 刘富良：《新安县太涧遗址》，载河南省文物管理局、水利部小浪底水利建设管理局移民局编：《黄河小浪底水库文物考古报告集》，黄河水利出版社 1998 年版，第 1—18 页；洛阳市文物工作队、新安县文物保护管理所：《河南省新安县太涧遗址发掘简报》，《考古与文物》1998 年第 1 期。
③ 方孝廉：《洛阳市 1984 年古文化遗址调查简报：霍村遗址》，《中原文物》1987 年第 3 期。
④ 方孝廉：《洛阳市 1984 年古文化遗址调查简报：东立射遗址》，《中原文物》1987 年第 3 期。

伊洛系陶器。

大阳河遗址[①]：遗址位于大阳河村西，总面积约 35 万平方米，根据 1984 年分布调查采集的陶器，鼎 A2，圆腹罐 A2、A3，深腹盆 A2 等相当于二里头文化的二、三期，且均为伊洛系陶器。

南交口遗址[②]：遗址位于黄河南岸小支流青龙涧岸边，距离著名的庙底沟与三里桥遗址仅 12 千米，总面积 12 万平方米。遗址以仰韶文化为主，仅在 I 区的东、西区发现少量的二里头文化灰坑、住址和墓葬遗存，为三间连在一起的住址一座、灰坑六座和墓葬一座。出土陶器 48 件，其中除深腹罐十件、两件直壁罐 B、一件系统不明的鼓腹罐外，均为伊洛系，包括深腹罐 A2，一件深腹盆 B，六件深腹盆 A2，五件中口瓮 A1，一件敛口瓮 A1，三件单耳圆腹罐 B，大口罐 B1，六件圆腹罐 A2，三件花边圆腹罐 A1，瓮 A3、A4，两件器盖 A，缸 A1，两件大口尊 A2，罍 A1，豆 A1。根据陶器特征可以分为两期三段，其年代分别相当于二里头文化的二期到三期之间。

卢家店南遗址[③]：遗址位于三门峡市青龙涧河以东，南交口遗址在其南约 900 米处，总面积 1.5 万平方米。根据采集的陶片复原器类有深腹罐七件，其中六件深腹罐 A1，一件系统不明，深腹盆四件，两件 B1，一件 A2，一件 B2 或 C，三件缸 A1，四件大口尊 A1、小口瓮 A1、甗 A1、圆腹罐 A1、刻槽盆 A1、篦 A1、豆 A1。其年代大致与南交口遗址相同。

留庄遗址[④]：遗址位于黄河北岸一级台地上，北部依太行山。1991 年开始发掘，遗址总面积约 8 万平方米，由庙底沟二期文化、龙山文化和二里头文化构成。属于二里头文化时期的有灰坑 18 座和灰沟一条。出土陶器有 A 系的中口长腹罐、大口长腹罐、花边圆腹罐、带扳罐、捏沿罐、鼎、甗、鬲、甑、缸、大口尊、深腹盆、平底盆、小盆、平口瓮、小口瓮、鬲、罍、爵、器盖、三足器、豆；B 系敛口罐，B 系的蛋形瓮、单耳罐、小口罐等。器形较大，胎体厚重。其时代可以区分为三期，分别相当于二里头文化的二期后段到四期前段之间。

---

① 方孝廉：《洛阳市 1984 年古文化遗址调查简报：东立射遗址》，《中原文物》1987 年第 3 期。
② 河南省文物考古研究所：《三门峡南交口》，科学出版社 2009 年版。
③ 河南省文物管理局、河南省文物考古研究所编著：《黄河小浪底水库考古报告（一）》，中州古籍出版社 1999 年版。
④ 河南省文物管理局、水利部小浪底管理枢纽建设管理局、移民局编：《黄河小浪底水库文物考古报告集》，黄河水利出版社 1998 年版；河南省文物管理局、河南省文物考古研究所编著：《黄河小浪底水库考古报告（一）》，中州古籍出版社 1999 年版。

交兑遗址[①]：遗址位于黄河北岸二级台地上，东、西、北三面被王屋山环绕，南临黄河，黄河南岸是崤山余脉。遗址总面积约3万平方米，1996年发掘出土九座灰坑。遗址由二里头文化、二里岗文化和东周文化构成。属于二里头文化期的有灰坑一座，出土陶器有鼎B1，甗A1，两件深腹罐A1、A2，六件圆腹罐A1，三件小罐A，单耳罐B1，大口尊A1，三件深腹盆A1、A2，两件缸A1，三件瓮A1、A2，两件短颈壶A，两件器盖A1等。属于二里岗文化的有灰坑六座，根据发掘者统计，出土的陶器中罐最多，其次是盆、瓮、器盖、鬲、大口尊、簋、豆、器座、壶、缸、碗。但是因为没有统计表，这里仅根据发表的陶器进行分析。鬲有宽缘鬲和折缘鬲。深腹罐中折缘、卷缘、宽缘和奢口缘四类较多，均为AD的伊洛-郑州系陶器。年代分别相当于二里头文化三期和二里岗文化上层前段。

南家庄遗址[②]：遗址位于三门峡市湖滨区崖底乡南家庄东南部。遗址南1.5米处有青龙涧河由东南向西北流过，河对岸是著名的庙底沟遗址，向西约100米为三里桥遗址。由仰韶文化和二里头文化组成。二里头文化有灰坑22座、陶窑一座、房址两座。出土遗物以陶器和石器为主，其年代大致相当于二里头文化四期。在出土的334件陶器中，除了四件B系陶器以及44件双耳圆腹罐具有特点外，其余均为A的伊洛系陶器。南家庄遗址毗邻晋西南地区，发现B系陶器并不多，而双耳圆腹罐的数量多、深腹罐数量较少的特点引人注目。二里头文化晚期虽然存在着炊煮器由深腹罐向鬲的更替现象，但是在许多遗址中深腹罐仍然是主要的炊煮器。这一遗址中双耳圆腹罐的发达，也许暗示着受到晋西南地区的影响，双耳圆腹罐替代深腹罐，成为这一遗址中的主要炊煮器。

对以上13处遗址的分析可以总结如下：伊洛系陶器均占到90%以上，无论年代如何，都是陶器构成的主体要素。而外来的东下冯系在13处遗址中约占10%，虽然其比例很低，但是在13处遗址中普遍出现这一点值得注意。这既与两地区的地理位置临近有关，也暗示着彼此有较多的恒常交流。而在相当于二里头文化三、四期的孟津霍村遗址和陕县七里铺遗址发现了少量的漳河系陶器也值得关注。

---

① 河南省文物管理局、水利部小浪底管理枢纽建设管理局、移民局编：《黄河小浪底水库文物考古报告集》，黄河水利出版社1998年版；河南省文物管理局、河南省文物考古研究所编著：《黄河小浪底水库考古报告（一）》，中州古籍出版社1999年版。
② 河南省文物考古研究所编著：《河南三门峡市南家庄遗址的调查与试掘》，《华夏考古》2007年第4期。

2. Ⅱ区

这里是以二里头遗址为代表的二里头文化的中心地区,共发现了 34 处遗址,其中内容可供分析的遗址除了二里头遗址和偃师商城遗址外还有 20 处。

吉利东杨遗址[①]:位于北邙山南侧,距离黄河北侧约 3 千米的地方,1978 年由洛阳市文物工作队发掘。属于二里头文化的有灰坑三座、居住址两处、墓葬七座,其时代相当于二里头文化三、四期。出土陶器有深腹罐 A2、圆腹罐 A3、捏口罐 A1、大口尊 A2、瓮 A3、豆 A3、瓮 A4 等伊洛系陶器,占 81.4%,而平底盆 C、鼎 C 等辉卫系陶器占 18.6%。

矬李遗址[②]:位于洛阳市南郊约 12.5 千米处,这里是伊河与洛河形成的洛阳平原地带。1975 年由洛阳市博物馆发掘,遗址由仰韶文化、龙山文化、二里头文化构成。属于二里头文化的遗迹有灰坑五座、居住址两处,其时代相当于二里头文化一、二期。出土的陶器有深腹罐 A1、圆腹罐 A2、鼎 A1、甑 A1、深腹盆 A1 与 A2、刻槽盆 A1、捏口罐 A1、盘 A1 等伊洛系陶器,一期伊洛系占全体陶器的 97.1%,系统不明者占 2.9%。到了二期,伊洛系陶器占 96.6%,系统不明者占 3.4%。

皂角树遗址[③]:遗址位于洛阳市南郊关林镇,坐落在伊河和洛河形成的洛阳盆地的二级台地上。西南靠龙门山,东北临古河道,东南为伊河。遗址总面积约五万平方米,由仰韶文化、二里头文化、西周文化构成。20 世纪 50 年代发现,90 年代发掘,四个区域发现的遗迹有住址、陶窑、灰坑、古河道等。出土的陶器不甚丰富,可以区分为四期。属于一期的遗迹有住址三座、陶窑一座、灰坑 24 座、古河道一条。陶器有深腹罐六件、高领罐两件、鼓腹罐九件、圆腹罐三件、双扳圆腹罐两件、敛口罐三件、捏口罐两件、深腹盆八件、甑三件、刻槽盆一件、三足盘一件、碗两件、豆一件、白陶角一件、大口瓮一件,几乎全部为伊洛系陶器。二期的遗迹仅有灰坑 51 座和墓葬一座,出土陶器有鬲 C 一件、鬲 B1 一件、单耳鼎 B1 一件、单耳罐 B1 三件、深腹罐 A11 件、鼓腹罐 13 件、高领罐七件、敛口罐六件、捏口罐八件、圆腹罐 25 件、深腹盆 11 件、甑三件、小盆六件、刻槽盆四件、三足盘两件、豆两件、豆把一件、白陶爵一件、觚一件、大口尊四件、小口尊两件、器盖一件、敛口瓮四件、塔式器两件、平底盆一件、缸六件、圆底缸一件。除出现少量东

[①] 洛阳市文物工作队:《河南洛阳吉利东阳村遗址》,《考古》1983 年第 2 期。
[②] 洛阳市博物馆:《洛阳矬李遗址试掘简报》,《考古》1978 年第 1 期。
[③] 洛阳市文物工作队编著:《洛阳皂角树》,科学出版社 2002 年版。

表4-4 伊洛地区Ⅱ区诸遗址的器类组成

系统	器种	吉利东杨 一期 数量	比例	二期 数量	比例	矬李 一期 数量	比例	二期 数量	比例	高崖东 二里头三、四期 数量	比例	灰嘴 二里头三、四期 数量	比例	新砦 二里头一期 数量	比例
系统	深腹罐 A1,A2	7	16.3%	5	23.8%	7	20.6%	2	6.9%	10	25.6%			4	12.9%
	圆腹罐 A1,A2	9	20.9%	3	14.3%	6	17.6%	13	44.8%			15	37.5%		
	大口罐 A			4	19.0%									2	6.5%
	甑 A2	1	2.3%	1	4.8%	3	8.8%	1	3.4%	1	2.6%	1	2.5%		
	平底盆 A	2	4.7%			2	5.9%							2	6.5%
	有颈罐 A1	3	7.0%	3	14.3%									3	9.7%
	捏口罐 A1	2	4.7%	1	4.8%			1	3.4%			1	2.5%		
	大口尊 A2	4	9.3%			1	2.9%			8	20.5%	5	12.5%	1	3.2%
伊洛系	豆 A1	6	14.0%			2	5.9%	1	3.4%	3	7.7%	2	5.0%	4	12.9%
	鼎 A1,A2					4	11.8%	1	3.4%	9	23.1%	5	12.5%	2	6.5%
	深腹盆 A1					2	5.9%	3	10.3%	1	2.6%	3	7.5%	1	3.2%
	刻槽盆 A2					2	5.9%	4	13.8%						
	小罐 A					2	5.9%	1	3.4%					1	3.2%
	盘 A1					1	2.9%					1	2.5%		
	鬹 A														
	盉 A														

续表

系统	器种	吉利东杨 一期 数量	吉利东杨 一期 比例	吉利东杨 二期 数量	吉利东杨 二期 比例	锉李 一期 数量	锉李 一期 比例	锉李 二期 数量	锉李 二期 比例	高崖东 二里头三、四期 数量	高崖东 二里头三、四期 比例	灰嘴 二里头三、四期 数量	灰嘴 二里头三、四期 比例	新砦 二里头一期 数量	新砦 二里头一期 比例
	器盖A	1	2.3%					1	3.4%	1	2.6%	2	5.0%	4	12.9%
	盘A3									1	2.6%	1	2.5%	1	3.2%
	瓮A1	1	2.3%			1	2.9%			5	12.8%			2	6.5%
	钵A2											1	2.5%		
	长颈壶A1													2	6.5%
	瓮A3											1	2.5%	2	6.5%
	缸A1														
	瓮A2														
	爵A														
	小计	35	81.4%	17	81.0%	33	97.1%	28	96.6%	39	100%	38	95.0%	31	100%
辉卫系	鬲	3	7.0%	2	9.5%										
	有肩盆	1	2.3%	1	4.8%										
	豆	2	4.7%												
	鼎	1	2.3%												
	甑	1	2.3%	1	4.8%										
	小口瓮														
	小计	8	18.6%	4	19.0%	0		0		0		0		0	0.0%

续表

系统	器种	吉利东杨 一期 数量	吉利东杨 一期 比例	吉利东杨 二期 数量	吉利东杨 二期 比例	继李 一期 数量	继李 一期 比例	继李 二期 数量	继李 二期 比例	高崖东 二里头三、四期 数量	高崖东 二里头三、四期 比例	灰嘴 二里头三、四期 数量	灰嘴 二里头三、四期 比例	新砦 二里头一期 数量	新砦 二里头一期 比例
漳河系	鬲D											1	2.5%		
	鼎D											1	2.5%		
	深腹盆D														
	深腹罐D														
	小计	0		0		0		0		0	0.0%	2	5.0%	0	
不明	圆底器					1	2.9%								
	乳状足鼎							1	3.4%						
	高座盘														
	器座														
	长盘														
	小罐														
	小计	0		0		1	2.9%	1	3.4%	0		0		0	
	合计	43	100%	21	100%	34	100%	29	100%	39	100%	40	100%	31	100%

表 4-5 伊洛地区Ⅱ区诸遗址的器类组成（续）

系统	器种	黄寨 一期 数量	黄寨 一期 比例	黄寨 二期 数量	黄寨 二期 比例	白元 一期 数量	白元 一期 比例	白元 二期 数量	白元 二期 比例	伊川南寨 二期 数量	伊川南寨 二期 比例	伊川南寨 三期 数量	伊川南寨 三期 比例
伊洛系	深腹罐 A1、A2			4	7.3%	4	12.5%	4	16.7%	14	17.5%	32	24.4%
	圆腹罐 A1、A2	6	50.0%	26	47.3%	5	15.6%	3	12.5%	4	5.0%	15	11.5%
	大口罐 A												
	甑 A2	1	8.3%	1	1.8%	1	3.1%	2	8.3%	1	1.3%	2	1.5%
	平底盆 A					1	3.1%			2	2.5%		
	有颈罐 A1					1	3.1%	1	4.2%	1	1.3%	3	2.3%
	捏口罐 A1									1	1.3%	1	0.8%
	大口尊 A2			1	1.8%			2	8.3%			15	11.5%
	豆 A1					5	15.6%			15	18.8%	10	7.6%
	鼎 A1、A2	1	8.3%	4	7.3%	3	9.4%	1	4.2%	5	6.3%	4	3.1%
	深腹盆 A1	1	8.3%	2	3.6%	1	3.1%	2	8.3%	15	18.8%	18	13.7%
	刻槽盆 A2			1	1.8%			1	4.2%	6	7.5%	6	4.6%
	小罐 A												
	盘 A1			1	1.8%	2	6.3%	1	4.2%	4	5.0%	2	1.5%
	鬻 A							1	4.2%				
	盉 A												

续表

系统	器种	黄寨 一期 数量	黄寨 一期 比例	黄寨 二期 数量	黄寨 二期 比例	白元 一期 数量	白元 一期 比例	白元 二期 数量	白元 二期 比例	伊川南寨 二期 数量	伊川南寨 二期 比例	伊川南寨 三期 数量	伊川南寨 三期 比例
	器盖 A	1	8.3%	1	1.8%	3	9.4%	1	4.2%				
	盘 A3	2	16.7%	1	1.8%	2	6.3%	1	4.2%	6	7.5%	17	13.0%
	瓮 A1					1	3.1%						
	钵 A2												
	长颈壶 A1									1	1.3%		
	瓮 A3			5	9.1%			1	4.2%	1	1.3%	2	1.5%
	缸 A1			7	12.7%								
	瓮 A2												
	爵 A							1	4.2%				
	小计	12	100%	54	98.2%	29	90.6%	23	95.8%	76	95.0%	127	96.9%
辉卫系	高两盆	0	0.0%	0	0.0%	0	0.0%	0	0.0%	0	0.0%	0	0.0%
	有肩盆												
	豆												
	鼎												
	甗												
	小口瓮												
	小计	0	0.0%	0	0.0%	0	0.0%	0	0.0%	0	0.0%	0	0.0%

续表

系统	器种	黄寨 一期 数量	比例	黄寨 二期 数量	比例	白元 一期 数量	比例	白元 二期 数量	比例	伊川南寨 二期 数量	比例	伊川南寨 三期 数量	比例
漳河系	鬲D			1	1.8%					2	2.5%	2	1.5%
	鼎D									1	1.3%		
	深腹盆D									1	1.3%	2	1.5%
	深腹罐D												
	小计	0	0.0%	1	1.8%	0	0.0%	0	0.0%	4	5.0%	4	3.1%
不明	圆底器												
	乳状足鼎					1	3.1%						
	高座簋					1	3.1%						
	器座												
	长盘					1	3.1%						
	小罐							1	4.2%				
	小计	0	0.0%	0		3	9.4%	1	4.2%	0	0.0%	0	0.0%
合计		12	100%	55	100%	32	100%	24	100%	80	100%	131	100%

下冯系和辉卫系陶器外,大部分仍然为伊洛系。三期的遗迹有住址两座、灰坑52座、水井一眼。陶器有鬲四件、鼎一件、深腹罐11件、鼓腹罐七件、高领罐四件、圆腹罐12件、敛口罐两件、捏口罐四件、深腹盆七件、甑三件、小盆两件、碗两件、刻槽盆四件、三足盘一件、平底盆三件、器座一件、高领尊一件、小口尊三件、大口尊一件、器盖四件、小口瓮三件,全部为伊洛系。四期为二里岗文化下层期阶段,有灰坑21座。陶器有鬲一件、鼎两件、深腹罐两件、圆腹罐三件、深腹盆两件、刻槽盆一件、三足盘一件、大口尊一件、觚一件、高领瓮一件。皂角树遗址一期到三期的年代相当于二里头文化二期晚段到三期。四期相当于二里岗文化下层期。

灰嘴西遗址①:面积约100万平方米的灰嘴遗址东西较长,被一条公路分为两部分。本遗址为西部遗址。根据2004年的发掘,发现了二里头文化时期的灰坑32座、水井两眼和住址一座。这里以出土陶器较丰富的J1为典型单位进行分析。出土11件深腹罐A2、15件圆腹罐A2、三件捏口罐A、四件鼎A1、三件甑A2、四件器盖A1、盂A、平底盆A、豆A1、三足盘A、敛口杯A等,时代大致相当于二里头文化二、三期。另外这一遗址还因为发现石器制作手工业工坊而引人注目。

高崖东台地遗址②:位于偃师县城南约20千米处,伊河南岸的台地上。1960年由北京大学发掘,是一处单纯的二里头文化遗址。其时代相当于二里头文化三、四期。出土的陶器有鼎A2、大口尊A2、深腹罐A2、深腹盆A2、刻槽盆A3、盘A3、平底盆A、瓮A1等,均为伊洛系陶器。

倪家庄遗址③:位于村西的台地上。1984年由洛阳市文物队调查,采集的陶器大致相当于二里头文化三期。器类有大口尊A2、深腹罐A2、深腹盆A2、圆腹罐A3、盘A2、刻槽盆A3、瓮A1、豆A2等,均为伊洛系陶器。

灰嘴遗址④:遗址位于县城西南部约20千米的灰嘴西部台地上,南部有青罗山,东部有浏河流过。1959年由河南省文物研究所发掘,遗址由仰韶文化、龙山文化、二里头文化构成。其中属于二里头文化的遗迹有房址三处、灰坑十座、

---

① 中国社会科学院考古研究所河南第一工作队:《河南偃师市灰嘴遗址西址2004年发掘简报》,《考古》2010年第2期。
② 北京大学历史系洛阳考古实习队:《河南偃师伊河南岸考古调查试掘报告——高崖东遗址的试掘》,《考古》1964年第11期。
③ 方孝廉:《洛阳市1984年古文化遗址调查简报:倪家庄遗址》,《中原文物》1987年第3期。
④ 河南省文物局文物工作队:《河南偃师灰嘴遗址发掘简报》,《考古》1961年第2期;河南省文物研究所:《河南灰嘴遗址发掘报告》,《华夏考古》1990年第1期。

墓葬一座,相当于二里头文化三、四期。出土陶器有深腹罐 A2、鼎 A2、圆腹罐 A2 与 A3、大口尊 A2、捏口罐 A1、瓮 A1、短颈壶 A1、豆 A1 等伊洛系,占 95.0%,鬲 D、鼎 D 等漳河系占 5.0%。

稍柴遗址①:遗址位于芝田乡西稍柴村,北临伊洛河,伊洛河支流乌罗河从遗址的西侧流过,遗址就在两河形成的三角台地上。1959 年由河南省文物研究所发掘。这是一处面积达 100 万平方米的大遗址,发掘面积约 690 平方米,由二里头文化和二里岗文化构成,其中属于二里头文化的遗迹分别相当于二里头文化一至三期。一期有房址一处、灰坑 11 座、墓葬两座,出土的陶器有深腹罐 A1、圆腹罐 A1、鼎 A1、深腹盆 A1、平底盆 A、甗 A2、刻槽盆 A2、盘 A1 与 A3、瓮 A1、爵 A、觚 A 等,均属于伊洛系陶器。二期有房址一处、灰坑九座、墓葬一座,其中出土的陶器器类大致与一期相同,但是新出现了大口尊 A1、缸 A1、瓮 A2、长颈壶 A1,均为伊洛系陶器。三期有房址两处、灰坑七座、墓葬三座,出土的陶器中伊洛系占 84.7%,鬲 D、深腹盆 D 等漳河系占 15.3%。

新砦遗址②:位于密县东南部 22.5 千米的新砦村,村南有双洎河流过,西部和北部是平坦的大平原。1979 年由中国社会科学院考古研究所河南二队发掘,遗址由龙山文化和二里头文化构成,二里头文化遗迹有灰坑五座、墓葬一座,相当于二里头文化一期。出土的陶器有深腹罐 A1、鼎 A2、深腹盆 A1、平底盆 A、刻槽盆 A2、盘 A1、A3、有颈罐 A1、A2、豆 A1、瓮 A1 等,均为伊洛系陶器。

黄寨遗址③:位于密县东南部的来采乡,南侧有双洎河。1990 年由河南省文物研究所发掘,是一处单纯的二里头文化遗址,相当于二里头文化一、二期。八座灰坑中出土的陶器有深腹罐 A1、圆腹罐 A2、鼎 A1、深腹盆 A1、平底盆 A、瓮 A1、大口尊 A1、盘 A2、刻槽盆 A2 等,均为伊洛系陶器。

白元遗址④:位于伊川县西南约 7 千米的伊河东岸的台地上。1979 年由洛阳地区文物处发掘,遗址由龙山文化、二里头文化和二里岗文化构成,属于二里头文化时期的遗迹有灰坑和墓葬,分别相当于二里头文化一、二期。一期有灰坑七座,出土的陶器有深腹罐 A1、圆腹罐 A1、鼎 A1、甗 A1、深腹盆 A1、平底盆 A、刻槽盆 A1、盘 A1 与 A3、瓮 A1、豆 A1 等伊洛系陶器,占全体陶器的 90.6%。二

---

① 河南省文物局文物工作队、巩县文管会:《河南巩县稍柴遗址发掘简报》,《华夏考古》1993 年第 2 期。
② 中国社会科学院考古研究所河南二队:《河南密县新寨遗址的试掘》,《考古》1981 年第 5 期。
③ 河南省文物研究所:《河南密县黄寨遗址的发掘》,《华夏考古》1993 年第 3 期。
④ 河南省文物研究所:《伊川白元遗址发掘简报》,《中原文物》1982 年第 3 期。

期有灰坑十座、墓葬五座,出土的器类与前期几乎相同,新出现大口尊 A1、缸 A1、爵 A、鬶 A、圆腹罐 B1、器座 B 等,除圆腹罐 B1 和器盖 B 之外均为伊洛系,占 95.8%。

伊川南寨遗址①:位于伊川县城东北 13 千米的台地上,西侧有伊河流过,北边也有无名小河。1993 年由河南省文物研究所发掘,是一处单纯的二里头文化遗址,其时代相当于二里头文化二、三期。属于二期的灰坑和墓葬出土的陶器有深腹罐 A1、鼎 A1、深腹盆 A2、平底盆 A、刻槽盆 A2、瓮 A2、盘 A2、捏口罐 A1、甑 A1、豆 A3 等伊洛系陶器,占全体陶器的 95.0%,而鬲 B2、圆腹罐 B1 等东下冯系占 5.0%。三期的器类与前期几乎相同,但是新出现了大口尊 A2、瓮 A3、短颈壶 A1,伊洛系比例占 96.9%,鬲 D、深腹罐 D 等漳河系陶器占 3.1%。

曲梁遗址②:位于密县县城东部约 25 千米处,东侧有小司河,西部和南部有溱河。20 世纪 80 年代和 90 年代分别调查和发掘。是一处单纯的二里头文化时期的遗址,年代大致相当于二里头文化三期。调查采集的陶器有深腹罐 A2、深腹盆 A2、捏口罐 A1、瓮 A1、大口尊 A1、小口尊 A1、器盖 A 等,均为伊洛系陶器。

程窑遗址③:位于密县县城东南 6 千米的颍河北岸,西侧有书院河,遗址就位于两河交汇的三角地带。1977 年由河南省文物研究所发掘,遗址由龙山文化和二里头文化构成,其时代相当于二里头文化一期。出土陶器有深腹罐 A1、鼎 A2、深腹盆 A1,均为伊洛系陶器。

王城岗遗址④:以发现龙山文化时期的城址而闻名,遗址位于告城镇西北和八方村东北部之间的五渡河西岸,南侧有颍河,西北有王岭尖山。遗址由裴李岗文化、龙山文化、二里头文化、二里岗文化、殷墟文化、西周时代、春秋时代和战国时代构成,是一处多文化连续发展的遗址。属于二里头文化时期的遗迹可以区分为四期,分别相当于二里头文化的一至四期。一期陶器有深腹罐 A1、圆腹罐 A2、鼎 A1、甑 A1、瓮 A1、瓮 A2、盘 A3、深腹盆 A1、钵 A2、豆 A1,均为伊洛系陶

---

① 河南省文物研究所:《河南伊川县南寨遗址二里头文化墓葬发掘简报》,《考古》1996 年第 12 期;河南省文物考古研究所编著:《伊川考古报告》,大象出版社 2012 年版。
② 魏殿臣、谷洛群:《密县古文化遗址概述》,《中原文物》1980 年第 3 期;李维明:《试论曲梁、岔河夏商文化遗址的分期》,《华夏考古》1991 年第 2 期;北京大学考古文博学院:《河南新密曲梁遗址 1988 年春发掘简报》,《考古学报》2003 年第 1 期。
③ 赵会军、曾小敏:《河南登封程窑遗址试掘简报》,《中原文物》1982 年第 2 期。
④ 河南省文物研究所、中国历史博物馆考古部:《登封王城岗与阳城》,文物出版社 1988 年版。

器。二期除了新出现大口尊 A1、缸 A1、鬲 B2、甗 B2 外,其他器类与一期相同,均为伊洛系陶器。三期除了伊洛系外,还出现了深腹盆 D、鬲 D、器盖 D、瓮 C 等漳河系和辉卫系陶器,两者仅占 14.3%,其余均为伊洛系陶器,占 85.7%。四期鬲 D 急剧增加,漳河系占到 40.0%,伊洛系减少为 60.0%。

石羊关遗址[①]:位于白沙水库北岸的石羊关村。1975 年由中国社会科学院考古研究所发掘调查,遗址由仰韶文化、龙山文化、二里头文化和二里岗文化构成。根据采集的陶器,大致相当于二里头文化二期。器类有深腹罐 A1、圆腹罐 A2、小罐 A、深腹盆 A1、刻槽盆 A1、瓮 A1,均为伊洛系陶器。

南洼遗址[②]:遗址北依少室山,南望伏牛山,东部有一道南北向丘陵,西部开阔,有狂水从东北向西南流入伊河支流白降河。总面积约 30 万平方米,遗址由二里头文化和东周时代构成。出土的遗迹中属于二里头文化的有灰沟一条、水井一处、墓葬八座和灰坑 36 座。特别需要强调的是本遗址出土大量白陶器,它不像以前的白陶均出土于墓葬,而是在墓葬以外的遗迹也有出土,这一点值得注意。这些遗迹出土的陶器大多为典型的伊洛系陶器,具体有深腹罐 A1、A2,圆腹罐 A1、A2,鼎 A2,甗 A1、A2,深腹盆 A1、A2,刻槽盆 A2,豆 A1,器盖 A1、A2,三足盘 A1、A2,鬶 A,爵 A。墓葬中出土有爵一件、浅腹盆一件、豆一件、绿松石项链一件、贝七枚。南洼遗址的一至三期分别相当于二里头文化一期晚段到三期。

花地嘴遗址[③]:遗址位于巩义北部约 11 千米处的洛河东岸。1992 年由中国社会科学院考古研究所发掘,是一处龙山文化和二里头文化的复合型遗址。二里头文化遗迹的时代相当于二里头文化二、三期。出土的陶器有深腹盆 A2、鼎 A2、豆 A1、大口尊 A2、缸 A2、钵 A1 等,均为伊洛系陶器。

东赵遗址[④]:东赵遗址位于河南郑州西郊的高新区沟赵乡赵村(东赵)南部、中原区须水镇董岗村西北,东距郑州商城约 14 千米,北距大师姑城址约 7 千米,处于夏商文化的核心区域。从 2012 年 10 月至 2014 年,北京大学考古文博学院与郑州市文物考古研究院组成联合考古队,对东赵遗址进行大规模考古发掘。

---

① 中国社会科学院考古研究所洛阳工作队:《1975 年豫西考古调查:石羊关》,《考古》1978 年第 1 期。
② 郑州大学历史文化遗产文化保护研究中心编著:《登封南洼——2004—2006 年田野发掘报告》,科学出版社 2014 年版。
③ 河南省社会科学院河洛文化研究所、巩义市文物保护管理所:《洛汭地带河南龙山与二里头文化遗存调查》,《中原文物》1994 年第 1 期。
④ 顾万发:《河南东赵遗址考古新发现及其重要历史价值初论》,《黄河·黄土·黄种人》2015 年第 12 期。

累计发掘面积达 6 000 平方米,发现大、中、小三座城址,清理出城墙、城壕、大型夯土建筑基址,疑似祭祀坑区、灰坑、窖穴、水井等重要遗迹,出土了丰富的陶器、石器、骨器等夏、商、周时期的文化遗物。东赵遗址新发现的"大城"初步判定是东周时期的,面积为 100 万平方米。"中城"是一座二里头时期的城址,面积为 9 万平方米,经推测,它是我国迄今发现的二里头文化早期城址中面积最大的。"小城"是嵩山以北发现的第一座确认的新砦期城址。

石灰务遗址[①]:遗址位于巩义市东北约 2 千米处,北临洛河,南部有石灰务村。根据调查采集的陶片,其时代相当于二里头文化三期,深腹罐 A2、鼎 A2、瓮 A1、豆 A2、钵 A2 等伊洛系占全体陶器的 88.2%,鬲 D、深腹盆 D 等漳河系占 11.7%。

以上分析显示,20 处遗址中属于二里头文化一、二期的陶器系统大多为伊洛系,少见其他外来系陶器。但是在属于二里头文化三、四期的遗址中,至少发现两个陶器系统,显示着陶器构成的变化。与Ⅰ区在地理上与山西省西南部接近不同,Ⅱ区较多发现东下冯系陶器,而这里则在二里头文化三、四期还发现少量漳河系和辉卫系陶器。

3. Ⅲ区

这一地区以伏牛山和颖河、汝河上游为中心,其南侧与南阳盆地邻接,共发现了六处内涵较丰富的遗址。

煤山遗址[②]:遗址位于汝州西北 0.5 千米的北刘庄村西台地上,遗址的东边有洗耳河流入汝河。总面积约 20 万平方米,由龙山文化、二里头文化、殷墟文化、西周时代和春秋时代构成,1970 年开始共进行了三次发掘。属于二里头文化时期的遗迹相当于二里头一至三期。一期有灰坑 30 座、壕沟一条,出土的陶器有深腹罐 A1、圆腹罐 A1、鼎 A1、甑 A1、深腹盆 A1、平底盆 A、刻槽盆 A2、瓿 A、豆 A1、钵 A3、鬹 A 等,均为伊洛系陶器。二期有房址一处、灰坑五座,出土的陶器器类大致与一期相同,均为伊洛系陶器,三期有牛坑一座、灰坑 11 座,出土的陶器除了与一、二期相同的外,还有新出现的大口尊 A2、缸 A2、瓮 A1 与 A2、盘 A2、捏口罐 A1、杯 A2 等,其中 91.9% 为伊洛系,深腹盆 D、鼎 D 等漳河系占 8.1%。

[①] 河南省社会科学院河洛文化研究所、巩义市文物保护管理所:《洛汭地带河南龙山与二里头文化遗存调查》,《中原文物》1994 年第 1 期。

[②] 洛阳博物馆:《河南临汝煤山遗址调查与试掘》,《考古》1975 年第 5 期;中国社会科学院考古研究所河南二队:《柯南临汝煤山遗址发掘报告》,《考古学报》1982 年第 4 期;河南省文物研究所:《临汝煤山遗址 1987—1988 年发掘报告》,《华夏考古》1991 年第 3 期。

表 4-6 伊洛地区Ⅲ区诸遗址的器类组成

系统	器种	煤山 一期 数量	煤山 一期 比例	煤山 二期 数量	煤山 二期 比例	煤山 三期 数量	煤山 三期 比例	柏树 一期 数量	柏树 一期 比例	崔庄 一、二期 数量	崔庄 一、二期 比例	董庄 二期 数量	董庄 二期 比例
伊洛系	深腹罐 A2	7	26.9%	4	40.0%	4	10.8%	4	40.0%	4	25.0%	3	20.0%
	圆腹罐 A3	2	7.7%	1	10.0%	3	8.1%			1	6.3%	2	13.3%
	鼎 A1	3	11.5%	2	20.0%	3	8.1%	1	10.0%	2	12.5%		
	甑 A1,A2	3	11.5%										
	深腹盆 A1	1	3.8%			5	13.5%	2	20.0%	3	18.8%	1	6.7%
	平底盆 A	1	3.8%	1	10.0%	2	5.4%					3	20.0%
	刻槽盆 A1	3	11.5%									1	6.7%
	大口罐 A	1	3.8%			1	2.7%	1	10.0%	1	6.3%		
	瓠 A	1	3.8%										
	豆 A1	2	7.7%									1	6.7%
	鬹 A	1	3.8%	1	10.0%								
	大口尊 A2					6	16.2%						
	捏口罐 A1					1	2.7%			1	6.3%	1	6.7%
	瓮 A1					1	2.7%						
	瓮 A2					2	5.4%						
	缸 A1					1	2.7%			1	6.3%		

续表

系统	器种	煤山 一期 数量	煤山 一期 比例	煤山 二期 数量	煤山 二期 比例	煤山 三期 数量	煤山 三期 比例	柏树 一期 数量	柏树 一期 比例	崔庄 一、二期 数量	崔庄 一、二期 比例	董庄 二期 数量	董庄 二期 比例
	盘A1					2	5.4%						
	杯A2	1	3.8%			1	2.7%						
	钵A1					1	2.7%	1	10.0%	1	6.3%		
	钵A2					1	2.7%	1	10.0%	1	6.3%		
	有颈罐A1									1	6.3%	1	6.7%
	小罐A											1	6.7%
	器盖A												
	盉A												
	小计	26	100%	10	100%	34	91.9%	10	100%	16	100%	15	100%
漳河系	鼎D					2	5.4%						
	深腹盆D					1	2.7%						
	小计	0	0.0%	0	0.0%	3	8.1%	0	0.0%	0	0.0%	0	0.0%
	合计	26	100%	10	100%	37	100%	10	100%	16	100%	15	100%

柏树遗址[①]：位于杨楼乡马庄村西，是一处由龙山文化与二里头文化构成的遗址。1975 年由中国社会科学院考古研究所调查，采集的陶器有深腹罐 A1、鼎 A2、深腹盆 A1、瓮 A1、豆 A2、钵 A2 等，均为伊洛系陶器，相当于二里头文化一期。

崔庄遗址[②]：遗址位于禹州东门外 2.5 千米处，北部 1.5 千米有颍河流过。根据 1975 年调查采集陶器，其时代相当于二里头文化一、二期。采集的陶器有深腹罐 A2、鼎 A2、圆腹罐 A2、小罐 A、深腹盆 A1、瓮 A1、豆 A1、刻槽盆 A2 等，均为伊洛系陶器。

董庄遗址[③]：遗址位于禹州西北 1 千米处的台地上，遗址的三面均为颍河环绕。总面积 2.5 万平方米。遗址由仰韶文化、龙山文化和二里头文化构成，其时代相当于二里头二、三期。出土陶器有深腹罐 A2、圆腹罐 A3、深腹盆 A2、刻槽盆 A2、平底盆 A、瓮 A1、豆 A1、鬶 A、盉 A 等，均为伊洛系陶器。

枣王遗址[④]：遗址位于禹州西部 8 千米的颍河北岸高台地上。1991 年调查发现，由仰韶文化和二里头文化构成，相当于二里头文化的早期。采集陶器有深腹罐 A2、鼎 A1、深腹盆 A1、瓮 A1、大口尊 A1、盘 A2 等，均为伊洛系陶器。

余庄遗址[⑤]：遗址位于禹州东部 12 千米的颍河南岸。1991 年调查发现，遗址由龙山文化和二里头文化组成。采集的陶器有大口尊 A2、圆腹罐 A2、器盖 A 等，其时代相当于二里头文化前期，均为伊洛系。

对以上六个遗址的分析显示，这里除了煤山遗址三期外均相当于二里头文化一、二期，陶器系统均为伊洛系，仅在煤山三期发现少量漳河系陶器。

4. 小结

以二里头遗址为代表的伊洛地区作为二里头文化时期的中心地区，发现了近 100 处同时代遗址，其中经过调查或发掘的遗址有 30 余处，通过对各个遗址出土陶器的分析，可以做以下总结：就时期来看，相当于二里头文化前半期的一、二期的遗址，Ⅰ区有八处，其陶器系统中在地的伊洛系占 90% 以上，仅有少量邻接的东下冯系陶器。虽然其比例在 10% 以下，但是它显示了相邻地域之间的恒常交流关系，对二里头文化的形成具有一定的影响。Ⅱ、Ⅲ区的大部分遗址

---

① 中国社会科学院考古研究所洛阳工作队：《1975 年豫西考古调查》，《考古》1978 年第 1 期。
② 中国社会科学院考古研究所洛阳工作队：《1975 年豫西考古调查》，《考古》1978 年第 1 期。
③ 中国社会科学院考古研究所洛阳工作队：《1975 年豫西考古调查》，《考古》1978 年第 1 期。
④ 中国社会科学院考古研究所洛阳工作队：《1975 年豫西考古调查》，《考古》1978 年第 1 期。
⑤ 中国社会科学院考古研究所洛阳工作队：《1975 年豫西考古调查》，《考古》1978 年第 1 期。

也相当于二里头前半期,除了系统不明者外,几乎全部是伊洛系陶器。属于二里头三、四期的遗址很少,其陶器系统构成发生变化,虽然伊洛系仍然是主体因素,但是除了在Ⅰ区发现的东下冯系外,还新出现了漳河系、辉卫系和岳石系的陶器,显示了陶器构成的复杂性。从地理位置来看,前期东下冯系的流入是因为相邻的地理构成的优势,而后期漳河系、辉卫系与岳石系的流入则与前期不同,有超越地理位置而流入的趋势,显示不是因为相邻而相互影响,而是有某种人为的目的性夹杂在流入者和接受方之间,也就是说与社会组织的动荡、迁移、影响、接受有关,显示着一种不同于地域间一般交流的流入形式。伊洛地区陶器构成暗示的二里头文化前期与后期交流形式的变化值得关注。

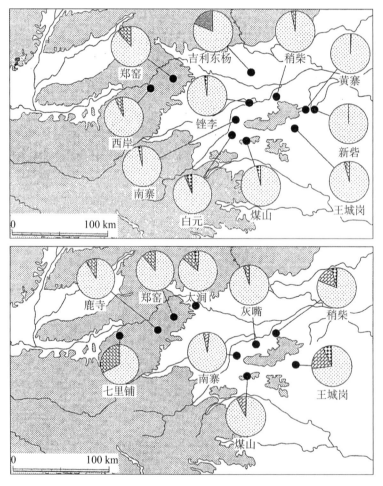

图 4-20 伊洛地区陶器系统的构成比(上:前期 下:后期)

二、山西省西南地区[①]

（一）陶器组成的时期变迁

表4-7　山西西南部地区编年与其他地区编年对照表

伊洛地区	西南部地区	中部地区	漳河地区
一期			
二期	一期	前期	一期
	二期	中期	
三期	三期	后期	二期
四期	四期		三期

山西省夏县东下冯遗址中的大口尊、爵、鬶、四足方杯等是伊洛地区二里头文化的典型器类。而高领鬲、蛋形三足瓮等在伊洛地区看不到，相反却在其北侧的晋中地区大量存在。另外，位于太行山东侧的漳河地区的典型器类如罐形鼎、碗形豆、橄榄形长腹罐、鬲等虽然较少，但在东下冯遗址也有出土。由此看来，所谓的东下冯类型的陶器构成，除了继承本地龙山文化的因素之外，还有伊洛地区、晋中地区和漳河地区的因素存在。因此这里至少呈现四种文化要素混合的状况，可以推想这些地区之间应存在着相互的交流关系。这里首先对东下冯遗址出土陶器系统、器类构成和时间变化进行分析，其次再进一步对其陶器形态的时间和空间的推移变化进行探讨。

东下冯遗址出土的陶器，除了系统不明的器类外，大体可以区分为在地系、伊洛系、东太堡系和漳河系进行分析。

[①] 这一节的内容是根据已经发表在日本古代学协会杂志《古代文化》上的日文原稿翻译改写的，请参照原日文论文「二里頭文化の地域間交流—山西省西南部の土器動態を中心に」（上、下），『古代文化』1998年，50(10、11)。

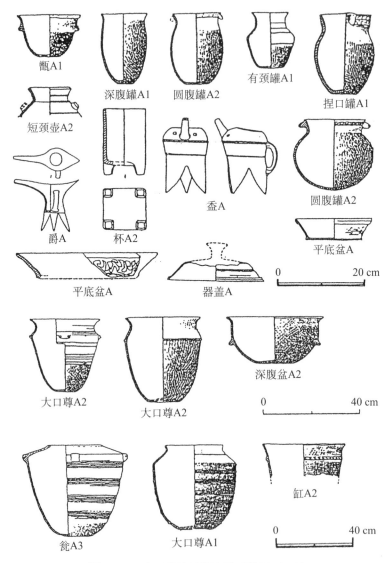

图 4-21 东下冯遗址的陶器系统(伊洛系)

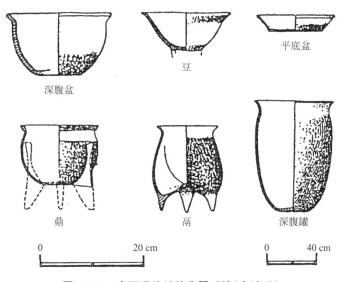

图 4－22　东下冯遗址的陶器系统（在地系）

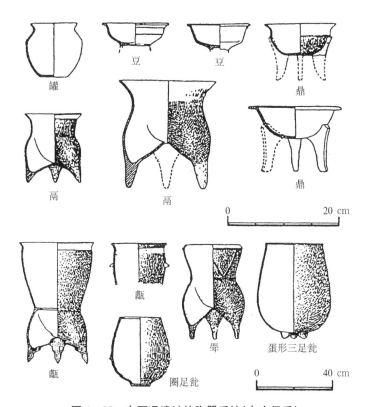

图 4－23　东下冯遗址的陶器系统（东太堡系）

表 4-8　东下冯遗址的器类组成

系统	器种	一期 数量	一期 比例	二期 数量	二期 比例	三期 数量	三期 比例	四期 数量	四期 比例
在地系	圆腹罐 B1	8	10.5%	35	18.9%	57	20.9%	37	8.6%
	折肩罐	8	10.5%	21	11.4%	20	7.3%	23	5.4%
	敛口罐	13	17.1%	7	3.8%	20	7.3%	14	3.3%
	高领罐	11	14.5%	9	4.9%	4	1.5%	6	1.4%
	杯		0.0%		0.0%		0.0%	1	0.2%
	盂		0.0%		0.0%		0.0%	4	0.9%
	钵		0.0%		0.0%	1	0.4%	3	0.7%
	缸	1	1.3%		0.0%	2	0.7%	9	2.1%
	碗		0.0%	1	0.5%	3	1.1%		0.0%
	器座		0.0%		0.0%	1	0.4%		0.0%
	小罐		0.0%		0.0%		0.0%	3	0.7%
	小计	41	53.9%	73	39.5%	108	39.6%	100	23.4%
伊洛系	圆腹罐 A1		0.0%	2	1.1%	4	1.5%	2	0.5%
	深腹罐 A1、A2		0.0%	2	1.1%	9	3.3%	18	4.2%
	爵 A		0.0%		0.0%	1	0.4%	1	0.2%
	甗 A2、A3	2	2.6%	2	1.1%	1	0.4%		0.0%
	平底盆 A		0.0%		0.0%		0.0%	2	0.5%
	大口尊 A2		0.0%	10	5.4%	16	5.9%	52	12.1%
	小口尊 A1		0.0%	2	1.1%	7	2.6%	10	2.3%
	器盖 A	5	6.6%	15	8.1%	16	5.9%	15	3.5%
	短颈壶 A		0.0%		0.0%	4	1.5%	5	1.2%
	盘 A2		0.0%		0.0%	2	0.7%	1	0.2%
	小罐 A	3	3.9%	9	4.9%	15	5.5%	33	7.7%
	深腹盆 A2	2	2.6%	17	9.2%	34	12.5%	26	6.1%
	杯 A2		0.0%	2	1.1%	1	0.4%		0.0%
	盂 A		0.0%		0.0%	1	0.4%		0.0%
	圆腹罐 A2	3	3.9%	2	1.1%	6	2.2%	13	3.0%
	小计	15	19.7%	63	34.1%	117	42.9%	178	41.6%

续表

系统	器种	一期		二期		三期		四期	
		数量	比例	数量	比例	数量	比例	数量	比例
东太堡系	鬲B2	2	2.6%	10	5.4%	2	0.7%	45	10.5%
	鼎	4	5.3%	4	2.2%	1	0.4%	3	0.7%
	甗B	7	9.2%	15	8.1%	24	8.8%	52	12.1%
	瓮	2	2.6%		0.0%		0.0%		0.0%
	大口罐		0.0%	5	2.7%		0.0%		0.0%
	斝		0.0%	2	1.1%	4	1.5%	6	1.4%
	蛋形三足瓮	2	2.6%	5	2.7%	11	4.0%	36	8.4%
	小计	17	22.4%	41	22.2%	42	15.4%	142	33.2%
其他	豆	3	3.9%	8	4.3%	6	2.2%	8	1.9%
	小计	3	3.9%	8	4.3%	6	2.2%	8	1.9%
	合计	76	100%	185	100%	273	100%	428	100%

从东下冯遗址的地层堆积来看,一期文化层直接叠压在龙山文化晚期的地层之上,同时陶器的形态变化也有一些连续性。根据田建文的研究,东下冯遗址的龙山文化晚期包含有四群因素,他们分别是A群的以鼎、三足盘、宽沿罐为代表的王湾三期文化系统,B群的以单耳罐、单耳鬲为代表的客省庄文化系统,C群的以双把鬲、大口罐为代表的陶寺类型的系统,D群的直壁罐、小底罐、折肩瓮、高领罐、深腹盆、碗形钵、圈足碗等为代表的在地系要素。[1] 东下冯类型一期的在地系陶器,是这一遗址龙山文化晚期将以上四群文化要素融合和在地化的陶器。

根据东下冯报告书的统计资料,一期以H1和H42出土陶器为代表分析其陶器构成,可以看到两个灰坑中属于在地的东下冯系陶器的有圆腹罐B1、瓮B1、折肩罐B等,占全体陶器的53.9%。属于伊洛系的陶器有圆腹罐A2、小口尊A1、小罐A等,占全体陶器的19.7%。属于东太堡系的陶器有鬲B2、蛋形三足瓮B2、甗B2、豆B2、斝B2等,占22.4%。

二期的统计资料有H14和H402,出土陶器中在地的东下冯系比例减少,为39.1%,伊洛系陶器增加为36.1%,东太堡系为23.0%,大致与一期一样。

---

[1] 田建文:《东下冯龙山晚期遗存分析及意义》,载《三晋考古》(第2辑),山西人民出版社1994年版。

三期的统计资料有 H15、H413、H535 三个灰坑,出土的陶器中在地的东下冯系占 39.0%,与二期相同,而伊洛系进一步增加为 42.8%,东太堡系减少到 16.4%。这一时期外来的伊洛系陶器凌驾于在地的东下冯系陶器之上,成为本期的主体成分,此外还发现少量长腹罐、碗形豆等漳河系陶器。

四期的统计资料有 H5、H60、H417、H418 等灰坑,出土的陶器构成中,在地的东下冯系再次减少为 23.6%,伊洛系维持 42.0% 的高比例,东太堡系则增加为 34.2%,其中大部分为鬲。从鬲的形态来看,大致可以分为两种,一种是Ⅰ式、Ⅱ式的高领、圆腹的东太堡系典型器形,另一种是Ⅲ式、Ⅳ式的薄胎、短颈实足根的鬲,这种鬲以漳河系为典型,在伊洛地区也有发现,由于这里没有具体统计数字,因而暂时归入东太堡系。但是伊洛地区二里头文化从四期开始鬲的数量急剧增加,在东下冯遗址五期的二里岗下层期,鬲的比例也占到23.5%,六期更增加到 30.6%。因此可以认为具有减少趋势的东太堡系并没有增加,其增加的部分是包含在东太堡系内的漳河系典型的Ⅲ式、Ⅳ式鬲。

以上分析显示,从一期到四期,各系统陶器比例构成呈现伊洛系增加和在地的东下冯系减少的明显倾向。

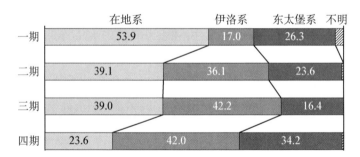

图 4-24 东下冯遗址陶器系统比例的时期变化

(二)陶器组成的空间动态

根据 1980 年的调查资料,晋西南地区二里头文化时期的遗址大约有 40 余处[①],其中经过发掘的遗址约有 14 处。这里仅就文化内涵明确的遗址进行和东

---

① 中国社会科学院考古研究所山西工作队:《晋南考古调查报告》,载《考古学集刊》(6),中国社会科学出版社 1989 年版,第 1—41 页;中国社会科学院考古研究所山西工作队:《晋南二里头文化遗址调查与试掘》,《考古》1980 年第 3 期。

下冯遗址同样的分析,以此来了解这一地区二里头文化时期陶器的空间分布和时间动态。

晋西南地区在地理环境上可以细分为三个地区。中条山南侧的北岸地区,其西包括陕西华县南沙村和洛河上游的洛南焦村、洛南龙头梁遗址、汉水支流的丹江上游的商县紫荆遗址,其南侧与伊洛地区邻接,将这一地区设定为Ⅰ区。Ⅱ区为中条山北侧的运城盆地,其北边以汾河支流浍河为界,这一地区的遗址分布比较密集。Ⅲ区为浍河以北以汾河流域临汾盆地为中心的地区,这里的北侧与晋中地区遥相对应。

1. Ⅰ区

这一地区经过发掘的遗址有八处,其中文化内涵比较明确的有四处遗址。

表4-9 东下冯Ⅰ区各遗址的器类组成

系统	器种	东马铺头二期		丰村三、四期		垣曲商城四期		南沙村四期	
		数量	比例	数量	比例	数量	比例	数量	比例
在地系	高领罐					19	1.4%		
	侈口罐					1	0.1%		
	敛口瓮	1	4.8%	1	3.1%	9	0.7%		
	直口瓮					1	0.1%		
	器座					3	0.2%		
	大口缸					1	0.1%	1	5.9%
	圆腹罐B1	4	19.0%	2	6.3%				
	小瓮			2	6.3%				
	碗			1	3.1%				
	杯	1	4.8%						
	小罐							1	5.9%
	瓮							1	5.9%
	小计	6	28.6%	6	18.8%	34	2.5%	3	17.6%
伊洛系	圆腹罐A2					172	12.8%		
	圆腹罐A3					22	1.6%		
	小罐A					34	2.5%		
	刻槽盆A					2	0.1%		

续表

系统	器种	东马铺头二期		丰村三、四期		垣曲商城四期		南沙村四期	
		数量	比例	数量	比例	数量	比例	数量	比例
伊洛系	大口尊 A2			2	6.3%	90	6.7%	1	5.9%
	器盖 A			1	3.1%	15	1.1%		
	豆 A1、A2					4	0.3%		
	甗 A2			2	6.3%	19	1.4%		
	鼎 A2			1	3.1%	8	0.6%		
	深腹盆 A2	2	9.5%	6	18.8%				
	有颈罐 A1	2	9.5%	6	18.8%				
	平底盆 A	2	9.5%	1	3.1%				
	爵 A			1	3.1%				
	小口尊 A1	2	9.5%					4	23.5%
	深腹罐 A2	4	19.0%						
	杯 A2	1	4.8%						
	圆腹罐 A3							3	17.6%
	有颈罐 A2							1	5.9%
	深腹盆 A3							2	11.8%
	小计	13	61.9%	20	62.5%	366	27.3%	11	64.7%
东太堡系	鬲 B2			1	3.1%	6	0.4%		
	甗 B			1	3.1%	20	1.5%	1	5.9%
	斝					10	0.7%		
	蛋形三足瓮					1	0.1%		
	小计	0	0.0%	2	6.3%	37	2.8%	1	5.9%
其他	罐			2	6.3%	747	55.8%		
	低颈罐					53	4.0%		
	盆			1	3.1%	93	6.9%		
	广沿盆					2	0.1%		
	杯			1	3.1%	4	0.3%		
	广口盆					3	0.2%		
	鬲	1	4.8%					2	11.8%
	小计	2	9.5%	4	12.5%	902	67.4%	2	11.8%
	合计	21	100%	32	100%	1 339	100%	17	100%

东马铺头遗址①：位于中条山西侧的永济县,六座灰坑出土的陶器有鬲、鼎、双耳罐、单耳罐、敛口瓮、深腹盆、浅腹盆、大口尊、杯、四足方杯等,年代相当于东下冯类型二期。陶器构成中在地的东下冯系的单耳罐 B1、敛口瓮 B1、鼎 B1 等占全体陶器的 28.6%,伊洛系的大口尊 A2、深腹罐 A2、圆腹罐 A1、平底盆 A、四足方杯 A 等占 61.9%,漳河系几乎看不到。

丰村遗址②：位于中条山东南侧,两座灰坑出土的陶器有鬲 B2、甗 B2、鼎 B、深腹盆 A2、单耳罐 B1、大口罐形甑 B1、大口瓮 B、敛口瓮 B、小口瓮 A4、深腹罐 A2、平底盆 A、碗 B、爵 A、器盖 A 等。年代大约与东下冯类型三期相当。从各个系统所占比例来看,单耳罐 B1、大口罐 B1、敛口瓮 B、鼎 B、碗 B 等在地的东下冯系占 18.8%,伊洛系的大口尊 A1、小口尊 A1、深腹罐 A2、深腹盆 A2、甑 A2、平底盆 A、爵 A、器盖 A 等占 62.5%,而东太堡系的鬲 B2 和甗 B2 仅占 6.3%。

垣曲商城遗址③：位于丰村遗址南部,出土大量二里头文化的陶器。报告认为这一遗址属于二里头文化二里头类型,出土器类有深腹罐 A2、圆腹罐 B1、敞口罐 B、圆腹罐 A2、小口罐 B、有颈罐 A1、小罐 A、鬲 B2、甗 B2、大口尊 A2、蛋形三足瓮 B2、瓮 B、刻槽盆 A3、深腹罐 A2、豆 A3、甑 A3、器盖 A、杯 A2 等,年代相当于东下冯类型四期。在地系有圆腹罐 B1、折肩罐 B、瓮 B、高领罐 B、深腹盆 B 等。伊洛系有大口尊 A2、深腹罐 A2、圆腹罐 A2、刻槽盆 A3、盉 A、爵 A、豆 A3、甑 A3、深腹盆 A2。东太堡系有鬲 B2、甗 B2、蛋形三足瓮 B2。由于在统计表中占全体陶器 55.8%的罐类器中各个系统混杂,因而除此之外,仅就系统明确的器类进行比例计算。由此得出在地的东下冯系、伊洛系和东太堡系各自的比例分别为 7.8%、83.8%、8.5%。

南沙村遗址④：位于渭河支流石堤河流域,遗址下层的四座灰坑出土的陶器有鬲、甗 B、有颈罐 A1、大口尊 A2、小口尊 A1、瓮 A1、深腹盆 A2、缸 A2 等。腹部饰水丝纹的鬲 B 是这个遗址独有的。各个系统的构成比分别是在地的东太堡系的深腹盆 B、瓮 B、折肩罐 B 占 17.7%,伊洛系的大口尊 A2、小口尊 A2、圆腹

---

① 中国社会科学院考古研究所山西工作队:《晋南考古调查报告》,载《考古学集刊》(6),中国社会科学出版社 1989 年版,第 1—41 页;中国社会科学院考古研究所山西工作队:《晋南二里头文化遗址调查与试掘》,《考古》1980 年第 3 期。
② 中国社会科学院考古研究所山西工作队:《山西垣曲丰村新石器时代遗址的发掘》,载《考古学集刊》(5),中国社会科学出版社 1987 年版,第 27—60 页。
③ 中国历史博物馆考古部、山西省考古研究所、垣曲县博物馆编著:《垣曲商城——1985—1986 年度勘察报告》,科学出版社 1994 年版。
④ 北京大学考古教研室华县报告编写组:《华县、渭南古代遗址调查与发掘》,《考古学报》1980 年第 3 期。

罐 A3、有颈罐 A1 占 64.7%，东太堡系的鬲 B、甗 B 等占 17.6%。

从以上四个遗址出土的陶器形态来看，伊洛系在四个遗址中均占到 60% 以上，可以说是这些遗址的主体因素。这一地区在地理上与伊洛地区邻近，受到的影响也较强烈。从各遗址的时代来看，除了东马铺头之外，其他三个遗址都与东下冯类型的三、四期相当，这个时期即使东下冯类型也受到伊洛地区的强烈影响，因此从地理和年代两方面都体现了伊洛地区的影响力。

2. Ⅱ区

包括运城盆地和峨嵋岭北侧的侯马周围地区，这里是东下冯类型的中心分布区。位于这一地区的遗址除东下冯之外，还有侯马东山底遗址、乔山底遗址、东阳呈遗址和曲沃曲村遗址。

表 4-10 东下冯Ⅱ区各遗址的器类组成

系统	器种	东山底二期 数量	东山底二期 比例	乔山底二期 数量	乔山底二期 比例	东阳呈三期 数量	东阳呈三期 比例	曲村四期 数量	曲村四期 比例
在地系	深腹盆 B	4	21.1%						
	瓮	3	15.8%						
	圆腹罐 B1	2	10.5%	2	6.7%	2	15.4%		
	直口罐	1	5.3%						
	敛口瓮			1	3.3%	1	7.7%		
	圈足缸					2	15.4%		
	小口罐			2	6.7%				
	中口罐			1	3.3%				
	豆			2	6.7%				
	盘			2	6.7%				
	碗			1	3.3%			1	7.1%
	小口瓮							1	7.1%
	小计	10	52.6%	11	36.7%	5	38.5%	2	14.3%
伊洛系	豆 A1、A2	1	5.3%						
	平底盆 A			3	10.0%				
	小口尊 A1	1	5.3%			1	7.7%		

续表

系统	器种	东山底二期 数量	东山底二期 比例	乔山底二期 数量	乔山底二期 比例	东阳呈三期 数量	东阳呈三期 比例	曲村四期 数量	曲村四期 比例
伊洛系	圆腹罐A2	1	5.3%	1	3.3%				
	深腹罐A2					1	7.7%		
	深腹盆A2					3	23.1%		
	小罐A			2	6.7%				
	深腹罐A1			1	3.3%				
	短颈壶A1			1	3.3%				
	有颈罐A1							2	14.3%
	深腹盆A1							3	21.4%
	捏口罐A1							1	7.1%
	鼎A2	1	5.3%						
	器盖A							1	7.1%
	小计	4	21.1%	8	26.7%	5	38.5%	7	50.0%
东太堡系	鬲B2	2	10.5%	5	16.7%			2	14.3%
	甗B	1	5.3%	1	3.3%	1	7.7%		
	斝	1	5.3%					1	7.1%
	蛋形三足瓮	1	5.3%	3	10.0%	2	15.4%		
	圈足瓮			2	6.7%				
	小计	5	26.3%	11	36.7%	3	23.1%	3	21.4%
漳河系	深腹罐D							1	7.1%
	小计	0	0.0%	0	0.0%	0	0.0%	2	14.3%
	合计	19	100%	30	100%	13	100%	14	100%

乔山底遗址[①]：位于侯马市东南部，是一处由庙底沟二期和东下冯二期构成的遗址。其器类构成有在地系的圆腹罐B1、长盘B、豆B、瓮B、敞口罐B、小

[①] 山西省考古研究所侯马工作站：《山西侯马乔山底遗址1989年Ⅱ区发掘报告》，《文物季刊》1996年第2期。

口罐B、碗B等,占36.7%,伊洛系有长颈壶A1、深腹罐A2、圆腹罐A2、深腹盆A1等,占26.7%,东太堡系有甗B2、鬲B2、蛋形三足瓮B2、圈足瓮B2等,占36.7%。这里的伊洛系与在地系和东太堡系相比比例较低,这一点值得注意。

东山底遗址①:位于乔山底遗址西北约1千米处。根据采集的陶器,其年代相当于东下冯二期,在地系陶器有圆腹罐B1、直口罐B1、瓮B1、敞口盆B等,占52.6%,伊洛系有大口尊A2、鼎A2、圆腹罐A2等,占21.2%,东太堡系有甗B2、斝B2、三足瓮B2、鬲B2等,占26.4%。在地系占到全体陶器的半数以上,而且伊洛系陶器中的大口尊和圆腹罐并不典型,是在地系的变容。

东阳呈遗址②:遗址位于侯马市西南的浍河南侧。根据对采集的陶器的分布调查,其年代相当于东下冯三期。在地系陶器有圆腹罐B1、折肩罐B等,占38.5%,伊洛系有小口尊A1、深腹盆A2、平底盆A等,占38.5%,东太堡系有蛋形三足瓮B2、甗B2等,占23.1%。伊洛系比例最高,其次为在地的东下冯系与东太堡系。

曲村遗址③:遗址位于曲沃县城西部。第一层出土的陶器有鬲B2、斝B2、蛋形三足瓮B2、深腹罐A2、小罐A、深腹罐D、深腹盆B、瓮B、鬶A、器盖A等,相当于东下冯类型四期。在地的东下冯系的深腹盆B、瓮B等占14.3%,伊洛系的深腹罐A2、小罐A、器盖A等占50.0%,东太堡系的鬲B2、斝B2、蛋形瓮B2等占21.4%,漳河系的深腹罐D等占14.3%。伊洛系占全体陶器的半数以上。

以上四处遗址中,属于东下冯二期的乔山底和东山底遗址,在地系和东太堡系的比例较高。相反,相当于三、四期的东阳呈和曲村遗址,伊洛系占到40%～50%,远高于在地的东下冯系和东太堡系的比例。从三期开始伊洛系呈增加趋势,这一点与东下冯遗址相同。但是与Ⅰ区相比,伊洛系的比例略低,而东太堡系的比例则超过20%,显示了地理配置的优势。

3. Ⅲ区

这是指以汾河中游临汾盆地为中心的地区。位于这一地区的遗址有襄汾大柴、翼城南石、感军、苇沟-北寿城四个遗址,其中大柴遗址的内容最丰富。

---

① 侯马博物馆:《山西侯马市东山底遗址调查简报》,《史前研究》1990年。
② 侯马市博物馆:《侯马市东阳呈遗址调查简报》,《考古与文物》1990年第6期。
③ 北京大学考古系:《翼城曲沃考古勘察记》,载《考古学研究》(1),文物出版社1992年版,第124—228页。

表4-11 东下冯Ⅲ区各遗址的器类组成

系统	器种	苇沟-北寿城二期 数量	比例	南石三期 数量	比例	感军三期 数量	比例	大柴三期 数量	比例
在地系	深腹盆B					3	15.0%	8	12.1%
	敛口缸					1	5.0%		
	豆					1	5.0%		
	折肩罐							6	9.1%
	折肩瓮							1	1.5%
	碗	2	10.5%					4	6.1%
	甗			1	6.3%				
	圆腹罐B1	1	5.3%	1	6.3%				
	小口瓮	2	10.5%	1	6.3%				
	敛口瓮	1	5.3%						
	直口瓮	2	10.5%						
	小计	8	42.1%	3	18.8%	5	25.0%	19	28.8%
伊洛系	圆腹罐A2					1	5.0%		
	深腹罐A2					2	10.0%		
	捏口罐A1			1	6.3%	1	5.0%		
	圆腹罐A3					2	10.0%		
	器盖A					2	10.0%	2	3.0%
	小罐A							8	12.1%
	大口尊A2							6	9.1%
	短颈壶A2							3	4.5%
	角A							1	1.5%
	杯A2							2	3.0%
	爵A							1	1.5%
	鼎A2	1	5.3%	1	6.3%				
	深腹罐A1			1	6.3%				
	深腹盆A2			2	12.5%				
	豆A1、A2			1	6.3%				

续表

系统	器种	苇沟-北寿城二期 数量	苇沟-北寿城二期 比例	南石三期 数量	南石三期 比例	感军三期 数量	感军三期 比例	大柴三期 数量	大柴三期 比例
伊洛系	盉 A			1	6.3%				
伊洛系	小盆 A	2	10.5%						
伊洛系	小计	3	15.8%	7	43.8%	8	40.0%	23	34.8%
东太堡系	鬲 B2	1	5.3%	2	12.5%	2	10.0%	6	9.1%
东太堡系	甗 B	1	5.3%			1	5.0%	3	4.5%
东太堡系	斝			1	6.3%	1	5.0%		
东太堡系	敛口三足瓮					3	15.0%	4	6.1%
东太堡系	蛋形三足瓮	2	10.5%	1	6.3%				
东太堡系	豆	1	5.3%						
东太堡系	小计	5	26.3%	4	25.0%	7	35.0%	13	19.7%
漳河系	深腹罐 D							2	3.0%
漳河系	小罐			1	6.3%				
漳河系	小口瓮			1	6.3%				
漳河系	小计	0	0.0%	2	12.5%	0	0.0%	2	3.0%
其他	豆							6	9.1%
其他	钵							3	4.5%
其他	器盖	3	15.8%						
其他	小计	3	15.8%	0	0.0%	0	0.0%	9	13.6%
	合计	19	100%	16	100%	20	100%	66	100%

苇沟-北寿城遗址[①]：遗址位于翼城县西北部，多处灰坑出土的陶器有鬲 B2、甗 B2、鼎 B、蛋形三足瓮 B2、圆腹罐 B1、深腹盆 A2、平底盆 A、碗 B、豆 B、瓮 A4、直口缸 B、器盖 A 等，相当于东下冯类型二期。在地的东下冯系的直口缸 B、碗 B 等占 42.1%，伊洛系的深腹盆 A2、器盖 A 占 15.8%，东太堡系的鬲 B2、甗 B2、蛋形三足瓮 B2 等占 26.3%。

---

① 北京大学考古专业商周组等：《晋豫鄂三省考古调查报告》，载《考古》1980 年第 7 期；北京大学考古系：《翼城曲沃考古勘察记》，载《考古学研究》(1)，文物出版社 1992 年版，第 124—228 页。

大柴遗址[①]：遗址位于临汾盆地的南端，汾河西侧的南贾镇。根据1986年的发掘，十座灰坑中出土了大量陶器，其年代相当于东下冯类型三期。器类构成有鬲B2、甗B2、圆腹罐B1、折肩罐B、大口尊A2、深腹盆A2、甑A2、钵A3、器盖A、碗B、小口尊A1、蛋形三足瓮B2、豆A1、短颈壶A2、杯A2等，其中包括鬲B2、B1、B3等多种形式。各个系统的比例分别为在地的东下冯系鬲B1、折肩罐B1、折肩瓮B、碗B、圆腹罐B1等占28.8%，伊洛系的大口尊A2、深腹罐A2、深腹盆A2、器盖A、短颈壶A2、杯A2等占34.8%，东太堡系的鬲B2、甗B2、蛋形三足瓮B2等占19.7%。漳河系的深腹罐D占3.0%。伊洛系的比例最高，其次为在地的东下冯系和东太堡系，漳河系最低。

南石遗址[②]：遗址位于翼城县西北，是一处龙山文化和二里头文化的复合遗址，二里头文化的两座灰坑出土的陶器有鬲B1、B2，甗B2，甑A2，鼎A2，深腹罐A2，圆腹罐B1、A3，小罐A，深腹盆B，楔形点纹罐D，豆A3，盉A，瓮A4等，相当于东下冯类型三期。其中在地的东下冯系的鬲B1、圆腹罐B1、深腹盆B等占18.8%，伊洛系的深腹罐A2、圆腹罐A3、小罐A、盉A等占43.8%，东太堡系的鬲B2、甗B2、蛋形三足瓮B2等占25.0%，漳河系的楔形纹罐D占12.5%。

感军遗址[③]：遗址位于临汾盆地东南的翼城县，1962年发掘了两座灰坑，出土的陶器有鬲B2、甗B2、盉B2、深腹罐A2、敞口罐B、小罐A、深腹盆A2、蛋形三足瓮B2、敛口三足瓮B2、豆B、器盖A等，相当于东下冯类型三期。在地的东下冯系的瓮B、高领罐B、敞口罐B、深腹盆B、豆B等占25.0%，伊洛系的深腹罐A2、小罐A、深腹盆A2、器盖A等占40.0%，东太堡系的鬲B2、甗B2、斝B2、蛋形三足瓮B2等占35.0%。三个系统中伊洛系比例最高，而在地的东下冯系最低。东太堡系中蛋形三足瓮特别发达，而看不到在地的东下冯系的圆腹罐B1、鬲B1和伊洛系大口尊等特征性器类。而敛口三足瓮则是在在地系瓮B的底部加三足而成的。

辕村遗址[④]：遗址位于中条山北麓，西北有地势较高的鸣条岗，南部约4千米为运城盐池。遗址就在青龙河下游的卢沟河两岸，河流将遗址分为东西两部分，文化遗迹由仰韶文化、庙底沟二期文化、龙山文化、二里头文化、二里岗文化、

---

① 中国社会科学院考古研究所山西工作队：《山西襄汾大柴遗址发掘简报》，《考古》1987年第7期。
② 北京大学考古专业商周组等：《晋豫鄂三省考古调查报告》，《考古》1980年第7期。
③ 中国社会科学院考古研究所：《晋南二里头文化遗址调查与试掘》，《考古》1980年第3期。
④ 中国国家博物馆田野考古研究中心、山西省考古研究所、运城市文物保护研究所：《夏县辕村遗址发掘简报》，《考古》2009年第11期。

汉代文化和宋代文化构成。属于二里头文化的遗迹有陶窑、住址、灰坑和灰沟，时代相当于东下冯类型二期。出土的陶器有深腹罐 A 两件、圆腹罐 A 两件、带耳圆腹罐 B1 三件、折肩罐 B1 一件、鼓腹罐 B1 一件、侈口束颈深腹盆 B1 一件、折沿弧腹盆 B1 三件、簋 B1 一件、大口尊 A1 一件、鬲 B1 两件、甗 B1 三件、豆 B1 一件。二里岗文化遗迹仅有灰坑，相当于二里岗文化下层期。出土陶器有鬲 AD 一件、鬲 B1 一件、两件甗 B、大口尊一件。

柳庄遗址[①]：遗址位于山西省南部中条山西麓，坐落于绛县西南，速水河北岸台地上，2004 年发掘。遗址内涵由二里头文化四期和二里岗文化时期构成。属于二里头文化时期的遗迹单位有灰坑六个。根据对六个灰坑出土陶器的分类和数量统计，属于 A 系统的陶器器类有深腹罐、圆腹罐、平口瓮、小口瓮、深腹盆、平底盆、高领罐、大口尊、圈足器等。B 系统的在地系有单耳圆腹罐、甗、鬲、直壁盆、蛋形瓮等。C 系统的辉卫系的鬲、深腹盆、深腹罐等。二里头文化年代大致相当于二里头遗址三、四期。本遗址颇有特点的是在发表的六个灰坑出土陶器中，H21 出土陶器中 B 系统陶器占到 14 件中的十件，H29 中 A 系统陶器占到六件中的五件，反映着 A、B 系陶器在遗址中的分布根据地点显示的差异性，也许暗示着这个遗址中 A、B 系陶器的使用者分区而居的可能性。属于二里岗文化时期的遗迹有灰坑 16 座，发表的 32 件陶器中，B 系陶器约 11 件，C 系陶器四件，不明系统的一件。与前期相比 B 系陶器虽然减少，但是仍然比郑洛地区的比例高许多，呈现着陶器分布的地域性特点。

在以上六处遗址中，除了苇沟-北寿城遗址和辕村遗址属于东下冯二期外，其余四处遗址均与东下冯三、四期相当。总体来看，在地的东下冯系陶器中，二期占半数以上，而三、四期则减少到 18%～28%。与此相对，东太堡系的比例基本保持在 20%～35% 之内。而伊洛系在二期只不过占 15.7%，但是进入三期后则增加到 34%～43%。在地系减少的部分，正是伊洛系陶器所增加的部分，陶器比例所呈现的增减趋势与前述的Ⅰ、Ⅱ区的状况相同。但是与Ⅰ、Ⅱ区相比，伊洛系陶器的比例较低，东太堡系的陶器比例较高，这是因为Ⅲ区在地理上靠近北部，充分显示了地理位置的特征。但是以上分析中所应该引起重视的是，在东下冯文化三期时，Ⅲ区的伊洛系要素已经到了 40% 左右。

---

① 山西省考古研究所、国家博物馆考古部、运城市文物局：《陕西绛县柳庄夏商遗址发掘报告》，《华夏考古》2010 年第 2 期。

(三)晋西南地区陶器组成的考察

以上分析将分布于豫晋陕三省交界处的二里头文化区分为三个地区,并对各个地区的陶器编年和带有地域特色的器类进行研究,进而选择晋西南地区 14 处遗址的发掘资料,分析了四个系统陶器的时间和空间分布的变化状况。现在就此分析结果做以下总结。

首先,在东下冯遗址一期中,在地的东下冯系占 53.9%,是东下冯类型的主体构成要素。同时,北部的东太堡系占 26.3%,南侧的伊洛系占 17.0%,这种状况体现了晋西南地区从龙山文化向二里头文化的转变,与东太堡系和伊洛系等外来系因素的介入具有不可分割的关系。到了东下冯遗址的二期,伊洛系的因素增加到了 36.1%,三、四期进一步增加到 42% 左右。另一方面,在地系和东太堡系却一直呈减少的趋势,特别是在三期,伊洛系超越在地系的比例,成为这一文化类型的主体因素。从东下冯遗址这种外来因素的消长状况来看,前期(即一、二期)北方的东太堡系的影响比较强烈,而后期(即三、四期)南部的伊洛系的影响起着很大的作用。这种现象在晋西南地区的其他遗址中也能观察到,这里分别以时期别和地区别来分析一下。

在时间上,将晋西南地区的二里头文化区分为前后两大期,即以东下冯一、二期为前期,三、四期为后期。在地域上,正如前章所述,依地理环境从南到北分为Ⅰ、Ⅱ、Ⅲ区。

属于前期的遗址有Ⅰ区的东马铺头,Ⅱ区的乔山底、东下冯、东山底,Ⅲ区的苇沟-北寿城和夏县辕村五个遗址。在Ⅰ区的东马铺头遗址中,伊洛系已经占到 61.9% 的比例,与在地系占 28.6% 相比高出 30 个百分点,而东太堡系几乎看不到。但是在Ⅱ区的乔山底和东山底遗址中,在地系占 36.7%~52.6%,其次是占 26.4%~36.7% 的东太堡系,而伊洛系仅占 21.2%~26.7%。在与北部邻接的Ⅲ区的苇沟-北寿城遗址,在地系占 42.1% 的高比例,其次是东太堡系的 26.1%,伊洛系仅占 15.7%。这样,在前期中Ⅱ、Ⅲ区的在地系陶器是构成遗址的主体成分,而在Ⅰ区中却是以伊洛系的陶器为主。随着地域北移,伊洛系的比例变小,明确显示了地理位置的因素。

在属于后期的遗址中,有Ⅰ区的垣曲商城、丰村、南沙村,Ⅱ区东下冯、东阳呈、曲村,Ⅲ区的感军、大柴、南石九处遗址。在属于Ⅰ区的遗址中,伊洛系占 62.5%~64.7%,超过半数。相反,在地系仅占 17.7%~18.8%,东太堡系的比例占 5.9%~6.3%。Ⅱ区的伊洛系占 40.0%~50.0%,可以说是所有遗址的主体因素,而在地系占 14.2%～39.0%,东太堡系占 16.4%～23.1%。Ⅲ区的感军、大柴、南石遗址中伊洛系占 34.9%～43.8%,仍然是各遗址的主体成分,在地系占 18.8%～28.8%,东太堡系占 20.0%～35.0%,与前期相比呈现减少趋势。因此可以说,后期各个地区的伊洛系都占较高的比例。同时从与洛阳地区的距离来看,距离洛阳越近,其伊洛系的比例越高,反之则越低。比如在Ⅰ区伊洛系占半数以上,而Ⅱ、Ⅲ区仅占 43.8%～50.0%。此外,伊洛系的比例随着时期的变化而增加。在Ⅱ区也一样,与三期的东阳呈遗址相比,四期的曲村遗址伊洛系所占比例较高。相反,东太堡系的因素,比如在Ⅰ区的丰村遗址仅占 6.3%,而在Ⅲ区的感军遗址则占到 35.0%的高比例,也充分体现了地理位置的因素。距离晋中地区越远,东太堡系比例越低,相反则越高。此外,在Ⅰ区中伊洛系与东太堡系相差 30 个百分点,而在Ⅲ区两者的差异仅有十个百分点。这也显示着伊洛系的影响力比较强势。

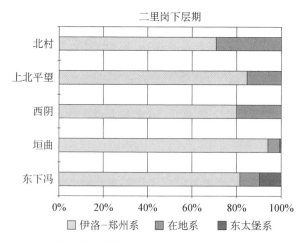

图 4-25　山西省西南部诸遗址陶器系统的构成比与时期变化

这里把属于后半期的八个遗址中可以确认系统的陶器要素,即在地系、伊洛系、东太堡系三个系统的相互构成比做成图 4-26 来表示。从图中可以看到,伊洛系陶器在八处遗址中均占主体成分。但是根据其距离伊洛地区的远近,所占比例有所不同,显示了明确的地理位置因素的影响。特别是和伊洛地区邻近的Ⅰ区,伊洛系以 70.0%的高比例出现,并几乎包括了以二里头遗址为中心的伊洛地区的所有陶器形态。其中特别应该引起注意的是二里岗文化时期修造了城郭的垣曲商城遗址中,伊洛系陶器占到 84.0%。另一方面东太堡系在Ⅱ、Ⅲ区继续显示其地理位置的影响,大约以 23%～25% 的比例出现,反映了其在晋西南地区仍残留有一定的影响力。

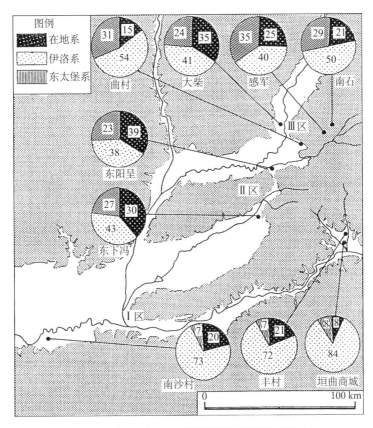

图 4-26 山西省西南地区诸遗址陶器系统的构成比

三、河南省北部地区[①]

关于豫北地区的陶器研究,以往大多瞩目于青铜器,或是陶器谱系编年的分析,并以豫北地区同洛阳、郑州和安阳的关系为重点,而忽视同其他地区之间关系的研究。这里将在充分收集豫北地区二里头文化时期和先商文化(包括辉卫文化、漳河类型)遗址资料的基础之上,对这些遗址中出土的陶器构成变化进行详细分

---

① 这一部分根据笔者的以下日语论文改写而成:「二里头文化と先商文化の土器样式—豫北地区の二里头期を中心に」,『古代文化』第 53 卷第 3 期,2001 年。

析,并从多地域间交流的角度,对豫北地区和其他周边地区的动态关系进行探讨。前一节就豫北各个地区的陶器编年进行了整理,这一节将对豫北地区诸遗址出土的陶器器类构成以及陶器系统构成比例的消长进行分析,以此明确陶器组合构成中各系统的时间演变和空间分布趋势以及地域间与周边地区的交流状况。

为了探讨豫北地区二里头文化时期的地域间关系,将在前章陶器编年分期所提示的时间标尺基础上,对位于这一地区诸遗址出土的陶器构成及比例进行分析,然后来观察其陶器构成的时间和空间推移的基本趋势。

表 4-12　河南北部地区陶器编年

河南省北部地区	一期	二期	三期	四期	五期
寨子				○	
小屯				H49 H50	
梅园庄					○
大赉店					○
马庄				○	
宋窑	一组	二组	三组		四组
琉璃阁					H1
孟庄	一期	二期	三期	四期	
潞王坟				一组	
丰城			○		
李固			H15 T1⑤	D1③	
府城		T0115⑦ T0115⑧	ⅡH50 H6		
小尚			○		
郚封	○		○		
东石寺				○	
禹寺			○		
西梁所	H10		J1 J4		
大司马				H14	

续表

河南省北部地区	一期	二期	三期	四期	五期
赵庄				G1⑤ D4下 D2	
北平皋			H3	H1 H4	
二里头文化	二期后半期	三期前半期	三期后半期	四期前半期	四期后半期

（一）器种构成的时期变化

在连续堆积时间较长的孟庄遗址和宋窑遗址中,有追踪陶器构成时期变化的良好资料,为此首先分析这两个遗址出土陶器构成比例的时代变迁。

孟庄遗址[①]：孟庄遗址位于卫河冲积平原,遗址总面积约 25 万平方米,是一处由仰韶文化、龙山文化、二里头文化、二里岗文化和殷墟文化构成的复合型遗址。其中,龙山和二里头文化时期建筑有大型城郭。根据 1992 年到 1995 年的发掘资料,孟庄遗址出土的二里头文化时期的陶器组成中,包含有辉卫系、伊洛系、东太堡系(B2)、漳河系和岳石系的陶器器类。

表 4-13 孟庄遗址的器类组成与系统

系统	器种	一期		二期		三期		四期	
		T86,T151,H158, H37,H26,H464, T36,H21,H423		H199,H456,H76, H9,M1,H9, H101,H126		H44,H69,H23, H33,F4,H117, H160,H301, H144,H417, H36,H62,H165		J2,M4,M6, H219,M8,T4, M10,H77,M51, H105,H68,H25, T149,H44,M20, M26,H84,H103, M43,M28,M32	
		数量	比例	数量	比例	数量	比例	数量	比例
伊洛系	圆腹罐 A2	4	9.1%	6	7.3%	4	6.7%	1	2.9%
	深腹罐 A2	1	2.3%	1	1.2%	2	3.3%	2	5.9%
	大口尊 A2	1	2.3%			2	3.3%	1	2.9%

---

① 河南省文物考古研究所编：《辉县孟庄》,中州古籍出版社 2003 年版。

续表

系统	器种	一期 T86,T151,H158,H37,H26,H464,T36,H21,H423		二期 H199,H456,H76,H9,M1,H9,H101,H126		三期 H44,H69,H23,H33,F4,H117,H160,H301,H144,H417,H36,H62,H165		四期 J2,M4,M6,H219,M8,T4,M10,H77,M51,H105,H68,H25,T149,H44,M20,M26,H84,H103,M43,M28,M32	
		数量	比例	数量	比例	数量	比例	数量	比例
伊洛系	瓮 A1	1	2.3%	2	2.4%	1	1.7%		
	缸 A2	1	2.3%						
	有颈罐 A1	1	2.3%			3	5.0%		
	深腹盆 A2	1	2.3%	6	7.3%	3	5.0%	1	2.9%
	鬲 A	1	2.3%						
	捏口罐 A1			2	2.4%	3	5.0%	1	2.9%
	小罐 A					2	3.3%		
	鼎 A2			7	8.5%	4	6.7%		
	豆 A2、A3			2	2.4%	2	3.3%		
	簋 A2							1	2.9%
	平底盆 A					2	3.3%	1	2.9%
	甑 A2					1	1.7%	1	2.9%
	刻槽盆 A3					1	1.7%		
	小口尊 A1								
	长颈壶 A2					1	1.7%		
	器盖 A			2	2.4%				
	小计	11	25.0%	28	34.1%	31	51.7%	9	26.5%
辉卫系	深腹罐	2	4.5%	1	1.2%	2	3.3%		
	瓮 C	2	4.5%	1	1.2%				
	矮领瓮	2	4.5%	1	1.2%				
	小罐	3	6.8%	4	4.9%	2	3.3%	3	8.8%
	深腹盆	1	2.3%			1	1.7%	1	2.9%
	敛口罐	1	2.3%						

续表

系统	器种	一期 T86,T151,H158, H37,H26,H464, T36,H21,H423		二期 H199,H456,H76, H9,M1,H9, H101,H126		三期 H44,H69,H23, H33,F4,H117, H160,H301, H144,H417, H36,H62,H165		四期 J2,M4,M6, H219,M8,T4, M10,H77,M51, H105,H68,H25, T149,H44,M20, M26,H84,H103, M43,M28,M32	
		数量	比例	数量	比例	数量	比例	数量	比例
辉卫系	鬲			1	1.2%	2	3.3%	1	2.9%
	豆			1	1.2%			3	8.8%
	平底盆C			1	1.2%	1	1.7%	1	2.9%
	圆底罐					1	1.7%		
	高领瓮			4	4.9%				
	器盖			3	3.7%	3	5.0%		
	小计	11	25.0%	22	26.8%	12	20.0%	9	26.5%
东太堡系	卵形瓮	7	15.9%	11	13.4%	2	3.3%	2	5.9%
	瓿B	6	13.6%	8	9.8%	3	5.0%	1	2.9%
	鬲B2	2	4.5%	2	2.4%	3	5.0%	3	8.8%
	折肩罐	1	2.3%	1	1.2%	1	1.7%		
	高领瓮			1	1.2%				
	小计	16	36.4%	23	28.0%	9	15.0%	6	17.6%
漳河系	深腹罐D	3	6.8%	6	7.3%	3	5.0%	1	2.9%
	鬲D	1	2.3%	1	1.2%	1	1.7%	2	5.9%
	豆D							3	8.8%
	深腹盆D			1	1.2%	1	1.7%	2	5.9%
	小计	4	9.1%	8	9.8%	5	8.3%	8	23.5%
岳石系	尊形器	2	4.5%	1	1.2%				
	鬲E					1	1.7%	1	2.9%
	豆					1	1.7%	1	2.9%
	深腹罐E					1	1.7%		
	小计	2	4.5%	1	1.2%	3	5.0%	2	5.9%
	合计	44	100%	82	100%	60	100%	34	100%

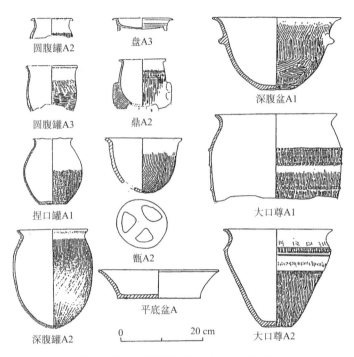

图 4-27 孟庄遗址出土的伊洛系陶器

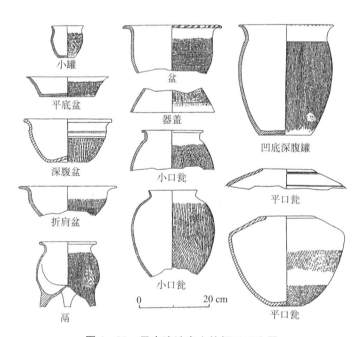

图 4-28 孟庄遗址出土的辉卫系陶器

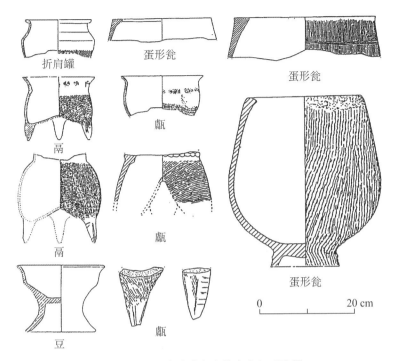

图 4-29　孟庄遗址出土的东太堡系陶器

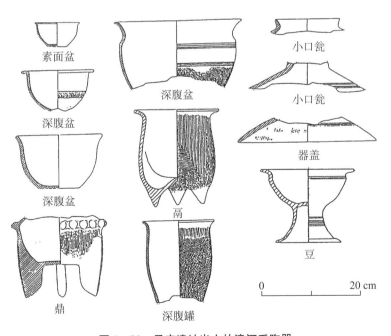

图 4-30　孟庄遗址出土的漳河系陶器

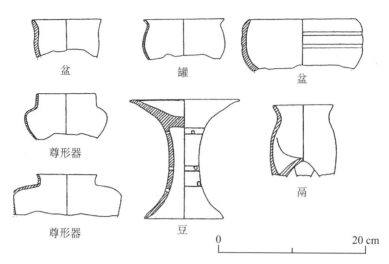

图 4-31 孟庄遗址出土的岳石系陶器

从地层堆积来看,孟庄遗址在龙山文化层之上属于一期的遗迹中出土的陶器,在陶器形态上与龙山文化的陶器有一定的连续性。比如,陶器胎土内包含贝壳的掺合物,称夹蚌陶质。这种陶质只在豫北一期陶器中可以看到。这一时期的主要器种有长颈瓮、小罐、小口瓮C、圈足盘、甗、双腹盆、豆、碗等。这些陶器形态显示了融合龙山时代王湾三期文化、后岗二期文化、山东龙山文化的要素后并土著化的特征。此外,还有一定量的篮纹也是这一时期的特点。这里以属于一期的H158、T8611、H37等典型地层单位为例来分析其陶器构成。一期陶器构成中,辉卫系陶器有深腹罐C、圈足罐、鬲C、平底盆C、深腹盆C、平口瓮C、长颈瓮、短颈瓮、豆C等,占本期陶器总量的25.0%。伊洛系有深腹罐A、圆腹罐、捏口罐、鼎A、深腹盆A、平底盆A、刻槽盆、甗、豆A、簋、大口尊、缸、小口壶、高领罐、器盖A等,占陶器总量的25.0%。东太堡系(B2)有鬲B2、蛋形瓮、斝、甑等,占陶器总量的36.4%。器类虽少,但是所占比例较大。漳河系有鬲D、深腹盆D、豆D等,占陶器总量的9.1%。而岳石系仅有尊形器一种,占全体总量的4.5%。

二期选择H199和H101两个典型单位来分析其陶器构成状况。这一期伊洛系陶器明显增加,其比例占34.1%。相反,前期比例较高的东太堡系则减少到28.0%。而辉卫系的比例为26.8%,漳河系为9.8%,与前期基本相同。岳石系更减少为1.2%。

三期的典型单位以 H44、H301、H23 为主,另外还包含 F4、H45、H62、H144 的陶器数据。这一期在地的辉卫系占 20.0%,比前期减少。东太堡系(B2)进一步减少为 15.0%。而伊洛系则大幅增加,其比例为 51.7%,占到全体陶器的半数以上,远远超出在地的辉卫系。漳河系占 8.3%,与前期没有变化。岳石系占 5.0%,变化趋势不明。

四期的典型单位有 H77、H68、J2、J4,从出土陶器构成来看,比例一直较低的漳河系大幅增加,其比例为 23.5%。辉卫系占 26.5%,比前期也有增加。但是,三期曾占较高比例的伊洛系却突然减少,其比例为 26.5%。东太堡系(B2)占 17.6%。

通过以上分析,对孟庄遗址的陶器构成趋势可以做以下总结。从一期到三期,东太堡系(B2)陶器所占比例从 36.4% 变化为 15.0%,显示出减少的变化趋势。与此相反,伊洛系则从 25.0% 增加到 51.7%,呈现出明显的增加趋势。此外,在地的辉卫系、漳河系分别占 20.0%~25.0% 和 8.3%~9.1%,显示了一定程度上的稳定性。但是,一期到三期的这种构成趋势在四期有了不同变化,即一直呈现增加趋势的伊洛系突然减少,而前三期仅占小比例的漳河系却增加到 23.5%,辉卫系也比前期有所恢复。因此,从孟庄遗址的陶器构成的变化趋势可以看出,四期的陶器构成曾发生较大的变化。

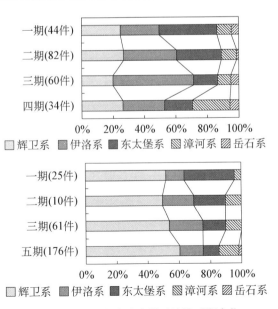

图 4-32 孟庄遗址陶器系统的时期变化

宋窑遗址[①]：宋窑遗址位于卫河支流淇河流域，西南距孟庄遗址约 100 千米。1988 年春秋两次进行了发掘。负责发掘的张立东对该遗址出土陶器进行了研究。他认为宋窑遗址中相当于二里头文化时期的陶器大约可以分为以下六个系统[②]：即辉卫系、伊洛系、漳河系、东下冯系和东太堡系（B2）、岳石系。本书对宋窑遗址陶器系统的辨别基本上以张立东的区分为准，但是本书认为张先生所指的宋窑遗址东下冯系是来自晋中地区的流入器种，在此包括在东太堡系内来论述。宋窑遗址一期的陶器形态与龙山时代王湾三期文化有许多继承性特点，因此，可以认为这里的二里头一期陶器是融合了本地王湾三期、后岗二期和岳石文化的要素而形成的。

表 4–14　宋窑遗址的陶器组成与系统

系统	器种	一期 T301④		二期 T301③		三期 T302④—⑪		五期 T10⑤—⑥ T12④—⑥ T13④—⑧ T11④—⑥	
		数量	比例	数量	比例	数量	比例	数量	比例
辉卫系	鬲 C	2	8.0%	1	10.0%	1	1.6%	9	5.0%
	器盖	2	8.0%					6	3.4%
	瓮 C	2	8.0%	1	10.0%	2	3.3%	1	0.6%
	有肩盆	1	4.0%			7	11.5%	9	5.0%
	小口瓮	1	4.0%	1	10.0%	5	8.2%	8	4.5%
	小盆	1	4.0%			1	1.6%	14	7.8%
	花边罐	1	4.0%					7	3.9%
	豆	1	4.0%			1	1.6%	11	6.1%
	平底盆 C	1	4.0%			1	1.6%	14	7.8%
	鼎	1	4.0%	1	10.0%	2	3.3%		1.7%
	杯			1	10.0%	3	4.9%	4	2.2%
	有肩甑					1	1.6%	1	0.6%

---

① 北京大学考古学系商周组：《淇县宋窑遗址发掘报告》，载《考古学集刊》(10)，地质出版社 1997 年版，第 89—160 页。
② 张立东：《试论辉卫文化》，载《考古学集刊》(10)，第 206—1256 页。

续表

系统	器种	一期 T301④		二期 T301③		三期 T302④—⑪		五期 T10⑤—⑥ T12④—⑥ T13④—⑧ T11④—⑥	
		数量	比例	数量	比例	数量	比例	数量	比例
辉卫系	深腹罐					8	13.1%	1	0.6%
	钵					1	1.6%	13	7.3%
	小瓮							8	4.5%
	小计	13	52.0%	5	50.0%	33	54.1%	109	60.9%
伊洛系	深腹盆 A2	2	8.0%	2	20.0%	5	8.2%	8	4.5%
	大口尊 A2	1	4.0%			3	4.9%	3	1.7%
	鼎 A2							1	0.6%
	捏口罐 A1					1	1.6%	2	1.1%
	豆 A1					1	1.6%		
	深腹罐 A2					2	3.3%	3	1.7%
	短颈壶 A2					1	1.6%		
	甑 A1							1	0.6%
	缸 A2							2	1.1%
	平底盆 A							3	1.7%
	盉 A							2	1.1%
	缸 A1							1	0.6%
	小计	3	12.0%	2	20.0%	13	21.3%	26	14.5%
东太堡系	甗 B	5	20.0%			1	1.6%	2	1.1%
	卵形瓮	3	12.0%	2	20.0%	8	13.1%	10	5.6%
	豆							1	0.6%
	斝 B							4	2.2%
	鬲 B2							1	0.6%
	小计	8	32.0%	2	20.0%	9	14.8%	18	10.1%

续表

系统	器种	一期 T301④		二期 T301③		三期 T302④—⑪		五期 T10⑤—⑥ T12④—⑥ T13④—⑧ T11④—⑥	
		数量	比例	数量	比例	数量	比例	数量	比例
漳河系	深腹罐D	1	4.0%	1	10.0%	3	4.9%	2	1.1%
	鬲D							7	3.9%
	豆D					3	4.9%	9	5.0%
	深腹盆D							1	0.6%
	器盖D							4	2.2%
	小计	1	4.0%	1	10.0%	6	9.8%	23	12.8%
岳石系	豆							2	1.1%
	尊							1	0.6%
	小计							3	1.7%
	合计	25	100%	10	100%	61	100%	179	100%

一期的典型单位 T301 第四层中出土的陶器组合,大约由辉卫系、伊洛系、东太堡系(B2)和漳河系构成。其中,辉卫系陶器有深腹罐 C、小罐、鬲 C、鼎 C、深腹盆 C、平底盆 C、小盆、小口瓮 C、平口瓮 C、豆 C 等,其比例占全体陶器的 52.0%,显示了较高的占有率。伊洛系有深腹盆 A、圆腹罐、捏口罐、刻槽盆等,约占陶器总量的 12.0%。东太堡系(B2)陶器较多,器种有鬲 B、蛋形瓮、豆 B、甗等,占陶器总量的 32.0%。漳河系仅有深腹罐 D、深腹盆 D、平口瓮 D 和豆 D 等,其比例是 4.0%,显示了较低的比例。

二期的典型单位是 T301 第三层。这里出土的陶器中,辉卫系约占全体的 50.0%,与前期基本相同,但是伊洛系和漳河系分别占 20.0% 和 10.0%,比前期有所增加。东太堡系(B2)的比例是 20.0%,较前期略有减少。

三期的典型单位 T304 第四至第 12 层的出土陶器中,除辉卫系的比例是 54.0%,比前期略有增加外,伊洛系和漳河系分别为 21.3% 和 9.8%,与前期相比变化不大。而东太堡系(B2)为 14.7%,比前期有较大幅的减少。

因为宋窑遗址中看不到与孟庄遗址四期相同的典型单位,在此省略。

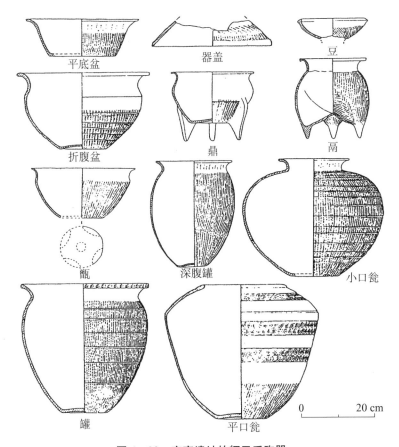

图 4‑33 宋窑遗址的辉卫系陶器

五期的典型单位是 T21 第四至第七层,出土陶器中辉卫系进一步增加,占全体陶器的 60.8%。东太堡系(B2)和伊洛系则分别占 10.1% 和 14.5%,呈减少趋势。而漳河系的比例为 12.8%,占有率虽少,但比前期略有增加。岳石系仍仅占 1.7%。

通过以上分析,对宋窑遗址中出土的陶器组合构成的时间变化可做以下概括:辉卫系作为豫北地区的在地系陶器,在宋窑遗址中始终占到全体陶器的一半以上,而伊洛系从一期到五期虽略有增加,但是一直都未成为主体要素,仅占两成左右的比例,这一点与孟庄遗址有所不同。另外,东太堡系(B2)从一期到五期呈减少趋势这一点与孟庄遗址相同。漳河系伴随辉卫系略呈递增趋势,而岳石系则维持少量,变化不大。

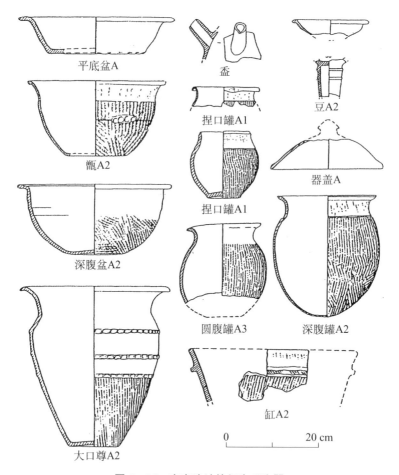

图 4-34 宋窑遗址的伊洛系陶器

(二) 陶器构成的空间变化

前一小节以孟庄遗址和宋窑遗址的陶器分期为基准，对豫北地区陶器构成的时间变化趋势做了分析。本章则在对豫北地区迄今发现和发掘的大量遗址的详细分析中探讨这一地区陶器构成在空间上的推移状况。为了使大量遗址的地理位置在空间上易于梳理，这里以河流为基准，将豫北地区分为四个区域进行叙述。

1. Ⅰ区：沁河下游

这里位于沁河与黄河的中间地区，隔黄河与伊洛地区相邻接。这一地区经

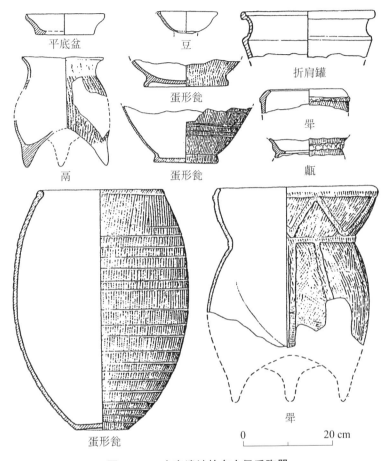

图 4‑35　宋窑遗址的东太堡系陶器

发掘的遗址有十处,资料明确,可用于分析的遗址有六处。以下对这六处遗址做详细分析。

大司马遗址[①]:本遗址 H4 是一个出土陶器较丰富的单位,其时代相当于四期。这一灰坑中的辉卫系陶器有小罐、鬲 C、深腹盆 C、小口瓮 C、平口瓮 C 等,占全体的 29.8%。伊洛系有深腹罐 A、捏口罐、平底盆 A、甗、大口尊、簋、器盖 A 等,其所占比例是 62.2%。东太堡系(B2)陶器仅有鬲 B 和甗,所占比例是 8.1%。未见漳河系陶器。

---

① 杨贵金、张立东、毋建庄:《河南武陟大司马遗址遗址调查简报》,《考古》1994 年第 4 期。

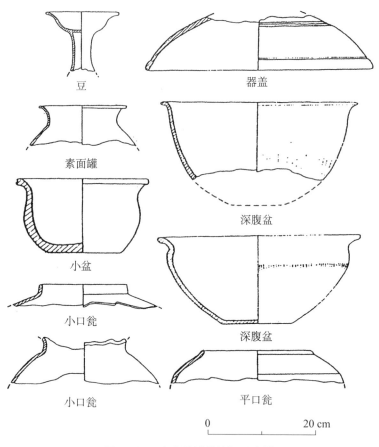

图 4-36 宋窑遗址的漳河系陶器

赵庄遗址[①]：本遗址是一处多文化重叠的复合遗址，有仰韶文化、二里头文化、二里岗文化。二里头文化相当于四期。辉卫系有小口瓮 C、深腹罐 C 等，所占比例为 25.0%。伊洛系陶器有深腹罐 A、深腹盆 A、平口瓮 A、大口尊等，占全体总量的 75.0%。未见到其他系。

北平皋遗址[②]：遗址位于温县东部的济河南岸，距离赵庄遗址约 5 千米。1981 年发掘了四座灰坑，相当于三期。陶器组合构成中，辉卫系有小罐、鬲 C、平口瓮 C、小口瓮 C、碗等，所占比例为 12.8%。伊洛系有深腹罐 A、圆腹罐、双

---

① 北京大学考古专业商周组等：《晋豫鄂三省考古调查简报》，《考古》1980 年第 7 期。
② 北京大学考古专业商周组等：《晋豫鄂三省考古调查简报》，《考古》1980 年第 7 期；刘绪：《论怀卫地区的夏商文化》，载《纪念北京大学考古专业三十周年纪念论文集(1952—1982)》，文物出版社 1990 年版。

表 4-15 沁河流域诸遗址陶器组成与系统

系统		器种	大司马		赵庄		北平皋		禹寺		东石寺		西梁所	
			数量	比例	数量	比例	数量	比例	数量	比例	数量	比例	数量	比例
辉卫系		瓮C	4	10.8%	1	25.0%		4.2%			1	6.3%	7	7.4%
		有肩盆	3	8.1%							1	6.3%	2	2.1%
		小罐	2	5.4%										
		高C	1	2.7%				2.2%						
		瓮C	1	2.7%				1.4%					6	6.3%
		碗						0.8%						
		花边罐						4.2%	1	11.1%			4	4.2%
		深腹罐							2	22.2%			1	1.1%
		甑											1	1.1%
		豆												
		小计	11	29.7%	1	25.0%		12.8%	3	33.3%	2	12.5%	21	22.1%
伊洛系		器盖A	6	16.2%				2.2%					1	1.1%
		深腹盆A2	4	10.8%	1	25.0%		13.4%	1	11.1%	1	6.3%	19	20.0%
		豆A1,A2	4	10.8%				4.2%	2	22.2%			4	4.2%
		深腹罐A2	3	8.1%	1	25.0%		43.0%	2	22.2%			13	13.7%
		大口尊A2	2	5.4%	1	25.0%		8.4%			8	50.0%	8	8.4%
		甑A1,A2	1	2.7%				0.8%						

续表

系统	器种	大司马 数量	大司马 比例	赵庄 数量	赵庄 比例	北平皋 数量	北平皋 比例	禹寺 数量	禹寺 比例	东石寺 数量	东石寺 比例	西梁所 数量	西梁所 比例
伊洛系	平底盆A	1	2.7%				5.1%					2	2.1%
	鬶A	1	2.7%				0.3%					1	1.1%
	捏口罐A1	1	2.7%				1.1%					2	2.1%
	圆腹罐A2						0.3%	1	11.1%			18	18.9%
	圆腹罐A3						1.4%						
	鼎A2						0.8%						
	有颈罐A1						3.3%			3	18.8%	2	2.1%
	缸A2									1	6.3%		
	缸A1												
	小计	23	62.2%	3	75.0%		84.3%	6	66.7%	13	81.3%	70	73.7%
东太堡系	卵形瓮	1	2.7%				1.1%					2	2.1%
	觚形器B	1	2.7%				0.5%			1	6.3%	1	1.1%
	豆	1	2.7%										
	鬲B2						1.6%			1	6.3%	1	1.1%
	小计	3	8.1%									4	4.2%
	合计	37	100%	4	100%		98.7%	9	100%	16	100%	95	100%

耳罐、鼎A、深腹盆A、平底盆A、甑、大口尊、高领罐(罍)、簋、豆A、器盖A等,占全体陶器的84.3%。东太堡系(B2)仅有鬲B和甗,所占比例为1.6%。

禹寺遗址[①]:位于沁河南岸的高台地上。1995年发掘,发现了龙山文化和二里头文化时期的地层。二里头文化期相当于豫北地区三期。其中有圆腹罐、大口罐、深腹盆A、深腹盆C、大口尊等,其中辉卫系所占比例为33.3%,伊洛系为66.7%。未曾见到其他系统。

东石寺遗址[②]:遗址位于沁河北岸,武陟县城北部的高地上。1978年和1984年曾分别做过分布调查,根据两次调查结果可知,这里二里头文化相当于四期。采集到的陶器中,辉卫系的深腹盆C、平口瓮C等,约占全体的12.5%。伊洛系有深腹盆A、大口尊、大口缸、坩埚等,所占比例是81.2%。东太堡系(B2)仅见到甗,其比例是6.3%。

西梁所遗址[③]:本遗址位于老猛河的支流劳河的南岸。遗址地层由仰韶时代、龙山时代和二里头时代组成。其中二里头文化期的遗迹可分为前后两期,前期与豫北一期相当。这一期的典型单位有H10,其出土陶器构成中有辉卫系的深腹罐C、深腹盆C、小口瓮C、平口瓮C等,占全体陶器的40.0%。伊洛系有深腹罐A、深腹盆A、甑、大口尊、豆A等,其比例是51.4%。东太堡系(B2)有鬲B、蛋形瓮、甗等,所占比例是全体的8.6%。而漳河系则未看到。后期与豫北三期相当。典型单位J1和J4出土的陶器构成中,辉卫系有深腹罐C、深腹盆C、甑、小口瓮C、平口瓮C、豆C等,占全体陶器总量的22.2%。伊洛系陶器有深腹罐A、捏口罐、深腹盆A、平底盆A、大口尊、高领罐(罍)、豆A、簋、器盖A等,其比例是73.6%。东太堡系(B2)仅有蛋形瓮,比例是4.2%。

2. Ⅱ区:卫河上游

指卫河北侧,丹河与峪河的中间地带。这里是张立东所说的辉卫文化的中心地区。这一地区共有四处遗址可用于分析(表4-16)。

[①] 中国社会科学院考古研究所河南一队、焦作市文物工作队等:《河南焦作地区的考古调查》,《考古》1996年第11期。
[②] 新乡地区文管会、武陟县博物馆:《河南武陟东石寺遗址调查简报》,《考古》1990年第3期。
[③] 杨贵金:《温县西梁所遗址发掘简报》,《华夏考古》待刊。承蒙杨贵金先生的厚意,笔者对西梁所的陶器进行了观察与计测。

表 4-16　卫河上游地区各遗址的陶器组成与系统

系统	器种	府城 数量	府城 比例	李固 数量	李固 比例	小尚 数量	小尚 比例	丰城 数量	丰城 比例
辉卫系	有肩盆	38	11.5%			1	7.1%	2	13.3%
	小口瓮	26	7.9%		6%			3	20.0%
	瓮 C	5	1.5%		4%				
	器盖	2	0.6%						
	杯	1	0.3%					1	6.7%
	鬲 C				14%	1	7.1%		
	深腹罐					2	14.3%		
	盂					1	7.1%		
	深腹盆				11%				
	小计	72	21.8%		35%	5	35.7%	6	40.0%
伊洛系	深腹罐 A2	95	28.7%		3%	2	14.3%	1	6.7%
	深腹盆 A2	39	11.8%		5%			1	6.7%
	大口尊 A2	20	6.0%		17%			1	6.7%
	捏口罐 A1	11	3.3%		2%	1	7.1%		
	豆 A1、A2	5	1.5%						
	平底盆 A	4	1.2%						
	有颈罐 A1	3	0.9%						
	小口尊 A1	3	0.9%						
	短颈壶 A2	1	0.3%						
	鼎 A2	1	0.3%						
	甗 A2、A3	1	0.3%						
	缸 A2	1	0.3%			1	7.1%		
	刻槽盆 A3				1%				
	器盖 A				2%				
	有颈罐 A2							1	6.7%
	圆腹罐 A3					1	7.1%		
	小计	184	55.6%		30%	5	35.7%	4	26.7%

续表

系统	器种	府城		李固		小尚		丰城	
		数量	比例	数量	比例	数量	比例	数量	比例
东太堡系	卵形瓮	47	14.2%		15%	4	28.6%		
	鬲B2	15	4.5%						
	甗B	11	3.3%		8%			2	13.3%
	鼎	2	0.6%		2%				
	小计	75	22.7%		25%	4	28.6%	2	13.3%
漳河系	鬲D				7%			3	20.0%
	鼎D				2%				
	深腹罐D				2%				
	小计	0	0.0%		11%			3	20.0%
	合计	331	100%		100%	14	100%	15	100%

府城遗址[①]：遗址位于太行山南麓的平缓地带。1998年到1999年曾进行两次发掘。遗址带有总面积约10万平方米的城郭，城郭中部发现大型宫殿基址。遗址由龙山文化、二里头文化、二里岗文化、殷墟文化、西周时代和汉代组成。属于二里头文化期的遗迹有灰坑17座、建筑遗址三座。I区的H50、H6、H86、H77属于三期。其陶器构成中，伊洛系陶器有深腹罐A、捏口罐、鼎A、深腹盆A、平底盆A、甗、大口尊、大口缸、高领罐（罍）、壶、豆A等，占全体陶器的55.6%。东太堡系（B2）陶器有鬲B、蛋形瓮、罕等，占22.7%。辉卫系陶器有深腹盆C、小口瓮C、平口瓮C、杯、器盖C等，占全体陶器的21.8%。不曾看到漳河系陶器。

李固遗址[②]：遗址位于卫河上游西侧，修武县北部。这里也是一处复合型遗址，其中二里头文化期遗迹相当于豫北三、四期。从1981年发掘的文化层和H1、H15出土陶器来看，辉卫系陶器有鬲C、深腹盆C、小口瓮C、平口瓮C等，所占比例是34.6%。伊洛系陶器有深腹罐A、捏口罐A、深腹盆A、刻槽盆A、大

---

① 袁广阔、秦小丽：《河南焦作府城遗址发掘报告》，《考古学报》2000年第4期；冈村秀典编：「中国古代都市の形成」，科研研究成果报告书，2000年。
② 北京大学考古专业商周组等：《晋豫鄂三省考古调查简报》，《考古》1980年第7期；刘绪：《论怀卫地区的夏商文化》，《纪念北京大学考古专业三十周年纪念论文集(1952—1982)》，文物出版社1990年版，第171—210页。

口尊 A1、器盖 A 等，其比例是 30.4%。东太堡系(B2)陶器有蛋形瓮、甗、斝等，占全体陶器的 24.5%。漳河系有深腹罐 D、鼎 D、鬲 D 等，所占比例是 10.7%。

小尚遗址[①]：位于府城遗址西约 8 千米处。1995 年采集的陶器约相当于豫北三期。其中辉卫系有深腹罐 C、鬲 C、深腹盆 C、盂等，占全体陶器的 35.7%。伊洛系有 A 系的深腹罐、捏口罐、双耳罐、大口缸等，所占比例是 35.7%。东太堡系(B2)仅有蛋形瓮，其比例是 28.6%。

丰城遗址[②]：遗址位于辉县县城西南 17 千米处。1984 年和 1985 年曾分别做过分布调查。所采集陶器约相当于豫北三期。其中，辉卫系有鬲 C、深腹盆 C、小口瓮 C、小杯等，占全体陶器的 40.0%。伊洛系有深腹罐 A、长颈罐、深腹盆 A、大口尊等，占 26.7%。东太堡系(B2)仅有甗，比例是 13.3%。漳河系仅有鬲 D，其比例是 20.0%。

3. Ⅲ区：卫河中流域

指峪河与淇河之间的中间地带。这里可用于分析的遗址除已分析过的宋窑遗址和孟庄遗址之外，还有辉县琉璃阁和新乡潞王坟等遗址。

琉璃阁遗址[③]：位于辉县北侧的丘陵地带。二里头文化的典型单位 H1 相当于豫北五期。H1 出土陶器中辉卫系陶器有鬲 C、鼎 D、深腹盆 C、平底盆 C、小口瓮 C、豆 C、碗等，占全体陶器的 37.5%。伊洛系陶器有深腹罐 A、平底盆 A、刻槽盆、大口尊、小口尊、爵、四足方杯等，所占比例是 31.3%。东太堡系(B2)陶器有鬲 B、甗等，其比例是 9.4%。漳河系陶器有鼎 D、鬲 D、器盖 D 等，其比例是 21.9%。

辉县孙村遗址[④]：遗址西北为太行山，总面积约 51 万平方米，发掘面积 2 020 平方米，由先商文化、殷墟时代、战国时代构成。属于先商文化的遗迹有灰坑 11 座，墓葬一座，出土陶器有高领罐 C 八件、圆腹罐 A 两件、鬲 C 两件、蛋形瓮 B2 三件、敛口瓮 C 两件、束颈盆 C 一件、高领直腹盆 D 两件、甗 D 两件、豆 D 一件。其时代相当于二里头文化三期晚段。

潞王坟遗址[⑤]：位于太行山南麓。遗址可分为上下两层，下层相当于豫北四

---

① 中国社会科学院考古研究所河南一队、焦作市文物工作队等：《河南焦作地区的考古调查》，《考古》1996 年第 11 期。
② 新乡市文管会、辉县百泉文管所：《河南辉县丰城遗址调查简报》，《考古》1989 年第 3 期。
③ 中国科学院考古研究所：《辉县发掘报告》，科学出版社 1956 年版。
④ 郑州大学历史学院考古系、河南省文物管理局南水北调办公室、新乡市文物局、辉县文物局：《河南辉县孙村遗址发掘简报》，《中原文物》2008 年第 1 期。
⑤ 河南省文物工作队：《河南新乡潞王坟商代遗址发掘报告》，《考古学报》1960 年第 1 期。

期。出土陶器中辉卫系陶器有深腹罐 C、鬲 C、深腹盆 C、平口瓮 C、钵、器盖 C 等,占全体陶器的 32.4%。伊洛系有捏口罐、深腹盆 A、平底盆 A、甑、大口尊、高领罐(罍)、簋、方杯等,所占比例是 29.4%。东太堡系(B2)陶器有蛋形瓮、瓶等,其比例是 11.8%。漳河系陶器有鬲 D、器盖 D 等,其比例是 26.5%。

后高庄遗址[①]:遗址位于黄河古堤北约五千米处,位于东南约 500 米处是李大召遗址,遗址总面积约 12 万平方米,发掘面积约 325 平方米。遗址由龙山文化和先商文化构成,相对年代相当于二里头文化时期。属于先商文化的遗迹仅一座灰坑,出土的陶器有深腹罐 C 七件、高领罐 C 两件、大口尊 A1 四件、瓮 C 一件、黑皮深腹盆 D 两件、平底盆 C 一件、鼎 D 六件、鬶 A 一件、甑三件 C、杯 C 一件、鸡冠耳 A 三件。

宜丘遗址[②]:遗址位于宜丘村东 500 米的台地上,总面积约 10 万平方米,发掘面积 350 平方米。由龙山文化、先商文化和晚商文化构成。属于先商文化二期的遗迹有灰坑六个,出土的陶器有 D 橄榄形罐、C 鼓肩罐、C 矮领鼓腹罐、C 敞口斜腹盆、C 侈口鼓腹盆、A 浅腹盆、大口尊、C 敛口瓮、D 小口高领瓮、C 鬲。时代相当于下七垣文化期。

表 4-17　卫河中游地区诸遗址的陶器组成与系统

系统	器种	琉璃阁		潞王坟	
		数量	比例	数量	比例
辉卫系	钵	3	9.4%	2	5.9%
	深腹罐	2	6.3%	4	11.8%
	平底盆 C	2	6.3%		
	甑	2	6.3%		
	有肩盆	1	3.1%	3	8.8%
	豆	1	3.1%		
	小杯	1	3.1%		
	瓮 C			2	5.9%
	小计	12	37.5%	11	32.4%

---

① 新乡市文物考古研究所、新乡县文物管理所:《河南新乡县后高庄遗址发掘简报》,《中原文物》2007 年第 3 期。
② 郑州大学历史与考古系、新乡市文化局、长垣县文物管理所:《中原文物》2005 年第 2 期。

续表

系统	器种	琉璃阁 数量	琉璃阁 比例	潞王坟 数量	潞王坟 比例
伊洛系	平底盆 A	3	9.4%	2	5.9%
伊洛系	杯 A2	2	6.3%		
伊洛系	大口尊 A2	2	6.3%	2	5.9%
伊洛系	深腹罐 A	1	3.1%		
伊洛系	有颈罐 A1	1	3.1%	1	2.9%
伊洛系	爵 A	1	3.1%		
伊洛系	深腹盆 A2			1	2.9%
伊洛系	捏口罐 A1			1	2.9%
伊洛系	甗 A3			1	2.9%
伊洛系	器盖 A			1	2.9%
伊洛系	杯 A2			1	2.9%
伊洛系	小计	10	31.3%	10	29.4%
东太堡系	碗	2	6.3%		
东太堡系	卵形瓮	1	3.1%	2	5.9%
东太堡系	甗 B			1	2.9%
东太堡系	鼎			1	2.9%
东太堡系	小计	3	9.4%	4	11.8%
漳河系	鬲 D	6	18.8%	5	14.7%
漳河系	鼎 D	1	3.1%		
漳河系	器盖 D			4	11.8%
漳河系	小计	7	21.9%	9	26.5%
	合计	32	100%	34	100%

* 孙村、后高庄、宜丘遗址为新加遗址,没有具体器物的出土数量。

4. Ⅳ区：洹河流域

指淇河与洹河之间的中间地带。

大赉店遗址[①]：位于浚县西约 22 千米处。在 1993 年的发掘中,发现了二里

[①] 北京大学考古学系、濮阳市文管所:《豫东北考古调查与试掘》,《考古》1995 年第 12 期。

头文化时期和殷墟期的遗迹，其时代相当于豫北五期。陶器中属于漳河系的有深腹罐D、鬲D、深腹盆D等，占全体的46.2％。辉卫系有平底盆C、平口瓮C、小口瓮C等，所占比例为38.5％。东太堡系（B2）仅有蛋形瓮、甗，其比例是15.4％。而伊洛系陶器则没有看到。

马庄遗址①：位于濮阳南约5千米处。1981年和1983年曾进行发掘，探明这是一处由龙山文化、二里头文化和殷墟文化所组成的复合型遗址。其中二里头文化时期相当于豫北四期。陶器构成中漳河系陶器有深腹罐D、鬲D等，约占全体陶器的42.9％。辉卫系有深腹罐C、平底盆C等，所占比例是28.6％。东太堡系（B2）仅有甗，其比例是14.3％。岳石系有尊形器、素面罐等，其比例是14.3％。

梅园庄、孝民屯遗址②：位于殷墟遗址群内。殷墟报告中所指的梅园庄一期与豫北五期相当。陶器中的漳河系有深腹罐D、鬲D、深腹盆D、豆D、器盖D等，占全体陶器的52.8％。辉卫系有深腹盆C、平底盆C、平口瓮C、小口瓮C、器盖C等，占22.7％。东太堡系（B2）仅有蛋形瓮，其比例是4.5％。伊洛系有平底盆A、小口尊等，其比例是9.1％。

小屯西遗址③：位于殷墟遗址群内。1972年发掘的H49和H50的时代相当于豫北四期。其中漳河系有深腹罐D、鬲D、深腹盆D、豆D、器盖D等，占全体陶器的52.8％。辉卫系有深腹盆C、平底盆C、小盆、甑、平口瓮C、小口瓮C等，所占比例是36.1％。东太堡系（B2）有深腹盆B、鬲B等，其比例是8.3％。伊洛系仅有捏口罐，其比例是2.8％。

寨子村遗址④：位于安阳西约18千米的台地上。1962年和1963年所采集的陶器，其时代相当于豫北四期。其中，漳河系有深腹罐D、鬲D、深腹盆D等，占全体陶器的66.7％。辉卫系仅有平口瓮，其比例是16.7％。东太堡系（B2）仅有蛋形瓮，其比例是16.7％。

---

① 北京大学考古学系、濮阳市文管所：《豫东北考古调查与试掘》，《考古》1995年第12期。
② 中国社会科学院考古研究所安阳考古队：《殷墟发掘报告1958—1961》，文物出版社1987年版，第121—124页。
③ 刘一曼：《安阳小屯西地的先商文化遗存——兼论梅园庄一期文化的时代》，载三代文明编委会编：《三代文明研究：1998年河北邢台中国商周文明国际学术研讨会论文集》（1），科学出版社1999年版，第148—161页。
④ 中国社会科学院考古研究所安阳队：《安阳洹河流域的考古调查》，载《考古学集刊》（3），中国社会科学出版社1983年版，第90—97页。

西高平遗址①：遗址位于洹河东部的二级台地上，遗迹总面积 39 000 平方米，由先商文化和晚商文化构成。五座灰坑出土的陶器有鬲六件和鬲足 15 个，深腹罐 C4 16 件，圆腹罐一件，深腹盆七件和浅腹盆 C 两件，瓿五件，瓿足三件，蛋形瓮三件，豆 C、D，敛口瓮四件，年代相当于先商文化晚期。

刘庄遗址②：位于鹤壁市淇滨区大赉店镇刘庄村南地，这里是淇河流经的中下游地区，附近有著名的大赉店遗址和辛村卫国贵族墓地、辛村龙山文化遗址，是古代文化遗址分布非常密集的地区。刘庄墓地经营在新石器时代文化遗址之上，因而是一处多文化堆积的遗址。2004 年因为南水北调工程历经三次发掘，共发掘出土了 338 座墓葬。年代大致相当于二里头文化二期到四期早段。338 座墓葬中有随葬品的共 212 座，其中绝大多数为陶器，陶器随葬品的数量为一至六件，仅随葬一件陶器的有 123 座，其中 77 座是鬲，占随葬品总数的 36.5%，而随葬夹砂罐的有 29 座，占 13.7%，单件鬲的随葬品是主流。而这里的夹砂罐是指所有谱系的夹砂罐，其中夹砂鼓腹罐和橄榄形罐比较多。其他随葬品器类则有豆、盆、圈足盘、簋、少量爵、盉、斝等。由于刘庄是墓地，不在本书对遗址分析之列，这里仅就随葬品中可观察到的陶器系统进行笼统综述。随葬品大多是辉卫型的陶鬲、夹砂罐、豆、平底盆等，但也可以看到有伊洛系的爵、盉、斝，东太堡系的鼎、高领折肩罐、袋足高领鬲、折肩盆、豆等，还有单耳、双耳罐和漳河系的鬲、平底盆、深腹盆、豆等。

表 4-18　洹河下游地区诸遗址陶器组成与系统

系统	器种	大赉店		马庄		梅园庄、孝民屯		小屯西		寨子村	
		数量	比例	数量	比例	数量	比例	数量	比例	数量	比例
辉卫系	瓮 C	1	7.7%			1	4.5%	3	8.3%	1	16.7%
	平底盆 C	2	15.4%					2	5.6%		
	小口瓮	2	15.4%			2	9.1%	2	5.6%		
	甑							2	5.6%		
	深腹罐			3	21.4%						
	折腹盆			1	7.1%	1	4.5%	1	2.8%		

---

① 河南省文物考古研究所：《安阳市西高平遗址商周遗存发掘报告》，《华夏考古》2006 年第 4 期。
② 河南省文物局编著：《鹤壁刘庄——下七垣文化墓地发掘报告》，科学出版社 2012 年版。

续表

系统	器种	大贲店		马庄		梅园庄、孝民屯		小屯西		寨子村	
		数量	比例	数量	比例	数量	比例	数量	比例	数量	比例
辉卫系	器盖					1	4.5%				
	鬲 C							2	5.6%		
	小盆							1	2.8%		
	小计	5	38.5%	4	28.6%	5	22.7%	13	36.1%	1	16.7%
伊洛系	大口尊 A2					1	4.5%		0.0%		
	捏口罐 A1							1	2.8%		
	平底盆 A					1	4.5%		0.0%		
	小计	0	0.0%	0	0.0%	2	9.1%	1	2.8%	0	0.0%
东太堡系	蛋形瓮	1	7.7%			1	4.5%			1	16.7%
	甑 B	1	7.7%	2	14.3%						
	鬲 B2							1	2.8%		
	折肩罐							1	2.8%		
	斝 B							1	2.8%		
	小计	2	15.4%	2	14.3%	1	4.5%	3	8.3%	1	16.7%
漳河系	鬲 D	3	23.1%	3	21.4%	2	9.1%	2	5.6%	1	16.7%
	深腹罐 D	2	15.4%	3	21.4%	3	13.6%	11	30.6%	1	16.7%
	深腹盆 D	1	7.7%			2	9.1%	3	8.3%	2	33.3%
	鼎 D					1	4.5%				
	豆 D					2	9.1%	2	5.6%		
	素面钵					2	9.1%				
	素面碗					1	4.5%				
	甑					1	4.5%				
	器盖 D							1	2.8%		
	小计	6	46.2%	6	42.9%	14	63.6%	19	52.8%	4	66.7%
岳石系	尊形器			1	7.1%						
	素面罐			1	7.1%						
	小计	0	0.0%	2	14.3%	0	0.0%	0	0.0%	0	0.0%
	合计	13	100%	14	100%	22	100%	36	100%	6	100%

* 西高平、刘庄遗址为新增遗址，没有器物具体出土数量。

(三) 陶器的地域动态

前一小节对诸遗址中的陶器构成系统分四个区域进行了具体分析,这里将在此基础上对豫北地区陶器的地域间交流状况进行综合探讨。

对一个遗址陶器构成时间变化的追究,豫北地区只有孟庄遗址和宋窑遗址在资料方面具备条件。正如前面已叙述过的那样,两处遗址从一期到三期,伊洛系陶器的比例呈明显增加趋势,而东太堡系(B2)则相反,呈显著的减少趋势。在地的辉卫系则变化不大,呈现较稳定的趋势。因此,可以认为两处遗址陶器构成变化的总体共同特点是辉卫系的稳定、伊洛系的增加和东太堡系(B2)的减少。但是,这仅仅是各个陶器系统增减的时间推移的大致趋势。从各个系统的具体构成比例来看,彼此仍有许多不同。比如宋窑遗址中在地的辉卫系自始至终占全体陶器的半数以上,是这个遗址的主体要素。但是孟庄遗址中,辉卫系仅占全体陶器的1/4,其主体要素从东太堡系(B2)变为伊洛系,与伊洛系仅占两成的宋窑遗址显示出极大的不同。在地理位置上相距并不远的孟庄遗址和宋窑遗址为什么在陶器系统构成上却显示出如此大的不同呢?陶器各系统的构成比例随时间的推移,有因地理要素而变化的可能性,但是也可能有其他特殊原因,在这里以时间顺序对各遗址进行分析。

一、二期: 这一时期的资料只有孟庄和宋窑两处。首先来看图4-37,一期孟庄遗址中东太堡系(B2)比例最高,占本遗址陶器要素的主体。而辉卫系和伊洛系的比例几乎相同,漳河系则非常少。与此相对,在宋窑遗址中,辉卫系比例高达半数以上,显示了其在本遗址中占主体要素,仅随其后的是东太堡系(B2),伊洛系和漳河系都比较少。进入二期后,两处遗址的陶器构成与一期没有大的变化。但是,应该注意的是孟庄遗址中的伊洛系比例超过东太堡系(B2),有较大的增加。

三期: 先看一下与伊洛地区邻接的沁河下游的状况。在禹寺遗址中,伊洛系占66.7%,其余则为辉卫系。而在西梁所和北平皋遗址中,虽有少量东太堡系(B2)陶器,但是其基本构成仍是伊洛系,其余则为辉卫系构成。稍偏北的卫河上游的小尚遗址中,辉卫系和伊洛系的比例大致相同,其次则为东太堡系(B2)构成。而在同一地区,更偏东北的丰城遗址中辉卫系比例最大,成为主体要素,伊洛系和东太堡系(B2)则占少量。但是,在小尚遗址中未曾看到的漳河系在本遗址中却有20%的高比例。府城遗址与前两处遗址相比,伊洛系比例占半数以上,成为主体要素这一点引人注目。再往北部的卫河中游孟庄遗址中,伊

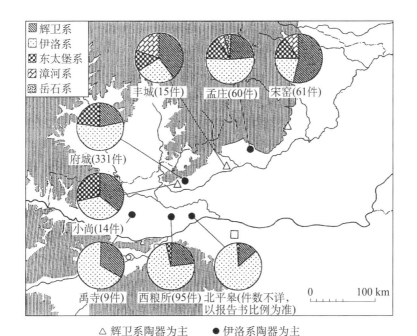

图 4-37 河南省北部地区诸遗址陶器系统构成比(一至三期)

洛系比例与府城遗址同样,也占半数以上,是这一期孟庄遗址的主体要素。与此相对,位于同一地区的宋窑遗址主体要素仍与前期相同,为占半数以上的辉卫系。总的来看,伊洛系比例随距伊洛地区的远近,从南到北呈反比例减少趋势。距伊洛地区最近的沁河流域,伊洛系陶器占全体的七成以上,而较远的宋窑遗址则仅有两成。相反,若就北部的漳河系来看,随着距漳河流域的远近,其比例也呈从北到南的反比例减少。卫河上游的丰城遗址以南则不曾看到。总之,伊洛系与漳河系的比例高低显示了如此强烈的地理位置因素。此外,在地的辉卫系在四个地区都存在,但是就其比例来看,中心地区的卫河上游最高,其他地区则比较低。东太堡系(B2)陶器看不出明显的倾向,但是,在靠近太行山麓的地区其比例则较高。

四、五期: 在沁河流域的大司马和赵庄遗址中,伊洛系比例超过60%,是遗址的主体要素,但也包含少量的辉卫系和东太堡系(B2)。卫河中游的琉璃阁、孟庄、潞王坟遗址中辉卫系和伊洛系比例几乎相同,难以区分那个是主体要素。但是应该注意的是这一时期漳河系比例比前期有所增加。另外,前期伊洛系占到半数以上的孟庄遗址,到这一时期却与其他遗址相同,辉卫系成为主体要素。

这一期洹河流域的遗址比较多。其中,寨子村、小屯西地、马庄、梅园庄、大赉店遗址中漳河系均占到半数以上,成为主体要素。其次则为辉卫系,再次为东太堡系(B2)。这里几乎看不到伊洛系陶器。从整个四、五期的总体趋势来看,伊洛系仍是在距伊洛地区近的沁河流域比例较高,而较远的漳河流域则几乎看不到。但是,与三期不同的是,卫河中游曾有特殊陶器构成的孟庄遗址,到这一期与周围诸遗址一样,变为辉卫系、伊洛系、东太堡系(B2)几乎占相同比例,看不到伊洛系陶器的高比例。而漳河系在距离最近的洹河流域比例最高,沁河流域则完全看不到,显示出明显的地理位置特点。东太堡系(B2)在距太行山较近的地方比例较高,平原地区则显示了较低的比例。岳石系仅在距山东西部较近的马庄遗址中比例较高,孟庄遗址也可看到,但是比例很低,其他地区则完全看不到。

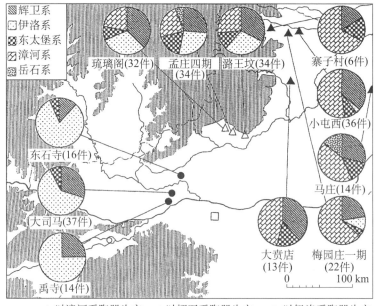

▲ 以漳河系陶器为主　△ 以辉卫系陶器为主　● 以伊洛系陶器为主

图 4-38　河南省北部地区诸遗址陶器系统构成比(四至五期)

通过以上分析可以认为,伊洛系和漳河系从一期到五期都可以看出明确的地理位置对陶器比例的影响,在豫北地区中心地域的卫河中游诸遗址中,两个系统的比例呈互相抗衡的状况。在这种因地理位置而变化的陶器系统框架中,具有特殊陶器构成的府城和孟庄遗址显得引人注目。在各系统陶器相抗衡、难以区分遗址主体因素的地域内,这两个遗址呈现出以伊洛系为主体的明显特征,究竟是什么原因呢？关于这一点，本书将在下一章对这两个遗址的性质做进一步分析。

四、郑州周边以及河南省东部地区

在以郑州商城为中心的郑州周边地区，最近也发现了二里头文化时期的中心性聚落与城址，而且在这些遗址的陶器构成中包含有山东省的岳石系和北部地区的漳河系陶器。① 特别是《豫东杞县考古发掘报告》的出版②，为我们提供了二里头文化时期丰富的分析资料。这些资料的陶器构成均呈现为伊洛、岳石系、漳河系、在地系混杂的陶器组合样式，这里将就这种多系统陶器构成状况和时代变迁进行分析。

中原东部地区的陶器编年基本上可以分为四期，而地域区分则以地理上的自然邻接关系分为三区。Ⅰ区为包括郑州及其周边地区的郑州地区；Ⅱ区为以济河、涡河流域为中心的开封、商丘地区；Ⅲ区为以贾鲁河、沙河流域为中心的周口地区。根据与伊洛地区的相对关系，这四期编年大约处于二里头文化一期后半到四期后半之间。

表 4-19 河南省东部地区的陶器编年

遗址名	一期	二期	三期	四期	五期	六期
段岗遗址		○	○	○	○	
鹿台岗遗址			○	○	○	○
朱岗遗址				○	○	
牛角岗遗址		○	○	○		
栾台遗址				○		
坞墙遗址	○					
郝家台遗址	○	○	○			
清凉山遗址				○		
西华陆城遗址	○	○	○			

---

① 河南省文物考古研究所：《河南郑州宫殿区版筑墙1998年的发掘》，《考古》2000年第2期。
② 郑州大学文博学院、开封市文物工作队编：《豫东杞县发掘报告》，科学出版社2000年版。

续表

遗址名	一期	二期	三期	四期	五期	六期
后于王庄遗址		○	○			
骆驼岭遗址		○	○			
郑州化工三厂遗址						○
宫殿区遗址（1998年发掘）					○	○
黄委会公寓遗址		○	○	○	○	
电力学校遗址						○
回民学校、省中医院遗址					○	
大河村遗址				○		
上街遗址				○		
圪哒王遗址					○	
洛达庙遗址		○	○	○		
竖河遗址	○	○	○			
西史村遗址				○	○	
阎河遗址	○	○	○			
与二里头的并行关系	一期	二期	三期前半期	三期后半期	四期前半期	四期后半期

（一）陶器构成的时间变化

为了分析中原东部三个地区各系统陶器在空间和时间中的复杂状况，这里首先确认每个遗址存在的陶器系统，并尽可能统计出其所占百分比的整体趋势。然后把握各系统比例的时间消长和空间变化趋势，并通过这种陶器组合的时空变迁分析，来探讨这一地区的地域间互动关系。

各遗址出土的陶器构成多呈现复杂的组合形式。这里以发掘资料较全面的段岗和郑州黄委会青年公寓两个遗址为例，对中原东部地区二里头文化时期陶器组合中各个系统的时间变化进行分析。

第四章　二里头文化时期的地域动态

段岗遗址[①]：位于杞县西南约 7 千米的段岗遗址，属于二里头文化时期的遗迹可分为四期。一期以 89ⅡH36 为例进行分析。这里能确认的陶器系统有伊洛系和在地的豫东系。伊洛系以深腹罐 A、圆腹罐 A、捏口罐 A、鼎 A、缸 A 为主体，占本期全体陶器的 81.5%。包括系统不明陶器在内的在地系（豫东系）主要由小口瓮 F、大口罐 F、缸 F 构成，占全体陶器的 18.5%。其年代相当于二里头文化二期后半。

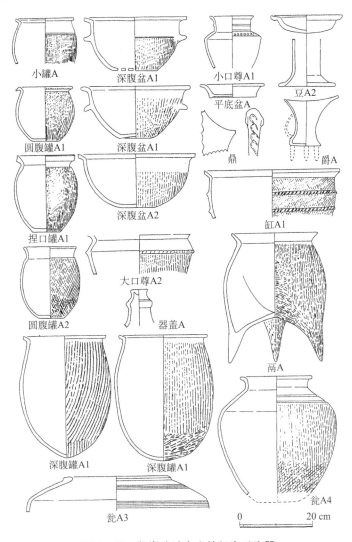

图 4-39　段岗遗址出土的伊洛系陶器

---

① 郑州大学文博学院、开封市文物工作队编：《豫东杞县发掘报告》，科学出版社 2000 年版。

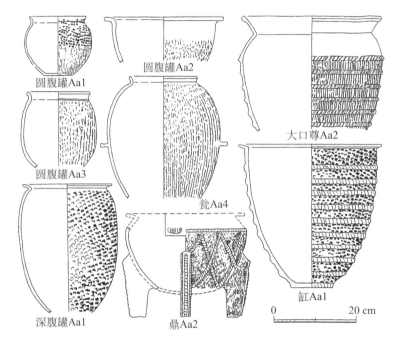

图 4-40 段岗遗址出土的伊洛模仿系陶器

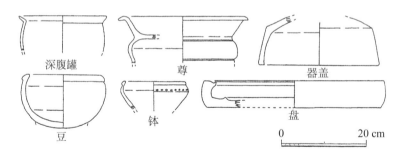

图 4-41 段岗遗址出土的岳石系陶器

二期以 90ⅡT16③为例进行探讨。这一期的伊洛系占全体陶器的64.4%,在地和不明系统陶器占 18.7%,与前期几乎相同,但是伊洛系陶器有所减少。与此同时出土有漳河系与岳石系陶器,其比例分别占到 11.9%和5.0%。其年代与二里头文化三期前半期相当。而折中陶器仅可看到鬲。

三期的典型单位有 89ⅡH56、H54、G1、90ⅡH35 等。这些单位的伊洛系陶器占 61.0%,而在地系和系统不明的陶器占 16.0%,比前期有所减少。但是上一期新出现的漳河系占 16.5%，比前期略有增加。岳石系的 5.1% 和前期几乎相同。这一时期的折中陶器仍有少量出现。其年代大致介于二里头文化三、四期之间。

四期以 89ⅡH14、H34 两个典型单位进行分析。这里的伊洛系占 65.8%，和前期相同，在地系和不明系统的陶器大幅减少，仅占 8.5%。漳河系陶器占 21.0%，呈现明显的增加趋势。岳石系占 4.7%，变化不大。其年代相当于二里头文化四期后半期。

表 4‑20　段岗遗址的陶器组成与系统

系统	器种	一期		二期		三期		四期	
		数量	比例	数量	比例	数量	比例	数量	比例
伊洛系	深腹罐 A1、A2	8	29.6%	7	11.9%	7	11.9%	5	11.6%
	圆腹罐 A1、A2	2	7.4%	5	8.5%	3	5.1%	2	4.7%
	鼎 A1、A2	1	3.7%	1	1.7%	1	1.7%		
	捏口罐 A1	3	11.1%	2	3.4%	3	5.1%	1	2.3%
	深腹盆 A1、A2	2	7.4%	7	11.9%	5	8.5%	2	4.7%
	平底盆 A					2	3.4%	2	4.7%
	甑 A1、A2	1	3.7%						
	瓮 A4	1	3.7%	5	8.5%	3	5.1%	3	7.0%
	瓮 A3			1	1.7%	4	6.8%		
	大口尊 A1			2	3.4%			3	7.0%
	大口尊 A2			4	6.8%	2	3.4%	3	7.0%
	有颈罐 A1	1	3.7%						
	缸 A1	3	11.1%	1	1.7%	1	1.7%	2	4.7%
	豆 A1			1	1.7%	1	1.7%		
	器盖 A			2	3.4%	2	3.4%	1	2.3%
	爵 A					1	1.7%		
	觚 A					1	1.7%		
	小计	22	81.5%	38	64.4%	36	61.0%	24	55.8%

续表

系统	器种	一期 数量	一期 比例	二期 数量	二期 比例	三期 数量	三期 比例	四期 数量	四期 比例
伊洛模仿系	深腹罐			4	6.8%	3	5.1%	4	9.3%
	圆腹罐	1	3.7%			2	3.4%	2	4.7%
	瓮A4	1	3.7%			1	1.7%		
	大口缸	1	3.7%						
	深腹盆			1	1.7%	2	3.4%		
	鼎					1	1.7%		
	小计	3	11.1%	5	8.5%	9	15.3%	6	14.0%
在地系	小罐	1	3.7%	1	1.7%			1	2.3%
	缸	1	3.7%						
	盘			1	1.7%	1	1.7%	1	2.3%
	粗砂罐			2	3.4%				
	钵			2	3.4%				
	小计	2	7.4%	6	10.2%	1	1.7%	2	4.7%
漳河系	深腹罐D					4	6.8%	4	9.3%
	鬲D			2	3.4%	2	3.4%	1	2.3%
	深腹盆D			1	1.7%	1	1.7%	2	4.7%
	豆D			1	1.7%	2	3.4%	1	2.3%
	器盖D			3	5.1%	1	1.7%		
	钵							1	2.3%
	小计	0	0.0%	7	11.9%	10	16.9%	9	20.9%
岳石系	尊形器			1	1.7%	1	1.7%	1	2.3%
	豆			1	1.7%	1	1.7%	1	2.3%
	双腹盆			1	1.7%				
	子母罐								
	器盖E					1	1.7%		
	小计	0	0.0%	3	5.1%	3	5.1%	2	4.7%
	合计	27	100%	59	100%	59	100%	43	100%

综合以上分析，可以看到伊洛系陶器始终是段岗遗址的主要构成，从二期开始虽有漳河系与岳石系的出土，但是直到四期才有略显增长的趋势。特别是漳河系从11.9%到21.0%，显出较大的增长比例。而作为主体要素的伊洛系虽然从一期的81.5%减少到四期的65.8%，但仍然是陶器组合构成的主要成分。在地系和不明陶器仅占较少比例，并呈现减少趋势。模仿、折中陶器从二期开始出现。

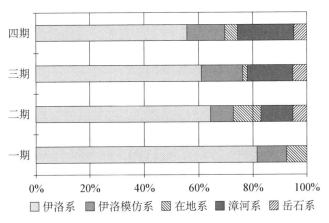

图4-42 段岗遗址陶器系统构成比的时期变化

青年黄委会公寓[①]：遗址位于郑州商城顺河路南侧距离东北城墙约230米的地方。其年代相当于二里头文化二至四期。

一期仅有两座灰坑，出土陶器中除了系统不明的器类之外，鼎A、深腹罐A、刻槽盆A、甑A、大口尊A、瓮A等伊洛系陶器占全体陶器的96.7%，岳石系仅有深腹罐E，占3.2%。

二期有四座灰坑，其中伊洛系陶器有鼎A、深腹罐A、刻槽盆A、甑A、大口尊A、捏口罐A、圆腹罐A、深腹盆A、有颈罐A、缸A、长颈壶A、豆A等，占陶器总数的76.5%，新出现鬲D、深腹罐D、豆D、器盖D等，占19.1%。而壶E、豆E、尊形器E等岳石系陶器占4.4%。

三期有灰坑七座、陶窑一座，出土陶器中伊洛系占68.4%，比前期有所减少，而漳河系则占到全体陶器的26.3%，比前期有所增加。岳石系占5.3%，维

---

① 河南省文物研究所：《郑州青年黄委会青年公寓考古发掘报告》，载河南省文物研究所编：《郑州商城考古新发现与研究1985—1992》，中州古籍出版社1993年版，第185—227页。

持前期的比例。本期出现少量鬲、深腹罐、豆等折中陶器。

四期以与青年公寓邻近的1998年发掘的宫殿区城墙遗迹为例进行分析。[①] 这个遗迹的时代相当于二里头文化四期前半期，伊洛系陶器占72.5%，漳河系占21.4%，岳石系占4.8%。折中陶器与前期变化不大。而这个遗迹中属于二里头四期后半的两座灰坑出土的陶器，伊洛系仅占到60.3%，与前期相比出现了较大的减少趋势。相反漳河系则激增到32.7%，岳石系为3.8%变化不大。

表4-21 黄委会青年公寓遗址陶器组成与系统

系统	器种	早期 数量	早期 比例	中期 数量	中期 比例	晚期 数量	晚期 比例	98宫殿前期 数量	98宫殿前期 比例	98宫殿后期 数量	98宫殿后期 比例
伊洛系	深腹罐A2	3	9.7%	6	8.8%	2	5.3%	18	12.4%		
	圆腹罐A3	3	9.7%	5	7.4%	2	5.3%	23	15.9%		
	鼎A1、A2	6	19.4%	4	5.9%	2	5.3%	7	4.8%		
	甗A2、A3	1	3.2%	4	5.9%	3	7.9%	4	2.8%	2	7.7%
	深腹盆A2	3	9.7%	5	7.4%	3	7.9%	16	11.0%	4	15.4%
	刻槽盆A3、A4	1	3.2%	1	1.5%	1	2.6%	2	1.4%		
	平底盆A			1	1.5%	1	2.6%				
	大口尊A2	3	9.7%	11	16.2%	6	15.8%	9	6.2%	1	3.8%
	缸A2			3	4.4%	1	2.6%				
	瓮A3	2	6.5%					7	4.8%		
	瓮A4	2	6.5%	1	1.5%			11	7.6%	5	19.2%
	有颈罐A1			2	2.9%						
	捏口罐A1			3	4.4%			5	3.4%		
	簋A1	1	3.2%								
	豆A2、A3	3	9.7%	3	4.4%	2	5.3%	2	1.4%		
	钵A1、A2、A3										
	盘A2、A3	1	3.2%			1	2.6%				
	短颈壶A2			1	1.5%						

[①] 河南省文物研究所：《郑州青年黄委会青年公寓考古发掘报告》，载河南省文物研究所编：《郑州商城考古新发现与研究1985—1992年》，中州古籍出版社1993年版，第185—227页。

续表

系统	器种	早期		中期		晚期		98宫殿前期		98宫殿后期	
		数量	比例	数量	比例	数量	比例	数量	比例	数量	比例
伊洛系	杯A1、A2			1	1.5%	1	2.6%				
	盉A			1	1.5%						
	爵A							1	0.7%		
	器盖A					1	2.6%	1	0.7%		
	斝A							1	0.7%	1	3.8%
	小计	29	93.5%	52	76.5%	26	68.4%	107	73.8%	13	50.0%
漳河系	深腹罐D			1	1.5%	2	5.3%	7	4.8%	5	19.2%
	鬲D			6	8.8%	2	5.3%	15	10.3%	7	26.9%
	深腹盆D	1	3.2%	2	2.9%	2	5.3%	6	4.1%		
	豆D			2	2.9%	1	2.6%				
	器盖D			2	2.9%	1	2.6%				
	甗					2	5.3%	1	0.7%		
	鼎D							2	1.4%		
	小计	1	3.2%	13	19.1%	10	26.3%	31	21.4%	12	46.2%
岳石系	深腹罐E	1	3.2%			1	2.6%	6	4.1%	1	3.8%
	钵E			1	1.5%			1	0.7%		
	豆			1	1.5%						
	壶			1	1.5%	1	2.6%				
	小罐										
	小计	1	3.2%	3	4.4%	2	5.3%	7	4.8%	1	3.8%
	合计	31	100%	68	100%	38	100%	145	100%	26	100%

以上两处遗址的陶器组合从二期开始包含少量岳石系的因素,直至四期没有大的变化。而漳河系的出现虽然晚于岳石系,但是从其出现的三期开始就呈现逐渐增长的趋势,特别是四期后半更增加到32.7%。而伊洛系从二期开始略呈减少趋势,在漳河系增加的四期后半突减到60.3%。而河南东部的在地系陶器未在郑州地区出现。折中陶器在三期有少量发现。以上分析显示,陶器组合随时间变化的结果是伊洛系的逐渐减少和漳河系在后期的激增。岳石系在本地

的出现较早,但所占比例始终在 5.0% 左右,未出现大的变化。

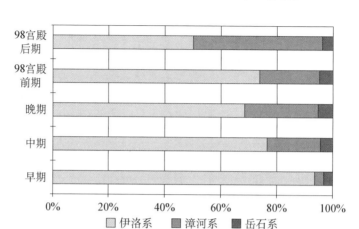

图 4-43 郑州黄委会公寓遗址出土陶器构成比的时期变化

(二) 陶器组合的空间变化

1. I 区

迄今为止,郑州及开封、商丘地区共发现 50 余处二里头文化时期遗址,其中已发掘的有 20 处。这里对这些遗址进行和段岗遗址同样的分析,以明确各遗址中不同系统陶器所占比例的空间及时间变化。

郑州地区经发掘的遗址共十处,其内容可做分析的有八处。这里对这八处遗址逐一分析。

表 4-22 郑州以及周边地区的陶器组成与系统

系统	器种	二里头前半期							
		西史村 一、二期		竖河 一、二、三期		洛达庙 二、三期		青年黄委会 公寓早、中期	
		数量	比例	数量	比例	数量	比例	数量	比例
伊洛系	深腹罐 A1、A2	3	10.3%	26	24.5%	12	17.4%	6	20.0%
	圆腹罐 A1、A2	2	6.9%	22	20.8%	6	8.7%		
	捏口罐 A1	1	3.4%	4	3.8%				
	深腹盆 A2	3	10.3%	10	9.4%	6	8.7%	3	10.0%
	深腹盆 A3								

续表

系统	器种	二里头前半期							
		西史村 一、二期		竖河 一、二、三期		洛达庙 二、三期		青年黄委会 公寓早、中期	
		数量	比例	数量	比例	数量	比例	数量	比例
伊洛系	中柱盆 A								
	平底盆 A	1	3.4%	1	0.9%	1	1.4%		
	刻槽盆 A1、A2	1	3.4%	7	6.6%	2	2.9%	1	3.3%
	甑 A1、A2	1	3.4%	1	0.9%	3	4.3%	1	3.3%
	鼎 A1、A2	2	6.9%	2	1.9%	6	8.7%	6	20.0%
	大口尊 A2	3	10.3%	1	0.9%	5	7.2%	3	10.0%
	缸 A1、A2	2	6.9%			4	5.8%		
	瓮 A4	2	6.9%			2	2.9%	2	6.7%
	瓮 A3					2	2.9%	2	6.7%
	小口尊 A1					1	1.4%		
	有颈罐 A1			12	11.3%				
	盘 A2	1	3.4%	2	1.9%	3	4.3%		
	豆 A1、A2、A3	2	6.9%	11	10.4%	9	13.0%	3	10.0%
	鬶 A	2	6.9%			1	1.4%	1	3.3%
	爵 A	1	3.4%			1	1.4%		
	簋 A								
	盉 A								
	短颈壶 A2			1	0.9%	1	1.4%		
	器盖 A			4	3.8%	2	2.9%		
	钵 A1、A2、A3					1	1.4%		
	大口罐 A	1	3.4%						
	杯 A2								
	有颈罐 A								
	盘 A3								
	小计	28	96.6%	104	98.1%	68	98.6%	28	93.3%

续表

系统	器种	二里头前半期							
		西史村 一、二期		竖河 一、二、三期		洛达庙 二、三期		青年黄委会 公寓早、中期	
		数量	比例	数量	比例	数量	比例	数量	比例
漳河系	深腹罐 D							1	3.3%
	鬲 D								
	甗								
	斝								
	深腹盆 D								
	器盖 D								
	豆 D								
	小口罐								
	小计	0	0.0%	0	0.0%	0	0.0%	1	3.3%
岳石系	深腹罐 E							1	3.3%
	豆								
	尊形器								
	子母碗								
	鼎								
	盂								
	壶								
	小罐								
	器盖 E								
	盆								
	小计	0	0.0%	0	0.0%	0	0.0%	1	3.3%
东下冯系及其他	圆腹罐 B1	1	3.4%						
	鬲 B2			2	1.9%	1	1.4%		
	圆腹罐								
	小计	1	3.4%	2	1.9%	1	1.4%	0	0.0%
	合计	29	100%	106	100%	69	100%	30	100%

表4-23 郑州以及周边地区的陶器组成与系统（续）

二里头后半期

系统	器种	洛达庙四期 数量	洛达庙四期 比例	大河村 数量	大河村 比例	上街 数量	上街 比例	化工三厂 数量	化工三厂 比例	黄委会公寓晚期 数量	黄委会公寓晚期 比例	电力学校一段 数量	电力学校一段 比例	商城宫殿区版筑壁 数量	商城宫殿区版筑壁 比例
	深腹罐A1、A2	11	21.2%	7	16.7%	1	2.5%			6	5.9%	5	6.1%	18	11.9%
	圆腹罐A1、A2	3	5.8%	2	4.8%	2	5.0%			7	6.9%		0.0%	23	15.2%
	捏口罐A1			2	4.8%	8	20.0%			3	2.9%	9	11.0%	5	3.3%
	深腹盆A2	4	7.7%	3	7.1%					9	8.8%	4	4.9%	15	9.9%
	深腹盆A3											5	6.1%		
	中柱盆A											1	1.2%		
	平底盆A	2	3.8%	1	2.4%	1	2.5%	1	9.1%	2	2.0%		0.0%	4	2.6%
伊洛系	刻槽盆A1、A2			2	4.8%	2	5.0%			2	2.0%	1	1.2%	1	0.7%
	甑A1、A2	2	3.8%	1	2.4%	3	7.5%			4	3.9%	2	2.4%	5	3.3%
	鼎	4	7.7%	1	2.4%	2	5.0%			8	7.8%		0.0%	7	4.6%
	大口尊A2	1	1.9%	3	7.1%	1	2.5%			17	16.7%	5	6.1%	9	6.0%
	缸A1、A2	2	3.8%	2	4.8%	3	7.5%	1	9.1%	4	3.9%	1	1.2%	4	2.6%
	瓮A4	1	1.9%			2	5.0%	1	9.1%			2	2.4%	12	7.9%
	瓮A3	2	3.8%									3	3.7%	1	0.7%
	小口罐A1							1	9.1%	3	2.9%				
	有颈罐A1														
	盘A2														
	豆A1、A2、A3	4	7.7%	4	9.5%	3	7.5%			4	3.9%	2	2.4%	1	0.7%

续表

系统	器种	洛达庙四期 数量	洛达庙四期 比例	大河村 数量	大河村 比例	二里头后半期 上街 数量	二里头后半期 上街 比例	化工三厂 数量	化工三厂 比例	黄委会公寓晚期 数量	黄委会公寓晚期 比例	电力学校一段 数量	电力学校一段 比例	商城宫殿区版筑壁 数量	商城宫殿区版筑壁 比例
伊洛系	鬶 A	1	1.9%	1	2.4%							6	7.3%	1	0.7%
伊洛系	爵 A	2	3.8%									1	1.2%	1	0.7%
伊洛系	筐 A							1	9.1%						
伊洛系	盉 A											1	1.2%	1	0.7%
伊洛系	短颈壶 A2	1	1.9%							1	1.0%				
伊洛系	器盖 A	1	1.9%			1	2.5%			1	1.0%	2	2.4%		
伊洛系	钵 A1、A2、A3					4	10.0%					1	1.2%	1	0.7%
伊洛系	大口罐 A	1	1.9%	1	2.4%					2	2.0%	3	3.7%	2	1.3%
伊洛系	杯 A2									1	1.0%				
伊洛系	有颈罐 A														
伊洛系	盘 A3														
伊洛系	小计	42	80.8%	31	73.8%	35	87.5%	5	45.5%	75	73.5%	54	65.9%	111	73.5%
潩河系	深腹罐 D	3	5.8%	2	4.8%	1	2.5%	1	9.1%	3	2.9%	11	13.4%	9	6.0%
潩河系	鬲 D	2	3.8%	1	2.4%			2	18.2%	8	7.8%	4	4.9%	15	9.9%
潩河系	甗	1	1.9%	0	0.0%					2	2.0%			1	0.7%
潩河系	斝	2	3.8%	1	2.4%			1	9.1%	2	2.0%	4	4.9%	4	2.6%
潩河系	深腹盆 D	1	1.9%	1	2.4%					3	2.9%	1	1.2%	1	0.7%
潩河系	器盖 D														

续表

系统	器种	洛达庙四期		二里头后半期											
				大河村		上街		化工三厂		黄委会公寓晚期		电力学校一段		商城宫殿区版筑壁	
		数量	比例	数量	比例	数量	比例	数量	比例	数量	比例	数量	比例	数量	比例
漳河系	豆D			2	4.8%	1	2.5%			4	3.9%	2	2.4%	2	1.3%
	小口罐											3	3.7%	0	0.0%
	小计	9	17.3%	7	16.7%	2	5.0%	4	36.4%	22	21.6%	25	30.5%	32	21.2%
岳石系	深腹罐E				0.0%									6	4.0%
	豆	1	1.9%	2	4.8%										
	弯形器			1	2.4%										
	子母碗			1	2.4%										
	鼎							2	18.2%						
	盂									1	1.0%	1	1.2%		
	壶									2	2.0%				
	小罐									1	1.0%	1	1.2%	1	0.7%
	器盖E											1	1.2%		
	盆							2	18.2%						
	小计	1	1.9%	4	9.5%	0	0.0%	2	18.2%	5	4.9%	3	3.7%	8	5.3%
东下冯系及其他	圆腹罐B1					2	5.0%								
	高腹罐B2					1	2.5%								
	圆腹罐														
	小计	0	0.0%	0	0.0%	3	7.5%	0	0.0%	0	0.0%	0	0.0%	0	0.0%
	合计	52	100%	42	100%	40	100%	11	100%	102	100%	82	100%	151	100%

西史村遗址[①]：遗址位于荥阳县城以北6千米处。属于二里头文化时期的遗迹有28座灰坑，出土陶器分别相当于二里头文化二、三期，可辨认陶器系统有深腹罐A、圆腹罐A、鼎A、捏口罐A、深腹盆A、盘A、爵A、豆A、平底盆A、缸A、大口尊A等伊洛系陶器，占全体陶器的96.6%，另有B系的鬲、圆腹罐等东下冯系陶器，仅占3.4%。

阎村遗址[②]：遗址位于荥阳县城南部3千米处。索河从中间将遗址分割为两部分。遗址由仰韶文化、二里头文化、二里岗文化和战国秦汉时代构成。属于二里头文化一至三期的灰坑有三座。出土的陶器系统为单一的伊洛系。

竖河遗址[③]：遗址所属荥阳高村乡，位于黄河南岸约10千米处。有相当于二里头文化一至三期的灰坑23座。属于一期的灰坑有H18、H23、H36、H42、H95五座。出土陶器几乎全是伊洛系陶器，但是以篮纹为主的特点显示了龙山文化的传统遗留。二期以H35、H59、H88为例进行分析。本期与前期相同，但新出现鼎，篮纹有所减少，绳纹有所增加。三期有H19、H25等12座灰坑，出土陶器中除系统不明者外，伊洛系陶器占到98.0%，但是与前期相比篮纹几乎消失，绳纹成为主要纹饰。

大河村遗址[④]：遗址位于郑州市西北黄河南岸。属于二里头文化时期的遗迹仅一座灰坑，出土陶器相当于二里头文化四期。其中深腹罐A、鼎A、圆腹罐A、捏口罐A、刻槽盆A、深腹盆A、甑A、缸A、豆A、小口尊A等伊洛系陶器占全体比例的73.8%，而漳河系的豆D、器盖D、深腹盆D等占16.7%，岳石系的豆E、钵E、尊形器E等占9.5%。

上街遗址[⑤]：位于郑州以东、荥阳西部约10千米处。与二里头文化前期相当。除系统不明者外，有鼎A、深腹罐A、圆腹罐A、刻槽盆A、甑A、平底盆A、大口尊A、小口尊A、豆A等，占全体陶器的87.5%。仅有单耳圆腹罐B属于东下冯系，占7.5%。而漳河系的豆D、鬲D占5.0%。

---

① 郑州市博物馆：《河南荥阳西史村遗址试掘简报》，载《文物资料丛刊》(5)，文物出版社1981年版，第84—102页。
② 郑州市文物工作队：《河南荥阳县阎村遗址的调查与试掘》，《中原文物》1992年第1期。
③ 河南省文物研究所：《河南荥阳竖河遗址发掘报告》，载《考古学集刊》(10)，地质出版社1997年版，第1—47页。
④ 李昌韬、李建和：《郑州大河村遗址1983、1987年发掘报告》，《考古学报》1996年第1期。
⑤ 王与刚、王绍英、李淑珍等：《河南郑州上街商代遗址发掘报告》，《考古》1966年第1期。

电力学校[①]：遗址位于郑州商城中部东侧距离东城墙约 200 米处。属于二里头文化四期的有灰坑五座。陶器组合由伊洛系、漳河系、岳石系构成。其中深腹罐 A、捏口罐 A、大口尊 A、刻槽盆 A、爵 A、缸 A、短颈壶 A 等伊洛系占 65.9％，鬲 D、深腹盆 D、器盖 D 等漳河系占 25.0％，钵 E、器盖 E 等岳石系占 3.7％，并可看到甗、深腹罐、鬲等折中陶器。

化工三厂遗址[②]：遗址位于郑州商城中部南侧。发掘出土的陶器可划分两个阶段。第一阶段相当于二里头文化四期。其中伊洛系的器类有捏口罐 A、大口尊 A、缸 A、深腹罐 A、深腹盆 A 等，占全体陶器的 50.5％，而鬲 D、深腹盆 D、豆 D 等漳河系占 26.4％，甗 E、鼎形器 E、尊形器 E 等岳石系占 18.2％。系统不明的占 50.0％，其中有鼎式鬲、甗、鬲等折中陶器。

洛达庙遗址[③]：遗址位于郑州以西的贾鲁河与金水河之间。二里头文化时期的遗迹可分三期。出土器类有鼎、深腹罐、圆腹罐、甑、豆、盘、刻槽盆、大口尊、瓮、钵、器盖、深腹盆等。其中伊洛系陶器占 98.6％，几乎未见其他系统陶器。二期出土漳河系陶器，占全体陶器的 12.0％，伊洛系占 88.0％。三期伊洛系继续减少，仅占 80.8％，而漳河系增加到 17.3％，岳石系仅占 1.9％。

岔河遗址[④]：遗址位于郑州市西北 10 千米处的古荥乡，其北 10 千米处有黄河自西向东流过，而索河、须水在村南交汇后称为索须河向东北方向流去。1988 年发掘，属于二里头文化的遗迹有五座，出土遗物有深腹罐、圆腹罐、鼎、鬲、深腹盆、刻槽盆、素面盆、豆、簋、大口尊、小口瓮、敛口瓮、大口缸、器盖、杯等，几乎均为 A 的伊洛系陶器，而鬲则呈现 AD 系的特征。时代相当于二里头文化三、四期。二里岗文化时期的灰坑有九座，出土陶器有鬲、甗、鼎、深腹罐、甑、豆、簋、大口尊、小口瓮、矮领瓮、敛口瓮、大口缸、爵、斝、器盖等，均为 AD 系的郑州-伊洛系陶器。其年代大致相当于二里岗文化下层和上层时期。

通过对以上诸遗址的分析，可以看到位于郑州以西的西史村、阎村、竖河、上街四处遗址的年代集中在二里头文化一至三期之间，陶器系统仅有伊洛系，其比例占到 98％左右。而外来系陶器仅有在西史村和上街发现的少量东下冯系圆腹罐。但是郑州地区的四处遗址中，年代稍晚于西部，介于二里头文化二至四期

[①] 河南省文物研究所：《郑州电力学校考古发掘报告》，载河南省文物研究所编：《郑州商城考古新发现与研究 1985—1992》，中州古籍出版社 1993 年版，第 162—184 页。
[②] 河南省文物研究所郑州工作队：《郑州化工三厂考古发掘简报》，《中原文物》1994 年第 2 期。
[③] 河南省文物研究：《郑州洛达庙遗址发掘报告》，《华夏考古》1989 年第 4 期。
[④] 李维明：《郑州市岔河遗址 1988 年试掘简报》，《考古》2005 年第 6 期。

之间的陶器系除伊洛系外,还有漳河系和岳石系。特别是三期以后,漳河系的增加和伊洛系的减少趋势在每个遗址中都可以观察到,这一现象和折中陶器的存在都是值得关注的特征。

2. Ⅱ区

开封、商丘地区相当于二里头文化时期的遗址共有十处,其中可用于分析的仅有六处。

牛角岗遗址①:遗址位于杞县西南约12千米的铁底河西南部。出土陶器至少包含四个系统,随着时间的推移陶器系统的比例发生明显的变化。

一期:以H5和H15为代表的本期陶器有大量龙山文化特点的方格纹和篮纹,并出现本地特有的特粗方格纹(坑窝纹)。12座灰坑和一座居址出土的陶器中,除系统不明者外,有深腹罐A、F,大口尊A,瓮A、F,深腹盆A,豆A,缸A,鼎A,圆腹罐A,捏口罐A,器盖A等。其中伊洛系A占71.3%,在地系F占28.8%,相对年代与二里头文化二期相当。

二期:以H11为代表的二期相当于二里头文化三期。这里的伊洛系陶器有鼎A、深腹罐A、圆腹罐A、大口尊A、捏口罐A、深腹盆A等,占全体陶器的65.3%,与前期相比变化不大。但是,在地系的鼎F、盘F、钵F等占17.6%,比前期减少。此外本期新出现的漳河系陶器深腹盆D、器盖D仅占7.6%。

三期:以H17、F1为代表的三期相当于二里头文化三、四期。本期的伊洛系陶器占66.2%,除系统不明者之外,在地系陶器占14.7%,漳河系陶器占14.7%,比前期有较大的增长趋势。首次出现岳石系陶器的比例占到4.0%。

四期:以H16为代表的本期相当于二里头文化四期后半。其中伊洛系陶器占58.8%,比前期略有减少。漳河系占22.1%,有大幅增加。在地系和系统不明的器类占11.7%,而岳石系占7.4%,较前期略有增加。

综观牛角岗遗址从一期到三期的陶器系统变化,在伊洛系和在地系呈减少趋势的同时,三期出现的漳河系与四期出现的岳石系则呈明显的增加趋势。

鹿台岗遗址②:遗址位于杞县西部12千米的裴店村,遗址南约1千米处有惠济河从西北向东南流过。在相当于二里头文化时期的遗址中发现了分别以漳

---

① 郑州大学考古专业、开封市博物馆考古部、杞县文物保管所:《河南杞县牛角岗遗址试掘报告》,《华夏考古》1994年第2期。
② 郑州大学文博学院、开封市文物工作队编:《豫东杞县发掘报告》,科学出版社2000年版。

表 4-24 开封、商丘地区诸遗址的陶器组成与系统

系统	器种	前期							后期				
		牛角岗前期		朱岗前期		商丘坞墙		牛角岗后期		朱岗后期		清凉山	
		数量	比例	数量	比例	数量	比例	数量	比例	数量	比例	数量	比例
伊洛系、伊洛模仿系	深腹罐 A2	14	19.2%	13	38.2%	2	25.0%	17	25.0%	10	15.4%	2	9.5%
	圆腹罐 A1,A2	3	4.1%	2	5.9%			6	8.8%	3	4.6%		
	捏口罐 A1	4	5.5%	2	5.9%			1	1.5%	3	4.6%		
	深腹盆 A	6	8.2%	3	8.8%			6	8.8%	8	12.3%	2	9.5%
	平底盆 A					1	12.5%	1	1.5%				
	刻槽盆 A1,A2	2	2.7%										
	鼎 A1,A2	2	2.7%	2	5.9%			4	5.9%	5	7.7%	2	9.5%
	大口尊 A2	5	6.8%					2	2.9%			1	4.8%
	缸 A1	7	9.6%							4	6.2%		
	瓮 A4	4	5.5%	1	2.9%			1	1.5%	1	1.5%		
	瓮 A3	1	1.4%							1	1.5%		
	大口罐 A												
	盘 A3									2	3.1%		
	有颈罐 A1			1	2.9%								

续表

系统	器种	前期						后期					
		牛角岗前期		朱岗前期		商丘坞墙		牛角岗后期		朱岗后期		清凉山	
		数量	比例	数量	比例	数量	比例	数量	比例	数量	比例	数量	比例
伊洛、伊洛模仿系	豆 A1、A2	2	2.7%	1	2.9%			1	1.5%	1	1.5%		
	有颈罐 A2					1	12.5%			3	4.6%		
	器盖 A							1	1.5%				
	盘 A2					1	12.5%			2	3.1%		
	小计	48	65.8%	25	73.5%	5	62.5%	40	58.8%	43	66.2%	7	33.3%
漳河系	鬲 D			1	2.9%			3	4.4%	6	9.2%		
	深腹罐 D	3	4.1%	1	2.9%			3	4.4%	4	6.2%		
	器盖盆 D	1	1.4%										
	豆 D			1	2.9%			3	4.4%	2	3.1%		
	平口瓮							1	1.5%				
	小口瓮							5	7.4%				
	小计	4	5.5%	3	8.8%	0	0.0%	15	22.1%	12	18.5%	0	0.0%
岳石系	甗 E											2	9.5%
	深腹罐 E									2	3.1%	2	9.5%
	器盖 E											2	9.5%

续表

系统	器种	前期						后期						
		牛角岗前期		朱岗前期		商丘坞墙		牛角岗后期		朱岗后期		清凉山	
		数量	比例	数量	比例	数量	比例	数量	比例	数量	比例	数量	比例
岳石系	豆							2	2.9%	2	3.1%	2	9.5%
	尊形器									1	1.5%	3	14.3%
	盆							1	1.5%				
	深腹盆							2	2.9%			1	4.8%
	盂											2	9.5%
	小计	0	0.0%	0	0.0%	0	0.0%	5	7.4%	5	7.7%	14	66.7%
在地系及其他	深腹罐	15	20.5%	2	5.9%	1	12.5%	7	10.3%	3	4.6%		
	小罐			1	2.9%								
	深腹盆	4	5.5%	2	5.9%	1	12.5%			1	1.5%		
	小口瓮	1	1.4%										
	器盖	1	1.4%	1	2.9%	1	12.5%	1	1.5%	1	1.5%		
	杯												
	甑												
	小计	21	28.8%	6	17.6%	3	37.5%	8	11.8%	5	7.7%	0	0.0%
	合计	73	100%	34	100%	8	100%	68	100%	65	100%	21	100%

河系陶器和岳石系陶器为主体因素的遗迹。首先分析以漳河系为主体的三座灰坑及一座居址出土的陶器，其分属于两期。以 H39、H9 为代表的前期相当于二里头文化三期后半。出土器类中深腹罐 D、鬲 D 最多，还有平口瓮 D、小口瓮 D、深腹盆 D、豆 D 等，占全体陶器的 61.3%，而伊洛系的深腹盆 A、大口尊 A、深腹罐 A、缸 A、豆 A、平底盆 A 等占 10.3%，比郑州地区的同期遗址的比例低很多。岳石系的缸 E、尊形器 E、罐 E、褐陶甗 E 等占 10.3%。此外还有在地和系统不明的陶器，占 17.9%。以 H35、F1 为代表的后期相当于二里头文化四期，没有发现伊洛系陶器，漳河系占到 60.4%，成为这一时期陶器构成的主体。而岳石系的 23.2% 比前期略有增加。在地和系统不明的陶器占到 16.2%，其中有折中陶器的深腹罐、鬲、豆、深腹盆等。其次来分析以岳石系为主的遗迹出土的陶器组合。这些陶器也可分两期，以 T27⑤为代表的陶器相当于二里头文化三、四期，至少包含三个系统的陶器。除系统不明者外，有捏口罐 A、深腹盆 A、爵 A、鼎 A 等伊洛系陶器，仅占全体比例的 3.6%。漳河系有豆 D、深腹罐 D、甗 D 等，

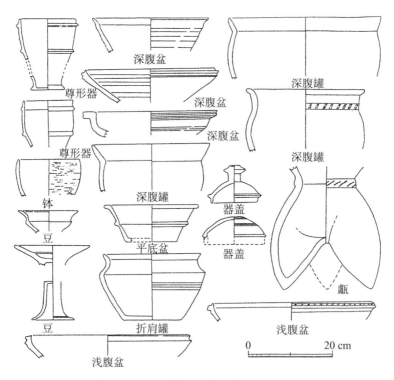

图 4-44　鹿台岗遗址出土的岳石系陶器

占 10.1%。而其他遗址少见的岳石系器类丰富,有甗 E、深腹罐 E、豆 E、尊形器 E、钵 E、深腹盆 E、有颈盆 E、簋 E、器盖 E 等,占全体陶器的 78.1%,显示着其主体陶器的存在状况。在地系和不明系统的陶器仅占 8.1%。以 T24⑤为代表的后期相当于二里头文化四期后半期,陶器系统与前期基本相同。伊洛系占 8.7%,漳河系增加到 31.2%,相反前期高比例的岳石系减少到 52.2%。在地系和系统不明陶器占 7.6%,其中折中陶器有甗、豆等。

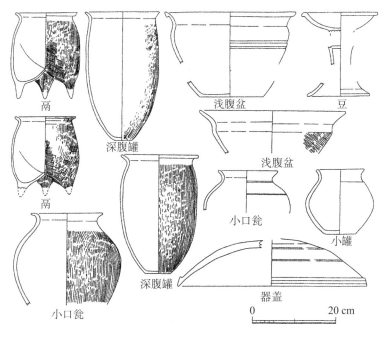

图 4-45 鹿台岗遗址出土的漳河系陶器

朱岗遗址[①]:遗址位于杞县东部约 3 千米处,北有黄河,南部有涡河,东部有惠济河流过。遗迹的年代分别相当于二里头文化二至四期。以 H2、H7 为主的一期陶器可确认有三个系统。其中伊洛系的深腹罐 A、圆腹罐 A、捏口罐 A、大口尊 A、深腹盆 A 等占陶器总量的 73.5%。漳河系有鬲 D、豆 D 等仅占 8.8%。而在地系及系统不明者占 17.6%。二期伊洛系减少到 66.2%,漳河系则增加到 18.5%。新出现的岳石系仅占全体的 7.7%。系统不明及在地系占 7.7%,比前

---

① 郑州大学考古专业、开封市博物馆考古部、杞县文物保管所:《河南杞县朱岗遗址试掘报告》,《华夏考古》1992 年第 1 期。

期明显减少。三期伊洛系继续减少到53.3%,而漳河系的20.0%比前期略有增加。岳石系突增到20.0%。在地系继续减少到6.6%。这一时期的折中陶器有豆、器盖、甗等。

坞墙遗址[①]：遗址位于商丘东南约30千米的坞墙村。其时代相当于二里头文化一期。陶器中有大量与龙山文化有继承关系的素面小罐F、钵F、碗F等在地系,约占全体陶器的37.5%。伊洛系的深腹罐A、甗A、平底盆A等占62.5%。

清凉寺遗址[②]：遗址位于夏邑县城西南30千米的魏庄村,北有岳河旧河道,西南有挡马沟。共发掘二里头文化时期灰坑11座。其中深腹罐A、深腹盆A等伊洛系仅占全体陶器的13.3%,而尊形器E、器盖E、豆E、盂E、甗E、深腹罐E、小罐E等岳石系陶器占到86.7%,是本遗址的主体因素。

牛牧岗遗址[③]：遗址位于民权县双塔乡牛牧岗村北100米处,西南距杞县鹿台岗遗址22千米,距惠济河25千米,总面积1.2万平方米。2002年发掘出土了一批岳石文化、下七垣文化、二里岗文化和殷墟文化的遗物。2007年郑州大学历史学院考古学系等对遗址进行了再发掘,发现了仰韶文化、龙山文化、下七垣文化,其年代相当于下七垣文化三期。下七垣文化地层出土的陶器以泥质灰陶为主,有少量褐陶。纹饰以细绳纹为主,器类有鬲、罐、盆、缸和甗等。其中有鬲C、深腹罐C、甗足C和深腹盆C等,均为辉卫系陶器。二里岗文化地层出土的陶器器类有鬲AD2、甗AD1、大口尊AD1、盆AD1等,为伊洛-郑州系陶器。而一件深腹罐E则具有岳石文化的特点。其年代相当于二里岗上层期的白家庄期。

通过以上对开封、商丘地区六处遗址的详细分析,其年代大致介于二里头二期到四期之间。各遗址前期伊洛系陶器占绝对多数,甚至超过在地系成为这些遗址的主体构成。但随着时期的推移,伊洛系不断减少。而漳河系与岳石系从二期开始以低比例出现,但是在进入三、四期后,除比较特殊的鹿台岗遗址之外,其变化趋势与郑州地区相同,即伊洛系的减少与漳河系的增加。而岳石系则始终保持比较稳定的比例。只有在东部的清凉寺遗址,岳石系占到86.6%,是绝对

---

① 刘忠伏:《河南商丘县坞墙遗址试掘简报》,《考古》1983年第2期。
② 张翠莲:《河南夏邑县清凉山遗址1988年发掘简报》,《考古》1997年第11期;《河南省夏邑清凉山遗址发掘报告》,载北京大学考古学系编:《考古学研究》(四),科学出版社2000年版。
③ 张国硕、赵俊杰:《民权牛牧岗与豫东考古》,科学出版社2013年版;张国硕、赵俊杰:《河南民权县牛牧岗遗址发掘简报》,《考古》2012年第2期。

的主体成分,而伊洛系仅占16.6%,未见漳河系。但有少量折中陶器。

3. Ⅲ区

周口地区相当于二里头文化时期的遗址共发现22处,但是可用于分析的遗址仅有九处。

表4－25 周口地区诸遗址陶器组成与系统

系统	器种	二里头前半期									
		郝家台		栾台		陆城		后于王庄		骆驼岭	
		数量	比例	数量	比例	数量	比例	数量	比例	数量	比例
伊洛系	深腹罐 A1	2	7.7%			3	15.0%	4	50.0%	3	21.4%
	圆腹罐 A1、A2	2	7.7%			2	10.0%	1	12.5%	1	7.1%
	捏口罐 A1	1	3.8%								
	深腹盆 A1	2	7.7%			3	15.0%			3	21.4%
	平底盆 A	1	3.8%			1	5.0%				
	甑 A1、A2	2	7.7%			1	5.0%				
	鼎 A1、A2	3	11.5%			4	20.0%				
	大口尊 A2									3	21.4%
	缸 A1			1	16.7%						
	瓮 A2									1	7.1%
	豆 A1	3	11.5%			1	5.0%			1	7.1%
	盘 A1	1	3.8%			1	5.0%				
	盘 A3	1	3.8%								
	鬶 A									1	7.1%
	钵 A3	2	7.7%								
	短颈壶 A1	1	3.8%								
	钵 A2	2	7.7%								
	有颈罐 A2					2	10.0%	1	12.5%		
	大口罐 A							2	25.0%	1	7.1%
	小计	23	88.5%	1	16.7%	18	90.0%	8	100%	14	100%

续表

系统	器种	二里头前半期									
		郝家台		栾台		陆城		后于王庄		骆驼岭	
		数量	比例	数量	比例	数量	比例	数量	比例	数量	比例
岳石系	甗E			2	33.3%						
	深腹罐E			1	16.7%						
	豆			1	16.7%						
	子母钵E			1	16.7%						
	小计	0	0.0%	5	83.3%	0	0.0%	0	0.0%	0	0.0%
在地系	钵	1	3.8%			1	5.0%				
	小盆	1	3.8%								
	瓮	1	3.8%								
	深腹罐					1	5.0%				
	小计	3	11.5%	0	0.0%	2	10.0%	0	0.0%	0	0.0%
	合计	26	100%	6	100%	20	100%	8	100%	14	100%

郝家台遗址[①]：遗址位于郾城县东部3千米的石槽乡，南部有沙河流过。由龙山文化与二里头文化构成，其中在龙山文化时期发现的城墙为人们所熟知。属于二里头文化时期的六至八期分别相当于二里头文化一至三期。一期有居址和灰坑多座，出土的陶器有鼎A、深腹罐A与F、甗A、盘A、长盘F、深腹盆A、豆A、盂F、碗F等，其中伊洛系占陶器总数的88.5%，在地系占11.5%。二期未见在地系陶器，伊洛系新出现盘A、器盖A、圆腹罐A等多由伊洛系构成。三期与前期也基本相同，新出现大口尊A、捏口罐A、平底盆A等器类。

栾台遗址[②]：遗址位于鹿邑县城东南部，处于涡河、白沟河与清水河之间。属于二里头文化时期的文化层中出土有甗E、深腹罐E、豆E、钵E、瓮E等岳石系的陶器，占83.3%，是遗址构成的主体要素，而伊洛系仅占16.7%。

陆城遗址[③]：遗址位于泥河与洪河之间的台地上。考古调查采集的陶器中

---

① 河南省文物研究所、郾城县许慎纪念馆：《郾城郝家台遗址的发掘》，《华夏考古》1992年第3期。
② 张文军、张志清、樊温泉：《河南鹿邑栾台遗址发掘简报》，《华夏考古》1989年第1期。
③ 中国社会科学院考古研究所河南二队、河南省周口地区文管会：《河南周口地区考古调查》，载《考古学集刊》(4)，中国社会科学出版社1984年版，第45—63页。

深腹罐 A、圆腹罐 A、大口罐 A、深腹盆 A、大口尊 A、簋 A、豆、瓮 A 等都属于伊洛系，其年代大致相当于二里头三期。

西华后于王庄遗址①：遗址位于县城东南部 32.5 千米处，考古调查采集的陶器片都属于二里头二期。纹饰以绳纹为主，但仍有一定量的篮纹。采集的深腹罐 A、圆腹罐 A、大口罐 A、瓮 A 等几乎都是伊洛系陶器。

骆驼岭遗址②：遗址位于西华县城西南部。遗迹的一至三期分别相当于二里头文化一至三期。试掘及采集的陶器有鼎 A、深腹罐 A 与 F、圆腹罐 A、平底盆 A、深腹盆 A、小盆 F、有颈罐 A、甗 A、盘 A、豆 A 等。除少量在地系陶器占 10.0% 外，伊洛系陶器占到 90.0%。而从纹饰来看，以篮纹和方格纹为主，与伊洛系以绳纹为主的特点不同。

庙岗遗址③：遗址位于空冢郭乡竹于村西南高台地上，总面积近 8 万平方米，由龙山文化和二里头文化构成。根据采集的陶片，属于二里头文化的陶器约 71 件，其中包括深腹罐 A 九件、小罐 A 一件、矮领罐 F 一件、大口罐 F 三件、卷沿罐 A 一件、鼎 F 两件、瓮 A 三件、罍 A 一件、缸 A 两件、小口尊 A 一件、大口尊 A 一件、器盖 A 一件、平底盆 A 两件、折沿盆 F 四件、卷沿盆 F 两件、甗 A 一件、杯 F 一件等，主要为伊洛系和少量在地系陶器。年代大致相当于二里头文化一至二期。

皇寓遗址④：遗址位于郾城大刘黄寓村南的沣河岸边，总面积约 56 万平方米。2004 年由河南省文物考古研究所与郑州大学联合发掘，发掘面积 1 500 平方米。文化层堆积由二里头文化、二里岗文化、西周和汉代组成。二里头文化时期大多为灰坑、水井，时代可以分为三期。一期出土陶器以深腹罐最多，为粗砂灰褐陶，外涂黄泥，可分 A、B、C 三型。其次是圆腹罐可分 A、B、C、D 四型，还有高领瓮、小口尊、豆、深腹盆、刻槽盆、器盖，均为 A 的伊洛系陶器。二期出土陶器有鼎、深腹罐、圆腹罐、捏口罐、甗、刻槽盆、深腹盆、平底盆、豆、圈足盘、三足盘、瓠、器盖、小口尊。三期出土陶器有鼎、深腹罐、大口尊、深腹盆、圈足盘、杯。皇寓遗址三期年代分别相当于二里头文化二期至三期晚段，三期所出土的陶器与典型二里头文化陶器显示更多的一致性，也不见本地特有的垂腹鼎等器类。二

---

① 中国社会科学院考古研究所河南二队、河南省周口地区文管会：《河南周口地区考古调查》，载《考古学集刊》（4），中国社会科学出版社 1984 年版，第 45—63 页。
② 中国社会科学院考古研究所河南二队、河南省周口地区文管会：《河南周口地区考古调查》，载《考古学集刊》（4），第 45—63 页。
③ 曹桂岑、蔡全法、齐心卷等：《河南郾城县庙岗遗址调查简报》，《华夏考古》2010 年第 4 期。
④ 袁广阔：《河南郾城县皇寓遗址二里头文化遗存发掘简报》，《考古》2017 年第 2 期。

里岗期的陶器出土较少,这里不予分析。

蒲城店遗址①:遗址位于平顶山市以东9千米处,现存面积18万平方米。2004年发掘面积约6200平方米,由龙山文化和二里头文化组成,发现了城址、灰坑、窖藏坑、陶窑、水井和墓葬等大量遗迹与遗物。其中城址面积约4.1万平方米,由主体墙和两面护城坡组成,城址始建于龙山文化时期。到了二里头文化时期,在龙山城址西南部建造了一个面积略大于前期的城址,是一处东西略长,面积约5.2万平方米的长方形城址,由城墙与城壕构成。根据出土陶片,二里头文化城墙最早建筑于龙山文化晚期向二里头文化过渡时期。在龙山城址以西,二里头城址以北还发现了二里头文化时期的居住区。在南北宽20米、东西长100米的范围内发现了20余座居住址,均为地面建筑,排列有序,由单间、双间、三间、四间、五间和六间等不同类型的房址组成。有些居住址有奠基遗存,出土遗物丰富。此外还有灰沟一条和墓葬一座。这些遗迹出土的陶器显示,其年代大致相当于二里头文化一期到三期之间。根据简报发表的F10出土陶器统计,陶器组合中有三件深腹罐A1、甗A、缸A1、石斧。灰沟G23出土的器类有深腹罐A1、大口罐A、缸A1、鼎F、深腹盆A2与A1、子母口盆F、敛口罐F,三件圆腹A1与A2、小口瓮A1、刻槽盆A1、甑A1、豆A1、器盖A1等,均为伊洛系与在地系陶器,可见到少量岳石系陶器。

上坡遗址②:遗址位于西平县城东北17千米的上坡村,遗址东侧有黑河支流,遗址总面积约3万平方米,其堆积由龙山文化和二里头文化构成。二里头文化年代大致相当于二里头遗址的一、二期。发掘的遗迹有房址两座、灰坑42座、壕沟两条和墓葬七座。出土陶器有深腹圆底罐、深腹平底罐、圆腹罐、鼓腹罐、小罐、大口罐、平口瓮、小口瓮、罍、深腹盆、甑、四瓦足盘、三足盘、器盖、刻槽盆、钵、杯、碗、大口尊、豆、鼎等,大多均为A的伊洛系陶器。仅有F系的直壁深腹盆、豆、甑、小罐等继承在地龙山文化的陶器。

以上通过对周口地区九处遗址的分析,可以看到这一地区的年代除鹿邑栾台之外都集中在二里头一期到三期之间。其陶器系统除在一期有10.0%~23.0%的在地系之外,全部为伊洛系陶器。鹿邑栾台遗址时期较晚,约相当于二里头四期,其陶器系统也显示了与其他遗址的差异,岳石系占到83.3%,而伊洛

---

① 魏兴涛、赵文军、楚小龙:《河南平顶山蒲城店遗址考古发掘简报》,《文物》2008年第5期。
② 河南省文物考古研究所、驻马店市文物考古工作队、西平县文物管理所:《河南西平县上坡遗址发掘简报》,《考古》2004年第4期。

系仅占 16.6%。

（三）中原东部地区的陶器动态和其背景分析

这里在前节分析的基础之上，将从时间推移和空间变化的角度对陶器系统组合的动态过程进行把握，并尝试探讨这种动态过程的背景成因。

中原东部地区二里头文化时期的遗址，根据其内涵所显示的年代差异可以区分为前后两个大的不同阶段，即以一、二期为代表的前半期和以三、四期为代表的后半期。而在空间上则以前述三大自然区域为分析的基本空架。首先从时代上来看，属于前期的遗址有郑州地区的西史村、竖河、阎河、洛达庙二期、黄河委员会青年公寓一、二期；开封、商丘地区的牛角岗一、二期，段岗一、二期，朱岗一期，鹿台岗一、二期，商丘坞墙；周口地区的郝家台、陆城、后于王庄、骆驼岭，蒲城店、寓皇、上坡、庙岗等共 18 处。郑州地区的西史村、竖河、阎河和周口地区的九处遗址中，除在地系占约 20% 外，全部是伊洛系陶器。但是开封、商丘地区的四处遗址和郑州的洛达庙、黄委会青年公寓则不同。从二期开始，除鹿台岗遗址具有特殊性之外，均有少量岳石系和漳河系陶器出现，但是伊洛系陶器占主导因素的状况都是相同的，充分显示了这一时期自然地理配置对地域间陶器系统比例的影响。鹿台岗遗址从三期前半期开始，新出现的漳河系仅占 10.1%，与其他外来系陶器相同，而伊洛系陶器仅占 3.6%，岳石系占到 78.1% 的高比例。到了三期的后半期，前期仅占少量的漳河系突然大幅增加到 61.3%，并在四期前半期持续保持这种高比例，相反岳石系则急剧下降到 23.2%。但是在时代进入四期后半期后，持续增长的漳河系下降到 31.2%，而岳石系再次增加到 52.2% 的高比例。鹿台岗遗址陶器系统比例大幅度波动的现象比较特殊。

属于后半期的遗址有郑州地区的上街，大河村，洛达庙四期，黄委会青年公寓三期，宫殿1998年发掘区，化工三厂，电力学校，开封、商丘地区的牛角岗三、四期，段岗三、四期，朱岗二、三期，鹿台岗三、四期，清凉寺和周口地区的栾台，蒲城店等，共 15 处。郑州地区七处遗址中三处遗址属于四期后半期。这一时期伊洛系陶器虽然较前半期有所减少，但是仍然占 60% 以上，是所有遗址的主体要素。与此相对，漳河系陶器与前半期相比超过 20%，特别是四期后半期所占比例高达 32.7%。而岳石系自始至终占少量比例，呈现比较稳定的状态。开封、商丘的五处遗址和郑州地区相同，伊洛系是主体因素，占到 60% 以上，而漳河系的比例则较郑州地区更高，最高占到 61.3%。岳石系占到 20% 前后，也明显高于郑州地区，特别是鹿台岗遗址，达到 52.2%，而位于最东部的清凉寺遗址除极少量的伊洛系和在地系陶器外,则几乎全是岳石系陶器。就诸遗址整个后半期的陶器动态来看,伊洛系的减少和漳河系的增加是其显著特征。但是距离山东较近的遗址岳石系比例高这一点充分显示了自然地理位置在陶器动态中的作用。

本节通过对郑州、开封、商丘及周口地区诸遗址出土的陶器系统构成以及各系统所占比例的变化,分析了二里头文化时期中原东部地区的地域间关系。其结果是三个地区诸遗址的陶器构成,除了继承本地龙山文化的在地系陶器之外,还有三个地区以西的伊洛系、以北的漳河系和以东的岳石系陶器。伊洛系陶器在各个遗址中均占到60%以上,构成这些遗址的主体文化因素。特别是属于前半期的遗址中,伊洛系高达85%。而在地系陶器仅在一、二期多有发现,而且仅占少量比例。进入后半期之后,郑州和开封、商丘地区的漳河系陶器急剧增多,在四期后半达到35%的高比例。而比例一直较高的伊洛系则比前期减少30%,呈现明显的减少趋势。此外难以判别系统的鬲、甗、深腹罐、深腹盆、豆等折中陶器同时出现。这种现象在思考二里头文化的地域间关系时是非常重要的。图4-46是二里头文化时期后半期诸遗址中可明确判别的伊洛系、漳河系、岳石系、在地系陶器系统的构成比例。

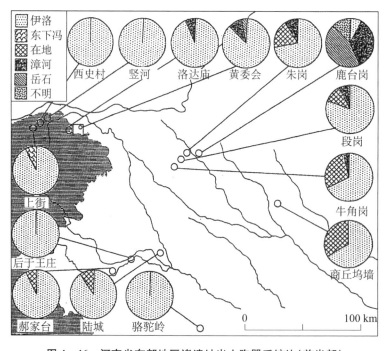

图4-46　河南省东部地区诸遗址出土陶器系统比(前半部)

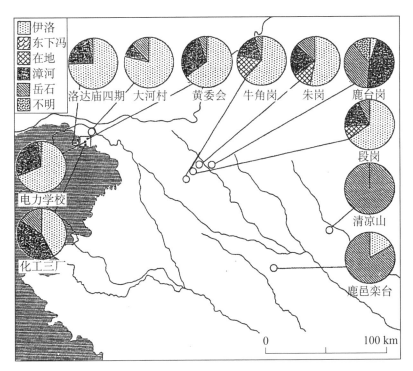

图 4-47 河南省东部地区诸遗址出土陶器系统比(后半部)

五、河南省南部地区

近年来,在淮河上游的驻马店杨庄遗址,经过发掘出土了丰富的陶器资料,并且有正式的报告出版,引起研究者的关注。① 杨庄遗址二期发现了大型环壕聚落的存在,并在环壕的底部发现了祭祀遗迹,其中出土的陶器中 85 件属于伊洛系,仅有六件为在地系陶器。这里将对河南省南部地区的陶器构成样式以及随时代变迁而发生的变化进行分析。

(一)陶器构成的时间变化

这里综合考量驻马店杨庄遗址、邓州穰东遗址以及长江中游盘龙城与荆南

---

① 北京大学考古学系、驻马店市文物保护管理所:《驻马店杨庄——中全新世淮河上游的文化遗存与环境信息》,科学出版社 1998 年版。

寺遗址的编年分期,将河南南部地区的二里头文化时期遗址大致分为五期,对河南南部以及长江中游地区的陶器构成的时期变化进行分析。

表 4-26 河南省南部地区的陶器编年

二里头文化	二期前半期	二期后半期	三期前半期	三期后半期	四期前半期
豫南地区	一期	二期	三期	四期	
杨庄遗址	一组	二组	三组		
党楼遗址		二里头时期			
北丘遗址			上层		
八里桥遗址			二里头时期		
下王岗遗址			三期		
东龙山遗址	一期		二期	三期	
斗鸡台遗址	二期		三期		
青连寺遗址			三期		
穰东遗址		一期	二期	三期	四期

一期:以杨庄遗址的祭祀遗迹 JZ1、水井 J1 等遗迹为分析资料。陶器以夹砂灰陶为主,黑色陶的比例较高,褐色陶较少。陶器纹饰中篮纹占总纹饰的 29.4%,素面陶占 32.7%,绳纹占 30.5%。典型陶器器类有圆腹罐 A1、深腹罐 A1、鼎 A1、深腹盆 A1、大口尊 A2、加粗砂罐 G、垂腹罐 G、豆 G 等。圆腹罐为长颈,口缘部饰附加堆纹,深腹罐 A1 的口缘有折棱,平底较大。鼎 A1 的上腹部呈直腹,三足的尖部较宽大。大口尊的肩部小于口径,这些特征显示其年代相当于二里头文化二期前半期。

二期:以杨庄遗址的 H25、J2、J4、J3、H26 和穰东遗址的 M2、H8、H9 等典型遗迹为主要分析资料。参考驻马店党楼遗址、丹江上游的商州东龙山遗址的同时期资料。该遗址仍然以夹砂灰陶为主,黑陶仍占有一定的比例,褐陶略有增加。纹饰以绳纹为主,篮纹较前期减少。典型器类与前期基本相同,但是含有大砂粒的夹粗砂罐 G 急剧减少,鼎 A1 也略减少。而大口尊 A2、圆腹罐 A2、深腹

罐 A2、深腹盆 A1、平底盆 A 等开始增加。圆腹罐 A2 的颈部变短,深腹罐 A2 的口缘以卷缘为多,平底。大口尊 A2 的口径与肩颈大致相同,因此其年代相当于二里头文化二期后半期。

三期:以杨庄遗址的 H30、H16、T20②、T18②T19②、T22② 和穰东遗址的 H6、H7、H11、H12 等遗迹为分析资料。相当于这一时期的遗址还有淅川下王岗、方城八里桥、邓州陈营、镇平马圈王、枣阳墓子岗、商州东龙山、信阳北丘上层。陶器特征仍然以夹砂灰陶最多,但是褐陶急剧增加,黑陶大幅减少。以绳纹为主要纹饰,占全体的 60%,箍状堆纹增加,鸡冠状耳变小,篮纹仅占 2%。典型器类大多与二期相同,但是缸 A1、深腹盆 A2 和垂腹罐 G、大盘 G、豆 G、牛鼻耳壶 G 等减少,圆腹罐 A3、深腹罐 A2、深腹盆 A2 等增加。相当于二里头文化三期前半期。

四期:以邓州穰东遗址的 H4、H5、H10、H13－H15 等遗迹为主要分析资料。同时期的还有陈营遗址,商州东龙山遗址,淅川下王岗的 H245、H250、H290 等遗迹。本期的陶器特征以夹砂灰陶为主,泥质灰陶占一定的比例,黑陶、褐陶很少。绳纹比上期增加,堆纹、弦纹、刻划纹等纹饰形式丰富。主要器类有圆腹罐 A2、深腹罐 A2、大口尊 A2、鼎 A2、甗 A3 等。甗 A3 的盆部变浅,鸡冠状耳消失。大口尊 A2 的口径比肩径变小,尊体粗而短。相当于二里头文化四期前半期。

五期:以荆南寺和盘龙城遗址一、二期的典型单位为代表。本期以夹砂陶为多,陶色除灰色外,红陶和橙色陶较多。泥质灰陶比前期略有减少。而泥质黑陶则有所增加。出现本区特有的釉陶。绳纹仍占半数以上,但与前期相比略有减少,而方格纹、堆纹、雷纹、条纹、弦纹、叶纹等种类增加。陶器器类与前期基本相同,但垂腹罐消失,鬲、甗、簋、爵、斝、器座、釉陶尊等器类出现。这一时期的鬲除了前期已有的鼎式鬲外,卷沿鬲出现。甗的数量较少,口沿部与卷沿鬲同,甑部呈盆形,腰部的附加堆纹上有绳纹或按压纹。这一时期的遗址还有王家嘴、中堡岛、朝天嘴等,相当于二里头文化后期晚段。

豫南地区在地的龙山文化之后,以二里头文化特有的圆腹罐 A2、刻槽盆 A3、盉 A、爵 A、觚 A、杯 A2、鸡冠状深腹盆 A1 与 A2、瓮 A1 与 A3、平底盆 A、深腹罐 A2、大口尊 A2、鼎 A2、长颈壶 A2、豆 A1、器盖 A 等伊洛系陶器作为主体要素。但是二里头文化时期的遗址与龙山文化时期相比少许多。同时在以上陶器之外,还发现了模仿伊洛系的深腹罐 AG、大口尊 AG、鼎 AG、瓮 AG、长颈壶 AG、豆 AG、器盖 AG 等在地制作的器类和在地系的垂腹罐 G、垂腹鼎 G、大盘 G、粗砂罐 G、贯耳壶 G、牛鼻耳瓮 G 等陶器。因此从一期开始,至少从陶器形态上看不出这些陶器与前期龙山文化的直接继承关系。到了二里头文化后期,随着向长江中游腹地的扩张,一些遗址中还出现了长江中游的在地系陶器 J,与四川相关的巴蜀系陶器 H,釉陶系陶器 R 以及一些系统不明的陶器 K。

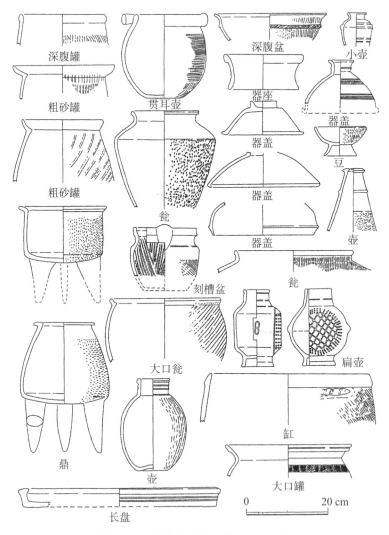

图 4-48　杨庄遗址出土的在地系陶器

第四章 二里头文化时期的地域动态

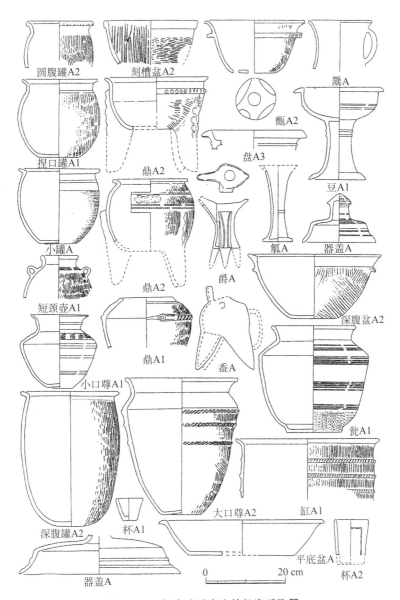

图 4-49 杨庄遗址出土的伊洛系陶器

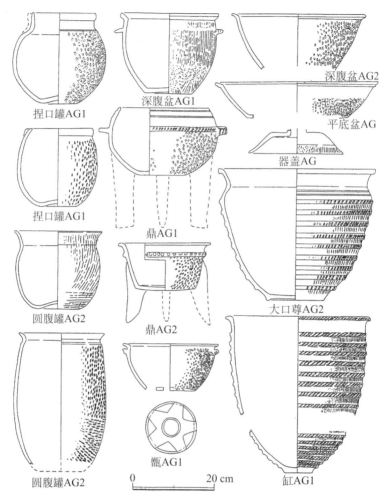

图 4-50 杨庄遗址出土的伊洛模仿系陶器

(二) 陶器构成的空间动态

河南南部地区的二里头文化时期诸遗址中,至少可以确认三个不同系统的陶器混杂的状况。首先对陶器资料丰富的驻马店杨庄遗址出土的陶器构成和其时代变化进行分析,以期了解这一地区陶器构成样式组合以及时间和空间的推移与变化。

1. 杨庄遗址的陶器构成

遗址位于驻马店市西南 6 千米的橡林乡,淮河支流练江河北岸。总面积 4

万平方米,1992年由北京大学考古学系发掘。这个遗址由仰韶文化、龙山文化和二里头文化构成,属于二里头文化的遗迹有灰坑11座、水井两座、祭祀坑和壕沟各一座。

表 4-27　杨庄遗址的陶器组成与系统

系统	器种	一期 数量	一期 比例	二期 数量	二期 比例	三期 数量	三期 比例
伊洛、伊洛模仿系	圆腹罐 A2、Aa	11	20.4%	31	9.1%	6	4.3%
	深腹罐 A2、Aa	6	11.1%	24	7.0%	16	11.3%
	鼎 A2、Aa	1	1.9%	16	4.7%	9	6.4%
	深腹盆 A2、Aa	5	9.3%	29	8.5%	16	11.3%
	刻槽盆 A1、A2、Aa	2	3.7%	10	2.9%	7	5.0%
	大口尊 A2	3	5.6%	26	7.6%	9	6.4%
	瓮 A3	3	5.6%	6	1.8%	4	2.8%
	瓮 A1	2	3.7%	13	3.8%	4	2.8%
	缸 A2、Aa	2	3.7%	9	2.6%	4	2.8%
	豆 A1、A2	2	3.7%	18	5.3%	8	5.7%
	器盖 A	2	3.7%	13	3.8%	7	5.0%
	长颈壶	2	3.7%	2	0.6%	1	0.7%
	甑 A1、A2			7	2.0%	2	1.4%
	捏口罐 A1			22	6.4%	1	0.7%
	有颈罐 A1			6	1.8%	4	2.8%
	平底盆 A			5	1.5%	2	1.4%
	钵 A2			3	0.9%	3	2.1%
	杯 A2			3	0.9%		
	盘 A2			5	1.5%		
	盉 A			2	0.6%	2	1.4%
	爵 A			4	1.2%	1	0.7%
	觚 A			2	0.6%		
	鬶 A			2	0.6%		
	小计	39	72.2%	274	80.1%	114	80.9%

续表

系统	器种	一期		二期		三期	
		数量	比例	数量	比例	数量	比例
在地系	夹砂罐	2	3.7%	4	1.2%	3	2.1%
	垂腹鼎	2	3.7%	10	2.9%	4	2.8%
	罐	2	3.7%	8	2.3%		
	盆	2	3.7%	11	3.2%	5	3.5%
	刻槽罐	1	1.9%	2	0.6%	1	0.7%
	粗砂罐	3	5.6%	5	1.5%		
	大口罐	1	1.9%	1	0.3%		
	小口瓮	1	1.9%				
	器座	1	1.9%				
	尊			7	2.0%	4	2.8%
	甑			2	0.6%		
	豆			6	1.8%	3	2.1%
	器盖			7	2.0%	4	2.8%
	筒形器			1	0.3%	2	1.4%
	牛鼻耳瓮			1	0.3%		
	小壶			1	0.3%	1	0.7%
	贯耳壶			1	0.3%		
	大盘形器			1	0.3%		
	尊形器			1	0.3%		
	小计	15	27.8%	68	19.9%	27	19.1%
	合计	54	100%	342	100%	141	100%

一期：以典型遗迹单位祭祀坑 JZ1、J1 为主进行分析。这里出土的陶器中有伊洛系和伊洛模仿系的圆腹罐 A1，深腹罐 A1、AG，鼎 A1、A2，大口尊 A2、AG，深腹盆 A1、AG，刻槽盆 A2，瓮 A3、A4 等，占全体陶器的 72.2%。在地系的垂腹罐 G、刻槽盆 G、粗砂罐 G、大口罐 G、器座 G、牛鼻耳瓮 G 等占 27.8%。

二期：以 J2、J3、J4、H25、H26、H8 典型单位为分析资料。伊洛系和伊洛模仿系除了前期已有的器类外，还新出现了爵 A，觚 A，盘 A2、AG，捏口罐 A1、

AG,有颈罐 A1,小口尊 A1 等,占陶器总比例的 80.1%。在地系除了前期已有器类外新出现垂腹鼎 G、器盖 G、贯耳壶 G、大平盘 G 等,其比例占 19.9%,略有减少。

三期:以典型单位 H16、H30、T22②、T19②等为分析资料,伊洛系和伊洛模仿系加上新出现的盉 A,占 80.9%,与前期几乎相同。在地系仅占 19.1%,与前期没有大的变化。

通过以上对一期到三期的分析,杨庄遗址伊洛系陶器的比例随着时期的推移从 72.2%增加到 80.8%,占全体陶器的七成以上这一点值得注意。而在地系则从 27.8%减少到 19.1%。因此可以说,杨庄遗址二里头文化从初始阶段伊洛系陶器就凌驾于在地系陶器之上,成为主体因素。相反,继承前期的龙山文化的在地系陶器仅占三成左右,因此可以推测杨庄遗址龙山文化的终结与二里头文化的介入或者更替有密切的关系。

2. 其他遗址的陶器构成

根据 20 世纪 80 年代的分布调查,南阳、信阳和驻马店三个地区的二里头文化时期遗址确认有 28 处,而经过发掘的遗址仅有七处。其中除陈营遗址的资料还未发表外,可以分析的资料包括杨庄共六处。这里将位于河南南部周边地区的安徽省斗鸡台遗址、青莲岗遗址和丹江上游的东龙山遗址纳入分析对象,对这九处遗址进行与杨庄遗址相同的分析,以期了解二里头文化时期这一地区陶器动态的时间和空间的变化过程。

(1) Ⅰ区:汉水以及支流丹江流域

东龙山遗址[①]:遗址位于商州东南部的丹江北岸。其北是秦岭山脉的南麓,南部面临丹江。总面积约 10 万平方米,遗址内涵由龙山文化、二里头文化、二里岗文化和西周时代构成。1997 年—1998 年发掘,二里头时期遗迹的时代相当于二里头文化二至四期。18 座灰坑出土的陶器有深腹罐 A2、AG,圆腹罐 A2,甑 A3,缸 A1、A2、AG,大口尊 A2、AG,短颈壶 A2,双耳罐 G,豆 A1、AG,盘 A1,刻槽盆 A2,深腹盆 A1,瓮 A3,盉 A,鬲 A、AG,有颈罐 A1,单耳罐 G 等。一期器类较少,伊洛系和伊洛模仿系的深腹罐 A2、AG,豆 A1、AG,缸 A1、A2、AG 等占全体陶器的 75.0%,在地系的双耳罐 G 等占 25.0%。二期伊洛系大为增加,器类有深腹罐 A2、AG,圆腹罐 A2、AG,鼎 A2、AG,鬲 A、AG,小口瓮 A1,大口尊

---

① 《陕西省商州市东陇山遗址考古新发现》,《中国文物报》1999 年 5 月 10 日;杨亚长:《陕西商州东龙山遗址》,载《1998 年中国考古重大发现》,文物出版社 2001 年版,第 27—32 页。

A2,豆 A2,斝 A,深腹盆 A2,器盖 A1 等,占 88.1%,而在地系仅有单耳罐等,占 11.9%。三期的伊洛系占 85.0%,在地系占 15.0%。①

八里桥遗址②:遗址位于方城县西南 4 千米的潘河西岸,北部与伏牛山相连,东南部有桐柏山。遗址就位于潘河与潘河支流三里河的三角地带。总面积 10 万平方米,1993 年—1994 年发掘,共发现了二里头文化时期的灰坑 17 座、小沟一条。这些遗迹出土的陶器有鼎 A2、圆腹罐 A3、深腹罐 A2、甑 A3、深腹盆 A2、豆 A1、鬻 A1、缸 A2、有颈罐 A1、大口尊 A2、爵 A、器盖 A、瓮 A3 等,相当于二里头文化三期。在地系陶器有刻槽罐 G、钵形罐 G、牛鼻耳盆 G、甑 G、圆柱形器盖 G、异形器 G 等,占 12.8%。伊洛系和伊洛模仿系的鼎 A2、AG,深腹罐 A2、AG,圆腹罐 A3,深腹盆 A2,刻槽盆 A3,有颈罐 A1,缸 A2,大口尊 A2,盉 A,爵 A,豆 A1,瓮 A3、A4、AG 等,占 87.2%。

下王岗遗址③:位于淅川县盛湾乡下集村,丹江支流淅川河从北部的伏牛山南流而下,通过遗址的西部,并在遗址南部的老城流入丹江。遗址就位于丹江与淅川河形成的冲积地带。遗址总面积约 6 万平方米,1970 年至 1974 年发掘,这里以 1990 年出版的发掘报告的资料进行分析。④ 遗址由仰韶文化、屈家岭文化、二里头文化组成,属于二里头文化遗迹的年代相当于二里头文化三期。34 座灰坑出土的陶器器类有圆腹罐 A2、鼎 A2、深腹罐 A2、甑 A3、大口尊 A2、短颈壶 A1、刻槽盆 A3、缸 A2、器盖 A、瓮 A3、垂腹罐 G、钵 G、釜形尊 G、盘 G 等。就陶器系统来看,伊洛系和少量伊洛模仿系的圆腹罐 A2,鼎 A2,豆 A1,杯 A2、AG,短颈壶 A1,深腹盆 A2,甑 A3,大口尊 A2,缸 A2、AG,瓮 A3、A4、AG 等占 77.4%,在地系的垂腹罐 G、钵 G、大盘 G、垂腹壶 G、刻槽罐 G、釜形尊 G、器盖 G 等占 22.6%。

穰东遗址⑤:遗址位于邓州市东北约 26 千米的穰东火车站附近,总面积约 1.5 万平方米,1989 年发掘,是一处单纯的二里头文化时期遗址。这里发掘了一座墓葬和 15 座灰坑,其年代分别相当于二里头文化二至四期。一期属于伊洛系的陶器有深腹罐 A1、AG,圆腹罐 A2,深腹盆 A1、AG,鼎 A1,大口尊 A2、AG,缸

---

① 王力之:《试论商洛地区的夏商文化》,北京大学硕士学位论文,1998 年。
② 北京大学考古学系、南阳市文物研究所、方城县博物馆:《河南方城县八里桥遗址 1994 年春发掘简报》,《考古》1999 年第 12 期。
③ 长江流域规划组文物考古队河南分队:《淅川下王岗》,文物出版社 1989 年版,第 264—305 页。
④ 长江流域规划组文物考古队河南分队:《淅川下王岗》,第 264—305 页。
⑤ 樊温泉、勒松安、秦文生等:《河南邓州市穰东遗址的发掘》,《华夏考古》1999 年第 2 期。

A1、瓮 A3、器盖 A、鬶 A、爵 A、平底盆 A 等,占全体陶器的78.6%。在地系有深腹罐 G、附加堆纹盆 G、豆 G、器盖 G、带流罐 G、小罐 G 等,占21.4%。二期的伊洛系陶器有捏口罐 A1、盘 A2、刻槽盆 A2 等新出现器类,占全体的 82.7%。在地系增加扁壶 G,占 17.3%,略显减少。三期的器类与前期相同,其比例占 86.9%,进一步增加,而在地系则占 13.1%,继续减少。

乱葬岗遗址：遗址位于钟祥市西北约 26.5 千米处,遗址所在地为汉水支流利河、罗铁沟及袁家河形成的冲积平原。1991 年发掘,出土的两个灰坑均属于二里头文化时期,与二里头文化三期相当。陶器构成有鼎 A、G,大口尊 A,篮形器 A,豆 A、G,钵 G,杯 G,浅腹盆 A,深腹盆 A,器盖 A 等,其中伊洛系陶器占 75.9%,在地系陶器占 24.1%。

李家湾遗址：遗址位于大悟县西部的双河村,1998 年发掘,遗迹仅一个灰坑,相当于二里头文化二期后半期到三期。出土陶器甚为丰富。陶器构成有鼎 A、G,圆腹罐 A,带耳深腹盆 G,浅腹盆 A,大口尊 A,大口缸 A,小口瓮 A,刻槽盆 A,钵 G,豆 G,器盖 A 等,其中伊洛系占 75.5%,在地系占 24.5%。

王树岗遗址：遗址位于襄阳县法王乡王树岗村东北 1 千米处。1997 年发掘,共发现两个灰坑,年代约相当于二里头文化三期后半期。出土的陶器构成为鼎 A、G,深腹罐 A,圆腹罐 A,大口尊 A,大口缸 A,小口瓮 A,刻槽盆 A,甑 A,篮 A,豆 G,杯 G,器盖 A 等,大多属于伊洛系陶器。

李营遗址[①]：位于湖北省郧县安阳镇,坐落于秦岭与巴山余脉之间汉江北岸一级台地上。在 2011 年—2012 年由武汉大学和郧县博物馆联合进行的发掘中,发现了属于二里头文化时期的灰坑与其他遗迹。共出土 13 种器类,分别属于两期。一期相当于二里头文化二期晚段,出土陶器由圆腹罐、深腹罐、深腹盆、鼎、甑、大口尊、大口缸、敛口翁、豆和器盖。二期相当于二里头文化三期,出土陶器与一期基本相同,与邻近的下王岗遗址和王树岗遗址相似,含有少量本地特有的器盖、大口圆腹罐、杯等,但是 80% 以上为二里头文化的典型陶器。

墓子岗遗址[②]：遗址位于襄樊市北侧的桐柏山南麓。踏查采集的陶器较多,可辨认的器类有鼎 A,深腹罐 A,圆腹罐 A,缸 A,牛鼻耳瓮 G,深腹盆 A 等,相当于二里头文化三期。

[①] 周宁、陈安宁、王峰等：《湖北郧县李营遗址二里头文化遗存发掘简报》，《江汉考古》2014 第 6 期。
[②] 湖北省枣阳市博物馆所藏《墓子岗遗址的二里头文化陶器资料》，见李维明：《试论河南省南部地区夏商时期的考古学文化》，北京大学博士学位论文，1995 年。

表 4-28　汉水流域诸遗址陶器组成与系统

系统	器种	八里岗 数量	八里岗 比例	下王岗 数量	下王岗 比例	北丘上层 数量	北丘上层 比例	党楼 数量	党楼 比例	穰东一、二期 数量	穰东一、二期 比例	穰东三期 数量	穰东三期 比例
	圆腹罐 A1、A2	5	6.4%	4	7.5%	3	15.0%	1	25.0%	20	21.3%	8	13.1%
	深腹罐 A2、AG	6	7.7%	2	3.8%	2	10.0%	1	25.0%	9	9.6%	14	23.0%
	鼎 A2	10	12.8%	3	5.7%			1	25.0%				
	鼎 AG	1	1.3%										
	鼎 A1	1	1.3%										
	有颈罐 A1	1	1.3%										
	有颈罐 A2	1	1.3%										
伊洛系	深腹盆 A1、A2、AG	3	3.8%	2	3.8%	2	10.0%			9	9.6%	7	11.5%
	刻槽盆 A2、AG	2	2.6%	2	3.8%	2	10.0%			2	2.1%	3	4.9%
	豆 A1	4	5.1%	2	3.8%					6	6.4%	3	4.9%
	缸 A1、AG	4	5.1%	1	1.9%					4	4.3%		
	捏口罐 AG	3	3.8%										
伊洛模仿系	瓮 A1	4	5.1%	2	3.8%	1	5.0%			6	6.4%	7	11.5%
	瓮 A3	3	3.8%	2	3.8%	1	5.0%						
	大口尊 A2	4	5.1%	9	17.0%			1	25.0%	1	1.1%		
	盃 A	1	1.3%										
	爵 A	1	1.3%										
	杯 A2	1	1.3%	5	9.4%					6	6.4%	2	3.3%
	器盖	9	11.5%										
	短颈壶 A2			3	5.7%								

续表

系统	器种	八里桥 数量	八里桥 比例	下王岗 数量	下王岗 比例	北丘上层 数量	北丘上层 比例	党楼 数量	党楼 比例	穰东一、二期 数量	穰东一、二期 比例	穰东三期 数量	穰东三期 比例
伊洛系	甗A2			6	11.3%							1	1.6%
	盘A3					1	5.0%			1	1.1%	1	1.6%
伊洛模仿系	盘A2					2	10.0%						
	斝A	1	1.3%			1	5.0%			1	1.1%		
	鬲A	3	3.8%							2	2.1%		
	平底盆									1	1.1%		
	捏口罐A1												
	瓮A4									5	5.3%	5	8.2%
	鼎Aa									7	7.4%	2	3.3%
	小计	68	87.2%	41	77.4%	15	75.0%	4	100%	80	85.1%	53	86.9%
在地系	侈颈瓮	1	1.3%										
	刻槽罐	1	1.3%	1	1.9%								
	钵形罐	1	1.3%	1	1.9%								
	甑	2	2.6%										
	牛鼻耳盆	1	1.3%	1	1.9%								
	圆柱形器盖	1	1.3%	2	3.8%								
	圈足器	1	1.3%										
	牛鼻大口尊	1	1.3%										
	折腹盆	1	1.3%										

续表

系统	器种	八里桥 数量	八里桥 比例	下王岗 数量	下王岗 比例	北丘上层 数量	北丘上层 比例	党楼 数量	党楼 比例	稷东一、二期 数量	稷东一、二期 比例	稷东三期 数量	稷东三期 比例
	垂腹壶			2	3.8%								
	盘			1	1.9%								
	杯			2	3.8%								
	小口直颈瓮			1	1.9%								
	釜形尊			1	1.9%								
在地系	羊角状鼎					1	5.0%					1	1.6%
	三角耳罐					1	5.0%						
	小壶					2	10.0%						
	器盖					1	5.0%			2	2.1%		
	深腹罐									4	4.3%	1	1.6%
	堆纹盆									4	4.3%	3	4.9%
	带流罐									2	2.1%	1	1.6%
	小罐									1	1.1%		
	扁壶									1	1.1%		
	瓮											1	1.6%
	盆形钵											1	1.6%
	小计	10	12.8%	12	22.6%	5	25.0%	4	100%	14	14.9%	8	13.1%
	合计	78	100%	53	100%	20	100%			94	100%	61	100%

通过对以上八处遗址出土陶器构成的分析,在与伊洛地区临近的遗址中,其伊洛系陶器的构成比例达到七成以上,在地系陶器仅占陶器构成的两至三成。从年代上来看,这里除了穰东遗址发现二里头文化四期的遗迹外,其他所有遗址的年代都与二里头文化前期相当。因此,这个时期这一地区各遗址的陶器构成以伊洛系陶器为主。伊洛系和伊洛模仿系陶器占到70%以上,超过半数,而在地系的陶器仅占到一到三成,显示出自始至终伊洛系和伊洛模仿系占主体的陶器构成特征。

(2) Ⅱ区

再来分析河南周边地区的淮河下游安徽省寿县一带遗址出土陶器系统的构成状况。

党楼遗址①:遗址位于驻马店市西约6千米的练江河支流五里河北侧,总面积约5万平方米。1992年至1993年发掘,遗址由仰韶文化、龙山文化和二里头文化构成,相当于二里头文化二期。两座灰坑中出土的陶器有鼎A2、深腹盆A1、大口尊A2、缸A1、甗A1、圆腹罐A2、深腹罐A1等,全部属于伊洛系陶器。

北丘上层遗址②:位于信阳市南部三里店村南侧的北丘上,这里是浉河从北向南的拐弯处。1953年发掘,遗址由仰韶文化和二里头文化构成。二里头文化的年代相当于二里头三期。地层出土的陶器有圆腹罐A2、鼎A2、羊角状鼎G、盘A3、大口尊A2、豆G、瓮A4、深腹盆A1、器盖G、小壶G、斝A、鬲A等。其中属于伊洛系和伊洛模仿系的陶器有圆腹罐A2,深腹盆A1、AG,大口尊A2、AG,鼎A2,盘A3,瓮A4,斝A,鬲A等,占75.0%。在地系的羊角状鼎G、细柄豆G、器盖G、小壶G、三角形耳罐G等占25.0%。

斗鸡台遗址③:遗址位于寿县西南部13.6千米的淮河南岸,瓦埠湖西北处。总面积约1万平方米,1982年发掘,遗址内涵由龙山文化、二里头文化、二里岗文化、西周文化构成。二里头文化时期的遗迹年代相当于二里头文化二至三期。这些遗迹出土的陶器有鼎A2、圆腹罐A2、甗E、尊形器E、罐G、深腹盆A1、盘A2、豆G、杯G、深腹罐A1、瓮E、鬲E、器盖G、深腹罐E等。二期伊洛系陶器有鼎A2、圆腹罐A2、深腹罐A1、深腹盆A1、盘A2等,占36.4%。在地系有短三足鼎G、罐G、豆G、器盖G、杯G等,占39.4%。岳石系有子母罐E、甗E、深腹

---

① 韩建业、李亚东、宋豫秦等:《河南驻马店市党楼遗址的发掘》,《考古》1996年第5期。
② 安金槐:《河南信阳三里店遗址发掘报告》,《考古学报》1959年第1期。
③ 北京大学考古学系商周组、安徽省文物工作队:《安徽省霍丘、六安、寿县考古调查试掘报告》,载北京大学考古学系:《考古学研究》(三),科学出版社1997年版,第240—299页。

盆 E、瓮 E、鬲 E 等，占 24.2%。到了三期，伊洛系减少到 25.0%，而岳石系则增加到 35.0%，在地系占 40.0%。

青莲寺遗址[①]：遗址位于寿县南部 28 千米，瓦埠湖西侧 12 千米处，总面积约 6 万平方米。1982 年发掘，遗址由龙山文化、二里头文化早期和晚期以及西周和春秋时代构成。二里头文化的年代相当于二里头文化二、三期。发掘出土的陶器有甗 E、深腹罐 E、鼎 A1、鬲 A、短沿缸 G、杯 A1、圈足器 G、器盖 E 等。伊洛系陶器有鼎 A1、鬲 A、杯 A1 等，仅占 27.3%，在地系有短沿缸 G、圈足器 G 等，占 45.5%，岳石系有深腹罐 E、甗 E 和器盖 E 等，占 27.3%。

通过以上对淮河流域诸遗址的分析，二里头文化二期中，伊洛系占 34.4%，到了三期则减少到 21.7%～27.3%。在地系一直保持在 40% 左右的比例，显示其构成的稳定性。岳石系陶器从二期的 25% 增加到三期的 30%，呈明显的逐渐增加趋势。

表 4‑29　丹江上游、淮河下游地区陶器组成与系统

系统	器种	斗鸡台二期 数量	斗鸡台二期 比例	斗鸡台三期 数量	斗鸡台三期 比例	青莲寺遗迹 数量	青莲寺遗迹 比例	东龙山一、二期 数量	东龙山一、二期 比例	东龙山三期 数量	东龙山三期 比例
伊洛、伊洛模仿系	圆腹罐 A2、A3	8	24.2%	2	10.0%			38	15.0%	32	12.0%
	深腹罐 A2							9	3.6%	17	6.4%
	鼎 A2	1	3.0%	2	10.0%	1	9.1%	9	3.6%	22	8.3%
	有颈罐 A1	1	3.0%								
	深腹盆 A2	1	3.0%	1	5.0%			39	15.4%	35	13.2%
	刻槽盆 A2							2	0.8%	2	0.8%
	豆 A1、A2							15	5.9%	6	2.3%
	缸 A2							4	1.6%	3	1.1%
	大口尊 A2							21	8.3%	24	9.0%
	杯 A2					1	9.1%				
	器盖 A							12	4.7%	11	4.1%
	短颈壶							2	0.8%	1	0.4%
	甗 A2							2	0.8%	1	0.4%

---

① 北京大学考古学系商周组、安徽省文物工作队：《安徽省霍丘、六安、寿县考古调查试掘报告》，载北京大学考古学系：《考古学研究》（三），科学出版社 1997 年版，第 240—299 页。

续表

系统	器种	斗鸡台二期 数量	斗鸡台二期 比例	斗鸡台三期 数量	斗鸡台三期 比例	青莲寺遗迹 数量	青莲寺遗迹 比例	东龙山一、二期 数量	东龙山一、二期 比例	东龙山三期 数量	东龙山三期 比例
伊洛、伊洛模仿系	盘A1、A2	1	3.0%					1	0.4%		
	鬲A					1	9.1%	5	2.0%	2	0.8%
	瓮A3							2	0.8%	2	0.8%
	瓮A4							58	22.9%	64	24.1%
	鬶A							4	1.6%	4	1.5%
	小计	12	36.4%	5	25.0%	3	27.3%	223	88.1%	226	85.0%
在地系	钵形罐	1	3.0%								
	素面罐			2	10.0%						
	圈足器					1	9.1%				
	折腹盆	3	9.1%								
	杯	1	3.0%								
	小口直领瓮			2	10.0%						
	鼎	5	15.2%	2	10.0%						
	器盖	1	3.0%	1	5.0%						
	豆	2	6.1%								
	瓠			1	5.0%	2	18.2%				
	短沿缸					2	18.2%				
	双耳罐							1	0.4%		
	小计	13	39.4%	8	40.0%	5	45.5%	30	11.9%	40	15.0%
岳石系	子母罐	2	6.1%	4	20.0%						
	瓮	2	6.1%								
	子母盆	2	6.1%			1	9.1%				
	鬲E	1	3.0%								
	瓠E	1	3.0%	2	10.0%	1	9.1%				
	尊形器			1	5.0%						
	器盖E					1	9.1%				
	小计	8	24.2%	7	35.0%	3	27.3%	0	0%	0	0%
	合计	33	100%	20	100%	11	100%	253	100%	266	100%

(3) Ⅲ区

即长江支流沮漳河流域和鄂西地区。这里以长江中游为中心,西从三峡出口到武汉市周边地区,特别是沮漳河流域和鄂西地区以及鳢水流域。这一地区发现的遗址中,可确认的二里头文化因素比较少,这里仅就可确认有二里头文化因素的遗址进行分析。

王家嘴遗址①:遗址位于武汉市黄陂区聂口镇叶店村盘龙城遗址的城址之外。南部有府河流过。从灰坑及文化层中发现了相当于二里头三、四期的陶器。出土陶器中既有伊洛-郑州系的盆形鼎、圆腹罐、大口尊、鬲、豆、小口瓮等,占总比例的 50.0%,在地系的壶、釜形鼎等占 25.0%,大口缸占 25.0%。这里需要说明的是,本遗址中大口缸特别多,也许这里曾是大口缸的制作工坊,在无法推断其真正用途之前,这里暂时把大口缸从全体陶器比例中抽出来单独计算。

荆南寺遗址②:遗址位于荆州市西部,大辉河南约 400 米处。从 20 世纪 80 年代中期开始历经五次发掘,获得了大量资料。遗址内涵由大溪文化、石家河文化、二里头文化、二里岗文化和西周文化构成。关于二里头、二里岗文化遗迹年代,根据发掘负责人何驽的研究,大约可分四期,一期有 H23,出土陶器相当于二里头三期后半期至四期前半期之间,器类有圆底深腹罐、大口尊、大口缸、鼎式鬲等。属于伊洛系陶器有 18.5%,在地系的釜、鼎、大口缸、鬶等占 35.8%。与此相对,凸肩罐、灯形器、凸肩小罐、高柄豆等巴蜀系陶器占 45.7%,是本期陶器比例最高的系统之一。

中堡岛遗址③:遗址位于长江南岸西陵峡附近的三斗坪镇西约 1 千米处。20 世纪 50 年代发现,70 年代发掘,遗址由新石器时代和二里头文化构成。属于二里头文化的遗迹相当于二里头文化三、四期,出土陶器有圆腹罐、小口瓮、盉等伊洛系陶器,占 16.1%,高柄豆等巴蜀系陶器占 23.0%,釜、鼎、罐、钵等在地系占 60.0%。

朝天嘴遗址④:遗址位于长江北岸第一级台地上,处于秭归县与宜昌县交界的地方。20 世纪 50 年代开始调查,80 年代进行发掘。所发现的二里头时代遗

---

① 湖北省文物考古研究所编著:《盘龙城 1963—1994 年考古发掘报告》,文物出版社 2001 年版;张昌平、韩用祥:《武汉市盘龙城遗址王家嘴 M4 发掘简报》,《江汉考古》2018 年第 5 期。
② 何驽:《荆南寺遗址夏商时期遗存分析》,载北京大学考古学系编:《考古学研究》,文物出版社 1994 年版,第 78—100 页;荆州博物馆编著:《荆州荆南寺》,文物出版社 2009 年版。
③ 国家文物局三峡考古队编著:《朝天嘴与中堡岛》,文物出版社 2000 年版。
④ 国家文物局三峡考古队编著:《朝天嘴与中堡岛》。

迹大约相当于二里头文化四期。出土陶器中属于伊洛系的仅有大口尊、带耳深腹盆、盉、圆腹罐,其比例占 27.5%,在地系的釜、鼓腹罐、器盖、碗、釜形鼎、豆等占 54.5%,而灯形器、小平底罐、角形杯等巴蜀系陶器占 18.2%。值得注意的是炊煮器仅有在地系的釜和巴蜀系的灯形器。

总结对以上四处遗址的分析可以看到,盘龙城遗址外的王家嘴、荆南寺遗址的伊洛系陶器涵盖了鬲、甗、斝、深腹罐、圆腹罐等日常生活的器类,占到总陶器比例的五成左右,与之前分析过的两个地区具有相同的陶器系统构成。但是位于三峡地区的两个遗址的陶器系统构成则不同,这里的伊洛系仅占总比例的两成,而且器类构成比较贫乏。

3. 小结

通过对以上三个地区每个遗址陶器系统构成及其消长趋势的分析,其结果如图 4-51 所示,邻近中原地区南部的汉水及其支流地区的七处遗址,其陶器系统中伊洛系陶器占到半数以上,为各个遗址的主要构成要素。而继承本地龙山文化传统的在地系陶器大约在 10.9%~38.0% 之间,仅占全体陶器的两至三成。从遗址时间的变迁来看,这些遗址大多相当于二里头二至三期,以属于三期的遗址最多,而属于四期的遗址仅一处。其结果与山西省西南部、河南省北部、河南省东部以及河南省南部地区的陶器系统构成一致,但是就时间推移来看,这里的遗址集中分布在二里头文化前期,与其他地区集中分布在二里头后期的状况相异。因而也许可以说这里伊洛系陶器扩张时间比其他地区更早。而且这里的诸遗址中伊洛系陶器占据着较高的比例,但是与其他有城址或据点性遗址的地区相比,也只显现着一般遗址的陶器构成。

东部淮河上游地区的五处遗址与汉水流域邻近的三处遗址中,伊洛系陶器占到各个遗址的七成以上,而其以东的两处遗址中伊洛系陶器仅占到二至三成,在地系陶器则占到近半数,同时还确认有岳石系陶器,其比例占到 24.2%~35.0%,显示了地理位置对陶器系统构成的影响。从时期来看,这里的遗址大多相当于二里头文化前期。

距离中原地区最远的长江支流㵲水流域、沮漳河流域及鄂西地区,虽然也发现了一些伊洛系陶器,但是其比例很少。先来看除了王家嘴之外的其他三处遗址的比例构成。这里伊洛系陶器仅有大口尊、盉、爵、鼎、深腹罐、圆腹罐等,占全体陶器的两成,而且仅有荆南寺遗址出土鼎、深腹罐、圆腹罐等炊煮器。与此相对,在地系陶器占到近半数,是这些遗址中陶器构成的主体成分。另外,还出土了邻近四川东部的巴蜀系陶器。从遗址的时期来看,这里的遗址大多相当于二

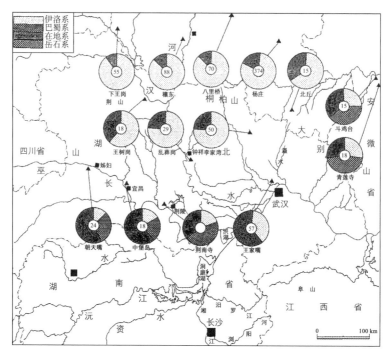

图 4-51 二里头文化时期河南省南部与长江中游地区的陶器系统构成比

里头文化后期。

通过对以上各个遗址的陶器分析,可以说二里头文化时期的豫南和长江中游地区与中原地区的动态关系,以恒常的一般地域间交流为主,政治支配或影响还不是很明显。再从陶器用途来看陶器的构成。在伊洛系陶器构成比例过半数的两个地区,伊洛系陶器中炊煮器较多,但是,安徽西部的两处遗址则仅见伊洛系的深腹罐,大多炊器由岳石系的鼎、粗砂罐和在地系的鼎构成。长江流域除荆南寺遗址外,其他三处遗址则完全未见到炊煮器,所有遗址交替使用在地系的釜、鼎和巴蜀系的凸肩罐作为炊煮器。这里的伊洛系仅见盉、爵类的酒器,这类非日常生活用品的酒器,显示着地域间交流关系中地域集团对外来陶器的选择性输入或者是上层社会之间礼仪性陶器交流的结果。

(三)陶器构成的分析与考察

河南省南部地区可以分为汉水流域、淮河流域和长江流域一带,我们以杨庄遗址为主对其编年分期进行了分期研究,并以此为基础对各个遗址的陶器构成系统和时期变化进行了分析，其结果可以总结如下。

杨庄遗址一期中，伊洛系陶器占 72.2%，是本期的陶器构成主体，在地系仅占 27.8%。而这一时期的杨庄遗址发现了大型环壕聚落和祭祀遗迹，显示着从龙山文化向二里头文化过渡过程中，伊洛系为代表的二里头文化的势力南下，导致了从龙山文化向二里头文化的转变。从二期到三期，伊洛系分别占 80.1%、80.9%，而在地系占 19.9%、19.1%，陶器构成比例基本维持不变，伊洛系和在地系均呈现一种安定的构成比。这种陶器构成比显示，伊洛系在豫南地区占据着主体因素。这种陶器构成在其他遗址中也可以观察到。

汉水流域的八里桥、穰东、陈营、下王岗、东龙山遗址的年代都始于二里头文化二期，伊洛系陶器所占比例在 75%～88% 之间，呈现逐渐增加的趋势。在地系则从二期的 25% 逐渐减少到 11.5%。另一方面，淮河流域的杨庄、党楼、北丘、斗鸡台、青莲寺诸遗址的分析结果显示，从二里头文化二期开始到三期前半期，其陶器构成与汉水流域非常相似，呈现伊洛系逐渐增加和在地系略有减少的趋势，不同的是这里出现了相邻地区岳石文化的因素，并呈现逐渐增加的趋势。随着岳石系的增加，伊洛系开始减少，而在地系则维持不变，并占有 40% 左右的高比例，显示着其为陶器构成的主体。这里应该注意的是，在淮河流域很少发现二里头文化四期的遗址，而发现有其后的二里岗文化上层期的遗迹，即这里很少发现二里头文化四期到二里岗文化下层期之间的遗址。而同时期长江中游的盘龙城以及沮漳河流域的四处遗址的年代均与二里头文化后期相当，虽然这一时期伊洛系陶器具有强势的影响力，但是其影响仍以黄河中游及其周边地区为主，长江中游地区并未发现二里头文化时期的据点性遗址。因此可以说，二里头文化时期在豫南以及长江中游的地域间仍然保持着一种恒常的一般交流。

第三节　陶器的地域间动态与其背景分析

本节将对二里头文化时期各地区陶器构成及变化的背景和特征进行考察，进而总结二里头文化陶器地域动态的时代特征。

一、伊洛地区

二里头文化的中心区域主要分布在河南中部嵩山南北的伊洛平原和颍河上

游以及豫西三门峡东部一带。但是从二里头文化二期晚段开始，其遗址的分布范围迅速扩大，首先是豫南地区和豫西南直到湖北北部的枣阳、襄阳地区，均有较为典型的二里头文化陶器发现。因此其分布的南界在南阳-大洪山一带。特别是二里头文化晚期，在长江北岸的盘龙城和荆南寺遗址都发现了二里头文化陶器。与此同时，在豫东、豫北、晋西南和陕西东部地区也都发现二里头文化晚期的陶器。因此在以伊洛地区为中心的二里头文化前期，经历了龙山文化晚期的社会大动荡与社会秩序重组的洗礼，整个社会状况处于一个大调整时期，其经营的核心以内部的发展为主。伊洛地区二里头文化前期的陶器构成也显示着相对单纯的在地伊洛系陶器占绝对多数，很少发现外来系统的原因。但是在二里头文化后期，随着社会的稳定与强势，二里头文化展示了大刀阔斧地向四周主动扩张的行动，由此带来超越地理空间的陶器交流。

二、山西省西南部与中部地区

以上通过对晋西南各遗址中出土陶器构成所表现的时间、空间变异的分析，探讨了二里头文化时期的地域间关系。其结果是晋西南地区的二里头文化除了继承当地龙山文化的器类之外，还充分显示了其与南部伊洛系和北部东太堡系之间的关系。但是晋中地区的文化因素可以说对东下冯类型的成立给予了较大的影响，进入后半期后也是占有一定比例的重要因素。而伊洛地区的要素在三期以后显著增加并凌驾于在地系的陶器之上，这种现象在研究二里头文化的地域间关系时是很重要的方面。因为这个时期在二里头遗址中出现了大型宫殿遗址和随葬青铜器、玉器等礼器的墓葬，因而被认为是以二里头遗址为中心的初期国家的形成期。

在这种国家体制的完善过程中，伊洛系陶器显示了向周边地区扩张的趋势。尤其是在晋西南地区的三个小地区，从三期开始在地系因素减少，而伊洛系转变为主体陶器，这一事实反映了以二里头遗址为核心的初期国家在地域上的扩大趋势。而且，在深腹罐、大口尊、盆、器盖、豆、双耳罐、甗等伊洛系陶器上所表现的型式变化，和伊洛地区的同器类完全一致，这反映了晋西南地区和伊洛地区之间保持有经常性的交流。关于这种现象，我们还可以从陶器以外的其他因素来考察。东下冯遗址东区的401号墓葬是属于三期的长方形竖穴土圹墓，这一墓中随葬有陶器爵、盉、罐和石器等。这里的爵和盉与二里头遗址出土的同类典型器完全一致，极有可能是直接从二里头遗址搬入的器物。而从401号墓中出现随葬伊洛系礼器的现象,可以推测有具有政治角色的人从伊洛地区向东下冯遗址中移住这种社会现象发生。

另外,在东下冯遗址的三期中还出现了铜镞、铜凿和制造铜斧的石范等,反映了在东下冯遗址中也和二里头遗址一样出现了青铜器的铸造。再从宗教礼仪方面来看,在东下冯遗址的一、二期出土了十件卜骨,全部是猪的肩胛骨,但是到了三期后,出现了用牛的肩胛骨制作的卜骨。在全部 39 件卜骨中,猪 20 件、羊十件、牛九件,只有牛的卜骨进行了精致的加工。在二里头遗址中,牛的卜骨从二期出现,并在伊洛地区普遍存在。有学者认为,卜骨从猪占主位到牛占主位的转变和国家祭祀礼仪的形成有极大关系,因而牛卜骨的出现具有重要的意义。还有,在东下冯遗址中区发现的属于三期的壕沟宽 4 米～6 米,深约 3 米。根据发掘与钻探得知,这是一处具有两重的不太规整的环壕。从其形状来看,可以认为是防御外敌的设施。这一点也可以从和壕沟同时期大量增加的石、骨、铜镞的数量中得到证明。东下冯二期仅有七件镞出土,三期则急剧增加到 117 件。从这些镞占全体石骨器的百分比来看,在一、二期,镞的比例占 6.0%～6.3%,而在三、四期,镞的比例则增加到 26.9%～30.6%。防御设施环壕的出现和镞的大幅增加,可以毫无疑问地说明这一时期集团之间的战争比较激烈。在东下冯遗址三期出现的这些现象,应该都与晋西南地区陶器形态中伊洛系要素的增加具有十分密切关系。伊洛系陶器的增加和随葬陶礼器的出现,暗示着国家体制逐渐完善的伊洛地区集团积极向以东下冯遗址为主的晋西南地区移住的事实。开始青铜器制作,并被二重环壕所环绕,被武装起来的东下冯遗址也许曾作为资源和军事性的据点,并担任过重要的使命。

三、豫北冀南地区

孟庄遗址是一处总面积约 12 万平方米的城郭遗址。这个建于二期的城郭,到四期时则被全部废弃。负责发掘的袁广阔先生认为筑有城郭的孟庄遗址位于辉卫文化分布的中心地,因而应是辉卫文化的中心性质的聚落遗址。他还从孟庄城郭的废弃时期和二里头遗址宫殿的废弃时期一致这一点推测了夏商王朝在四期的交替状况。[①] 带有城郭的孟庄遗址是豫北地区二里头时代唯一的城郭聚落,因而它不是一般的聚落遗址,而如袁先生所说是据点性聚落的可能性很大。

---

① 冈村秀典编:「中国古代都市の形成」,科研研究成果报告书,2000 年。

但是，从以上对陶器构成比例的分析来看，在孟庄遗址城郭构筑的二期，占主体要素的陶器并不是在地的辉卫系，而是呈现从东太堡系到伊洛系的交替。进一步说，在城郭使用期的二、三期，伊洛系呈现出与周围遗址完全不同的高比例，而到城郭废弃的四期，伊洛系又变化为与周围遗址大致相同的比例。相反，三期以前仅占一成的漳河系在四期增加为两成。

在这里，把陶器构成的变化放在二里头文化时期全体陶器构成变化中来考虑比较合适。孟庄遗址城郭筑造的二、三期，相对年代与二里头文化的三期并行。这时候的二里头遗址不仅筑造有大型宫殿，还发现大量随葬青铜器、玉器等的具有礼仪性质的墓葬。与此同时，伊洛地区的伊洛系陶器向四周扩散。这样，在以二里头遗址为中心的早期国家急速发展的阶段，孟庄遗址筑造城郭，而且出现伊洛系陶器占主体的现象，可能反映的是以二里头遗址为中心的伊洛系势力，为了向辉卫文化中心地的豫北地区扩张而筑造桥头堡。总之，根据以上事实可以推测，孟庄遗址的城郭应是随着伊洛系陶器向豫北扩张、从黄河以南侵入的二里头文化的人们所筑造的。

那么孟庄遗址城郭废弃的四期伊洛系减少，漳河系增加的现象又应该如何解释呢？根据发掘资料，四期的墓葬筑造在城郭之上，其随葬品是漳河系的陶器。关于这一点袁广阔先生认为，孟庄二里头城郭应是来自北部的漳河系势力所废弃的。从全体陶器的整体趋势来看，中原的中心地在四期正处于从伊洛地区向郑州地区转移时期，二里头遗址的宫殿已遭破坏，漳河系陶器从北部南下到豫东地区。在这种状况下，作为伊洛系势力前线基地的孟庄遗址，已失去了其应有的机能作用，变迁为一般的聚落遗址。

再来分析位于卫河上游的府城遗址的陶器构成背景。这个遗址中发现的大型宫殿一般认为大约营造于三期或者三期之后。这一时期的陶器中伊洛系占半数以上，与周围的小尚、李固、丰城遗址相比多出许多。由此可以推测，府城聚落的形成和大型宫殿基址的营造与伊洛地区有紧密的关系。虽然本遗址城郭的建造年代是不是可以追溯到二里头时代，现在还难以判断，但是从陶器构成和有大型基坛来看，它是随着伊洛地区势力的向北扩张而建设的据点性聚落的可能性还是很高的。

以上就豫北地区诸遗址的陶器构成的时间、空间变化进行了分析，并对由此而导出的地域间动态做了探讨。其结果是这一地区的陶器构成基本呈现黄河以南的伊洛系和漳河地区的漳河系交错，其比例随着距两系中心地的远近而受到不同程度的影响，充分体现了明确的地理配置。此外，从豫北出土的大口尊、圆腹罐、深腹盆、豆等伊洛系陶器所表现出的型式变化来看，其和伊洛地区的同类器的变化完全一致，因此可以说豫北地区和伊洛地区之间存在着恒常的地域间交流。

位于豫北地区中心地的卫河上、中游地区诸遗址，其陶器构成基本上保持在地的辉卫系、漳河系、伊洛系、东太堡系比例均衡的状况。这和二里头时代的其他地区相比，是比较特殊的现象，即以辉卫系陶器为主体的遗址比较少，支持张立东所积极倡导的"辉卫文化"的证据难以得到确认。因此，与其把辉卫系积极倡导为一个独立的考古学文化，不如客观而正确评价这一地区的陶器构成，把辉卫系、伊洛系、漳河系、东太堡系等在地和周边地区要素混杂或抗衡的状况作为豫北地区二里头时代的特征来认识。此外，随着伊洛系势力的扩大，在府城和孟庄遗址建设了伊洛系势力的据点，其周围的遗址也受到很大的影响，并出现伊洛系比例凌驾于在地系陶器之上的现象。但是，到伊洛系衰退的四期，伊洛系占高比例的状况发生变化，位于其北的漳河系渐渐南进，并由此促成了其后的二里岗文化的形成。

豫北地区二里头时代和先商文化的陶器动态，与晋西南地区呈现出相同的构成状况，即二里头时代前半期，晋西南地区和豫北地区都是在地系陶器占有较高的比例，但是进入后半期之后，伊洛系比例增高，并成为诸遗址的主体要素。

四、郑州以及周边地区

通过以上分析，可以看到这一地区与山西西南部和河南省北部地区的陶器动态过程状况一样，在一般遗址之外也都发现了具有特殊性质的遗址。郑州商城东北部的黄委会青年公寓一带发现了建于二里头三期的建筑基址和版筑墙。这一遗址内的伊洛系陶器占绝对多数，是其主体构成要素。同样以伊洛系陶器为主体，与周边遗址的陶器构成不同的山西西南部属于二里头三期的东下冯、垣曲商城，河南北部的府城、孟庄遗址也都发现大型建筑基址和城墙，或大型环城壕沟。这些特殊遗址的形成与伊洛系陶器占据的高比例有密切的关系。也就是说，随着初期国家的形成，伊洛系所在的伊洛地区的影响力逐渐向周边地区推进，并在这些地区建设了一些具特殊性质的据点性遗址。黄委会青年公寓的大型建筑就是中原东部地区的具有这种特殊性质的据点性遗址。而那些不具有这种特殊性质的遗址，其陶器系统构成的比例多随着自然地理区域的远近而呈正比例增减。

1. 外来系陶器的流入

但是在时代进入二里头文化四期以后,中原东部地区的陶器组成发生变化。首先是二里头文化三期比例较低的漳河系从四期前半期开始增加,到四期后半增加到35％。而郑州以东的鹿台岗遗址则高达61.3％。相反,伊洛系陶器在此时呈现普遍减少的趋势。中原东部地区二里头文化后期漳河系陶器的增加,说明漳河系不仅局限于河南北部地区,它的影响力也波及了河南东部一带。大约从二里头文化三期开始,漳河系有向南部流入的倾向。但是这种流入倾向与之前分析过的伊洛系向周边地区的扩张有所不同。首先,虽然漳河系呈现增加的趋势,但是其比例至少仍不能与伊洛系相比,完全没有成为诸遗址主体因素的可能。从流入的器类来看,有鬲、甗、平底深腹罐、豆、深腹盆、器盖六类,特别是鬲、深腹罐、甗、豆四类出现频率比较高,而其他如平口瓮、小口瓮、大型壶、大型深腹罐盆、鼎、小盆、钵等则很少见到。

如图4-52所示,左上角表示的是在漳河流域出土的12种典型漳河系陶器,中间表示的是从中原东部的鹿台岗遗址出土的五种漳河系陶器。由此可知,漳河系陶器的南向流入仅仅限于一部分器类,从用途来看它们是炊煮器和一部分经过选择的盛食器。其次,岳石系陶器从二里头文化二期开始出现于中原东部,但是其比例很低,随着时代的推移,其比例的变化倾向也不明确。但是从出土的岳石系陶器器类来看,也主要是甗、粗砂深腹罐、器盖、尊形器等炊煮器和经过选择的盛食器。因此可以说,这些流入中原东部地区的外来系陶器仅限于有选择的部分器类,而不像伊洛系那样没有选择地向四周地区大量扩散。因此可以说这种外来系陶器的流入可能与隐藏在陶器背后人们的生活方式有密切的关系。二里头文化四期发生在中原东部的陶器动态过程,也许正是由这种以炊煮器为中心的生活方式的改变而引起的。做出这种变革选择的接受方,也许正是其后使二里岗文化得以成立的在地的伊洛-郑州系陶器所代表的人群。[1] 与此同时,我们看到山西省西南部从二里头文化晚期到二里岗文化的转变,其显著的变化也仍然是以炊煮器为主的器类更替。这种以炊煮器为主的陶器组合的变革也许正是引起地域间陶器动态的要因之一。[2]

---

[1] 关于伊洛-郑州系陶器的解释请参照秦小丽论文《二里頭時代から二里岡時代への転換—山西省西南部の土器資料を中心として》注释8。

[2] 秦小丽:《二里頭時代から二里岡時代への転換—山西省西南部の土器資料を中心として》,《中国考古学》第1号,2000年12月。另可参见《考古》2006年第2期发表的中文稿(略有改动)。

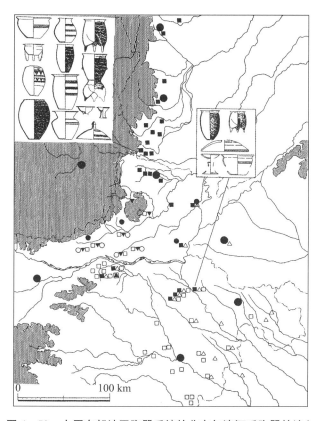

图 4-52 中原东部地区陶器系统的分布与漳河系陶器的流入

2. 折中陶器的出现

折中陶器的存在是中原东部地区在二里头文化时期与其他地方不同的特点之一。这种折中陶器大致在二里头文化三期随着外来系陶器的流入而出现,并持续到二里岗文化早期大约相当于 H9 的阶段。[1] 从年代来看,折中陶器也可以分为三个阶段。[2] 最早得以确认的折中陶器出自南关外遗址,在发掘遗址的 20 世纪 50 年代,人们对这种陶器缺乏认识,但是他们以南关外型来强调这里与其他遗址的差异,正是对这种陶器的初步认识。近年来,随着遗址发掘的进展,除

---

[1] 秦小丽:《二里头文化时期中原东部地区的地域间动态关系——以陶器资料分析为中心》,载中国社会科学院考古研究所编:《考古一生——安志敏先生纪念文集》,文物出版社 2011 年版,第 230—253 页。

[2] 谢肃、张翔宇:《试论南关外型商文化的年代分组》,《中原文物》2003 年第 2 期。

南关外遗址之外,还发现了电力学校、化工厂、回民中学、河医二附院等12处与南关外具有相同陶器构成的遗址。从已经发表的资料来看,外来系陶器鬲、甗、斝、深腹罐、豆、深腹盆等器类在制作技术上呈现多样的折中要素。就其用途来看仍然由炊煮器和部分盛食器构成,由此可以看出外来系陶器与折中陶器之间的密切关系。本书认为南关外的炊煮器或许是外来的,但是更有可能是模仿流入的外来系陶器而在本地制作的,因为这里更多的其他器类是利用了原本在地的器类。人们即使到了新的居住地,也习惯沿用旧习来炊煮。的确,通过本书的大量分析,折中陶器仅限于炊煮器和部分盛食器,并且它们的器类与外来系陶器也一致。但是,这意味着制作折中陶器的人群掌握着器类的选择和模仿权,与其说折中陶器的制作者是伴随着外来系陶器而来的人群,不如说是以伊洛系为主体的原住者根据自己的爱好对外来系陶器进行选择和模仿的结果。今后随着资料的增加,也许可以对此做更详细的解释。其次再来分析折中陶器本身。中原东部地区的折中陶器几乎都是综合伊洛系、漳河系、岳石系、在地系的特点而制作的。从其所占比例来看,伊洛系陶器在整个二里头文化时期呈现由多到少的减少趋势,但是自始至终都占到每个遗址的一半以上,直至二里头文化的结束。折中陶器出现的初始阶段、与伊洛系因素相比,它们多融合漳河系与岳石系的要素而制作。进入后半期,三种要素混合的特点增加。再从陶器形态和制作技术方面来看,漳河系要素和岳石系要素是折中陶器的主体。这也许反映了陶器制作者还不能熟练把握这两种陶器的制作方法。因此折中陶器的出现反映了地域间在保持恒常的、一般的交流过程中,随着人们对新炊煮器的需求,外来系陶器的流入或模仿制作就成为必然的选择。[1]

3. 向二里岗文化的转变过程

外来系陶器的流入和折中陶器的出现,是二里头文化后半期的中原东部地区的显著特征。这种特征与此后出现的二里岗文化的成立过程有紧密的关系。

这里首先对外来系陶器进行分析。二里岗文化的陶器构成除继承伊洛系陶器器类之外,还有新出现的鬲、平底深腹罐、甗、斝、簋等在漳河系和岳石系可以看到的器类,或是综合几类陶器特征的折中陶器。以外来系陶器的流入为契机而使原有陶器构成发生变化这一事实,应是二里岗文化成立的发端。正如前章已叙述的那样,从陶器系统的构成比例来看,即使漳河系陶器呈现增长趋势,但它的比例也仅停留在35%的程度上,最终也不曾超越伊洛系陶器。再从二里岗

---

[1] 冈村秀典:「中国的世界的形成」,冈村秀典:『夏王朝—王権誕生の考古学』第6章,講談社,2003年。

文化不同用途陶器的构成比来看,外来系陶器多为炊煮器和经过选择的盛食器,其他用途的陶器仍然沿用已有的伊洛系陶器。这是针对特定陶器器类需要而产生的陶器动态模式现象。追求生活方式革新的人们,首先注目于使用不同炊煮器的地域,进而考虑是直接搬入还是引进其制作技术,或是简单模仿其行为方式。这里对漳河系陶器较多的鹿台岗遗址出土的鬲和深腹罐的大小进行了统计和分析。其结果如图4-12所示,它们的口径和器高呈现出非常一致的倾向,显示了其规格化程度较高。这和郑州商城下层期的鬲和深腹罐大小的分析结果相同,都呈现出高度规格化的倾向。炊煮器的规格化现象出现于二里头文化时期的后半期,二里岗文化下层时期比较普遍。但是鹿台岗遗址中鬲和深腹罐出现的同时即呈现规格化的倾向,这具有一定的启示意义。它提醒我们也许鹿台岗遗址具有规格化特征的漳河系炊煮陶器是在一种专业化制陶体制下产生的。因为在此后的郑州商城遗址中,也出土了许多相同形态和相同尺寸的鬲和深腹罐。鬲和深腹罐这两种炊煮器的容量在两处遗址间具有的共同性,像纽带一样把前后承继的两个时代连接了起来。

  其次再对介于两个时代之间折中陶器所具有的关联性进行分析。中原东部地区首先有外来系陶器的流入,然后是折中陶器的出现。在外来系陶器流入的后期阶段,即二里岗文化成立的初期阶段,以南关外遗址为主的诸遗址开始流行制作折中陶器。这一时期鬲、甗、罍等外来系陶器通过接受方的模仿制作,无论是形态、胎土成分还是烧成状况,均使原有器形发生了变化。这就是我们看到的折中陶器。虽然其数量还很少,存续时期也比较短。但是正如我们已经分析过的深腹罐大小所反映的那样,伊洛系典型的圆底深腹罐和深腹盆,融合了漳河系的同类器形的特点而制作出新的折中陶器,使深腹罐A、D的差别消失,融为一体。原来的漳河系深腹罐与伊洛系深腹罐相比不仅底部不同,而且口径和器高都小于前者。但在进入二里头文化四期后半期后,正如图4-12所示的那样,平底的漳河系深腹罐和圆底的伊洛系深腹罐几乎大小相同,至少从大小尺寸上难以区分两者的差别。这极可能暗示着两类深腹罐是由相同的人群制作的。这种推测也可以从折中陶器要素的变化观察到。在折中陶器的第一阶段,漳河系与岳石系陶器融合制作的情况比较多,从第二阶段后期到第三阶段,伊洛系与漳河系融合的折中陶器增加。这种融合因素变化的背后与陶器系统构成比例所显示的漳河系陶器的增加有直接的关系。此外再从二里岗文化陶器构成来看,虽然鬲和甗成为主要的炊煮器,但是深腹罐并没有消失,相反仍然维持一定的数量。其中折中深腹罐占到深腹罐总量的75%,而原有的伊洛系深腹罐仅占25%。由此可以窥视到在二里岗文化成立过程中漳河系及其折中陶器所具有的重要意义。

因此可以说,二里头文化四期后期以炊煮器和经过选择的盛食器的变革而引起的外来系陶器的流入,以及由折中陶器导致的新的炊煮器与盛食器的不断变化,再加上从伊洛系继承而来的其他用途的器类共同构成了二里岗文化的新陶器组合,本书将其称作伊洛-郑州系陶器,由此二里岗文化得以成立。

五、豫南以及江淮地区

以上分析显示,伊洛系向东南地区的扩大开始于二里头文化二期,并不断扩展到淮河中游地区。从二里头文化三期开始,岳石系从东向西扩散,但是因其比例较低,在地域上仅限于淮河中游地区一带。从整体来看,河南南部地区的伊洛系陶器比例并未随着时间的推移发生太大变化。从二里头三期开始,西南部的丹江上游和南阳、驻马店以及信阳等地的伊洛系陶器开始作为诸遗址的主体要素出现,而东部淮河中游的寿县、六安地区则存在伊洛系、在地系和岳石系混合的陶器构成,在地系是诸遗址构成的主体要素,岳石系也略显强势,伊洛系则较少。

伊洛系陶器凌驾于在地系陶器、占主体比例的现象在河南南部地区也很显著。这一地区伊洛系陶器占主体比例的时间较其他地区略早,大约从二里头文化二期开始出现。这种状况与以前分析过的伊洛地区、晋西南地区、豫北地区、豫东地区相同。随着二里头文化二期开始出现宫殿祭坛、随葬青铜器和玉器等的大型墓葬等,周边地区的诸遗址中也开始发现大量伊洛系陶器因素,并且强势凌驾于在地系陶器,在各个地区广泛分布。这些都暗示着中国初期国家形成过程中所发生的地域间动态关系。而在河南南部地区,伊洛系陶器不像其他地区那样是逐渐成为主体构成要素的,至少在杨庄遗址是在龙山文化之后突然出现的。它显示了这一地区在短时间内发生巨变的可能性,因此可以说豫南地区与伊洛地区之间的交流不是恒常的一般交流,而是以伊洛系陶器的积极侵入或移住方式发生的。因而它比其他周边地区更早地接受了来自伊洛地区的外来因素,进而替代在地系成为这一时期的主要文化构成要素,也可以说豫南地区是受到伊洛地区社会变革影响最早的地区。同时,这一趋势还不断南下,一直延续到湖北北部的襄阳、鄂西和枣阳一带,李营遗址、王树岗遗址、墓子岗遗址、乱葬岗遗址等二里头文化时期遗址的连续发现,以及陶器构成中伊洛系陶器占半数以上的状况，正是这种趋势的反应。到了二里头文化四期，在长江北岸的盘龙城和荆南寺遗址也显示着伊洛系陶器占有一定比例的陶器构成。

第四节　二里头文化时期的地域动态

　　二里头文化时期山西省西南部地区的陶器组合中，除继承自早于它的龙山时代的器类以外，还明显看到来自南部的伊洛系陶器和来自北部晋中地区的东太堡系陶器。但是，就时期来看，东太堡系陶器要素的大量存在，主要在东下冯类型的前半期，因而可以说它对东下冯类型的成立曾给予过较大的影响，而后半期所占比例虽有所减少，但仍是占有一定比例的重要因素之一。伊洛系陶器因素从东下冯类型三期开始明显增加，并出现了所占比例高于在地系陶器的现象。这种状况不仅仅限于东下冯遗址和与伊洛地区邻近的南部，几乎在所有后半期的遗址中都可以看到。但就其所占比例的多少来看，距伊洛地区较近的南部较高，往北比例则有所降低，明确显示了地理位置的差异。

　　河南省北部地区二里头时代的陶器组成，从其总体趋势来看，伊洛系陶器的比例随距伊洛地区的远近呈现一种增减趋势。比如就三期以后的比例状况来看，距伊洛地区最近的沁河流域诸遗址中，伊洛系陶器几乎均占有七成以上的比例，但偏北地区的卫河中游地区的诸遗址，比如宋窑遗址中伊洛系陶器仅占有两成。但是位于它稍南的孟庄遗址，其伊洛系陶器则占有半数以上，显示了异常高的比例，反映了这一遗址的特殊性。另一方面，若就漳河系陶器的比例变化来看，从最北部的漳河地区到南部的卫河上游地区，其所占比例呈一种明显减少的趋势。而在最南部的沁河流域目前为止还不曾发现有漳河系陶器存在。因而，起源于南北两地的伊洛系和漳河系陶器比例的消长，显示了一种明显的地理位置差异。而以卫河上、中游为中心分布的辉卫系陶器几乎在豫北地区的多数遗址中都存在，但就其比例多少来看，卫河上游比较高，其他地区则较低。来自山西省中部的东太堡系陶器在这一地域也占有一定的比例，虽看不出明显的变化趋势，但是在距太行山较近的遗址中占有较高的比例。从这一地区四、五期陶器比例总的变化趋势来看，几乎与前期相同，但有一点不同的是孟庄遗址的变化，前期伊洛系陶器占有半数以上而与周围其他遗址相异，但进入四、五期以后，则看不到这种特殊性，其陶器系统与周围遗址显示出同样的比例构成。

　　河南省东部地区的二里头文化时期陶器组合，除来自龙山时代的在地系器类之外,还可看到来自西部的伊洛系以及在地仿制的伊洛模仿系陶器、北部的漳河系和东部的岳石系陶器。伊洛系陶器几乎在所有遗址中均占有60%以上的比例,因而是这一地区的主体因素。特别是前半期,在郑州周边,开封、商丘地区和周口地区的所有遗址中,伊洛系和伊洛模仿系陶器都占有85%以上的高比例,而这一地区特有的在地系陶器仅限于一、二期的开封、商丘地区和周口地区。进入后半期之后,郑州周边和开封、商丘地区可看到漳河系陶器大幅增加,而伊洛系陶器与前期相比有减少的趋势。就两者所占比例来看,几乎处于一种均等的态势中,显示了这一时期的陶器构成特点。

河南省南部地区迄今为止发现的遗址数量较少,分布地域广泛,因而难以把握其陶器详细的地域动态。但就现有资料来看,这里除在地系陶器外,伊洛系和伊洛模仿系陶器的大量存在是一个显著特征。但就地域来看,东部淮河中游地区的诸遗址中,除在地系和伊洛系陶器外,岳石系陶器也占有一定的比例。而伊洛模仿系陶器的存在,则与河南省东部地区相似。

从对以上四个周边地区的分析来看,各个地区的陶器组合为多个系统的陶器混合并存,呈现一种复杂的多系统现象,其所占比例随时期而变化,虽然伊洛系陶器在各个地区都显示了较高的比例,但仍可看到明显的地理位置差异。

那么,中心地区的伊洛地区诸遗址的陶器动态又是如何的呢?以下本书再从中心地角度来分析一下这里的陶器构成变化。由于这一地区建立有良好的编年体系,而且所发表的资料也都给予了一个确切的编年位置,因此,这里将沿着一至四期的详细编年,来分析一下伊洛地区的陶器组合变化的过程。

在二里头一期,伊洛系作为主体要素的陶器分布范围仅限于中心地的伊洛地区和与其邻近的郑州地区。这一时期的陶器组合主要由脱胎于在地龙山文化的伊洛系陶器群和龙山时代残留下来的陶器群构成。由新出现器种所构成的这一新的陶器群的诞生,是龙山时代与二里头时代之间转变的一个明显标志。

进入二里头二期以后,伊洛地区的陶器组合由伊洛系和外来的东下冯系构成。前期可见的龙山时代特征性器种和纹饰已看不到。外来的东下冯系陶器虽然仅占全体陶器的一成左右,但它对伊洛系陶器组合的成立曾给予一定的影响。二期前半期伊洛系陶器的扩散范围以河南省南部和东部为主,二期后半期之后,在山西省西南部也有少量出现。

二里头三期是伊洛地区最繁荣的时期,在二里头遗址中,不仅发现了多座宫殿基址,还发现了青铜器制作工坊和随葬有青铜器和玉器的墓葬。这样的设施和器物的存在,应有维持这种社会构造的背景,因而可以认为这一时期的伊洛地区已确立了相当复杂的社会形态。在这种背景下,伊洛地区的陶器组合呈现出多系统构成的状况。作为主体要素的伊洛系占七成以上的比例,其他则由东下冯系、漳河系、辉卫系所构成。但另一方面,伊洛系陶器进一步向周边地区扩大,特别是西北和北部的山西省西南部和河南省北部地区成为其扩大的重点,两个地区均出现了伊洛系陶器凌驾于在地系陶器、成为主体因素的状况,甚至在山西省中部的晋中地区也可看到伊洛系陶器的影响。此外,在山西省西南部的东下冯遗址和河南省北部的孟庄遗址中还发现了随葬伊洛系陶器爵和盉的墓葬。将这种现象和伊洛系陶器的高比例联系起来考虑的话,也许可以认为伊洛地区的集团势力有向北方两地移住的可能性。但是,这种状况与河南省东部和南部地区不同,由于北方两地的在地系和其他系统的陶器一直都占有一定的比例,因而可看出伊洛地区的集团在这两地区是与其他系统集团并存的。

　　进入二里头四期之后,二里头遗址中两座宫殿基址均遭破坏,因而推测其已失去了作为政治性中心的地位,变成一般的聚落遗址。这一时期的陶器组合也发生了较大的变化。尽管伊洛系陶器和前期一样,仍是占有一半以上的主体因素,但前期出现的漳河系陶器有所增加,并新出现了少量的岳石系陶器。特别是四期后半期在郑州商城内中北部二里头时代遗址中,出土了较多的漳河系陶器,其比例最高可达40％,这是一个非常有意义的现象。另外一个变化是,二里头时期作为炊煮器大量使用的伊洛系深腹罐和鼎,到四期大幅减少,而同样是炊器的漳河系鬲则在这一时期大量出现。此外在中心地的三处遗址中还发现了属于漳河系形态的深腹盆,使用伊洛系常用的修整方法修整的陶器,这种融合两种系统制作方法的陶器的出现也是一个具有时代性转变的标志。本书将这种陶器称作伊洛-郑州系,并用 AD 来表示。它与原有的伊洛系陶器一起构成紧接其后的二里岗时代陶器组合的主体,并开创了一个新时代。关于这种时代间的过渡,将在本书的第五章中做详细分析。

　　以上分析显示,二里头三期以后出现的以鬲为代表的漳河系陶器在伊洛地区所占比例虽一直很少,但它对这一地区的陶器组合给予很大影响这一点则是值得评价的。因此,仅就陶器组合的变化来看,伊洛系陶器的向四周扩张和下一阶段漳河系陶器的抬头,不仅仅是陶器组合的变化,在这种陶器组合变化的背后,隐藏着国家形成这样一个大的社会变革和中心地集团的对外扩张这样一个地域间变动的背景。而且就陶器组合可以推测,在向二里岗时代转变的机制上,漳河系集团的南下是一个重要的因素。

　　伊洛地区伊洛系陶器向四周地域的扩散是超越地理位置的远近而进行的。

这种陶器系统在周边地区的分布特征,反映了二里头文化时期存在着超越地理配置的地域间交流关系,这种交流不是对等的一般交流,而是以二里头遗址为代表的伊洛地区作为主导势力,向周边地区单方面的扩张和进入,这一扩张在二里头文化三期时达到高峰,其影响力遍及整个中原地区,并波及了豫南和长江中游北部一带。这一时期的陶器组合构成显示了各个地区对伊洛系陶器进入的应对和被动接受。而这种陶器分布所显示的扩张态势背景,则暗示着一种全新的政治支配制度的形成所带来的社会原动力。

但是这种伊洛系势力的影响力到了二里头文化四期时受到了挫折。陶器组合构成变化显示,从河北南部一带南下的漳河系陶器正在由弱变强,由少变多。不过即使这种迹象正在发生,伊洛系陶器仍然占有多数的优势,并保持一定的影响力。在整个二里头文化时期,漳河系陶器始终都没有能超越伊洛系,有可能显示着两个陶器系统所代表的两个社会集团间的抗争。

伊洛系陶器向周边地区的扩张以及下一阶段漳河系陶器的出现,虽然可以将其简单地归纳为陶器构成变化的动态关系,但它可能暗示着国家形成这一大的社会变革,以及集团间对外扩张这样一种大的社会变动关系的存在。而从二里头文化向二里岗文化转化的契机,也许与南下而来的漳河系陶器有深刻的关系,而要探索这种转换的背景,需要对后续的二里岗文化时期诸遗址的陶器构成进行详细的分析。

第五章

从二里头文化向二里岗文化的转变

陶器，一种应日常生活需要而产生的器具，正因为它存在于人类生活的每一个角落，因而成为考古学产生以来最基础的研究对象。它不同于礼仪性器物那样是权力象征物，代表社会特权或者祭祀礼仪，它的意义在于它的普遍性。

二里岗文化时期的陶器，无论是系统、组合与种类、炊煮器以及大小，还是制作技法所反映的生产体系，与前期相比都发生了很大的变化。这种变化既是考古学文化转变的结果，也是其手工业生产体制独特性的体现。陶器系统是通过对陶器的外在形式，诸如形态、纹饰、胎土、制作修整风格和器类的分析来分辨陶器具有的地域性特征的。而陶器组合则是与其用途密切相关的因素之一，它反映当时陶器使用者是如何成组使用这些器类的，而它的使用方式与其所在地区独特的生活方式息息相关。比如二里岗文化时期中原地区的炊煮器多为三足器的鼎、鬲类，而长江流域地区则流行釜、鼎类炊煮器。炊煮器的不同有可能反映着食物和炊煮习惯的差异，而这种差异与各个地域间人们传统的饮食习惯和对动植物的利用方式有关。陶器的制作技法则与当时社会陶器生产的制作、流通或分配系统密切关联，因为胎土、纹饰、修整痕迹所反映的制陶工具等均体现着地域间在陶器制作上的异同，而分析这种异同则可以帮助我们了解陶器在制作体系、流通渠道方面的信息。陶器制作作为手工业生产的一个重要部门，与当时早商王朝的统治体系直接相关。因此当我们想要了解二里岗文化时期的手工业生产状况时，就首先需要从其产品遗留物的分析开始。

伊洛-郑州地区在二里头文化之后是二里岗文化，这一时期的中心城址从洛阳地区转移到了东部的郑州商城，但是仍然在二里头遗址附近建立了偃师商城以保持其在伊洛地区的势力。郑州商城不仅在面积上远大于二里头遗址，还有着规划有序的城市布局以及内城与巨大的外城郭,在构造和布局上完全具备了一个中心都市的完整设施与规模。与此同时,在二里头文化时期已经多有交流的诸周边地区,也陆续发现二里岗文化时期的城郭遗址,包括山西省西南部的垣曲商城、东下冯商城、豫北冀南地区的府城商城、郑州西北部的大师姑商城、西南部的望京楼商城和长江中游地区的盘龙城商城、王家山商城。这些城郭遗址在二里头文化时期均不是一般性遗址,而是建有大型环壕的特殊遗址。到了二里岗文化时期,随着郑州商城的营造,这些遗址也在同一时期建造,而在二里岗文化结束的白家庄期又同时遭到废弃,因而显示了它们与中心地区都城的依存关系。对于中心城郭与周边地区城郭同时建造又同时废弃的考古学现象,一些学者多有讨论。[①] 本章关注两个时代间的陶器组合构成发生的变化,以及陶器组合构成变化与中心城郭遗址、周边城郭遗址与一般遗址之间的关系。

本章将首先对二里头文化与二里岗文化共存的复合型遗址进行分析,以期了解两个时代之间陶器组合风格的时代变迁状况,并分析第四章分析过的二里头文化时期的陶器组合构成在二里岗文化时期是如何变化的,进而把握二里岗文化时期陶器构成的地域特征。同时,本章对郑州商城、偃师商城这样的中心性都城遗址,府城、垣曲、东下冯、盘龙城等地域性中心城郭以及没有任何防御设施的一般聚落遗址各自的陶器组合构成进行分析,最后对这些不同性质遗址出土的陶器组合构成的异同进行比较和分析。

第一节 陶器的地域性

以中原地区为中心的二里岗文化时期,出土最丰富的遗物是陶器,本章将从器类构成、用途及生活方式、陶器个体大小和容积、陶器器表调整纹饰以及陶器的系统构成,对各个地区、各个遗址出土的陶器做数量分析,以期揭示各个地域陶器风格的异同以及这些异同所暗示的地域差异,和二里岗文化时期陶器的制作体系和流通方式在郑州政权经济运营系统中的体现。以下就每个遗址做这四个方面的具体探讨。特别是器种构成及生活方式变化分析是陶器分析的第一

[①] 曹兵武:《从垣曲商城看商代考古的几个问题——〈垣曲商城 1985—1986 年度勘察报告〉读后》,《文物》1997 年第 12 期;岡村秀典:「農耕社会と文明の形成」,『岩波講座 世界歴史:中華の形成と東方世界』,岩波書店,1998 年,3、77—102 頁。

步,其目的在于对遗址单位中的陶器组合尽可能做到客观再现,并计测这些组合中各个器类所占比例的多少。有了陶器组合构成及组合中各器类所占百分比的数据后,就可以做以下研究分析,即研究陶器使用者的日常生活状况,器类组合中各个器类使用量的频度及原因,以及不同时代日常生活状况的变化及器类消长所暗示的生活方式变化以及社会背景等。

而陶器器表绳纹的分析与比较是探讨陶器制作体系的重要分析手段之一。器表绳纹调整在中国出现于新石器时代早期,到龙山文化后期在各地普遍化。二里岗文化时期各遗址出土的陶器器表也基本是绳纹。迄今为止学者们也曾对绳纹进行研究,特别是围绕绳纹的时间和空间变化,一般认为有由细变粗的趋势,但是这里所谓的粗和细,由于没有具体的比较标准,在对绳纹的空间比较上,难以做客观的论述。另外,由于学术界对绳纹粗细变化所包含的意义不甚明了,因而也仅就事论事地用粗和细的变化来表述。事实上,器表绳纹既然是陶器制作的最后一环——器形调整阶段所留下的痕迹,那么它的粗细就首先与调整工具有关,这种调整纹饰的差异反映工具的不同。而工具的差异也可能反映陶器制作工人集团的不同。这种分析目的才应是我们注目器表纹饰的视点之一。

笔者曾对晋西南、豫北、郑州以及豫东地区和长江中游地区的二里头文化时期的陶器组成,以及从二里头文化到二里岗文化变迁过程中陶器组合发生的变化做过分析,并认为这些地区的陶器组合在二里头文化时期由不同的系统组成,即在地系、东太堡系、东下冯系、伊洛系、漳河系、辉卫系、岳石系、豫南系等各个地区以及邻近地区的不同文化系统。对这些不同的陶器系统用A、B、C、D、E、F、G等字母来表示。那么到了二里岗文化时期,这些地区的陶器组合又是如何变化的呢? 这里将在以上陶器系统的基础上,区别二里头文化时期陶器系统在二里岗文化时期的变化特征。为了观察从二里头文化到二里岗文化陶器组合的时期变化,本章首先对具有两个文化地层叠压堆积的复合型遗址进行分析,以期论证本章的第一个问题,即通过陶器系统、器类构成变化、炊煮器更替和容量的时期变化来观察从二里头文化到二里岗文化陶器组合的演变过程。然后,在此基础之上对单纯的二里岗文化遗址的陶器组合加以探讨,以分析本章的第二个问题,即这些地区二里岗文化的陶器组合的具体构成。对这些遗址的分析方法和复合遗址一样,也是从陶器系统、器类构成、炊煮器及容量大小四个方面出发,并以时代的顺序进行具体探讨。

第二节 陶器的系统区分与编年

一、陶器的系统区分

见于中原东部地区的器种,既有伊洛地区特有的深腹罐、圆腹罐、捏口罐、甑、刻槽盆、深腹盆、大口尊、大口缸、爵、三足盘、杯,也可以看到冀南豫北地区常见的鬲、甗、折肩盆、器盖,还有山东地区特有的尊形器、篦文修整的深腹罐、甗、深腹盆、豆等。这里以器名后的字母来表示各个系统,即 A 为伊洛系,D 为漳河系,E 为岳石系,F 为在地的豫东系,并详细解释各系统器类的不同特征。圆底深腹罐为 A,长腹平底深腹罐为 D,深腹直领、篦纹修整的深腹罐为 E,而敞口圆腹、颈部不明显、平底、粗方格纹修整的深腹罐为 F。大敞口圆腹的深腹盆为 A,带有明显折肩、腹部施凹弦纹的深腹盆为 D,而下腹部施横向绳纹的深腹盆为 E。甑部呈圆腹、腰部带附加堆纹和绳纹的甗为 D,而甑部为斜直腹、带篦纹修整的为 E。根据盘部的深浅,将豆区分为深盘豆和浅盘豆。A1 的深腹豆口缘较厚,盘腹部深而外表有凸凹纹,柄部细高,而 D 的深盘豆则腹部圆润,柄部粗而大。A2 的浅腹豆基本与同系统的深腹豆相同,只是豆盘较浅而已。E 的浅盘豆口缘薄而外翻,柄部较长。仅从器物形态来看,中原东部地区至少存在 A、D、E、F 四个陶器系统,但是在东南部的周口地区则只发现 A、E、F 三个系统,而未见漳河系陶器。这里我们将出现于二里头文化晚期和二里岗下层之间的折中性陶器用 AD 来表示。

在中原西部和晋西南地区则有 A 的伊洛系、在地的 B1 东下冯系、B2 的东太堡系、D 的漳河系等陶器。豫北地区除了前面已经叙述的诸系统外,还有在地的 C 的辉卫系和豫南地区在地的 G 的豫南系。而远在长江中游地区的陶器系统则比较复杂,除了伊洛系、H 的在地的荆南系外,还有 R 的巴蜀系、J 的釉陶系等中原地区少见的陶器系统。

二、陶器的编年分期

这里首先以晋西南和陕西东部地区、中原地区的豫东和山东地区、豫北和豫南地区以及长江中游地区为地域单位,对复合型遗址的出土陶器进行分析。在分析复合型遗址时将从二里头后半期开始。这里首先以有发表资料的18处复合型遗址为分析对象,并关注陶器组合的时期性变化,对各个遗址陶器系统、器类构成和炊煮器的法量变化进行讨论。在此之前首先对其编年进行简单的概括,作为本章陶器分析的时代标尺。

二里岗文化以20世纪50年代发掘的郑州二里岗遗址为标准区分为上、下层两期。80年代北京大学的邹衡先生以河北藁城台西村和二里岗遗址为分析对象,进一步将以前的两期细分为四期。[①] 此后二里岗文化的四期编年成为学术界一般的年代标准。1988年,二里岗遗址发掘者安金槐先生将晚于二里岗上层的白家庄遗址作为邹衡四期编年的最晚期,并称之为白家庄期。[②] 1998年,吉林大学王立新在邹、安两位前辈分期方案的基础上,综合近20年来的新资料,对二里岗文化的分期进行了再研究。[③] 这里以王立新方案为基础,加入1998年以来的新资料,并在比较复合型遗址时加入二里头后半期的遗迹单位,对各个遗址的陶器组合进行分析。

二里头后半期: 陶器烧成良好,陶色以深灰色为多,褐陶有少量存在。器表纹饰以麦粒状的绳纹为主要特征,方格纹、素面和磨光陶占一定比例。纹饰中可见凹弦纹、波状纹、植物叶纹、圆圈纹、云雷纹等印纹。器类中豆A、盉A、大口尊的口缘部有轮制痕迹,新出现的鬲D、深腹罐D、簋A1、大口罐A、深腹盆D、豆D、小口尊A1等器类,已经有的深腹罐A2、大口尊A2、深腹盆A2、有颈罐A1等的形态也有变化。而前半期较多的圆腹罐A2、A3,鼎A1、A2,瓮A1、A2,小罐A,盘A1—A3,豆A1、A2等大幅减少,并逐渐消失。

二里岗下层前期: 相当于二里岗遗址H9阶段。陶器以夹砂灰陶和泥质灰陶为主,存在少量褐色夹砂陶。器表纹饰除了素面外,大部分饰细绳纹,部分可见附加堆纹、凹弦纹、方格纹、云雷纹等。器壁较薄,口缘部多圆唇,饰细绳纹是这个时期的陶器特征。基本器类有鬲D、鬲AD,深腹罐AD,深腹盆D、AD,深腹罐A2,大口尊A2,深腹盆A2、A3、B,瓮A3、A4,簋A2,缸A2,豆AD等,但是刻槽盆A2、A3,平底盆A,甑A2、A3,甗AD,斝A,爵A,器盖AD也有一定的量。特别是鬲D、AD,甗AD,斝A等三袋状足的炊煮器,口缘部外卷,袋足圆鼓,实

---

① 邹衡:《试论夏文化》,载《夏商周考古学论文集》,文物出版社1980年版。
② 安金槐:《关于郑州商代二里岗期陶器分期问题的再研究》,《华夏考古》1988年第4期。
③ 王立新:《早商文化研究》,高等教育出版社1998年版。

足根部细长是其特点。大口尊 A2 的口径与肩颈一致。肩部圆鼓,有两个对称的兽形耳。深腹盆 A2 口缘部宽大,腹部较浅,在凹弦纹之下饰绳纹。斝的口缘部外卷,颈部细长。

二里岗下层后期:相当于二里岗遗址 H17 阶段。陶质、陶色与前期相同,纹饰以绳纹为主,较前期略变粗,泥质陶器上云雷纹等印纹流行。器壁较前期略厚。典型器类有鬲 AD、甗 AD、斝 A、簋 A2、豆 AD、大口尊 A2、深腹罐 A2 与 AD、深腹盆 A2、缸 A2 等,与前期没有大的变化,但是器形有所变化。鬲 AD 数量多,口缘部一般为卷缘,也有带明显折棱的折缘,口唇部有棱,三袋足的上部较前期变细,实足根略粗,器形整体显得横幅较宽。大口尊 A2 的口径大于肩颈,腹部细长,肩部的兽形耳消失。深腹、直壁的盆 B 减少,而深腹盆 A2、AD 增加。豆 AD 的柄部变短。簋的数量增加,口缘部外翻。斝的颈部较前期略变粗。

二里岗上层期:陶质、陶色均没有大的变化,但是绳纹较前期变粗很多,细绳纹几乎完全看不到。在泥质陶上仍然可以看到印纹,但是较前期变少,器壁变厚。典型器类与前期几乎相同,鬲 AD 的口缘从卷缘向折缘变化,口缘部普遍有棱,口唇部的断面呈方形,唇缘较宽,颈部流行饰圆圈纹。一部分鬲的腹部饰附加堆纹,实足根变粗。斝 A 的口缘内敛,颈部变粗。大口尊 A2 的口缘部大而外翻,肩部不明显,上腹部细长。一部分大口尊 A2 的腹部饰纵向的凹弦纹。豆 AD 的柄部为假腹,假腹豆是这一时期的特征。深腹盆 A3 的口缘部宽平,口径与腹径几乎相同。深腹盆 A2 较多,腹部变浅。簋 A2 的变化与深腹盆相同。

白家庄期:这是二里岗文化最后一期。陶色和陶质与前期相同,但是器表绳纹全部变为粗绳纹,绳纹粗大。泥质陶上常见的印纹也消失,器壁越来越厚。鬲 AD 的数量非常多,口缘部以折缘为主,折缘的断面呈宽方形,几乎看不到卷缘鬲。鬲的实足根短而粗,足尖外撇。斝 A 几乎看不到。大口尊 A2 的口缘部比前期外翻且变小,肩部消失。腹部细长,腹上部有凹弦纹。假腹豆的盘部与柄部接合痕迹消失,盘部的口缘为折缘,断面呈方形。深腹盆 AD 的口缘部外翻,口径比腹径稍大。深腹盆 A2 的口缘为平折缘,腹部细长。

以上陶器分期的变化特征显示了从二里头文化到二里岗文化的整体变化趋势。这里首先分析两个时代复合型遗址出土的陶器。伊洛-郑州地区的复合型遗址有郑州商城、偃师商城、二里头遗址、稍柴遗址、王城岗遗址、阎河遗址、岑河遗址、西史村遗址、大师姑遗址九处。豫北冀南地区则有府城遗址、孟庄遗址、琉璃阁遗址、赵庄遗址、李固遗址五处,其中资料足以分析的仅有府城和孟庄两处。

山西省西南部有东下冯和垣曲商城两处。河南东部地区和南部地区还没有发现较好的复合型遗址用于分析。因此这里仅以以上 13 处遗址为素材,对从二里头文化到二里岗文化转变过程中诸遗址出土的陶器系统、器类构成和炊煮器的法量进行分析。

表 5-1　复合遗址的陶器编年分期

遗迹	二里头一期	二里头二期	二里头三期	二里头四期	二里岗下层期前段	二里岗下层期后段	二里岗上层期	白家庄期
郑州商城		○	○	○	○	○	○	○
偃师商城				○	○	○	○	○
二里头	○	○	○	○	○		○	
王城岗		○	○	○	○		○	
稍柴	○	○		○	○		○	
西史村	○	○		○			○	
阎河村	○	○	○	○	○		○	
岔河			○		○			
辉县孟庄		○						
府城		○	○	○	○		○	○
东下冯		○	○	○	○	○	○	
垣曲商城			○	○	○		○	

第三节　复合型遗址的分析

一、伊洛-郑州周边及山东地区

(一) 遗址资料分析

二里岗文化时期的洛阳和郑州地区是大型城郭遗址的中心地区,这里也是二里岗文化时期遗址分布最密集的地区,复合型遗址共有 11 处。以下对这 11 处遗址的陶器组合进行分析。

1. 郑州商城遗址

位于郑州市的郑州商城遗址自 20 世纪 50 年代被发现以来,相继发现了城墙、外城郭、宫殿遗迹以及陶器制作工坊、青铜器铸造工坊、骨器制作工坊、青铜器窖藏坑和墓葬等遗迹现象。最近除了外城郭之外,还在城内中北处的宫殿区发现了属于二里头文化时期的版筑墙和环壕遗迹,并出土了一组可供分析的陶器组合。①

图 5-1 显示了从二里头文化后半期到二里岗下层前期的陶器系统。作为外来系的漳河系和岳石系占有一定的量,而在地的伊洛系和伊洛-郑州系的比例占到八成。但是到了二里岗下层后期以后,伊洛系和伊洛-郑州系则占到 97%,并持续到白家庄期而没有大的变化。这显示着从二里头后半期开始呈现增长趋势的伊洛系和伊洛-郑州系陶器成为二里岗文化时期唯一的陶器系统,这种一改前期二里头文化的多系统的陶器构成方式值得注意。

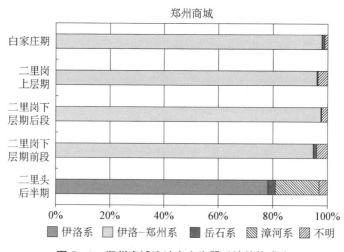

图 5-1 郑州商城遗址出土陶器系统的构成比

再从器类的构成来看。二里头文化后期的炊煮器是深腹罐 A2、圆腹罐 A2、鼎 A1,到了二里岗文化下层期转变为鬲 AD,这种不同炊煮器的转变是这一地区两个时代之间发生的最大转变。深腹罐 A2 比二里头文化时期有所减少,但是仍然有一定的量。而圆腹罐 A2、A3,鼎 A1、A2 到二里岗文化时期则几乎看不到。平底盆 A、刻槽盆 A4、甑 A3、盉 A、觚 A 等二里头文化时期的主要器种虽

---

① 河南省文物考古研究所编著:《郑州商城》(上中下),科学出版社 2002 年版。

表 5-2 郑州商城遗址的陶器组成与系统

系统	器种	二里头后半期 数量	二里头后半期 比例	二里岗下层期前段 数量	二里岗下层期前段 比例	二里岗下层期后段 数量	二里岗下层期后段 比例	二里岗上层期 数量	二里岗上层期 比例	白家庄期 数量	白家庄期 比例
伊洛系+伊洛-郑州系	罍A	27	12.0%	5	2.0%	20	6.3%	20	4.2%	6	6.4%
	深腹罐A2	10	4.4%	21	8.5%	17	5.4%	19	4.0%	6	6.4%
	捏口罐A1	19	8.4%	9	3.6%	6	1.9%	15	3.1%	4	4.3%
	深腹盆A2			26	10.5%	50	15.8%	29	6.1%	4	4.3%
	中柱盆A	4	1.8%			1	0.3%			1	1.1%
	平底盆A	10	4.4%	3	1.2%	3	0.9%	4	0.8%	1	1.1%
	甑A3	3	1.3%	7	2.8%	5	1.6%	7	1.5%	1	1.1%
	刻槽盆A3							4	0.8%		
伊洛系	大口尊A2	25	11.1%	20	8.1%	25	7.9%	45	9.4%	10	10.6%
	小口尊A1			4	1.6%	6	1.9%	9	1.9%	2	2.1%
	瓮A4	8	3.6%	17	6.9%	13	4.1%	18	3.8%	1	1.1%
	瓮A3	1	0.4%			5	1.6%	6	1.3%		
	缸A2	8	3.6%	13	5.3%	6	1.9%	20	4.2%	2	2.1%
	大口罐A	2	0.9%	3	1.2%	2	0.6%	2	0.4%	1	1.1%
	大口尊A1					1	0.3%	5	1.0%		
	小口尊A2					2	0.6%	6	1.3%		

续表

系统	器种	二里头后半期 数量	二里头后半期 比例	二里岗下层期前段 数量	二里岗下层期前段 比例	二里岗下层期后段 数量	二里岗下层期后段 比例	二里岗上层期 数量	二里岗上层期 比例	白家庄期 数量	白家庄期 比例
伊洛系	簋 A2			8	3.2%	14	4.4%	34	7.1%	9	9.6%
	觚 A	1	0.4%	1	0.4%			2	0.4%		
	盉 A	1	0.4								
	爵 A	17	7.6%	1	0.4%	2	0.6%				
	鼎 A2, A3	3	1.3%	2	0.8%	9	2.8%	24	5.0%	5	5.3%
	短颈壶罐 A2	25	11.1%	1	0.4%	3	0.9%	6	1.3%	1	1.1%
	圆腹罐 A3	8	3.6%	5	2.0%	1	0.3%	7	1.5%		
	豆 A1, AD	4	1.8%	5	2.0%	21	6.6%	31	6.5%	7	7.4%
	器盖 AD			51	20.6%	6	1.9%	19	4.0%	3	3.2%
	鬲 AD			5	2.0%	70	22.1%	99	20.8%	22	23.4%
	甗 AD			6	2.4%	4	1.3%	8	1.7%	1	1.1%
	深腹罐 AD			21	8.5%	17	5.4%	19	4.0%	5	5.3%
	小计	176	78.2%	234	94.7%	309	97.5%	458	96.0%	92	97.9%
岳石系	深腹罐 E	5	2.2%	2	0.8%	1	0.3%	1	0.2%	1	1.1%
	子母罐	1	0.4%	1	0.4%			2	0.2%		
	小计	6	2.7%	3	1.2%	1	0.3%	2	0.4%	1	1.1%

注:二里岗下层期前段、下层期后段、上层期栏目属"伊洛系+伊洛-郑州系"。

续表

系统	器种	二里头后半期 数量	二里头后半期 比例	二里岗下层期前段 数量	二里岗下层期前段 比例	二里岗下层期后段 数量	二里岗下层期后段 比例	二里岗上层期 数量	二里岗上层期 比例	白家庄期 数量	白家庄期 比例
漳河系	鬲D	14	6.2%								
	豆D	4	1.8%								
	甗	2	0.9%								
	鼎D	1	0.4%								
	平底盆	3	1.3%								
	深腹罐D	8	3.6%								
	深腹盆D	4	1.8%								
	小罐	1	0.4%	4	1.6%	2	0.6%	2	0.4%	0	0.0%
	小计	36	16.0%	4	1.6%	2	0.6%	2	0.4%	0	0.0%
不明	盘	2	0.9%								
	钵	1	0.4%	5	2.0%	5	1.6%	15	3.1%	1	1.1%
	小盆	1	0.4%								
	杯	2	0.9%								
	折肩罐			1	0.4%						
	小计	6	2.7%	6	2.4%	5	1.6%	15	3.1%	1	1.1%
	合计	224	100%	247	100%	317	100%	477	100%	94	100%

然在二里岗文化时期仍然存在,但是其比例很低,并随着时代的变迁逐渐减少。在二里头文化四期时,AD的伊洛-郑州系陶器开始出现,而从二里头文化时期开始就存在的大口尊A2、缸A2、瓮A4、大口罐A、深腹盆A2、捏口罐A1、爵A2,即使在二里岗文化时期也仍然保持一定的量,呈现出一种稳定的状态。此外,斝A、豆AD、簋A2等二里岗文化下层前期开始出现的新器类则呈现逐渐增加的倾向。总的来看,各个器类的比例在两个时代转化之间表现出较大的差异,而进入二里岗文化之后,器类稳定而较少变化,虽然也有器类消失或增加,但是仍然保持着伊洛系与伊洛-郑州系陶器群的增加,其他系统陶器逐渐消失的趋势。

最后分析炊煮器深腹罐A2和鬲AD的口径法量的时代变迁。首先来看深腹罐的口径计测值。郑州商城二里岗下层期前段出土的四件深腹罐的口径平均值为20.8厘米,标准偏差值在19.0厘米~22.5厘米之间。二里岗下层后期则有八件罐可以计测,其口径的平均值为19.2厘米,标准偏差值在17.8厘米~20.6厘米之间,与前期相比不仅口径变小,而且变异幅度缩小。到了二里岗上层期,有七件罐可用于计测,其口径的平均值为18.6厘米,标准偏差值在17.1厘米~20.1厘米之间,比前期进一步变小,但是其标准值变化不大。而晚于二里岗上层的白家庄期因缺乏数据资料不能分析。以上分析显示了深腹罐的口径随着时代的变化逐渐变小的趋势,而且其标准偏差值不断缩小,暗示着炊煮器深腹罐逐渐规格化的倾向。

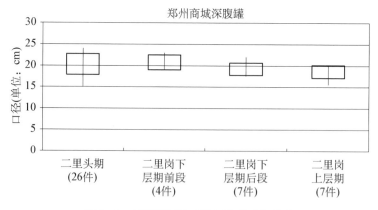

图5-2 郑州商城炊煮器深腹罐口径分布

再从另一件炊煮器鬲的口径分析来看其变化趋势。二里岗下层前期12件鬲的口径平均值为 15.9 厘米,标准偏差值在 14.3 厘米～17.5 厘米之间。二里岗下层期后段的八件鬲的口径平均值为 16.1 厘米,标准偏差值和前期基本相同,大致在 14.5 厘米～17.6 厘米。进入二里岗上层期,六件鬲的平均口径为 16.3 厘米,标准偏差值在 15 厘米～17.6 厘米之间,与前期相比平均值略大,但是其变异幅度却在缩小。最后的白家庄期有九件鬲可计测口径值,其平均值为 16.2 厘米,标准偏差值在 13.8 厘米～18.5 厘米之间,与前期几乎相同。郑州商城鬲的口径显示出随着时代的变迁逐渐变大的倾向,标准偏差值的变异幅度不大,这反映着鬲口径的个体差异较小,说明鬲与深腹罐不同,从其出现之初就显示着规格化的倾向。

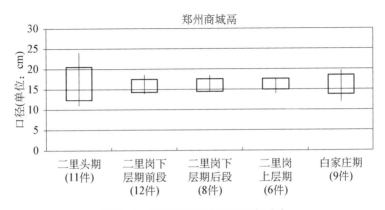

图 5-3 郑州商城炊煮器鬲口径分布

2. 偃师商城

位于伊洛河北岸的偃师商城遗址距离二里头遗址仅 6 千米。自 1983 年发现以来进行了多次大规模的发掘,发掘成果显示偃师商城是一座与郑州商城性质相同的城址。这里出土的属于二里头文化晚期的陶器组合,为我们研究偃师商城在两个时代之间的变化提供了良好的分析资料。[①]

首先来看陶器组成。二里头文化晚期的遗迹较少,陶器资料不甚丰富。其组合中深腹罐 A2、鼎 A2、圆腹罐 A2、大口尊 A2、捏口罐 A1、深腹盆 A2、瓮 A4 等伊洛系陶器占 79.5%,除系统不明的陶器外,漳河系的深腹罐 D、深腹盆 D 等占 20.5%。而深腹盆 AD 等伊洛-郑州系开始出现。进入二里岗下层前期,伊洛系和伊洛-郑州系陶器占到 83.9%,与前期相比略有增加,但是漳河系陶器占 16.1%,与

---

① 杜金鹏、王学荣主编:《偃师商城遗址研究》,科学出版社 2004 年版。

前期相同。到了二里岗下层后期,伊洛系和伊洛-郑州系激增到95.0%,而漳河系则急减到5.0%。到了二里岗上层期直至白家庄期,陶器则几乎完全由伊洛系和伊洛-郑州系构成,与郑州商城一样显示了陶器系统的一元化倾向。

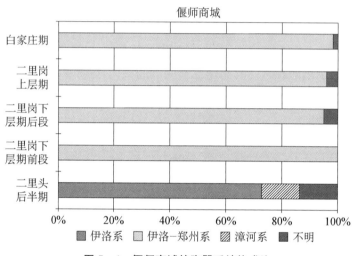

图 5-4　偃师商城的陶器系统构成比

再从器类构成来看。二里岗下层期前段的炊煮器发生了从二里头晚期的深腹罐 A2 到鬲 AD 的变化,这一点与郑州商城一样,但是随着鬲 AD 的增加,深腹罐 A2 的比例并没有太大的变化,而进入二里岗下层后期之后开始减少这一点则与郑州商城不同。与此同时,大口尊 A2、瓮 A3 与 A4、深腹罐 A2、捏口罐 A1 等开始增加,平底盆 A、刻槽盆 A4、鼎 A2 等则开始减少。而簋 A、豆 AD、鼎 A3、斝 A 等新器类出现并有增加趋势这一点与郑州商城一致。但是值得注意的是,郑州商城存在的甗 AD 在偃师商城没有见到,而在郑州商城呈减少趋势的甑 AD 在偃师商城呈现增加趋势。

最后来分析鬲 AD 和深腹罐 A2 的口径大小。从二里头晚期到白家庄期,深腹罐 A2 口径的平均值逐渐变小,标准变异幅度也呈现逐渐缩小的倾向,但是还不到规格化的程度。从二里岗上层期开始,深腹罐口径大约稳定在 18.4 厘米前后,小型化和标准偏差值的进一步缩小使规格化的倾向更加明显。再来分析鬲的口径。偃师商城出土的各个时期的鬲口径可以总结如下:鬲口径的平均值从二里头晚期到白家庄期大约集中在 15.9 厘米~16.7 厘米之间,二里头晚期为 16.7 厘米,略显大,而到了二里岗时期则集中在 15.9 厘米~16.4 厘米之间。但是与深腹罐相比,其规格化的程度不明显。再从器高的平均值来看,这一时期集中在

第五章 从二里头文化向二里岗文化的转变

表 5-3 偃师商城的陶器组成与系统

系统	器种	二里头后半期 数量	二里头后半期 比例	二里岗下层期前段 数量	二里岗下层期前段 比例	二里岗下层期后段 数量	二里岗下层期后段 比例	二里岗上层期 数量	二里岗上层期 比例	白家庄期 数量	白家庄期 比例
伊洛系	深腹罐 A2	5	11.4%	7	12.5%	14	8.8%	7	9.3%	8	7.3%
	圆腹罐 A2、A3	4	9.1%	1	1.8%	2	1.3%	2	2.7%	1	0.9%
伊洛系+伊洛-郑州系	捏口罐 A1	2	4.5%	1	1.8%	37	23.1%	3	4.0%	4	3.6%
	大口罐 A			1	1.8%	1	0.6%	1	1.3%	1	0.9%
	鼎 A2、A3	1	2.3%	3	5.4%			2	2.7%	1	0.9%
	甗 A			1	1.8%	2	1.3%			2	1.8%
	斝 A	4	9.1%	2	3.6%	12	7.5%	6	8.0%	7	6.4%
	深腹盆 A2	2	4.5%	1	1.8%	1	0.6%	2	2.7%	1	0.9%
	平底盆 A	3	6.8%	1	1.8%	3	1.9%	2	2.7%	4	3.6%
	甑 A3					1	0.6%				
	刻槽盆 A3、A4	1	2.3%	2	3.6%						
	豆 A3	2	4.5%	1	1.8%	1	0.6%	5	6.7%	11	10.0%
	簋 A	1	2.3%	2	3.6%	3	1.9%	8	10.7%	7	6.4%
	大口尊 A2	1	2.3%	1	1.8%	1	0.6%	1	1.3%	1	0.9%
	小口尊 A1									3	2.7%
	缸 A2	1	2.3%	2	3.6%	5	3.1%	2	2.7%	4	3.6%
	瓮 A4					2	1.3%	0	0.0%	4	3.6%
	瓮 A3	1	2.3%	1	1.8%	5	3.1%	3	4.0%	4	3.6%
	有颈罐 A2										

续表

系统	器种	二里头后半期 数量	二里头后半期 比例	分类	二里岗下层期前段 数量	二里岗下层期前段 比例	二里岗下层期后段 数量	二里岗下层期后段 比例	二里岗上层期 数量	二里岗上层期 比例	白家庄期 数量	白家庄期 比例
伊洛系	器盖A										4	3.6%
	钵A1						3	1.9%			3	2.7%
	小盆A						2	1.3%			3	2.7%
	杯A1								1	1.3%	1	0.9%
	盘A1,A2	1	2.3%	伊洛系+伊洛-郑州系	1	1.8%						
	短颈壶A1	1	2.3%		1	1.8%						
	杯A2	1	2.3%		1	1.8%						
	器座	1	2.3%									
	短颈壶A2				2	3.6%	3	1.9%	1	1.3%	1	0.9%
	豆AD						4	2.5%	5	6.7%	5	4.5%
	深腹盆AD						4	2.5%	2	2.7%	3	2.7%
	鬲AD	3	6.8%		17	30.4%	46	28.8%	19	25.3%	25	22.7%
	小计	35	79.5%		47	83.9%	152	95.0%	72	96.0%	108	98.2%
漳河系	深腹罐D	1	2.3%		1	1.8%						
	深腹盆D	6	13.6%		8	14.3%	8	5.0%	3	4.0%	2	1.8%
	平底盆	1	2.3%									
	器盖D	1	2.3%									
	小计	9	20.5%		9	16.1%	8	5.0%	3	4.0%	2	1.8%
	合计	44	100%		56	100%	160	100%	75	100%	110	100%

17.9厘米~20.9厘米之间,可以看到小型化的倾向,但是变异幅度较大,规格化的倾向不明显。

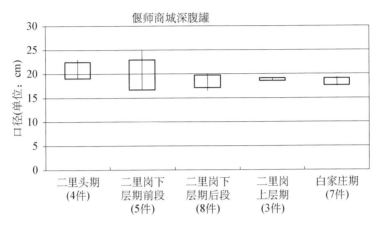

图5-5 偃师商城炊煮器深腹罐口径分布

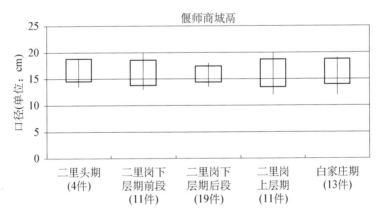

图5-6 偃师商城炊煮器鬲口径分布

3. 王城岗遗址

位于登封告城镇颍河支流西岸的王城岗遗址在龙山文化之外还包含二里头和二里岗文化时期的文化层[①],但是缺少二里岗下层期的遗迹单位。二里岗上层期的陶器系统中有鬲 AD 五件,深腹罐 A 一件,甑一件,斝一件,一件罍 A,大口尊 A 两件,簋四件,豆 AD 四件,深腹盆六件,小口瓮一件,平口瓮一件,刻槽

---

① 中国历史博物馆考古部、河南省文物研究所:《登封王城岗与阳城》,文物出版社1992年版。

盆一件，器盖一件，爵一件，缸一件等，器类大量增加，陶器构成几乎均为伊洛系和伊洛-郑州系。

再来分析炊煮器深腹罐的口径值。二里头晚期仅计测深腹罐两件，其口径的平均值是 20.5 厘米；二里岗下层期一件，口径为 19 厘米；二里岗上层期一件，口径为 18.5 厘米。炊煮器鬲的数量较深腹罐更多。二里头晚期四件鬲的口径平均值为 17.3 厘米，标准偏差值在 14.4 厘米～20.1 厘米之间，变异幅度较大。二里岗下层期的两件鬲口径的平均值为 14.3 厘米，二里岗上层期三件鬲的口径平均值为 13.8 厘米，标准偏差值在 12.7 厘米～15.0 厘米之间。

4. 二里头遗址

位于偃师商城东部约 7 千米的洛河南岸。1959 年开始发掘至今。二里头遗址的编年共分六期，前四期相当于二里头文化，后两期分别相当于二里岗文化的下层与上层。这里仅就二里头晚期与二里岗上下层为分析对象。

二里头晚期遗迹单位出土的陶器组合包含多种谱系。深腹罐 A2，圆腹罐 A2、A3，鼎 A1、A2，深腹盆 A2，刻槽盆 A4，平底盆，小罐 A，有颈罐 A1，盘 A1、A2、A3，豆 A1、A2、A3，爵 A，斝 A，盉 A，短颈壶 A2，大口尊 A2，缸 A2，杯 A2，鬲 A 等伊洛系陶器约占全体陶器的 82.9%，是本期陶器构成的主体。除了系统不明的器类之外，漳河系陶器有鬲 D、深腹罐 D、深腹盆 D 等，占全体陶器的 12.9%。圆腹罐 B1 与 B2，鼎 A2，鬲 B2，甗 B2，深腹盆 B 等东下冯系陶器占全体陶器的 1.4%。深腹罐 E、鼎式鬲 E、簋 E、器盖 E 等岳石系陶器占 2.8%。虽然还不是很明确，但深腹盆 AD 开始出现。

进入二里岗下层期后，簋 A，斝 A，豆 AD，鬲 AD 等新器类出现，盘 A2 与 A3，盉 A，豆 A1，瓮 A2，杯 A2 等器类消失。伊洛系与伊洛-郑州系陶器占全体陶器的 96.9%，其他系统的深腹罐 D，鬲 B1 等仅占 4.4%。在二里岗上层期，伊洛系的大口尊 A1、小罐 A、瓮 A1、短颈罐 A1 与 A2、圆腹罐 A2、鼎 A2 等器类也消失，伊洛系与伊洛-郑州系占全体陶器的 94.1%，其他系统的陶器仅占 5.9%。

再从器类构成来看，二里头晚期的器类有 40 余种，其中圆腹罐 A2、A3 比较多，约占 10.1%。深腹罐 A2 占 4.6%，鼎 A2 占 3.7%，大口尊 A2 占 7.8%，器盖 A 占 2.8%，小罐 A 占 2.3%，有颈罐 A1 和豆 A1 分别占 5.1% 和 2.8%，其他器类则在 0.3%～3.1% 之间。器类丰富多样，器形复杂是这一时期的特征。到了二里岗下层期，器类减少到 20 余种，而且圆腹罐 A2、鼎 A2、深腹罐 A2 的比例仍然比较高，分别占 9.8%、4.9% 和 2.4%。鬲 AD 数量增加，占全体陶器的 6.6%。而有颈罐 A1、甑 A4、深腹盆 AD、缸 A2、深腹盆 A2、簋 A、斝 A、捏口罐 A1 等器类较前期略有增加,小罐 A、大口尊 A1、短颈壶 A2、瓮 A1 等呈现减少趋势。进入二里岗上层期,比例一直较高的圆腹罐 A2、鼎 A2 消失,而鬲 AD 则大幅增加到 13.0%,但是深腹罐 A2 不仅存在,而且占 7.8%,较前期更多。深腹盆 A2、AD,簋 A,豆 AD,瓮 A3、A4,捏口罐 A1,大口罐 A,缸 A2 等的呈现增加趋势,而盉 A、瓮 A1、大口尊 A1、短颈壶 A2 消失,甑 A4、大口尊 A2、有颈罐 A1 呈现减少趋势。

最后分析炊煮器深腹罐 A2 与鬲 AD 的口径。二里头晚期共计测深腹罐六件,其口径平均值为 19.3 厘米,标准偏差值在 18.1 厘米～20.5 厘米之间。二里岗下层期三件罐的口径平均值为 19.1 厘米,标准偏差值在 17.9 厘米～19.8 厘米之间,与前期几乎相同。二里岗上层期七件罐的口径平均值为 18.9 厘米,标准偏差值在 17.6 厘米～20.1 厘米之间,比前期变小,但是变异幅度基本相同。这显示着深腹罐在小型化的同时规格化的倾向。

而分析鬲的口径发现,二里头晚期九件鬲的平均口径为 15.8 厘米,标准偏差值在 13.7 厘米～17.8 厘米之间。二里岗下层期八件鬲的口径平均值为 15.4 厘米,标准偏差值在 14.3 厘米～16.5 厘米,与前期相比不仅口径变小,而且变异幅度也开始缩小。二里岗上层期的九件鬲的平均口径为 16.7 厘米,标准偏差值在 14.7 厘米～18.7 厘米之间。鬲的口径比前期略增大,变异幅度也有所增加。

5. 稍柴遗址

遗址位于伊河南岸的坞罗河和伊河的三角地带的台地上。[①] 二里头晚期的器类有鼎 A2、圆腹罐 A2、深腹罐 A2、刻槽盆 A3、甑 A3、平底盆 A、盘 A1、大口尊 A2、缸 A2、瓮 A3 与 A4 等,伊洛系陶器占 89.1%,是遗址构成的主体要素。深腹盆 D、鬲 D、深腹罐 D、小盆 D 等漳河系陶器占 10.9%。二里岗下层期鬲 AD 的数量比前期增加。进入二里岗上层期,二里头晚期以来的圆腹罐 A2、鼎 A2、刻槽盆 A3、盘 A2 等消失,而深腹罐 A2、深腹盆 A2、平底盆 A 等比例开始减少。而同时鬲 AD、簋 A2、小口尊 A1、豆 AD 等器类开始出现。伊洛系和伊洛-郑州系陶器占 96.2%,深腹盆 D、平底盆 C、篦纹罐 E 等漳河系、辉卫系和岳石系陶器合计仅占 1.9%。

从器类构成来看,二里头晚期的深腹盆 A2、甑 A3、刻槽盆 A3、豆 D 的比例较高,分别占到 8.7%,而炊煮器的深腹罐 A2 占 6.5%,鬲 D 占 10.9%,高于深腹罐。圆腹罐 A2 和鼎 A2 占 4.3%。其他的缸 A2、瓮 A4 各占 6.5%。而盘

[①] 河南省文物研究所:《河南巩县稍柴遗址发掘报告》,《华夏考古》1993 年第 2 期。

A2、短颈壶 A1、平底盆 A、大口尊 A2 等占 2.2%。二里岗下层期仅有鬲 AD,比前期有所增加。到二里岗上层期鬲 AD 大幅增加,而原本比例较高的圆腹罐 A2、鼎 A2 消失,深腹罐 A2、甑 A3 分别减少为 5.7%和 3.8%。深腹盆 A2、豆 AD 的比例和前期相同,呈现一种稳定的状况。新出现的簋 A2、小口尊 A2 分别占 7.5%和 3.8%,占据着较高的比例。大口尊 A2,缸 A2,瓮 A3、A4 与前期相比减少,分别占 3.8%和 1.9%。

最后分析炊煮器深腹罐 A2 和鬲 AD 的大小。二里头晚期仅一件深腹罐,其口径为 20 厘米,二里岗上层期两件的口径平均值为 19.0 厘米。由于数据较少,这里不做更细的分析。再来看鬲 AD 的口径,二里头晚期三件鬲的口径平均值为 17.0 厘米,标准偏差值在 15.2 厘米～18.8 厘米之间。二里岗上层期四件鬲的口径平均值为 15.7 厘米,标准偏差值在 14.0 厘米～17.4 厘米之间。可以看出随着时代的变迁,炊煮器鬲逐渐呈现小型化倾向。

6. 西史村遗址

遗址位于荥阳县西 6 千米的地方,是一处由二里头、二里岗和殷墟时代构成的复合型遗址。[①] 根据发表的二里头晚期的陶器组合分析,器类有深腹罐 A2、缸 A2、深腹盆 A2、刻槽盆 A3、大口尊 A2、盘 A3、豆 A2 等,全部是伊洛系陶器。二里岗下层期、上层期则均为伊洛-郑州系陶器,外来系陶器完全没有发现。从器类来看,二里头晚期深腹罐 A2 最多,占全体陶器的 21.4%,而鼎 A2、盘 A3、大口尊 A2、缸 A2、刻槽盆 A3、深腹盆 A2、豆 A2、甑 A3 各占 7.1%。到了二里岗下层期,新出现鬲 AD、簋 A2 各占 11.1%,深腹罐占 11.1%,比前期有所减少,而前期常见的甑 A3、刻槽盆 A3、盘 A3 等很少见到。大口尊 A2、缸 A2、豆 A2、瓮 A4 等器类则较前期有所增加。二里岗上层期的鬲 AD 和豆 AD 进一步增加,占到 18.2%,深腹罐 A2 则减少为 9.1%,其他器类均较前期减少。但是因为没有深腹罐和鬲的口径计测数据,不能做口径的分析。

7. 阎河遗址

遗址位于荥阳南部 3 千米的索河东岸。1986 年经发掘得知这是一处二里头和二里岗文化构成的复合型遗址。[②] 二里头晚期出土的陶器显示这里除了器类不明的之外,还有深腹罐 A2、圆腹罐 A2、鼎 A2、深腹盆 A2、甑 A3、大口尊 A2、瓮 A3 与 A4、豆 A3、盂 A、器盖 A 等,均为伊洛系陶器。到了二里岗下层期,

---

[①] 郑州市博物馆:《河南荥阳县西史村遗址发掘简报》,载《文物资料丛刊》(5),文物出版社 1983 年版。
[②] 张松林、刘彦锋:《河南省荥阳县阎河遗址的调查与试掘》,《中原文物》1992 年第 1 期。

表5-4 伊洛-郑州地区诸遗址陶器组成与系统

系统	器种	王城岗 二里头后半期 数量	比例	王城岗 二里岗下层期 数量	比例	王城岗 二里岗上层期 数量	比例	西史村 二里头后半期 数量	比例	西史村 二里岗下层期 数量	比例	西史村 二里岗上层期 数量	比例
伊洛系+伊洛-郑州系	鼎 A2	7	10.3%					1	7.1%	1	11.1%	1	9.1%
	深腹罐 A2	9	13.2%	1	11.1%	1	3.6%	3	21.4%	1	11.1%	1	9.1%
	圆腹罐 A2	6	8.8%										
	有颈罐 A1	1	1.5%										
	深腹盆 A2	6	8.8%	1	11.1%	6	21.4%	1	7.1%			1	9.1%
	刻槽盆 A3	2	2.9%			1	3.6%	1	7.1%				
	平底盆 A			1	11.1%								
	大口尊 A2	6	8.8%	1	11.1%	2	7.1%	1	7.1%	1	11.1%	1	9.1%
	瓮 A4	3	4.4%			1	3.6%	1	7.1%	1	11.1%	1	9.1%
	缸 A2	1	1.5%					1	7.1%	1	11.1%	1	9.1%
	簋 A2					4	14.3%						
	小口尊 A2			1	11.1%	1	3.6%						
	小口尊 A1			1	11.1%								
	短颈壶 A2							1	7.1%			1	9.1%
	甗 A3			1	11.1%	1	3.6%						
	盉 A					1	3.6%						

续表

系统	器种	王城岗 二里头后半期 数量	比例	王城岗 二里岗下层期 数量	比例	王城岗 二里岗上层期 数量	比例	二里头后半期 数量	比例	西史村 二里岗下层期 数量	比例	西史村 二里岗上层期 数量	比例
伊洛系＋伊洛-郑州系	杯 A2	1	1.5%										
	钵 A2	6	8.8%										
	盘 A2												
	瓮 A3												
	杯 A1												
	小罐 A												
	钵 A3												
	斝 A							1	7.1%				
	盘 A3							1	7.1%				
	大口罐 A												
	瓮 A												
	捏口罐 A1												
	鬲 AD	5	7.4%	2	22.2%	5	17.9%	2	0.0%	1	11.1%	2	18.2%
	瓿 AD	1	1.5%			4	14.3%	2	14.3%	1	11.1%	2	18.2%
	豆 A3、AD	4	5.9%			1	3.6%			1	11.1%		
	器盖 AD												
	小计	58	85.3%	9	100%	28	100%	14	100%	9	100%	11	100%

续表

系统	器种	王城岗						西史村					
		二里头后半期		二里岗下层期		二里岗上层期		二里头后半期		二里岗下层期		二里岗上层期	
		数量	比例	数量	比例	数量	比例	数量	比例	数量	比例	数量	比例
漳河系	器盖D	1	1.5%										
	豆D	2	2.9%										
	深腹盆D	1	1.5%										
	小盆												
	浅腹盆												
	小计	4	5.9%	0	0.0%	0	0.0%	0	0.0%	0	0.0%	0	0.0%
东下冯系	鼎B1	1	1.5%										
	鬲B2	2	2.9%										
	折肩罐	1	1.5%										
	小计	4	5.9%	0	0.0%	0	0.0%	0	0.0%	0	0.0%	0	0.0%
岳石系	深腹罐E												
	小计	0	0.0%	0	0.0%	0	0.0%	0	0.0%	0	0.0%	0	0.0%
不明	小高	1	1.5%										
	盂	1	1.5%										
	小计	2	2.9%										
	合计	68	100%	9	100%	28	100%	14	100%	9	100%	11	100%

新出现鬲 AD、捏口罐 A1、缸 A2 等，圆腹罐 A2、鼎 A2、盉 A、钵 A2 则消失，陶器系统全部为伊洛-郑州系。二里岗上层期除了新出现簋 A2、豆 AD 外，其他与前期完全相同。

从器类构成来看，二里头晚期深腹罐 A2 占 17.6%，比例较高，其次为圆腹罐 A2、深腹罐 A2、鼎 A2、瓮 A3、器盖 A，分别占 11.8%，刻槽盆 A3、瓮 A4、盉 A、甑 A3 各占 5.9%。二里岗下层期深腹罐 A2 减少到 7.7%，而新出现的鬲 AD、捏口罐 A1 各占 7.7%。深腹盆 A2 的比例较高，占到 15.4%，而前期占较高比例的圆腹罐 A2、鼎 A2 消失。进入二里岗上层期，鬲 AD 的比例更增加到 11.8%，而深腹罐 A2 减少为 5.9%。其他器类几乎与前期相同，其比例为 5.9%。

8. 岔河遗址

遗址位于郑州西北 25 千米的索河与须水河合流处。1986 年曾出土六件铜器。经发掘得知遗址由二里头和二里岗文化层构成。[①] 二里头晚期 H15、H10 出土的陶器组合中除了系统不明的外，深腹罐 A2、圆腹罐 A2、鼎 A2、深腹盆 A2、刻槽盆 A2、大口尊 A2、缸 A2、瓮 A4 等占 92.8%，均是伊洛系陶器，漳河系仅有鬲 D，占 2.5%。到了二里岗文化上、下层时期，除了系统不明者外，伊洛系与伊洛-郑州系比例都非常高，占到 90% 以上。

再从器类构成来看，二里头晚期陶器由深腹罐 A2、圆腹罐 A2、鼎 A2、深腹盆 A2、刻槽盆 A3、大口尊 A2、缸 A2、瓮 A4 组成，包含了这一时期所有主要器类。深腹罐 A2 和圆腹罐 A2 占全体陶器的 32.9% 和 14.0%，显示着较高的比例。深腹盆 A2 占 13.1%，瓮 A4 占 17.0%，大口尊 A2 占 8.3%，其他的器类所占比例集中在 2.3%～3.3% 之间。到了二里岗下层期深腹罐 A2 减少为 7.7%，圆腹罐 A2、鼎 A2、刻槽盆 A3 完全看不到。而新出现的豆 AD、簋 A2 分别占 7.1% 和 3.9%。与此同时鬲 AD 的比例急剧增加到 31.0%。深腹盆占 15.4%，大口尊 A2 占 7.7%，其他器类的比例大约在 3.9% 左右。二里岗上层期的深腹罐占 8.4%，与前期相同，但是鬲 AD 占到 21.0%，而深腹盆 A2 减少为 11.4%，其他器类比例在 2.8%～4.2% 之间。

最后分析炊煮器的法量。这里仅计测到三件二里岗上层期的深腹罐，其口径的平均值为 20.3 厘米，标准偏差值在 18.8 厘米～21.8 厘米之间。可计测的四件鬲的口径平均值为 16.7 厘米，标准偏差值为 14 厘米～19.5 厘米。计测数据显示，这里的炊煮器深腹罐与鬲和其他遗址一样，随着时代的变迁在小型化的同时也逐渐规格化。

---

① 李维明：《试论曲梁、岔河夏商文化遗址的分期》，《华夏考古》1991 年第 2 期。

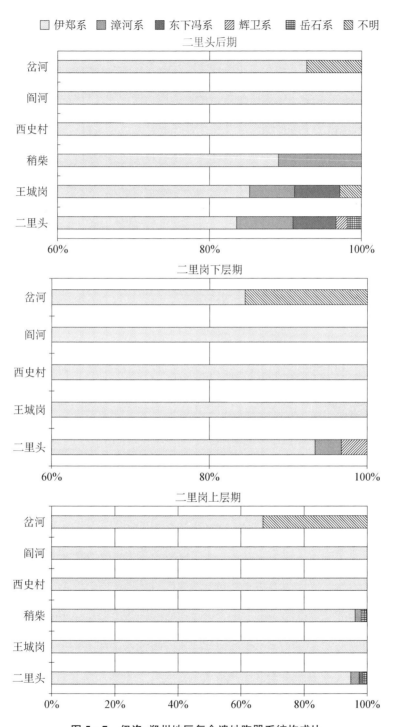

图 5-7 伊洛-郑州地区复合遗址陶器系统构成比

表 5 - 5 伊洛-郑州地区诸遗址陶器组成与系统（续）

系统	器种	稍柴 二里头后半期 数量	稍柴 二里头后半期 比例	稍柴 二里岗上层期 数量	稍柴 二里岗上层期 比例	伊洛-郑州 二里头后半期 数量	伊洛-郑州 二里头后半期 比例	伊洛-郑州 二里岗下层期 数量	伊洛-郑州 二里岗下层期 比例	伊洛-郑州 二里岗上层期 数量	伊洛-郑州 二里岗上层期 比例	洨河 二里头后半期 比例	洨河 二里岗下层期 比例	洨河 二里岗上层期 比例
伊洛系+伊洛郑州系	鼎 A2	2	4.3%			2	11.8%			1	5.9%	1.2%		
	深腹罐 A2	3	6.5%	3	5.7%	3	17.6%	1	7.7%	1	5.9%	32.9%	7.7%	18.0%
	圆腹罐 A2	2	4.3%			2	11.8%					14.0%		
	有颈罐 A1													
	深腹盆 A2	4	8.7%	7	13.2%	2	11.8%	2	15.4%	1	5.9%	13.1%	15.4%	10.2%
	刻槽盆 A3	4	8.7%			1	5.9%	1	7.7%	1	5.9%	2.9%	7.7%	
	平底盆 A	1	2.2%	3	5.7%									
	大口尊 A2	1	2.2%	2	3.8%			1	7.7%	1	5.9%	8.3%	8.2%	5.2%
	瓮 A4	3	6.5%	1	1.9%	1	5.9%	1	7.7%	1	5.9%	17.0%	3.9%	3.2%
	缸 A2	3	6.5%	1	1.9%					1	5.9%	1.2%	3.9%	1.4%
	簋 A2			4	7.5%	2	11.8%	2	7.7%					
	小口尊 A2			2	3.8%					1	5.9%		3.2%	6.5%
	小口尊 A1													
	短颈壶 A2	1	2.2%	2	3.8%	1	5.9%	1	7.7%	1	5.9%			
	甑 A3	4	8.7%	2	3.8%							3.9%	3.9%	1.4%
	盉 A													

续表

系统	器种	稍柴				间河						岔河		
		二里头后半期		二里岗上层期		二里头后半期		二里岗下层期		二里岗上层期		二里头后半期	二里岗下层期	二里岗上层期
		数量	比例	数量	比例	数量	比例	数量	比例	数量	比例	比例	比例	比例
伊洛系	杯A2													
	钵A2	1	2.2%											
	盘A2	1	2.2%	1	1.9%									
	瓮A3	1	2.2%	1	1.9%									
	杯A1	1	2.2%	3	5.7%									1.4%
	小罐A			1	1.9%									
	钵A3			1	1.9%									
	罕A													
	盘A3													
伊洛-郑州系	大口罐A					1	5.9%	1	7.7%	2	11.8%			3.2%
	瓮A2	5	10.9%	12	22.6%			1	7.7%	1	5.9%	2.4%	31.0%	22.8%
	捏口罐A1							1	7.7%	2	11.8%			
	鬲AD												3.9%	0.8%
	甗AD	4	8.7%	5	9.4%			1	7.7%	1	5.9%		7.1%	7.1%
	豆A3、AD					2	11.8%	1	7.7%	1	5.9%		2.1%	
	器盖AD													
	小计	41	89.1%	51	96.2%	17	100%	13	100%	17	100%	92.8%	90.3%	81.2%

续表

系统	器种	稍柴				陶河					岑河	
		二里头后半期		二里岗上层期		二里头后半期		二里岗下层期		二里岗上层期	二里岗下层期	二里岗上层期
		数量	比例	数量	比例	数量	比例	数量	比例	数量	比例	比例	比例
漳河系	器盖D												
	豆D	1	2.2%	1	1.9%								
	深腹盆D	2	4.3%										
	小盆	2	4.3%	1	1.9%								
	浅腹盆	5	10.9%			0	0.0%	0	0.0%	0	0.0%	0.0%	0.0%
	小计												
东下冯系	鼎B1	0	0.0%	1	1.9%								
	鬲B2	0	0.0%	1	1.9%	0	0.0%	0	0.0%	0	0.0%	0.0%	0.0%
	折肩罐												
	小计												
岳石系	深腹罐E	0	0.0%	0	0.0%	0	0.0%	0	0.0%	0	0.0%	0.0%	0.0%
	小计												
不明	盂												
	小计					17	7.3%	13	100%	17	100%	9.7%	18.8%
	合计	46	100%	53	100%		100%					100%	100%

第五章　从二里头文化向二里岗文化的转变

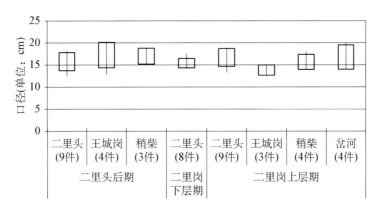

图 5-8　伊洛-郑州地区出土鬲口径大小

9. 大师姑遗址①

遗址位于郑州市西北约 10 千米的杨拐村与大师姑村之间、索河东岸的拐弯处。多次调查与发掘证明,这是一处二里头文化时期的城址。根据发掘者的研究,二里岗文化时期这座城址仍然沿用,也是早商文化时期一处较重要的遗址。② 大师姑遗址从二里头文化到二里岗文化共分为九段,其中第一段到第六段为二里头文化时期,第七段到第九段为二里岗文化时期。总面积约 51 万平方米,是一处被城墙和壕沟环绕的二里头文化时期城址。城垣的始建年代大约在第一段,相当于二里头文化二期,废弃时间在第四段,相当于二里头文化四期晚段和二里岗文化下层之间,城垣的繁盛时代应该在二里头文化第一、二、三段期间,相当于二里头文化第二、三、四期早段。在发掘的 56 座灰坑、四条灰沟以及少量住址和墓葬、城垣中出土了丰富的陶器资料。这些陶器除了少量辉卫系、漳河系和东太堡系外,90%以上为伊洛系陶器。大师姑二里岗文化时期,仅在遗址的四方发现有壕沟两条、灰坑 32 座、墓葬一座。根据发掘者的研究,二里岗文化时期这座城址的城墙可能遭到了破坏,但是城址仍然沿用,因而是早商文化时期一处较重要的遗址。③ 在属于二里岗文化时期的灰坑中出土了丰富的陶器资料。根据对这些单位出土陶器资料的组合分析,以深腹罐、深腹盆、大口尊、平底盆、捏口罐、敛口瓮、高领罐、斝、甑、鬲、甗、豆等器类为主体的陶器组合主要为伊

---

① 郑州市文物考古研究所编著:《郑州大师姑(2002—2003)》,科学出版社 2005 年版。
② 郑州市文物考古研究所编著:《郑州大师姑(2002—2003)》。
③ 郑州市文物考古研究所编著:《郑州大师姑(2002—2003)》。

洛-郑州系陶器,仅有少量篦纹罐等岳石文化的陶器,约占1.2%。再从器类的构成比来看,深腹盆、深腹罐和鬲的数量最多,分别占到全体陶器的14.6%、16.8%和14.6%,中腹盆占9.0%,浅腹盆、捏口罐和敛口瓮分别占5.3%。簋、大口尊、甗和豆的比例分别介于2.8%~3.1%之间。其他器类则较少,其比例介于0.3%~1.9%之间。

最后分析深腹罐和鬲的口径。在相当于二里头文化二、三期的第一段至第四段,共计测了180余件深腹罐,其口径的平均值各阶段分别为22.2厘米、21.8厘米、21.6厘米和21.8厘米,标准偏差值在2.4厘米~3.0厘米之间。进入二里头文化晚期的两个阶段,共计测了56件深腹罐,其口径的平均值为21.3厘米和21.0厘米,与前期相比略显小型化,其标准偏差值都为19.2厘米,呈现着规格化的倾向。到了二里岗文化时期,属于二里岗下层期的两个阶段仅计测到16件深腹罐,其口径平均值为18.2厘米和19.3厘米,与前期相比进一步小型化,而标准偏差值则分别为3.0厘米和2.6厘米,比前期略大,但是仍然呈现着规格化的倾向。而到了二里岗上层期,共计测了37件深腹罐,其口径的平均值为20.2厘米,标准偏差值为3.7厘米,与前期相比没有大的变化。再来分析二里岗文化时期鬲的口径大小。下层期的两个阶段共计测到13件鬲的标本,其口径的平均值为16.0厘米和15.5厘米,标准偏差值为3.1厘米。到了二里岗下层期,共计测到22件鬲,其口径的平均值为17.1厘米,标准偏差值为2.5厘米,与前期相比看不到小型化的趋势,但是呈现明显的规格化倾向。

10. 薛村遗址

遗址位于邙山南麓、黄河南岸约1.5千米处的王村乡,距离大师姑城址仅2千米。总面积约50万平方米。2005年发掘1000平方米。根据考古简报,二里头文化时期的遗迹相当于二里头文化晚期,陶器器类有圆底深腹罐A2、凹底圆腹罐A2、杯A、鬲B、捏口罐A1和大口尊A2。两件深腹罐口径分别是22.4厘米、23.8厘米,一件器高29.4厘米。鬲的口径为16厘米,器高18.2厘米。除了鬲D外均为伊洛系陶器。仅有的两件深腹罐和一件鬲的口径与目前分析的口径大小一致。二里岗下层期有卷缘鬲D,胎薄,饰细绳纹,三足内敛;折缘鬲AD,缘端有凹槽;簋A1、深腹罐A2,尖圆底,饰粗绳纹;深腹盆A2、甗A2和小尊A。两件深腹罐的口径分别为18.4厘米、17.6厘米,器高为30厘米、32厘米。两件鬲的口径分别为17.8厘米、17.6厘米。二里岗上层期器类有折缘方唇鬲AD、深腹罐AD、甗A2、深腹盆AD、簋A2、长颈壶A、大口尊A2等。鬲的口径为18厘米,深腹罐口径为20厘米。二里岗文化时期的陶器系统几乎均为伊洛-

郑州系。而深腹罐与鬲的口径大小也都显示着从二里头文化后期到二里岗上层期逐渐小型化的倾向。

11. 新郑望京楼城址

遗址位于郑州新郑市北4千米处,西邻黄水河,东邻黄水河支流黄沟水,两河在遗址东南汇合。这里是豫西山地丘陵东缘的冲积扇。1965年孟家沟村民曾发现了一批夏商时期的青铜器与玉器,1974年再次发现青铜器。1995年由河南省文物研究所实施发掘,2006年再次经郑州市文物考古研究所调查与发掘,确定这是一处总面约160多万平方米,历经二里头文化与二里岗文化时代的大型城址。特别是在二里头文化时期,这里是除了二里头遗址之外迄今发现的最大城址。二里岗文化时期城址几乎重叠在二里头文化城址之上,是仅次于郑州商城和偃师商城的第三大城址。它们相互之间的关系值得关注。

望京楼遗址二里头文化三至四期出土的陶器中绝大多数为A的伊洛系陶器,也有少量F的在地系、B的东下冯系的单耳圆腹罐、折肩罐和E的岳石系和D的漳河系陶器。但是到了二里岗文化时期后,除了AD伊洛-郑州系陶器外,仅有极少量的D系橄榄形深腹罐和细绳纹深腹罐。陶器系统的一元化倾向在二里岗文化上层期才比较明显。深腹罐与鬲的尺寸大小正如在第三章已经分析的那样,深腹罐从二里头晚期开始出现小型化与规格化的趋势,但是无论是小型化还是规格化,直到二里岗文化下层期才得以显现,二里岗上层期则非常明显。鬲则不同,在二里头晚期仅有少量发现,而且大小变异幅度大,这种状况延续到二里岗下层期。从二里岗上层期开始,鬲的大小才出现规格化倾向,但是看不到小型化的趋势。

(二)小结

以上分析了伊洛地区和郑州地区11处复合型遗址的陶器组合风格,其中除了二里头遗址、偃师商城遗址、郑州商城遗址和大师姑遗址外均为一般性聚落遗址。二里头文化三期开始出现的多系统要素构成的陶器组合,直到二里头四期在这11处遗址中均显示着共通性。然而进入二里岗文化时期后,伊洛系和伊洛-郑州系陶器占压倒性多数,成为所有11处遗址陶器构成的主体成分,呈现出陶器构成的一元化的时代特征。值得注意的是,郑州商城与偃师商城从二里岗下层期开始就呈现出陶器的一元化倾向,而其他九处遗址则在略晚的二里岗上层期才呈现,显示了在陶器一元化过程中因遗址性质不同而存在的明显的时间差异。

对 11 处复合型遗址的陶器系统、器类构成和炊煮器深腹罐、鬲口径的分析结果大致可以总结如下：首先来看陶器系统，二里头文化三期外来的岳石系、漳河系和东下冯系等陶器系统伴随着二里岗文化时期的到来呈现急剧减少趋势。而二里岗下层前期出现的伊洛-郑州系则成为这一地区各个遗址陶器构成的主体成分，显示着两个时代转变之际所发生的巨大变化。特别是二里头晚期不断增加的漳河系鬲 D、深腹盆 D 和伊洛系陶器相互融合而形成的伊洛-郑州系，显示着一个新时代的开始。这一时期原有的伊洛系和漳河系在二里岗下层前期阶段仍然存在，但是比例很少，而在后期阶段则完全消失。与此相伴随的岳石系、东下冯系也逐渐减少，呈现着伊洛-郑州系陶器组合的一元化特征。

随着这样的陶器系统比例的变化，陶器的器类构成比例也表现出明显的不同。二里头文化时期主要的炊煮器深腹罐 A2、圆腹罐 A2、鼎 A2 等在进入二里岗文化时期后，被替换为鬲 D、AD、斝 A、甗 AD 等器类，后者成为新时代的主要炊煮器。而如果关注两个时代炊煮器深腹罐与鬲的口径法量，则不仅口径与器高显示了小型化趋势，在进入二里岗文化之后，伴随着这种小型化的进展，炊煮器的规格化倾向特征也开始显著化。

二、河南省北部和河北省南部地区

迄今为止，河南北部地区共发现了二里头文化时期的遗址 50 余处，但是二里岗文化时期的遗址很少，其分布状况也不明确。在辉县琉璃阁、新乡潞王坟、河北南部的曹演庄、下潘王、界段营等地，属于二里岗上层期、白家庄期的遗址多有发现，并在辉县诸邱、新乡南朱村等出土了大约同时期的青铜器。但是属于二里岗下层期的考古资料在编年、分布状况以及与郑州商城的关系方面很不明确。近年来，焦作府城遗址和辉县孟庄遗址、宋窑遗址和李大召遗址、新乡杨村遗址等的发掘为这一地区的研究提供了丰富的资料。这里首先以这些复合型遗址的资料为主进行编年分析。

（一）遗址资料分析

针对河南省北部的二里岗文化编年共有两种意见。张立东以辉县宋窑遗址资料为主对这一地区的年代进行了分析，将其分为五期。一期以琉璃阁 H1 为代表，相当于二里岗下层前期或略早；二期以琉璃阁 M203 为代表，相当于二里岗下层后段；三期以琉璃阁 M110、潞王坟上层为代表，相当于二里岗上层前期；

四期以南朱村 M2 为代表,相当于二里岗上层期;五期以琉璃阁 M158 为代表,相当于二里岗上层后期。而张新斌则将二里岗文化分为三期,分别相当于张立东的一期到三期。这里以张立东分期为基础,参考孟庄和府城遗址的资料将河南北部地区二里头晚期到二里岗文化分为四期,即二里头晚期、二里岗下层期、二里岗上层期和较晚的白家庄期。

这里首先依据以上编年从陶器系统、器类构成和炊煮器的三个方面对复合型遗址的孟庄遗址、府城遗址、李大召遗址进行分析。

1. 孟庄遗址

遗址位于卫河形成的冲积平原,总面积约 25 万平方米。这是一处由新石器时代、二里头文化、二里岗文化和殷墟文化构成的复合型遗址,并发现了龙山文化和二里头文化时期的城址[①],以及二里岗文化陪葬青铜器的墓葬 25 座。根据发掘结果,通过对属于二里头文化三期的 H301、H44、H23 出土的陶器组合分析,发现这里共包含五类陶器系统,其中辉卫系占 20%,东太堡系占 15%,与此相对,伊洛系则占 51.7%,大幅超越在地的辉卫系成为本遗址的主要陶器构成。而漳河系仅占 8.3%,岳石系占 5.0%。

属于二里头文化四期的 H77、H68、J2、J4 出土的陶器系统分析结果显示,前期占比较低的漳河系增加到 23.5%,辉卫系也增加到 26.5%。而前期占绝对优势的伊洛系则大幅减少为 26.5%,东太堡系占 17.6%。进入二里岗下层期后,T128H77、T149H36、T5H64 出土的陶器组合分析结果显示,鬲 AD、深腹罐 A2、捏口罐 A1、大口尊 A2、缸 A2、深腹盆 A2、AD、D、豆 A1、A2、AD、瓮 A3、A4、器盖 A 等器类为主体要素,但是鬲 B2、甗 B、深腹盆 D、绳纹平底盆 C、刻槽盆 A3、鼎 A2、甑 A3 等二里头文化常见的器类仍然存在。就陶器系统来看,伊洛系和伊洛-郑州系占全体陶器的 73.0%,在地系仅占 27.0%。二里岗上层期对 20 区 T48J1、J3、H23、H37 等遗迹出土的陶器组合进行分析,其结果显示这一时期的陶器系统构成几乎全部是伊洛系和伊洛-郑州系,而鬲 B2、绳纹平底盆 C、豆 D 等仍然有少量存在。前者的比例占到 90.0%,而后者的在地系和其他诸系统仅占 10.0%。

其次分析陶器器类构成比。二里头三期圆腹罐 A2 的比例最高,占全体陶

[①] 赵新平、范永禄:《河南辉县孟庄遗址夏代墓葬及其相关问题》,载山东大学东方文明研究中心编著:《东方考古》第 4 集,科学出版社 2008 年版;秦小丽:《豫北地区二里头时代的地域间关系——以陶器资料分析为中心》,《华夏考古》2008 年第 4 期。

器的 6.7%,而四期减少到 2.9%,到了二里岗下层期则很少见到。深腹罐 A2 的比例在二里头三、四期为 3.3%～5.9%,而二里岗文化时期则减少为1.3%～3.0%。另一方面,鬲在二里头三期仅占 9.9%,四期大幅增加到 17.6%,二里岗下层期则占 21.2%,上层期进一步增加为 23.4%。深腹盆 A2 在二里头三期占 5.0%,四期减少为 2.9%,但是进入二里岗下层期后又急剧增加到 13.6%,其中

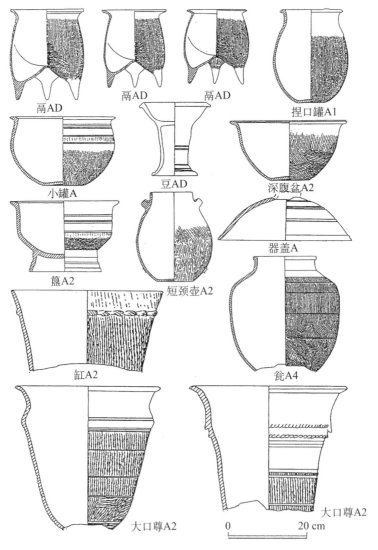

图 5-9 孟庄遗址的陶器系统

深腹盆 AD 的数量较多,上层期占 14.3%,随着时代的变迁不断增加。二里头文化时期豆的形态较复杂,二里头晚期豆 D 的比例在 2.9%~3.3% 之间,二里岗文化下层时期新出现豆 AD,其比例为 3.0% 左右,没有太大的变化。上层略增加到 5.2%。大口尊 A2 在二里头晚期占 2.9%~3.3% 的比例,到了二里岗文化时期突然增加到 7.6%~9.1%。平底盆 A 是二里头文化常见的器类,但是在二里岗文化时期则很少见到。孟庄遗址中二里岗文化一直都有较多的平底盆,不过这里的平底盆均有绳纹,是在地的辉卫系陶器的特征。从比例来看二里头、二里岗期基本相同,均在 5.8%~6.1% 之间,变化不大。其他二里头文化的常见器类,如鼎、甗、刻槽盆、圆腹罐等则完全消失。此外,小口尊 A1、A2,鬲 A,缸 A2 等二里岗文化时期新出现的器类是两文化之间转变的特征之一。

最后分析炊煮器深腹罐 A2 和鬲 AD 的口径法量。首先分析深腹罐的口径,二里头晚期共计测到四件深腹罐,其口径的平均值是 21.2 厘米,标准偏差值在 28.2 厘米~29.8 厘米之间。器高的平均值为 29.1 厘米,标准偏差值在

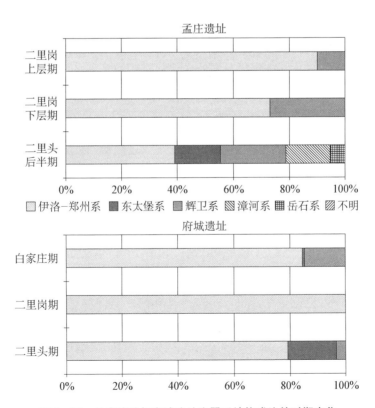

图 5-10　孟庄遗址与府城遗址陶器系统构成比的时期变化

28.2厘米~29.8厘米之间。二里岗文化仅有三件罐,其口径平均值为17.6厘米,小于二里头文化的深腹罐,标准偏差值在17厘米~18.9厘米之间,比前期大幅缩小。虽然可用于计测的完整深腹罐的资料有限,但是我们仍然可以从中窥探到两时代之间深腹罐口径逐渐规格化的过程。再来观察另一件炊煮器鬲的口径与器高的法量。孟庄遗址二里头晚期共有12件鬲可以计测,它们的口径平均值是15.2厘米,标准偏差值在10.5厘米~18.8厘米之间,不仅变异幅度大,而且鬲的形态也多种多样。但是鬲的器高平均值17.4厘米和标准偏差值15.6厘米~23.2厘米显示其变异幅度小于口径。二里岗下层期有16件标本得以计测,它们的口径平均值是16.4厘米,标准偏差值在14厘米~18.1厘米之间,器高的平均值是20.2厘米,标准偏差值在18厘米~22厘米之间,与二里头时期相比,变异幅度大幅缩小,但是口径还略大。二里岗上层期可计测的鬲标本有16件,其口径的平均值为15.6厘米,标准偏差值在14厘米~18.3厘米之间。器高的平均值为18.8厘米,标准偏差值在16.5厘米~21.6厘米之间。口径较前期变小,而变异幅度与前期几乎相同。以上分析显示,鬲的法量与深腹罐一样均呈现着小型化与规格化的变化倾向。

以上从陶器组合风格,器类构成比例和炊煮器法量三方面进行了分析。其结果显示,二里头三期的陶器系统仍然以伊洛系陶器为主体,而进入四期后在地系陶器占多数,成为其主体构成,但是其他外来系不仅存在,而且器类丰富。到了二里岗文化时期后,陶器系统则完全由伊洛系和伊洛-郑州系构成,显示了陶器系统一元化过程的完成。陶器的器类不仅减少,而且炊煮器也由罐转变为鬲,并随着时代的变迁逐渐小型化和规格化。

表 5-6 孟庄遗址出土陶器的组成与系统

系统	器种	下层期		上层期	
		数量	比例	数量	比例
伊洛系+伊洛郑州系	深腹罐 A2	2	3.0%	1	1.3%
	捏口罐 A1	5	7.6%	9	11.7%
	大口尊 A2	5	7.6%	7	9.1%
	平底盆 A	2	3.0%	2	2.6%
	甑 A	1	1.5%		
	缸 A2	1	1.5%	2	2.6%

续表

系统	器种	下层期 数量	下层期 比例	上层期 数量	上层期 比例
伊洛系+伊洛+郑州系	瓮A3	1	1.5%		
	瓮A4	3	4.5%	3	3.9%
	刻槽盆A3	1	1.5%		
	簋A2			6	7.8%
	小口尊A2			2	2.6%
	短颈壶A2			1	1.3%
	杯A2			2	2.6%
	鬲AD	14	21.2%	18	23.4%
	深腹盆AD	9	13.6%	11	14.3%
	豆AD	2	3.0%	4	5.2%
	器盖AD	2	3.0%	1	1.3%
	小计	48	73%	69	90%
在地系	鬲C	7	10.6%	2	2.6%
	折腹盆C	4	6.1%	2	2.6%
	平底盆C	4	6.1%	2	2.6%
	鼎C	2	3.0%		
	豆C	1	1.5%	1	1.3%
	小盆C			1	1.3%
	小计	18	27%	8	10%
	合计	66	100%	77	100%

2. 府城遗址

遗址位于焦作市西南府城村的台地上，北部15千米处有太行山，南部20千米处有沁河从西北向东南流过，是一处面积仅10万平方米的二里岗文化时期的城址。① 遗址由二里头、二里岗、西周时代和汉代构成。二里头文化晚期有三座

---

① 张锟：《府城商城建置原因考》，《中国历史文物》2005年第6期；秦小丽：《河南焦作府城遗址陶器研究——对二里头、二里岗文化陶器数量分析的尝试》，《考古与文物》2009年第1期。

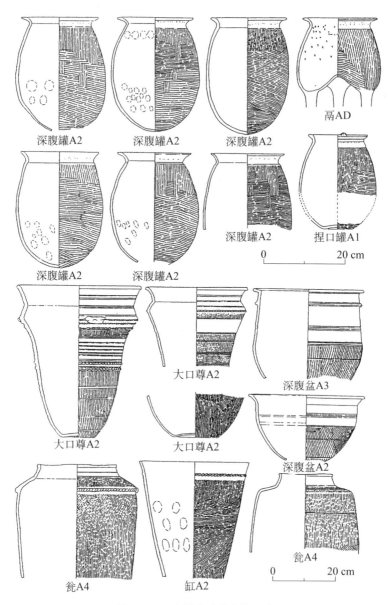

图 5-11 府城遗址的陶器系统

建筑基址和 18 座灰坑,其中出土的陶器组合显示,这里共包含三个不同的陶器系统。它们分别为深腹罐 A2、捏口罐 A1、圆腹罐 A1、大口尊 A2、带耳深腹盆 A1、甑 A2、鬶 A、鼎 A2 等典型的伊洛系陶器,占 55.6%,而蛋形瓮 B、甗 B、鬲 B2 等东太堡系占 22.6%,其他绳纹平底盆 C、小盆 C、绳纹平口瓮等在地的辉卫系陶器占 21.8%。进入二里岗文化之后，府城遗址在筑造城址的同时还营造了两座大型宫殿基址。属于二里岗下层前期的 H59 的陶器组合显示，这一时期的陶器有深腹罐 A2、鬲 AD、大口尊 A2、深腹盆 A2 与 AD、瓮 A3 与 A4、豆 AD、甑 A3、缸 A2 等伊洛系和伊洛-郑州系的典型陶器，占全体陶器的 90.9%，在地系陶器仅占 9.3%，东太堡系则完全消失。二里岗文化下层后期到二里岗上层前期没有遗迹出现，呈现缺环。白家庄期共发现 11 座灰坑，其中出土的陶器显示其陶器构成为伊洛系和伊洛-郑州系陶器，其比例为 97.0%，在地系仅占 3.0%。府城遗址从二里头到二里岗时期的陶器分析也显示了由多系统到单一系统的转变以及二里岗文化陶器一元化的时代特征。

再来观察陶器器种构成的时代变化。府城遗址各个时期均有的深腹罐在二里头晚期占 28.7%，到了二里岗下层期增加到 37.0%，但是进入二里岗上层期之后则大幅减少到仅占 7.6%。而鬲的比例在二里头晚期为 4.5%，二里岗下层期略增加为 11.1%，到了二里岗上层晚期的白家庄期则大幅增加到 25.8%。随之各个时代的炊煮器也从占全体陶器的 1/3 到占 1/2，并随着时代的变迁从深腹罐向鬲转变。而大口尊 A2 在二里头时代仅占 0.6%，二里岗下层期增加为 9.3%，上层期为 13.1%，显示着随时代变迁逐渐增加的趋势。相反深腹盆 D 在二里头期占 11.5%，二里岗下层期深腹盆 D 和 AD 合占 9.3%，二里岗上层期则占 8.1%，略呈减少趋势。深腹盆 A2 从二里头晚期到二里岗上层期的比例大致稳定在 11.4%～11.8%之间。因此就整个陶器器类的比例而言，深腹罐 A2、平底盆 A、有颈罐 A1、蛋形瓮 B、绳纹平口瓮 C 等呈减少趋势，而鬲 D、豆 AD、大口尊 A2、捏口罐 A1、缸 A2 等则呈现逐渐增加的趋势。

表 5-7 府城遗址出土陶器的组成与系统

系统	器种	二里头后半期	二里岗下层期	白家庄期
		比例	比例	比例
伊洛系＋伊洛郑州系	深腹罐 A2	28.7%	37.0%	7.6%
	大口尊 A2	6.0%	9.3%	13.1%
	捏口罐 A1	3.3%	7.4%	3.0%
	深腹盆 A2	11.8%	11.0%	11.4%
	平底盆 A	1.2%		1.1%
	器盖 A	0.6%		0.4%

续表

系统	器种	二里头后半期 比例	二里岗下层期 比例	白家庄期 比例
伊洛系＋伊洛郑州系	瓮 A3	0.4%	4.1%	6.8%
	甗 A3	0.3%	1.9%	0.4%
	缸 A2	0.3%	1.9%	0.8%
	有颈罐 A1	0.9%		4.2%
	鼎 A2	0.3%		
	短颈壶 A2	0.3%		3.5%
	深腹盆 AD		9.3%	8.1%
	豆 AD	1.5%	1.9%	5.5%
	鬲 AD		11.0%	25.8%
	甗 AD			0.8%
	小计	55.6%	94.8%	92.5%
辉卫系	有肩盆	11.5%	5.2%	2.5%
	小口瓮	7.9%		4.2%
	瓮 C	1.5%		
	器盖	0.6%		
	杯	0.3%		
	小计	21.8%	5.2%	6.7%
东太堡系	卵形瓮	14.2%		
	甗 B2	3.3%		0.8%
	鼎	0.6%		
	鬲 B2	4.5%		
	小计	22.6%	0.0%	0.8%
	合计	100%	100%	100%

最后讨论炊煮器深腹罐 A2 和鬲的法量。二里头晚期 110 件深腹罐口径的平均值为 21.3 厘米，标准偏差值在 16.5 厘米～26.1 厘米之间，变异幅度很大。二里岗下层期的 18 件深腹罐的口径平均值为 18.1 厘米，标准偏差值在 17.2 厘米～19.0 厘米之间，与前期相比，在小型化的同时也显示着规格化的进程。对

二里岗上层期15件深腹罐的计测显示其口径的平均值为17.6厘米,标准偏差值在15.8厘米~19.6厘米之间,与二里岗下层期基本相同。在从深腹罐的器高来看,二里头晚期可计测器高的仅两件罐,它们的器高分别为30.5厘米和30厘米。二里岗下层有七件可计测器高的陶器,其器高的平均值为26.9厘米,标准偏差值在26.2厘米~27.6厘米之间,和口径一样显示出规格化倾向,与二里头晚期相比也显出小型化趋势。二里岗上层晚期没有可计测器高的标本。

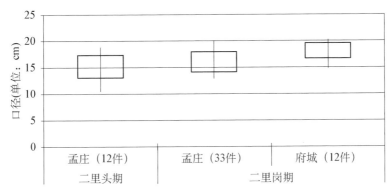

图5-12 孟庄遗址和府城遗址的鬲口径分布

府城遗址二里头晚期仅有鬲的残片,不能计测。二里岗下层期仅有一件完整鬲,它的口径为18.1厘米。二里岗上层晚期的白家庄期则有12件鬲可以计

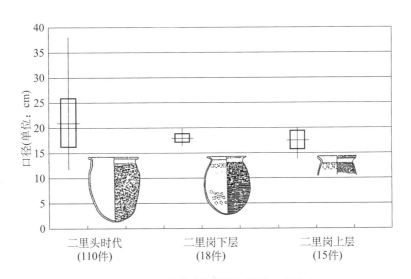

图5-13 府城遗址炊煮器深腹罐口径分布

测,其口径的平均值是 18.1 厘米,标准偏差值在 14.8 厘米~20.2 厘米之间。器高的平均值为 21.5 厘米,标准偏差值在 18 厘米~23.4 厘米之间。虽然府城遗址各期之间高的口径不能比较,但是仅就二里岗上层期的计测值与孟庄遗址的比较,也显示了非常接近的数值。

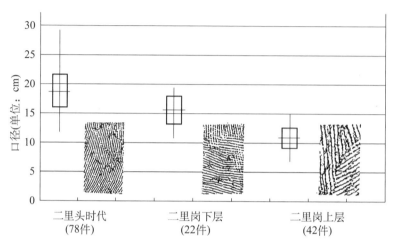

图 5-14 府城遗址绳纹条数的时期变化

3. 李大召遗址①

遗址位于河南省新乡市西部的大召营镇李大召村北的台地上,面积约 20 万平方米。2002 年经郑州大学考古专业发掘,明确本遗址由龙山文化、二里头文化、二里岗文化和殷墟文化、汉代文化构成,其中以龙山文化最丰富。在属于二里头文化和二里岗文化的遗迹中出土了丰富的陶器资料。② 从属于二里头文化的灰坑中出土的陶器有深腹罐、圆腹罐、花边罐、小口罐、大口尊、鬲、敛口瓮、甑、蛋形瓮、大口缸、捏口罐、深腹盆、平底盆、器盖、甗等,其中大部分为伊洛系,占陶器总量的 93.3%,蛋形瓮等东太堡系占 6.7%。再根据对二里岗十个灰坑出土陶器组合的统计,这一时期的陶器由深腹罐、捏口罐、圆腹罐、敛口瓮、大口尊、深腹盆、平底盆、大口缸、甗、鬲、簋、甑、器盖、豆、蛋形瓮、高领瓮、筒形罐、钵、碗等组成。其中 95.6%属于伊洛-郑州系,蛋形瓮等东太堡系占 2.4%,筒形罐、碗、盂等在地系占 2.0%。从二里头晚期到二里岗文化,陶器系统没有太大的变化,

---

① 韩国河、赵海洲编著:《新乡李大召:仰韶文化至汉代遗址发掘报告》,科学出版社 2006 年版。
② 郑州大学历史学院考古专业:《河南省新乡李大召遗址发掘报告》,科学出版社 2006 年版。

但是若从器类来分析,可以发现这里从二里头文化晚期开始就有大量鬲,其比例占到7.2%,比二里岗文化时期的6.7%还要多,而东太堡系在二里头晚期占6.7%,二里岗文化时期则减少到2.4%,是这个遗址中两时代之间的一个变化。再来分析器类构成比,无论是二里头文化时期还是二里岗文化时期,深腹盆的比例都最高,大约分别占到11.5%和13.5%,其次是鬲,分别占7.2%和6.7%,二里头时期的深腹罐占4.3%,而二里岗时期仅占2.4%,呈现减少趋势。相反,二里头时期圆腹罐、花边罐分别占5.3%和3.8%,比例较高,到了二里岗时期花边罐消失,圆腹罐仅占2.4%。东太堡系的蛋形瓮也呈现减少趋势,比例从二里头时期的3.8%下降到二里岗时期的1.0%,其他器类的比例则介于0.5%~2.9%之间。位于豫北南部的李大召遗址从二里头晚期开始就有大量鬲的存在,这一点与辉县孟庄遗址相似。

（二）小结

河南省北部三处复合型遗址的陶器组合风格分析结果,显示着与郑州、洛阳地区相同的变化趋势。二里头文化时期,豫北地区发现了50余处遗址,而到了二里岗文化时期仅发现十余处。在遗址减少的同时,陶器组合的系统构成也发生变化。二里头文化时期常见的辉卫系、漳河系、东太堡系、岳石系等外来系陶器混杂的状况比较普遍,陶器组合显示多种因素构成。但是进入二里岗文化时期后,伊洛系和伊洛-郑州系陶器在两处遗址中均占到80%前后,分别成为两处遗址的陶器主体构成。与此同时其他外来系陶器则急剧减少。特别是二里岗上层期虽然仍有少量外来系陶器,但是整个陶器组合呈现出伊洛系和伊洛-郑州系陶器的一元化状况。在器类构成方面,二里头时期的炊煮器深腹罐A2、甗B被二里岗时期新出现的鬲AD和甗A所替代,后者成为这一时期的主要炊煮器。孟庄遗址在二里头四期则已经完成了从深腹罐到鬲的转变过程。而府城遗址直到二里岗下层前期仍然呈现深腹罐多于鬲的状况,显示两个遗址之间存在差异。这可能与两个遗址所在的地理位置有关。再从炊煮器深腹罐与鬲的法量来看,深腹罐A2从二里头晚期开始小型化并呈现规格化的变化趋势,到了二里岗文化时期,口径与器高都显示着明显的规格化倾向。而鬲在二里头文化晚期口径与器高的变异幅度都比较大,进入二里岗文化时期后,虽然小型化的趋势并不显著,但是可以观察到明确的规格化倾向。因此以上分析显示,豫北地区从二里头文化到二里岗文化的转变过程与郑州、洛阳地区大致相同,但是在一些遗址中深腹罐与鬲的交替存在时间上的差异。

三、山西省西南地区

晋西南地区的二里头文化时期共发现了 50 余处遗址,二里岗文化时期的遗址仅确认有 15 余处,但是却在夏县东下冯遗址和垣曲商城遗址内不仅发现了城墙和环壕,还发掘出土了随葬青铜器的墓葬。从二里头文化到二里岗文化聚落分布发生的变化曾经引起许多学者的关注,并对它们与郑州商城之间的关系以及聚落的空间构成进行了研究。这里也将在注目这种关系的同时,重点关注其在陶器组合等因素方面的动态变化。首先分析东下冯、垣曲商城、绛县柳庄和商洛东龙山四处二里头与二里岗文化的复合型遗址。

(一) 遗址资料分析

晋西南地区的陶器编年比较成熟,与郑州地区的对应关系也很清楚。这里仅从二里头文化晚期开始分析,其涉及的编年大致有四个阶段,即二里头三期、二里头四期、二里岗下层期、二里岗上层期。

1. 垣曲商城

遗址位于垣曲县古城镇南关,中条山从西、东、北三面将古城镇围成一个盆地,垣曲商城就处于这个盆地的中心部。南部是著名的黄河,遗址就位于两条流入黄河的河流形成的台地上。[①] 二里头晚期发现灰坑 67 座、墓葬一座和住址一座。其中出土的陶器除了系统不明者之外大致有三个系统,即在地系、伊洛系和东太堡系。观察属于二里头晚期的 H153、H291、H319、G16 出土的陶器,圆腹罐 B1 与 B2、小罐 B、折肩罐 B、小口罐 B、盘 B 等在地系陶器占全体陶器的 15.6%,而深腹罐 A2、圆腹罐 A2、鼎 A2、大口尊 A2、捏口罐 A1、缸 A2、刻槽盆 A3、深腹盆 A2、爵 A、盉 A 等伊洛系陶器占全体陶器的 80.2%,鬲 B2、甗 A2、蛋形瓮 B2、斝 B2、豆 B2 等东太堡系仅占 4.2%,漳河系陶器则没有发现。伊洛系陶器占绝对多数这一点与东下冯遗址相同,但是同类陶器不仅是形态而且从制作方法上也与伊洛郑州地区相似这一点,则显示着其与东下冯遗址的差异。二里岗下层期的遗迹有灰坑 64 座、住址三座和陶窑四座以及祭祀坑与墓葬 13 座。这些遗迹出土的陶器中在地系的小罐 B、小口罐 B、斜腹罐 B 等占全体陶器的

[①] 中国历史博物馆考古部、山西省考古研究所、垣曲县博物馆:《垣曲商城——1985—1986 年勘察报告》,科学出版社 1996 年版。

5.3%，东太堡系的蛋形瓮 B2 等仅占 0.6%，其他均为伊洛系和伊洛-郑州系陶器，其比例为 94.1%。二里岗上层期有灰坑 24 座、墓葬四座、陶窑四座等，出土陶器除了小罐 B、折肩罐 B 和小口罐 B 占 2.7% 之外，均为伊洛系和伊洛-郑州系陶器，其比例为 97.0%。

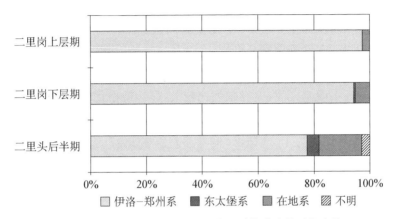

图 5-15　垣曲商城遗址出土陶器系统构成比的时期变化

　　再来分析陶器的器类构成比例。二里头文化晚期共有 27 种器类，其中深腹罐 A2 最多，占全体陶器的 22.4%，其次是圆腹罐 A2 所占的 16.2% 和大口尊 A2 的 13.3%，折肩罐 B 占 4.2%，深腹盆 A2 占 5.3%，其他器类的占有比例在 0.4%～4.2% 之间。鬲 B2 仅占 0.8%。炊煮器为深腹罐 A2、圆腹罐 B1 与 B2 以及鼎 B。二里岗文化下层期前期很少的鬲 AD 突然大幅增加为 25.3%，使主要炊煮器从罐类转变为鬲类。这里的鬲 AD 与二里头时期多见的鬲 B 不同，而是郑州、洛阳地区常见的束颈卷沿鬲。深腹罐 A2 减少到 12.9%，圆腹罐 A2 仅占 0.6%。大口尊 A2 与深腹盆 A2 的比例变化不大，但是器物形态发生明显的变化。缸 A2、豆 AD、短颈壶 A2 有所增加，并新出现了斝 A、小口尊 A1 等器类。到了二里岗上层期，器类构成与前期相比变化不大，只是鬲 AD 所占比例达到 33.1%，而大口尊 A2 则减少到 3.4%。深腹罐 A2、豆 AD、深腹盆 A2 的比例分别为 16.8%、7.4% 和 8.8%，略显增加。斝 A 与前期相同。豆则从二里头时期的喇叭形高柄变为低柄带弦纹的豆 AD。

　　最后是对深腹罐 A2 和鬲的法量分析。垣曲商城二里头时期深腹罐 A2 有 16 件标本可用于计测，其口径的平均值是 20.8 厘米，标准偏差值在 18.8 厘米～22.9 厘米之间，器高的平均值是 25.2 厘米，标准偏差值在 20.4 厘米～28.5

厘米之间。二里岗下层期七件标本的计测结果显示,其口径的平均值为20.5厘米,标准偏差值在18.9厘米～22.1厘米之间,与前期相比略显小型化。二里岗上层期九件标准的口径平均值为19.1厘米,标准偏差值在18.5厘米～19.7厘米之间,口径与变异幅度都比前期更小和规格化。因此,垣曲商城深腹罐的口径与郑州、洛阳地区一样,小型化的同时也在不断规格化。

再来观察鬲的法量。二里头时期仅有两件鬲,难以取得客观的平均值。二里岗下层期则有25件可计测鬲标本。它们的口径平均值为19.8厘米,标准偏差值在13.4厘米～26.2厘米之间。器高的平均值为26.9厘米,标准偏差值在16.6厘米～37.1厘米之间,变异幅度比较大,显示规格化程度很低。到了二里岗上层期,其口径的平均值为17.2厘米,标准偏差值在15.0厘米～19.4厘米之间。器高的平均值为18.5厘米,标准偏差值在14.7厘米～22.2厘米之间。口径与器高数值不仅开始变小,同时其变异幅度也缩小,与深腹罐A2一样呈现出高度的小型化和规格化的倾向。

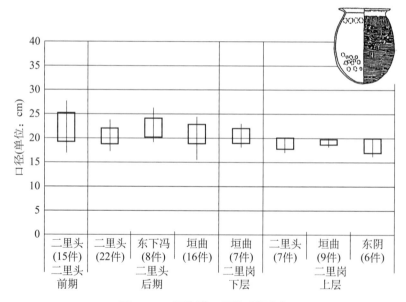

图5-16 深腹罐口径的时期变化

可以说垣曲商城的陶器组合,在陶器系统、器类构成比例和炊煮器法量三个方面都显示着陶器系统的一元化倾向、器类构成的交替和炊煮器的小型化和规格化趋势。

表 5-8 垣曲商城遗址出土陶器组成与系统

系统	器种	二里头后半期 数量	二里头后半期 比例	系统	二里岗下层期 数量	二里岗下层期 比例	二里岗上层期 数量	二里岗上层期 比例
伊洛系	大口罐 A			伊洛系+伊洛-郑州系	5	2.9%		0.0%
	簋 A2				3	1.8%	5	3.4%
	小盆 A						4	2.7%
	深腹罐 A2	59	22.4%		22	12.9%	25	16.9%
	圆腹罐 A3	44	16.7%		1	0.6%		0.0%
	大口尊 A2	35	13.3%		21	12.4%	5	3.4%
	瓮 A4	16	6.1%		10	5.9%	11	7.4%
	深腹盆 A2	14	5.3%		15	8.8%	13	8.8%
	甑 A3	8	3.0%		4	2.4%		0.0%
	有颈罐 A1	12	4.6%				1	0.7%
	器盖 A	5	1.9%		7	4.1%		0.0%
	豆 A1	4	1.5%					0.0%
	平底盆 A	3	1.1%				2	1.4%
	鼎 A2	2	0.8%		1	0.6%	1	0.7%
	缸 A2	2	0.8%		5	2.9%	1	0.7%
	刻槽盆 A3	2	0.8%		2	1.2%	3	2.0%
	爵 A	2	0.8%				1	0.7%
	盉 A	1	0.4%					
	捏口罐 A	1	0.4%					
	瓮 A3	1	0.4%		1	0.6%	1	0.7%
	杯 A2				1	0.6%		
	小口尊 A1				1	0.6%		
	短颈壶 A2				2	1.2%		
	鬲 AD				43	25.3%	49	33.1%
	豆 AD				6	3.5%	11	7.4%
	甗 AD				5	2.9%	1	0.7%
	深腹盆 AD				5	2.9%	10	6.8%
	小计	211	80.2%		160	94.1%	144	97.3%

续表

系统	器种	二里头后半期 数量	二里头后半期 比例	系统	二里岗下层期 数量	二里岗下层期 比例	二里岗上层期 数量	二里岗上层期 比例
在地系	深腹盆 B1	11	4.2%	在地系	2	1.2%		
在地系	小口罐 B1	7	2.7%	在地系	5	2.9%	3	2.0%
在地系	圆腹罐 B1	7	2.7%	在地系				
在地系	折肩罐 B1	6	2.3%	在地系				
在地系	小杯 B1	5	1.9%	在地系				
在地系	盘 B1	2	0.8%	在地系				
在地系	小罐 B1	2	0.8%	在地系	2	1.2%	1	0.7%
在地系	碗 B1	1	0.4%	在地系				
在地系	小计	41	15.6%	在地系	9	5.3%	4	2.7%
东太堡系	甗 B2	4	1.5%	东太堡系				
东太堡系	卵形瓮	3	1.1%	东太堡系	1	0.6%		
东太堡系	斝 B2	2	0.8%	东太堡系				
东太堡系	鬲 B2	2	0.8%	东太堡系				
东太堡系	小计	11	4.2%	东太堡系	1	0.6%		
	合计	263	100%		170	100%	148	100%

2. 东下冯遗址

遗址位于夏县东下冯村东北部的青龙河南北两岸的台地上。东面有南北向的中条山,西北部有低丘陵的鸣条岗。遗址总面积约 25 万平方米,由龙山文化、二里头文化和二里岗文化的地层堆积构成①,共发掘了住址、灰坑,其他还有陶窑、水井、仓库建筑等遗迹现象。这些遗迹出土的陶器大致可以区分为六期,其中前四期为二里头文化,后两期属于二里岗文化。这些遗迹出土陶器组合显示有四个系统的陶器存在。在属于三期的 H15、H413、H535 的陶器组合中,在地系占 41.8%,伊洛系陶器占 44.5%,东太堡系占 14.7%,而漳河系仅有少量。二里头四期的遗迹有住址 12 座、灰坑 33 座、墓葬等 22 座。这些遗迹出土的陶

---

① 中国社会科学院考古研究所、中国历史博物馆、山西省考古研究所:《夏县东下冯》,文物出版社 1988 年版。

器组合与三期相同,有四个系统。在地系占 27.4%,比前期大幅减少,而伊洛系包括新出现的鬲 D 在内比例高达 56.8%,此外属于东太堡系的鬲 B2 等占 15.8%,漳河系仍然较少。

到了二里岗下层期,遗址开始筑造城壁,同时在城内还发现了 40 余座圆形仓库建筑、25 座墓葬和祭祀遗迹等。其中出土的陶器系统中,伊洛系和伊洛-郑州系占 82.5%,在地系的圆腹罐 B1 与 B2、折肩罐 B、小口罐 B、小罐 B、盘 B 等仅占 8.4%,而东太堡系的蛋形瓮 B2 和斝 B2 等占 9.1%。二里岗上层期的 13 座灰坑和八座墓葬出土的陶器 91.9% 为伊洛系和伊洛-郑州系陶器,东太堡系仅占 2.2%,在地系占 5.9%。

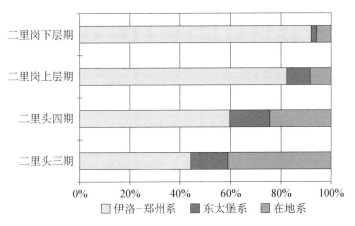

图 5‐17 东下冯遗址出土陶器系统构成比的时期变化

再来分析陶器器类的构成比例。二里头三期有 30 余种器类,其中圆腹罐 B1 占 21.0%,折肩罐 B 占 7.4%,小口罐 B 占 4.8%,甗 B2 和蛋形瓮 B2 各占 8.9% 和 4.1%。而大口尊 A2、瓮 A3、深腹盆 A2、深腹罐 A2 的比例分别为 5.9%、7.4%、12.5%、3.3%。其他器类则在 3.4%~5.9% 之间。这里与垣曲商城不同的是炊煮器以在地系的圆腹罐 B1 和甗 B2 最多,其次为深腹罐 A2,但是陶器系统的比例却是伊洛系占绝对多数。

二里头四期的器类构成与三期基本相同,但是鬲 D 的急剧增加比较显著。前期仅占 0.6% 的鬲到这一期增加到 6.3%。这一时期还出现了甗 A,其比例占到 6.1%,而甗 B2 则减少到 3.0%。深腹罐 A2、大口尊 A2 和缸 A2 的比例均比前期更高。但是前期较多的圆腹罐 B1、折肩罐 B、深腹盆 A2 等则呈现减少倾向。蛋形瓮 B2 占 8.4%,高于前期,其他器类基本与前期相同。

二里岗下层期共有 25 类器类,其中比例最高的是鬲 AD 的 22.7%,甗 A 和大口尊分别占 6.2% 和 11.4%,变化不大。簋、爵和盉消失。圆腹罐 B1 与 B2、鼎 B、折肩罐 B 仅有少量,蛋形瓮 B2 也减少到 4.9%。

二里岗上层期共有 25 种器类,其中鬲 AD 比例最高,占到 30.6%,大口尊 A2 占 11.0%,瓮 A3 占 3.7%。甗 B2 和蛋形瓮 B2 各减少到 0.4% 和 1.8%。圆腹罐 B1 与 B2、折肩罐 B 等几乎见不到。豆 A1、短颈壶 A1、深腹盆 A2、大口罐 A 的比例相对较高,分别占 3.3%、4.2%、8.8% 和 8.4%,成为这一时期陶器构成的主体因素。

表 5‐9 东下冯遗址出土陶器组成与系统

系统	器种	二里头三期 数量	二里头三期 比例	二里头四期 数量	二里头四期 比例	系统	二里岗下层期 数量	二里岗下层期 比例	二里岗上层期 数量	二里岗上层期 比例
伊洛系	簋 A2					伊洛系+伊洛-郑州系	2	0.6%	3	0.7%
	斝 A						4	1.3%	5	1.1%
	小盆 A						1	0.3%		
	深腹盆 A2	34	12.5%	26	6.0%		30	9.7%	40	8.8%
	瓮 A3	20	7.4%	14	3.2%		8	2.6%	17	3.7%
	大型尊 A2	16	5.9%	52	12.1%		35	11.4%	50	11.0%
	深腹罐 A2	9	3.3%	18	4.2%		11	3.6%	2	0.4%
	器盖 A	9	3.3%	10	2.3%		5	1.6%	15	3.3%
	小口尊 A1	7	2.6%	10	2.3%		1	0.3%		
	豆 A1	5	1.8%	8	1.9%					
	有颈罐 A1	4	1.5%	6	1.4%		6	1.9%	4	0.9%
	短颈壶 A2	4	1.5%	5	1.2%		2	0.6%	19	4.2%
	捏口罐 A1	4	1.5%	2	0.5%		6	1.9%	8	1.8%
	瓮 A4	2	0.7%	13	3.0%		17	5.5%	20	4.4%
	缸 A2	2	0.7%	9	2.1%		9	2.9%	5	1.1%
	鼎 A2	1	0.4%	3	0.7%		1	0.3%	3	0.7%
	爵 A	1	0.4%	1	0.2%					
	甗 A3	1	0.4%				2	0.6%	1	0.2%
	盉 A	1	0.4%				1	0.3%		
	杯 A2	1	0.4%							

续表

系统	器种	二里头三期 数量	二里头三期 比例	二里头四期 数量	二里头四期 比例	系统	二里岗下层期 数量	二里岗下层期 比例	二里岗上层期 数量	二里岗上层期 比例
	平底盆 A			2	0.5%		2	0.6%	15	3.3%
	鬲 AD			27	6.3%		70	22.7%	139	30.6%
	甗 AD			39	9.0%		19	6.2%	18	4.0%
	大口罐 A						16	5.2%	38	8.4%
	豆 AD						6	1.9%	15	3.3%
	小计	121	44.5%	245	56.8%		254	82.5%	417	91.9%
在地系	圆腹罐 B1	57	21.0%	37	8.6%	在地系	5	1.6%	9	2.0%
	折肩罐	20	7.4%	23	5.3%			0.0%	2	0.4%
	小口罐	13	4.8%	23	5.3%		6	1.9%	6	1.3%
	器盖	7	2.6%	5	1.2%		2	0.6%	3	0.7%
	圆腹罐 B2	6	2.2%	13	3.0%		4	1.3%		
	杯	3	1.1%	1	0.2%				1	0.2%
	盘	2	0.7%	1	0.2%				1	0.2%
	鬲 B1	1	0.4%	5	1.2%					
	钵	1	0.4%	3	0.7%		3	1.0%		
	器座	1	0.4%							
	盂			4	0.9%		1	0.3%		
	小罐			3	0.7%		5	1.6%	5	1.1%
	小计	111	40.8%	118	27.4%		26	8.4%	27	5.9%
东太堡系	甗 B2	24	8.8%	13	3.0%	东太堡系	11	3.6%	2	0.4%
	卵形瓮	11	4.0%	36	8.4%		15	4.9%	8	1.8%
	斝 B2	4	1.5%	6	1.4%					
	鬲 B2	1	0.4%	13	3.0%		2	0.6%		
	小计	40	14.7%	68	15.8%		28	9.1%	10	2.2%
	合计	272	100%	431	100%		308	100%	454	100%

最后分析炊煮器的法量。二里头三期八件深腹罐的口径平均值为20.7厘米，标准偏差值在17.0厘米～24.4厘米之间。器高平均值为27.5厘米，标准偏差

值在 21.1 厘米～33.8 厘米之间。二里头四期仅有三件,其口径的平均值为 21.8 厘米,标准偏差值在 21.1 厘米～22.5 厘米之间。器高不能计测。二里岗下层期两件深腹罐的口径平均值为 17.7 厘米,标准偏差值在 15.5 厘米～19.8 厘米之间。器高的平均值为 24.9 厘米,标准偏差值在 24.8 厘米～24.9 厘米之间。二里岗上层期仅一件,口径为 19.2 厘米。由于可计测标本太少难以做客观比较,这里仅把以上计测数据作为参考。

再来观察鬲的法量。二里头三期四件鬲的口径平均值为 18.5 厘米,标准偏差值在 14.2 厘米～22.8 厘米之间。器高的平均值为 18.9 厘米,标准偏差值在 18.4 厘米～19.3 厘米之间。二里头四期七件鬲的口径平均值为 15.1 厘米,标准偏差值在 12.6 厘米～17.5 厘米之间。器高的平均值为 17.0 厘米,标准偏差值在13.9 厘米～20.0 厘米之间,显示二里头时期鬲口径的变异幅度较大。二里岗下层期七件鬲的口径平均值为 16.3 厘米,标准偏差值在 14.4 厘米～18.2 厘米之间。器高的平均值为 20.3 厘米,标准偏差值在 18.0 厘米～22.6 厘米之间,与前期相比口径与器高的变异幅度缩小。二里岗上层期六件鬲的口径平均值为 15.5 厘米,标准偏差值在 13.8 厘米～17.2 厘米之间。器高的平均值为 19.4 厘米,标准偏差值在 16.6 厘米～22.8 厘米之间。口径和器高均呈现出小型化和规格化的倾向。

3. 柳庄遗址

遗址位于山西南部的中条山西北山麓,遗址由二里头文化和二里岗文化构成。属于二里头文化时期的遗迹有六座灰坑,其中出土的陶器有深腹罐、圆腹罐、深腹盆、敛口瓮、小口瓮、甗、蛋形瓮、鬲、高领罐、大口罐、双扳罐、单耳罐等,其中属于伊洛系的陶器约占陶器总数的 72.9%,而蛋形瓮、甗、鬲等东太堡系陶器占 13.1%,在地系陶器占 14.0%。进入二里岗文化时期,伊洛-郑州系陶器略有增加,其比例占 85.9%,东太堡系减少为 9.4%,在地系陶器为 4.7%。再就器类构成来看,二里头时期深腹罐比例高达 9.3%,其次为深腹盆,占 7.0%,甗、鬲、圆腹罐分别占 4.6%,高领罐和小口瓮分别占 5.8% 和 4.7%,其他器类的比例介于 1.2%～3.5% 之间。到了二里岗时期,鬲的比例增加到 7.1%,而深腹罐则下降为 4.7%,其他器类的比例介于 1.2%～2.3% 之间。炊煮器所显示的时代变化与其他遗址一致。由于没有鬲和深腹罐口径的计测值,不能对其口径大小进行分析。

4. 东龙山遗址

遗址位于秦岭南麓,丹江北岸的二级台地上,隶属于商洛市东南部 2.5 千米的东龙山村。① 二里头晚期共发现灰坑 21 座、墓葬八座。其中出土的陶器共 280 件,包括鬲三件、鼎五件、大口尊三件、深腹盆十件、浅腹盆四件、直腹盆七件、鼓腹小盆三件、刻槽盆三件、甑两件、三足盘一件、四系壶两件、深腹罐两件、双扳罐一件、小口双耳罐四件、折肩罐一件、浅腹罐一件、敛口瓮七件、大口缸三件、器盖三件。陶器系统分析表明,二里头时期的伊洛系陶器是本遗址的主体构成要素,其比例占 78.2%,而在地系陶器仅占 21.8%。进入二里岗文化时期,在地系陶器几乎看不到,全部由伊洛-郑州系陶器所构成。再来分析器类构成,二里头文化时期深腹盆、大口瓮的比例较高,分别占到 12.8% 和 11.5%,其次是大口尊和敛口瓮,比例分别占 9.0%,鼎和浅腹盆分别占 6.4% 和 5.1%。而在其他遗址均占较高比例的深腹罐和鬲仅分别占 2.6% 和 3.8%,刻槽盆、四系壶、甑、大口缸、器盖等器类则分别占到 2.6%~3.8%,呈现较高的比例。三足盘比例最低,仅占 1.3%,而在地系的直腹盆和双耳罐的比例也占到 9.0% 和 5.1%,其他器类的比例则收在 1.3%~3.8% 之间。

到了二里岗文化时期,共发现灰坑 40 座和墓葬四座。其中出土的陶器有鬲五件、大口尊五件、簋四件、豆一件、深腹盆六件、刻槽盆一件、敛口瓮一件、器盖两件。从其在陶器总量中的百分比来看,深腹盆、大口尊和鬲的比例最高,分别占 26.1%、21.7% 和 21.7%,其次是簋的 13% 和器盖的 8.9%,敛口瓮和刻槽盆的比例分别为 4.3%。与二里头时期相比,器类大幅减少,不仅在地系器类消失,一些伊洛系陶器如三足盘、甑、四系壶、鼎等也完全看不到,器类构成发生较大的变化。

(二)小结

通过以上对垣曲商城、东下冯商城遗迹、柳庄遗址和东龙山遗址陶器的综合分析,可以发现这一地区从二里头文化向二里岗文化过渡时期大致有以下特点:首先是陶器系统从多样复杂的构成组合向伊洛系以及伊洛-郑州系的一元化变迁,特别是二里岗上层期几乎看不到其他陶器系统的存在,九成以上为伊洛系和伊洛-郑州系,呈现出单一的陶器系统。器类构成中的传统炊煮器深腹罐 A2、圆腹罐 B1 被二里岗时期的鬲 AD 所替代,而同时炊煮器本身无论是深腹罐还是鬲都在这一进程中逐渐小型化和规格化。特别是二里岗上层期突显高度的规格化倾向,暗示随着二里岗文化在晋西南地区的稳定,陶器制作体系可能受到来自伊

---

① 杨亚长、王昌富:《商洛东龙山遗址Ⅰ区发掘简报》,《考古与文物》2010 年第 4 期。

洛和郑州地区的某种规制而走向一元化。

第四节　单纯的二里岗文化遗址分析

一、伊洛-郑州以及周边和山东地区

在复合型遗址之外，单纯的二里岗文化时期遗址还有很多，这些遗址出土的陶器组合是我们了解二里岗文化陶器制作体系以及流通过程不可或缺的部分。这里将对公开发表资料的遗址以地区为单位进行同样的分析。

表 5-10　二里岗文化时期的陶器编年

遗址名	二里岗下层期前段	二里岗下层期后段	二里岗上层期	白家庄期
大河村遗址			○	
曲梁遗址			○	
陈庄遗址		○	○	
高寺村遗址			○	
白元遗址			○	
小双桥遗址				○
柘城孟庄遗址				○
栾台遗址		○	○	
鹿台岗遗址			○	
潞王坟遗址				
葛家庄遗址			○	
北龙宫遗址			○	
台西遗址				○
琉璃阁遗址			○	
东阴遗址				○
前庄遗址				○
宁家坡遗址		○	○	

续表

遗址名	二里岗下层期前段	二里岗下层期后段	二里岗上层期	白家庄期
上北平望遗址	○			
西阴遗址	○			
南沙村遗址				○
北村遗址		○	○	

（一）遗址资料分析

1. 大河村遗址

遗址位于郑州市西北部的黄河南岸，是一处著名的仰韶文化遗址。1983年和1987年的发掘中发现了二里头和二里岗文化的遗迹，其年代分别相当于二里头三期和二里岗文化上层期。① 二里头晚期出土的陶器有鬲AD、甗A、深腹罐A2、大口尊A2、深腹盆A2等，除了系统不明者之外，94.4%是伊洛系和伊洛-郑州系。二里岗上层期出土的陶器有深腹罐A2、鬲AD、大口尊A1、深腹盆A2与AD、甗A2、刻槽盆A3、豆AD、捏口罐A1、缸A2、簋A2、器盖A等，伊洛系和伊洛-郑州系占95.7%。器类构成中深腹盆A2、AD的比例从下层期的5.6%大幅增加到上层期的23.9%。而鬲的比例上下层都较低，大约占10.9%～11.1%。缸A2、刻槽盆A3、豆AD、簋A2占7.4%，其他器类的比例在3.7%左右。深腹盆A2和AD的比例最高，鬲AD的比例较低这一点与其他遗址不同。

大河村遗址二里头晚期的炊煮器有深腹罐五件，其口径的平均值为20.4厘米，标准偏差值在19.7厘米～21.1厘米之间。二里岗上层期深腹罐口径平均值是19.9厘米，标准偏差值在19.0厘米～20.0厘米之间，比二里头晚期变小，变异幅度呈现缩小趋势。鬲则因缺乏可计测的标本不能比较。

2. 陈庄遗址

遗址位于郑州市西北10千米的贾鲁河西岸。1964年的发掘显示其文化层由二里岗上下层期构成。② 二里岗下层期出土的陶器除了系统不明者外，深腹罐A2、鬲AD、捏口罐A1、深腹盆A2、甗A3、大口尊A2等伊洛系和伊洛-郑州

---

① 李昌韬、李建和：《郑州大河村遗址1983、1987年发掘报告》，《考古学报》1996年第1期。
② 郑州市博物馆：《郑州市陈庄遗址发掘简报》，《中原文物》1986年第2期。

系占84.6%。二里岗上层期则几乎所有的器类都是伊洛-郑州系。从器类构成来看,下层期的大口尊A2比例较高,占23.1%,其次是深腹盆的15.4%。深腹罐A2占7.7%,鬲AD占7.7%。二里岗上层期几乎看不到深腹罐A2,鬲AD的比例大幅增加到25.0%。大口尊A2占16.7%,比前期减少。新出现瓮A4、豆AD,分别占8.3%。深腹盆A2占25.0%,比前期更高,与鬲AD的比例大致相同。甗A3的比例高于其他遗址,占16.7%。陈庄遗址仅有三件鬲可以计测口径,其平均值为16.4厘米,标准偏差值在14.6厘米~18.1厘米之间。

3. 白元遗址

遗址位于伊川县西南7千米的伊河东岸。1979年的发掘显示这里由龙山、二里头和二里岗的文化层构成。[①] 二里岗文化层仅有上层期,其出土的陶器有深腹罐A2、鬲AD、大口尊A2、缸A2、瓮A4、鼎A2、刻槽盆A3等伊洛系和伊洛-郑州系陶器,占全体陶器的88.9%。器类构成中鬲AD的比例最高,占33.3%,深腹罐A2占22.2%,其他的大口尊A2、缸A2、瓮A4、鼎A4、刻槽盆A3等各占11.1%。

表5-11 伊洛-郑州地区诸遗址陶器组成与系统

系统	器种	大河村				白元		陈庄			
		二里岗下层期		二里岗上层期		二里岗上层期		二里岗下层期		二里岗上层期	
		数量	比例	数量	比例	数量	比例	数量	比例	数量	比例
伊洛系+伊洛郑州系	甗A	2	11.1%	2	4.3%			1	7.7%	2	16.7%
	深腹罐A2	1	5.6%	3	6.5%	2	22.2%	1	7.7%		
	大口尊A2	1	5.6%	2	4.3%			3	23.1%	2	16.7%
	小口尊A1			1	2.2%						
	大口缸A2			2	4.3%	1	11.1%				
	捏口罐A1			1	2.2%			1	7.7%		
	深腹盆A2	1	5.6%	11	23.9%			2	15.4%	3	25.0%
	刻槽盆A3			2	4.3%	1	11.1%				
	簋A2	1	5.6%	3	6.5%						
	器盖A	1	5.6%	2	4.3%			1	7.7%		

---

① 郭引强、宁景通:《伊川白元遗址发掘简报》,《中原文物》1982年第3期。

续表

系统	器种	大河村 二里岗下层期 数量	比例	大河村 二里岗上层期 数量	比例	白元 二里岗上层期 数量	比例	陈庄 二里岗下层期 数量	比例	陈庄 二里岗上层期 数量	比例
	鼎A2										
	圆腹罐A2										
	甗A3										
	瓮A4	1	5.6%	1	2.2%	1	11.1%			1	8.3%
	短颈壶A2			1	2.2%						
	钵A2	1	5.6%								
	杯A1	3	16.7%	3	6.5%						
	盘A2	3	16.7%	3	6.5%						
	钵A1										
	小罐A							1	7.7%		
	小口尊A2										
	釉瓮A										
	平底盆A										
	中柱盆A										
	瓮A3										
	瓠A										
	爵A										
	斝A										
	盘A3										
	鬲AD	2	11.1%	5	10.9%	3	33.3%	1	7.7%	3	25.0%
	豆AD			2	4.3%					1	8.3%
	深腹盆AD										
	小计	17	94.4%	44	95.7%	8	88.9%	11	84.6%	12	100%
岳石系	器座										
	器盖										
	折肩罐										

续表

系统	器种	大河村 二里岗下层期		大河村 二里岗上层期		白元 二里岗上层期		陈庄 二里岗下层期		陈庄 二里岗上层期	
		数量	比例	数量	比例	数量	比例	数量	比例	数量	比例
	深腹罐 E										
	深腹盆										
	钵 E										
	直口罐										
	壶										
	盘										
	小计	0	0.0%	0	0.0%	0	0.0%	0	0.0%	0	0.0%
其他	深腹盆										
	钵	1	5.6%	2	4.3%			2	15.4%		
	深腹罐										
	直口瓮										
	小罐										
	鼎					1	11.1%				
	小计	1	5.6%	2	4.3%	1	11.1%	2	15.4%	0	0.0%
	合计	18	100%	46	100%	9	100%	13	100%	12	100%

4. 高村寺遗址

遗址位于荥阳北部15千米的枯河北岸。① 1986年的分布调查显示,这里属于二里岗文化上层期的陶器有鬲 AD、深腹罐 A2、深腹盆 A2 与 AD、捏口罐 A1、刻槽盆 A3、甑 A3、大口尊 A2、缸 A2、瓮 A3 与 A4、簋 A2、豆 AD、器盖 AD 等,占全体的 96.0%。从器类构成来看,鬲 AD 的比例最高,占 24.0%,深腹罐 A2 仅占 4%。深腹盆 A2 占 12.0%,比例较高,其他捏口罐 A1、缸 A2、刻槽盆 A3、簋 A2、甑 A3 分别占 4.0%。炊煮器仅有鬲 AD 三件,其口径的平均值为 17.0 厘米,标准偏差值在 15.3 厘米~18.7 厘米之间。

---

① 陈立信、马德峰:《荥阳县高村寺遗址调查报告》,《华夏考古》1991年第3期。

5. 曲梁遗址

遗址位于新密市东部，文化层由二里头二、三期和二里岗上层期构成。① 二里岗上层期出土的陶器有鬲 AD、深腹罐 A2、捏口罐 A1、深腹盆 A2、大口尊 A2、缸 A2、瓮 A4、豆 AD、簋 A2、甗 A、斝 A 等，伊洛系和伊洛-郑州系占全体陶器的 77.3%，白家庄期的同类陶器占 84.5%。器类构成中鬲 AD 的比例最高，占 25.5%，其次是豆 AD 占 17.2%，深腹罐 A2 占 15.1% 和甗 A 占 15.7%，深腹盆 A2 占 5.5%。其他器类的比例则在 0.5%～1.5% 之间。

6. 小双桥遗址

遗址位于郑州市西北 20 千米的石佛乡，总面积达 100 万平方米。根据 1989 年的调查发掘，发现了建筑基址三处、祭祀坑 16 座、铜器铸造作坊一处和灰坑 36 座、灰沟九条。② 这些遗迹出土的陶器显示，鬲 AD、甗 A、大口尊 A2、深腹盆 AD、深腹盆 A2、中柱盆 A、甑 A2、瓮 A2 与 A4、大口罐 A、捏口罐 A1、缸 A2、簋 A2、豆 AD、斝 A、小口尊 A2 等伊洛系和伊洛-郑州系陶器占 98.1%。深腹罐 E、篦纹罐 E、红陶罐 E、钵 E 等岳石系陶器占 1.9%。器类构成中比例最高的是深腹盆 AD 的 19.5%，而鬲 AD 的比例则仅占 16.0%。深腹盆 A2 占 10.2%，缸 A2、小缸 A 各占 7.2% 和 4.6%。捏口罐 A1 占 6.5%，瓮 A4 占 6.7%，而大口尊 A2 仅占 3.6%。其他器类的比例在 0.1%～2.4% 之间。

最后来分析鬲 AD 和深腹罐 A2 的口径。16 件鬲 AD 的计测值显示，其口径的平均值为 16.4 厘米，标准偏差值在 14.2 厘米～18.5 厘米之间。九件完整器的器高平均值为 20.8 厘米，标准偏差值在 15.0 厘米～26.5 厘米之间。五件深腹罐的口径平均值为 17.5 厘米，标准偏差值在 16.1 厘米～18.8 厘米之间。

7. 柘城孟庄遗址

遗址位于柘城县西部 7 千米处的惠济河支流蒋河南岸。③ 根据 1977 年的发掘，这里有住址九座、灰坑 25 座、铸造遗迹一处和制陶作坊一处。这些遗址出土的陶器属于二里岗上层期。鬲 AD、深腹罐 A2、甗 A、甑 A3、鼎 A2、大口尊 A2、缸 A2、小口尊 A1、瓮 A3 与 A4、豆 AD、簋 A2、斝 A、深腹盆 A2、平底盆 A、小口

---

① 李维明：《试论曲梁、岔河遗址的夏商文化遗址的分期》，《华夏考古》1991 年第 2 期。
② 河南省文物考古研究所：《郑州小双桥遗址的调查与试掘》，载《郑州商城考古新发现与研究》，中州古籍出版社 1993 年版；河南省文物考古研究所、郑州大学文博学院考古系、南开大学历史系博物馆学专业：《1995 年郑州小双桥遗址的发掘》，《华夏考古》1996 年第 3 期。
③ 胡谦盈：《河南柘城孟庄商代遗址》，《考古学报》1982 年第 1 期。

尊 A2、器盖 A 等伊洛系和伊洛-郑州系陶器占全体陶器的 85.4%。而器盖 E、圆底小罐 E、碗 E、盘 E 等在地系陶器占 14.6%。器类构成中鬲 AD 的比例最高，占 26.2%，深腹罐 A2 仅占 4.9%，甗 A 和甗 A3 分别占 2.9% 和 5.7%。深腹盆 A2 占 4.9%，平底盆 A 占 2.9%。豆 AD、簋 A2、小口尊 A1 与 A2 分别占 3.8%、4.8%、2.9%、1.0%，但是大口尊 A2、缸 A2、有颈罐 A1、瓮 A3 与 A4 分别占 2.9%、1.9%、5.7%、1.9%、1.0%。器盖 E、圆底小罐 E 和钵 E 占 1.0%、3.8%、5.7%。其他器类的比例则在 1.0%～1.9% 之间。

炊煮器深腹罐仅两件，其口径的平均值为 16.4 厘米。四件鬲的口径平均值为 18.4 厘米，标准偏差值在 17.2 厘米～19.5 厘米之间。

8. 栾台遗址

遗址位于鹿邑县南部 10 千米处的白沟河与清水河合流的台地上。[1] 1987 年的发掘显示这里是一处由多种文化构成的遗址，其中属于二里岗文化下层期的仅有鬲一件，其余均属于二里岗上层期。出土的陶器有鬲 AD、深腹盆 A2、甗 A、簋 A2、豆 AD、瓮 A4 等伊洛系和伊洛-郑州系陶器，占全体的 91.7%，盆 E、甗 E 等在地系占 8.3%。器类构成中鬲 AD 的比例最高，占 41.7%。深腹盆 A2 占 16.7%，甗 A 占 8.3%，簋 A2 和豆 AD、瓮 A4 分别占 8.3%。仅有三件鬲 AD 可用于炊煮器的口径计测，其平均值为 17.8 厘米，标准偏差值在 15.9 厘米～19.7 厘米之间。

9. 鹿台岗遗址

遗址位于杞县东部 12 千米的惠济河北岸。[2] 相当于二里岗上层期的 19 座灰坑出土有鬲 AD、甗 A、深腹盆 AD、深腹盆 A2、豆 AD、簋 A2、瓮 A4、缸 A2、大口尊 A2 等伊洛系和伊洛-郑州系陶器，占 88.7%，钵 E 等在地的岳石系占 4.2%，其余的长腹罐和瓮等系统不明的陶器占 7.0%。器类构成中鬲 AD 占 25.4%，显示出较高的比例，深腹罐 A2 占 11.3%，甗 A 占 12.7%，比例也较高。瓮 A4 占 7.0%，深腹盆 A2、深腹盆 AD、豆 AD、簋 A2 分别占 5.6%。其他器类的比例则在 1.4%～2.8% 之间。炊煮器中九件深腹罐的计测结果显示，其口径平均值为 17.0 厘米，标准偏差值在 15.2 厘米～18.8 厘米之间。十件鬲 AD 的口径平均值为 15.8 厘米，标准偏差值在 13 厘米～17.5 厘米之间。

---

[1] 张文军、张志清、樊温泉等：《河南鹿邑栾台遗址发掘简报》，《华夏考古》1989 年 1 期。
[2] 郑州大学文博学院、开封市文物工作队：《豫东杞县发掘报告》，科学出版社 2000 年版。

表 5-12 伊洛-郑州地区诸遗址陶器组成与系统（续）

系统	器种	小双桥 二里岗上层期 数量	小双桥 二里岗上层期 比例	高村寺 二里岗上层期 数量	高村寺 二里岗上层期 比例	栾台 二里岗上层期 数量	栾台 二里岗上层期 比例	鹿台岗 白家庄期 数量	鹿台岗 白家庄期 比例	柘城孟庄 二里岗上层期 数量	柘城孟庄 二里岗上层期 比例	曲梁 二里岗上层期 比例	曲梁 白家庄期 比例
伊洛系＋伊洛-郑州系	甗 A	32	2.0%			1	8.3%	9	12.7%	3	2.9%		15.7%
	深腹罐 A2	24	1.5%	1	4.0%			8	11.3%	5	4.9%	32.5%	15.1%
	大口尊 A2	57	3.6%	2	8.0%			2	2.8%	3	2.9%	2.3%	1.5%
	小口尊 A1	2	0.1%							7	6.8%		
	大口缸 A2	189	11.8%	1	4.0%			1	1.4%	2	1.9%	2.3%	0.5%
	捏口罐 A1	104	6.5%	1	4.0%								0.5%
	深腹盆 A2	476	29.7%	3	12.0%			8	11.3%	5	4.9%	10.5%	5.5%
	刻槽盆 A3	18	1.1%	1	4.0%								
	簋 A2	86	5.4%	1	4.0%	1	8.3%	4	5.6%	5	4.9%	6.8%	2.0%
	器盖 A	24	1.5%							2	1.9%		
	鼎 A2	2	0.1%	1	4.0%					4	3.9%		
	圆腹罐 A2												
	甑 A3	8	0.5%					5	7.0%	6	5.8%		
	瓮 A4	144	9.0%	2	8.0%					2	1.9%	1.2%	0.5%
	短颈壶 A2	11	0.7%										
	钵 A2	39	2.4%			1	8.3%					1.1%	17.2%

续表

系统	器种	小双桥 二里岗上层期 数量	比例	高村寺 二里岗上层期 数量	比例	栾台 二里岗上层期 数量	比例	鹿台岗 白家庄期 数量	比例	柘城孟庄 二里岗上层期 数量	比例	曲梁 二里岗上层期 数量	比例	曲梁 白家庄期 数量	比例
伊洛系+伊洛-郑州系	杯A1	3	0.2%					1	1.4%	2	1.9%				
	盘A2	1	0.1%												
	钵A1	3	0.2%												
	小罐A	2	0.1%					1	1.4%						
	小口尊A2	17	1.1%							3	2.9%				
	釉瓷A	2	0.1%												
	平底盆A	2	0.1%	1	4.0%	1	8.3%			3	2.9%				
	中柱盆A	21	1.3%							1	1.0%				
	瓮A3	6	0.4%					2	2.8%	1	1.0%				
	觚A	9	0.6%												
	爵A	17	1.1%												
	斝A	17	1.1%							1	1.0%				
	盘A3									2	1.9%				
	鬲AD	256	16.0%	6	24.0%	5	41.7%	18	25.4%	27	26.2%				0.5%
	豆AD			2	8.0%	1	8.3%	4	5.6%	4	3.9%				25.5%
	深腹盆AD			2	8.0%	2	16.7%					4.70%			
	小计	1572	98.1%	24	96%	11	91.7%	63	88.7%	88	85.4%	15.9%	77.3%		84.5%

第五章　从二里头文化向二里岗文化的转变

续表

系统	器种	小双桥 二里岗上层期 数量	小双桥 二里岗上层期 比例	高村寺 二里岗上层期 数量	高村寺 二里岗上层期 比例	栾台 二里岗上层期 数量	栾台 二里岗上层期 比例	鹿台岗 白家庄期 数量	鹿台岗 白家庄期 比例	柘城孟庄 二里岗上层期 数量	柘城孟庄 二里岗上层期 比例	曲梁 二里岗上层期 比例	曲梁 白家庄期 比例
岳石系	器座	1	0.1%										
岳石系	器盖	7	0.4%							1	1.0%		
岳石系	折肩罐E	1	0.1%										
岳石系	深腹罐E	2	0.1%										
岳石系	深腹盆	1	0.1%					1	1.4%				
岳石系	钵E	10	0.6%			1	8.3%	2	2.8%	7	6.8%		
岳石系	直口罐	9	0.6%							4	3.9%		
岳石系	壶									2	1.9%		
岳石系	盘									1	1.0%		
岳石系	小计	31	1.9%	0	0.0%	1	8.3%	3	4.2%	15	14.6%	0%	
其他	深腹盆			1	4.0%			1	1.4%				
其他	钵							1	1.4%				
其他	深腹罐												
其他	直口瓮												
其他	小罐												
其他	鼎							2	2.8%				
其他	小计	0	0.0%	1	4.0%	0	0.0%	5	7.0%	0	0.0%	22.7%	15.5%
	合计	1603	100%	25	100%	12	100%	71	100%	103	100%	100%	100%

10. 交兑遗址

遗址位于济源市大峪乡交兑村北的黄河二级台地上,遗址的三面被王屋山环绕,南临黄河,面积约3万平方米,1996年发掘。① 属于二里岗上层期的有灰坑六座,其中出土的陶器有鬲、深腹罐、浅腹罐、小罐、深腹盆、大口尊、簋、小口瓮、缸、敛口瓮、壶、豆、碗、器盖等器类。其中除了碗、器座、平底盆等属于在地系陶器,仅占6.8%外,其余的93.2%均为伊洛-郑州系陶器。从器类构成来看,深腹罐最多,约占全体陶器的25.1%,其次为小口瓮,占16.9%,深腹盆占6.8%,簋占6.8%,尊形器、敛口瓮和器盖各占5.1%。其余器类的比例介于1.7%~3.4%之间。这里未见鬲的报道,但是从一些口缘残片来看,一部分深腹罐口缘可能是鬲的口缘。

11. 大辛庄遗址

遗址位于济南市历城区舍人镇大辛庄村东南约0.5千米处。总面积约40万平方米,遗址中部有一条南北向冲沟,将遗址分为东西两部分。② 1935年齐鲁大学的林仰山教授首次发现,从1955年开始迄今为止共经过10次田野发掘。这里根据1984年的发掘成果进行分析。发掘之前在该遗址曾经多次发现青铜器,1970年曾一次出土了六件青铜器,分别是觚、斝、盉、刀各一件,戈两件,1983年发现铜钺一件。1984年的发掘发现了住址14座、灰坑和灰沟365座、水井五座、墓葬28座。其中出土玉石器90件、骨器115件、蚌器23件、陶质工具47件和铜质工具15件,其余均为陶质容器。根据发掘者的研究,这里的陶器从早商的二里岗时期到殷墟期可以区分为两类遗存,一类为以卷沿鬲、折沿鬲、甗、簋、豆、深腹盆、敛口瓮、盉、盂、爵、大口尊、罍、壶、将军盔等为主要器类的中原商文化因素,其比例大致占到90%以上,而另一类则是尊形器、夹砂罐、泥质罐、钵、杯、大沿罐、折肩罐、短颈罐、小罐、甗E、鬲E、直口罐、高领罐等岳石系陶器,约占2%,此外还有印纹硬陶和原始瓷器等,占少量比例。从陶器系统来看,鬲、甗、甑、簋、爵、盉、大口尊、深腹盆、浅腹盆、将军盔、原始硬瓷等AD的伊洛-郑州系陶器占84.6%,而属于在地的岳石系的鬲E、甗E、夹砂罐E、鼎E、豆E、碗E、钵E、壶E、器盖E等占15.4%,除了系统不明者外,其他陶器系统没有发现。再

---

① 河南省文物管理局、水利部小浪底水利枢纽、建设管理局移民局:《黄河小浪底水库文物考古报告》,黄河水利出版社1998年版。
② 山东大学历史系考古专业、山东省文物考古研究所、济南市博物馆:《大辛庄遗址1984年秋试掘报告》,载山东大学东方考古研究中心编:《东方考古》(第4集),科学出版社2003年版。

从陶器的器类构成比来分析。鬲 AD 的比例最高,占 23.4%,其次是深腹盆,占 11.3%,甗 AD、豆 AD、将军盔、泥质罐和夹砂罐则分别占 6.8%、7.4%、8.2%、8.1% 和 6.1%。其他器类的比例在 0.1%~3.4% 之间。

由于大辛庄遗址以鬲为主要炊器而少见深腹罐,这里仅分析鬲的口径及大小。根据 1984 年的发掘简报,这里共取 293 件鬲作为口径标本,其口径的平均值为 18.1 厘米,标准偏差值为 5.0 厘米,大多数鬲口径均集中在 14 厘米~23 厘米之间。虽然口径大小有一定偏差,但是就近 300 件标本量的计测值来看还是比较规格化的。

12. 尹家城遗址

尹家城位于泗水县城西约 10 千米处,北距泗河 3 千米。遗址东西各有小河自南向北流过。尹家城是一个高出河床 14 米的台地。1963 年发现,1971 年开始发掘,直至 1986 年经过多次发掘。尹家城遗址以龙山文化而著名,但是其中在小范围内发现了二里岗文化时期的住址两座、灰坑 52 座和墓葬五座。出土了丰富的陶器、石器和骨蚌器。[①] 这里仅分析陶器,共出土了鬲九件、方鼎一件、深腹盆四件、浅腹盆一件、小罐一件、斝一件、簋一件、刻槽盆一件、豆两件、碗一件,基本均为伊洛-郑州系陶器。

(二)小结

以上对 12 处单纯的二里岗文化遗址进行了分析,其结果可总结如下:属于二里岗下层期的陈庄、大河村遗址的陶器系统中,伊洛系和伊洛-郑州系陶器占全体陶器的 85.0%,但是器类显示的比例中二里岗时期重要的炊煮器鬲仅占 7.7% 和 11.1%。其他遗址的年代均属于二里岗上层期,就陶器系统来看,郑州以东的栾台、柘城孟庄、鹿台岗和曲梁遗址中,伊洛系和伊洛-郑州系占 75.0%~91.7%,而其他遗址中 97% 左右均为伊洛系和伊洛-郑州系陶器。陶器系统显示着明显的一元化趋势。

另一方面,再从器类构成比进行分析。除了大河村遗址外,其他遗址中炊煮器鬲占到 25%~33%,显示着较高的比例,而深腹罐 A2 的比例则在 3.8%~15.1% 之间,低于鬲的比例。可见鬲完全取代了二里头文化以来的炊煮器深腹罐。位于东部的孟庄遗址、栾台遗址、鹿台岗遗址和大辛庄遗址中虽然有一定在地的岳石系陶器,但是伊洛系和伊洛-郑州系陶器占到 80% 以上这一点没有变化。最后八处

[①] 山东大学历史系考古专业教研室:《泗水尹家城》,文物出版社 1990 年版。

遗址中炊煮器深腹罐的平均口径除了陈庄、高村寺、栾台外,其他五处遗址比较接近,其变异幅度显示着较高的规格化倾向。鬲 AD 在除了大河村的遗址中均有可计测标本,其结果显示鬲不仅口径的变异幅度较小,器高也显示着相同的结果。

二、河南省北部地区

这里共发现了 13 处单一的二里岗文化时代的遗址,但是其中能进行分析的遗址仅有潞王坟、琉璃阁、藁城台西村、新乡杨村遗址、涉县台村遗址、北龙宫和葛家庄七处。

表 5-13　河南省北部地区诸遗址陶器组成与系统

系统	器种	葛家庄 数量	葛家庄 比例	北龙宫 数量	北龙宫 比例	潞王坟 数量	潞王坟 比例	琉璃阁 数量	琉璃阁 比例	台西 数量	台西 比例
伊洛系+伊洛-郑州系	平底盆 A	2	11.8%								
	瓮 A4	1	5.9%	1	8.3%	2	11.8%	3	6.1%		
	小盆 A	1	5.9%								
	斝 A			1	8.3%	1	5.9%	2	4.1%	1	2.3%
	簋 A2			2	16.7%	2	11.8%	5	10.2%	1	2.3%
	甑 A3					1	5.9%				
	大口尊 A2					1	5.9%	3	6.1%	3	6.8%
	爵 A					1	5.9%	2	4.1%	1	2.3%
	捏口罐 A1					2	11.8%				
	深腹罐 A2					1	5.9%				
	小口尊 A2							1	2.0%	1	2.3%
	瓠 A							1	2.0%		
	鬹 A							1	2.0%		
	瓮 A3							1	2.0%		
	短颈壶 A2									2	4.5%
	钵 A2									1	2.3%
	鼎 A3									1	2.3%
	鬲 AD	7	41.2%	2	16.7%	2	11.8%	11	22.4%	14	31.8%

续表

系统	器种	葛家庄 数量	葛家庄 比例	北龙宫 数量	北龙宫 比例	潞王坟 数量	潞王坟 比例	琉璃阁 数量	琉璃阁 比例	台西 数量	台西 比例
	豆AD	2	11.8%	2	16.7%	1	5.9%	9	18.4%	7	15.9%
	瓿AD	1	5.9%								
	深腹盆AD	1	5.9%	1	8.3%	1	5.9%	5	10.2%	2	4.5%
	器盖AD							2	4.1%		
	小计	15	88.2%	9	75.0%	15	88.2%	46	93.9%	34	77.3%
在地系	钵	1	5.9%	1	8.3%			1	2.0%	2	4.5%
	鼎	1	5.9%					1	2.0%		
	鬲			1	8.3%						
	浅腹盆			1	8.3%	1	5.9%			4	9.1%
	甗					1	5.9%				
	小口罐							1	2.0%		
	深腹罐									4	9.1%
	小计	2	11.8%	3	25.0%	2	11.8%	3	6.1%	10	22.7%
	合计	17	100%	12	100%	17	100%	49	100%	44	100%

* 杨村、台村遗址为新增遗址,没有器物具体出土数。

(一)遗址资料分析

1. 潞王坟遗址

遗址位于太行山南麓[①],二里岗文化上层出土的有鬲AD、深腹罐A2、大口尊A2、捏口罐A1、瓮A4、甗A3、豆AD、簋A、斝A、爵A等伊洛系和伊洛-郑州系陶器,其比例占88.2%,在地系的甗、平底盆等仅占11.8%。器类构成中鬲AD、簋A、捏口罐A1、瓮A4等分别占11.8%,甗A3、大口尊A2、豆AD、爵A、深腹盆A2、深腹罐A2等分别占6%左右。炊煮器仅有两件鬲,其口径的平均值为17.6厘米。

2. 葛家庄遗址

遗址位于邢台市西南的太行山东麓。[②] 以H22为代表的二期第一段相当于

[①] 河南省文物局文物工作队:《河南新乡潞王坟商代遗址发掘报告》,《考古学报》1960年第1期。
[②] 河北省文物研究所:《邢台葛家庄遗址发掘简报》,载《河北省考古文集》(三),科学出版社2007年版。

白家庄期。出土的陶器有鬲 AD、甗 A、豆 AD、深腹盆 A2、瓮 A4、钵 D、小盆 D、鼎 D 等,其中属于伊洛系和伊洛-郑州系的陶器占 88.2%,而钵、鼎、小盆等在地系陶器占 11.8%。器类构成中鬲 AD 占 41.2%,比例较高。其次豆 AD 占 11.8%,甗 A、深腹盆 A2、瓮 A4 分别占 5.9%。炊煮器中有四件鬲可以计测,其口径的平均值为 18.6 厘米,标准偏差值在 13.6 厘米~22.6 厘米之间,器高仅一件可计测,为 27.2 厘米。

3. 北龙宫遗址

遗址位于滹沱河北岸。① 早期地层属于二里岗上层前期,其中出土的陶器有鬲 AD、大口罐 A、瓮 A4、豆 AD、簋 A、深腹盆 A2、平底盆 AD 等。其中属于伊洛系和伊洛-郑州系的陶器占全体陶器的 75.0%,而在地的绳纹小盆、钵等仅占 25.0%。器类构成中鬲 AD、簋 A2、豆 AD 分别占 16.7%,斝 A、深腹盆 A2、瓮 A4 分别占 8.3%。炊煮器仅有鬲两件,其口径的平均值为 18.8 厘米,标准偏差值在 13.6 厘米~24.0 厘米之间。

4. 台西遗址

遗址位于滹沱河南岸,由住址和墓葬构成,分别属于早期和晚期。② 早期的住址属于白家庄期,出土的陶器有鬲 AD、豆 AD、簋 A2、大口尊 A2、深腹盆 A2、小口尊 A1、短颈壶 A2、爵 A、斝 A、鼎 A2、钵 D、小盆 D、盘 D 等,其中属于伊洛系和伊洛-郑州系的陶器占 77.3%,而在地系陶器占 22.7%。器类构成中鬲 AD 占 31.8%,比例较高,豆 AD 占 15.9%,大口尊 A2 占 6.8%。其他器类的比例在 2.3%~4.5%之间。炊煮器仅有五件鬲 AD,其口径的平均值为 17.5 厘米,标准偏差值在 13.0 厘米~20.2 厘米之间。器高的平均值为 23.3 厘米,标准偏差值在 17.9 厘米~27.40 厘米之间。

5. 琉璃阁遗址

遗址位于辉县北侧的丘陵地带。③ 二里岗文化的遗迹主要是墓葬,大约相当于二里岗上层期。出土的陶器有鬲 AD、豆 AD、簋 A2、爵 A、深腹盆 A2、大口尊 A2、斝 A、瓮 A3 与 A4、小口尊 A、甗 A、器盖 A、鼎 A、钵 D、小口罐 D 等。其中伊洛系和伊洛-郑州系占 93.9%,在地系占 6.1%。器类构成中鬲 AD 占全体的 22.4%,豆 AD 占 18.4%,深腹盆 A2 和簋 A 各占 10.2%,此外大口尊 A2、瓮

---

① 唐云明:《藁城北龙宫商代遗址的调查》,《文物》1985 年第 10 期。
② 河北省文物研究所编:《藁城台西商代遗址》,文物出版社 1985 年版。
③ 中国科学院考古研究所:《辉县发掘报告》,科学出版社 1956 年版。

A3 与 A4 各占 6.1%,其他器类的比例在 2.0%～4.1%。炊煮器仅有鬲 AD,其口径的平均值为 13.7 厘米,标准偏差值在 13.2 厘米～14.4 厘米之间。器高的平均值为 16.5 厘米,标准偏差值在 13.0 厘米～17.5 厘米。这里需要注意的是这些鬲均出自墓葬,与其他遗址的鬲相比变小。

6. 新乡杨村遗址

遗址位于卫辉市安都乡南侧的太行山麓,东邻卫河,面积约 2 万平方米。① 由二里岗文化晚期和殷墟文化构成。遗迹有灰坑四座、墓葬两座、瓮棺葬一座。出土的陶器器类有鬲 28 件、圆腹罐七件、深腹罐四件、捏口罐一件、小口瓮 16 件、直领罐两件、蛋形瓮一件、深腹盆三件、浅腹盆 C 两件、深腹盆 A25 件、小盆一件、大口尊四件、圈足盘三件、斝五件、甗一件、豆两件、贯耳壶一件、甑一件、爵一件。根据对其陶器系统的分析,鬲、深腹罐、圆腹罐、深腹盆、捏口罐、大口尊、甗、簋、爵等 AD 陶器占陶器总量的 83.8%,而蛋形瓮、直领瓮、束颈盆、贯耳壶、豆等其他陶器系统合计占 16.2%。再从器类构成来看,鬲的比例高达 41.2%,其次为圆腹罐,占 10.3%,深腹盆占 8.8%,深腹罐占 5.9%,其他器类的比例则收在 1.5%～4.4%之间。由此可以看出早商文化晚期,随着时代的变迁,鬲成为主要炊煮器,而深腹罐的比例则减少很多。

7. 台村遗址

遗址位于涉县城东北 3.8 千米,遗址三面分别被青龙山环抱,西南约 5 千米有青漳河。② 属于商代的遗迹有灰坑四座。其中出土的陶器有鬲两件、各类罐形器九件、蛋形瓮六件、甗三件、各类盆形器四件、尊一件和器盖四件。通过对其陶器系统的分析,伊洛-郑州系的鬲、甗 A 等仅占 20.7%,而平沿罐、折腹盆、器盖、深腹罐等在地系陶器比例最高,占到 31.0%,蛋形瓮和甗 B 等东太堡系陶器占 20.7%,敛口瓮、深腹盆 D、小口瓮 D、器盖 D 等漳河系陶器占 27.6%,显示着与其他遗址完全不同的比例构成。再从器类构成来看,蛋形瓮的比例最高,占全体陶器的 17.2%,其次为鬲和深腹盆 D,分别占 10.3%,其他器类的比例在 3.4%～6.9%之间。可以计测口径的鬲标本仅有三件,其口径分别为 17.6 厘米、20 厘米、20 厘米,比其他遗址略大。

---

① 傅山泉、明永华:《河南新乡杨村商代遗址试掘简报》,《中原文物》2010 年第 4 期。
② 河北省文物研究所、邯郸市文物研究所、涉县文物保护管理所:《河北涉县台村遗址发掘简报》,载《河北省考古文集》(三),科学出版社 2007 年版。

（二）小结

这里的七处遗址全部相当于二里岗上层期,在潞王坟和北龙宫遗址见到的伊洛系和伊洛-郑州系陶器占到88.2%和75.0%。器类构成比例中鬲AD分别仅占11.8%和16.7%。而属于白家庄期的三个遗址的伊洛系和伊洛-郑州系分别占76.4%和77.3%,但是器类构成比例中鬲AD在琉璃阁遗址占22.4%,台西占31.8%,葛家庄占41.2%,与遗址远近无关,都占有较高的比例。除鬲A的比例较其他地区更高外,其他器类的比例与其他遗址相同。而陶器系统中伊洛系和伊洛-郑州系所占的比例比其他地区较低,在地系陶器占有一定的比例。

炊煮器鬲AD的平均口径值除了琉璃阁之外,大致在17.5厘米～18.8厘米之间。变异幅度与其他地区类似,集中在一定的范围内。而琉璃阁的鬲AD的平均口径为13.7厘米,标准偏差值在13.0厘米～17.5厘米之间,与其他四个遗址相比要小。而这些小型鬲均出土于墓葬中这一点值得注意。

三、山西省西南地区

这一地区共有七处单一的二里岗文化时期的遗址可供分析。它们分别是东阴遗址、西阴遗址、前庄遗址、宁家坡遗址、上北平望遗址、北村遗址。

（一）遗址资料分析

1. 东阴遗址

遗址位于夏县东阴村西南,西南距离东下冯遗址仅8千米,是一处位于青龙河南岸的小型遗址。① 根据2000年的发掘,这是一处单纯的二里岗上层期遗址。从17座灰坑、一座陶窑、墓葬和灰沟中出土的陶器共有17个种类,在地系仅有小盆和鬲B2,其比例为7.5%,其余的92.5%均为伊洛系和伊洛-郑州系陶器。这里对鬲稍做详细分析和说明。山西南部的鬲可以区分为东太堡系鬲B2和伊洛系鬲A两种。鬲B2的甑部口缘大而外翻,颈部有突刺纹,肩部略外翻,鬲腰部有放置箅子的隔梁,鬲足部有纵向凹槽。这是东太堡系三足鬲特有的特征。鬲表面呈褐色和灰色。而鬲A的口缘部呈两重形态,与鬲几乎相同,但是与鬲AD的口径平均值为17.4厘米相比,鬲的口径在26厘米～32厘米之间,口

---

① 山西省考古研究所、夏县博物馆:《山西夏县东阴遗址调查试掘报告》,《考古与文物》2001年第6期。

径的大小完全不同。甗腰部放置箅子的隔台很小,不太明显。两种甗在形态上的差异很大。同时甗表面的绳纹的粗细也不同,因此两种甗很容易区分。关于这种纹饰的差别将在后面详细解释。

器类构成中鬲 AD 的比例最高,占到 34.2%,其次为深腹盆 A2、AD,合占 16.3%,大口尊 A2 占 7.5%,瓮 A4 占 3.1%,甗 A 占 6.8%,深腹罐 A2 占 4.7%,豆 AD 占 1.7%,大口罐 A 占 5.8%,簋 A2 占 2.4%,瓮 A3 占 2.7%。而短颈壶 A1、器盖 A、捏口罐 A1、小盆 B、甗 B2、杯 B 等的比例集中在 0.4%～2.2%之间。

最后探讨炊煮器深腹罐 A2 和鬲 AD 的容量大小。东阴遗址的深腹罐较少,仅有九件,其平均口径为 19.5 厘米,标准偏差值在 17.2 厘米～21.9 厘米之间。鬲 AD 比较多,共计测了 118 件鬲的口径,其平均值为 17.4 厘米,标准偏差值在 14.9 厘米～19.8 厘米之间。而可计测器高的仅有六件,其平均值为 19.6 厘米,标准偏差值在 17.7 厘米～21.4 厘米之间。

2. 前庄遗址

遗址位于平陆县东 40 千米的黄河北岸二级台地上,遗址的东侧有流入黄河的石膏河。[①] 在发掘之前曾发现了八件大型青铜容器。发掘出土了住址五座、灰坑两座,其中出土的陶器有大口尊 A1 与 A2、瓮 A3、豆 AD、甗 B2、尊形器 A、鬲 AD、器盖 D、瓮 A4、深腹盆 A2 与 AD、斜腹盆 B、簋 A2、觚 A 等,基本全部为伊洛系和伊洛-郑州系陶器,年代相当于白家庄期。这些陶器不仅是器形,而且在陶色、胎土、纹饰等方面都比其他遗址更接近郑州地区的同类陶器。此外还出土有铜镞、铜匕、铜钐、海贝和卜骨等。

再来观察器类构成,鬲 AD 占 15.4%,比其他遗址低。不见深腹罐,大口尊 A2、瓮 A3 与 A4 分别占 15.4%、11.5%、7.7%。簋 A2、尊形器 A、大口尊 A1 各占 7.7%,比其他遗址略高。大口罐 A、觚 A、豆 AD 各占 3.8%,与其他遗址大致一样。

最后来分析鬲的法量。四件鬲的平均口径为 15.0 厘米,标准偏差值在 17.2 厘米～22.5 厘米之间。

3. 宁家坡遗址

遗址位于垣曲商城西北约 5 千米的亳清河西岸的台地上。[②] 二里岗文化的遗迹均属于二里岗上层期,六座灰坑和一座住址出土的陶器有鬲 AD、深腹罐

[①] 卫斯:《平陆县前庄商代遗址出土文物》,《文物季刊》1992 年第 1 期。
[②] 山西省考古研究所:《垣曲宁家坡遗址发掘的意义》,《中国文物报》1997 年 5 月 12 日。

A2、深腹盆 A2、大口尊 A2、豆 AD、甑 A 等。除了极少量在地系陶器外,均属于伊洛系和伊洛-郑州系陶器。器类构成中深腹罐占 27.3% 的高比例这一点与邻近的垣曲商城相似。鬲 AD 占 27.3%,深腹盆 A2 占 18.1%,豆 AD 占 9.1%,大口尊 A2 和甑 A 各占 9.1%。

炊煮器中三件深腹罐的平均口径为 17.2 厘米,标准偏差值在 17.0 厘米~17.5 厘米之间。器高的平均值为 28.9 厘米,标准偏差值为 28.5 厘米~29.5 厘米,与口径一样变异幅度很小,显示着较高的规格化程度。三件鬲 AD 的口径平均值为 16.0 厘米,标准偏差值在 14.5 厘米~17.0 厘米之间。器高的平均值为 20.3 厘米,标准偏差值在 17.8 厘米~22.5 厘米之间。与深腹罐相比变异幅度较大。

4. 上北平望遗址

遗址位于侯马市汾河东岸的台地上。① 总面积约 7 万平方米。二里岗文化期的地层与二里岗下层期相当。采集的陶器有鬲 AD、甗 A、大口尊 A2、深腹罐 A2、高领罐 B、小盆 B、深腹盆 A2、瓮 A4、甑 A2 等。其中高领罐、小盆等在地系占全体陶器的 16.7%,其他均属于伊洛系和伊洛-郑州系陶器,其比例为 83.3%。陶器器类的构成中鬲 AD 占 16.7%,与其他遗址相比比例较低。深腹罐和大口尊则分别占 16.7%,占据较高的比例。深腹盆 A2、瓮 A4、高领罐、甗 A、小盆等分别占 8.3%。

5. 西阴遗址

遗址位于东阴遗址西约 1 千米处的青龙河北岸。② 在属于二里岗文化下层期的遗迹中,出土的陶器有鬲 AD、深腹盆 B、大口尊 A2、瓮 A4、小罐 B 等。其中在地系陶器占 20.0%,其余均为伊洛系和伊洛-郑州系陶器,其比例为 80%。器类构成中鬲 AD 占 30%,大口尊 A2 占 20%,瓮 A4、深腹盆 B、小罐分别占 10%。仅有鬲一件,其口径为 16.8 厘米,器高为 20.8 厘米。

6. 南沙村遗址

遗址位于华县临石堤河北岸的台地上。③ 总面积约 30 万平方米,发掘的两座灰坑出土的陶器有鬲 AD、斝 A、甗 A、短颈罐 B、钵 B、刻槽盆 B、大口尊 A2、瓮 A3 与 A4、深腹盆 A2、甑 A2、豆 AD、器盖 A、缸 A2、杯 A2、小口尊 A2 等。其中 B 的在地系占 13.8%,其余均为伊洛系和伊洛-郑州系陶器。器类构成中鬲 AD

---

① 周忠、田建文:《山西省侯马市上北平望遗址调查简报》,《华夏考古》1991 年第 3 期。
② 山西省考古研究所:《西阴村史前遗址第二次发掘》,载《三晋考古》(二),山西人民出版社 1992 年版。
③ 张忠培:《华县、渭南古代遗址调查与试掘》,《考古学报》1980 年第 3 期。

占 14%，深腹盆 A2 占 10.3%，斝 A、短颈罐 B、簋 A 各占 6.9%，其他器类的比例为 3.4%。陶器种类比较丰富是其特点。二里头文化继承而来的器类较多，但是鬲 AD 的比例则较低。

7. 耀县北村遗址

遗址位于关中盆地中北部的渭河高原，总面积 18 万平方米。① 属于二里岗文化下层期的有灰坑两座和陶窑一座，其中出土的陶器有鬲 AD、甗 A、深腹盆 A2、瓮 A3 与 A4、大口尊 A2、豆 AD、簋 A2、花边罐 B、器盖 A、钵 B 等。其中伊洛系和伊洛-郑州系陶器占 70.8%，在地系陶器占 29.2%，所占比例比其他遗址高。器类构成中鬲 AD 最多，占 30.8%，其次是花边罐的 29.2%，深腹罐占 13.8%，瓮 A4 占 12.3%。瓮 A3 占 6.2%，大口尊 A2、甗 A、豆 AD、簋 A2、器盖 A 等仅分别占 1.5%。进入二里岗上层期后，除了已经有的器类外，新增加小口尊 A1 与 A2、短颈壶 A2、缸 A2 和钵 B 等，伊洛系和伊洛-郑州系增加到 93.1%，而在地系则减少到 6.9%。器类构成中鬲 AD 占 38.4%，其次为瓮 A4，占 17.1%，深腹盆 A2 占 11.5%，豆 AD 占 8.9%，甗 A 占 6.6%，花边罐占 6.3%，簋 A2 占 5.2%。其他瓮 A3 占 1.9%，短颈壶 A2 占 1.6%，器盖 A 占 0.9%，钵 B 占 0.5%，缸 A2 占 0.3%，小口尊 A2 占 0.1%。

表 5-14 山西省西南部二里岗文化时期诸遗址分期

系统	器种	上北平望		西阴		耀县北村下层	
		数量	比例	数量	比例	数量	比例
伊洛系+伊洛-郑州系	大口尊 A2	2	16.7%	2	20.0%		
	深腹罐 A2	2	16.7%	1	10.0%	1	1.5%
	瓮 A4	1	8.3%	1	10.0%	8	12.3%
	平底盆 A	1	8.3%				
	瓮 A3					4	6.2%
	簋 A2					1	1.5%
	鬲 AD	2	16.7%	3	30.0%	20	30.8%

---

① 北京大学考古学系商周组、陕西省考古研究所：《陕西耀县北村遗址 1984 年发掘报告》，载《考古学研究》（二），北京大学出版社 1994 年版。

续表

系统	器种	上北平望 数量	上北平望 比例	西阴 数量	西阴 比例	耀县北村下层 数量	耀县北村下层 比例
	深腹盆 AD	1	8.3%	1	10.0%	9	13.8%
	瓿 AD	1	8.3%			1	1.5%
	豆 AD					1	1.5%
	器盖 AD					1	1.5%
	小计	10	83.3%	8	80.0%	46	70.8%
在地系	高领罐	1	8.3%				
	绳纹盆	1	8.3%				
	平底罐			1	10.00%		
	斜腹盆			1	10.00%		
	花边罐					19	29.2%
	小计	2	16.7%	2	20.0%	19	29.2%
	合计	12	100%	10	100%	65	100%

表 5-15　山西省西南部地区诸遗址陶器组成与系统

系统	器种	东阴 数量	东阴 比例	平陆前庄 数量	平陆前庄 比例	宁家坡 数量	宁家坡 比例	南沙村 数量	南沙村 比例	耀县北村上层 数量	耀县北村上层 比例
伊洛系+伊洛郑州系	大口尊 A2	22	7.5%	4	15.4%	1	9.1%	1	3.4%	2	0.3%
	大口罐 A	17	5.8%	2	3.8%			1	3.4%	131	17.1%
	瓮 A4	9	3.1%	1	7.7%			1	3.4%	51	6.6%
	瓮 A3	8	2.7%	1	11.5%	1	9.1%	5	17.2%	68	8.9%
	簋 A2	7	2.4%	1	7.7%			1	3.4%		
	斝 A	6	2.0%	3						15	2.0%
	短颈壶 A2	5	1.7%	1	3.7%			1	3.4%	7	0.9%
	深腹罐 A2	14	4.7%								
	捏口罐 A1	6	2.0%								
	杯 A2	1	0.3%								
	尊 A			2	7.7%						

续表

系统	器种	东阴 数量	东阴 比例	平陆前庄 数量	平陆前庄 比例	宁家坡 数量	宁家坡 比例	南沙村 数量	南沙村 比例	耀县北村上层 数量	耀县北村上层 比例
	大口尊 A1			2	7.7%						
	瓿 A			1	3.7%						
	花纹印模簋 A			1	3.7%						
	盉 A	1	0.3%					2	6.9%		
	缸 A2							1	3.4%	2	0.3%
	小口尊 A1									2	0.3%
	小口尊 A2							1	3.4%	1	0.1%
	鬲 AD	101	34.2%	4	15.4%	3	27.3%	4	13.8%	295	38.4%
	深腹盆 AD	48	16.3%	2	7.4%	2	18.2%	3	10.3%	89	11.6%
	甗 AD	20	6.8%			2	18.2%	2	6.9%		
	豆 AD	5	1.7%	2	3.8%	1	9.1%	2	6.9%	40	5.2%
	器盖 AD	3	1.0%							12	1.6%
	小计	273	92.5%	27	100%	10	90.9%	25	86.2%	715	93.1%
在地系	甗 B2	20	6.8%								
	小盆 B1	2	0.7%								
	矮领罐 B1					1	9.1%	1	3.4%		
	钵 B1							1	3.4%	4	0.5%
	钵形刻槽盆 B1							1	3.4%		
	小杯 B1							1	3.4%		
	花边罐 B1									48	6.3%
	鼎 B1									1	0.1%
	小计	22	7.5%	0	0.0%	1	9.1%	4	13.8%	53	6.9%
	合计	295	100%	27	100%	11	100%	29	100%	768	100%

二里岗下层期的炊煮器有六件鬲 AD，平均口径为 16.1 厘米，标准偏差值在 14.2 厘米~18.1 厘米之间。上层期有 12 件鬲 AD，口径平均值为 15.9 厘米，标准偏差值在 14.0 厘米~18.1 厘米之间，与下层期的变化不大。

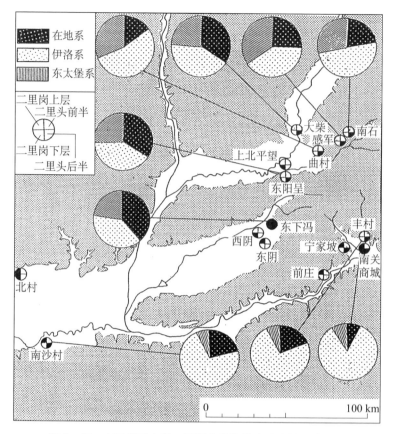

图 5-18 山西省西南部二里岗文化期诸遗址陶器系统构成

（二）小结

以上对相当于二里岗文化时期的七个遗址进行了分析。其结果可总结如下：属于二里岗下层期的上北平望、西阴和北村三个遗址的陶器构成，前两个遗址的伊洛系和伊洛-郑州系占 80% 以上，而位于关中北部的北村遗址的伊洛系陶器比例较低，仅占 70.7%。器类构成中炊煮器鬲 AD 在三个遗址中均占较高的比例，而深腹罐等罐类则比较低。此外大口尊 A2、深腹盆 A2、瓮 A3 与 A4、捏口罐 A1、豆 AD、缸 A2 等继承二里头文化的器类还比较常见，但是平底盆 A、甑 A3、刻槽盆 A3、杯 A2、有颈罐 A1 等的比例则很少。

其次分析属于二里岗上层期的东阴、宁家坡、前庄、南沙村和北村五处遗址陶器组合中的陶器系统，这些遗址中伊洛系和伊洛-郑州系陶器占 90% 以上，与前期相比，陶器的一元化趋势比较明显。器类构成中除了南沙村在地系陶器比例较高外,其他遗址中具备所有典型的伊洛系和伊洛-郑州系的器类。鬲 AD 的比例比前期增加,且东阴、前庄、宁家坡三个遗址中炊煮器的法量分析结果显示,深腹罐和鬲均有规格化的倾向。这种陶器系统的一元化倾向和炊煮器的规格化趋势与复合型遗址是共通的,反映了晋西南地区陶器组合风格的一元化特点。

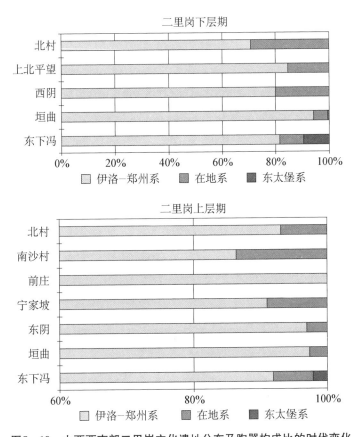

图5-19　山西西南部二里岗文化遗址分布及陶器构成比的时代变化

四、豫南及长江中游地区

(一) 遗址资料分析

中原地区政治统治的中心地区,从二里头文化后期开始由伊洛地区转移到东部的郑州地区,这一大的政治变动从陶器系统构成的变化中也可以观察到。

以郑州商城为中心的二里岗文化正是伴随着这一政治变动过程而形成的。在这一历史背景之中，长江中游地区也出现了盘龙城那样与郑州商城有紧密关系的大型城址。与二里头文化时代相比，它与中原地区的关系更加密切。这里将通过对同时代诸遗址的陶器系统构成分析来揭示豫南和长江中游地区与中原地区的地域间关系。通过对已经发表资料的观察，能够确认其中含有二里岗文化因素的遗址有以下 11 处。以下将对这些遗址出土的陶器进行系统分析。

表 5-16　河南省南部和长江中游地区的陶器编年

遗址名	二里头前期（一、二、三期）	二里头后期（四期）	二里岗前期	二里岗后期
八里桥	○			
下王岗	○			
穰东	○	○		
乱葬岗	○			
李家湾	○			
王树岗	○			
杨庄	○			
党楼	○			
北丘上层	○			
斗鸡台	○			
青莲寺	○			
盘龙城		○	○	○
荆南寺		○	○	○
中堡岛		○		
朝天嘴		○		
铜鼓山			○	○
石门皂市				○
石门宝塔				○
路家河		○	○	○

1. 盘龙城遗址

遗址位于武汉市黄陂区聂口镇也店村,周围分布有丘陵和湖水,位于三面环水的高地上。① 城址面积南北290米,东西260米,若包含城外面积,总面积有东西1100米,南北约1000米。在城址之外,由于盘龙湖与府河的切割,还有分布在不同地点的五处遗址,它们分别是王家嘴、李家嘴、杨家嘴、杨家楼、楼子湾。这里对这五处遗址的陶器构成分别分析。

(1) 王家嘴:位于城郭南部城壕之外,南侧有府河流过,东西对岸有李家嘴和艾家嘴。发掘出土的遗迹有建筑基址三座、窑址三座、灰坑11处。出土遗物的年代大致介于盘龙城一至六期。一期相当于二里头文化时期,从二期开始,出现专门烧制大口缸的长窑窑址,并持续到三期,其时代大约相当于二里岗文化下层晚期。二、三期有鬲、甗、盆形鼎、豆、深腹罐、深腹盆、刻槽盆、甑、罍、大口尊、小口瓮、爵、斝、簋、壶等伊洛-郑州系陶器,占63.1%,而在地系的鼎、罐形甗、勺、盆、筒形罐、鼓肩罐、器座等占8.5%,釉陶系有瓮、尊、罍、罐等,占6.1%,大口缸占26.8%。发展到四期,伊洛-郑州系陶器占67.8%,在地系占9.0%,都与前期显示着相同的比例。釉陶系占2.3%,大口缸占15.9%,均比前期有所下降。到了五、六期,窑址消失,取而代之的是两座祭祀坑、一座墓葬和一座建筑,从中出土了青铜器和玉器。陶器构成显示伊洛-郑州系仍占66.7%的高比例,在地系的8.3%与前期变化不大。釉陶系占4.2%,大口缸占12.5%,均保持了前期的比例。

(2) 李家嘴:位于城郭东南部的半岛形台地上。自从1974年发掘著名的李家嘴2号墓以来,这里又发现了四座墓葬、30座灰坑,时代约相当于盘龙城二至七期。相当于二里头文化时期的二期遗迹非常少,三、四期的遗迹除李家嘴2号墓外,还有灰坑三座。出土的陶器中伊洛-郑州系占65.2%,在地系和釉陶系分别占17.4%,大口缸则完全没有发现。墓葬出土了50件青铜器和12件玉器。五期的遗迹包括中型墓三座和灰坑七座,出土的陶器中伊洛-郑州系占66.7%,在地系占11.1%,釉陶系占13.9%,大口缸占8.3%,与前期相比均呈现增长的趋势。同时在三座中型墓中出土了24件青铜器和12件玉器。到了六、七期又有灰坑两座,出土陶器较少,其中伊洛-郑州系占73.3%,在地系占10.0%,与前期基本相同。釉陶系占3.3%,比前期略有减少,大口缸占13.3%,呈现增加的

---

① 北京大学考古系、湖北省文物考古研究所:《盘龙城——1963—1994年考古发掘报告》,科学出版社2001年版。

趋势。

（3）杨家湾：位于城郭北部的台地上，1980年和1992年进行发掘，发现的遗迹有住址三处、灰坑四座、祭祀坑一座、墓葬11座，分别属于盘龙城遗址的二至七期。三期仅有一座墓葬，出土青铜器三件和玉器一件，还有四件陶器，均属于伊洛-郑州系。四期有住址、墓葬各一座，出土陶器中伊洛-郑州系占75.0%，大口缸占25.0%。未发现其他陶器系统。五期仅有地层堆积。六期发现三座灰坑和八座墓葬，出土陶器中伊洛-郑州系占55.6%，在地系占6.3%，而釉陶系占17.5%，大口缸占20.6%，显示出较高的比例。同时墓葬还出土了25件青铜器和两件玉器，釉陶几乎都是从墓葬中出土的。七期发现的遗迹有住址两处、灰坑一座、祭祀坑一座、墓葬一座。出土陶器中伊洛-郑州系占60.0%，在地系占11.1%，釉陶系占15.6%，大口缸占13.3%，与前期相比没有大的变化。祭祀坑和墓葬出土了青铜器50件和玉器八件。

（4）杨家嘴：遗址位于城郭东北部的半岛形地带。共发现住址两处、壕沟一处、灰坑两座和墓葬十座。年代属于盘龙城二至六期。三期的伊洛-郑州系陶器占54.5%，在地系占22.7%，釉陶系和大口缸各占9.1%和13.6%。四期有住址一处、墓葬三座。出土陶器较少，伊洛-郑州系占60.0%，在地系占20.0%，釉陶系占20.0%，未发现大口缸。墓葬出土了铜器和玉器各一件。五期的遗迹有灰坑两座、墓葬三座。出土陶器中伊洛-郑州系占51.1%，在地系占12.8%，釉陶系占9.8%，都比前期有所减少。而大口缸占26.5%，比例较高。同时墓葬出土了八件铜器和六件玉器。六期遗迹有建筑基址一处、灰坑一座、墓葬两座。出土陶器中伊洛-郑州系占55.5%，在地系占13.4%，釉陶系占6.6%，大口缸占24.4%。墓葬出土铜器一件和玉器三件。

（5）楼子湾：遗址位于城郭西部的丘陵地带上。共发现建筑基址一处、灰坑两座、墓葬20座。属于盘龙城四至七期。四期有灰坑两座和墓葬两座。出土陶器中伊洛-郑州系占54.6%，在地系占9.1%，釉陶系和大口缸各占18.2%。其他还出土铜器七件和玉器六件。五期有建筑基址一处、墓葬六座。出土陶器中伊洛-郑州系占52.6%，在地系占5.3%，釉陶系占26.3%，比前期有较大增幅。大口缸占15.8%。墓葬出土铜器27件和玉器四件。六、七期的遗迹仅墓葬各一座，出土陶器较少，均为伊洛-郑州系和釉陶，另有铜器两件和玉器一件。

第五章　从二里头文化向二里岗文化的转变

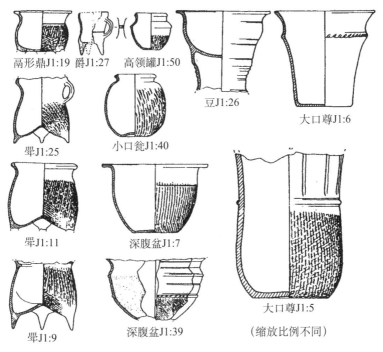

图 5-20　盘龙城遗址的伊洛-郑州系陶器（杨家湾）

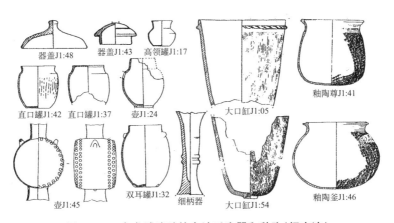

图 5-21　盘龙城遗址的在地系陶器和釉陶（杨家湾）

以上分析了盘龙城址内外五处遗址的陶器系统构成，各个遗址的陶器系统依据其所在遗迹的性质而相异，但是总体来看，伊洛-郑州系陶器占据半数以上的高比例，是盘龙城遗址陶器构成的主体成分，这一点都是相同的。在地系陶器虽然仅占6.3%～22.7%的低比例,但其中很少发现炊煮器这一点值得关注。釉陶系占13.9%～28.6%的高比例,大多是作为墓葬的随葬品而出现的,而一般遗址中仅占5%前后。大口缸占8.3%～26.5%,与釉陶呈现相近的比例,但是仅在有窑址和居住址的遗址中比例较高,显示了陶器构成与遗迹性质密切相关。五处遗址的陶器构成均看不出明显的时代变迁的差异。

2. 荆南寺遗址

本遗址中属于二里岗文化时期的遗迹年代约相当于二里岗下层期至二里岗上层后期。[①] 出土的陶器系统至少包含伊洛-郑州系、巴蜀系、在地系和釉陶系。其中伊洛-郑州系器类有鬲、大口尊、甗、假腹豆、簋、爵、深腹盆、甑、斝、仿铜鼎等,在地系有大口缸、釜形鼎、鬶、釜等,巴蜀系有凸肩罐、灯形器、双腹杯、器盖等,釉陶系有罐、尊等。根据张万高的分析,荆南寺遗址二期伊洛-郑州系占42.4%,在地系占53.8%,而巴蜀系仅占3.9%。到了三期,伊洛-郑州系占42.9%,与前期相比没有变化,但是在地系减少到49.6%,而前期比例较低的巴蜀系则增加到8.6%。进入四期之后,伊洛-郑州系逐渐减少到37.5%,在地系为43.7%,也呈现减少趋势,而巴蜀系则继续增加到18.8%。釉陶系非常少。再从陶器用途方面来看,根据遗迹不同,其主要炊煮器的构成相异,或为伊洛-郑州系的鬲、甗、深腹罐,或为釜、鼎、凸肩罐。三种不同系统的炊煮器根据场所不同而分别使用这一点引人深思。而到了五期的殷墟期,所有遗迹的炊煮器均转变为在地系的釜和鼎。

3. 路家河遗址

遗址位于宜昌县太平溪镇伍相庙村的长江北岸与路家河合流处。[②] 1984年两次发掘发现的遗迹可分为三期,分别相当于新石器、二里头、二里岗和殷墟前期。其中二里岗和殷墟期的资料最为丰富。这里仅分析相当于二里岗下层期和上层期的二期后半期的陶器构成。这里有釜、釜形小罐、高领罐、凸肩罐、杯、灯形器、大口缸等主要器类构成,但是也有簋、斝、瓿、大口尊、假腹豆、鬲、钵、器盖、深腹盆、碗、尊形器、盂、甑、壶、圈足盘、花边罐、釉陶等器类。这些陶器可分为三个阶段:第一段以釜类为代表的在地系占全体陶器的78.9%,凸肩罐为代表的巴蜀系占19.4%,以鬲为代表的伊洛-郑州系仅占1.7%。第二段在地系增加到

[①] 荆州博物馆编著:《荆州荆南寺》,文物出版社2009年版。
[②] 长江水利委员会编:《宜昌路家河:长江三峡考古发掘报告》,科学出版社2002年版;孙利民:《宜昌路家河遗址夏商时期陶釜研究》,《江汉考古》2007年第3期。

第五章 从二里头文化向二里岗文化的转变

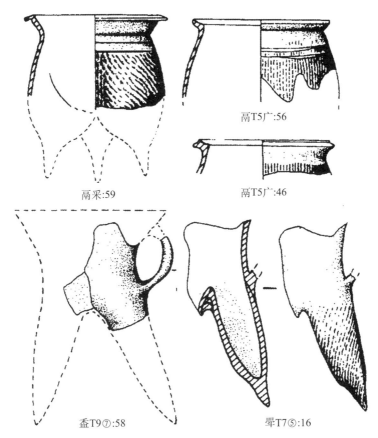

图 5-22 路家河遗址的伊洛-郑州系陶器（缩放比例不同）

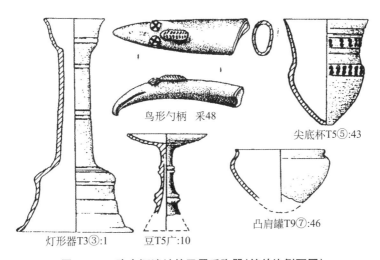

图 5-23 路家河遗址的巴蜀系陶器（缩放比例不同）

84.2%,巴蜀系为 15.3%,略有减少,伊洛-郑州系减少为 0.4%。第三段在地系继续增加为 92.1%,而巴蜀系则减少为 7.8%,伊洛-郑州系仅 0.2%。就时期的变迁来看,路家河遗址从二里岗下层期到二里岗上层期,显示着在地系的增加和巴蜀系、伊洛-郑州系的减少趋势。

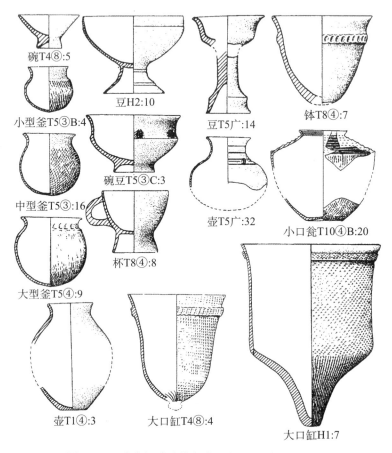

图 5-24　路家河遗址的在地系陶器(缩放比例不同)

4. 铜鼓山遗址

遗址位于岳阳市东北部约 30 千米的长江东岸。① 1987 年发掘发现了二里岗文化时期和东周时期的遗迹。二里岗文化时期的遗迹有灰坑六座、壕沟三处。

---

① 湖南省文物考古研究所、岳阳市文物工作队:《岳阳市铜鼓山商代遗址与东周墓发掘报告》,载《湖南考古辑刊》(第 5 辑),岳麓书社 1989 年版。

出土的陶器共分三期,一期相当于二里岗文化下层期,二期相当于二里岗文化上层期,三期相当于二里岗上层晚期到殷墟时期。陶器系统构成有伊洛-郑州系、巴蜀系、荆南寺在地系和釉陶系。一期以 T13、T15 第五层为典型单位分析其陶器构成。伊洛-郑州系占 55.6%,巴蜀系占 16.7%,荆南寺在地系占 27.8%,未见釉陶系。二期伊洛-郑州系增加到 75%,荆南寺在地系则减少为 7.1%,巴蜀系占 17.9%,与前期几乎相同。三期伊洛-郑州系减少至 50.0%,而荆南寺在地系则增加为 25.0%,巴蜀系为 15.4%,继续维持前期的比例,显示着稳定的变化趋势。釉陶系占 9.6%。从陶器的用途来看,炊煮器的变化意味深长。一、二期炊煮器是伊洛-郑州系的鬲,三期鬲完全消失,取而代之的是在地系的釜。

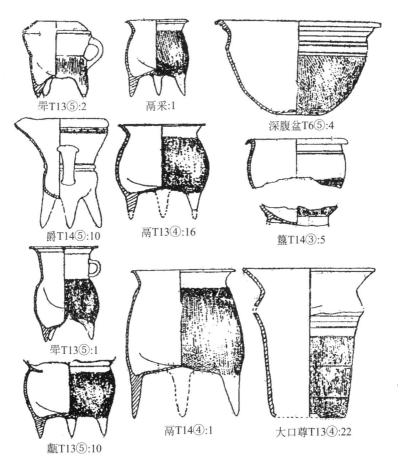

图 5‑25　铜鼓山遗址的伊洛‑郑州系陶器(缩放比例不同)

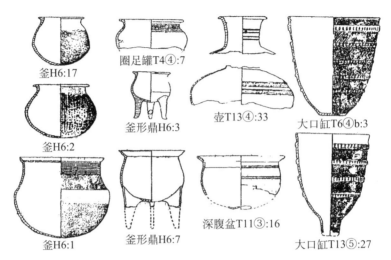

图 5-26　铜鼓山遗址的在地系陶器（缩放比例不同）

5. 皂市遗址

遗址位于武陵山东，鳢水支流碟水北岸约 100 米的台地上。① 1977 年发掘，A、B 两区共发现灰坑 32 座，其中 19 座属于二里岗文化时期。出土陶器可分三期，分别相当于二里岗上层期至殷墟二期。一期属于伊洛-郑州系的陶器有鬲、斝、爵、簋、大口尊等，在地系有大圈足盘、细柄豆、圈足碗、盘口罐、鼎、釜等。把大口缸和甑除外，以 H23 为例，伊洛-郑州系陶器占 14.3%，在地系占85.7%。二期相当于殷墟期，以 T9、T46 为例，伊洛-郑州系增加为 32.4%，而在地系减少为 58.1%。

6. 宝塔遗址和梞岗墓地

宝塔遗址位于鳢水南岸的冲积地带，石门县城东约 2.5 千米处。1984 年发掘发现灰坑四座。遗址可分三期，分别相当于二里岗上层期至殷墟期。一期陶器中的鬲、簋、假腹豆等占 5.6%，在地系的釜鼎、鼓肩罐、圈足碗、细柄豆等占94.1%。二期伊洛-郑州系略增加到 16.9%，在地系减少为 86.7%，但是其陶器构成的整体趋势没有发生大的变化。同样位于鳢水南岸的梞岗墓地，在距离宝塔遗址西约 20 千米处，偶然发现的一座墓葬中出土了玉璋、钺四件和盉、豆等陶器三件，均属于伊洛-郑州系，其时代属于二里岗下层后期到二里岗上层前期之间。

---

① 王文建等：《石门县商时期遗存调查——宝塔遗址与梞岗墓地》，载《湖南考古辑刊》(第 4 辑)，岳麓书社 1987 年版。

第五章 从二里头文化向二里岗文化的转变

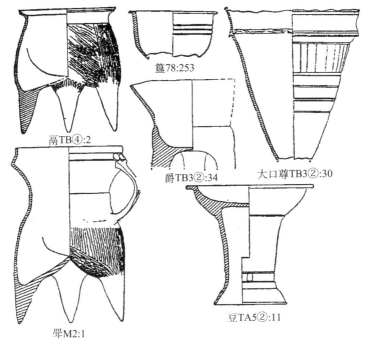

图 5-27 石门皂市遗址的伊洛-郑州系陶器

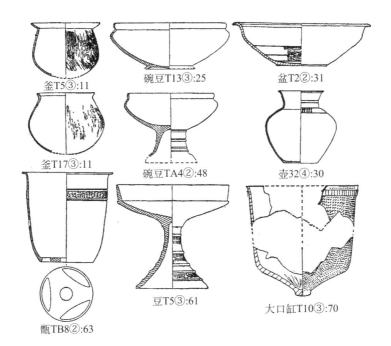

图 5-28 石门皂市遗址的在地系陶器

7. 意生寺遗址①

遗址位于湖北省黄梅县城西南约 30 千米的大河附近，1996 年由湖北省文物考古研究所发掘，文化堆积层由石家河文化与二里头、二里岗文化构成。遗迹有房址一座、灰坑八座。根据地层关系可以分为三期：一期主要出土陶器，器类有鬲、小口瓮、深腹罐、盐、斝、鼎、钵等，时代约相当于二里头文化一期。二至四期的遗迹丰富，有 H1—H5、H7 六个灰坑，地层五和地层四出土有陶器。器类与一期差异较大，属于中原二里岗文化典型的 AD 鬲数量较多，小口宽肩瓮、甗、豆、敛口斝、单耳斝、云雷纹平口瓮、大口缸、圈足尊、深腹盆等，还有本地特有的子母口钵、敞口盆、敛口碗、鼎、双立耳罐、高领罐等，显示这一遗址的主体内涵以二里岗文化期为主。

8. 薛家岗遗址

遗址位于安徽省潜山县王河镇永岗村，北距县城约 10 千米，位于皖河流域范围，面积约 6 万平方米。② 以新石器时代的堆积为主，夏商时期的遗存仅存于很小的范围内。发现有住址两座、墓葬一座、灰坑 47 座、小坑一座、红烧土坑一座。出土遗物 400 余件。根据发掘者的研究，其时代大约相当于中原地区二里头文化晚期到二里岗文化时期。以上遗迹中出土的陶器有鼎或鼎式鬲、鬲、爵、斝、甗、深腹罐、簋、盉、大口缸、小口瓮、坩埚、印纹陶等器类，其中属于伊洛-郑州系的陶器比例大致占陶器总量的 65.6%，在地系与其他系统的陶器占 34.4%。从器类构成来看，鬲的比例最高，占 34.4%，其次为鼎，占 12.5%，斝占 9.3%，豆占 7.3%，深腹罐仅占 2.1%。其他器类的比例则介于 1.0%～3.1% 之间。

9. 马桥遗址③

马桥遗址位于上海市西南闵行区马桥镇，发现于 1959 年，1993 年开始由上海市文管会进行发掘。地层堆积由良渚文化和马桥文化构成。属于马桥文化的遗迹单位有柱洞群、水井、灰沟、灰坑和陶片堆等。在其中多眼水井、143 座灰坑中，一部分可能是储藏用的，一部分则是垃圾坑。还有灰沟八条和 11 处陶片堆，四座墓葬和灶坑类遗迹。出土陶器中泥质红褐陶占 51%，夹砂陶占 27%，其余的泥质灰陶和泥质黑陶分别占 13% 和 9%。马桥遗址的陶器纹饰根据器型差别较大，比如鼎和甗多饰绳纹，且分别为横绳纹与竖绳纹。而甑与大罐、小罐多饰

---

① 韩楚文、崔仁义：《湖北黄梅意生寺遗址发掘报告》，《江汉考古》2006 年第 4 期。
② 安徽省文物考古研究所：《潜山薛家岗》，文物出版社 2004 年版。
③ 上海博物馆考古部编著：《马桥：1993—1997 年发掘报告》，文物出版社 2002 年版。

方格纹、刻划纹、叶脉纹等。大盆、中盆上也是这些纹饰较多,但是小盆多为素面。刻槽盆、钵、簋、豆类制作精致,多在器的中腹部装饰有繁杂的纹饰。此外,这里还发现碗、盘、三足盘、觚、杯、盉、鸭形壶、尊、盂、器盖以及原始瓷和硬陶,这些陶器均具有鲜明的特征。其中鬲、鬶、部分绳纹盆、鼎等都与中原地区二里头、二里岗文化时期的器类相似。正如向桃初研究的那样,以马桥文化为代表的遗址显示,这一时期二里岗文化的影响也曾波及江浙地区。而原始瓷和硬陶则显示着这一地区的特征,并暗示着中原地区出土的原始瓷可能与这一时期两地之间的相互交流有关。

10. 吴城遗址

遗址位于江西省樟树市西南部,河西部分的赣江支流萧江上游南岸的低岗上。商代土城围绕吴城村而建筑,北有萧江作护卫,香滨河绕城南而过,左有马鞍山,右有木鱼山。1973 年开始发掘,遗址的年代可以分为三期:一期为二里岗上层期,二期为殷墟早中期,三期为殷墟晚期到西周时期。城址的四面城墙分别是北 1 000 米,南 740 米,东 666 米,西 554 米。城周长 2 960 米,城内面积约 61.3 万平方米。目前共发现六个城门,分别是北门、东北门、东门、东南门、南门和西门。城墙外有壕沟。根据发掘成果可以知道,城墙始建于一期,二期曾经修缮,而城外的壕沟则建于三期。考古发掘证明城内的设施布局有居住区,区内发现了住址两处、水井三处、窖穴一处、灰坑 63 座、灰沟六处。祭祀区内发现道路、建筑基址、红土台座、柱洞群等。制陶区分布在西北部的一区,发现陶窑 14 座。冶铸区分布在东部的三区和四区,发现了陶范、石范、铜炼渣等。墓葬区共发现 13 座墓葬。器类有鬲、大口尊、甗、簋、罍、深腹盆、圆腹罐、尊形器、大口缸、斝、爵、小口瓮、鼎式鬲、釜、甑、盂、支座、器盖等,其中的鬲、深腹罐、大口尊、斝、爵、簋、甗、大口缸等伊洛-郑州系占全体陶器的 56.5%,而釜、鼎式鬲、甑、盂、碗等在地系或南方系陶器占 44.5%。再从器类构成比来看,鬲和折肩尊分别占 10.8%和 10.4%,比例较高,其他器类的比例均在 10%以下。但是与此相对,吴城遗址陶器器类较丰富,即使同一器类,其外在形态也比较多样,显示着这里在陶器制作方面的独特性。

11. 瓢山原始瓷窑址遗址[①]

位于东苕溪流域的瓢山窑址共有第 1—3 号三处窑址,另外还有北山类型窑址一处。根据考古发掘所知,这里的窑址始建于二里头文化时期,并在二里岗文

---

① 郑建明:《夏商原始瓷略论稿》,文物出版社 2015 年版。

化时期继续沿用。属于二里岗文化时期的原始瓷器类有钵、三足盘、长颈罐、大翻折沿罐、豆、网坠形器,还有制作工具的垫和拍子等。大多数器类外有黑衣,内有较厚的釉。以素面为主,少量有云雷纹和弦纹、刻划纹。此外还有一些印纹硬陶出土。窑址为龙窑形式,有火塘与两侧壁,为较缓的斜坡状,窑址上发现大量红烧土,并包含有原始瓷片等。此外,北山窑址多以烧制豆为主,有少量三足盘,极少见到罐类和钵类,因此同一时代的窑址之间可能在烧制的器类上有分工。另外还有南山窑址,是一处从二里岗文化到殷墟文化时期的窑址。这里也是以烧制豆类和钵类为主的窑址。根据考古调查,东苕溪流域属于夏商时代的原始瓷窑址有 20 余处,因此这里在二里头、二里岗文化时期已经是一处大型原始瓷制作中心,其产品应该与早期贸易和商品性用途相关,而不仅仅是满足本地区生活需要。因此进一步研究这里大量生产的原始瓷产品的流向以及使用地区将是非常有意义的课题,也是了解中原郑州商城、偃师商城和二里头遗址出土原始瓷产地的重要线索。

(二) 小结

对以上 11 处遗址的分析结果可总结如下:伊洛-郑州系陶器占过半数的遗址仅盘龙城与铜鼓山两处,均高达 75%,是遗址陶器的主体构成,而在地系陶器仅占两处遗址的两成多。与盘龙城不同的是,铜鼓山遗址还发现了巴蜀系陶器。另外,起源于江西西部的釉陶系在地理上接近的铜鼓山遗址仅发现不到一成的比例,但是在盘龙城遗址未发现巴蜀系陶器,而出土的釉陶却远多于铜鼓山遗址,其比例高达三成。大口尊在两处遗址都有发现,这一点则是共同的。其他四处遗址中除荆南寺遗址的伊洛-郑州系陶器占到 40% 左右外,其他三处遗址的陶器构成中 80% 以上为在地系,伊洛-郑州系仅占一成不到。而巴蜀系和釉陶系在四处遗址中均占不到一成的比例。

另外再从陶器用途的角度进行分析。炊煮器是日常生活中的常用器具,使用什么样的炊煮器与当地的文化传统习俗紧密相关。在二里岗文化时期的中原地区,人们习惯使用深腹罐、鬲、甗、斝等作为炊煮器,然而长江中游地区的人们从新石器时代开始就使用圆底的釜和釜形鼎。进入二里头、二里岗文化时期后,这一传统习俗并无大的变化,但是在一些遗址中发现了鬲、甗、斝、鼓肩罐、尖底罐等新石器时代不曾见到的器类。当然,若从整个长江流域来考察的话,这些新产生的器类并不普遍,只在少数遗址中发现。再从炊煮器以外的器类来看,鬶、喇叭形杯、觚、盉等中原式酒器也在一些遗址中发现,而且比中原式炊煮器更普遍一些。由此看来,长江流域发现的中原式陶器中,至少有两个能够反映不同动态趋势的类型,即炊煮器与酒器。这可能暗示着长江中游地区与中原地区以及巴蜀之间地域关系的复杂性。此外,虽然在八处遗址中的四处发现了中原式炊煮器,但是其所占比例在各个遗址中是不同的。比如在盘龙城、铜鼓山、荆南寺三处遗址中,具有特征性的炊煮器大量出土,而在其他遗址中则很少。从时期的变化来看,中原系陶器在三处遗址出土较多的时间段,大都集中在二里岗下层期至二里岗上层期之间,其他遗址则仅有二里岗上层期。由此可以认为以上三处遗址可能是郑州政权在长江中游地区的据点性遗址,而其他遗址虽然也受到了这些据点性遗址的影响,但是与从中原地区直接受到影响的三处遗址相比要小得多。伊洛-郑州系陶器在长江中游地区的影响不是呈面状分布的,而仅仅是在一些较为特殊遗址中才构成主体因素。这种点状的分布状况不表现地区间一般的交流行为,而反映某种特殊原因,比如战争或政治性影响等。三处遗址之外的其他遗址的陶器构成状况所反映的则是恒常的、一般的地域间交流动态。

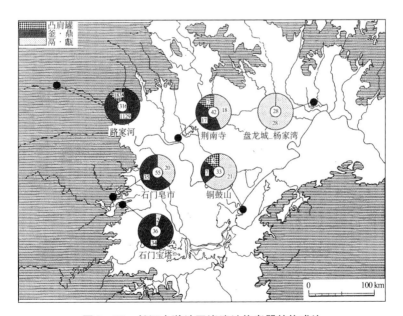

图 5-29 长江中游地区诸遗址炊煮器的构成比

中国初期国家成立期可分为二里头文化与二里岗文化两个不同的阶段。这种阶段的不同不仅反映在陶器系统构成的不同,还反映在其聚落分布状况的差异。以上分析提示我们,这种时代的不同因素在长江中游地区也存在,特别是二里岗文化时期长江中游与中原的郑州政权之间的关系更加密切。

  具体来说,二里头文化时期汉水流域与淮河上游的诸遗址显示了与中原地区更加紧密的关系。这从各个遗址中伊洛系陶器占据半数以上,是这些遗址陶器构成的主要成分得以证明。而且在距离接近中原的遗址中,其比例高达70%以上,显示着中心遗址对周围遗址影响过程中地理因素的重要性。这一时期长江中游的盘龙城以及沮漳河流域的四处遗址,由于远离中心地区,伊洛系陶器仅占约一成,就显示了地理因素在文化交流中的作用。虽然伊洛系陶器具有强大的影响力,但是其影响仍以黄河中游及其周边地区为主,长江中游地区并未发现二里头文化时期的据点性遗址。因此可以说,二里头文化时期的地域间交流仍然属于一种恒常的一般交流。

  但是,进入二里岗文化时期以后,以郑州政权为主的二里岗文化不仅在中原及周边地区相继建立了郑州商城、偃师商城、府城商城、垣曲商城和东下冯商城,还在长江中游建立了盘龙城商城和王家山商城。与郑州商城一样,盘龙城内不仅有相同的宫殿配置,而且在城外还发现了大量随葬中原式青铜器、釉陶和玉器的墓葬群。这些随葬品不仅器形相同,而且其纹饰、铸造技术也一样,反映了两者之间的密切关系。从开始建立盘龙城的二里岗上层前期开始直至城郭废弃,不仅用于随葬的青铜器、玉器和釉陶等器类与中原地区完全相同,而且日常生活用陶器构成中的50%以上也是中原的伊洛-郑州系陶器,并以此构成这一时期陶器群的主体成分,暗示着中原地区对这里的影响力。特别是连炊煮器这种反映地域传统习俗及生活习惯的器具,都不是在地的圆底釜或釜形鼎,而是中原地区的传统炊煮器——鬲、甗、斝等空三足器。因此可以说在盘龙城城郭运营期间,中原地区对这里的影响力不仅仅限于贵族及以上级别的上层社会,甚至生活在城内外的一般社会阶层也受到了一定程度的影响。

  但是,像盘龙城这样大量发现中原系陶器的遗址,在长江中游地区除铜鼓山遗址外,其分布并不清楚。大部分相当于二里岗文化时期的一般遗址,其陶器构成中仍然是以在地系陶器占据主体成分,许多遗址甚至未发现任何中原系陶器。因此可以说,长江中游地区二里岗文化时期受中原地区影响的程度,仅仅表现于点状的一些特殊遗址,并未形成连续的面的分布。也就是说,郑州政权进入长江中游地区是有目的性的和选择性的,而对周围一般遗址的影响有限。

  这里从使用量较多的炊煮器鬲的大小来分析。图5-30是出土于郑州商城和长江中游六处遗址的鬲的大小比较图。两地鬲的口径均集中在15厘米,器高为25厘米左右,反映了两地之间鬲的制作与使用情况非常相似。但是,除了盘龙城和铜鼓山遗址之外,其他四处遗址虽然鬲的大小与中原一致,但是鬲在炊煮器中所占的比例却有较大的差异。首先,虽然这四处遗址都有鬲出土,但是却仅占极少量,其主流炊煮器仍然是在地系的传统釜鼎或是巴蜀系的凸肩罐,它们在各个时期都保持较高的比例,显示其为一般的炊煮方式。而盘龙城与铜鼓山不仅鬲的大小相似,而且也占到半数以上,是两处遗址的主要炊煮器。

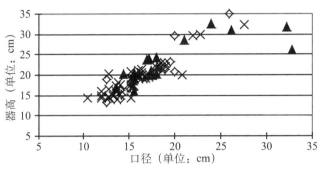

◇ 郑州商城　× 盘龙城　▲ 其他(荆南寺、皂市、铜鼓山、路家河)

图 5‑30　长江中游地区鬲口径大小的比较

另外再从炊煮器的容量来看两地的异同。这里以路家河遗址出土的在地系炊煮器釜的大小来观察当地人的生活方式。正如图 5‑31 所显示的那样,路家河遗址的釜可以区分为大、中、小三个群。根据发掘报告,在许多釜的底部都发现了煤的痕迹,因而其作为炊煮器的功能是可以肯定的。而鬲的容量却很难分出像釜这样的大小不同的群来。因此与煮或炊的功能相比,推测空三足的鬲具有蒸的功能更合理一些,而煮和炊则使用与其共存的深腹罐或圆腹罐,而圆底的釜或实足的釜形鼎则具备煮、炊、蒸三种功能。因此在区别三种用途时,需要参照釜的大小。也就是说,圆底的釜或鼎就器形来看,比较注重煮的功能,这与稻作文化特有的炊煮方式有关。而空三足的鬲、甗、斝等器形比较注重蒸的功能,煮的功能则让位给与其共存的深腹罐、圆腹罐。这与杂谷文化的烹饪方法紧密相关。也就是说在中原地区,日常生活中以陶器的形态来区分炊煮器的炊、煮、蒸的用途,而长江中游地区则像路家河遗址那样是以炊煮器的大小来区分的。

长江中游地区是稻作文化的发祥地,其传统的主食是稻米,而圆底釜是最适合处理稻米的炊煮器,因此自新石器时代以来就普遍使用这种陶器做主要炊煮器。而起源于北方地区的空三足器鬲等中原式炊煮器在长江中游地区的出现,与其说是一般生活需要,不如说是随着郑州政权的进入而被带来的,因此它们只

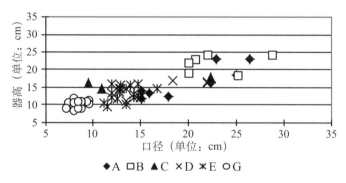

图 5-31 路家河遗址出土釜的大小

在一些据点性的遗址里被大量使用,并没有为其他一般性遗址所接受。当地的一般人群仍然习惯使用在地的釜或釜形鼎做炊煮器。这也间接证明了黄河流域与长江流域在饮食生活上的习惯差异。

长江中游地区在二里头文化时期,汉水及其支流地区的陶器构成与中原地区基本相同,它们与中心地区的遗址相连接,其分布形成一个面,但是这一分布趋势并没有波及长江南岸一带。而进入二里岗文化时期后,即使有长江南岸盘龙城的营建,陶器构成所反映的文化分布趋势也并未形成一个面,而仅在一些特殊的遗址中占据较高的比例,呈现一种点状的分布趋势。而同时期大多数遗址并未发现中原系陶器,或仅有少量中原系陶器因素,因此可以说,中国初期国家形成期的长江中游地区至少存在两种形式的陶器构成以及两种形式的聚落分布形态。

第五节 陶器组合风格的探讨

前四节就已经确认的中心地区二里岗文化时期陶器组合风格的一元化倾向,在伊洛-郑州地区、河南北部地区、山西西南地区和豫南及长江中游地区从陶器系统比例、器类构成、深腹罐和鬲的大小、绳纹技法等方面进行了分析和比较。接下来我们将在考量遗址性质的基础上对陶器组合风格在不同性质遗址中的状况进行探讨。

第五章　从二里头文化向二里岗文化的转变

一、中心地都城、地方城郭、一般聚落

二里岗文化时期的遗址中既有中心地区的都城遗址，也有地域性的城郭遗址和没有任何防御设备的一般聚落。这些性质不同的遗址中陶器组合风格的异同对我们研究二里岗文化的聚落分布形态和聚落间的相互关系非常重要，以下将在关注这些不同性质聚落间关系的基础上进行分析。

（一）中心地区的陶器风格

带有巨大外城郭的郑州商城在 30 平方千米的范围内分布有宫殿区、铸造手工业作坊、一般居住区、道路等政治、经济和手工业区域，基本具备了一个城市的所有功能。而偃师商城面积小于郑州商城，建有外城和内城，城内也发现了宫殿区、铸造工坊和仓库等遗迹现象。那么这两个城址出土的陶器组合是不是一样？这里将对此进行分析。两城出土的陶器大约有 27 类，一般炊煮器有鬲 AD、深腹罐 A2、甗 A、甑 A3，盛食器有深腹盆 A2 与 AD，刻槽盆 A3、大口尊 A1 与 A2、缸 A2、瓮 A4 等，除此之外，还有小口尊 A1 与 A2、簋 A2、豆 AD、鼎 A3、爵 A、斝 A4、斝 A、短颈壶等器类。其中小口尊 A1、爵 A、斝 A、斝 A、短颈壶 A2 等是继承二里头文化的器类，而小口尊 A2、簋 A2、豆 AD 和鼎 A3 是二里岗文化新出现的器类。这里以郑州商城为例进行比例的具体分析。二里头晚期遗迹出土的陶器中，食器占全体陶器的 13.4％，二里岗下层期则增加到 19.8％，其中深腹盆 AD 的比例最高。二里岗上层期其比例大幅增加到 27.3％，白家庄期维持 27.2％的相同比例。

再从两城的陶器系统来分析。二里头晚期存在的 D 的漳河系、E 的岳石系、C 的辉卫系等外来系陶器，在二里岗下层期仍然有少量发现，但是到了二里岗上层前期则完全消失，陶器系统完全呈现伊洛系和伊洛-郑州系的一元化状况。同时炊煮器深腹罐急剧减少，鬲 AD 大幅增加的倾向与其他地区相同。

炊煮器鬲 AD 和深腹罐 A2 的法量分析如下。二里头晚期两个地区出土的深腹罐口径平均值从 20.8 厘米变为 18.4 厘米，呈现逐渐变小的趋势，同时其变异幅度也从 1.7 厘米缩小到 0.7 厘米，规格化的倾向很明显。鬲 AD 的平均口径从二里岗下层期到白家庄期大约集中在 15.9 厘米到 16.4 厘米之间，二里岗下层后期开始呈现逐渐变大的倾向，而变异幅度没有变化，暗示着鬲 AD 从使用开始就已经规格化。总之，这展示了两个地域的陶器风格从二里岗下层前期开

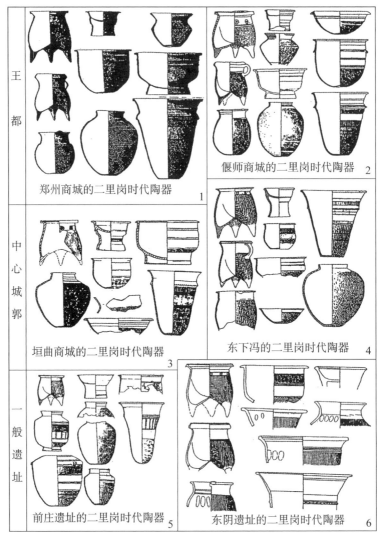

图 5-32 王都、地方城郭、一般遗址的陶器系统

始呈现齐一化的趋势,到了二里岗下层后期则完成一元化的过程。

(二)地域性城郭遗址的陶器风格

属于二里岗文化的地域性遗址有晋西南的垣曲商城、东下冯城址、府城商城、湖北省的盘龙城商城。

府城遗址面积较小,仅有 10 万平方米,在城壁内发现了日字形的建筑基址,

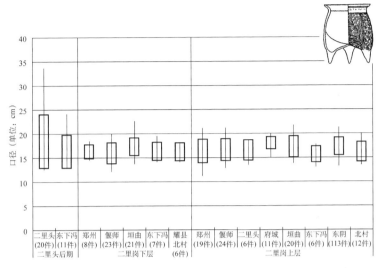

图 5-33 炊煮器鬲的大小比较

其营造时间在二里岗下层前段,比其他三个城址略早。相当于此时的灰坑出土的陶器系统,90.9%为伊洛系和伊洛-郑州系,其他系统的陶器仅占不足10.0%。二里岗上层期较晚阶段则几乎完全一元化为伊洛系和伊洛-郑州系陶器。陶器器类构成中,二里岗下层期的深腹罐 A2 占全体陶器的 37%,呈现较高的比例,而鬲 AD 的比例仅有 11.1%。这反映着地方城郭中炊煮器从深腹罐 A2 到鬲 AD 的转变比中心都市略晚一个阶段。二里岗上层期后段的器类构成与中心地区几乎相同,鬲 AD 占全体陶器的 25.8%,而深腹罐仅占 7.6%。

再来分析山西省西南部的东下冯和垣曲商城遗址。两个遗址的城壁均建在二里岗下层期,这一阶段的陶器系统中,在地系和东太堡系几乎消失,而伊洛系和伊洛-郑州系陶器占到八成以上,到了二里岗上层期更增加到九成以上,陶器系统呈现出与府城遗址相同的一元化倾向。再从器类构成比例来分析。二里岗下层期炊煮器鬲 AD 的比例在两个城址中分别为 25.3% 和 22.7%,进入二里岗上层期后,垣曲商城为 33.1%,东下冯为 30.6%,均呈现增加的趋势。此外,大口尊 A2、缸 A2、深腹盆 A2、平底盆 A、甑 A3、簋 A2、豆 AD、瓮 A3 与 A4 等的比例和府城基本相同,但是中心地区的爵 A、斝 A、盉 A、小口尊 A1 与 A2、短颈壶 A2 等供器的比例更高这一点则相异。这大概正是中心地区与地方都市的差异所在。

图 5-16 和图 5-33 表示着深腹罐 A2 与鬲 AD 的口径大小。首先来看鬲

AD 的口径变化。二里头晚期的东下冯遗址中鬲口径的变异幅度相当大,但是二里岗下层期开始变小,其变异幅度集中在 14 厘米～17 厘米之间。而垣曲商城在二里岗下层期鬲口径的变异幅度仍然较大,但是进入二里岗上层期后逐渐变小。总之,鬲 AD 的法量在以上地方都市遗址中都表现出一致的规格化倾向。深腹罐 A2 的口径如图 5-16 所示。二里头晚期开始小型化,到二里岗下、上层期,不仅小型化,而且口径的变异幅度缩小,开始呈现规格化趋势,和鬲 AD 一样在三个地方城郭都市呈现相同的变迁趋势。①

最后分析盘龙城遗址。位于长江流域的盘龙城商城远离中原地区,是一处带有四面城郭的,中北部有宫殿建筑基址群、一般住民区,城外有铸铜作坊遗址、墓葬群的地方城郭都市。由于在城外墓葬群中出土了大量具有中原传统的青铜容器,而出土的陶器中也以中原传统的二里岗文化特征性陶器为主流,因而表现出与中原中心都市非常一致的文化特点。但是,这里还发现了中原少见的印纹硬陶、灰釉陶、原始瓷器等长江以南常见的在地系陶器。②

(三) 一般聚落遗址的陶器风格

伊洛-郑州地区的一般聚落遗址有六处,河南北部七处,山西西南部七处,以及长江流域七处。这里将这些遗址区分为二里岗下层期和上层期进行总结分析。

属于二里岗下层期的遗址有二里头、王城岗、西史村、阎河、岔河和孟庄遗址六处。六处遗址出土的陶器系统显示,伊洛系和伊洛-郑州系陶器占全体陶器的七成到八成,而与此相对的在地系占 25% 左右。器类构成中,二里头、西史村、阎河遗址的鬲 AD 的比例在 7.7%～17.6% 之间,比较低,而王城岗、岔河、孟庄遗址则占到 20% 以上。进入二里岗上层期后,上述遗址的陶器系统中,伊洛系

---

① 秦小丽:《中国初期国家形成过程中的地域间动态》,载北京大学古代文明中心编著:《古代文明》(第 2 集),文物出版社 2003 年版。
② 秦小丽:「長江中流域地区の地域間交流動態——二里頭・二里岡時代の土器分析を中心として」,京都大学人文科学研究所小南一郎編:『中国の古代文明』,朋友書店,2005 年;秦小丽:《晋西南地区二里头文化到二里岗文化的陶器演变研究》,《考古》2006 年第 2 期;秦小丽:《河南焦作府城遗址陶器研究——对二里头、二里岗文化陶器数量分析的尝试》,《考古与文物》2009 年第 1 期;秦小丽:「史学的な視点から見た中国初期国家形成過程の研究動態」,『遠古登攀:日本京都大学遠山昭登君追悼考古学論集』,真陽社,2010 年;秦小丽:《豫北地区二里头时代的地域间关系——以陶器资料分析为中心》,《华夏考古》2008 年第 4 期;秦小丽:《二里头文化时期中原东部地区的地域间动态关系——以陶器资料分析为中心》,载中国社会科学院考古研究所编著:《考古一生:安志敏先生纪念文集》,文物出版社 2011 年版。

和伊洛-郑州系陶器占全体陶器的九成左右,显示着明确的一元化趋势。器类构成中鬲 AD 的比例较前期高,占全体陶器的 25％,深腹罐 A2 仅占 5％左右,非常低。大口尊 A2、缸 A2、瓮 A3 与 A4、豆 AD、簋 A2、大口罐 A、甗 A、甑 A3、深腹盆 A2 与 AD、短颈壶 A2 等成为陶器组合的主体要素,全部 17 个种类在所有遗址都相同。总结这些一般遗址的陶器风格,可以说日常用的鬲 AD、深腹罐 A2、深腹盆 A2 与 AD、甑 A3、甗 A、豆 AD、大口尊 A2、瓮 A4 等均齐全,但是爵 A、觚 A、壶 A、仿铜鼎 A3、小口尊 A1 与 A2、瓮 A4 等则较少见。而二里岗下层期鬲 AD 的比例较低,深腹罐 A2 占一定的比例这一点,反映着一般遗址中炊煮器从罐到鬲的转变比城郭都市遗址略晚一个阶段,直到二里岗上层期才完成这种转变。而前一章已经分析过的复合型遗址的陶器风格显示着从二里岗下层期到二里岗上层期逐渐一元化的倾向,在一般遗址中也得到确认。这种陶器风格不仅存在于中心地区的郑州与洛阳地区,而且也在晋西南、豫北的同类遗址中普遍存在。虽然陶器系统的构成比例表现出一定的地域差异,但是伊洛系和伊洛-郑州系在所有地区占到 75％以上这一点是共通的。陶器的这种一元化特征在陶器系统之外,还表现在器类构成和炊煮器深腹罐和鬲的法量和绳纹的施纹方式方面。

首先总结陶器系统的构成比。中心地区的伊洛-郑州地区,在二里岗下层期陈庄遗址中,伊洛-郑州系的比例占到 85％,鬲 AD 的比例占 7.7％,与中心地区的其他遗址相比比较低。二里岗上层期的五处遗址中,伊洛-郑州系陶器占到 97％,而河南东部三处遗址的伊洛-郑州系占 87.8％～91.7％相比,除在地系之外,还有甗 E、器盖 E 等岳石系陶器占 6％左右,而在地系陶器在伊洛地区仅占 3％。炊煮器鬲 AD 在除大河村遗址外的所有遗址均占到全体陶器的 25％～33％,而深腹罐仅占 15.1％～23.8％,从罐到鬲的转变与复合遗址完全相同。河南北部五处遗址均属于二里岗上层期,陶器系统中伊洛系和伊洛-郑州系陶器比中心地区占比低,大致在 75％～91.7％之间,但是鬲 AD 的比例比伊洛郑州地区高。山西西南部相当于二里岗下层期的遗址有北村、上北平望、西阴三处遗址,其伊洛-郑州系陶器占 70％～80％,而二里岗上层期的五处遗址中伊洛-郑州系陶器占全体陶器的 90％以上,显示着较高的比例。

从整体来看,迄今为止有考古发掘报告的单纯的二里岗文化遗址,伊洛-郑州地区有九处,河南北部五处,山西西南部和陕西东部七处,豫南和长江中游五处。将这些遗址中出土的陶器区分为二里岗下层期与二里岗上层期来观察,相当于二里岗下层期的遗址有陈庄、西阴、北村、上北平望。分析四处遗址中出土的陶器系统,伊洛系和伊洛-郑州系占全体陶器的七至八成,而在地系陶器仅占25%左右。到了上层期,不仅遗址数量大幅增加到16处,而且各个遗址中的伊洛-郑州系陶器分别占到九成,与前期相比变化比较大。

再从器类构成来看,相当于二里岗下层期的陈庄、西阴、北村和上北平望遗址中鬲 AD 的比例比较低,深腹罐仍然存在一定的量是这一时期的特征。而进入二里岗上层期后,除上述四处遗址之外,还有高寺村、白元、大河村、曲梁、鹿台岗、栾台、柘城孟庄、前庄、宁家坡、东阴、北村、南沙村、辉县孟庄等遗址。这些遗址中出土的陶器构成显示,鬲 AD 的比例比前期高,在所有遗址中均占到 25%以上,而深腹罐 A2 则仅占 5%左右。大口尊 A2、缸 A2、瓮 A3 与 A4、豆 AD、簋 A2、大口罐 A、瓿 A、甗 A3、深腹盆 A2、短颈壶 A2 等为主体器类,全部共 17 种在所有遗址呈现相同构成。但是除了日常用陶器外,很少见到爵、觚、斝等器类这一点则是一般聚落与中心聚落的差异。炊煮器从深腹罐到鬲的变化也较城郭都市晚一个时期,直到二里岗上层期才完成完全转换。

图 5-33 显示炊煮器的法量,横轴表示时期和地区,并以与郑州的距离远近排列,纵轴表示鬲的口径。图 5-33 显示二里岗下层期口径的变异幅度相当小,上下层均集中在 14 厘米~17 厘米之间。总之,鬲 AD 的大小从下层期到上层期在所有地区均呈现规格化特征。

最后观察绳纹的变化。图 5-34 的横轴表示遗址,纵轴表示每 5 厘米绳纹的条数。在单一的二里岗文化遗址中仅计测到东阴与宁家坡两处遗址的绳纹条数,东阴遗址除了甗 B2 之外共计测到 170 件陶器的绳纹条数,其平均值为每 5 厘米有 12.3 条,比府城遗址二里岗上层期要细,但是仍然显示较近的关系。而对同时期宁家坡六件鬲的计测结果显示,其平均值为 11.5 条,标准偏差为 9.1 条至 13.9 条。府城遗址二里头后期绳纹条数在 12 条至 29 条之间,变异幅度较大,其平均值是 19.0 条,显示这一时期绳纹比较细,标本间的粗细变异幅度较大。但是,进入二里岗下层期,绳纹条数集中在 11 条至 19 条之间,平均值为 15.7 条,显示绳纹在比前期变粗的同时,变异幅度也缩小。到了二里岗上层期,绳纹条数在七条至 15 条之间,其平均值是 11.1 条,绳纹进一步变粗,标本间的绳纹变异幅度更缩小。东阴、宁家坡和府城遗址二里岗上层期的绳纹条数非常一致。府城、东阴和宁家坡三处遗址虽然处于不同地区,相距较远,但是其绳纹却显示为完全相同的条数,而且也不论城郭的有无、遗址性质是否相同,都显示着相同的施纹方式和粗细。因此可以说二里岗文化时期不仅陶器的法量规格化,而且在制作技法上也显示着高度的超越地域的共同性。这种与制作技法密切相关的绳纹粗细的变异,不仅仅是表面纹饰的变化,而且可能反映着两个时代之间陶器制作工人集团的不同。①

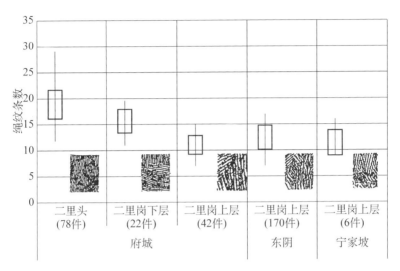

图 5-34 绳纹条数的比较

二里岗文化时代陶器组合风格的这种超越距离、超越遗址性质、极广泛的共通性是如何形成的需要做进一步的探讨。这里仅以炊煮器甗为线索来试做分析。在作者整理的东阴遗址陶器中,存在在地系甗 A 和伊洛-郑州系甗 B 两种。两种甗和鬲的绳纹条数如图 5-35 所示。甗 A 的绳纹条数在 16 条至 30 条之间,其曲线的最高峰在 22 条上。而甗 B 的绳纹条数在 10 条至 20 条之间,其曲线的最高峰在 14 条上。由此可以看出,这两种甗不仅仅在口缘形态方面有差异,而且在绳纹拍打工具上也有明显的区别。再进一步就甗 B 和同样属于伊洛-郑州系的鬲的绳纹来对比一下。这种鬲的绳纹条数在七条至 17 条之间,其曲线的最高峰为 12 条,这与甗 B 的绳纹趋向非常一致。这种鬲和甗 B 不仅口缘部特征很相似,其绳纹条数也一致。因此,可以推测这两种陶器应是出自同一陶器制作集团的作品,这一集团和在地系甗 A 的陶器制作者应是不同的。总之,可以认为伊洛-郑州系和在地系陶器系统应该是两个各自独立的陶器制作集团的产物。若这种推测成立的话,那么,在地系陶器就应该是在地原住民制作的,而伊

---

① 秦小丽:《河南焦作府城遗址陶器研究——对二里头、二里岗文化陶器数量分析的尝试》,《考古与文物》2009 年第 1 期。

洛-郑州系陶器则有三种可能，一是在地的制作者模仿伊洛-郑州系陶器而制作的，二是陶器本身是从伊洛-郑州地区搬入的，三是来自伊洛-郑州地区的工人集团在晋西南地区制作的。不管哪一种推测，都需要通过今后更为详细的分析来验证。不过，在二里岗文化时代这种具有极大普遍性的陶器一元化的制作背景里，存在着陶器或者工人集团的移动这样一种事实应是没有疑问的。

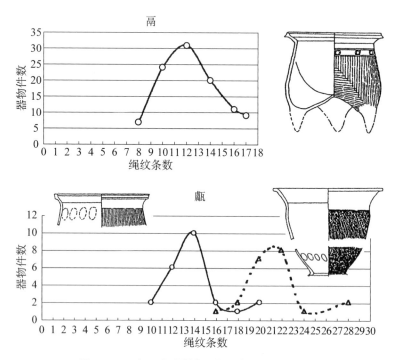

图 5-35 东阴遗址器类别绳纹条数的异同比较

本章就二里头文化后期到二里岗文化时期的转换，以伊洛-郑州地区、河南北部地区、山西省西南部和长江中游地区的陶器资料为中心进行了分析。首先对包含两个时代的复合型遗址的陶器组合风格进行了分析。从结果来看，首先可以指出的是从二里头文化时期包含多系统器类的陶器组合风格，到二里岗文化时期具有高度统一性的一元化陶器组合风格的变化这一显著特征。伴随着这一变化，二里头文化时期不曾看到的伊洛-郑州系鬲作为炊煮器替代各种罐类被广泛使用。其法量在小型化的同时，还出现了高度划一的规格化倾向。

这种特征不仅在河南北部、晋西南地区、长江中游地区，而且在二里岗文化时期中心地的伊洛-郑州地区以及豫东地区也普遍得到确认。因此可以说，二里岗文化时期的陶器组合风格呈现广泛的齐一性。晋西南、伊洛地区、豫北、长江中游地区在二里头文化时期都是各自具有不同的陶器组合风格的地区,然而进入二里岗文化时期之后,陶器风格呈现出高度的共通性,而且这种共通性不仅限于器类构成的类似,在陶器的细部特征和制作技法方面也可得到确认。因此,可以认为在二里岗文化时期陶器的这种高度一元化的背后,不仅仅是陶器的简单模仿,可能还反映了某种强烈的支配性制度的存在。这种一元化的陶器组合风格,在中心都城的王都、地方城郭都市和一般聚落三类性质不同的遗址中均可得到确认,从这一点也可以推测出产生二里岗文化陶器风格这种共通性的背景里,存在着某种严格的陶器生产制度和规则。

二里岗文化时期在郑州和伊洛地区分别建立了巨大规模的郑州商城和偃师商城,确立了这一时代的中心地区。这两个城址内不仅发现有宫殿基址,还发现有青铜器、陶器、骨器等手工业作坊,充分显示了其王都的性质。这里发现的陶器既有继承二里头文化时期伊洛系的特征性器类,又增加了大量新的器类,而且大型陶器增多,以此形成了这一时期具有特点的陶器风格。而在二里头文化时期曾各自拥有自我特征的陶器风格的地域单位——晋西南、豫北地区和豫南长江中游地区,到二里岗文化时期分别建立了两座或一座城郭。这些地域在二里头文化时期遗址分布比较稠密,但进入二里岗文化时期以后,随着城郭都市的建立,遗址的数量却急剧减少。一些学者认为,这些地方城郭都市的建筑方法以及城内配置等都与偃师、郑州商城极其相似这一点,反映了这些地方都市是以郑州商城为中心的郑州政权为实行对地方统治而建设的殖民性都市。二里岗文化时期可看到的陶器风格的这种一元化特征与郑州政权的成立和扩大之间究竟存在着什么样的关系,还有待于今后进一步从陶器风格以外的多方面去进行探讨。

二、陶器的地域间动态

二里岗文化时期在中心地区出现的新的伊洛-郑州系陶器群急速向周边地区扩大的过程中,显现出明显的一元化趋势。

二里岗下层前期是伊洛-郑州系陶器的成立时期。伊洛-郑州系陶器群在这一阶段器类增加,确立了这一时期陶器风格的主要构成要素。这一系统的出现和确立成为时代间转变最明显的体现,也是二里头文化到二里岗文化转变过程中最重要的关键。这一阶段首先在郑州和偃师商城形成这一陶器系统值得注意,也成为评价二里岗文化历史地位的一个重要根据。

伊洛-郑州系是伴随着二里头文化以来的伊洛系,而逐渐形成并成为二里岗文化陶器构成的主体因素的。观察郑州商城的陶器风格,伊洛系和伊洛-郑州系陶器群的比例占 89.9%,岳石系占 5.2%,其余为系统不明者。偃师商城与此相同,伊洛-郑州系陶器占 83.9%,漳河系占 16.1%,其他陶器系统则完全没有发现。这一时期伊洛-郑州系与伊洛系合计占陶器系统中的绝对多数这一点仅在两个中心都市出现。同时,伊洛-郑州系鬲 AD 急剧增加,并取代前期的深腹罐成为这一时期的主要炊煮器。

而观察这一阶段其他地区的陶器风格,河南北部的府城遗址仍然以伊洛系陶器为主体,漳河系陶器的比例很低。由于这一阶段陶器资料较少,难以断言,但是与郑州、偃师商城陶器风格不同这一点很明确。仅仅就陶器系统的分析来看,可以说这一陶器形式的划时代的变化处于二里头四期和二里岗下层前期之间的郑州商城和偃师商城。

在二里岗下层期后段,发端于郑州商城的伊洛-郑州系陶器开始向周边地区扩大。观察郑州商城的陶器风格,岳石系较前期减少,97% 为伊洛系和伊洛-郑州系陶器,显示着这一阶段陶器系统明确的一元化特征。偃师商城的这一陶器系统也占到 90%。即使周边地区的遗址中伊洛系和伊洛-郑州系陶器的比例也均超过了 90%,成为所有遗址的主体构成要素。其他陶器系统则很少见到。

这一阶段的陶器风格在向伊洛-郑州系陶器一元化转化的同时,这种中心地区一元化的陶器风格也开始在周边地区展开,各个地区均出现了陶器的一元化现象。中心地区的陶器风格在短时间内向周边地区扩展的背景,则是以郑州商城、偃师商城为中心的势力比前代更有影响力、更强大,在这一扩张的背后也许有军事力量的存在。

到了二里岗上层期,陶器系统的一元化范围进一步扩大到河南省东部地区。虽然也存在一些陶器种类交替上的不同,但是整个陶器风格没有大的变化,保持一种稳定的状况。直到此后的白家庄期,陶器风格均没有大的变化。伊洛-郑州系陶器呈现一种平稳的趋势。

三、陶器系统变化的背景

二里岗文化时期伊洛-郑州系陶器群的基础,是在二里头文化四期时在二里头遗址、郑州商城遗址和偃师商城遗址中开始形成的。这些遗址都是位于中心地区,并带有城郭和特殊建筑基址的遗址。

第五章 从二里头文化向二里岗文化的转变

伊洛-郑州系器类增加,并形成有特点的陶器群是在二里岗文化下层期前段。这一阶段,在郑州商城内城、偃师商城的小城建立的同时,两城内部多处大型建筑基址也在建立中。这些城壁规模的壮大程度与中心地区应有的设施是相符的。

到了二里岗下层期后段,周边地区的一些地方都市也开始建立。山西西南部的东下冯、垣曲商城、河南北部的府城商城以及长江中游地区的盘龙城商城相继建造。而以上诸遗址在二里头文化时期已经分别建有环壕聚落,或是大型基坛基址,暗示着遗址性质的特殊性。这些地方城郭遗址与中心地区的都城遗址有许多共同点。一些学者认为早商时期的城郭均呈方形,城内的中北部建有版筑建筑基坛。城壁与建筑基坛的建造均以中心轴略偏东北的方位设计,而且城壁和建筑基坛的版筑方法非常相似,版筑层的厚度和版筑工具的遗留痕迹等都几乎一致。[①] 进一步从各个城址内外发现的随葬青铜器、玉石器的墓葬特征来看,中心都市与地方都市也很相似。这些都显示着王都与地方城郭之间的紧密关系,但是在城郭的规模上,中心地与地方都市之间则完全不同。郑州商城仅内城就有1 870米×1 700米,大约有300万平方米,若加上外城郭则更大。偃师商城的大城有1 710米×1 240米。而与此相对,府城商城仅279米×266米,垣曲商城是400米×350米,东下冯是650米×370米,盘龙城是290米×260米,位于周边地区四座城址的面积仅是中心地区王都城址的1/20,显示着非常大的差异。因此可以指出早商时期中心与地方城郭存在着明确的规模大小区别制度。再从遗址分布现状来观察,随着城郭遗址的出现,二里头文化时期曾经分布的遗址大多数遭到废弃,显示了与二里头文化完全不同的分布状况。这暗示着二里头文化与二里岗文化在各地域存在着明显的文化断层。而在二里岗文化晚期的白家庄期,包括中心都市的郑州、偃师的六座城郭遗址在短时间内相继废弃。这些都暗示着二里岗文化的中心与地方城郭之间不可分割的密切关系。这种关系不是基于一般的地域间交流而形成的,而是反映了在中心都市形成的规格化的都城制度在各个地方实现的结果,即地方城郭遗址是根据中心都市统治者的意图和计划而设计建设的地方性据点或功能性城址。

而与中心都市密切相关的地方城郭的出现,正好与二里岗文化一元化的陶器组合风格向周边地区扩大的时期一致。因此可以认为二里岗文化陶器风格在

---

① 冈村秀典:「農耕社会と文明の形成」,『岩波講座:世界歴史3　中華の形成と東方世界』,岩波書店,1998年。

地域的一元化正是以郑州、偃师商城为中心的势力向周边地区的强势扩张和对地方影响的具体显现。而一般聚落遗址陶器风格的一元化特征的出现略晚于地方城郭遗址，直到二里岗上层期才明显化。这也许反映着以二里岗下层期后段建立在地方的城郭都市为据点，向其周边地区扩大的陶器风格一元化的进程。因此二里岗文化时期陶器风格正是以中心都市、地方城郭都市、一般聚落遗址这样突显阶层性的进程向周边地区扩展的。①

---

① 秦小丽：「中国初期国家形成過程における地域間動態」，京都大学博士学位論文，2002年。

第六章

礼仪性陶器与陶器的生产与流通

第一节 二里头文化的礼仪性陶器

在初期国家形成期的研究中,以礼仪性陶器为主要对象的研究大多关注墓葬资料及其与社会复杂化进程的关系,事实证明这一研究是可行的,并取得了较多的成果。中国自从新石器时代中晚期出现社会财富贫富分化以来,便带来了特权的产生以及社会的不平等,同时族群之间的竞争与战争防御导致大量城址的营造,最终在龙山文化晚期出现社会重组与社会秩序的变化。在以二里头文化为代表的国家成立期,随着青铜礼器的出现,礼仪性陶器除了在墓葬发现之外,一些重要遗址的居住性生活遗迹中也有发现,这些礼仪性陶器除了器形外,还在原材料选择、制作工艺技术以及消费体系方面与一般陶器不同而具有特点。墓葬随葬品只是礼仪性陶器的最终消费目的,关于它的制作体系以及流通渠道并不明确。特别是在二里头文化和二里岗文化时期,礼仪性陶器的远距离传播所具有的意义也值得探讨。为此本书将在二里头文化、二里岗文化墓葬资料研究成果的基础上,以二里头遗址中非墓葬出土的礼仪性陶器以及其他居住性遗址和制作性遗址出土的礼仪性陶器为分析对象,探讨二里头、二里岗文化时期社会秩序重组过程中礼仪性陶器的组合、使用方式以及在生产体系上是不是与一般日常用陶器有所区别,并对其在流通体系上的分布进行分析。

一、二里头文化时期礼仪性陶器产生的社会历史背景

早在新石器时代中晚期,礼仪性陶器在一些地域文化发达地区就已经出现,

特别是在玉器文化发达的山东半岛、长江中游和长江下游地区出现较早。中原地区的陶寺文化也在大中型贵族墓葬与漆木器等中发现了一批与日常生活用陶器风格完全不同的具有礼仪特点的陶器。因此有的学者认为礼制形成于龙山时代。① 多数学者还分别对山东地区、长江中游地区和长江下游地区新石器时代中晚期礼仪性陶器进行了初步分析。② 山东地区从大汶口文化时期开始在一些大型墓葬中出土了陶鬶、陶盉、陶杯等以及以白陶制作的陶器,其类别有十余种,主要包括以鬶、鼎、盉、罐、壶、背壶、豆、尊、杯、高足杯、碗、盒和器盖等为代表的制作精细、造型特别的礼仪性陶器。根据栾丰实的研究③,山东半岛最早的白陶出现于大汶口文化晚期,在大汶口、野店、西夏侯、陵阳河、大朱村、尉迟寺均有发现,并一直延续到龙山文化晚期,但是在后续的岳石文化中未见白陶。山东地区白陶的分布有两个特点:一个是从大汶口文化中晚期到龙山文化时期,白陶的分布范围不断扩大;另一个是白陶的器形种类趋于减少,随着时间的推移,白陶种类趋于单一,到了龙山文化时期仅有陶鬶一种,而且数量也呈现减少倾向。以山东地区为主要分布区的岳石文化中未见白陶,但是在与岳石文化并行存在的中原二里头文化中却发现了白陶质礼仪陶器鬶、盉、爵、觚等。二里头文化白陶出现的社会背景值得探讨。

山东地区　　　　　长江下游　　　长江中游(湖南白陶)

图 6-1　新石器时代山东半岛及长江中下游地区出土的礼仪陶器和白陶

如果说大汶口-山东龙山文化的白陶在时间上与二里头文化白陶有着一些关系的话,那么,长江中游湖南地区距今 7 000 年前的白陶则是中国白陶的始祖,以高庙遗址、千家坪遗址、汤家岗遗址和丁家岗等遗址为代表的长江中游不同地区的

---

① 高炜:《龙山时代的礼制》,载《庆祝苏秉琦考古五十五年论文集》,文物出版社 1989 年版,第 242—243 页。
② 方向明:《长江下游地区新石器时代盉鬶的若干问题》,《嘉兴学院学报》2010 年第 5 期。
③ 栾丰实:《海岱地区史前白陶初论》,《考古》2010 第 4 期。

大量精美雕刻、拍印白陶的发现,使我们得以重新思考白陶在新石器时代具有的社会意义。湖南史前白陶是新石器时代的一道天光,被誉为中国史前时代的第一次艺术浪潮。① 它完全打破了陶器只是盆盆罐罐的生活用品的界限,令我们与古人做思想对话的也正是这些泥土质的盆盆罐罐。湖南史前白陶纹饰显然不是简单的装饰,而是古人精神意识的图像表达。它与黄河流域彩陶文化具有相同的意义,在陶器艺术的表现上显示着自由奔放的天然创造性,而没有复杂社会时期上层社会统治体制结构中以祭祀为目的的礼仪性陶器蕴含的规制与约束。但是在文化传承上,它为此后的礼仪性白陶奠定了文化、社会与技术层面的基础。

  长江下游地区虽然发现的白陶较少,但是以黑皮陶为主的陶器文化是其特点,主要以盉与单耳杯为主,多出土于生活性质的遗址之中。从河姆渡文化时期开始,黑皮陶盉、陶杯等的出现,经马家浜文化、崧泽文化时期陶鬶的加入,直到良渚文化时期,长江下游地区形成了一个非常完整、具有传承体系的生活用礼仪性陶器传统。② 比如卞家山墓葬中出土的相同器类,在陶质上并不适合使用,具有专门用于随葬的明器性质,而在同一遗址的居住区则发现了以黑皮陶为主的一整套生活用器和礼仪性陶器,暗示着至少在良渚文化时期丧葬陶器与生活用陶器是分别制作的。③ 与山东地区重视丧葬礼仪相比,长江下游地区更重视生活中的宴饮礼仪与丧葬礼仪分别进行④,充分显示着地域文化的礼仪内涵与礼仪形态的差异,也说明这一时期还没有形成一个具有广范共识的礼仪性陶器组合的固定模式。二里头文化在洛阳地区一经出现,无论是文化分布范围,还是礼仪性陶器的影响圈,都与龙山文化时期不同。礼仪性陶器的逐渐完善使得其与一般生活用陶器的距离越来越远,并形成了一套具有宴饮功能的陶器组合——鬶、盉、盉、爵、斝。这些器类都是在器形上适合于温酒、装酒、分酒、饮酒的酒器。虽然这些陶器不总是一起出土,但是共存的场合比较常见。

  一般来说,陶器就是一种日常生活用器,多是平民日常生活的反映,然而作为容器的陶器在宴饮礼仪中又是不可或缺的器具,因而礼仪性陶器从新石器时代中晚期就开始出现。二里头文化时期的社会结构与龙山文化时期相比发生了

---

① 王芬:《海岱和太湖地区宗教信仰与礼制的比较分析》,《江汉考古》2010 年第 1 期;郭伟民:《湖南史前白陶的考古发现》,载《千家坪》,故宫博物院出版社 2019 年版,第 1—3 页。
② 方向明:《长江下游地区新石器时代盉鬶的若干问题》,《嘉兴学院学报》2010 年第 5 期。
③ 浙江省文物考古研究所编著:《卞家山》(上下),文物出版社 2014 年版。
④ Xiaoli Qin, "Ritual Pottery in the Late Neolithic Period and Early Bronze Age", New Insight on Early Chinese Pottery Conference at Harvard Art Museum 2019, April 3-5, 2019.

较大的变化,以二里头遗址大型宫殿为标志的国家机构的建立,必然在祭祀礼仪方面发生改变,而事实上二里头文化时期的物质文化显现的重大突变就是一个证明。代表发达的王权存在的青铜礼器、绿松石镶嵌牌饰、龙形器以及海贝、漆器等远距离奢侈品的集中汇合等,都暗示着这里强势统治机制的存在。陶器的礼仪化也是在这一大的社会背景之下产生的。

二、礼制、礼器、丧葬礼仪

由社会不平等与等级制度而催生的礼制,就是等级名分制度的体现,也是确定上下尊卑隶属关系的制度,同时还是社会上层政体统治所需要的祭祀、宴饮等政治性与宗教性活动所遵循的规则。而在这些活动中使用的器具就是礼器,因而礼器是礼制的物化形式,也是礼制内涵的载体。正由于礼制所包含的政治性、宗教性意义,礼器也就需要被赋予一些规则,使其形成规范而系统的、可遵循的、可视性的物品,以便于人们操作与遵守。这种礼器系统既要有某种程度的固定组合,又必须在社会体系与地域文化传统中彰显等级差别,并将其形成为一种制度,即礼制。丧葬礼仪是礼制的重要组成部分,又由于墓葬资料往往更容易保存较为完整的陶器组合以及摆放位置等这些礼仪祭祀中重要的信息,因此墓葬资料成为研究古代礼仪制度的主要对象。对墓葬材料的梳理和分析,无疑有益于对二里头文化时期的礼制做深入的探讨。所谓的丧葬礼仪是指安葬和哀悼死者的一系列祭祀活动,是当时社会等级制度、社会文化理念与宗教活动在丧葬礼仪中的体现,更是礼仪制度的具体物化体现。

图 6-2 二里头遗址出土的礼仪性陶器

所谓礼仪性陶器组合是指在祭祀、礼仪活动中经常配套使用的一整套各司其职、功能不同的宴饮器具。二里头文化时期的鬶、盉、斝、爵、觚等不仅在器形上适合于温酒[①]、装酒、分酒与饮酒,而且制作精良、造型复杂、具有艺术美感。在器形上讲究而精美、适合于供奉的盛食器,比如豆、三足盘、簋等也是礼仪祭祀不可缺少的器类。

(一)二里头文化时期的丧葬礼仪

本书虽然不以墓葬资料分析为主,但是为了比较,这里对墓葬礼仪性陶器的研究成果做简略综述。

二里头文化时期迄今共发现了500余座墓葬,根据学者的研究,在二里头文化墓葬中已经形成依照等级的高低而等差有序地使用礼器、墓圹规模的严格制度。[②] 特别是青铜礼器的有无和数量已成为等级身份的核心表征物,更奠定了三代青铜礼器制度的基础。与此同时,礼仪性陶器也形成了比较固定的组合形式。李志鹏认为[③],以二里头遗址为主的二里头文化墓葬级别可以分为五个等级,Ⅰ级墓中普遍使用青铜礼器、玉礼器、陶礼器、漆礼器,而Ⅱ级墓中陶礼器使用最为普遍,等级稍高的墓中还使用玉礼器、漆器等,只不过数量较之Ⅰ级墓有所递减。Ⅲ级以下墓葬则只见日用陶器。因此可以说二里头文化时期礼仪性陶器与其他材质的礼器只出于Ⅲ级以上等级的墓葬中,其组合形式遵循一定的等差有序的规则,这正是礼制形成的重要表现。可以看出,二里头文化的酒礼器组合由爵、斝、盉、觚共同组成,除觚外皆可作为温酒之器,有学者认为爵是饮用温热酒的酒器,而觚则是喝冷酒的酒器,爵、觚共同组成饮酒器,而盉、斝特别是盉则主要作斟灌注酒之用,显示了礼仪性陶器组合中陶器功能的作用。但礼器群的核心无疑是酒礼器。二里头文化时期与新石器时代晚期相比,礼器系统以重酒组合为核心的礼器组合是一个跨时代的变化,从此开启了夏、商、西周早期礼器制度一以贯之的以酒礼器为核心的礼器制度,是三代礼器制度的基础。

[①] 唐兰:《论大汶口文化中的陶温器》,《考古》1979年第2期。
[②] 刘绪:《从墓葬陶器分析二里头文化的性质及其与二里岗期商文化的关系》,《文物》1986年6期;杨锡璋:《由墓葬制度看二里头文化的性质》,《殷都学刊》1987年3期;缪雅娟、刘忠伏:《二里头遗址墓葬浅析》,载《文物研究》(第三期),黄山书社1988年版,第21—34页。
[③] 李志鹏:《二里头文化墓葬研究》,载中国社会科学院考古研究所编:《中国早期青铜文化——二里头文化专题研究》,科学出版社2008年版。

图 6-3 二里头文化墓葬随葬陶器组合例示

二里头文化三期之前礼器系列是陶质酒礼器的组合,三期开始铜质礼器增多,以礼仪性陶质与铜质酒礼器的生产和分配在二里头文化不同区域、不同等级聚落间建构礼制,以建立和维系二里头文化广大地域内贵族之间和不同地区中心和都城之间的等级体系和关系网络是社会上层集团的统治策略。正如有的学者指出的那样,礼器属于手工业产品中的奢侈品,它的生产与分配情况往往能提供有关一个社会政治结构的信息。一般而言,强权统治政体会投入大量人力和技术资源发展复杂的奢侈品生产体系,因此奢侈品生产的增长很可能反映了政治强权的发展。利用来自远方的原材料制造手工业制品可以为贵族提供扩大政治影响的机会。他们可以靠控制和限定生产知识、技术、工具、原材料来获取经济和政治优势,也可以靠垄断生产过程从经济和意识形态方面左右社会。①

(二)二里头文化时期礼仪性陶器组合

二里头文化墓葬资料显示,爵、鬶、盉、觚为这一时期比较固定的酒器组合。在陶质酒器组合中,不同器类有不同功用,配套使用,形成一套功能齐全的完整组合。其中觚为饮器,爵有可能兼作饮酒和温酒器,而鬶、盉则为分酒、盛储、温煮之酒器。② 二里头遗址出土的爵、鬶和盉的器表常发现烟熏痕迹,说明三者都可作为温器。他们的分工明显并不体现在是否作温煮之用,这和铜器的情况类似。觚亦为饮器,但主要是作为陶礼器组合中的辅助器类。墓葬中随葬用的礼仪陶器组合是否体现二里头文化时期祭祀礼仪用器的组合,是需要思考的问题。

---

① 刘莉:《中国新石器和铜器时代早期礼器的生产》,载《桃李成蹊集——庆祝安志敏先生八十寿辰》,香港中文大学中国考古艺术研究中心 2004 年版,第 98 页。
② 杜金鹏:《陶爵——中国古代酒器研究之一》,《考古》1990 年第 6 期。

因为一般祭祀礼仪与丧葬礼仪是不能等同的,祭天、祭祖、祭祀神灵、奠基典礼、征战凯旋等祭祀活动才是上层社会统治者对礼仪、礼器进行重点规制的场合,也直接体现礼仪祭祀在当时社会体制中的作用与社会意义。由于礼仪性关联的考古资料大多以较为完整的墓葬资料为主,因而从考古学上对礼仪用器以及礼制的研究多偏重墓葬资料。但是二里头遗址①、南洼遗址②、稍柴遗址③等遗址的生活区域也有礼仪性陶器出土,梳理这些陶礼器以及它们的出土环境是研究的途径之一,本章将尝试这一方面的研究。

(三)礼仪性陶器与白陶

在伊洛地区的二里头、南寨、南洼、稍柴等遗址中都发现了不少礼仪陶器为白陶制成。特别是二里头遗址,除了墓葬外,在三区和五区的灰坑中也出土了1 000余片白陶,这暗示着至少在二里头遗址中白陶除了墓葬随葬外,还用于生前礼仪活动或者生活中的宴饮仪式活动。黄河流域最早的白陶是大汶口文化墓地出土的陶鬶和陶盉,龙山文化中、晚期,河南地区的龙山文化遗址也发现了鬶,但在河南只发现黑陶和红陶鬶。④直到二里头文化一期晚段,白陶鬶、盉、爵开始出现,二期大量流行,三、四期的陶礼器多为细泥灰陶,外表呈白色陶衣。根据学者对二里头遗址出土陶器胎土的科学分析研究⑤,二里头遗址出土的白陶烧成温度在900℃～1 000℃之间,较一般陶器烧成温度略高。白陶的陶土成分比较杂乱,其是否使用了周边巩义一带地区出产的高岭土还不能断定,它们的生产与供给体系等也值得进一步的分析与探索。高岭土是一种相对珍贵、分布并不广的资源,而且白陶器烧成火候较高,不仅原材料特殊,其制作工艺与烧成技术以及陶窑结构都与一般陶器有别,这一点与礼器的地位特殊、往往反映当时社会分层与等级的事实不谋而合。因此在二里头文化铜质酒礼器出现之初,陶质礼器特别是酒器以白陶的形式出现,暗示着在二里头文化时期,社会统治体系中酒器的必要性,也是当时社会在王权统领之下祭祀礼仪已经成为统治阶层的必要

---

① 中国社会科学院考古研究所编著:《二里头 1999—2006》,文物出版社 2014 年版。
② 郑州大学历史文化遗产保护研究中心编著:《登封南洼 2004—2006 年田野考古报告》,科学出版社 2014 年版。
③ 河南省文物考古研究所:《河南巩县稍柴遗址发掘报告》,《华夏考古》1993 年第 2 期。
④ 高广仁、邵望平:《史前陶鬶初论》,《考古学报》1981 年 4 期。
⑤ 鲁晓珂、李伟东、罗宏杰等:《二里头遗址出土白陶、印纹硬陶和原始瓷的研究》,《考古》2012 年第 10 期。

规则的反映。

陶礼器出土的数量在各地的分布很不均匀,大致是以伊洛地区为中心向外递减。正如有学者所分析的,这可能说明陶礼器是在伊洛地区生产,然后作为等级身份的象征分配给周围地区贵族的。① 这些地区礼器器型的一致性说明存在一个跨地域的同一的礼仪传统和文化价值观念。② 同时,陶礼器出土的数量在不同等级的遗址是不平衡的,自二里头遗址这样超大型的聚落(都城遗址)向中小型遗址呈递减趋势,说明拥有陶礼器者的数量是与聚落等级相对应的,呈相应的差序等级格局。聚落等级、墓葬等级、礼器等级的严格一致性,反映了社会等级的制度化和礼制的规范化,这是社会政治结构进一步复杂化的表现。但是从另一面来看,这些跨地域发现的陶礼器大多出土于墓葬,因此与其说是聚落等级差别,不如说是体现了墓葬主人社会地位的差别更为确切。因为在远离中心地区的聚落,并没有发现用于墓葬以外的陶礼器,说明这些礼器只是随葬者个人身份的象征,而聚落本身并没有礼仪祭祀用器的痕迹,这一点与中心地区居住性遗址也发现陶礼器是有差别的。

(四) 二里头遗址墓葬中的陶礼器的具体组合状况

根据李志鹏对二里头遗址墓葬随葬礼器的研究③,属于一期的墓葬仅有四座。其随葬的陶器组合为:鬶(1);觚(2);觚、爵(1);盉、爵、觚(1)。在一期晚段鬶、爵、盉、觚都已经出现,虽然墓葬发现数量很少,但可以看出基本的组合形式已经形成。属于二期的墓葬有37座,与前期相比大幅增加。随葬的陶礼器可分为早晚两段来分析:属于二期早段墓葬出土的陶礼器组合为:鬶(2);盉(4);爵(3);觚(4);鬶、爵(3)等;而属于二期晚段的陶礼器组合为:盉、爵(8);盉、角(2);盉、觚(3);爵、觚(4);爵、角、盉;鬶、角、觚;爵、角、盉、觚。陶器组合形式与前期相比变得更为丰富,呈现以盉、爵(或者角)组合为主的状态,鬶从二期晚段逐渐变得少见。以上组合数量以及出现频率表明在二期的组合中盉(鬶)、爵(角)占有重要地位,单盉(鬶)出现的频率要高于爵。觚在此期也是一种较为常

---

① 德留大辅:《从礼器看二里头文化各地区之间的关系》,载中国社会科学院考古研究所编:《三代考古》(六),科学出版社2016年版,第130—162页。
② 刘莉:《中国新石器和铜器时代早期礼器的生产》,载《桃李成蹊集——庆祝安志敏先生八十寿辰》,香港中文大学中国考古艺术研究中心2004年版,第103页。
③ 李志鹏:《二里头文化墓葬研究》,载中国社会科学院考古研究所编:《中国早期青铜文化——二里头文化专题研究》,科学出版社2008年版。

见的酒器,常与爵(角)、盉(鬶)构成组合。从中也可以看到二里头文化二期陶质酒礼器在礼器系列中的重要性。

二里头遗址中属于二里头三期的墓葬有16座,随葬的礼仪性陶器有三期早段的盉(4);鬶、爵、觚(1);觚(1);爵、盉(11)。这一时期墓葬中铜爵和陶盉的组合形式多出现在Ⅰ级墓中。由此开始,陶礼器开始让位于青铜礼器,同时礼器组合呈现单一化趋势,这暗示着礼器组合形式和礼器制度规范化。爵与盉的组合基本成固定组合形式,而鬶、角、觚逐渐衰退,进而消失。与爵相比,单件盉多出现在墓葬基本礼器组合中,显示陶质酒礼器中盉可能比爵的地位更为重要。属于四期的墓葬有十座,随葬陶器有盉(3);觚(1);盉、爵(7)。四期陶礼器的组合形式与三期类似,反映了三、四期文化连续性的一面。

三、二里头文化时期的陶礼器和祭祀、宴饮礼仪

礼仪性陶器除了用于陪葬外,还是宴饮礼仪中不可缺少的实用性礼器。这里尝试对二里头遗址以及伊洛地区诸遗址中出土于生活遗迹中的礼仪性陶器进行资料梳理与分析。尽管可能由于共存关系不明或者陶器组合难以复原而无法准确地再现宴饮礼仪,但是至少可以从一个方面弥补礼仪性陶器研究中墓葬资料以外其他资料的不足。

(一)二里头遗址生活性遗迹出土的陶质酒器组合

一般研究礼仪性陶器,关注墓葬资料的分析比较多,因为生活性遗址的灰坑、灰沟和居住址出土的陶器多为碎片,复原完整陶器少,而且陶器组合多不明确,也不完整,因此限制了这一方面的分析。但是作为墓葬随葬品的陶器,虽然是丧葬礼仪的表现形式,但是却无法阐明礼仪性陶器在生活祭祀礼仪中所具有的社会功能。葬仪与生活礼仪毕竟有着不同的社会意义,因此有必要对二里头遗址墓葬以外的遗迹中出土的礼仪性陶器的出土状况进行分析,以期待与墓葬中出土的礼仪性陶器组合进行比较。这里所指的礼仪性陶器主要指酒器的鬶、盉、觚、爵,三足盘、壶、豆和白陶器类。

1. 三区、五区与七区的礼仪性陶器

根据二里头1999年到2006年发掘报告的内容,这里对三区、五区和七区发掘的467座灰坑出土陶器进行统计,其中有礼仪性陶器出土的灰坑有91座,分别属于一至四期和二里岗文化期,这里为了分析方便,将一至二期合并为前期,

三至四期合并为后期,再加上二里岗文化期,对共三期出土的礼仪性陶器的器类消长进行了统计分析。其结果如下：前期的一至二期,鬶、盉、盃、三足盘和豆所占比例较高,分别是 14%、14%、15%、17% 和 19%,而爵的比例较低,仅有 5.4%,其他器类也在 5% 以下。因此可以说鬶、盉、盃、三足盘、豆为这一时期主要的礼仪器,在大多数灰坑内的组合关系也比较固定,这一点与墓葬随葬品中的陶器组合类似。到了后期的三至四期,鬶、三足盘和盃的数量大幅减少,仅有 2%、10% 和 5%,爵和盉的变化不大,与前期的比例基本相同。白陶的数量从前期的 5% 增加到 22%,新出现簋。到了二里岗文化期,盉较少发现,爵有小幅增加,但是簋的增幅比较大,占 53%,成为二里岗文化时期重要的礼仪性陶器。豆没有变化,三期始终维持在 20% 左右,是最稳定的器类。

总括三个区域灰坑出土陶器中礼仪性陶器所占百分比的状况,可以看到在一、二期鬶、盉、盃、三足盘、豆是主要的礼仪性器具,出土比例均占到 14% 左右,而爵比较少,有少量白陶制品。到了三、四期,与鬶、盃、三足盘大幅减少相比,簋的出现和白陶显著增加是一个特点,这一特点一直维持到二里岗文化早期。467 座灰坑出土的白陶由于没有器类统计数据,这里无法知道这些白陶属于哪些器类,但是在二里头遗址出土陶器中的数量值得关注。

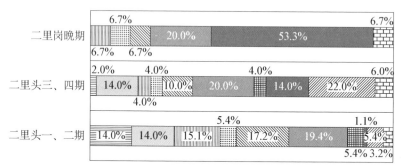

图 6-4　二里头遗址灰坑出土礼仪性陶器的时期变化

2. 三区和五区出土白陶器类分析

根据《二里头》报告书中对三区和五区出土白陶的数量统计表,按照期别对白陶器类进行了统计,其结果如下：

三区可统计数量较少,没有二里岗文化时期的白陶数据,二里头一至二期出土的共计 42 片白陶中大部分为盃,占白陶总量的 88%,鬶仅占 9.5%,爵占不到 3%。

到了二里头三至四期,总计 75 片白陶中鬹与盉分别减少为 2.7% 和 69%,相反爵则增加为 22.7%,还有壶、缸、器座、圆腹罐等器类出土,但是数量很少。

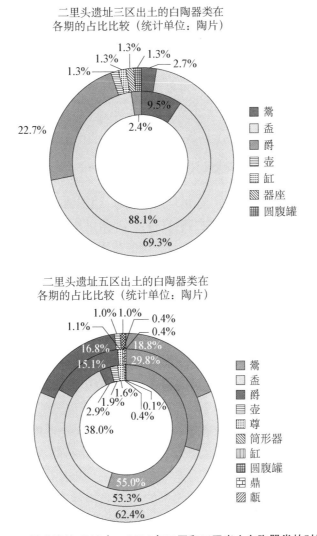

图 6-5　二里头遗址 1999 年—2006 年三区和五区出土白陶器类的时期变化

五区出土白陶数量多于三区。首先分析二里头一至二期,这一期共出土白陶 731 片,其中半数以上为鬹,占到 55%,其次为盉,占到 38%,爵占 2.9%,其他器类有壶、尊、筒形器、圆腹罐,但数量极少。到了二里头三至四期,在 285 片白陶中,以鬹的大幅减少与盉、爵的大幅增加为特点,其比例分别是 29.8%、

53.3%和15.1%。盉占到半数以上。其他还有尊、鼎和甗等。在二里岗文化晚期的101片白陶片中,63%是盉,占绝对多数,爵占16.8%,比前期略增加,而鬶则再减少到18.8%,其他器类有壶、缸和尊。

根据以上对三区和五区白陶片的器类数量与百分比的分析,可以看出白陶礼仪性酒器只有鬶、盉、爵,而盛食器的三足盘、豆和簋很少,但是有少量圆腹罐、壶、尊、鼎、甗等生活用器,这一点与灰坑和墓葬中常见的礼仪性陶器组合略有差异。除了极少量日常陶器器类外,可以说白陶礼仪性用器中鬶、盉、爵占绝对多数,暗示着白陶烧制器类是有一定规划与限定的,似乎反映了白陶作为专门的礼仪性酒器制作的可能性。

(二) 伊洛地区出土白陶器的遗址

迄今为止的考古资料显示,在伊川南寨遗址、稍柴遗址、南洼遗址、郑州商城遗址、望京楼遗址等也发现少量白陶,在伊洛-郑州以外地区发现的比较少,但是作为祭祀性酒器的鬶、盉、觚、爵则在较广阔的范围都有出土,北到内蒙古赤峰大甸子遗址,南到长江南岸的宜昌朝天嘴与中堡岛,东到上海地区的马桥遗址,西到山西南部东下冯遗址等均有在墓葬出土,因此白陶虽有一定的特殊性,但是并不是祭祀性礼仪器的唯一标准,生产什么样的器形更为重要。此外也可能反映了白陶受制于原材料,仅仅在中心地区供上层社会用于各种宴饮与祭祀活动。这里以出土白陶比较多的南洼遗址作为二里头遗址以外的一个例子进行分析。

隶属于河南省登封市君召乡的南洼遗址,位于伊洛河支流白降河北岸。2004年起进行大规模发掘,发现了二里头文化时期壕沟三条、房址数处、陶窑七座、水井六眼、灰坑700余座和墓葬22座等遗迹现象。七座陶窑除了一座外,其余六座均集中分布在一区的中心部,均为竖穴窑。周围有壕沟G3和水井分布,显然是南洼遗址中布局清晰的陶器手工业作坊区。

南洼遗址出土的陶器共30余类,主要是生活用品,在700余座灰坑内,出土有鬶、盉、爵、觚、盅的灰坑仅有15座,还发现了井两眼和三处地层单位,南洼遗址一区发现七座陶窑,估计是一处制陶手工业作坊。因此可以说这些具有礼仪

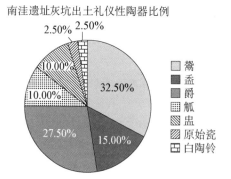

图6-6 南洼遗址出土白陶统计

性质的陶礼器在整个南洼遗址内分布并不普遍,仅仅集中在个别区域内,这可能暗示着出土礼仪性酒器的灰坑区域,曾经举行过某种祭祀礼仪,或者是某些具有社会地位的特殊人物的聚居区域。这里以 2004 年二区 H19 为例进行分析。这座灰坑共出土 127 件陶器,其中有白陶礼仪性陶器十件,以及少量石器和玉器。灰坑形状为规整的筒形,口径为 2.7 米,底径为 2.5 米,与一般不规整的灰坑相比,H19 像是有意修整的规整窖穴,而集中出土白陶礼仪性陶器的现象可能预示着这里不是简单的灰坑,也许曾是一处储藏用或者祭祀性的遗迹。

通过对整个南洼遗址出土白陶的灰坑进行器类统计,其中 23 座灰坑、水井和地层单位出土有白陶器 44 件,其中陶鬶占到 32.5%,陶爵占到 27.5%,陶盉占 15.0%,陶觚和陶盅各占 10.0%,其余为陶铃与原始瓷,各占 2.5%。由此可以看出南洼遗址的陶礼器以陶鬶与陶爵为最多,两者占到礼仪性陶器的一半以上,这一点与二里头遗址墓葬中礼仪性陶器组合不同,爵的数量多于盉与觚,反映了在白陶产品中爵的数量比较多。

(三)周边地区出土的礼仪性陶器

二里头、二里岗文化时期的伊洛-郑州地区出土的礼仪性陶器较多,而在同时期的周边地区,虽然少,但是也有爵、盉、觚、斝等礼仪性陶器出土,它们大多不是白陶制品。

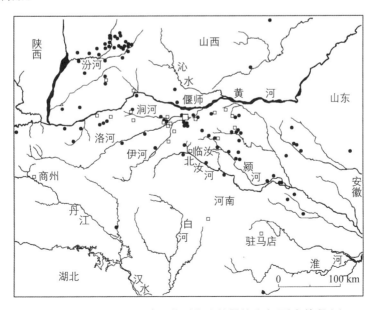

图 6-7 二里头、二里岗文化时期陶礼器的分布(引自德留文)

1. 大甸子遗址

大甸子夏家店下层文化居住遗址与墓葬位于今内蒙古自治区赤峰市敖汉旗东南部,从 1974 年至 1983 年,中国社会科学院考古研究所内蒙古工作队共发掘墓葬 804 座及居住遗址 220 平方米。这一遗址发现的二里头文化时期的陶礼器主要是陶爵与陶鬶,共发现 24 件,分别出土于 13 座墓葬,其形态也与二里头遗址出土的同类器形很相似。但是若仔细观察的话可以发现,它们在陶色、陶质以及制作方面存在差异。二里头的爵与鬶多为细泥质,呈白色或者黄白色,而大甸子的陶色以灰陶和灰黑陶为主,在造型上也略有不同,在装饰方面,大甸子爵与鬶上的斜平行线带状三角纹不曾见于二里头遗址,它与同时期出土的彩绘陶器一起构成大甸子特色,因此,这里的爵与鬶应该是受到二里头文化影响在本地制作的。① 因为与这些陶礼器共出的还有二里头文化风格的玉器以及镶嵌绿松石的器物。因此大甸子遗址是北方地区受到二里头文化影响的一个重要遗址,显示着与中原王朝的密切关系。

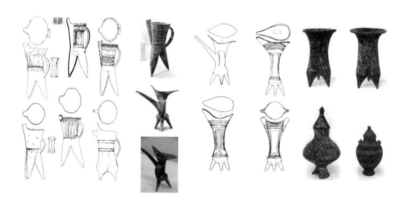

图 6-8 大甸子遗址出土的陶礼器

2. 三星堆遗址

位于四川盆地成都平原的三星堆遗址,在发掘的两个大型祭祀坑内,不仅在出土的大量青铜器中有二里头、二里岗文化风格的青铜容器,同时还发现了二里头文化晚期到二里岗下层时期风格的陶礼器封顶盉多件,这些陶礼器与在地系的小平底罐、圈足罐、高柄豆、平底盘等共存,陶盉颈部细长,夹细砂灰陶,在制作

---

① 杜金鹏:《试论夏家店下层文化中的二里头文化因素》,《华夏考古》1995 年第 3 期。

上与大甸子遗址一样,是在地系的陶质与陶色,器形上也有一些地域特征。这些陶盉从二期出现一直持续到三星堆四期(相当于殷墟文化三、四期),另外三期还有陶觚和鬶形器出土。

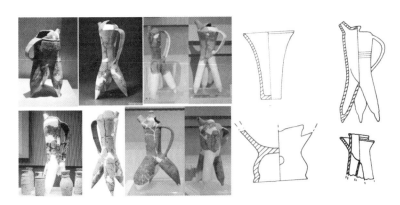

图 6-9　三星堆遗址出土的二里头风格陶礼器

3. 马桥遗址

位于上海的马桥遗址由良渚文化和马桥文化构成,其中属于马桥文化的遗迹有水井、灰坑与陶片堆等,出土的以绳纹为特点的陶器和拍印纹硬陶以及原始瓷引人注目,其中发现了两件陶盉和较多的陶觚以及鬶形器具有中原夏商文化特色,虽然数量不多,但是显示了二里头、二里岗文化陶礼器的南传这一点具有重要意义。

图 6-10　马桥遗址出土的陶礼器

4. 长江中游地区朝天嘴诸遗址出土的陶礼器

除了位于鄂西峡江地区的朝天嘴遗址,还在三峡地区以东峡口区的宜都境内发现与朝天嘴遗址相同的文化遗址。这些遗址中都出土了以陶鬶和陶盉为主的二里头、二里岗文化陶礼器。而与它们共存的其他日常生活用器则大多是在地系和相邻的巴蜀文化特征的陶器。因而可知陶礼器作为一种特殊存在,与中原二里头、二里岗文化的密切关系。

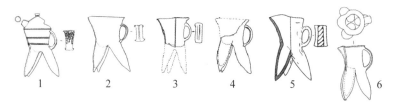

1—3 朝天嘴　4 何光嘴　5 长阳南岸坪　6 中坝子

图 6-11　长江中游地区的陶礼器

(三) 小结

以上分析显示二里头、二里岗文化时期的礼仪性陶器与此前的龙山文化晚期在分布及具体使用方式上相异。其最大特点是一组相对固定的组合形式在墓葬与居住性生活场所均有出土,而且多出土于一些重要遗址的重要区域和级别较高的墓葬内。这些略显零碎的考古资料,已经为我们揭示出礼仪性陶器在二里头文化及二里岗文化时期具有的特殊社会意义,它们不仅仅是财富和身份的象征,而且暗示着作为早期国家祭祀体系的物化体现,礼仪性陶器在青铜礼器出现之前所承载的开启三代礼仪制度先声的角色。

第二节　二里岗文化时期的陶器生产与流通

陶器生产在手工业专业化与专业内部分工进一步细化的二里岗文化时期,与二里头文化时期相比无疑发生了较大的变化。首先是郑州商城内部两处陶器制作手工业作坊确证陶器生产已经脱离了新石器时代以来的、以家庭为单位自给自足的生产模式,以制陶为专业的工人群体开始出现,陶器生产有了向专业化、以流通为目的商品化、分配化、供给化发展的可能性。手工业生产的专业化是复杂社会在政治经济上的一个重要因素,因为社会精英阶层的存在需要一批服务于精英阶层的高水平专业手工业工人的存在,而只有在手工业专业化体系中才更可能培养拥有更高超技术的专业工匠人群,并由此达到制作彰显社会身份地位的特殊而精美陶器或其他礼仪性奢侈品。二里头文化时期这样的礼仪性陶器就已经广泛应用于上层社会集团的墓葬,作为随葬品或者祭祀性遗迹内祭祀用品。特殊陶土制作的白陶和原始瓷也在中心地区的伊洛地区多有发现。可以肯定,礼仪性陶器在二里头文化上层社会统治体制中已经扮演着游离于陶器的实用性特质以外的礼仪的、社会文化的身份性意义。但是迄今为止,考古发掘中包括二里头遗址在内均未发现具有明确专业性分工的陶窑遗址。在周边的一些其他遗址中也较少发现这样有特殊性的陶窑资料。到了二里岗文化时期,首先是郑州商城内有了明确规划的手工业作坊区域以及有陶器专业内部分工的陶窑与单一化产品的证据,其次是周边地区逐渐出现具有专业性质的陶器制作作坊。本章将就二里岗文化时期的陶窑作坊的分布以及产品类型进行分析,其次再就制陶工具以及陶制工具的类型与分布做简要论述,期待能够为二里岗文化时期陶器生产与流通状况提供更多的线索与启发。

一、二里岗文化晚期陶窑作坊分布与产品类型

二里岗文化时期至少在郑州商城和偃师商城内我们看到了布局规整的手工业作坊和手工业内部的再分工,这表明这一时期手工业生产的专业化和手工业生产者的专门化的事实。但是他们生产的产品是如何在社会上被使用或是如何分配、流通的,则需要我们通过对发掘出土的考古资料中出土数量最多的、包括陶器在内的各种材质的手工业产品的详细分析来解决。最好的方法应该是对这些产品的使用痕迹、制作方法、原材料的来源、加工制作程序、使用工具痕迹的详细观察和个案分析来逐步积累基础资料,并在此基础上进行各个地域手工业产品的异同比较,以期通过对这些产品的分布地域和途径的了解来揭示它们当时的分配和流通状况。但是目前我们不具备这样的基础资料、观察数据和个案分析事例,因而只能以公开发表的资料中我们可以捕捉的基本信息为基础资料来做尽可能的分析,这就是材质和产品的种类及形态。今后将随着资料的细化和详尽的个案分析事例的增加来不断深化本课题研究。本书在前章已将陶器种类和分布进行量化分析,这里仅就陶窑资料分布与陶质生产工具进行分析。

(一)专业陶器器类生产作坊

正如在前章对手工业作坊的综述中已经有所涉及的那样,二里岗文化早期陶窑资料还比较少,以郑州商城内的资料为主,但是到了二里岗文化晚期,周边

地区的陶窑资料也比较丰富。可以肯定,经过早期郑州政权的建立与经营,二里岗文化晚期社会结构已经处于一个以经济成分作为主要功能的社会,其陶器制作也达到了一个发展的高峰期和变化期。根据现已发表的考古资料,河北省南部的邢台、邯郸与磁县一带是当时以制作陶鬲为主的陶器作坊集中分布区。而在伊洛和郑州地区的一些高等级墓葬中时有发现的原始瓷制品,虽然还不能确定它们的产地,但是考古发现的两处原始瓷制作工坊可以给我们提供新的研究素材。这就是浙江东部东苕溪发现的 20 余处二里头、二里岗文化时期的原始瓷窑址和江西吴城遗址中的硬陶与原始瓷制作工坊。下面将对这些手工业作坊做详细介绍。

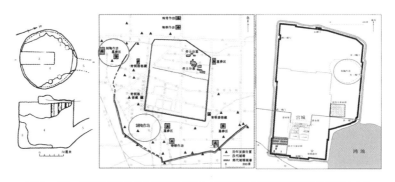

图 6-12　郑州商城(左)的制陶作坊与陶窑与偃师商城制陶作坊(右)

下七垣遗址[①]:二里岗文化时期发现一处房址、两座陶窑,2 号窑保存完整,圆形竖穴,有窑堂、窑箅和火塘,直径 80 厘米,残高 78 厘米。窑箅上有六个圆形火眼。在 3 号窑堂内有直径 10 厘米厚且已经炭化的木材,应是当时烧制陶器的柴薪遗留。在窑址北侧有 5 厘米~15 厘米厚的红泥状夹砂质细绳纹陶坯,应是在装窑时剔除的损坏陶坯。而在窑址的西北侧则发现了一个不规则的大坑,坑内几乎全部是口歪、腹扁、足斜和烧裂的残鬲片,应是出窑时拣选的残次品残片,这两座窑址是专门用来烧制陶鬲的手工业作坊。到了中商时期,下七垣遗址仍然是一处制陶作坊遗址,发现有陶窑一座和 H25 的一个制陶场所,陶窑的直径约 1.7 米,火堂直径 1.82 米,共八个火眼。火堂内发现了大量的陶鬲坯残鬲片。与前期的 1 米以内的陶窑相比,窑体增大,火眼增加,是一处规模较大的陶窑,而在周围的相关地层内还发现了制作陶鬲用的陶内模 17 件。到了商代

---

① 孙德海、罗平、张沅:《磁县下七垣遗址发掘报告》,《考古学报》1979 年第 2 期。

晚期，发现一座陶窑和 21 个灰坑，陶窑大小与前期一样，但是火眼增加为 11 个。因此可以说下七垣遗址从二里岗文化时期开始就是一处专门生产陶鬲的专业制陶作坊。

涧沟遗址①：在距离下七垣遗址 1.5 千米的涧沟遗址，在商代早期的二里岗文化时期也有陶窑手工业作坊发现，其陶器种类虽然除了鬲之外还有其他种类，但是出土陶器种类中仍然以陶鬲最多。由于涧沟遗址仅有简报内容，对于陶窑作坊的实际状况描述不多，无法进行详细的分析，但是因其紧邻下七垣遗址的陶鬲作坊，因而值得进一步关注。

龟台遗址：在涧沟西北不远处的龟台遗址，也发现了属于二里岗文化时代的 38 个灰坑。这里虽然没有发现陶窑的报道，但是 38 个灰坑出土的陶器种类中平底器较多，其次为三足器这一点值得关注。它与以生产三足鬲为主的涧溪和下七垣遗址的陶器产品不同，也许暗示着它们是同一时期分工不同的专业制陶作坊，因为这三个遗址在地理上的距离比较近，时代也接近。

贾村遗址②：贾村遗址属于二里岗文化晚期，共发现四座陶窑，在窑内和窑址的周围发现大量残陶鬲以及半成品和制陶废料，但是没有见到任何其他陶器器类，因此可以说这是一处专门生产陶鬲的制陶作坊，反映了陶器生产内部的再分工和生产门类细化的状况。

赵窑遗址③：武安赵窑遗址是一处二里岗文化时期与殷墟时代的复合遗址。在属于商代晚期一座陶窑内部发现有大量粗绳纹鬲片和附近出土的夹砂陶泥、未经烧制的陶坯等残片，周边还有灰坑九座，出土陶器以鬲和盆为主。这里虽然在时代上晚于二里岗文化时期，但是这一信息暗示着这里也曾经是一处专业陶鬲制作工坊。

曹演庄遗址④：这是一处属于二里岗文化晚期到殷墟文化时期的遗址，共发现大型陶窑三座，其中出土了许多陶鬲的残坯、陶模和烧残的陶鬲残次品。在陶窑的周围还有大量木炭灰烬，可能是当时用于烧制陶器的燃料遗留痕。因此曹演庄遗址也是一处专门烧制陶鬲的手工业作坊。另外还有灰坑三座，在 H189 内发现鬲 17 件、罐 19 件和骨笄七件。这些器物均没有使用痕迹，因此它很可能

---

① 孙德海、刘来成、唐煜：《河北邯郸涧沟村古遗址发掘简报》，《考古》1961 年第 4 期。
② 唐云明：《邢台贾村商代遗址试掘简报》，《考古》1958 年第 10 期。
③ 陈惠、江达煌：《武安赵窑遗址发掘报告》，《考古学报》1992 年第 3 期。
④ 唐云明：《邢台曹演庄遗址发掘报告》，《考古学报》1958 年第 4 期。

还是一处用于储藏手工业生产品的窖藏坑。此外还发现了房址三座,从中出土的物品不明,有可能与陶鬲的制作与储藏有关系。

以上关于陶器制作窑址的信息至少暗示着在二里岗文化晚期,陶器生产的专业分工已经精细到生产某一类器型,二里岗文化早期在郑州商城内存在着专门生产陶盆类泥质陶的作坊和生产夹砂陶类陶器的作坊。到了晚期,陶鬲作为二里岗文化时期最常用的日常生活器类,邢台、邯郸一带应该是其生产的中心之一。也许随着业内分工的细化,日常用粗陶类的生产从城内转移到了远离中心区域的豫北冀南一带,而礼仪性陶器的生产会不会还在中心地区的城内或者近郊值得思考。其次,这还暗示着制作工坊只生产某一种器类,就必须有相应的原材料供给源和产品的流通渠道予以配合,证明陶器生产完全打破了家庭式小型作坊的生产模式,开始作为一种流通的商品或者是集中供给的产品形式出现,它的意义重大,显示着社会运行体制中强权统治之外,经济成分变得更为重要。再次,如果资料充足的话,我们可以尝试复原生产地与消费地,或者确定围绕陶器制作地的陶器产品消费圈大小与距离以及消费地的特征,以此恢复陶器的生产、流通与消费体系。最后,这些信息还可用于,陶器生产专业分工细化的社会意义与背景探讨。在经济成分之外,陶器专业化的进展还可能预示着生产的指令性计划的存在,专业工人的管理、流动和职业保证以及产品消费的保证,这一切都与社会组织具有密切的关系,也与社会统治阶层的政令相关。因而在关注经济因素时,也不可忽视来自政治因素的影响。

(二)生产陶器加工工具的陶器作坊

一般而言,陶器是一种日常生活用品,对它的使用无须置疑,但是关于它的使用方式则需要更多细致的研究才能了解,因此陶器的功能研究非常有意义。二里岗文化时期的陶器使用方式的考古资料甚少,这里试着列举两例进行叙述。

台西遗址[①]:台西遗址的年代大致处于二里岗文化晚期到殷墟文化时代,属于中商文化时期的F14住址内发现了大量酿酒用的瓮、大口罐、将军盔式的陶器以及装酒时不可缺少的陶漏斗,是一处使用陶器进行酿酒的专业酿酒作坊,预示着陶器不仅仅是日常生活用器,还是手工业生产不可缺少的工具。这也是陶器专业化的必要因素之一,并加深了陶器内部分工的细化程度。

---

① 王震中:《藁城台西邑落居所反映的家族手工业邢台考察》,载《东方考古》(第4集),科学出版社2008年版;河北省文物研究所编:《藁城台西商代遗址》,文物出版社1985年版。

李屋遗址[①]：这虽然是一处从中商时代到晚商时代的专业制盐作坊遗址，但是可以作为参考来推测二里岗文化时期制盐陶器的生产与使用。李屋遗址面积约5万平方米，各区内除了出土大量生活用陶器外，还发现了大量用于制盐的盔形器。根据灰坑，其出土的陶器器类不同，数量也不等。比如在H46、H33和H22内发现的陶器中70%为盔形器，有可能是放置盔形器的窖藏坑。因为这里发现的用于煮盐的盔形器，虽然数量很多，但是在盔形器的内壁均未发现白色污垢状物，底部也不见粘贴的草拌泥烧土，表面没有二次使用的痕迹，同时遗址内还多见窑壁、窑汗以及因烧制温度过高导致变形的盔形器，因此可能是一处专门生产制盐陶器的手工业作坊，也是一处为制盐提供工具、食料和盐工生活用品的聚落遗址。这种有目的性的制陶作坊，是手工业体系成熟与完备的标志，因而具有非常重要的意义。

图6-13　藁城台西村遗址制酒作坊、制酒陶器和山东莱州湾商时期的制盐作坊、制盐陶器

（三）原始瓷与硬陶的生产与流通

从二里头文化晚期开始，在伊洛地区和郑州地区的一些重要遗址就发现了原始瓷和硬陶器类，到了二里岗文化时期，原始瓷与硬陶发现得更多。这种与一般陶器相比需要更讲究的陶土原料、更高的制作技术与烧制温度的新型烧制品在中原地区的出现，在陶器生产技术上具有划时代的意义。由于这一时期原始瓷类的出土量比较少，因此关于它们的产地一直是学术界在探讨的问题。与二里头、二里岗文化同时期的南方地区，至少在长江北岸的盘龙城遗址、荆南寺遗

---

① 燕生东、张振国、佟佩华：《山东阳信县李屋遗存商代遗存发掘简报》，《考古》2010年第3期。

址、南岸的铜鼓山遗址、石门皂市遗址等均发现了釉陶陶器，与同时期的中原地区相比出土量多，出土遗址的普遍性也高。这从一个侧面反映原始瓷与南方的紧密关系。江西吴城遗址是二里岗文化晚期殷墟时代的一处大型城址，城内发现了制作原始瓷的多个窑址，因而，学术界认为长江中游地区诸多遗址出土的釉陶类原始瓷可能与吴城遗址的窑址有关。2000年以来，随着考古发掘工作的进展，在浙江东部的东苕溪地区发现了20余处夏商时期的窑址，不仅窑址数量多，在时代上也与中原地区二里头、二里岗文化相同，由此引起学术界的极大关注，也是今后研究二里头、二里岗文化时期原始瓷与硬陶的关键性资料。下面就这两处窑址做简单介绍。

吴城遗址[①]：吴城遗址的年代也比较晚，这里主要讨论二期中商时期城址与遗址的性质。属于二期的遗迹有灰坑21个、住址两座、水井两口、陶窑14座和七处冶铸遗址。14座陶窑遗址集中分布在城址北部的高地岭的三面山坡上，证明这里是陶瓷器生产区，并出土了大量原始瓷器，它们是吴城遗址技术含量较高、传播最广的代表性器物，这都反映着吴城遗址可能是当时原始瓷器的制作中心，是南方地区一个单纯的功能性手工业制作地。

东苕溪夏商窑址群[②]：除了江西吴城之外，从全国夏商时期窑址的分布来看，浙江地区应该是夏商时期窑业的中心，从起源到发展的过程序列都非常完整。在浙江地区东苕溪流域，通过2007年以来的系统调查，先秦时候的窑址已经有将近150处了，其中属于夏商时期的有30—40处。关于这些原始瓷窑址生产的原始瓷产品的消费地，我们需要通过分析同时代的二里头、二里岗文化时期诸遗址中出土的原始瓷来确定。钱山漾文化、广富林文化和马桥文化是长江下游地区继良渚文化消亡之后连续发展的三种考古学文化，在属于这些文化的一些遗址中都多少发现了硬陶或者原始瓷器。特别是马桥文化遗址和好川墓地中出土了较多的原始瓷，无疑他们应该与东苕溪原始瓷窑址群有关系。此外，在中原地区二里头和郑州商城遗址中发现的原始瓷，虽然还没有确定的科学分析认为与浙江一带的瓷窑有关，但是至少从考古类型学上可以说有关系，因为中原出土的瓷器器形都是一些与共出陶器完全不同的器类。

---

① 彭适凡、李家和：《江西清江吴城商代遗址发掘简报》，《文物》1975年第7期；明瀚：《吴城文化》，文物出版社2005年版，第2—9页。
② 郑建明：《夏商原始瓷略论稿》，文物出版社2015年版。

第三节　陶质工具的种类与分布

陶器以日常生活容器的生产与使用为主流,但是在许多遗址中也发现了一些陶质工具,总结这些陶质工具的种类,大致有以下几种:纺轮、网坠、弹丸、陶拍、陶垫、陶内模、陶杵、陶棒和陶刀等,在一些遗址中还发现了陶铸范、陶质构件和陶质瓦。

一、陶质纺轮

纺轮是史前时期人类纺织必需的重要工具,其重要意义与日常需要的生活用具一样,是人类生活不可缺少的道具。纺轮有各种材质,但是在二里头、二里岗文化时期仍然以陶质为多,同时也发现了利用陶器残片制作纺轮的例子,纺轮的尺寸很重要,因为这能反映纤维特性和生产方式。而墓葬中出土纺轮的实用性以及特殊象征意义和纺轮纹饰的意义也蕴含了制作者的想法与一定的社会意义,需要进行背景阐释。纺轮本体的制作工艺随着时期变迁愈趋成熟,从碎陶片改制到陶土焙制;形制从多样化向单一化发展;钻孔的方式可以间接反应纺轮与拈杆的使用方式,也是不同地区纺轮特征具有的独特意义所在。

二、网坠和弹丸

网坠、鱼钩、鱼叉都是古人捕鱼的重要工具。有网坠的地方必有渔网,有网坠和渔网的地方必有鱼,有网坠、渔网和鱼的地方必有水,因此在有河流、湖泊和近大海的海岸地区发现较多。网坠材质有石质和陶质两类。各个地区均有出土,也是水边生活不可缺少的工具。而弹丸则是狩猎时追扑动物的工具,其材质也是石制与陶质两类,陶弹丸在各地新石器时代和二里头、二里岗遗址中曾有少量发现,其形为圆球状,表面光滑,大小不等,一般最大直径约为4厘米,小者约2厘米,泥质红陶与灰陶兼有。有人认为这些是狩猎所用的弹丸,但是也可能是用于战争的射杀武器。

三、陶拍、陶垫、陶内模

烧造陶器的材料是黏土。陶拍在考古资料中多有发现,其作用有以下几个:

拍打陶器表面,使质地更坚实;有的还做成圆筒状,套在手指上使用。在转轮发明后,窄长的陶拍也可伸进器中以拉高陶器的高度。据推测也有在木质陶拍上刻划花纹,以之压印陶器而增添美感,连续的压印节省时间,但是不易保存,很少发现实物。此外还有陶垫,是在拍打陶器外表时,防止陶器变形的辅助工具。还有些用具则是用来加速陶器成型的,比如制作袋足的陶内模,把泥土覆包在四周,取掉内模就成了一个中空的脚。根据观察,陶鬲的成型法是袋足与器身分别制作而后粘在一起的。

图 6-14　马桥以及其他遗址出土陶拍

四、陶杵、陶棒和陶刀

这些陶质工具在很多遗址均有发现,但是数量都不多,应该是石质工具、骨质工具的补充,因为陶质脆弱,没有韧性,因此只能是一些辅助性的工具。

为了更好地了解二里头、二里岗文化时期陶质工具分布的地域特点和在数量上的偏差,这里用数量统计与分析方法,对各个地区考古出土的陶质工具资料进行统计分析。首先以地区来分析陶质工具的种类比例。冀南豫北地区,陶垫的所占比例最高,为 35.6%,其次是陶铸件的 23.7% 和陶纺轮的 25.2%。其他如陶网坠占6.7%,陶拍占3.0%,陶范占1.5%。郑州、洛阳地区则以陶纺轮的比例最高,占到82.0%,其次为陶拍和网坠的9.0%。其他器类没有发现。而山东地区以陶网坠的比例最高,占到80.5%,其次为陶纺轮的14.1%,陶拍的2.3%和陶铸件的3.1%。其余器类没有见到。山西、陕西地区与郑州、洛阳地区相同,也以陶纺轮的比例最高,占70.6%,其次为陶拍和陶垫,其比例分别为11.8%,陶弹丸占5.9%。长江中游地区以陶网坠和陶纺轮的比例最高,分别占29.5%,其次为陶刀,占19.9%。陶垫和陶铸件则分别占7.5%和9.5%,还有陶杵占2.5%,陶棒和陶范分别占0.8%。

五、陶瓦、陶质排水管道和陶质铸造范

在二里头、二里岗文化时期,在郑州商城遗址中发现了陶瓦、陶质排水管道和陶质铸造范。虽然目前还没有发现制作这些建筑材料的手工业作坊,但是应该引起关注。因为这些建筑材料与铸造范都是非生活用品,因而是直接与当时社会组织相关的产业,暗示着陶器生产体制中与非生活用品生产部门的存在与成熟,显示了社会结构中大型建筑、城市设施以及冶金铸铜作为关键部门已经占据着非常重要地位,以及这一时期陶器生产体系发生的巨大变革。

以上分析显示陶质工具大致限定于一些特别用途的器类范畴中,与玉石质、骨质和蚌质工具的种类完全不同。这是由陶质的特殊性能决定的,比如纺轮和网坠在所有地区都有发现,而且大部分是陶质的。还有一些是与制陶有关的工具,比如陶垫、陶拍和陶刀等,是陶容器生产中不可缺少的工具。陶范和陶铸件则是应冶铸生产的需要而产生的工具。因此与玉石、骨蚌质工具的农耕或手工业用器具的性能相比,陶质器具几乎都与手工业生产紧密相关,而不用于农业生产。

从统计数据分析各器类在不同地域所占的比例,制陶时不可缺少的陶抹子在冀南和豫北地区发现最多,占到36.5%,其次是长江中游地区和中原地区的伊洛-郑州、晋西南地区,分别占到19%和11%,其他地区则比较少。这一结果也与陶窑分布的地区相符,反映了制陶手工业发达地区,制陶工具也发现最多。而临海的山东地区和长江中游地区则发现大量陶网坠,分别占到80%和29%,体现了渔捞业的繁荣。而陶纺轮在中原地区占到70.6%,是所有地区中陶纺轮出土比例最高的。

第七章

二里岗文化都市文明与初期国家形成

城市的形成与发展是建立在政治稳定与经济繁荣基础之上的必然结果,而经济系统的完善与成熟则是城市得以出现的根本原因。因为经济是一个开放的生产、分配、物质消费和社会服务系统,它不仅与资源攫取、物质加工密切相关,而且也与商品交换、工人移动以及日常的物质消费和服务消费不可分离,而城市正是这个经济综合系统的载体。从社会最小单位的家庭到国家的整体行为都需要经济的供给和支持。传统经济学包括两个方面的内容:生存经济和政治经济。[1]

正如许多著作中都有定义的那样,生存经济就是为了生存而进行的经济活动,其主要的社会单位以家庭或小团体为主,他们进行渔猎、采集、农耕和必要的工具生产以满足家庭和团体本身的需求,而不是为了贸易和其他商业及政治行为。他们偶尔也有物品交换行为,但仅仅是因为他们想得到本地资源中缺少的物质或工具,而不是真正的贸易。而政治经济则表现了与生存经济相反的方面。他们的剩余产品主要用于流动以及分配,从而支持政治性活动、生活方式和协助社会团体机构及他们的首领。这种政治经济具有天然的竞争性和定向增长的倾向,他们参与管理和支配社会的生产、分配和消费活动,并控制社会机构和金融系统。政治经济中最重要的三要素是土地、劳力和资本。土地原本是所有人都可以使用的,但是随着土地所有者对资源占有的不平衡而产生的特权,使他们有了掌握土地使用的准许权利,并由此催促社会阶层的形成。劳力是由人群组成

---

[1] Timothy Earle, *Bronze Age Economics: The Beginning of Political Economics*, Westview Press, 2002.

第七章 二里岗文化都市文明与初期国家形成

的团体,而工人集团的地域流动和组织机构与生产活动直接相关,因而也是这三个要素中比较重要的一个。资本包括技能和剩余财富,它在生产过程中具有商贸和资本的双重意义。技能可用于城墙、水库、水利灌溉系统的建造,而剩余财富则增生特权,导致社会分配不均,易于形成社会阶层。而当这些大规模的建造发生的时候,工人集团的组织和使用就成为必然。人便再也不是一个家庭的人,而成为社会集团的一分子。他们的行为也就在这种政治经济系统之中被加以定位,从而形成人在不同社会领域的分工和地位差异。催促人类社会的经济模式从生存经济进入政治经济系统,社会形态也就从农耕文明进入城市文明阶段。[1]

二里岗文化时期的经济系统处于生存经济到政治经济的转型期,也是城市文明的形成阶段。那么这种转型期的经济形态有什么样的特点?它又是如何转变的呢?本章将通过分析二里头文化到二里岗文化陶器构成发生的变化以及这种变化的社会背景,从陶器以外的不同考古资料的多角度对此问题进行研究,也就是说,从城郭都市的分布、城郭内布局及其与周边遗址性质的关联性、手工业体系以及所在整个社会的经济体系角度,来理解陶器的生产与流通体系在二里岗文化时期的社会背景与意义。

中国从新石器时代开始就有许多城址出现,特别是龙山文化时期,黄河上下游、大江南北都有大大小小的城址被发现,学术界对此也有多方面的研究。总结这一时期城址的特点,大概可以说目前除了石峁城址、陶寺城址和良渚城址外,大部分面积都比较小,城墙之内虽然有宫殿性的夯土台,但是大多数未见手工业作坊,也没有发现一般城内居民的居住区,城市布局非常简单。与其说是城市,倒不如说是防御性质的城堡。而进入二里头文化时期以后,这种布局特征发生较大的变化。首先是出现像二里头、郑州商城、偃师商城那样的中心性综合城址。[2] 这些城址不仅规模大,而且除了中心性宫殿基址之外,大都发现了不同性质的手工业作坊、一般居住区和祭祀性礼仪基址。这些变化与防御性城堡的最大不同就体现在城市诸功能性建筑的出现。首先是体现政治性功能的、有一定规模的中心宫殿基址和祭祀性建筑基址在城内被发现,比如二里头遗址。这体现了城市已经由早期的军事性防御机制发展为政治性统治中心的特点。其次是

---

[1] Timothy Earle, *Bronze Age Economics: The Beginning of Political Economics*, Westview Press, 2002.

[2] 中国社会科学院考古研究所:《偃师二里头:1959年—1978年考古发掘报告》,中国大百科全书出版社1999年版;杜金鹏、王学荣主编:《偃师商城遗址研究》,科学出版社2004年版;河南省文物考古研究所编著:《郑州商城》(上中下),文物出版社2003年版。

城址内出现成熟的各种手工业作坊的分布格局,比如郑州商城,城南和城西的铸铜作坊、城北的制骨作坊和制陶作坊等分布明确。而且在手工业作坊内部还有了行业的内部分工,比如郑州商城内的两处制陶作坊与两处制骨作坊等,其产品不仅仅数量上规模增加,而是因为手工业的内部分工需要,他们分别制作不同用途和器类的陶器与骨器。再次是城内除了体现政治性特权阶层居住的宫殿台基外,还在城内远离宫殿区的周边地区发现了各种劳动者或一般居民的居住区。这些布局性特征都显现了政治性与经济性不可分离的城市特点,而郑州商城和偃师商城就是这种城市的典型例子。城市就像一个巨人,它的物质体现虽然只是一座规模较大的城址,然而它的能量和影响力却是超越地域的政治组织,那些由人形成的利益集团在战争和摩擦中接触,并为了和平相处而制订了某些规则、条款,进而形成统治者集团,服务于统治者集团或称管理者阶层以及被统治者集团。他们的生活也以各自的能量和方式在城市体系中得以建立。他们虽然是统治者和被统治者的不平等关系,但是因为他们在现实生活中的彼此需要、相互依赖,他们必须生活在同一座城市内,因而宫殿区、生产区、一般居住区这样的区分也就自然而然地在城市中产生了。

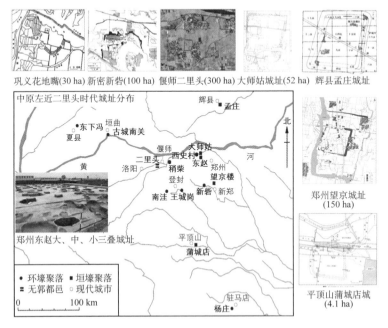

图7-1 二里头文化时期的城址分布与大小[根据许宏图修改,底图审图号:GS(2016)1593]

一个地区内中心性城市的诞生必然影响到周边地区的自然性聚落形态的分布格局。因为城市的建设离不开劳动力的劳作和原材料的使用、搬运以及由此而建立起来的运输系统、劳工管理系统、建筑设计工程系统以及各种技能的人力资源调配系统。而城市周边的村落首先受到影响，他们原有的生存经济状态将发生较大的改变。其可能发生的变化是村落人口流入城市内成为手工业者，导致村落的衰败。而那些远离城市的村落虽然受到的影响没有邻近村落这样强烈，但是其固有的生存经济模式也会受到一定的影响。这些村落极有可能被强制性地职业化，即它们只生产某种产品供应城市，变相成为城市功能的一部分。比如只生产铜器，或陶器，或骨器等专业性领域的产品。聚落分布形态的格局也必然发生变化。这些变化仅从聚落分布的外部形态上是看不出来的，比如面积大小、村落之间的距离。但是可以从聚落分布的密集程度以及与城市之间的距离、交通要道以及产品的种类与城市用品的关联性来观察。也就是说，除了对聚落分布的分析外，还需要从考古出土遗物的观察上来探讨城市与村落之间纽带关系。因此这里首先对早商时期不同性质的聚落分布形态进行分析，然后再通过对考古出土遗物的特征、制作、形态和数据分析来探讨中心城市与周边遗址的关系，最后对这种分析结果所暗示的早商时期的经济模式进行阐释与总结。特别是它们的手工业作坊的分布与其产品的流通途径、手段及其所体现的城市政治的支配体系是如何在地域间运作的，并对其背景进行分析。

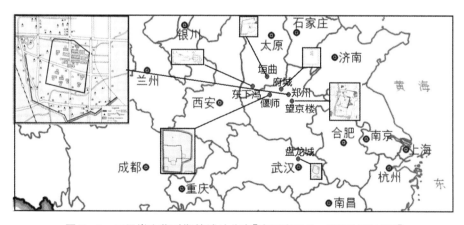

图 7-2　二里岗文化时期的城址分布［底图审图号：GS(2019)1823］

第一节 综合性政治经济中心城市——郑州商城与偃师商城

早商文化时期的郑州商城与偃师商城不仅有城墙,城内布局也完全具备了城市的特征,宫殿群和祭祀场所所代表的政治中心、各种手工业作坊区域、一般民众的居住区、代表城市设施的池苑及供水和排水系统、城门、水井、城内外道路、壕沟、埋葬区等,体现了兼有政治与经济中心的性质。这种性质的城址早商时期发现了两座,虽然偃师商城的面积仅有郑州商城的 1/3,但是城内的布局与功能却与郑州商城显示着基本相同的性质。同一时期有两座中心城市这一点似乎是个异例,但是如果阅读文献就会发现,这也许正是早商时期都城制度的一个特点。正如张国硕的研究表明的那样,夏商时代实行主辅都的都城制度。[①] 而偃师商城是早商时代设置的第一个辅都。郑州商城的建城年代虽然早于偃师商城,但两者并行使用了相当长的一段时间。内部设施有不少相同之处,但是规模和出土物却非常不同,显示了两座城址在建造之初就有功能上的区别。

郑州商城作为早商时代唯一的中心城市,它的规模与布局的完善显示着当时城市设计与建造的最高水平,也是早商时代经济实力、技术技能和知识以及社会运营系统具体体现的一个实例。郑州商城的布局是经过精心规划,并遵循着当时已有的一套都城制度而进行设计和建造的。虽然早商时代脱胎于以二里头大型遗址为代表的夏王朝时代,但是它的都城建造却与二里头遗址有所不同。首先它是由宫城、内城和外郭城三部分组成的,仅内城面积就有 300 万平方米,同时还有更巨大的外城郭,并在宫城内发现了 60 余座夯土台基建筑遗址,以形式多样的建筑形式成组分布,城址以及宫殿建筑的设计方位与建造时间也与二里头不同。因为中国古代讲究风水和上位,建筑的朝向与居住者所信仰的方位理念有关。中国人相信建筑的方位与健康、运势以及政权的稳定等息息相关。其实它还与其统治者的出生地、先祖所在的方位等有千丝万缕的联系。因此不同王朝遵循不同的方位理念是合理的。其次是城内布局的中心建筑类型不同,二里头遗址内的 1 号建筑基址更具备宗庙的性质,而一些学者也认为它就是宗庙,而它的建筑时代显示了它是二里头遗址内最早建设的设施,显示了宗庙重于宫殿的设计建造理念。而郑州商城却不同,位于城内中北部的宫殿遗址群不仅

[①] 张国硕:《夏商时代都城制度研究》,河南人民出版社 2001 年版。

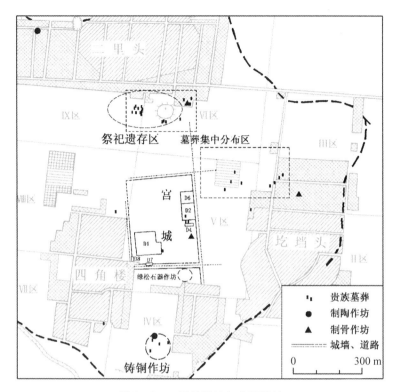

图 7-3　二里头遗址与宫殿基址

是与城壁同时建造的,而且它的设计形式复杂多样,既有高台式长屋建筑,也有台基较低的建筑,还有与建筑相关联的附属性回廊等设施。考古资料表明这里的各种建筑遗址交错分布,相互之间也多有叠压和打破关系,显示其作为宫殿群经历了较长的时间,并多有修缮或改建、增加的历史过程。这表明宫殿是城内设计建筑的重点而不是宗庙性的建筑;城市建造形式显示了早商时代统治者政权重于神权的政治理念。

郑州商城外城郭内完备的手工业作坊的配置,为中国古代城市布局之先河。因为手工业作坊在城内外城郭区的设置,表明城内平民居住区以及由此而必须出现的相关设施在城市内的存在。它使以政治和王权至上的城市设计理念发生变化,将维系社会运转的经济元素考量其中,并将它们设计在政治权力中心的城市范畴内,显现了经济因素在国家统治中逐渐占有重要的地位。根据考古发掘资料提供给我们的信息,郑州商城外城郭的南关外和北部的紫金山各有一处铸铜作坊,北部和中部各有一处制骨作坊和铭功路的制陶作坊。手工业作坊虽然也在城市范围内,但是它们与宫殿区所在的宫城分别设置在城内和外城郭处,显示了它们既有联系,又区别对待的特殊关系。根据考古资料①,这些手工业作坊内部还有进一步的分工,比如制陶作坊出土的残次品以及大量出土的陶器种类显示,它们并不是生产所有日常需要的陶器,而是仅生产泥质陶类的盆、甑、豆、大口尊和瓮等,而其他粗砂陶器类则有可能在别处生产。铸铜作坊也一样,南关外的作坊是一处综合性工场,这里既发现了工具和武器,也发现了青铜礼器。而位于北部的紫金山作坊仅发现小型工具和武器类,而没有青铜礼器,显示两处作坊在生产的器类上有区别。而制骨作坊则更有特征,位于紫金山的骨器作坊以动物骨骼为素材,以生产笄、镞、匕和针类家常用品为主,而不见生产工具类器具。而位于城内中北部的作坊则以人头骨和肢骨为原材料制作器皿和工具。这些大规模的各类手工业作坊的存在表明,与此相应的手工业者应该同时居住在外城郭内,因此平民或一般居民区的存在则是必然的。考古发掘也在相应的作坊附近发现了居住者的生活场所。那么分布在郑州商城内的这些手工业作坊的产品究竟是一种什么性质的产品呢?这则需要做进一步的探讨。因为这些探讨结果将为我们了解早商时代的经济模式提供证据和结论。

  首先根据其产品的动向,可以得出导致两种结果的经济模式或经济系统:如果城内分工协作的手工业作坊生产的产品是以宫城内居住的统治者阶层以及相关统治机构人员的消费为目的的,那么它们就是政治支配机构的一部分,它们的生产虽然分工细致、产品优良,但是它们生产的直接结果并不存在社会的经济价值,也与当时王朝国家所运营的经济系统有所区别。因为它们的产品是有计划性和目的性的,并不受社会经济市场的任何影响。但是这并不意味着它们的产品仅仅在城内统治者之间消费,而与社会其他方面没有联系。因为手工业作坊既然是王朝政治统治机构的一部分,就与这种统治所涉及的领域息息相关。它们的产品在满足统治阶层日常消费之余,还有可能流通到一些较远的但是与郑州商城有关系的地方性聚落中,以此发挥其作为政治因素的作用。而它们优越的生产环境与条件以及特殊的配置与工人组织体系,使它们由此形成工人集团编制、技术制作能力、分工协作的环环相扣的流程性工程操作系统,以及由此而生产出的具有一定标准化和规格化的产品,这些都对整个社会的经济体系起着一定的影响和制约作用。而另一种可能是这些手工业作坊的产品是以经济流通等商业行为为目的而生产的,它们的产品直接进入市场,并通过商业手段进行

---

① 河南省文物考古研究所编著:《郑州商城》(上中下),文物出版社 2003 年版。

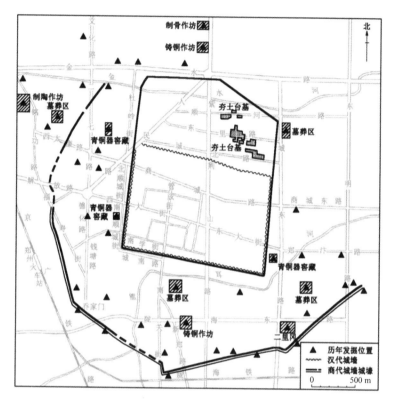

图 7-4 郑州商城平面图

交易,形成一定的经济流通体系和模式,在一定程度上显示其游离于政治之外独立的经济性特征。郑州商城究竟属于哪一种模式,或者是否介于两者之间,还需要我们在对其他城址、聚落遗址以及各种出土物详细分析和对比之后才能得出结论。

偃师商城位于距离早商之前的夏王朝首都二里头仅 7 千米的地方,它的位置和建造与夏商政权的交替有着直接的关系。[①] 早商王朝在郑州大兴土木建造郑州商城的同时,没有忘记在已经衰落的夏都附近营建辅都的计划,以此显示它们对刚刚衰亡的夏王朝的戒备以及对早商时代西部地区的特别对待措施。偃师商城除了面积仅有郑州商城的三分之一外,城内布局虽然不尽相同,但是具备一个政治中心城市应有的设施,可见当时设置偃师商城的政治性目的是明确的。

---

① 杜金鹏、王学荣主编:《偃师商城遗址研究》,科学出版社 2004 年版。

而正因为它的这种性质,使得学者之间以各种见解来推测它与郑州商城之间的关系。偃师商城由大小城两部分组成,城壁的凸凹曲折现象比较显著,有的学者认为它们应该是后世的防御设施——马面,显示着偃师商城的军事防御性质。而其宫城内的宫殿建筑基址,较小的 1 号建筑为宫城的主体建筑,而其周围的 3 号、5 号、2 号和 4 号分别为祖庙、社稷以及与寝居有关的建筑基址。这种分布格局显示其祭祀性质多于政治性质的建筑特点。因此以军事防御与祭祀为特征的偃师商城充分显示了它作为郑州商城辅都的特有性质。虽然在偃师商城内也发现了铸铜作坊和制陶作坊,但是目前提供的考古资料使我们无法断定它们的产品是用于流通而不是供城内居住者使用的。至少其手工业作坊的规模比郑州商城要小很多,产品的内容也不清晰。

图 7-5　偃师商城平面图

以上分析显示政治性中心都市郑州商城和其偃师辅都虽然都有手工业作

坊，但是它们产品的流通渠道和经营方式则需要我们通过对它们以外城址和聚落出土遗物的分析来解明。考古发掘资料已经为我们提供了有力的线索，这就是分布在边缘地区的其他五座早商时代的城址以及它们周边的一般聚落遗址。

第二节　单一而特殊的功能性城市

早商时代与以上两座中心城市同时建造的还有四座地方城市，分布在距离较远的周边地区，他们不仅面积小很多，而且城内的布局也有一些特殊的局限性。比如，25 万平方米的东下冯商城没有发现宫殿建筑基址，但是在城内西南部却发现了共七组纵横排列有序的圆形建筑基址，从这些圆形建筑的地基部分没有发现门道来推测，它们可能是用于储藏的仓库类建筑设施。而这也正暗示了东下冯商城不同于其他城址的特殊性质。①

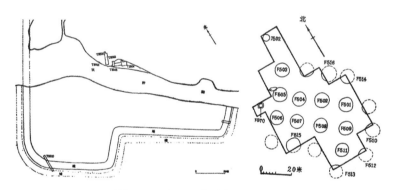

图 7-6　东下冯商城与圆形仓库

与东下冯距离仅 60 千米的垣曲商城建于黄河岸边，其南墙壁已经被黄河冲掉。在这个总面积 13 万平方米的城址内中北部，发现了一组六座建筑基址，可能是宫殿类区域，西部发现数座陶窑作坊，东南部则有一些居住性遗迹，在西城墙的东段还发现了一个类似城门的缺口。但是其他三面城墙没有发现城门的痕迹。虽然仅从名称来看这里具备宫殿区、居住区和作坊区的城市布局，但是无论是规模还是数量都不能与其他两座商城相比，也没有足以反映其性质的遗物出

---

① 中国社会科学院考古研究所、中国历史博物馆、山西省考古研究所：《夏县东下冯》，文物出版社 1988 年版。

土。从其仅有一个城门以及城墙为双道夹墙,而且城址建筑在邻近黄河及其支流的被水环绕的三角地带的诸因素来看,它的功能可能与当时利用黄河及其支流的水上运输便利作为货物集散地有关。一道城门与双道夹墙的特殊防御性质正是这种功能的体现。①

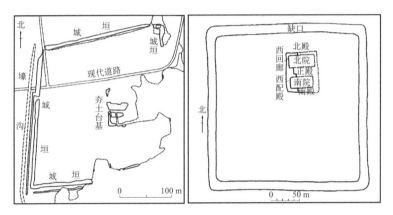

图 7-7　垣曲商城(左)和府城商城(右)

府城商城位于太行山下约 15 千米处,南距沁河 20 千米,面积仅 10 万平方米。城内共发现了四座建筑基址。其中 1 号基址是一座由前后三进殿堂和两座庭院组成的既有前殿、后殿,又有正殿和配殿的特殊建筑基址。而在其近邻处还相继发现了 2 号、3 号和 4 号基址。从 1 号建筑基址的配置来看,与其说它是一组宫殿建筑基址,倒不如说它更体现着祭祀性建筑的特点。因此府城商城也许是一座以祭祀功能为主的城市。②

位于长江中游的盘龙城商城坐落在深入盘龙湖的半岛上,城址三面环水,面积约 7 万余平方米。其中共发现三座建筑基址,分前、中、后三排位于高台之上。根据杨鸿勋先生的研究,1、2 号建筑基址符合前朝后寝的格局,两侧还似有配殿和廊庑,并有南北向的排水设施。它的设置与构成与府城商城中的祭祀建筑有些相似。但是决定这个城址的功能不能仅以这个建筑基址为标准。因为这个城址的特殊之处在于其城址外围分布的大小居住遗址以及它们的出土物——大量

---

① 中国历史博物馆考古部、山西省考古研究所、垣曲县博物馆:《垣曲商城——1985—1986 年勘察报告》,科学出版社 1996 年版。
② 袁广阔、秦小丽:《河南焦作府城遗址发掘报告》,《考古学报》2000 年第 4 期;袁广阔、秦小丽、杨贵金:《河南省焦作市府城遗址发掘简报》,《华夏考古》2000 年第 2 期;陈星灿、傅宪国:《河南焦作地区的考古调查》,《考古》1996 年第 11 期。

成层的木炭灰烬和伴随出土的大型成组的陶缸和坩埚形器类。这些器物足以表明这是一处与冶炼有关的手工业作坊集聚地。而城内的建筑基址也许并不是宫殿,而是一处特殊的祭祀场所——为了青铜冶炼而设的祭祀场所。特别是城南的王家嘴遗址发现了十座灰坑、三座陶窑、三座大型住址,从盘龙城址建筑之前就已经是一处规模较大的手工业作坊。而建城之后则变为平民区。而在城北的杨家湾发现三个较大的灰坑,出土了许多陶器、玉石器,并发现祭祀坑一座。另外还有一座出土铜渣和铜片的灰沟,推测可能是一处铸铜作坊。①

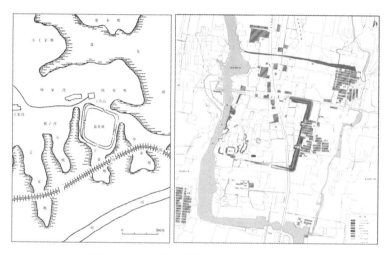

图 7-8 盘龙城商城(左)和望京商城(右)

以上四座分别位于西北方、北方和南方的城址都是与郑州商城同时兴建和同时废弃的,这种兴废关系将它们紧紧地联系在一起,也为我们探讨它们的关系提供了正确的时间标尺。许多学者已经注意到了这些城址的设置与早商王朝对资源的控制与利用有直接的关系,特别是对青铜资源以及冶炼青铜所需的附加材料——铅和锡的需求,是它们设置城池的主要目的。② 因为四座城址的地理位置都在这些资源的附近,而这些城址内也的确发现了相关的证据,特别是盘龙城发现大量铸造铜器所需的坩埚和盛器的大型缸类器具,以及铜渣和孔雀石等冶铸不可缺少的遗留物。而东下冯的圆形仓库的用途更是一目了然,是货物集

---

① 北京大学历史系考古专业、湖北省文物考古研究所:《盘龙城——1963—1994年发掘报告》,科学出版社2001年版。
② 刘莉、陈星灿:《城:夏商时期对自然资源的控制问题》,《东南文化》1999年第2期。

聚、储藏必需的建筑,但是考古证据并没有为我们提供是哪些货物曾经利用了这些仓库,我们只能进行推测。但是这些并不影响我们对东下冯城址性质的推断。那就是它作为郑州商城的一个特殊的功能性城址的性质。它并不是一座为人们生活而建造的一般城址,而是应郑州商城统治者的需要而设在能发挥其作用的地区的单一功能性城址。垣曲与府城商城的性质也一样,只是它们分担的功能各自不同而已。由此我们可以看到早商时代的都城建制不仅受政治统治,还有更多经济因素的制约。而这些地方城址只是在分担以郑州商城为中心的早商政权所需的政治与经济兼有的某一功能而已,它们不足以成为一个健全的地方政权机构,也并不能算在社会阶层的某一级别上,而只能是郑州商城所需功能的一部分。它们与以郑州、偃师为代表的政治经济性中心城市有着不可分割的紧密关系,这也正是早商城市文明时期独有的特征。

2002年,武汉大学考古实习队在湖北云梦县城关镇和平村的王家山发现了一座早商文化时期的城址,遗址主要部位是一个西南-东北向的角锥形土台,西南较宽,约80余米,土台西南东北长约180米。土台面上分三个阶梯。城垣的走向基本上是围绕着土台的边缘,土台的大小即是城垣的大小。发掘表明这座城址的建造和使用年代在二里岗文化上层期,城墙经过三次修造。此外还在遗址中发现了二里岗文化时期的墓葬。根据地理位置,有学者认为王家山商城的建立可能是为了保障与盘龙城之间矿产资源运输线路的畅通。因为没有公开发表资料,这里不能做更多的分析,但是这座商城的存在值得引起我们的关注。[①]

早商时期对原材料和资源独有情种,郑州商城内的手工业作坊的产品也不足以满足整个社会的需要,并流通到市场供应贸易和商业买卖。那么,早商时代的经济系统在两大政治经济中心城市和四个功能性城市的系统中是如何运作的呢?日常生活和生产所需的陶器、玉石器、骨器、蚌器等产品是如何取得的呢?这些问题的解决需要我们从对聚落布局、相互关系和其出土遗物的分析来寻找证据。

第三节 有铜器和玉器出土的遗址与墓葬分布

在郑州商城以外及其周边地区,目前发现的有二里岗文化时期的铜器与玉

---

① 蒋刚:《盘龙城遗址群出土商代遗存的几个问题》,《考古与文物》2008年第1期。

器出土的遗址、窖藏坑或墓葬有：郑州小双桥、新郑望京楼、登封王城岗、登封袁桥、荥阳西史村、辉县琉璃阁、辉县孟庄、许昌大路陈、舞阳北舞渡、临汝李楼、伊川坡头寨、焦作南朱村、新乡、林县元康、灵宝文底桥、灵宝东桥、平陆前庄、蓝田怀珍坊、渭南姜河村、扶风法门寺、岐山京当、长子西旺、长子北高庙、柘城闷心寺、柘城孟庄、项城孙店、中牟黄店和大庄、郾城孟庙村、藁城台西、沧州倪杨屯、济南大辛庄、长清归德乡前平村、嘉山泊岗、含山孙家岗、含山孙戚村、黄陂官家寨、黄陂钟家岗、应山乌龟山、应城吴祠、随州淅河乡、黄州下窑嘴、岳阳铜鼓山等。以上45处遗址的时代跨度大致在二里岗下层期到二里岗上层晚期的白家庄期直至殷墟早期之间。这些遗址、墓葬或铜器出土地点有些分布在距离都城或功能性城市不远的地方，显示了与这些特殊遗址的紧密关系，但是有些则不是。详细观察这些遗址的分布图会发现相当一部分遗址位于较远的地区，至少从地理位置上看不出它们与这些都城遗址的关系。而这些铜器的出土都与墓葬有关。因此这些有铜器和玉器出土的地点至少可以分为两种：距离都城较近的大多是窖藏类和墓葬类性质的遗址，而距离较远的出土地点基本都是墓葬性质的。所以远距离的墓葬不一定与都城有关，而是一些具有特殊身份的人的墓葬，他们作为与城址有关的权势人物，之所以会在与权力中心距离很远的地方出现，可能与他们的出生地有关系，而与早商时代的聚落分布形态没有直接关系。窖藏铜器则大多在距离城市较近的地方，它们的意义比较复杂，根据学者的研究，大致有祭祀、战乱和贮藏等解释。

首先分析郑州地区周围出土青铜器的地点。在郑州商城以及周围出土铜器的地点中窖藏青铜器比较多见，除了南顺城街、二七路等与商城直接关联的窖藏坑之外，在距离这里稍远的地方也有不少发现。20世纪70年代曾经在新郑望京楼采集到一批青铜器和玉石，经研究是属于二里头和二里岗时期的遗物，90年代初又相继采集到一批铜器和玉器。根据其数量和出土状况应均是出土于窖藏坑的。其中玉器五件，有璋一件、戈两件、钺一件、瑗一件。铜器17件，爵九件、罍一件、盘一件、斧两件、戈三件、矛一件。[①] 而在临汝杨楼乡李楼村发现的属于二里头和二里岗时期的铜器有两批，一处发现人骨，应该是墓葬无疑，其中出土有铜器三件，爵一件、斝一件、觚一件。另一处虽然未见人骨，也出土铜器三

---

① 赵柄焕、白秉乾：《河南省新郑县新发现的商代铜器和玉器》，《中原文物》1992年第1期；薛文灿：《河南新郑县望京楼出土的铜器和玉器》，《考古》1981年第6期。

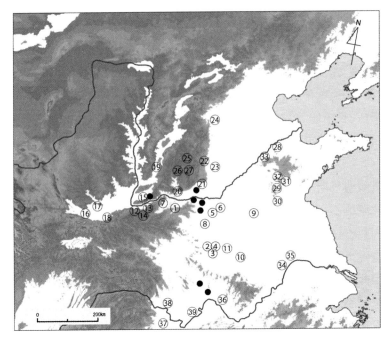

1.临汝李楼 2.舞阳北舞渡 3.舞阳吴城北高 4.舞阳玉皇庙 5.中牟黄店村 6.中牟大庄 7.伊川高山坡头村 8.许昌大路陈 9.柘城心闷寺 10.项城毛家 11.鄢城孟庙栏河潘村 12.灵宝东桥村 13.灵宝川口赵家沟 14.灵宝涧口王家湾 15.平陆前庄 16.岐山京当 17.礼泉朱马嘴 18.蓝田怀珍坊 19.洪洞双昌上村 20.焦作南朱村 21.辉县孟庄 22.林县元康 23.安阳三家庄董王度 24.藁城北龙宫 25.潞城洛河村 26.长子北高庙村 27.长子北关同福村 28.济南大辛庄 29.藤县官桥镇吕楼村 30.官桥镇前掌大 31.官桥镇大康留乡 32.官桥镇轩辕村 33.长清归德前平村 34.含山孙家岗 35.含山仙踪镇 36.黄州下嘴窑 37.石门桅岗 38.荆州荆南寺 39.樟树吴城

图7-9 二里岗文化时期出土铜器与玉器的地点［底图审图号：GS(2016)1609］

件,爵一件、斝一件、鬲一件,觚的圈足、爵耳有补铸痕迹,可能也是一处墓葬。[①] 舞阳北舞渡南校出土两件铜器,均是鬲。年代为二里岗时期,是在距离地面约2.35米深处发现的,窖藏的可能性较大。[②] 还在舞阳吴城北高遗址发现铜爵一件。再根据在其周边的沙河流域有同时期的阎刘、善德、寺疙瘩、白马寺等遗址,因此,这里的遗存应该引起关注。[③] 而同时在舞阳玉皇庙村也发现了青铜器三件,分别为戈一件、刀一件、镞数件,还有一件鼎,但是现在已经遗失,时代属于二

[①] 张久益:《河南临汝县李楼出土的商代青铜器》,《考古》1983年第9期。
[②] 朱帜:《北舞渡商代铜鬲》,《考古》1983年第9期。
[③] 朱帜:《河南舞阳吴城北高遗址发现铜爵》,《考古》1984年第5期。

里岗时期。根据发现者的判断,这里应该是一处窖穴遗址。① 在距离郑州仅 30 千米的中牟县黄店村,在一座墓葬中发现铜器两件,分别为盉一件、爵一件。时代属于二里岗时期。② 而在距离其 10 千米的中牟大庄村的一座墓葬中也发现了铜器三件,爵一件、斝一件、戈一件,时代也属于二里岗时期。③ 伊川高山乡坡头寨村的一座墓葬中发现有人骨五具、狗骨一具,铜器 12 件,分别为鬲一件、斝一件、爵两件、戈一件、揆一件、凿两件、镞一件、鸟形竿两件,玉器两件,环一件、柄形器一件,陶器两件,簋一件、豆一件。时代属于二里岗上层期。④ 在许昌长村张乡大路陈村的一座墓葬中发现人骨两具、狗骨一具,铜器 30 件,分别为鼎三件、斝两件、爵两件、戈两件、刀一件、钺一件、带钩一件、镞 17 件,玉器三件,柄形器两件、璋一件,时代属于二里岗时期。郑州东南部地区也发现了一些青铜器出土地点。⑤ 柘城西八里岗王乡孟庄村心闷寺是一处墓葬遗址,属于二里岗上层期,发现了铜器三件,鼎一件、斝一件、斝一件,铜器有补痕。而在距离这处遗址不远的西部有商代冶铸遗址。由于这里没有发现人骨,推测不是一座墓葬。它的性质也许应该与冶铸遗址相关联来考虑。⑥ 项城孙店乡石营村毛冢遗址位于豫东周口地区的泥河、汾河和沙河两岸。根据历年来不断出土二里岗时期陶器和铜器残片等现象,推测应该是一处墓葬遗址,时代属于二里岗时期。1977 年出土了铜器三件,分别为斝一件、爵一件、戈一件。还有较多陶器残片。陶拍上有刻划文字。⑦ 郾城孟庙乡栏河潘村位于颖河支流柳河北岸,时代属于二里岗上层期。在一处疑似窖藏坑的沙层内发现了铜器 12 件,其中罍两件、斝两件、鼎四件、爵两件、斝两件,铜器有烟痕和使用痕,证明其曾经是实用器。由于这批铜器不仅数量多,而且制作非常精细,有的学者认为它可能与《古本竹书纪年》所说的奄的地望有关。不管怎样,这批铜器都与当时的郑州早商王朝有不可分割的关系。⑧ 郑州石佛乡出土铜器的地点与郑州小双桥很近,属于二里岗时期。80 年代层采集到铜器三件,戈一件、刀一件、铜容器残片一片。⑨ 此外在河南灵宝

---

① 朱帜:《河南舞阳县陆续发现商代文物》,《考古》1986 年第 3 期。
② 赵新来:《中牟县黄店、大庄发现商代铜器》,《考古》1980 年第 12 期。
③ 赵新来:《中牟县黄店、大庄发现商代铜器》,《考古》1980 年第 12 期。
④ 宁景通:《河南伊川县发现商墓》,《文物》1993 年第 6 期。
⑤ 胡永庆、张玉石:《许昌县大路陈村发现商代墓》,《华夏考古》1988 年第 1 期。
⑥ 胡谦盈:《河南柘城孟庄商代遗址》,《考古学报》1982 年第 1 期。
⑦ 周口地区文化局、项城县文化馆:《河南项城出土商代前期青铜器和刻文陶拍》,《考古》1982 年第 9 期。
⑧ 孟新安:《郾城县出土一批商代青铜器》,《考古》1987 年第 8 期。
⑨ 陈焕玉:《郑州市石佛乡发现商代青铜戈、刀》,《华夏考古》1988 年第 1 期。

的三个地点出土了青铜器,它们分别是:文底乡东桥村,出土有鬲一件、斝一件、爵一件、罍一件、尊一件、钺一件、戈一件、忻一件,时代属于二里岗晚期;川口乡赵家沟村,出土有鼎三件、斝两件、爵一件、蝉一件,共三件,时代也属于二里岗晚期;涧口乡王家湾村,出土有爵一件、觚一件、锛一件、刀一件,时代属于殷墟早期。① 而在与河南灵宝所在的豫西相邻的晋西南地区,也在毗邻黄河的前庄遗址发现了青铜器窖藏,出土大型铜器14件,分别为罍、鼎、簋、鬲等,时代属于二里岗上层期。② 而在陕西岐山京当镇,先周文化的中心地区也发现了二里岗晚期铜器窖藏,共出土铜器五件,有戈一件、爵一件、斝一件、觚一件、鬲一件。③ 位于东北部的陕西礼泉朱马嘴是一处二里岗时期的遗址,在遗址发掘前发现的窖藏坑中,发现了铜器七件,大鼎一件、甗一件、小鼎一件、爵一件、觚一件、戈一件、镞一件和陶鬲四件。④ 陕西东部地区的蓝田怀真坊遗址属于二里岗上层期,不仅发现了青铜器,还发掘了数处灰坑,其中有铜器七件,石磬一件、鼎一件、锯两件、钺一件、戈一件、斧一件、刀一件等,根据遗迹现象被认为是一处二里岗时期冶炼铜质材料的作坊。⑤ 山西洪洞县双昌乡上村,发现了鼎一件、爵一件、戈两件、金耳环一件、玉刀一件。其时代属于商代早期至中商时期。⑥

再来分析河北豫北一带发现的青铜器出土地点。新乡地区博物馆收藏的青铜器中有一些属于二里岗文化时期,其中有鼎两件、斝一件、爵三件、觚一件。这些大多出土于新乡的周边地区,暗示这里应该有相当于二里岗文化时期的铜器出土地点。而在焦作南朱村发现有墓葬两座,M1随葬器三件,其中铜爵一件、陶斝一件、陶豆一件,M2仅有陶斝一件、陶豆一件。时代为二里岗期。⑦ 辉县孟庄是一处大型二里头文化城址,二里岗文化时期也是一处重要的遗址,其中发现了29座墓葬,其中出土有铜器五件,斝两件、鬲一件、爵两件。⑧ 河南林县元康

---

① 杨育彬:《河南灵宝出土一批商代青铜器》,《考古》1979年第1期。
② 李百勤:《山西平陆前庄商代遗址清理简报》,《文物季刊》1994年第4期。
③ 王光永:《陕西岐山县发现商代青铜器》,《文物》1977年第12期。
④ 北京大学考古系商周组、陕西省考古研究所:《陕西礼泉朱马嘴商代遗址试掘简报》,《考古与文物》2000年第5期。
⑤ 西安半坡博物馆、蓝田县文化馆:《陕西蓝田怀珍坊商代遗址试掘简报》,《考古与文物》1981年第3期;吴镇烽、樊维岳:《陕西省蓝田县出土商代青铜器》,《文物资料丛刊》1980年第3期。
⑥ 朱华:《山西洪洞县发现商代遗物》,《文物》1989年第12期。
⑦ 马全:《焦作南朱村发现商代墓》,《华夏考古》1988年第1期;千平喜:《武陟县出土三件商代青铜器》,《考古》1989年第12期。
⑧ 河南省文物考古研究所编:《辉县孟庄》,中州古籍出版社1999年版。

乡出土了铜器三件，分别为尊一件、斝一件、瓿一件。时代属于二里岗上层期。①而在著名的安阳殷墟附近的三家庄、董王度村发现的铜器也属于二里岗上层晚期。三家庄是一处窖藏坑，出土鼎四件、甗一件、斝一件、罍一件、戈一件、爵一件、揆一件。董王度是一处墓葬，出土有鼎一件、镞一件，也属于二里岗上层晚期。②而在河北南部地区的藁城北龙宫遗址的一座墓葬中出土铜器两件，爵一件、瓿一件，属于二里岗时期。③在长子县北高庙村也采集到铜鼎一件、甗两件、戈一件、刀一件，时代属于二里岗晚期。④山西长子县北关同福村，发现两处与人骨同时出土陶器的地点，第一处与人头骨和肢骨一同出土了铜器15件，其中鼎两件、爵两件、甗一件、瓿一件、罍一件、戈四件、镞三件，玉器两件，柄形器一件、玉镞一件。第二处与人骨同时出土的有铜器四件，鬲一件、斝一件、瓿一件、爵一件，陶器四件，鬲两件、豆两件。铜器和陶器所显示的时代均为二里岗文化时期。不容置疑，这应该是两座墓葬。⑤此外在较远的北京平谷刘家河属于二里岗上层晚期的墓葬中也发现了很多遗物，其中铜器12件，鼎两件、鬲一件、甗一件、爵一件、斝一件、卣一件、羊罍一件、瓿一件、盉一件、盘一件、钺一件。此处还有人面饰五件，泡三件，蟾蜍泡四件，当卢一件，金器，臂钏两件，耳环一件，笄一件，玉器12件，斧一件、柄形器一件、璜一件、绿松珠九件。⑥同时代的昌平张营遗址也有铜器出土的报道。⑦

最后分析山东地区和湖北地区铜器出土地点的状况。山东官桥镇吕楼村出土铜器三件，其中斝一件、爵一件、瓿一件。因为未见人骨，其出土状况不清楚。属于二里岗文化时期。⑧官桥镇前掌大是一处大型墓地，时代属于从二里岗晚期到殷墟期。从墓葬中共出土了铜器15件，瓿一件、斝一件、爵一件、戈一件、钺一件、削一件、镞九件。⑨官桥镇大康留村也出土了二里岗晚期铜器四件，分别是尊一件、爵一件、斝一件、盘一件。⑩山东滕州官桥镇轩辕村的一处墓葬出土铜

---

① 张增午：《河南林县拣选到三件商代青铜器》，《考古》1986年第3期。
② 孟宪武：《安阳三家庄、董王都村发现的商代青铜器以及年代推定》，《考古》1991年第10期。
③ 唐云明：《藁城北龙宫商代遗址的调查》，《文物》1985年第10期。
④ 郭勇：《山西长子县北郊发现商代铜器》，载《文物资料丛刊》(三)，文物出版社1980年版。
⑤ 郭勇：《山西长子县北郊发现商代铜器》，载《文物资料丛刊》(三)。
⑥ 袁进京、张先德：《北京市平谷县发现商代墓葬》，《文物》1977年第11期。
⑦ 北京市文物研究所、北京市昌平区文化委员会：《昌平张营：燕山南麓地区早期青铜文化遗址发掘报告》，文物出版社2000年版。
⑧ 万树瀛：《山东滕州市薛河下游出土的商代青铜器》，《考古》1996年第5期。
⑨ 万树瀛：《山东滕州市薛河下游出土的商代青铜器》，《考古》1996年第5期。
⑩ 万树瀛：《山东滕州市薛河下游出土的商代青铜器》，《考古》1996年第5期。

器六件,鬲一件、爵一件、斝一件、戈一件、镞两件,玉器一件,柄形器一件。其时代相当于商代早中期。① 而在山东济南长清区归德镇前平村出土的两件青铜器,爵一件、斝一件,也属于早商晚期。② 此外在安徽含山孙家岗出土的两件铜器,戈一件、爵一件属于二里岗时期。③ 安徽含山仙踪镇孙戚村也发现戈一件、觚一件,共两件铜器,其时代相当于二里岗文化时期。④ 湖北黄州下嘴窑的一座墓葬中出土了铜器 16 件,鬲一件、觚一件、爵一件、斝一件、瓿一件、戈一件、镞六件、攫一件、斧一件、凿一件、刀一件。时代属于二里岗晚期。⑤ 而湖南桅岗的一座残墓葬中,出土了玉石器四件,分别为璋一件、钺三件。其时代相当于二里岗文化晚期。⑥

以上分析的青铜器出土地点的时代大致介于二里岗文化早期到二里岗文化晚期的白家庄期之间,一些铜器的时代可能晚到殷墟一期前后。其中以二里岗文化上层期资料最丰富。从出土铜器的遗迹性质来看,则以墓葬形式的出土例为多,部分为窖藏坑出土。早商文化时期的青铜器,特别是青铜容器是当时郑州政权统治系统的一个物质表现,其拥有者大多与以郑州为中心的早商王权有一定的关联。根据学者的研究,当时的青铜器冶铸由商王朝中心控制、运营与分配,是早商王权统治参与者的权力和身份的象征,同时也是用于早商政权祭祀礼仪的特殊器类。而此后盛行于西周时代的列鼎列簋制度正是萌芽于这个时期的青铜礼器制度的。因此研究这些铜器的出土地域以及出土状况是研究早商文化城市文明体系不可或缺的一个方面。首先从其分布来分析,在以上列举的遗址中我们可以看到,它们基本上是成群分布的,即在一个地区有多处发现,而没有的地区则完全没有,也就是说它们多是集中分布的,比如在郑州周边以及东部地区,如新郑望京楼、伊川、李楼、舞阳、中牟、项城、柘城、郾城等,或与郑州连接的颍河以及支流流经地区。而在河南西部的灵宝、山西南部一带也是经常出土铜器的地区,这里则与介于伊洛地区和晋西南地区的地理位置有关,因为这两个地区在早商文化时期都是具有特殊意义的地区。河南北部与河北南部地区也与晋西南地区一样是地方城郭都市的所在地,与此相关的青铜器也大多出土在与这

---

① 陈庆峰、孙柱才、张耘:《山东滕州市发现商代青铜器》,《文物》1993 年第 6 期。
② 韩明祥:《山东长清、桓台发现商代青铜器》,《考古》1982 年第 1 期。
③ 吴兴汉:《安徽含山县孙家岗商代遗址调查与试掘》,《考古》1977 年第 3 期。
④ 安徽省展览博物馆:《安徽含山县仙踪镇商代遗址调查与试掘》,《考古》1979 年第 3 期。
⑤ 吴晓松、董子儒:《湖北省黄州市下窑嘴商墓发掘简报》,《考古》1993 年第 6 期。
⑥ 王文建、龙西斌:《石门县商时期遗存调查——宝塔遗址与桅岗墓地》,载《湖南考古辑刊》(第 4 辑),岳麓书社 1987 年版。

些城址距离不远的地方。山东安徽一带的铜器出土地点则都位于大辛庄和前掌大的周边地区。而南方的长江流域虽然发现的青铜器时代略晚于其他地区,但是仅有的几处也位于盘龙城或铜鼓山等特殊遗址的周边地区。

第四节 专业性手工业作坊聚落遗址

早商时期的一般聚落遗址,从早期的二里岗下层期到二里岗上层期之间在分布形态上发生了较大的变化。正如本文在上节已经指出的那样,首先是二里岗下层期遗址数量的大幅减少和二里岗上层期遗址数量的回归以及增加。这既反映了王朝的政权更替对一般村落分布的影响,还是以二里岗为代表的早商时代聚落分布不同于其他时代的一个鲜明的特点。自从新石器时代人类明确定居以来,其村落的分布大致经历了从早期的沿河流而居住到龙山文化时代的选高台而生息的过程。而龙山文化晚期随着人类文明的进程所发生的战乱,使得防御性城址在各地大量出现,直到以二里头文化为代表的夏王朝的诞生,然而一般聚落的分布形态至少在数量上也不曾有大的变化。但是随着以郑州商城为代表的二里岗下层期早商文明的出现,与城堡性城址在不同的城市的发现,人们意识到聚落分布锐减的原因与前所未有的大型的土木兴建工程有直接的关系。那么人们的生活在经历了二里岗下层期的大规模的移动和重组之后,恢复稳定的二里岗上层期的聚落分布有哪些特征呢?

首先是专业性功能聚落在一般聚落遗址中的出现。这些聚落的一个特点就是以生产某一两种产品为特征,这不同于在此之前的自给自足包容所有种类的村落性质的手工业作坊,或者是一般村落中都可以看到的小型陶窑、制骨或石器制作场等。它们的特点是一个村落只生产一种产品,这样的遗址在二里岗上层期多有发现。比如山西西南部邻近东下冯城址南部,同位于青龙河流域的东阴遗址是一处单纯的二里岗上层期遗址。[①] 2000年对其进行的考古发掘表明,这是一处面积仅4万平方米的小型村落遗址,这里共发现了17座灰坑、一座窑址和一座墓葬。除了大量陶、石、骨、蚌器外,引人注目的是这里发现的大量骨质坯料以及经过切割后扔掉的骨质边角废料和骨关节部分。这些骨料大多为牛肢骨的不同部位,所有骨料的加工方法如出一辙,均以锯割为主,除了大小不一的坯

---

① 山西省考古研究所、夏县博物馆:《山西省尉郭镇东阴遗址发掘简报》,《考古与文物》2001年第4期。

料和废料外,并没有见到成品的骨器。

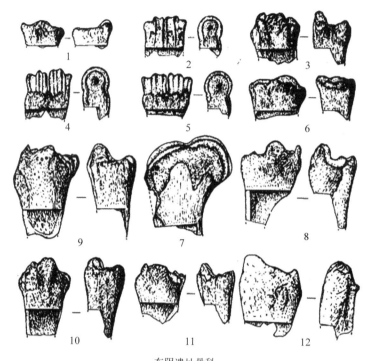

东阴遗址骨科
1—4.(H11∶24、H11∶21、H13∶6、H11∶26)5—8.(H11∶25、H6∶16、C∶111、H4∶24)9—12.(T5②∶5、H11∶27、H4∶25、H13∶7)(均为1/4)

图 7-10　山西夏县东阴遗址出土的切割骨器

显然不同于新石器时代以来一般村落人们惯常用猪、鹿、羊、鸡类小型动物骨骼制作骨器的状况,这里发现的少量骨质类工具却是用一般常见的小型动物骨骼制作成的。而这些废料所显示的骨质制品却不知去向,显然生产它们的目的并不是满足东阴村聚落本身的需要。它是一个专业化的以牛骨为材料的骨器生产地,或者只是骨器坯料的加工场所。因为骨器的生产要经过原材料的收购、坯料的加工和成品的磨制等重要环节,特别是以牛这样的大型动物的骨骼为原材料的骨器制作,显示着它与以郑州商城为代表的早商国家的紧密联系。根据一些学者的研究,早商时代开始流行以牛作为国家祭祀的动物,从牛的饲养到祭祀都有一套完善的管理体制。[①] 而东阴遗址大量的牛骨坯料和废料正暗示了它

---

① 冈村秀典:『中国文明：農業と礼制の考古学』,同成社,2001年。

有可能是统治者集团设在晋西南地区的一个专门为早商国家生产牛骨制品的专业性村落。此外在这个遗址中还发现了六件牛卜骨、玉质圭、钺以及一些石质工具和铜镞。这些与祭祀和礼仪有关的出土物反映了作为专业性功能聚落遗址,这里在生产过程中曾有某种为生产而举行的特别仪式。而大量出土的陶质生活器类,无论是陶色还是器形都与郑州商城同时期的陶器非常相似。而它位于东下冯城址南部很近的位置,显示了它们之间的特别关系。

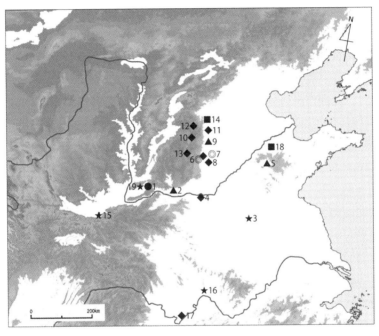

1.夏县东阴遗址 2.孟州涧溪遗址 3.柘城孟庄遗址 4.荥阳关帝庙遗址 5.济南大辛庄遗址 6.磁县下潘汪遗址 7.邯郸涧沟遗址 8.磁县下七垣遗址 9.邯郸龟台遗址 10.武安赵窑遗址 11.邢台曹演庄遗址 12.邢台贾村遗址 13.涉县台村遗址 14.藁城台西遗址 15.蓝田怀珍坊遗址 16.武汉盘龙城遗址 17.樟树吴城遗址 18.信阳李屋遗址 19.岳阳温家山遗址
(●:骨质作坊,▲:石器作坊,★:铸造作坊,◆:陶器作坊,∗:蚌器作坊,◎:制盐作坊。)

图 7-11 二里岗文化时期专业性手工业作坊遗址[底图审图号:GS(2016)1609]

河南孟州涧溪遗址是一处属于二里岗上层晚期的遗址,这处面积约 4 万平方米的小型聚落遗址经考古发掘,出土了非常丰富的遗物,其中在 Y10 的一个灰坑内发现了 14 件从未使用过的石镰和石刀,还有 15 件纺轮,表明它似乎是一个用于专门储藏工具的仓库性质的窖藏坑。① 而在遗址内发现的器类也以石镰、石刀和石铲最多，而且石器的形态非常规格化，暗示着它们可能出自相同的制作作坊，但是在遗址内没有发现相应的石器制作作坊遗迹。不过无论这里有没有作坊遗迹，都不影响我们对这处遗址性质的判断，即它极有可能与专业化生产或储藏石器地有关。也就是说与东阴遗址一样，它也具备了一个专业化的功能性村落的性质。而在村落的东南部还有一条东南-西北向的壕沟。这种防御措施也许正是其货物集散地或生产地所必须的防御设施。

河南柘城孟庄遗址位于柘城县西部 7 千米处的惠济河支流蒋河南岸。根据 1977 年的发掘，这里有住址九座、灰坑 25 座、铸造遗迹一处和制陶作坊一处。这些遗址出土的陶器属于二里岗上层期。② 铸造遗迹和陶器作坊可能正是这个遗址手工业作坊性质的体现。

河南荥阳关帝庙遗址是一处属于人民公园期至殷墟二期的完整的村落遗址，经发掘出土了住址 22 座、陶窑 20 座、水井 32 处、墓葬 228 座、祭祀坑 17 处和灰沟九座。20 处陶窑和 32 座水井足以说明这个村落是一处专门的陶器制作作坊。③

山东地区的大辛庄遗址是一处二里岗上层晚期的大型聚落遗址，自从 1935 年发现以来，70 余年间经过多次发掘，取得了很多成果。在出土的大量遗物中，尤其以石器的数量显著。根据钱益汇和方辉以 1984 年和 2003 年的发掘资料进行的研究，两次发掘的石器成品共 139 件、石坯原料九件、废料 13 件和大量加工时废弃的石质碎屑，还有 29 件未成品和残损品以及制作石器所使用的磨石 36 件。这些遗物足以反映着这里曾进行石器制作，在二里岗上层时代曾是一处石器制作作坊。由于大辛庄还发现许多随葬青铜器的墓葬和其他玉石铜器，它的性质一直是学者所关注的，而它的复杂性也不能仅以石器作坊单一的判断来决定。但是这里曾大量制作石器的事实可以反映它具有专业化功能性聚落的特质之一。④

---

① 刘笑春：《河南孟县涧溪遗址发掘》，《考古》1961 年第 1 期。
② 胡谦盈：《河南柘城孟庄商代遗址》，《考古学报》1982 年第 1 期。
③ 李素婷、李一丕、丁新功：《河南荥阳市关帝庙遗址商代晚期遗存发掘简报》，《考古》2008 年第 7 期。
④ 山东大学历史系考古专业、山东省文物考古研究所、济南市博物馆：《大辛庄遗址 1984 年秋试掘报告》，载山东大学东方考古研究中心编：《东方考古》（第 4 集），科学出版社 2003 年版；钱益汇、方辉：《济南大辛庄遗址商代石器工具组合的类型学研究——基于生产系统与功能的视角》，载山东大学东方考古研究中心编：《东方考古》（第 4 集）。

第七章　二里岗文化都市文明与初期国家形成

河北磁县下七垣遗址是一处从先商时代、早商时代、中商时代和晚商时代连续堆积的遗址。① 其中属于早商时代的遗迹有 21 个灰坑、一座住址和两座陶窑,两座窑址的面积比较大,2 号窑堂直径约 80 厘米,残存壁高约 78 厘米。而在 3 号窑址内则发现了未经烧制的细绳纹泥坯,据推测是在装窑时剔除的坏陶坯。另外在窑址的西北侧发现了一个不规则的大坑,坑内几乎全部是单一的刚出窑未经使用的鬲残片和残次品,因而可以说这两座窑址是专门用来烧制陶鬲的手工业作坊。而在属于商代中期的下七垣第二层中,则发现灰坑 53 座,其中窖藏坑一处,内藏 100 对完整大蚌壳,它应该是一处用于储藏蚌质原材料的仓储遗迹,因此这里或者是距离这里不远的某个村落也许就是一处专门制作蚌质器具的手工业作坊,而事实上在距离这里仅 1.5 千米的涧沟遗址,在龙山文化时期就曾经发现大量的蚌质工具,比如蚌镰和蚌刀以及蚌环。这也许暗示着涧沟遗址制作蚌质工具的传统一直持续到早商时代,虽然我们现在还没有发现早商时代的证据。② 这一时期下七垣仍然是一处制陶作坊遗址,在发现的一个制陶场所内发现了大量的陶坯和陶土原材料堆积。而在不远处的陶窑内则发现大量残鬲片,陶窑的直径约 1.7 米,火堂直径 1.82 米,是一处规模较大的陶窑。另外在周围的相关地层内还发现了制作陶鬲用的陶内模 17 件。

距离这里 1.5 千米处的涧沟遗址在商代早期就有陶窑手工业作坊发现,其陶器种类虽然除了鬲之外还有其他种类,但是出土陶器种类中仍然以陶鬲最多。而在涧沟西北不远处的龟台遗址,则发现了属于早商时代的 38 个灰坑、两座墓葬。其中在 H66、H67、H81 三座灰坑内出土了 115 件石器,其中石镰和石铲占 65%以上,石镰以微弯较窄的刃部为特征,而石铲以长方形为主,其中也有一些有肩石铲。但是这里出土的陶器种类以平底器为多,三足器居次,与以三足鬲为主要产品的涧溪和下七垣不同。③

武安赵窑遗址是一处早商与晚商时期的遗址,在属于早商时代的下层文化中发现了两座灰坑 H5 和 H12,出土遗物除了少量陶器外,石器的出土量较多,其中石镰 36 件、石斧 26 件、石铲 12 件、石刀八件和石锛四件。而这些石器的形状也比较规则,与其说它们是被废弃在灰坑内的,不如说这里是用来储藏石器的储藏坑。也许暗示着在距离这里不远的地方应该有一处制作石器的作坊遗址。

---

① 孙德海、罗平、张沅:《磁县下七垣遗址发掘报告》,《考古学报》1972 年第 2 期。
② 北京大学、河北省文物局邯郸考古发掘队:《1957 年邯郸发掘简报》,《考古》1958 年第 10 期。
③ 北京大学、河北省文物局邯郸考古发掘队:《1957 年邯郸发掘简报》,《考古》1958 年第 10 期。

而在稍晚的二里岗上层晚期到人民公园期的地层内则发现了一个石器制作场,在一个直径约五米的大坑内发现了大量石料,还有许多石棒、磨石、石片、石斧和石刀的半成品。而属于这一时期的一座陶窑内部有大量粗绳纹鬲片和未经烧制的陶坯等。周边还有灰坑九座。①

邢台曹演庄遗址是一处属于二里岗期的商代早期遗址,这里发现了大型陶窑三座,其中出土了许多陶鬲的残坯、陶模和烧残的陶鬲残次品。在陶窑的周围还有大量木炭灰烬,可能是当时用于烧制陶器的燃料遗留痕。因此这里应该是一处专门烧制陶鬲的手工业作坊遗址。另外还有灰坑三座,在H189内发现鬲17件、罐19件和骨笄七件。这些器物均没有使用痕迹,很可能是一处用于储藏手工业生产品的窖藏坑。此外还发现了住址三座。②

在邢台贾村商代遗址中发现了四座陶窑,其窑内和窑址的周围发现大量残陶鬲、半成品和制陶废料,但是没有见到任何其他陶器器类,因此可以说这是一处专门生产陶鬲的制陶作坊,反映了陶器生产内部的再分工和生产门类细化的状况。

河北涉县台村遗址是一处属于二里岗时期的遗址,在发现的11座灰坑内出土大量鬲的残片而没有鼎,其他器类也不丰富。③

藁城台西遗址因为出土了大量铜、陶、玉、石、蚌等遗物,还有12座性质特殊的房址和大量墓葬而著名④,但是关于这座遗址的性质则意见不一。首先从时代来看,这里除了两座住址属于二里岗上层期之外,其他的14座住址则属于中商文化时期。从这些住址的布局来看,它们是相互关联的。根据发掘者及一些学者的研究,这里是一处专门酿酒的手工业作坊。⑤ 因为在最大的F14住址内发现了大量酿酒用的瓮、大口罐、将军盔式的陶器和用于装酒的陶漏斗。此外还有罍、尊和豆等日常生活用器和少量骨、蚌、石器。而最有力的酿酒证据是在一个大型瓮内发现重约8.5千克的灰白色水垢沉淀物,经科学分析被认为是一种人工培养的酵母。此外还在四件大口罐内发现了各种果实的种子残留遗物,发

---

① 陈惠、江达煌:《武安赵窑遗址发掘报告》,《考古学报》1992年第3期。
② 唐云明:《邢台曹演庄遗址发掘报告》,《考古学报》1958年第4期。
③ 河北省文物研究所、邯郸市文物研究所、涉县文物保护管理所:《河北涉县台村遗址发掘简报》,载《河北省考古文集》(三),河北人民出版社2005年版。
④ 河北省文物研究所编:《藁城台西商代遗址》,文物出版社1985年版。
⑤ 王震中:《藁城台西邑落居所所反映的家族手工业形态的考察》,载山东大学东方考古研究中心编:《东方考古》(第4集),科学出版社2003年版。

掘者认为这些正是专门用于酿酒的原料。而与此 F14 相关的其他住址很可能是这座酿酒作坊的关联工房。再从其整体布局的规范化程度来看，这是一处经过事前设计和规划而建造的手工业作坊遗址。

藁城遗址除了这一组特殊建筑遗址外，还有一个特点就是发现了大量各种材质的用途各异的器具。而在 482 件石器中，336 件为石镰，此外还有一些砺石。另外有陶纺轮 162 件和在铜觚上发现了丝织品痕迹，在 T10 内还出土有麻布以及山羊绒毛的痕迹。这些现象暗示这里不仅是酿酒作坊，也许还有其他诸如纺织和玉石制作作坊等手工业门类。

陕西蓝田怀珍坊遗址是一处早商时代的遗址，遗址面积仅 5 万平方米，因为曾多次发现青铜器而知名。这里曾在 1973 进行小规模发掘，在发掘的 282 平方米的范围内，发现灰坑七个、墓葬五座。除了发现的九件铜质刀、钻、锥类工具外，还在多数灰坑中出土了大量的铜渣，往往在一个灰坑内就有数筐铜渣拣出，其中还夹杂许多木炭碎块。另外在灰坑和地层中都出土有很多沾有铜汁的草拌泥结构的红烧土块和残渣，发掘者认为这些应该是当时炼铜的炉壁残块。但是这里却没有发现任何铸铜用范模，因此发掘者认为这里不是铸造铜器的作坊，而是专门用于冶炼铜料的作坊。[①]

山东阳信县李屋遗址是最近发掘的一处从中商时代到晚商时代的专业制盐作坊遗址。遗址面积约 5 万平方米，可以区分出甲乙丙三片由住址、院落以及从属的墓葬、灰坑、取土坑和倾倒垃圾区构成的聚落单元。各区内除了出土大量生活用陶器外还发现了大量用于制盐的盔形器。根据灰坑不同、数量不等，比如在 H46、H33 和 H22 内发现的陶器中 70% 为盔形器。一些灰坑有可能是放置盔形器的窖藏坑。发掘者认为这里是一处稳定的制盐和制盐者长期的生活单位。这里发现的用于煮盐的盔形器，虽然数量很多，但是在盔形器的内壁均未发现白色污垢状物，底部也不见粘贴的草拌泥烧土，表面没有二次使用的痕迹，同时遗址内还多见窑壁、窑汗以及因烧制温度过高导致变形的盔形器，因此这里应该不是直接制盐的手工业作坊，而是一处为制盐提供工具、食料和盐工生活用的聚落遗址。而在距离李屋遗址仅 10 千米的兰家遗址也出土有大量盔形器，聚落内也有明显的功能性区分。其面积约有 12 万平方米，并有专门的住址区、贵族墓地、平民墓地、骨器作坊和陶制盔形器作坊。这说明这样专业化的聚落遗址不是一个

---

① 西安半坡博物馆、蓝田县文化馆：《陕西蓝田怀珍坊商代遗址试掘简报》，《考古与文物》1981 年第 3 期。

特例,而是这一时期经济生产的一般模式。①

长江流域的专业手工业作坊遗址除了盘龙城铸铜遗址外,还有位于江西省的吴城遗址。② 位于赣江支流萧江南岸的吴城遗址经过十次发掘,确定它是一处商代的城址。城址及其出土遗物与遗迹可以分为三期,相当于二里岗上层期的一期遗迹、遗物均较少。相当于中商时期的二期内涵最丰富,是吴城遗址的主要时期,其中的一些遗址一直持续到三期的商代晚期。这里主要讨论二期城址与遗址的性质。属于二期的遗迹有灰坑 21 个、住址两座、水井两口、陶窑 14 座和七处冶铸遗址。14 座陶窑遗址集中分布在城址北部的高地岭的三面山坡上,证明这里是陶瓷器生产区,并出土了大量原始瓷器,它们是吴城遗址技术含量较高、传播最广的代表性器物,这都反映着吴城遗址可能是当时原始瓷器的制作中心,是南方地区一个单纯的功能性手工业制作地。另外这里也发现了冶铜铸造遗迹,但是与陶瓷器的遗迹与遗物相比不甚明确。而制作陶器的工具陶拍有 16 件,修整用的陶刀 48 件。因此,吴城遗址二期是一处专业化陶瓷器制造手工业作坊遗址。③

湖南岳阳温家山遗址是一处属于二里岗晚期至殷墟时期的遗址,发现坑状遗迹 30 个,集中出土大量陶器、石器、有灰烬、木炭等。虽然目前资料还在整理中,我们还不清楚这些坑的性质,但是据简报,坑内的出土陶器种类有区别,一些坑内发现大量灰烬,究竟是祭祀坑、墓葬还是储藏坑仍需要研究,但是集中出土大量陶器这一点值得注意。④

总结以上对考古材料的分析可以认为,以二里岗文化为代表的早商时期的城市文明化特点就是整个国家的运营体系以城市为中心支配地,形成在空间上对地域的统治,而这种统治和支配不是军事性的,也不仅仅是宗教性和政治性的,还加入了经济性的牵制和地域之间在经济流通中的不可分离、相互制约的关系。而专业性质很强的功能性地方城址和一般村落手工业生产专业化的出现,就是这种空间控制体系的一种体现。

---

① 燕生东、张振国、佟佩华:《山东阳信县李屋遗址商代遗存发掘简报》,《考古》2010 年第 3 期。
② 江西省文物考古研究所、樟树市博物馆编著:《吴城——1973—2002 年考古发掘报告》,科学出版社 2005 年版。
③ 施劲松:《吴城遗址与商代江南》,载《探古求原——考古杂志社成立十周年纪年学术文集》,文物出版社 2007 年版。
④ 张迎冰:《湖南岳阳温家山商时期坑状遗迹发掘简报》,《江汉考古》2005 年第 1 期。

第五节　二里岗文化时期的手工业模式

二里岗文化时期城市文明的形成,与之前的二里头文化时期都城形态在内在支配与外在形式上究竟有什么不同? 如果仅仅就可视的外在形式而言,也许很难明确区分它们的差别。首先,中心都城、地方都市、大型村落和小型村落这样的以防御设施以及面积大小为根据所做的划分从龙山文化晚期开始就存在,至少它们在外在形式上看不出实质性的区别。但是事实上它们是性质完全不同的社会形态这一点很明确,因为都有中心都城,在聚落大小、城壁的有无等形式上也都有分层。到了二里头文化时期,随着铜器的出现,甚至连出土物也没有本质性的区别,我们应该如何来说明它们在支配上的差异呢? 这就是经济形态和在政治上强权统治的证据,也就是有些学者已经提出的特权阶层对空间的控制和支配。这种空间的控制和支配包括政治性的统治体系和经济性的支配模式,以及政治与经济不可分割的相互依赖的社会循环系统。

都市的出现以及阶层性聚落分布的外在性质显示了二里岗文化时期都城在政治上的强权统治,而它的统治内容以及运营系统除了从对自然资源的控制以及由此设置在各地的地方性城址和大小不同的聚落的层层支配关系推测之外,还没有有力的证据来证明它们内在的具体运营系统以及与经济不可分割的依赖关系。正如前节已经分析的那样,二里岗文化时代呈现出中心都市、功能性城址、出土礼仪性特殊遗物的窖藏遗址与墓葬以及类似专门生产陶器中的某一器类的专业性聚落遗址的空间分布形式。这种突显聚落经济功能与政治性特点的聚落在空间上的分布格局的背景值得探讨。

郑州商城除了宫殿、祭祀等政治性设施的设置以外,还有分工精细的包括陶器在内的各类手工业作坊、一般居住区、用水排水系统、道路设施、池苑分布区等完备的城市布局规划。那么与此同时,分布在城市以外的其他聚落又是如何应对中心城市的这种变化的呢? 换言之,城市的这种变化其实也正预示着维系整个社会运营的体制变化。因为无论是政治还是经济都不是一个独立都市可以运转的,而是与周边聚落相互关联的。在城市体制建立的同时必须要有一个与此相应的社会运转机制。也就是说整个社会必须要有一个同样的运转机制围绕在它的周边或它的空间统治范围内。经济是政治的基础,经济模式决定了政治体制。二里岗文化王权结构的都城配置也正是它社会结构的反映。

何驽撰文认为,都城具有强烈的空间控制色彩,空间控制权被政治上的统治者所垄断,城内布局不仅明显,而且有了明确的规划理念。[①] 本文认同何驽提出的聚落考古学中存在这种空间控制的理论,而且认为这种理论不仅仅在都城内使用,而且应该适用于整个王权国家的控制范围内。它们不仅仅使城内布局规范化,而且有可能对整个统治区域内的不同功能的地方城市和村落进行了相同的规划,使它们分别成为与都城息息相关的一部分。功能性城址与聚落的出现就是这种控制的一个物质体现。因为除了中心的郑州商城之外,这些地方城址无论从大小或城内设置的异同来看,它们都不是一个完整的城市,但是都有某一方面的特别功能。而那些生产某一种产品的专业性村落遗址更是这种规划下的特殊产物。因为这样高度专业化的生产作坊需要一个对原材料和生产成品流通的统一规划和统领,或是计划性指令。也就是说,它们之所以成为专业生产作坊而不是一个自给自足的村落,是因为在整个社会系统的运转中,它们只需要生产某一种产品就能生存。而决定它们生产哪一种产品的则有两种可能,一种是市场的需要,另一种就是政权的要求,而原材料的来源和产品的去向则由那些命令它们生产的机构来完成,或者是通过生产者之间的协调自己解决。二里岗文化时代后一种形式的可能性比较大,应该是统治集团当时的一种统治形式,这种形式体现为对空间领域强有力的支配模式,而城址和专业化村落的出现就是这种形式的体现。当然这种对空间的支配形式究竟是直接由郑州来控制,还是由次一级的地方性城址为代表的机构来管理值得探讨。尽管许多学者对地方城址与资源的关系以及遗址大小的等级关系做了很多推测和分析,而本书认为,对像陶器这样出土遗物的详细观察和研究是真正揭明这一关系的根本基础。

第六节　二里岗文化时期经济运营模式对后世的影响

以郑州商城为中心的六座城址在二里岗上层晚期的白家庄期相继被废弃,使持续了300多年的早商政权处于崩溃状态,然而这种崩溃却不像前期的二里头文化那样属于改朝换代,而更像是一种来自自身的内部革新。因为在郑州商城废弃的同时,在距离郑州商城西北约20千米处,一个新的商代聚落随之建立,

---

① 何驽:《都城考古的理论与实践探索——从陶寺城址和二里头遗址都城考古分析看中国早期城市化进程》,载《三代考古》(三),科学出版社2009年版。

即小双桥遗址。该遗址于1989年、1990年进行田野发掘,查明其面积约占150万平方米,并发现多处夯土台基、青铜冶铸遗迹和祭祀坑等。遗物中除了大量陶器、石器外,引人注目的是发现了铜质建筑构件和铜质容器、武器和工具等。而石器的形态也比较特殊,不同于以往郑州商城常见的石器,而是一种多见于山东岳石文化的长方形穿孔石器,显示其包含一定岳石文化的因素。① 以早商文化为代表的郑州政权结束之后,经历小双桥时期的迷乱,并没有改朝换代,而是将权力的中心地转移到了安阳——今天考古发掘已经证实了的殷墟遗址,正是商王朝后期的统治中心。而位于殷墟外围的洹北商城是延续郑州的建城传统在安阳建立的第一个都城。这是一处超过400万平方米,建城方位与郑州商城、偃师商城一致的城址。城内中南部发现了大量夯土台基,且排列密集有序,据推测可能是宗庙或宫殿类建筑基址。② 在洹北商城周边地区更是发现了诸多随葬青铜器的墓葬,比如目前就有三家庄、董王度、花园庄等多次发现青铜器的报道。

洹北商城作为连接郑州与安阳的一个中间环节,正好介于早商文化与晚商文化之间,它的使命也正如它所在的位置一样,被一些学者命名为中商文化。③ 这不仅在考古学年代上,还与文献史学的记载非常相符,虽然从考古遗址所显示的聚落分布上看,中商文化早期仍然在郑州地区,中晚期才转移到安阳一带的事实让人略有违和感,但是在时代进入殷墟文化之前,安阳外围的洹北商城是支持中商文化存在的最大理由这一点不容置疑。而建有大型城郭这一点以及出土的陶器等遗物所显示的考古学特征,都暗示着以洹北商城为代表的中商文化与以郑州商城为代表的早商文化更接近一些。从考古学特征上看,真正显示变化的是以安阳为代表的晚商文化。无论是陶器、铜器、玉石器等出土物,还是中心聚落的布局、规划以及对外围诸地域的统治形式、同时期周边地区遗址的分布状况等,以安阳为统治地的晚商文化都与早商文化有紧密的联系而又显示着较大的变化。如果说城郭的建立是早商文明的特点之一的话,那么晚商文化的明显不同就在于中心统治地不设城郭这一点,而且这种特征一直持续到改朝换代之后的西周文化时期。那么早商文化时期形成的这一套政治统治制度和经济运营模

---

① 河南省文物考古研究所:《1995年郑州小双桥遗址的发掘》,《华夏考古》1996年第3期。
② 唐际根、徐广德、岳占伟等:《1997年河南安阳市洹北花园庄遗址发掘简报》,《考古》1998年第10期;中国社会科学院考古研究所安阳工作队:《河南安阳洹河流域的考古调查》,载《考古学集刊》(3),中国社会科学出版社1983年版;杨锡璋:《安阳洹河流域几个遗址的试掘》,《考古》1965年第7期;唐际根、荆志淳、徐广德等:《安阳洹河流域区域考古研究初步报告》,《考古》1998年第10期。
③ 唐际根:《中商文化研究》,《考古学报》1999年第4期。

式,对其后的殷墟文化直至西周王朝时期的影响又是如何的呢?本节将对这个问题做简单分析。

安阳殷墟遗址是20世纪开始考古发掘最早的遗址之一,也是取得成果最显著的遗址。① 它的发掘从30年代开始大约持续了将近一个世纪,并且迄今还在大规模地进行计划性发掘。这里的考古资料足以为我们研究这一时期的政治体制和经济运营提供充足的分析根据。殷墟遗址内除了大型宫殿基址和大量王陵以及墓葬群之外,还发现了大量手工业作坊遗址和大型窖藏遗迹。

殷墟出土的遗物中石质工具不仅种类和数量非常丰富,而且出土状况引人注目。在1982年度殷墟第三次发掘中,小屯北侧的B14坑内一次性发现了石刀1 000多件。② 查阅以前的发掘史,发现1932年在小屯村北的E181方形坑内也发掘出土了包括444件石刀和78件蚌器在内的甲骨、白陶、玉石器和铜器等大量遗物。③ 而在1932年以来的第二次到第七次发掘期间,一个坑内出土100余件石刀的坑有许多,其总数量达到3 640余件。④ 由于目前还没有对其使用痕迹以及实物观察的详细研究,我们不清楚这些被放置在窖藏坑内的大量石刀是使用过的还是完全没有使用痕迹的新品,但是仅从这么庞大的储藏数字来看,就可以说明这里曾经是殷墟的石刀类工具的仓储区域。而关于它的生产场所虽然没有明确的证据,但是根据石璋如的研究⑤,这些石器的原材料的大半都是采自安阳附近西部的宝山,由此可以推测它们的生产地也不会太远,应该就在殷墟内或是其附近的某个地方。殷墟遗址内也发现了郑州商城以来已经发现的制骨作坊和冶铸铜器的作坊,这些作坊除了规模远大于郑州以外,其产品种类、所在位置以及冶炼方式都没有太大的变化。殷墟遗址内发现了集中分布的青铜铸造中心地,它的规模之大是郑州商城无法相比的。1959年—1960年在小屯东南部的苗圃北地发现了面积在10 000平方米以上的铸造作坊,共出土了4 000多个陶

---

① 中国社会科学院考古研究所安阳工作队:《殷墟发掘报告——1958—1961年》,文物出版社1987年版;刘一曼、徐广德:《1986—1987年安阳花园庄南地发掘报告》,《考古学报》1992年第1期;中国社会科学院考古研究所安阳工作队:《1975年安阳殷墟的新发现》,《考古》1975年第4期。
② 李济:《民国18年秋季发掘殷墟之经过及其重要发现》,《安阳发掘报告》1930年第2期;郭宝钧:《B区发掘记之一》,《安阳发掘报告》1933年第4期。
③ 石璋如:《第7次殷墟发掘:E区工作报告》,《安阳发掘报告》1933年第4期。
④ 石璋如:《第7次殷墟发掘:E区工作报告》,《安阳发掘报告》1933年第4期。
⑤ 李济:《殷墟有刃石器图说》,载《历史语言研究所集刊23:傅斯年先生纪念论文集》(下册),"中央研究院"历史语言研究所1952年版。

范。① 此外还在小屯村和薛家村等发现了分散的铸造作坊。② 与此同时,青铜产品的数量和种类也比前期大幅增加,是前所未有的青铜器生产的鼎盛时期,但是在制作方法和技术方面基本是在前期的基础上进行的,而制作经验成熟度所显示的技术娴熟和艺术的高超是前期无法相比的。骨角牙质产品的生产也基本沿袭前期,1958年在殷墟王都内的小屯西部3千米处的北辛庄发现了一处制骨作坊,虽然其总面积不甚清楚,但是仅在发掘的247平方米的一个坑内就发现了骨材料、废料以及骨制品、半成品等合计5 000余件。③ 骨材质的种类有牛、马、猪、羊、狗、鹿等,其中牛骨和猪骨最多,还有少量鹿角骨。半成品中的大部分是骨笄、笄头部以及骨锥类器具,因而显示了与郑州商城几乎相同的器类,而从对骨半成品的观察中则可以看到,这是一处专门制作骨笄的手工业作坊,并有一套完整的取材、切割、磨制的制作流程。而郑州商城发现的制陶作坊则在殷墟内尚未发现。

总结以上比较可以发现,以殷墟为代表的晚商时期的手工业作坊在王都内的布局以及生产状况,与早商时期相比除了规模大幅扩大外变化不大,包括手工业门类的选择、材质的利用以及制作技法等都完全继承了早商时期的方法。而城内建筑台基所反映的宫殿、宗庙等设施也与此大致相似。除了规模扩大以外,一个明显的变化就是在建筑台基下发现大量的殉葬坑,除了动物骨骼之外还有殉人,从此开始了中国埋葬制度史上一段残酷的殉人制度历史,并一直持续到秦统一中国之前的整个先秦时代。

殷墟之后的西周时代则是自早商以来的首次改朝换代,自恃强大的晚商王朝最后被偏居西北的周人所击败,并在远离殷墟的陕西省西部的周原地区建立了首都,以运营这个发家于西北部的新王朝。尽管在商代强大的同时,周人已经在远离商王朝中心地的西北经营自己的传统文化,但是在掌握了政权之后,他们并没有保守、狭隘地排斥商人的先进文化因素的浸透,而是毫不犹豫地对其进行吸纳,因而使得早商以来建立起来的政治统治体系和经济运营模式在改朝换代之后也并没有中断,而是变得更加完善并得以积极的发展。首先来比较晚商与西周时期的手工业状况。在西周的首都丰镐遗址内,发现了西周早期的铸造作

---

① 周到、刘东亚:《1957年秋安阳高楼庄殷代遗址发掘》,《考古》1963年第4期;石璋如:《小屯殷墟建筑遗存》,"中央研究院"历史语言研究所1959年版。
② 薛家村铸铜作坊资料尚未发表,本节根据《中国考古学·夏商卷》撰写。
③ 中国社会科学院考古研究所安阳工作队:《殷墟发掘报告——1958—1961年》,文物出版社1987年版;刘一曼、徐广德:《1986—1987年安阳花园庄南地发掘报告》,《考古学报》1992年第1期。

坊遗址，但是规模不大。在马王村的一个大坑内发现了一群陶范，显示这里曾经是制作青铜礼器的作坊。[①] 而在张家坡的一些住址内则发现了许多车马器铸造范型，暗示着这里或是周围曾经是铸造车马器的工坊。[②] 而在东都洛阳东郊的泰山庙也发现了一处铸造铜器的遗址，在一个大坑内发现了许多铸造诸如觚等铜礼器用的陶范，应该是西周早期的铸铜作坊。[③] 这一时期的铜器制作与殷墟以来的技术没有太大的变化。但是进入西周中晚期之后，铸造技术开始革新，首先是一范多次使用的技术，不同于殷墟时期陶范均是一次性使用，因而生产量受到限制，西周中期以后一范多次使用后，在生产能力和效率上有了很大改善。其次是铜器部件分别制作，然后接合的方法。这使得一些附加繁杂耳扳或装饰性立体纹饰的工艺成为可能，因而使铜器的外形多样化。再次是陶器制作普遍化和专业化，并成为手工业门类的一个重要部门，由专门的集团来担当。在技术面上也采用了快速轮制的方法，大幅提高生产效率。在扶风云塘[④]、张家坡和曹家寨遗址发现了骨器制作工房。在一个直径近 7 米的大坑内发现了大量骨角镞和笄的成品与半成品及砺石，显示这里是一处专门制造镞与笄的制骨作坊。[⑤] 这与郑州商城以来是一样的。

此外在周原的齐家遗址还发现了玉石玦的生产工房，这里出土了大量的玉石玦的原料、半成品以及废料。这也是首次在都城遗址内第一次发现玉石制作工坊。齐家玉石玦制作地北临云塘制骨作坊和云塘齐镇大型建筑遗址，总面积约 5 000 平方米。根据 2002 年—2003 年的发掘，出土了灰坑 97 座、墓葬 41 座以及房址五座，其中与制作玉石玦有关的遗迹有灰坑 42 座、房址四座。这里出土了制玦废料、石玦残次品以及制玦工具三大类。[⑥] 根据孙周勇的研究，这是一处规模很大的手工业作坊。[⑦] 仅石片、石渣及未加工的原料就有约 870 千克，分布在 42 个灰坑内，残次品的毛坯、圆饼、圆环及环玦等总重量约 183 千克，合计 35 993 枚。而制玦工具包括石钻、敲打石、砺石、石沾、石钻帽、石锉、分割器、石

---

① 西安市文物管理处：《陕西长安新旺村、马王村出土的西周铜器》，《考古》1974 年第 1 期。
② 中国社科院考古研究所：《长安张家坡西周铜器群》，文物出版社 1965 年版。
③ 叶万松、张剑：《1975—1979 年洛阳北窑西周铸铜遗址的发掘》，《考古》1983 年第 5 期。
④ 刘士莪：《扶风云塘西周骨器制造作坊遗址试掘简报》，《文物》1980 年第 4 期。
⑤ 中国社会科学院考古研究所：《沣西发掘报告》，文物出版社 1963 年版。
⑥ 罗西章：《扶风齐家村西周石器作坊调查记》，《文博》1992 年第 5 期；曹玮、孙周勇、种建荣：《2002 年周原遗址（齐家村）发掘简报》，《考古与文物》2003 年第 4 期。
⑦ 孙周勇：《西周制玦作坊生产遗存的分析与研究——周原遗址齐家制玦作坊个案研究之一》，载中国社会科学院考古研究所编著：《三代考古》（三），科学出版社 2006 年版。

凿等，共计1 163件。此外在作坊区域内还发现了石刀以及毛坯108件。齐家石玦的规模与生产量表明，这里的石玦产品已经具有了商品的性质，暗示着齐家遗址不仅是政治与宗教的中心，还可能是一处手工业生产与商品交流的中心地。这反映了中国都城的功能可能在西周时期已经由政治宗教中心开始向经济中心过渡。

在西周时期的都城遗址与殷墟一样也没有发现城郭，无论是早期的周原地区还是中晚期的丰镐遗址。但是都城内均有大型台基建筑基址，岐山京当的凤雏宫殿基址和召陈村建筑基址的发掘为我们了解西周时期的宫殿形式提供了根据。首先来看西周早期的凤雏宫殿基址，这组建筑在南北长46米，东西32.6米台基上的家屋式建筑，在前后厅和殿堂以及东西两侧对称分布着各一排八间房子，北端一排三间，由合计19间个室组成。① 这种形式的建筑结构与二里头开始，经历郑州、偃师到殷墟，宫殿建筑形式基本相同。与府城、盘龙城发现的宫殿式建筑基址也基本相同，只是其规模的大小各不相同而已。因此前堂和后室建筑一体紧密结合的结构形式，表明王室政务与贵族私生活分布在同一空间的事实。这也许是根据中国特有的宗法制度而建立的独特建筑。西周晚期的召陈建筑基址位于凤雏建筑基址东南约2 500米处，在基址的外侧有一条宽10米，深5米的壕沟，可能是一条防御性壕沟。② 基址内共发现四座台基建筑，分东西两列分布，其中3号基址比较特别。另外召陈建筑群是除了郑州商城外的、发现大量板瓦和筒瓦的又一处遗址。中国最早的瓦可能出现在西北地区的齐家文化时期，但是由于资料没有发表不能断定，而目前发表资料最早的就是郑州商城③。此外在客省庄西周遗址中还发现了没有烧制的瓦坯，可能是烧制瓦的手工业作坊。以往认为西周之前房屋用瓦还没有诞生，但是现在至少知道从新石器时代晚期到早商文化的郑州商城，就已经有了成熟的房屋用瓦，而且其瓦的形态与召陈发现的瓦非常相似，都在表面施绳纹。虽然在郑州仅发现板瓦，未见筒瓦，但是在新石器时代晚期的芦山峁遗址有筒瓦出土④，只是瓦的表面还没有见到西周时期的复杂纹饰。

---

① 陕西周原考古队：《陕西岐山凤雏村西周建筑基址发掘简报》，《文物》1979年第10期。
② 尹盛平：《扶风召陈西周建筑群基址发掘简报》，《文物》1981年第3期。
③ 曾晓敏、韩朝会、宋国定等：《郑州商城宫殿区商代板瓦发掘简报》，《华夏考古》2007年第3期。
④ 张佳：《芦山峁遗址发现瓦类建材或将我国用瓦历史前推至史前龙山时代》，《西安晚报》2018年1月23日。

后记

中国初期国家形成的考古学研究

——写在中文版出版之际

2017年8月由日本六一书房出版的日文版同名书『中国初期国家形成の考古学的研究—土器からのアプローチ』，根据出版社统计，截至2019年2月底，在日本的销售进入前1 000名的第741位，位列六一书房海外图书销售第七位，中国类图书销售第三位，是目前六一书房出版的中国类图书中最具社会影响力的书籍之一。这一数据间接反映了本专著在日本学术界引起的关注程度，以及相关学者对本专著研究内容的兴趣。但是因为是日文出版，在中国考古学界并不为人所知。这样一本关于中国考古学研究的书籍，还是希望能与国内同行学者分享，也期待得到学术界的批评与反馈。虽然日文书中的一些章节曾经被翻译改写成中文，在国内杂志发表，但是仍不能反映整本书的构思与文脉。感谢复旦大学文博系、科技考古研究院院长袁靖教授将本书列入复旦科技考古丛书，使得本书在经历了一年多的翻译、修改与增补之后，终于能够完成出版。同时也要感谢复旦大学出版社史立丽和赵楚月编辑的精心审读及为后期出版所付出的辛勤劳动。

关于本书的写作背景与过程、研究的心路历程、在日文原文写作过程中如何得到各方面相关学者、老师与同僚的帮助与支持等，均在日文版的后记中有叙述，这里不再重复，而仅仅就中文版修改与增补的部分进行说明。

本书由七章组成，五万余字的序章是为本次中文版新近撰写、增补而成的部分。其目的是希望能将自己20多年来从事考古发掘和陶器研究的心得与体会，以及目前陶器研究方法的进展做一总结，以便梳理思路，寻求在考古学研究成果日新月异、研究方法多元化的今天，既能保持传统考古学的精髓，又能将大量科技考古研究方法纳入陶器研究，并从考古学理论的角度，在陶器研究思路与方法上有所突破与革新。本书对陶器这种无论是古代人还是现代人，无论是社会上层权贵还是平民百姓都离不开的最具有普遍性的器物，从宏观的方法理论与微观的具体分析两方面进行全方位的研究，以饮食器具这一特殊载体将古代与现在连接起来，让陶器告诉我们古代人类的饮食生活场景，以及通过将饮食器具用于祭祀与礼仪活动而形成的社会礼仪体系，并通过陶器这一人类最初的发明来解读它们在制陶技术、陶艺创作、产品流通、生产运营、功能消费、宗教信仰等方面隐藏的内涵，也试图在由陶器制作与使用而形成的社会结构体系之中来了解因陶器而结成的社会集团和组织等。我们更期待通过对看似静态的陶器组成形态的分析来了解古代人类丰富多彩的日常生活，因陶器而产生的地域之间交流的关系，以及对环境与动植物的利用状况，同时也为本书的中心内容——二里头文化和二里岗文化时期陶器的地域间动态做理论上的铺垫。

第一章的研究史是在本书日文版 2005 年完成时的基础资料之上，加入近年来的部分研究成果综合而成的。虽然我深知这些内容无法做到完全涵盖所有二里头、二里岗文化时期的研究成果，特别是 2005 年之后的所有研究成果，但还是本着尊重前人研究成果的虔诚之心，尽力增补了研究史这一部分内容。

第二章到第四章虽然增补了 2005 年之后新发现的考古资料，但是对新增遗址进行谱系与器类的百分比数量分析部分进行了取舍，因此在分析谱系与器类等时，仍然维持原有资料的分析结果。

第五章的一部分内容曾经纳入《早商城市文明的形成与发展》一书的第四章，由于这部分内容原本就是日文版的内容，因而这里仍然保持原书的完整性，同时把日文版的第六章并入第五章，构成本书新的第五章。

本书的第六章"礼仪性陶器与陶器的生产与流通"与第七章"二里岗文化都市文明与初期国家形成"则是本次中文版改写与新增加的部分，以此弥补原日文版在陶器研究中的不足，也体现了多年来作者在陶器研究中的思考与展望。

关于陶器谱系与器类的百分比研究，在具体资料数据分析操作和测算上难以避免个人主观的成分，也往往会受制于资料而不能做到客观全面。2005 年之前，研究所使用的所有公开发表资料的谱系与器类百分比的分析结果曾经被列为 45 张表格，作为参考资料，但是在日文版中并没有列入。趁此中文版出版之际，为了方便理解与参考本研究的数据分析以及谱系分析的内涵，将这些资料表格一并列入出版，期待能为读者阅读本书提供参考。

从大学毕业入职陕西省考古研究院并有幸全面参与陕西临潼康家遗址发掘之际开始，我就与陶器研究结下了不解之缘。从对传统考古学研究方法的困惑与反思,到寻求新的陶器研究方法的迷茫,虽然跌跌撞撞20多年,但我始终在陶器研究的苦辣酸甜中感悟人生,构筑自己的学术足迹而没有犹豫,这是让我最为欣慰的。即使曾经出版的《中国古代装饰品研究——新石器—早期青铜时代》一书也是以陶环研究为契机而成的。

本书只是自己陶器研究开始阶段的一个成果,不能完全反映目前正在进行中的陶器研究思路,期待这本书能为此后的陶器研究奠定一个平台与基础,使得这一课题能有更好的研究成果奉献给学术界。

值此中文版增补翻译出版之际,特别感谢中国社会科学院考古研究所二里头考古队许宏和赵海涛先生提供机会,使我得以观摩二里头陶器资料,并提供二里头陶爵图片供本书封面使用。

图书在版编目(CIP)数据

中国初期国家形成的考古学研究:陶器研究的新视角/秦小丽著. —上海:复旦大学出版社,2019.12(2023.2重印)
(复旦科技考古文库)
ISBN 978-7-309-14759-9

Ⅰ.①中… Ⅱ.①秦… Ⅲ.①陶器(考古)-研究-中国 Ⅳ.①K876.34

中国版本图书馆 CIP 数据核字(2019)第 255271 号

中国初期国家形成的考古学研究:陶器研究的新视角
秦小丽 著
责任编辑/赵楚月

复旦大学出版社有限公司出版发行
上海市国权路 579 号 邮编:200433
网址:fupnet@fudanpress.com http://www.fudanpress.com
门市零售:86-21-65102580 团体订购:86-21-65104505
出版部电话:86-21-65642845
上海盛通时代印刷有限公司

开本 787×1092 1/16 印张 32.75 字数 542 千
2019 年 12 月第 1 版
2023 年 2 月第 1 版第 2 次印刷

ISBN 978-7-309-14759-9/K·717
定价:98.00 元

如有印装质量问题,请向复旦大学出版社有限公司发行部调换。
版权所有 侵权必究